图解新款汽车传感器结构、原理与检修

刘强　李伟　王军　主编

電子工業出版社·

Publishing House of Electronics Industry

北京·BEIJING

内 容 简 介

本书在系统介绍传感器结构与测量原理的基础上，系统总结了汽车传感器的结构类型、常见故障及影响、故障检测方法，并给出了典型汽车传感器检测实例。本书还系统介绍了最新及常用汽车传感器的安装位置、结构原理、电路图、动态检测方法、静态检测方法及更换调整等内容。内容涉及：空气流量传感器，温度传感器，压力传感器，位置与角度传感器，爆燃与碰撞传感器，气体浓度传感器，速度传感器，其他执行器、传感器。

本书内容丰富，具有较强的实用性和可操作性，适合现代汽车维修人员及相关技术人员参考使用，也可作为大中专院校汽车专业的教材及汽车检测相关专业学生的参考书。

图书在版编目（CIP）数据

图解新款汽车传感器结构、原理与检修/刘强，李伟，王军主编. —北京：电子工业出版社，2020.9

ISBN 978-7-121-38330-4

Ⅰ．①图… Ⅱ．①刘…②李…③王… Ⅲ．①汽车－传感器－结构②汽车－传感器－理论③汽车－传感器－车辆修理 Ⅳ．①U463.6

中国版本图书馆 CIP 数据核字（2020）第 021955 号

责任编辑：宁浩洛
印　　刷：天津千鹤文化传播有限公司
装　　订：天津千鹤文化传播有限公司
出版发行：电子工业出版社
　　　　　北京市海淀区万寿路 173 信箱　　邮编：100036
开　　本：787×1 092　1/16　印张：21.5　字数：550 千字
版　　次：2020 年 9 月第 1 版
印　　次：2020 年 9 月第 1 次印刷
定　　价：88.00 元

凡所购买电子工业出版社图书有缺损问题，请向购买书店调换。若书店售缺，请与本社发行部联系，联系及邮购电话：(010) 88254888，88258888。

质量投诉请发邮件至 zlts@phei.com.cn，盗版侵权举报请发邮件至 dbqq@phei.com.cn。

本书咨询联系方式：(010) 88254465；ninghl@phei.com.cn。

前　言

汽车传感器是汽车电子控制系统中的重要部件，在现在的汽车上，发动机、底盘及车身均有多种电子控制技术的应用，一些电控系统具有多项控制功能，每项控制功能均配有若干个传感器。因此，现在汽车上传感器的数量、种类繁多。传感器的好坏，是电控单元能否正常实施各项控制功能的关键，同时，汽车电子系统最主要的工作就是汽车传感器的检测。因此，熟悉汽车传感器的结构原理，掌握汽车传感器的检测方法，是汽车使用与维修从业人员必须具备的专业知识和技能。

本书第一章至第八章系统、全面地讲述了各种车用传感器的构造和工作原理，突出传感器的检测方法。第九章对波形示波器进行了介绍，并给出了传感器的标准波形，使读者能很快地掌握示波器的使用。第十章、第十一章结合具体新车型进行故障案例讲解及对新款捷达的电路进行介绍，这是本书的一大特色。同时在编写的过程中，我们力求做到以下几点。

1）全面性。涵盖新车型上大部分传感器。

2）先进性。紧跟新型汽车电子发展步伐，突出介绍新型传感器。

3）实用性。结合新车型进行讲解，具有实用性和针对性，同时，为避免空洞无物的说教，针对每一个传感器的检测提供了完整的电路图，使学员在阅读中体会和学习传感器检测的精髓。

4）易懂性。用深入浅出的语言介绍工作原理和检测方法。

本书文字简练，通俗易懂，适合汽车学员及汽车爱好者参考阅读。本书共分十一章，第一章由李伟编写，第二章至第八章由吉林工程技术师范学院汽车工程学院副教授、吉林大学汽车工程学院博士刘强编写，第九章至第十一章由吉林工程技术师范学院汽车工程学院讲师王军编写。参加本书编写的人员还有李校研、李春山、李微、马珍等，在此深表感谢。由于经验不足，书中的不足和疏漏之处在所难免，恳请广大读者批评指正。

编者

目　录
CONTENTS

空气流量传感器

空气流量（Mass Air Flow，MAF）传感器又称空气流量计，一般安装在进气管上。其作用是检测发动机进气量的大小，并将进气量信息通过电路的连接转化为电信号输入给电控单元（ECU），以供 ECU 确定喷油量和点火时间。空气流量传感器获得的进气量信息是 ECU 进行喷油控制的主要依据，若传感器损坏或电路连接出现故障，则会使发动机的进气量测量不准确，使进入气缸的混合气过浓或过稀，从而导致 ECU 无法对喷油量进行准确的控制，导致发动机运转不正常，排放超标。

根据进气量检测方式的不同，计量空气流量的方法有两种类型：D 型（压力型）和 L 型（空气流量型）。

D 型是利用检测进气歧管内的绝对压力来计算吸入气缸的空气量的，所用的传感器是进气歧管绝对压力传感器，测量方法属于间接测量法。

L 型采用直接测量法，即利用这里所讲的空气流量传感器直接测量吸入进气管的空气流量。L 型传感器又分为体积流量型传感器和质量流量型传感器两种。

体积流量型传感器有翼片式、量芯式、卡门涡流式（现均已被淘汰）。如以前的丰田 CAMRY（佳美）车型用翼片式，丰田 PREVIA 旅行车用量芯式，三菱车系、现代车系、丰田凌志 LS400 轿车用卡门涡流式。

质量流量型传感器有热线式和热膜式两种，捷达、奔驰、大众等品牌现在的大多车型都使用热膜式空气流量传感器。

第一节　热线式空气流量传感器

一、热线式空气流量传感器结构与工作原理

1. 热线式空气流量传感器结构

热线式空气流量传感器按其测量元件（铂金热线）安装位置的不同可分为主流测量式和旁通测量式两种，如图 1-1、图 1-2 所示。

主流测量式的热线式空气流量传感器由铂金热线、温度补偿电阻（冷线）、取样管、控制线路板、防护网及连接器组成。铂金热线是一根直径约为 0.07mm 的铂金丝，它装在取样管内的支承环上，其阻值随温度变化而变化，当传感器工作时，它能被控制电路提供的电流加热到 120℃左右，因此称为热线；取样管由一个热线支承环和两个塑料护套组成，它置于空气流量传感器主进气道的中央，两端有防护网，防护网通过卡箍固定在流量传感

器的壳体上；温度补偿电阻（冷线）安装在热线附近，且靠近进气口一侧，当传感器工作时，控制电路向其提供一个电流使其温度始终低于热线温度 100℃，这样冷线温度可以起到参考标准的作用，使进气温度的变化不会影响到热线测量进气量的精度；控制线路板上插座与发动机的 ECU 相连，用于输入信号。

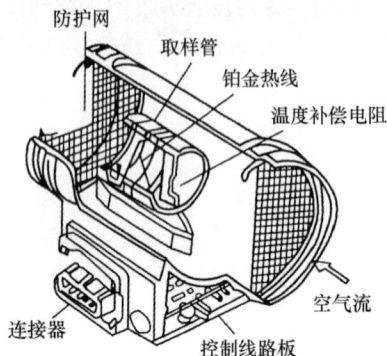

图 1-1　热线式空气流量传感器结构（主流测量式）

旁通测量式的热线式空气流量传感器与主流测量式的热线式空气流量传感器的主要区别在于，它把铂金热线和温度补偿电阻（冷线）安装在旁通气道上，且热线和补偿电阻用铂丝缠绕在陶瓷螺旋管上。

2. 热线式空气流量传感器工作原理

热线式空气流量传感器的工作原理如图 1-3 所示。安装在控制电路板上的精密电阻 R_A、电桥电阻 R_B、热线电阻 R_H 及温度补偿电阻 R_K 组成了惠斯通电桥。热线电阻 R_H 放在进气道内，当进气气流流经它时，其热量被流过的空气吸收，使热线变冷，且空气流量增大被带走的热量也增加，热线式空气流量传感器就是利用热线与空气之间的这种热传递进行空气流量测定的。

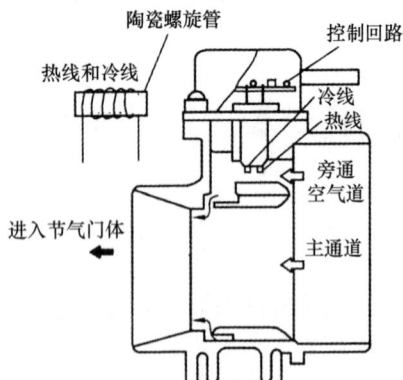

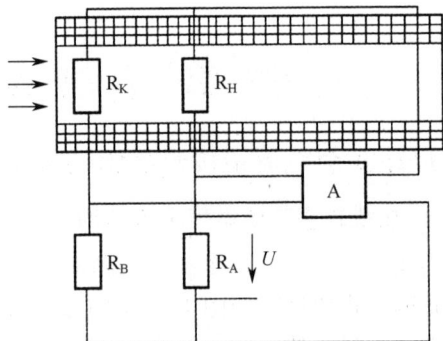

A—混合集成电路；R_H—热线电阻；R_K—温度补偿电阻；
R_A—精密电阻；R_B—电桥电阻

图 1-2　热线式空气流量传感器结构（旁通测量式）　　图 1-3　热线式空气流量传感器的工作原理

混合集成电路 A 控制热线温度，当空气流过热线时，由于空气带走热量使热线的电阻值发生变化，从而使惠斯通电桥失去平衡。为了保持该电桥的平衡，必须提高电压，加大通过热线的电流，进而使热线的温度升高，恢复原来的电阻值。根据这一原理，通过控制电路，改变惠斯通电桥的电压和电流，使热线损失的热量与电流加热热线产生的热量相等，来使热线的温度和电阻值保持不变。这样通过热线电阻的电流便是空气流量的单一函数，即热线电流随空气流量的增大而增大，随空气流量的减小而减小。加热电流通过精密电阻 R_A 产生的电压降作为输出信号输送给 ECU，即可通过电压降的大小测得空气流量。

精密电阻 R_A 为一个温度系数很低的金属薄电阻；温度补偿电阻 R_K 用来对热线电阻的温度进行参照，使其温度差控制在 100℃ 左右，从而提高测量精度。R_K 与电桥电阻 R_B 的阻值都较高，这样能减少电能的损耗。

热线式空气流量传感器由于热线表面与空气直接接触，在使用一段时间后，热线表面易被空气尘埃黏附，其热辐射能力降低将会影响传感器的测量精度，因此控制电路设置有"自洁电路"以实现自洁功能。每当发动机熄火后，ECU 将控制自洁电路接通，将热线加热到 1000℃ 左右，并持续约 1s 的时间，从而将黏附在热线上的尘埃烧掉。另一种防止热线被污物黏附的方法是将热线的保持温度提高，一般保持温度设在 200℃ 以上，以便烧掉黏附的污物。

二、热线式空气流量传感器的检测

新款上海别克轿车采用热线式空气流量传感器，所使用的热线电阻式元件与温度补偿电阻、精密电阻、电桥电阻及环境温度传感器共同组成惠斯通电桥。传感器为三导线型，安装在进气歧管中，如图 1-4 所示，其插接器端子如图 1-5 所示，传感器与发动机控制模块（ECM）的连接电路如图 1-6 所示。

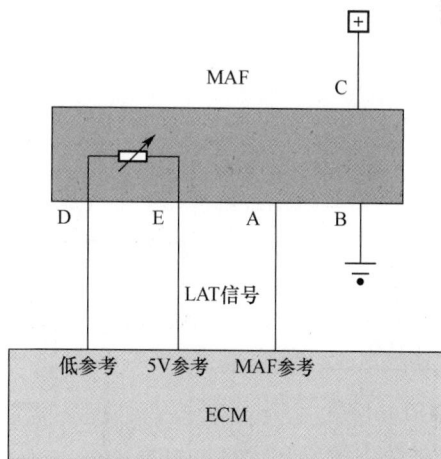

A—空气流量传感器信号端子；B—搭铁端子；C—12V 供电；D—进气温度信号端子（电压模拟信号，温度越高，电压越小）；E—5V 供电

图 1-4　传感器安装位置　　　　　　　图 1-5　传感器插接器端子

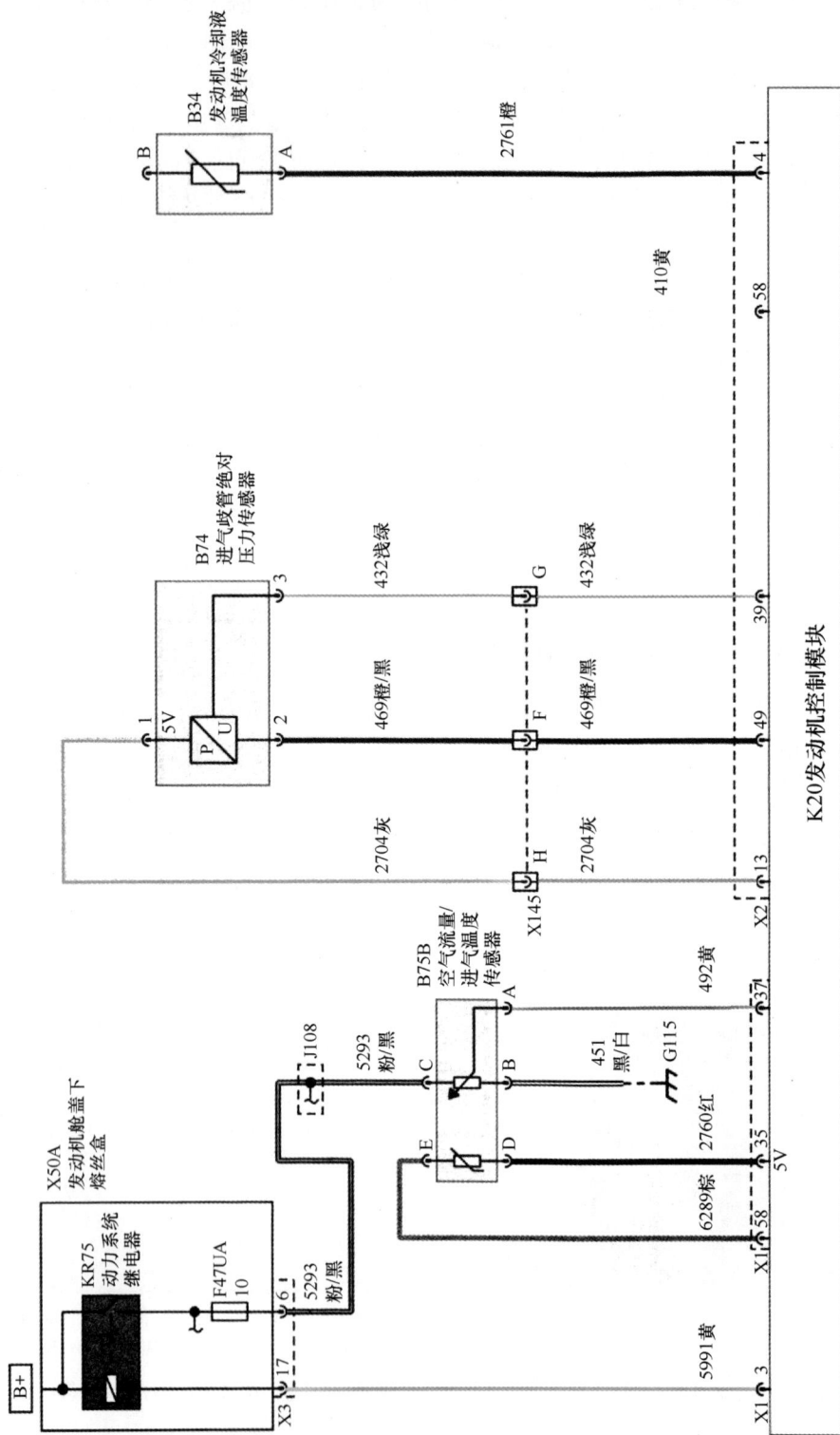

图 1-6　空气流量传感器与 ECM 的连接电路

对热线式空气流量传感器进行检测时，应主要检测空气流量传感器的输出信号电压。首先关闭点火开关，拔下传感器插接器，然后将点火开关置于"ON"位置，但不起动发动机。用数字万用表电压挡测量空气流量传感器信号端子和搭铁端子间的电压，即 A 端子与 B 端子（见图 1-5）间的电压，应为 5V。当传感器输出电压正常时，可用吹风机向此传感器进气口吹风，其信号电压应随吹风量大小的变化而变化，且应符合标准规定值；否则，说明空气流量传感器已损坏，应当更换。

第二节　热膜式空气流量传感器

一、热膜式空气流量传感器结构与工作原理

1. 热膜式空气流量传感器结构

热膜式空气流量传感器是热线式空气流量传感器的改进型，它的发热体是热膜（由发热金属铂固定在薄的树脂膜上制成），而不是热线。热膜式空气流量传感器的发热体不直接承受空气流动所产生的作用力，增加了发热体的强度，提高了流量计的可靠性。同时与热线式流量传感器相比，热膜式流量计的热膜电阻的阻值较大，消耗电流较小，使用寿命较长。但是由于其发热元件表面的保护薄膜存在辐射热传导作用，因此响应特性稍差。热膜式空气流量传感器的结构及内部元件如图 1-7 所示。

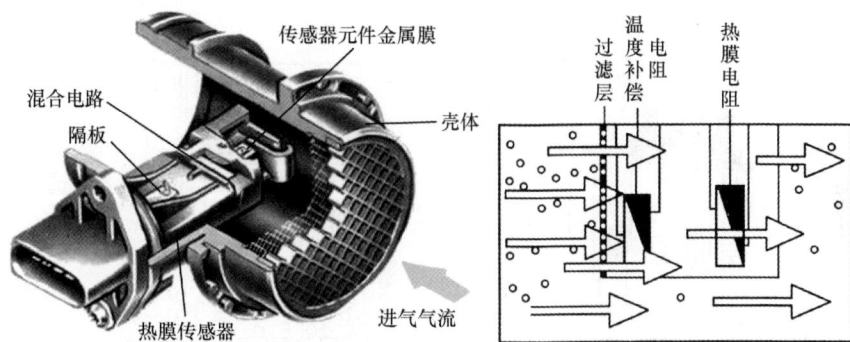

图 1-7　热膜式空气流量传感器的结构及内部元件

热膜式空气流量传感器内部的进气通道上设有一个矩形护套（相当于取样管），热膜电阻设在护套中。为了防止杂质沉积到热膜电阻上影响测量精度，在护套的空气入口一侧设有空气过滤层，用于过滤空气中的杂质。为了防止空气温度变化使测量精度受到影响，在热膜电阻附近的气流上游设有铂金属膜式温度补偿电阻。温度补偿电阻和热膜电阻与传感器内部控制电路连接，控制电路与线束连接器插座连接，线束设在传感器壳体中部。

2. 热膜式空气流量传感器工作原理

热膜式空气流量传感器与热线式空气流量传感器的工作原理大致一样。传感器的热膜电阻 R_H、温度补偿电阻 R_T、精密电阻 R_1 及 R_2、信号取样电阻 R_S 在电路板上以惠斯通电桥的方式连接，如图 1-8 所示。当空气气流流经发热元件并使其受到冷却时，发热元件即热膜电阻温度降低，阻值减小，电桥失去平衡，控制电路 A 将增大供给发热元件的电流，

使其温度保持高于温度补偿电阻温度一个固定值（一般为100℃）。电流增量的大小取决于发热元件受到冷却的程度，即取决于流过传感器的空气量。当电桥电流增大时，信号取样电阻 R_S 上的电压就会升高，从而将空气流量的变化转化为信号电压 U_S 的变化。信号电压输入ECU后，ECU可根据信号电压的高低计算出空气流量的大小。

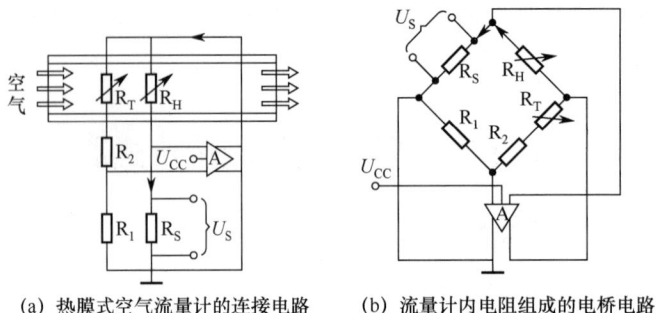

(a) 热膜式空气流量计的连接电路　　(b) 流量计内电阻组成的电桥电路

图1-8　热膜式空气流量传感器电路

当发动机怠速或空气为热空气时，因为怠速时节气门关闭或接近全闭，所以空气流速低，空气量少；又因为空气温度越高，空气密度越小，所以在体积相同的情况下，热空气的质量小，因此发热元件受到冷却的程度小，阻值减小的幅度小，电桥平衡需要的电流小，如图1-9（a）所示，故信号取样电阻上的信号电压低。ECU根据信号电压即可计算出空气量。

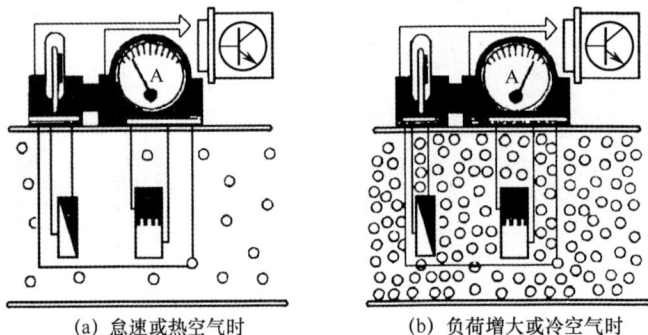

(a) 怠速或热空气时　　　　　　(b) 负荷增大或冷空气时

图1-9　热膜式空气流量传感器的测量原理

当发动机负荷增大或空气为冷空气时，因为节气门开度增大，空气流速加快使空气流量增大；冷空气密度大，在体积相同的情况下冷空气质量大，所以发热元件受到冷却的程度增大，阻值减小的幅度大，保持电桥平衡需要的电流增大，如图1-9（b）所示，故信号电压升高。

二、新型热膜式空气流量传感器 HFM6

1. 结构

热膜式空气流量传感器 HFM6 主要由下列部件组成：①具有回流识别功能的微型机械式传感器元件和进气温度传感器；②一个具有数字信号处理功能的传感器电子单元；③一个

数字接口，如图 1-10（a）所示。如图 1-10（b）所示为博世公司上一代空气流量传感器 HFM5 的结构。

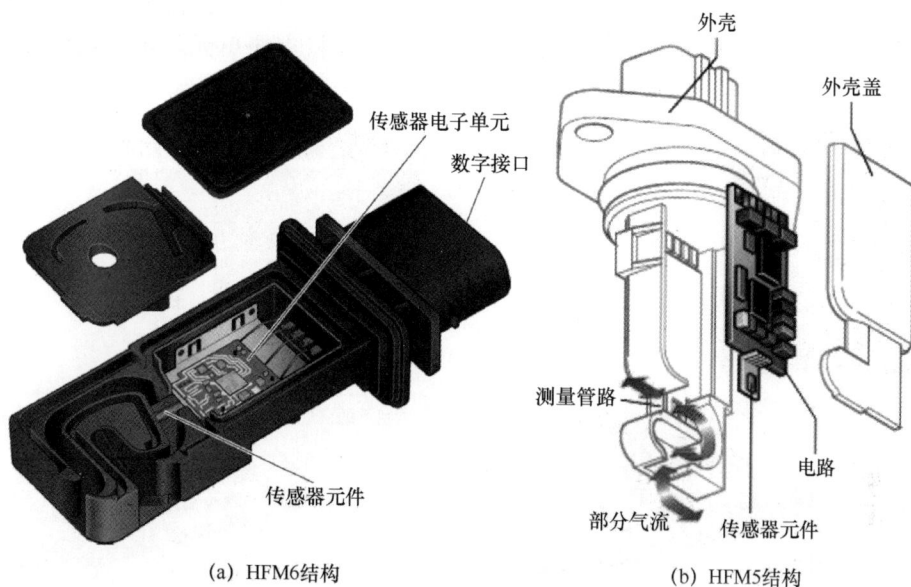

| (a) HFM6结构 | (b) HFM5结构 |

图 1-10 热膜式空气流量传感器

空气流量传感器的电路和传感器元件安装在一个紧凑的塑料外壳上。其传感器元件伸入测量管路中，测量管路从进气歧管的气流中引入一部分气流并引导其流经传感器元件。传感器元件测量这部分气流中流入及回流的空气质量。

与以往的型号 HFM5 相比，新一代空气流量传感器的测量管路（又称旁路通道）在流动性方面进行了优化，如图 1-11 所示。

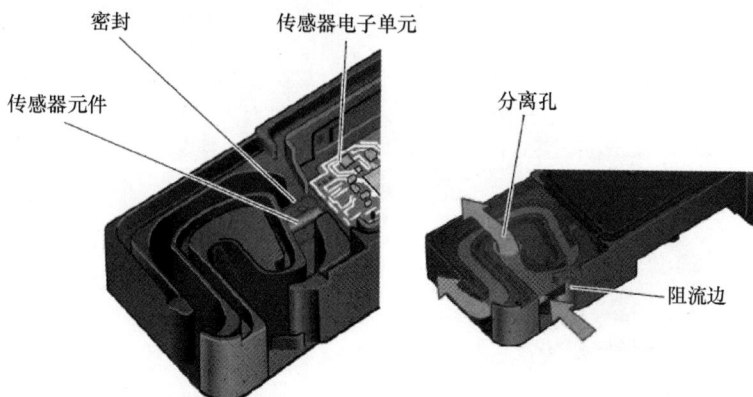

图 1-11 HFM 6 的旁路通道

通过阻流边的构造使其后产生负压。在这个负压的作用下，空气分流被吸入旁路通道，以进行空气质量测量。惯性较大的污粒跟不上这种快速的运动，通过分离孔被重新导入进气气流中。这样，测量结果不会因污粒而失真，传感器元件也不会因其而损坏。

　　传感器元件上集成有一个热电阻和两个热敏电阻（用作温度传感器）R1、R2，如图 1-12 所示。这两个温度传感器用来识别空气的流动方向：吸入的空气首先经过电阻 R1；从关闭的气门回流的空气首先经过电阻 R2，与热电阻合用，温差信号由传感器电子单元进行处理分析，并传递给发动机电控单元，发动机电控单元就可以识别吸入的空气质量。

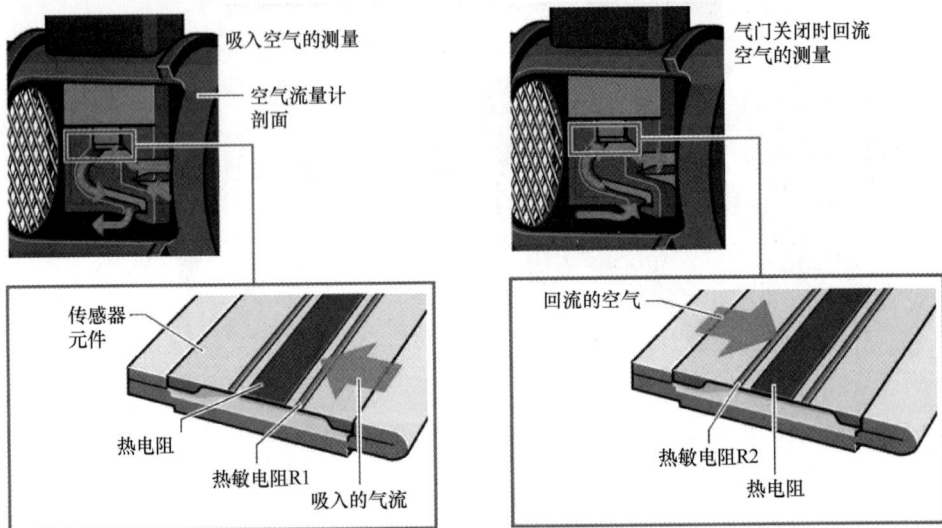

图 1-12　传感器元件工作原理

　　在 HFM6 的传感器元件上除了有上述热电阻和热敏电阻 R1、R2，还有一个进气温度传感器，如图 1-13 所示，用于测定空气流量传感器内部的温度。

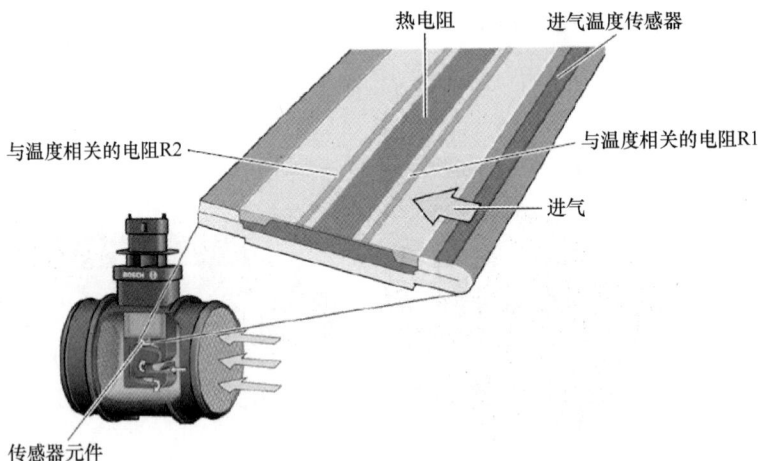

图 1-13　传感器元件的组成

　　空气流量传感器向发动机电控单元传递一个包含被测空气质量的数字信号（频率信号），如图 1-14 所示。发动机电控单元通过周期长度来识别测得的空气质量。由于数字信息相对于模拟线路连接来说，对干扰不敏感，因此与先前的空气流量传感器相比，新一代空气流量传感器的信号可以通过数字接口传递给发动机电控单元来进行准确、稳定的分析。

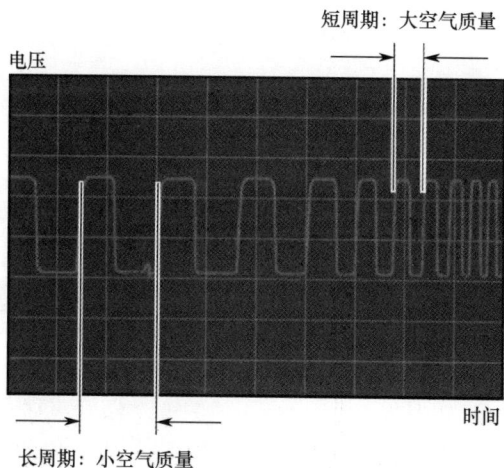

图 1-14　空气质量的数字信号（频率信号）

2．工作原理

为保证最佳的空燃比和低水平的燃油消耗，发动机电控单元需要知道到底有多少空气最终进入发动机气缸内。空气流量计为其提供此项信息。

气门的开关动作会导致进气歧管内的空气朝相反的方向流动，带反向流量识别的热膜式空气流量计探测气流的反向流动，如图 1-15 所示，并将此信号发送给发动机控制单元，由此，空气流量得以精确地测算。

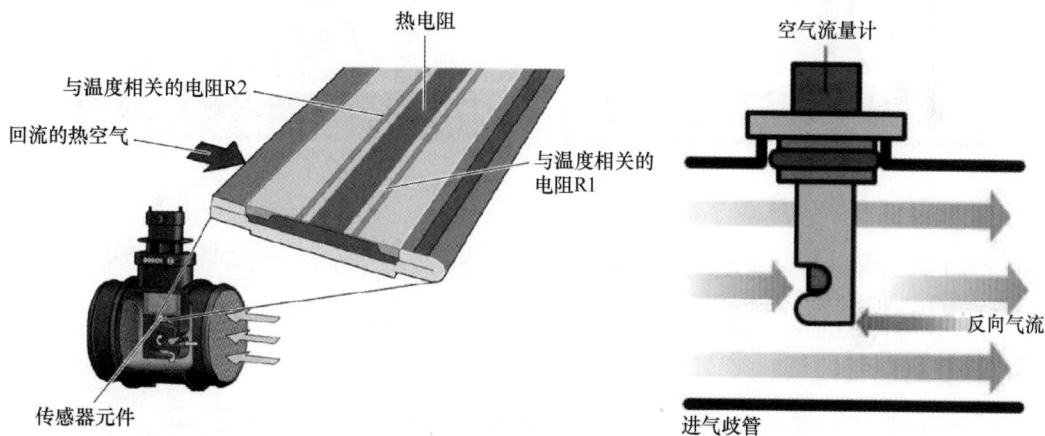

图 1-15　传感器回流识别

在传感器元件上，连接热敏电阻（温度传感器）R1、R2 和热电阻（加热元件）的基板由玻璃膜片组成，如图 1-16 所示。之所以使用玻璃，是因为它的导热性极差。这可以防止热量从热电阻由膜片传给传感器；如果传给传感器将导致测量误差。

热电阻负责加热流经玻璃膜片的空气。当没有气流流过时，热辐射均匀，且两个传感器与热电阻等距布置，因此能测量到相同的空气温度，如图 1-17 所示。

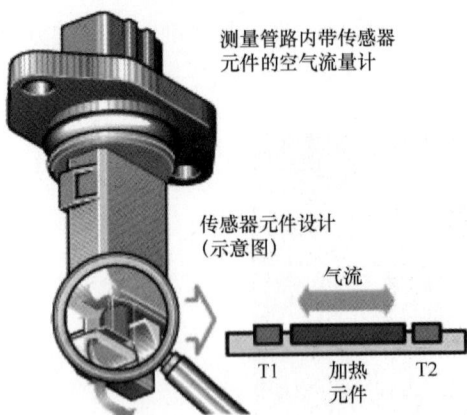

图 1-16　传感器元件设计

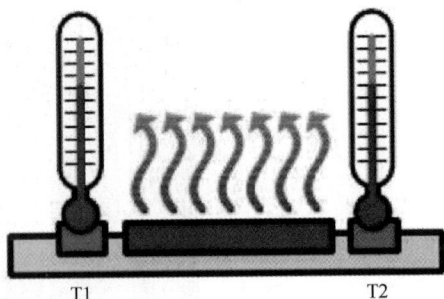

图 1-17　两个传感器测量空气温度

在进气冲程时，气流经传感器元件从 R1 流经 R2。气流使热敏电阻 R1 得以冷却，然后流经加热元件又重新被加热，从而使热敏电阻 R2 达不到电阻 R1 那样的冷却程度，如图 1-18 所示。因此 R1 的温度比 R2 的低。温差信号发送给电路，从而进气质量得以计算。

如果气流反方向流过传感器元件，则 R2 温度受冷却且下降程度比 R1 的大。因此，电路能识别出气流的反向流动，如图 1-19 所示。它将从进气质量中减去这部分反向气流的质量，并将信号反馈给发动机电控单元。

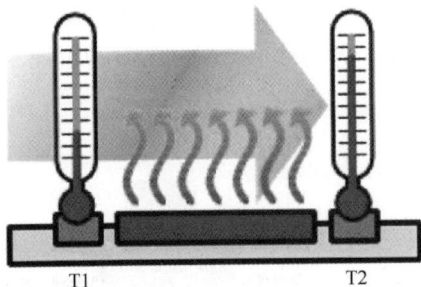

图 1-18　进气气流识别

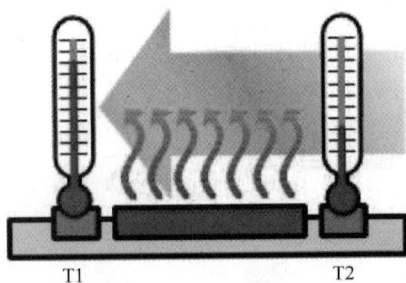

图 1-19　反向气流识别

发动机电控单元由此获得一个电信号：它能准确标定出实际的空气质量，并能更准确地标定出喷射的燃油质量。

三、热膜式空气流量传感器的检测

1. 大众迈腾 1.8TSI 发动机热膜式空气流量传感器检测

大众迈腾 1.8TSI 发动机使用热膜式空气流量传感器 G70，用于计量发动机的进气量，图 1-20 为传感器的插头，图 1-21、图 1-22 所示为该传感器与车载电网控制单元 J519、发动机电控单元 J623 的连接电路。

1）热膜式空气流量传感器插头的各端子说明

图 1-20 中插头的各端子说明如下。

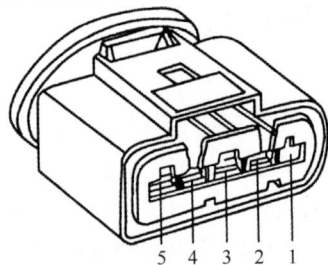

图 1-20　热膜式空气流量传感器插头

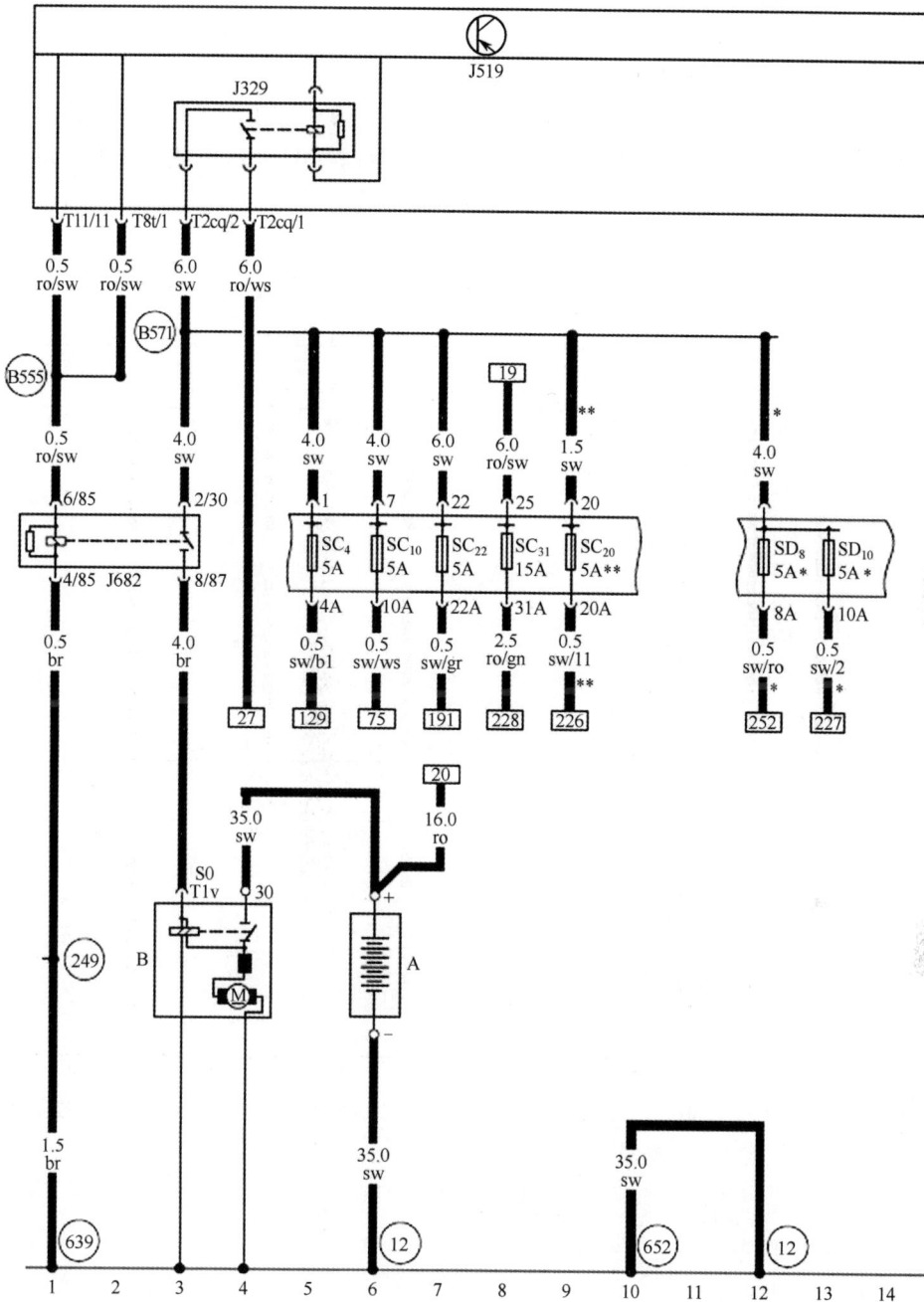

A—蓄电池；B—起动机；J329—总线端 15 供电继电器，在车载电网控制单元继电器支架上；J519—车载电网控制单元；J682—接线端 50 供电继电器，在仪表板下左侧的继电器板上 5 号位（53 继电器）；SC$_4$—熔丝架 C 上的熔丝 4；SC$_{10}$—熔丝架 C 上的熔丝 10；SC$_{21}$—熔丝架 C 上的熔丝 21；SC$_{22}$—熔丝架 C 上的熔丝 22；SC$_{31}$—熔丝架 C 上的熔丝 31；SD$_8$—熔丝架 D 上的熔丝 8；SD$_{10}$—熔丝架 D 上的熔丝 10；T1v—1 芯黑色插头连接；T2cq—2 芯黑色插头连接；T8t—8 芯黑色插头连接；T11—11 芯黑色插头连接；12—发动机舱内左侧接地点，在左前纵梁上；249—接地连接 2，在车身线束中；639—接地点，在左侧 A 柱上；652—变速箱和发动机接地的接地点；B555—正极连接 2（50），在车身线束中；B571—连接 38，在车身线束中；

*—到 2009 年 1 月止；**—从 2009 年 1 月起

图 1-21 热膜式空气流量传感器与车载电网控制单元 J519 的连接电路

1——T5h/1 为电源信号线，由发动机电控单元 J623 提供 5V 参考电压。

2——T5h/2 为进气温度传感器信号线（温度低时电压高，温度高时电压低）。

3——T5h/3 为电源线，打开点火开关时，由点火开关 15 号线向转向柱电子装置控制单元 J527 提供电源信号，再向 J519 提供电源信号，J519 向继电器 J329 提供电源，继电器吸合，此时蓄电池经熔丝 SC_{22}（5A）向空气流量传感器提供电压。

4——T5h/4 为搭铁线，在车身线束中。

5——T5h/5 为空气流量传感器信号线，电压在 0～5V 范围内变化。

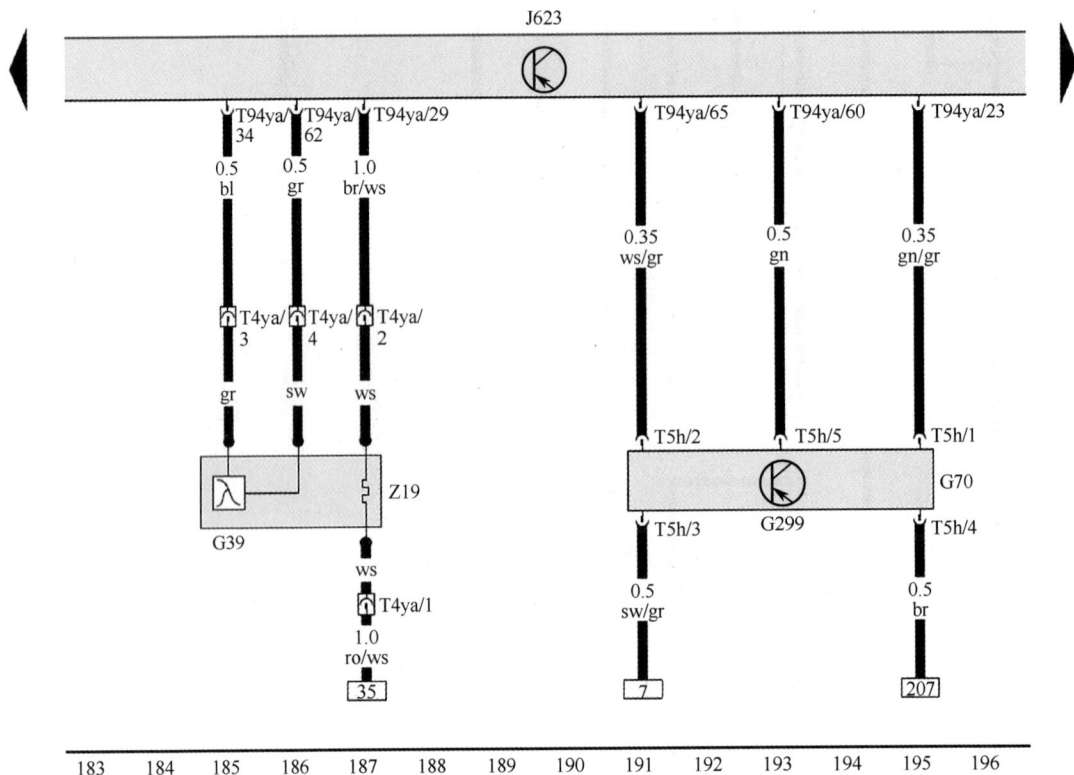

G39—λ 传感器；G70—热膜式空气流量传感器；G299—进气温度传感器 2；J623—发动机电控单元；T4ya—4 芯棕色插头
连接；T5h—5 芯黑色插头连接；T94ya—94 芯黑色插头连接；Z19—λ 传感器加热装置

图 1-22　热膜式空气流量传感器与发动机电控单元 J623 的连接电路

2）检测传感器的供电电压及信号电压

（1）检测供电电压。

关闭点火开关，拆下空气滤清器，打开点火开关，即置于"ON"位置不起动发动机。用万用表的电压挡测量空气流量传感器插头中的 T5h/3 端子与 T5h/4 搭铁线端子之间的电压，该电压值应为蓄电池电压。然后用万用表测量插头 T5h/5 端子与 T5h/4 端子间的电压值，该电压的标准值为 5V，传感器插头位置如图 1-23 所示。

（2）检测信号电压。

关闭点火开关，拆下空气滤清器，打开点火开关，即置于"ON"位置不起动发动机。将万用表的"+"表笔插入空气流量传感器 T5h/5 端子线束中，"–"表笔插入 T5h/3 端子的

线束中。然后用电吹风（冷风挡）向流量传
感器空气入口吹气，观察万用表电压值的变
化。万用表电压即信号电压，标准值为2.0～
4.0V。若信号电压不变化，说明空气流量传
感器失效，应更换。

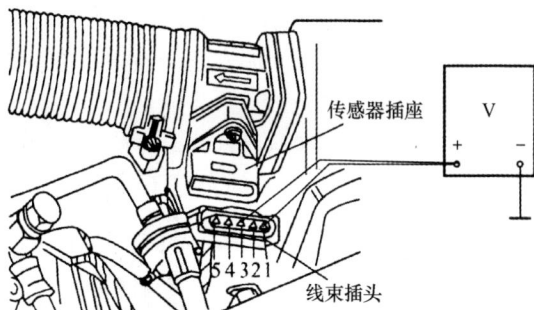

图1-23　热膜式空气流量传感器的插头位置

　　3）检测线束导通性

　　关闭点火开关，拔下空气流量传感器的
插头，拔下发动机电控单元J623的线束连
接器，用万用表检测插头T5h/1端子与J623
连接器的T94ya/23端子间的电阻值、插头
T5h/5端子与J623连接器的T94ya/60端子间的电阻值、插头T5h/2端子与J623连接器的
T94ya/65端子间的电阻值，测量值均应小于1Ω。

　　4）用诊断仪检测

　　用车辆故障诊断仪VAS5052检测空气流量传感器信号，操作步骤为：输入地址码01进入
发动机测试，输入组号08读取测量数据组，输入组号02读取基本功能数据。此时诊断仪会显
示进气空气质量，其标准值为2.0～4.5g/s。若小于2.0g/s，则说明进气系统有泄漏；若大于4.5g/s，
则说明发动机负荷太大。如果空气流量传感器有故障，会出现故障码00553—G70空气流量传
感器线路对地断路或短路。

　　说明：进气温度传感器内部计算进气温度，数据流不提供此数据，有故障时不一定报
故障码（与发动机控制单元软件版本号有关）。

　　5）输出信号的万用表电压检测法

　　在线路连接完好的情况下，使发动机怠速运转，利用背插法，用万用表电压挡测量端
子T5h/5与地之间的电压，在发动机怠速时应为1.4V，急加速时为2.8V，否则说明空气流
量传感器计量有偏差。

2．大众CC、新款帕萨特热膜式空气流量传感器检测

　　大众CC、新款帕萨特1.8TSI发动机使用改进的三线热膜式空气流量传感器G70（取
消了进气温度传感器），用于计量发动机的进气量，图1-24、图1-25所示为该传感器与车
载电网控制单元J519、发动机电控单元J623的连接电路。

　　1）热膜式空气流量传感器插头的各端子说明

　　（1）T5f/1为空气流量传感器信号线，由发动机电控单元J623提供5V电压。

　　（2）T5f/2为空气流量传感器搭铁线。

　　（3）T5f/3为电源线，打开点火开关时，由点火开关15号线向车载电网控制单元J519
提供电源信号，J519向继电器J329提供电源，继电器吸合，此时蓄电池经熔丝SC10（10A）
向空气流量传感器提供电压。

　　2）检测传感器的供电电压及信号电压

　　（1）检测供电电压。

　　关闭点火开关，拆下空气滤清器，打开点火开关，即置于"ON"位置不起动发动机。
用万用表的电压挡测量空气流量传感器插头中的T5f/1端子（正信号线）与T5f/2搭铁线端

子（负信号线）之间的电压，该电压的标准值为 5V。然后用万用表测量插头 T5f/3 端子与 T5f/2 搭铁（或车身）间的电压，该电压的标准值为蓄电池电压（如无电压，检查熔丝 SB30 及供电继电器 J329）。

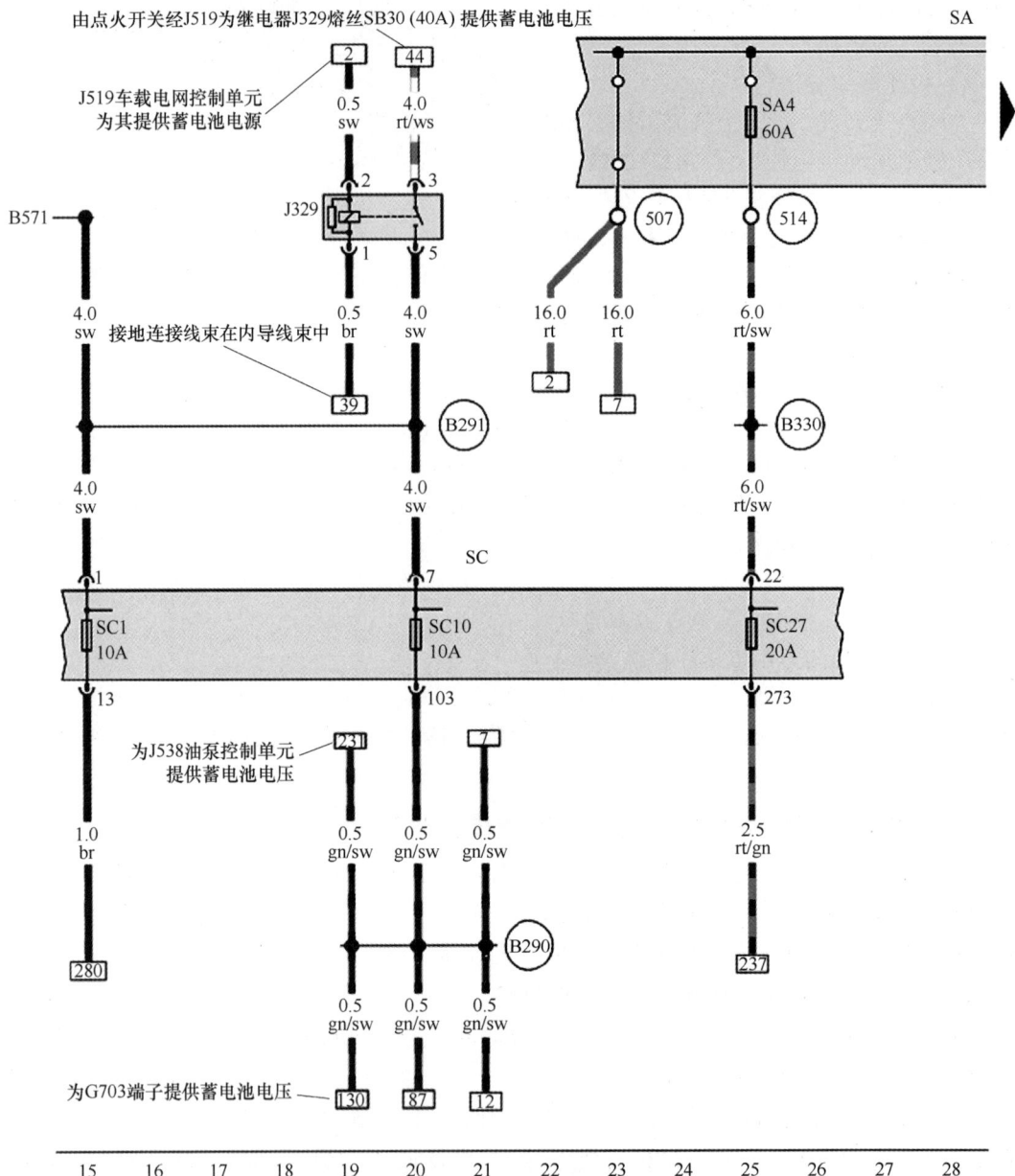

图 1-24　热膜式空气流量传感器与车载电网控制单元 J519 的连接电路

J329—继电器；SA—熔丝架 A；SA4—熔丝架 A 上的熔丝 4；SC—熔丝架 C；SC1—熔丝架 C 上的熔丝 1；
SC10—熔丝架 C 上的熔丝 10；SC27—熔丝架 C 上的熔丝 27；507—螺栓连接（30），在蓄电池熔丝座上；
514—螺栓连接 4（30a），在继电器板上；B290—正极连接 14（15a），在主导线束中；B291—正极连接 15（15a），
在主导线束中；B330—正极连接 16（30a），在主导线束中；B571—接地连接 38，在主导线束中

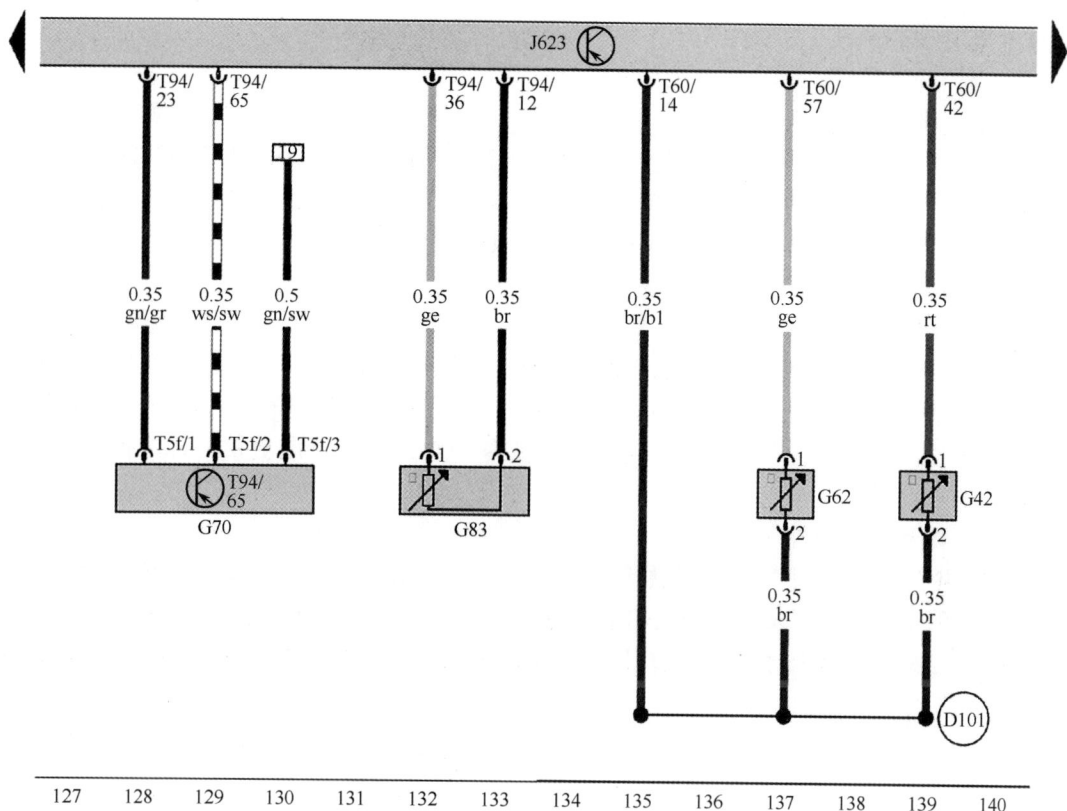

G42—进气温度传感器；G62—冷却液温度传感器；G70—热膜式空气流量传感器；G83—冷凝器出口上的冷却液温度传感器，黑色；J623—发动机电控单元，位于排水槽内中部；T5f—5 芯插头连接；T60—60 芯插头连接；T94—94 芯插头连接；D101—连接 1，在发动机舱导线束中

图 1-25　热膜式空气流量传感器与发动机电控单元 J623 的连接电路

（2）检测信号电压。

将万用表"+"表笔插入空气流量传感器 T5f/1 端子线束中，"−"表笔插入 T5f/2 端子线束中，然后用电吹风（冷风挡）向流量传感器空气入口吹气，观察信号电压的变化。若信号电压不变化，说明空气流量传感器失效，应更换。

3）检测线束导通性

关闭点火开关，拔下空气流量传感器的插头，拔下发动机电控单元 J623 的线束连接器，用万用表检测传感器插头 T5f/1 端子与 J623 连接器的 T94/23 端子间的电阻值、插头 T5f/2 端子与 J623 连接器的 T94/65 端子间的电阻值，检测值均应小于 1Ω。

3. 桑塔纳 2000GSI，捷达 GT、GTX 轿车空气流量传感器检测

桑塔纳 2000GSI，捷达 GT、GTX 轿车均使用同一类型的热膜式空气流量传感器来计量发动机的进气量，热膜式空气流量传感器 G70 与发动机电控单元 J220 之间的连接电路如图 1-26 所示。

1）热膜式空气流量传感器插头的各端子说明

端子 1 为空脚；端子 2 接 12V 电源；端子 3 接负信号线；端子 4 接 ECU 提供的 5V 电源；

端子 5 接正信号线。

2）检测传感器的供电电压及信号电压

（1）检测供电电压。

关闭点火开关，拆下空气滤清器，打开点火开关，即置于"ON"位置不起动发动机。用万用表的电压挡测量空气流量传感器插头中的端子 2 与搭铁线之间的电压，该电压的标准值为蓄电池电压。然后用万用表测量插头端子 4 与搭铁间的电压，该电压的标准值为 5V。

（2）检测信号电压。

关闭点火开关，拆下空气滤清器，打开点火开关，即置于"ON"位置不起动发动机。将万用表"+"表笔插入空气流量传感器 5 号端子线束中，"–"表笔插入 3 号端子（负信号线）线束中，然后用电吹风（冷风挡）向流量传感器空气入口吹气，观察信号电压的变化。若信号电压不变化，说明空气流量传感器失效，应更换。标准值为 2.0～4.0V。

3）检测线束导通性

关闭点火开关，拔下空气流量传感器的插头，拔下发动机电控单元 J220 的线束连接器，如图 1-27 所示，用万用表检测插头端子 3 与 J220 连接器的端子 12 间的电阻值，检测插头端子 4 与 J220 连接器端子 11 间的电阻值，检测插头端子 5 与 J220 连接器端子 13 间的电阻值，检测值均应小于 1Ω。

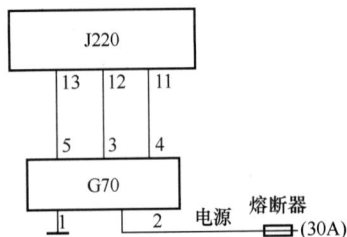

图 1-26　空气流量传感器与 ECU 之间的连接电路

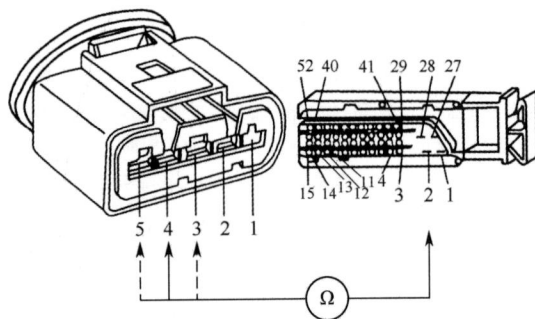

图 1-27　检测线束导通性

温度传感器

第一节　概述

温度传感器广泛应用于现代汽车，有冷却液温度传感器、进气温度传感器、自动变速器油温传感器、排气温度传感器等，用在发动机、燃油喷射、自动变速器换挡、离合器锁定和空调系统中，用于测量发动机的环境温度、室内温度等，为发动机的油压控制以及自动控制提供重要依据。

温度传感器在工业自动化上有着广泛的用途，常用的温度传感器有热电阻式、热电偶式、热敏铁氧体式、晶体管型、集成型 5 种。

热电阻式温度传感器是根据热电阻效应制成的传感器，热电阻效应指的是物质的电阻率随其本身温度的变化而变化。热电阻按材料分为金属热电阻和热敏电阻。

若以金属元件作为检测元件来制作传感器，则要求材料的电阻温度系数尽可能大、物理化学性能稳定且其自身的电阻率较大，这样就使得铂和铜金属成为较理想的、常用的热电阻材料。其中，铂在很宽的温度范围内都能保持良好的特性，因此得到了广泛的应用；铜虽然仅适用于−50～150℃，但其测温精度高，稳定性好，且易加工，价格便宜。

热敏电阻则是用陶瓷半导体材料与其他的金属氧化物按适当的比例混合后，经高温烧结而制成的温度系数很大的电阻体，在工作范围内，按陶瓷半导体与温度的特性关系可分为 3 种类型：第一种是负温度系数热敏电阻 NTC，其电阻值随温度的升高而减小；第二种是正温度系数热敏电阻 PTC，其电阻值随温度的升高而呈指数规律增加；第三种是临界温度系数热敏电阻 CRT，其电阻值随温度的升高而呈指数规律减小。

热电偶式温度传感器是根据热电效应制成的，即将两个不同材料的金属黏合在一起，如图 2-1 所示，在 A、B 间产生温度差 ΔT_{AB} 时，两点间会出现一个电位差 ΔU_{AB}，A、B 两点间的电位差仅取决于其温度差，测量时，将其中的一端置于恒温箱中，另一端置于被测物中，被测物温度变化时，ΔU_{AB} 也将发生变化，这样 ΔU_{AB} 的变化实际上就是被测物温度变化的反映。

图 2-1　热电效应原理图

热敏铁氧体式温度传感器实际上是一种开关式传感器，制成热敏铁氧体式温度传感器的材料具有强磁性，此材料的环境温度超过某一温度时，其磁性急剧变化，从而形成不同的磁场，使传感器的舌簧开关导通或断开，进而形成电路的通断。

目前在汽车上应用的主要有热敏电阻式温度传感器、热电偶式温度传感器、热敏铁氧体式温度传感器，其中又以热敏电阻式温度传感器应用最为广泛，如安装在冷却液管路上的冷却液温度传感器，安装在风窗玻璃底下及前保险杠内的车内外温度传感器，安装在空气流量传感器内、滤清器内、进气歧管、进气导管内的进气温度传感器，安装在空调蒸发器片上的蒸发器出口温度传感器，安装在三元催化转化器上的排气温度传感器，安装在排气再循环（EGR）进气道上的EGR检测温度传感器，安装在变速器液压阀体上的变速器油温传感器等。热电偶式温度传感器由于热电位差不高，在汽车上应用较少，主要用于排气系统中排气温度的确定。热敏铁氧体式温度传感器在汽车上主要用于控制散热器的冷却风扇。

此外还要提到的就是两种应用在老式化油器式发动机上的石蜡式气体温度传感器及双金属片式气体温度传感器。其中石蜡式气体温度传感器是利用石蜡的低温固态、高温液态，体积膨胀推动活塞运动，从而打开关闭阀门的原理制成的。而双金属片式气体温度传感器则是利用膨胀系数不同的两种金属黏合后，高温时，两种金属的膨胀系数不同，使双金属片向膨胀量小的一方弯曲的特性制成的可关闭阀门。

第二节　热敏电阻式温度传感器

热敏电阻式温度传感器由于其灵敏度高，能够测量微小的温差，结构简单，价格低廉，经济性好，在汽车的电子控制系统中有着越来越广泛的应用。

一、进气温度传感器

1. 进气温度传感器的结构及原理

进气温度传感器用于检测进气温度，并将温度信号变换为电信号传送给ECU。进气温度信号是各种控制功能的修正信号。如果进气温度传感器信号中断，就会导致热起动困难，废气排放量增大。

由于空气流量传感器测定的空气流量为体积流量，进气密度随温度和压力的改变而变化，而喷油量是按空气质量计算的，理想空气燃油比是14.7∶1，ECU必须根据进气温度对喷油量进行修正，以获得最佳的空燃比，因此需要配装进气温度传感器和大气压力传感器。ECU根据发动机的进气温度和压力信号修正喷油量，使发动机自动适应外部环境温度（寒冷、高温）和压力（高原、平原）变化。当进气温度低时（空气密度大），热敏电阻的阻值大，传感器输入ECU的信号电压高，ECU控制喷油器增加喷油量；反之，当进气温度高时（空气密度小），热敏电阻阻值小，传感器输入ECU的信号电压低，ECU将控制喷油器减少喷油量。

1）进气温度传感器安装位置与结构

进气温度传感器通常安装在空气滤清器之后的进气软管上或空气流量传感器和进气压力传感器上，如图2-2所示，有的还在空气流量传感器和谐振腔上各安装一个，以提高喷油量的控制精度。

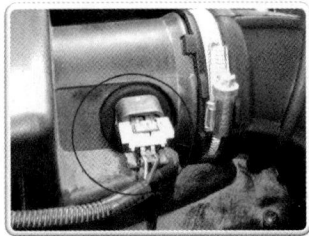

图2-2　进气温度传感器安装位置

进气温度传感器的结构如图 2-3 所示，主要由绝缘套、塑料外壳、防水插座、铜垫圈、热敏电阻等组成。

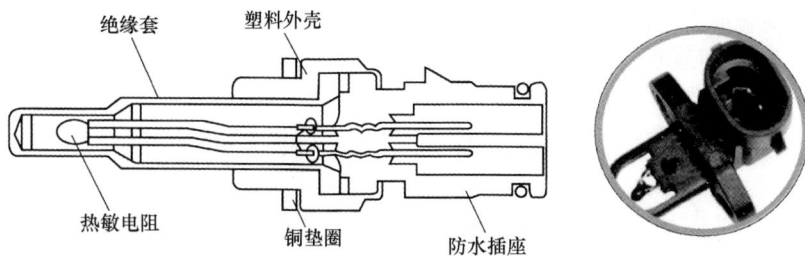

图 2-3 进气温度传感器的结构

2）进气温度传感器工作原理

进气温度传感器采用负温度系数的热敏电阻作为检测元件，为准确测量进气温度，常用塑料外壳加以保护，以防安装部位的温度影响传感器的工作精度。

进气温度传感器与 ECU 的连接电路如图 2-4 所示。ECU 根据进气温度传感器输入的信号来修正基本喷油量。进气温度传感器的工作特性曲线如图 2-5 所示。

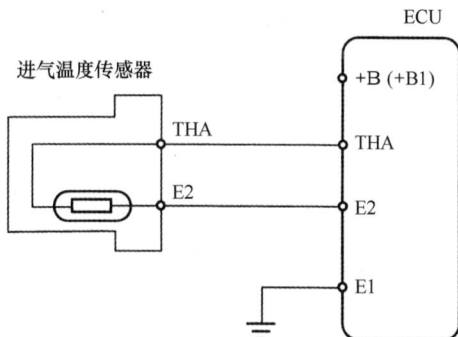

图 2-4 进气温度传感器与 ECU 的连接电路

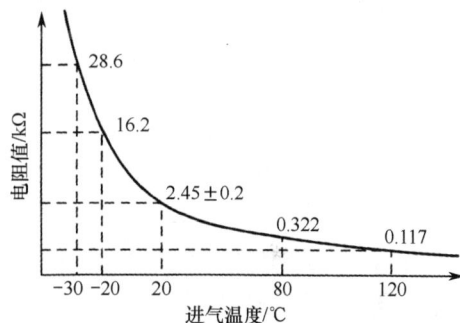

图 2-5 进气温度传感器的工作特性曲线

2. 进气温度传感器的检测方法

1）单体检测

关闭点火开关，断开进气温度传感器线束连接器，从发动机上拆下传感器。用制冷剂或压缩空气对进气温度传感器降温，也可采用放入水中加热的方法对此传感器加热，方法如图 2-6 所示。用万用表电阻挡测量传感器两端子间的电阻（阻值应在 $0.2 \sim 20k\Omega$），其电阻值随温度变化而变化的规律应与如图 2-5 所示的特性曲线的变化规律相一致，如果电阻值不在此范围内，则应更换进气温度传感器。

2）就车检测法

拔下传感器插头，接通点火开关，测量插头上 THA 端子与 E2 端子之间的电压，该电压值应为 5V。若无电压，则应检查 ECU 连接器上 THA 端子与 E2 端子间电压，若此电压为 5V，则 ECU 与传感器之间线路有故障。若无 5V 电压，则 ECU 有故障。插回插件，起动发动机，测量传感器 THA 端子与 E2 端子之间在不同温度下的电压，应在 0.1～4.8V 范围内变化（车型不同略有差异，但变化规律基本上是相同的）。如果测量值与规定值不符，说明进气温度传感器有故障或者损坏，应重换新件。

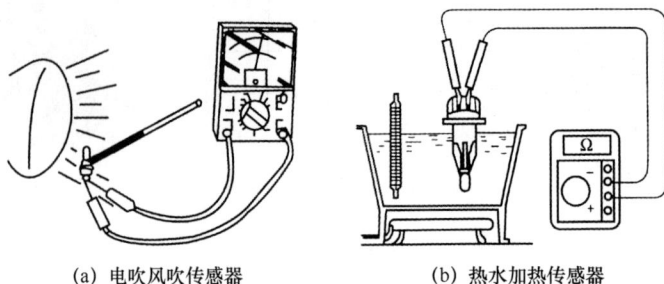

(a) 电吹风吹传感器　　　　(b) 热水加热传感器

图 2-6　进气温度传感器检测方法

3）检测进气温度传感器与 ECU 之间的连接线束的电阻值

用高阻抗万用表的电阻挡测量传感器的信号端子与 ECU 的信号端子之间的连接线束及传感器的地线端子与 ECU 的地线端子之间的电阻值。此时电阻若小于 1.5Ω 说明线路导通，否则说明线束短路或接线端子的接触不好，应继续检查或更换线束。

二、冷却液温度传感器

1. 冷却液温度传感器工作原理

冷却液温度传感器用于检测发动机冷却液液温，向 ECU 输入温度信号，作为燃油喷射和点火正时的修正信号，同时也是其他控制系统的控制信号。在冷却液温度较低的冷机状态下，应加浓混合气体，使发动机稳定地燃烧，而如果不能发出冷机状态信号，则混合气体变得稀薄，发动机处于不正常状态。反之，当发动机处于暖机状态时，若发出冷机状态信号，混合气体过浓，发动机仍处于不正常状态。冷却液温度传感器的特性曲线如图 2-7 所示。其插头与 ECU 的连接端子及电路如图 2-8、图 2-9 所示，其中，THW 为传感器信号端子。

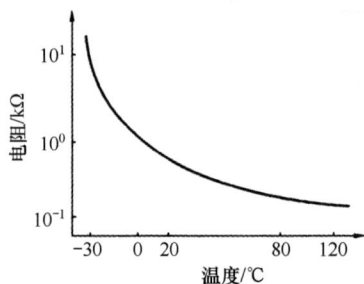

图 2-7　冷却液温度传感器特性曲线

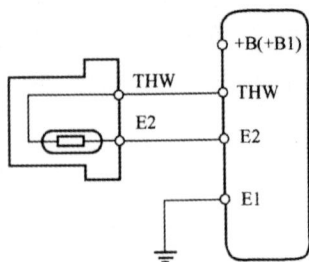

图 2-8　冷却液温度传感器与 ECU 的连接端子

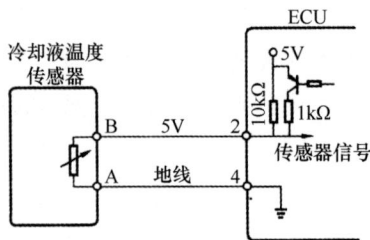

图 2-9　传感器与 ECU 连接电路

从图 2-9 中可以看出，ECU 使 5V 的电压通过 1kΩ 电阻和晶体三极管串联后再与 10kΩ 电阻并联的电路，然后经过传感器接地。在温度比较低时，传感器的热敏电阻的阻值较大，此时 ECU 使晶体三极管截止，5V 的电压仅仅通过 10kΩ 电阻及传感器后接地，由于传感器的热敏电阻的阻值与 10kΩ 电阻的阻值相差不大，这样传感器所测得的数值比较准确；而当温度达到 51.6℃的特定值时，热敏电阻的阻值发生了很大的变化，此时其阻值相对 10kΩ 已经较小，测得的数值不再准确，这时 ECU 使晶体管导通，这样 5V 电压就通过 1kΩ 电阻和晶体三极管串联后再与 10kΩ 电阻并联的并联电路，然后经过传感器接地，由于并联后的阻值与 1kΩ 相差不大，即与温度升高后的传感器的阻值相差不大，这样即使温度升高，也能使测量结果准确。

2. 冷却液温度传感器安装位置与结构

冷却液温度传感器（即水温传感器）一般装在电控发动机的缸体缸盖的水套以及上出水管等处，如图 2-10 所示。冷却液温度传感器的结构如图 2-11 所示，有两端子式和单端子式两种，主要由热敏电阻、金属引线、接线插座和壳体组成。

(a) 安装在缸体上

(b) 安装在冷却液循环通道上

图 2-10 冷却液温度传感器安装位置

3. 冷却液温度传感器的检测方法

冷却液温度传感器的工作性能好坏直接影响电
喷发动机的喷油量，从而影响发动机的燃烧性能，若
传感器损坏，会使汽车发动机出现不易起动、工作不
平稳等故障。若出现此类故障，则应对此传感器进行
检测。其实，在电控燃油喷射的发动机上，一般的汽
车都有故障自诊断系统，若传感器或其他元件损坏，
则故障自诊断系统几乎都能检测到故障部位，且以故
障码的形式在屏幕上显示出来。冷却液温度传感器的
检测如下。

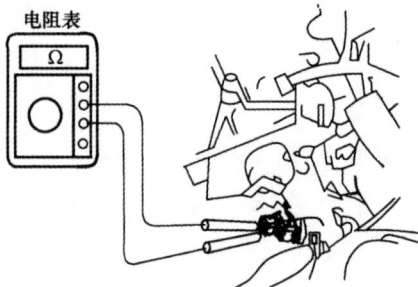

图 2-11　两端子式冷却液温度传感器结构

1）检测冷却液温度传感器的电阻

（1）就车检测。关闭点火开关，拔下冷却液温度传感器插头，用高阻抗数字式万用表
电阻挡检测传感器接头两端子间的电阻，如图 2-12 所示，阻值应在 0.2～20kΩ 范围内；若
电阻值偏差过大，则说明传感器已失效或损坏，应更换传感器。

（2）单体检测。从车上拆下冷却液温度传感器，并将其置于水杯中，缓慢加热提高水
温，同时用万用表测量传感器两端子间的电阻值，如图 2-13 所示，其电阻值随温度的变化
应符合表 2-1 中所示情况，否则说明传感器已失效或损坏，应更换传感器。

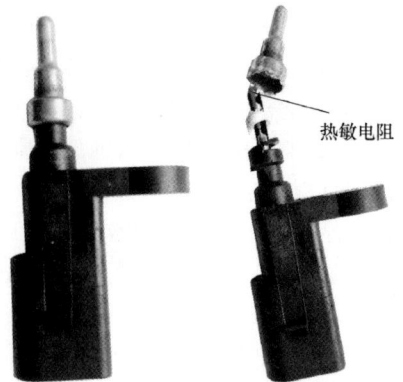

图 2-12　就车检测冷却液温度传感器

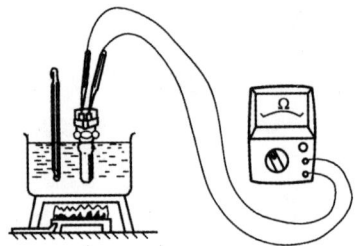

图 2-13　单体检测冷却液温度传感器

表 2-1　冷却液温度传感器电阻值随温度的变化

冷却液温度（℃）	电阻值（kΩ）	冷却液温度（℃）	电阻值（kΩ）	冷却液温度（℃）	电阻值（kΩ）
−20	10～20	20	2～3	60	0.4～0.7
0	4～7	40	0.9～1.3	80	0.2～0.4

2）检测冷却液温度传感器的信号电压

打开点火开关，用万用表的表笔分别连接冷却液温度传感器的信号线或 ECU 的信号线
与地线（注意正负极），用其电压挡测量传感器的输出电压值，其大小应随冷却液温度的变
化而变化，即温度低时电压高，温度高时电压低，测量结果应符合标准规定值，否则应更
换传感器。

3）检测冷却液温度传感器与 ECU 之间的连接线束的电阻值

用高阻抗万用表的电阻挡测量传感器的信号端子与 ECU 的信号端子之间的连接线束
及传感器的地线端子与 ECU 的地线端子之间的电阻值，此时阻值小于 1.5Ω 表明线路导通，
否则说明线束短路或接线端子的接触不好，应继续检查或更换线束。

4．检测方法在具体车型上的应用

以上对冷却液温度传感器的检测方法进行了简单介绍，现在就一些常见车型上的冷却液温度传感器的检测方法进行举例说明。

1）大众 CC 轿车冷却液温度传感器的检测

大众 CC、速腾、迈腾、高尔夫轿车都使用同一型号的冷却液温度传感器 G62，G62 为负温度系数的热敏电阻式传感器，安装在发动机冷却液出水管即冷却水套中（见图 2-14），用于检测发动机冷却液的温度，并把所检测到的温度信号以电信号的形式输入 ECU，为修正喷油量及点火时间提供依据。G62 的接头端子 1、2，分别与发动机控制单元 J623 的 T60/57 和 T60/14 号接头端子相连，传感器与ECU 的连接如图 2-15 所示。

图 2-14 冷却液温度传感器结构及安装位置

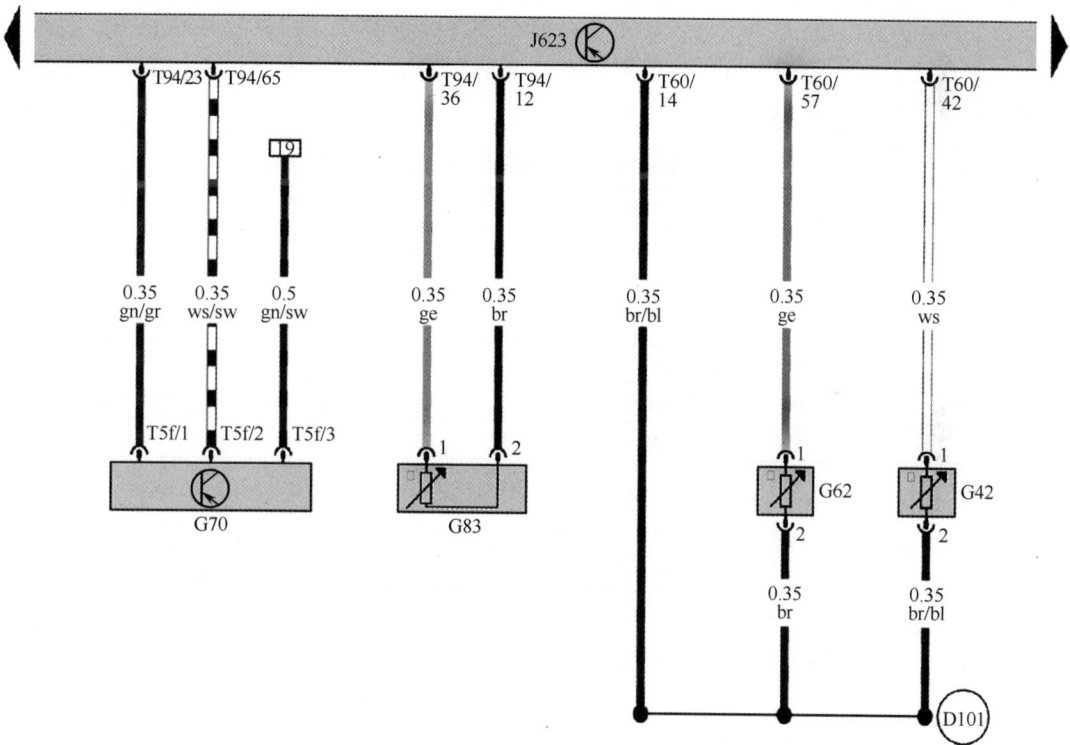

图 2-15 冷却液温度传感器与 ECU 的连接电路

G42—进气温度传感器；G62—冷却液温度传感器；G70—空气质量流量传感器；G83—冷凝器出口上的冷却液温度传感器，黑色；J623—发动机控制单元，排水槽内部；T5f—5 芯插头连接；T60—60 芯插头连接；T94—94 芯插头连接；D101—连接 1，在发动机舱导线束中

冷却液温度传感器 G62 不断地向 ECU 输入冷却液温度的信号，如果此温度传感器损

坏，则信号将中断，ECU 不能再确定冷却液液温，会导致发动机冷机或热机时起动困难、油耗增加、怠速不稳、排放升高等故障。冷却液温度传感器的检测方法如下。

（1）检测电源电压。拔下冷却液温度传感器的插头，打开点火开关，测量 J623 的 T60/14 和 T60/57 号端子间的电压，应为 5V 左右。

（2）检测信号电压。插上冷却液温度传感器的插头，打开点火开关，检测传感器端子 2 和端子 1 的的信号电压，应为 0.5～4.8V，若电压值不在此范围内，则表明传感器已失效或损坏，应更换。冷却液温度传感器的信号电压与冷却液温度之间的关系如表 2-2 所示。

表 2-2 冷却液温度传感器的信号电压与冷却液温度之间的关系

冷却液温度（℃）	信号电压值（V）	冷却液温度（℃）	信号电压值（V）	冷却液温度（℃）	信号电压值（V）
−20	4.78	20	3.78	80	1.99
−10	4.62	40	3.09	100	1.56
0	4.45	60	2.25	120	0.70

（3）检测电阻。断开点火开关，拆下冷却液温度传感器，并将其放入装满水的容器里加热，用万用表测量不同温度下传感器两端子间的电阻值，应满足表 2-3 中所示的要求，否则，应更换传感器。

表 2-3 冷却液温度传感器的电阻值与温度之间的关系

端子	温度（℃）	电阻值（Ω）	端子	温度（℃）	电阻值（Ω）
1—2	0	5000～6500	1—2	60	540～675
1—2	10	3350～4400	1—2	70	400～500
1—2	20	2250～3000	1—2	80	275～375
1—2	30	1500～2100	1—2	90	200～290
1—2	40	950～1400	1—2	100	150～225
1—2	50	700～950			

2）新款捷达轿车冷却液温度传感器的检测

新款捷达轿车冷却液温度传感器 G62 与水温表传感器 G2 安装在一个壳体里。冷却液温度传感器是一个 NTC 电阻，当水温升高时，电阻值降低。水温表传感器则将水温信号输入 ECU，修正燃油喷射量和点火正时等。捷达轿车冷却液温度传感器的结构与安装位置如图 2-16 所示，连接电路如图 2-17 所示。

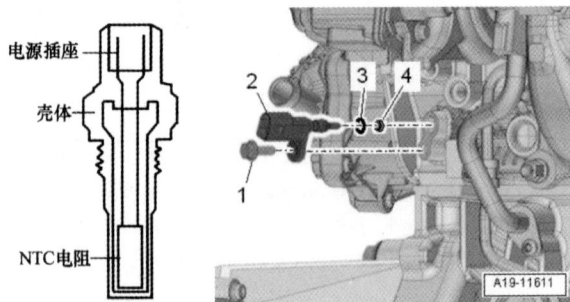

1—拧出螺栓；2—冷却液温度传感器 G62；3—O 形环；4—支承环

图 2-16 新款捷达冷却液温度传感器结构与安装位置

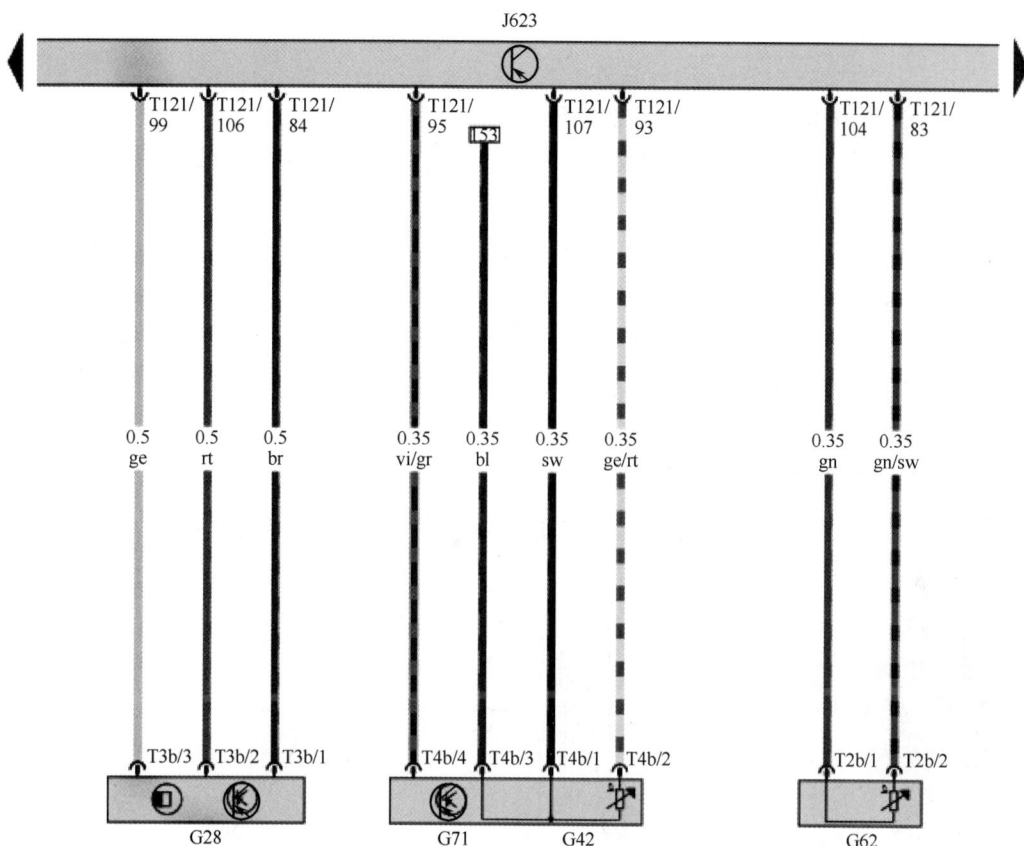

G28—发动机转速传感器；G42—进气温度传感器；G62—冷却液温度传感器；G71—进气管压力传感器；J623—发动机控制单元；T2b—2 芯插头连接；T3b—3 芯插头连接；T4b—4 芯插头连接；T121—121 芯插头连接

图 2-17　冷却液温度传感器与发动机控制单元的连接电路

　　冷却液温度传感器接头端子号码为 T2b/1 和 T2b/2，分别与发动机控制单元 J623 的负信号线 T121/104 和 T121/83 端子相连接。传感器的检测方法如下。

　　（1）检测电源电压。拔下冷却液温度传感器插头，打开点火开关，测量发动机控制单元 J623 的 T121/83 端子与车身搭铁之间的电压，应为 5V 左右。

　　（2）检测传感器电阻值。关闭点火开关，拔下冷却液温度传感器，将冷却液温度传感器放入盛满水的加热容器中，在不同的温度下，测量传感器端子 T2b/1 和 T2b/2 间的电阻值，应符合表 2-4 中所示的规定值。如果测量结果不符，则传感器已损坏，应进行更换。

表 2-4　捷达轿车冷却液温度传感器电阻值与温度之间的关系

温度（℃）	电阻（Ω）	温度（℃）	电阻（Ω）	温度（℃）	电阻（Ω）
10	3500	50	970	80	325
20	2500	60	575	100	200
40	1250	70	425		

三、车内外温度传感器

1. 车内、车外温度传感器的工作原理

车内、车外温度传感器用于测量车内、外的空气温度,为汽车空调控制系统工作温度的控制提供信息。

车内温度传感器壳体内有一个NTC热敏电阻,它通过一个小鼓风机从车内吸取空气来测量气流的温度。这样可以防止温度传感器处升温,这种温升可能会对测量结果造成负面影响。鼓风机与传感器元件安装在同一个壳体内。

车外温度传感器阻值也随环境温度的变化而变化,并把这种变化信号输入给空调控制系统的电子控制单元,使电子控制单元启动空调压缩机,从而保持车内的温度在恒定的范围内。

2. 车内、车外温度传感器的结构

车外温度传感器的结构及特性曲线如图 2-18 所示,车内温度传感器的结构如图 2-19 所示。

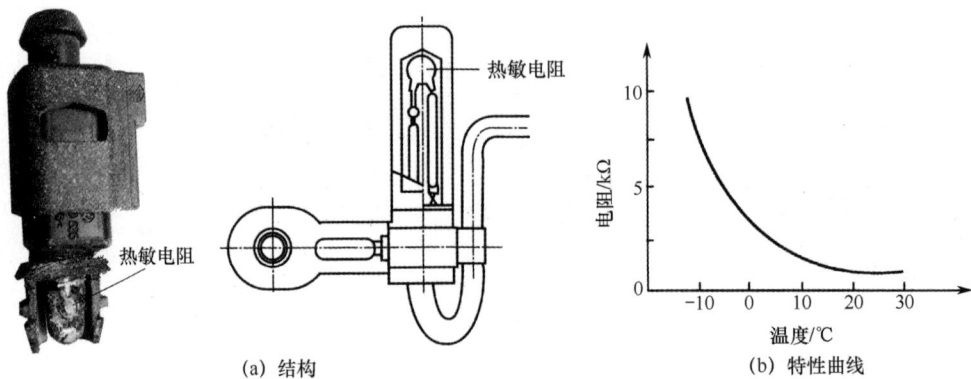

(a) 结构   (b) 特性曲线

图 2-18　车外温度传感器的结构及特性曲线

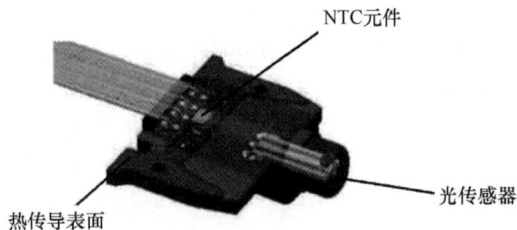

图 2-19　车内温度传感器的结构

3. 车内、车外温度传感器的安装位置

车外温度传感器与车内温度传感器在空调系统中与电位计串联,当车外空气温度变化时,车外温度传感器的电阻值也随之发生变化,这时,空调控制系统启动空调压缩机,保持车内温度恒定在设定范围。车外温度传感器一般安装在汽车前部,如图 2-20 所示。车内温度传感器有两个,一个安装在驾驶室空调控制面板前端,如图 2-21 所示,一个安

装在后挡风玻璃下面。车内、车外温度传感器的接头端子与自动空调控制单元的连接电路分别如图 2-22、图 2-23 所示。

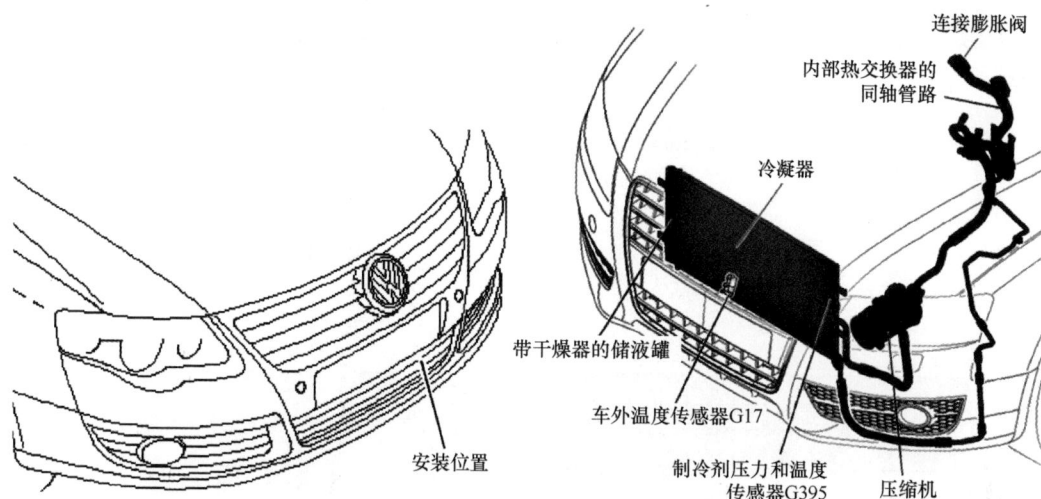

图 2-20　车外温度传感器的安装位置

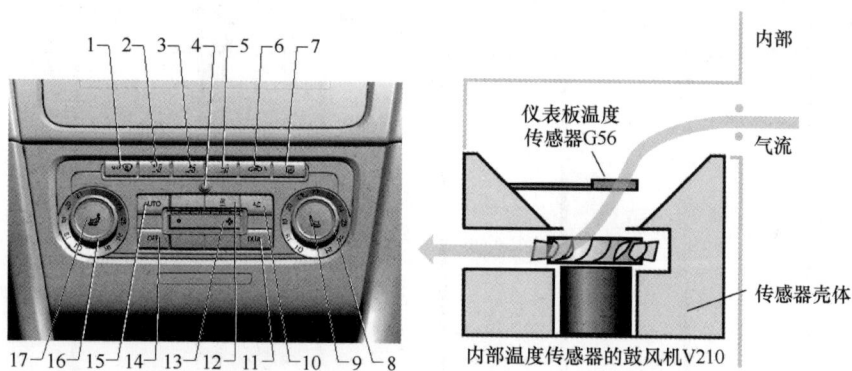

1—挡风玻璃除霜按钮；2—上部气流分配按钮；3—中部气流分配按钮；4—车内温度传感器；5—下部气流分配按钮；6—循环空气运行模式或自动循环空气运行模式按钮；7—后风窗加热按钮；8—车内温度旋钮（右侧）；9—右侧座椅加热装置按钮（选装）；10—AC 按钮；11—ECON 按钮；12—快速加热按钮；13—风扇调节器；14—空调 OFF 按钮；15—自动（AUTO）按钮；16—车内温度旋钮；17—座椅加热装置按钮（选装）

图 2-21　高尔夫 A6 车内温度传感器的安装位置

4．车内温度传感器的检测

车内温度传感器将热敏电阻装在塑料壳内，利用抽风装置将车内空气从吸气孔处吸入塑料壳内来检测车内温度。车内温度传感器的检测方法如下。

（1）电压测量。拆下空调控制器，保持连接线不断开，将点火开关置于"ON"位置，用万用表测量温度传感器 G56 两端子之间的电压，测量时电压会随温度的升高而下降，在 25℃时电压应为 1.8～2.2V，在 40℃时电压应为 1.2～1.6V。

（2）电阻测量。拆下车内温度传感器，测量插头端子之间的电阻值。电阻值应随温度的升高而减小。在 25℃时阻值应为 1.65～1.75kΩ，在 40℃时阻值应为 0.55～0.65kΩ。

（3）故障的应对策略。若该传感器发生故障，则内部温度使用一个固定的温度值 25℃替代车内温度。

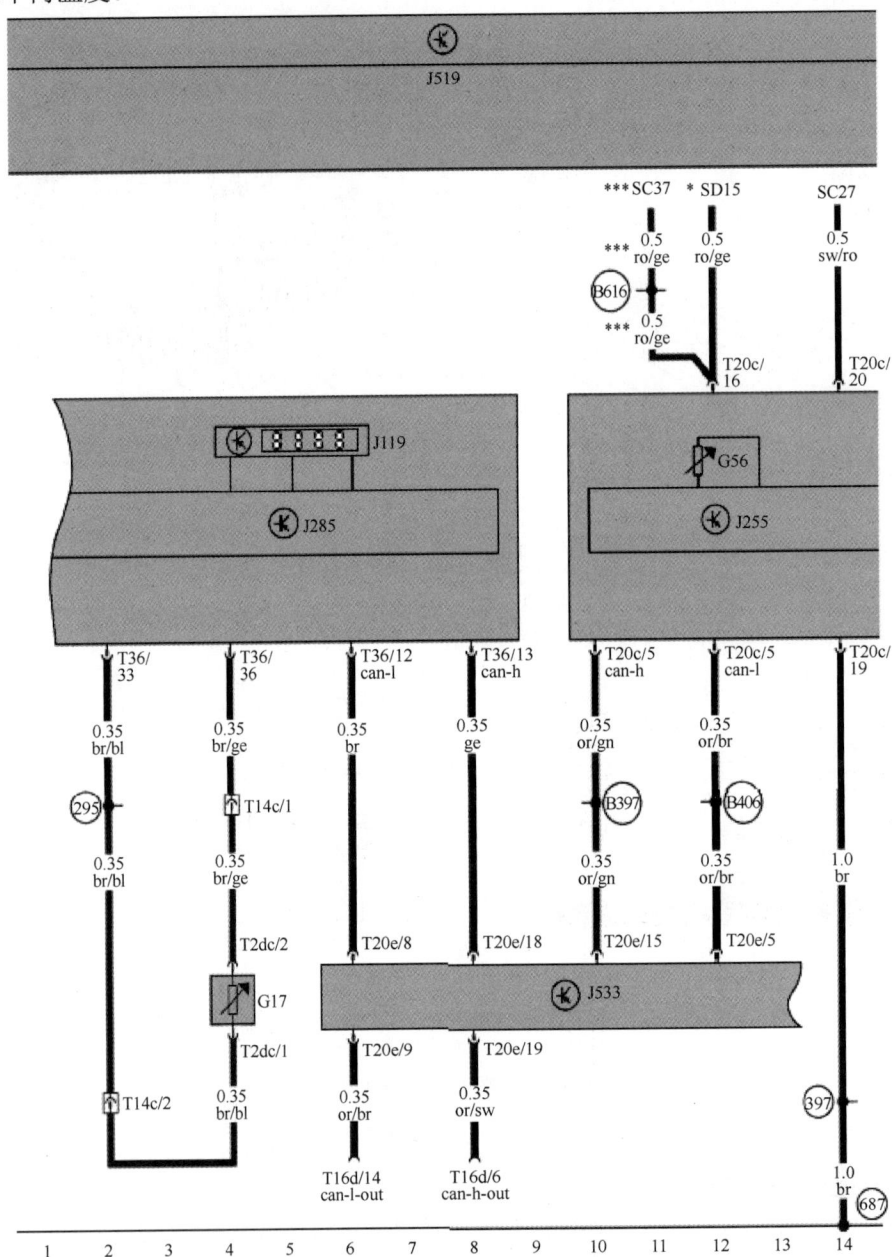

G17—车外温度传感器；G56—车内温度传感器；J119—多功能显示器；J255—全自动空调控制单元；J285—组合仪表控制单元；J519—车载电网控制单元；J533—数据总线诊断接口；SC27—熔丝架 C 上的熔丝 27；SC37—熔丝架 C 上的熔丝 37；SD15—熔丝架 D 上的熔丝 15；T2dc—2 芯插头连接；T14c—14 芯插头连接，左前保险杠柱；T16d—16 芯插头连接，自诊断接口；T20c—20 芯插头连接；T20e—20 芯插头连接；T36—36 芯插头连接；295—接地连接 10，在车内线束中；397—接地连接 32，在主线束中；687—接地点 1，在中间通道上；B397—连接 1（舒适 CAN 总线 High），在主线束中；B406—连接 1（舒适 CAN 总线 Low），在主线束中；B616—正极连接 12（30a），在车内线束中；*—到 2008 年 12 月止；***—自 2009 年 1 月起

图 2-22 组合仪表、车外温度传感器、全自动空调控制单元的连接电路

G56　　　　　　　　　　G155　　　　　G156

9　　　　　　　　　　　　　　　　　　　　

K　J255

T16k/11　　　T16k/8　　　T16k/9　　　T16k/14　　　T16k/1

红/黑　　　　灰/红　　　　蓝　　　　棕/白　　　　黑
0.35　　　　0.35　　　　0.35　　　0.35　　　　0.35

T2cb/2　　　　T2ca/2　　　　T2cc/2
9　G263　　9　G261　　9　G262
T2cb/1　　　　T2ca/1　　　　T2cc/1

棕/白　　　　棕/白　　　　棕/白
0.35　　　　0.35　　　　0.35

L46　　　　　　　　　　　　　　　　　　L46

L56　　　　　　　　　　　　　　　　　　　L56

57　58　59　60　61　62　63　64　65　66　67　68　69　70

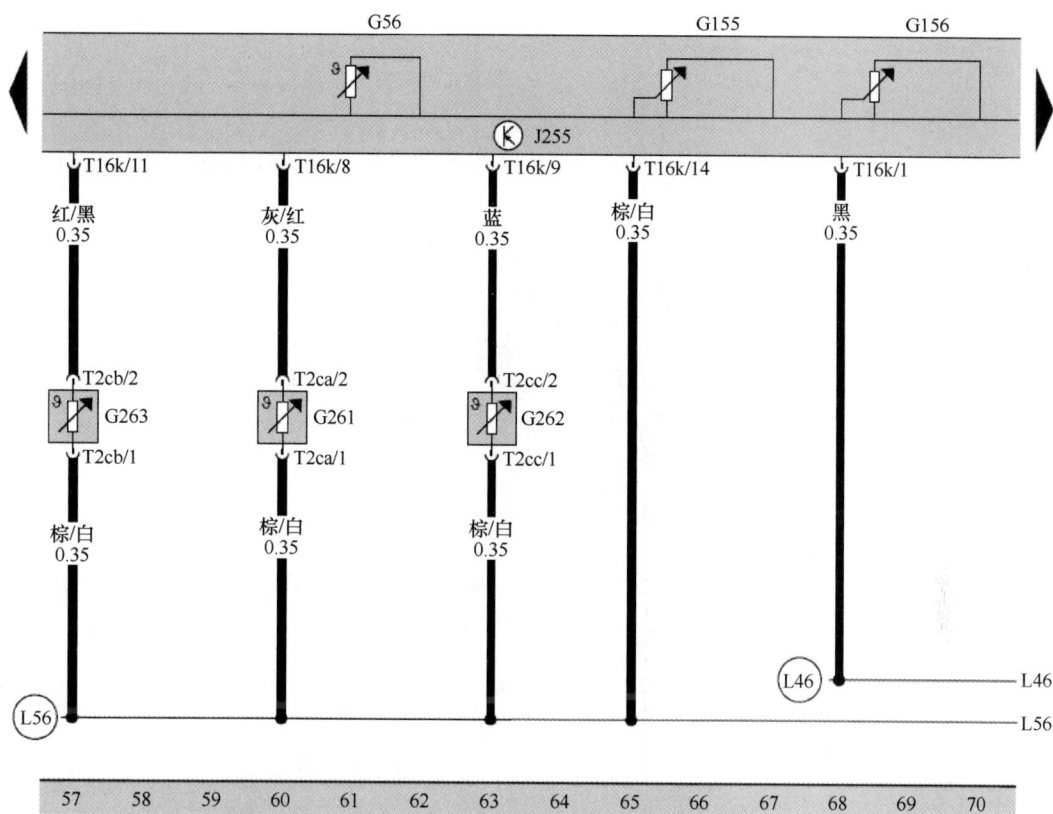

G56—车内温度传感器，在空调控制面板上；G155—左侧出风口温度调节器；G156—右侧出风口温度调节器；G261—左侧脚部空间出风口温度传感器，在空调器左侧上部；G262—右侧脚部空间出风口温度传感器，在空调器右侧上部；G263—蒸发器出风口温度传感器；J255—控制单元，在仪表板中部；T2ca—2针插头，黑色，左侧脚部空间出风口温度传感器插头；T2cb—2针插头，黑色，蒸发器出风口温度传感器插头；T2cc—2针插头，黑色，右侧脚部空间出风口温度传感器插头；T16k—16针插头，黑色，在 Climatronic 控制单元上 B 号位；L46—连接线，在空调线束中；L56—连接线，在空调线束中

图 2-23　车内温度传感器连接电路

5．车外温度传感器的检测

车外温度传感器也称环境温度传感器、外界空气温度传感器或大气温度传感器。它能影响出风口空气的温度、鼓风机的转速、进气门的位置和模式门的位置以及压缩机的工作状态。车外温度传感器的检测方法如下。

（1）电压测量。拆下汽车散热器护栅，保持连接线不断开，将点火开关置于"ON"位置，用万用表测量传感器 T36/33 和 T36/36 两端子之间的电压，测量时电压会随温度的升高而下降，在 25℃时电压应为 1.4～1.8V，在 40℃时电压应为 0.9～1.3V。

（2）电阻测量。拆下车内温度传感器，测量连接器的端子之间的电阻值，阻值应随温度的升高而减小。在 25℃时阻值应为 1.65～1.75kΩ，在 40℃时阻值应为 0.55～0.65kΩ。如果出现故障替代阻值为 2kΩ。

（3）故障的应对策略。若一个传感器失效，控制单元采用完好传感器的信号。若两个传感器都失效，则关闭制冷功能并采用一个固定的温度值 10℃替代外界温度。

四、蒸发器出口温度传感器

1. 工作原理

蒸发器出口温度传感器安装在汽车空调系统的蒸发器片上或出风口处,如图2-24所示,该传感器用于检测蒸发器表面的温度变化,控制压缩机的工作状况。工作时,出口温度传

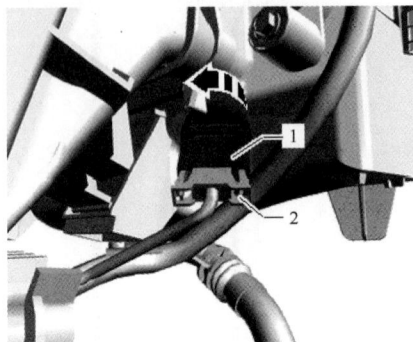

1—连接插头;2—蒸发器温度传感器
(a) 迈腾BL7

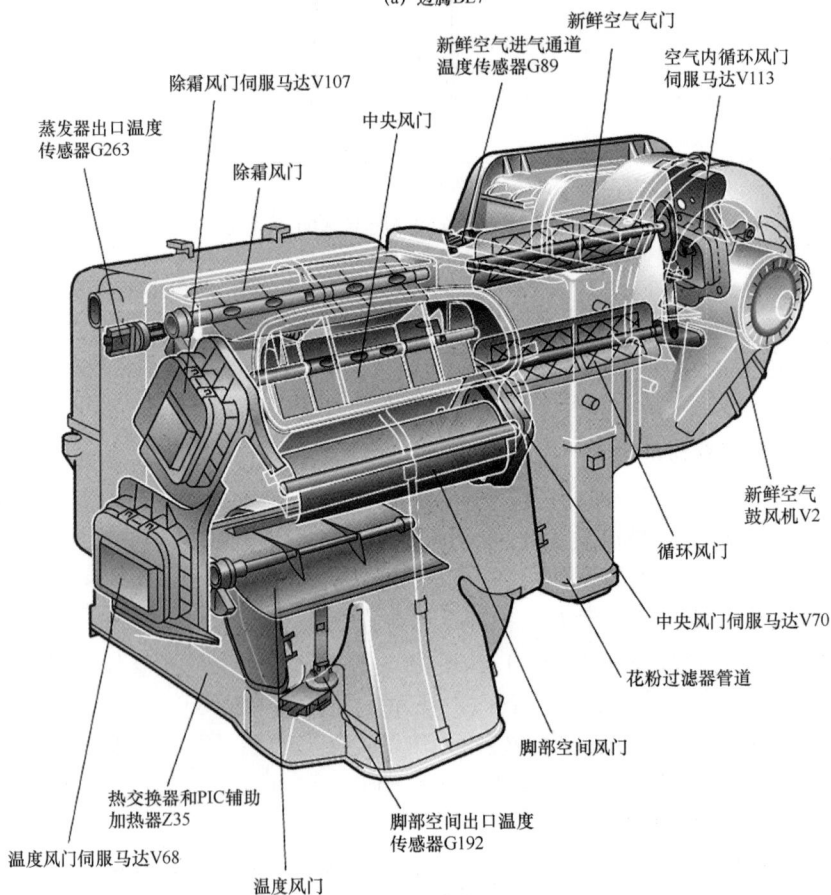

(b) 奥迪

图 2-24 蒸发器出口温度传感器的安装位置

感器检测蒸发器表面的温度信号，并把它转化为电信号输入给空调温度控制系统的控制单元，控制单元将输入的温度信号与设定的温度调节信号进行比较后，控制空调压缩机电磁离合器的通断，从而对压缩机的工作进行控制；同时还能利用此传感器检测到的温度信号，防止蒸发器出现结冰现象。空调系统如图 2-25 所示。

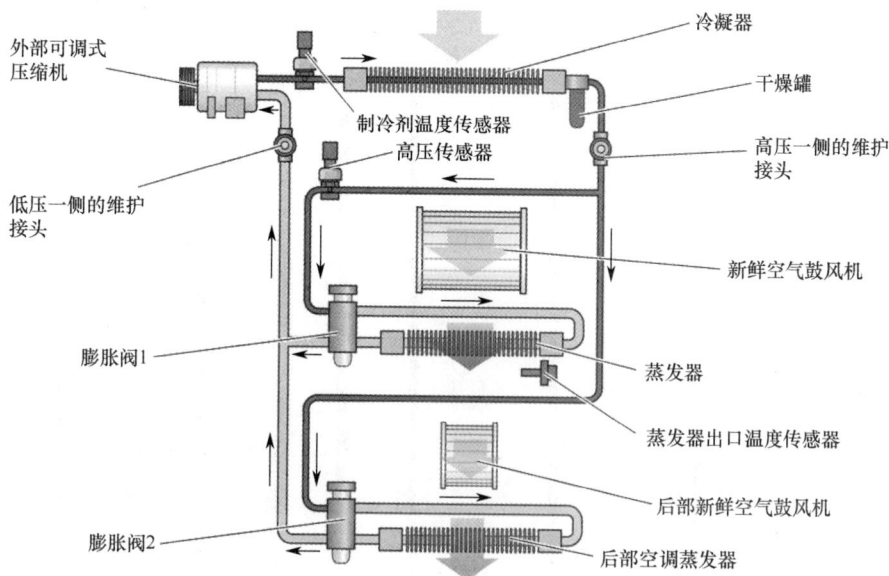

图 2-25　空调系统

2. 结构

蒸发器出口温度传感器仍采用负温度系数的热敏电阻为检测元件，其工作温度为 20～60℃，其结构及特性曲线如图 2-26 所示。蒸发器出口温度传感器与控制单元的电路连接如图 2-27 所示。

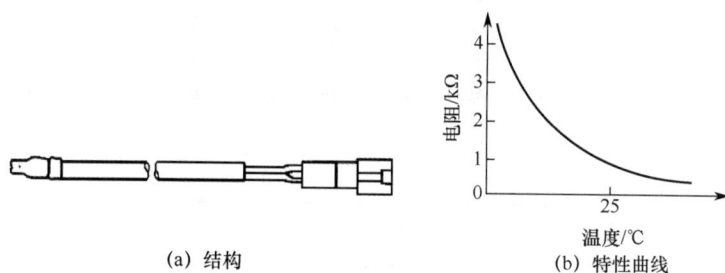

(a) 结构　　　　(b) 特性曲线

图 2-26　蒸发器出口温度传感器结构及特性曲线

3. 蒸发器出口温度传感器的检测方法

若空调系统发生了故障，且在蒸发器的制冷剂出口处即高压管路上出现了结冰现象（冰堵），同时压缩机不能正常工作，则蒸发器出口温度传感器的连接电路可能出现断路或短路的故障，此时应对蒸发器出口温度传感器进行检测，检测方法如下。

（1）检查蒸发器温度传感器和空调控制器总成之间的连接及各导线的连接情况，检查空调控制器总成的状况。

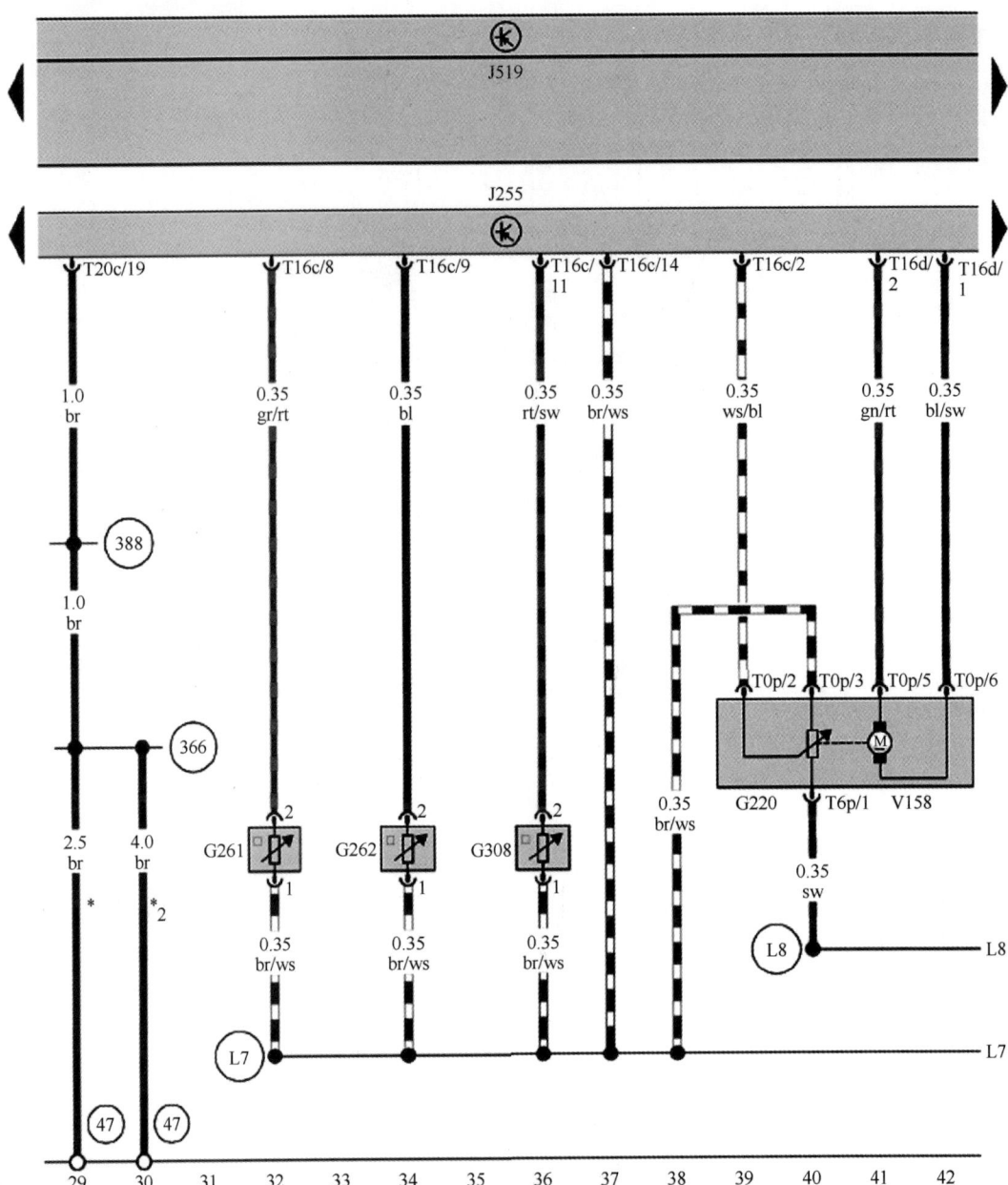

G220—左侧温度风门伺服电机电位计；G261—左侧脚部空间出风口温度传感器；G262—右侧脚部空间出风口温度传感器；
G308—蒸发器出口温度传感器；J255—Climatronic 控制单元，中控台之后；J519—车载电网控制器；T6p—6 芯插头连接；
T16c—16 芯插头连接；T16d—16 芯插头连接；T20c—20 芯插头连接；V158—左侧温度风门伺服电机；47—接地点，在右前脚
部空间中；366—接地连接 1，在主导线束中；388—接地连接 23，在主导线束中；L7—连接 3，在空调器导线束中；L8—连接
4，在空调器导线束中；*—仅适用于不带自动起停系统的车辆；*2—仅适用于带自动起停系统的车辆

图 2-27 新款高尔夫轿车蒸发器出口温度传感器与控制单元的电路连接

（2）电压测量。拆卸右侧的脚部空间侧饰板，保持连接线不断开，将点火开关置于"ON"
位置，用万用表测量传感器端子 1 和 2 之间的电压，测量时电压会随温度的升高而下降，
在 0℃时电压应为 2.0～2.4V，在 15℃时电压应为 1.4～1.8V。

（3）电阻测量。拆下蒸发器出口温度传感器，测量传感器的端子 1 和 2 之间的电阻值，正常电阻值为 4.5～5.2 kΩ（0℃）或 2.0～2.7 kΩ（15℃）。

（4）故障的应对策略。若没有蒸发器出口温度传感器的信号，控制单元就无法知道蒸发器后的空气温度有多高，这样空调压缩机的自适应控制就无法进行。在此情况下，压缩机的功率输出将会降低，以防蒸发器结冰。

五、排气温度传感器

1. 排气温度传感器工作原理

当发动机起动时，起动信号开关（ST）打开，同时点火开关打开，此时，报警灯亮，这是制造厂为检查排气温度报警灯灯泡的灯丝是否良好而设置的。在行驶过程中，若排气温度过高超过 900℃时，则排气温度传感器的电阻值降到 0.43kΩ 以下，此时排气温度报警灯点亮；当车厢底板温度超过 125℃时，底板温度传感器的电阻超过 2kΩ，这时在排气温度报警灯点亮的同时蜂鸣器也发出响声；当排气温度在 900℃以下、底板温度也低于 125℃时，排气温度传感器的电阻大于 0.43kΩ，底板温度传感器的电阻值低于 2kΩ，这时排气温度报警系统灯不亮，蜂鸣器也无声响，排气温度传感器报警系统电路如图 2-28 所示。

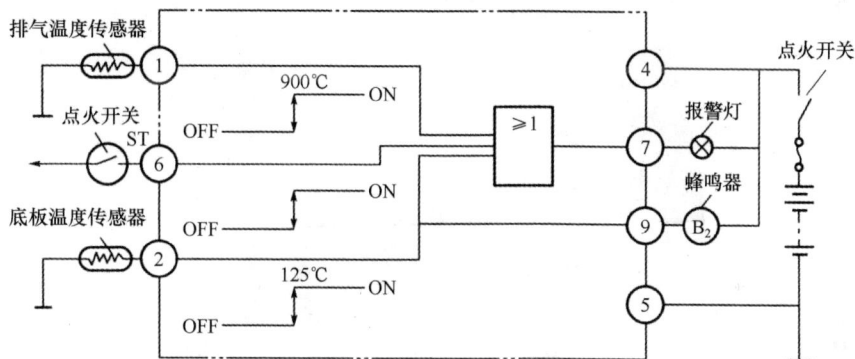

图 2-28　排气温度传感器报警系统电路

2. 排气温度传感器的结构

排气温度传感器安装在汽车排气装置三元催化转化器上，用于检测转化器内排放气体的温度。排气温度传感器的结构如图 2-29 所示，其安装位置如图 2-30 所示。这种传感器用于排气装置上三元催化转化器内温度异常高时的报警系统，以防止因过热而使催化剂性能下降，对车辆造成损伤。正常工作情况下，该系统不工作；当发生失火等故障，或工作条件极为苛刻时，该系统启动，并以排气温度报警灯点亮的方式，向驾驶员发出警告。

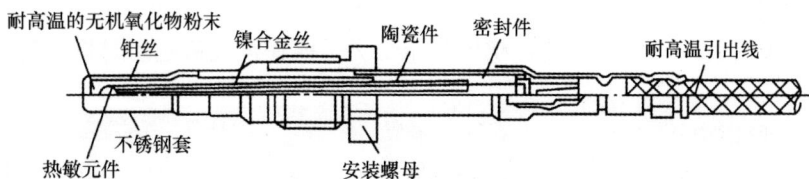

（a）热敏电阻式

图 2-29　排气温度传感器的结构

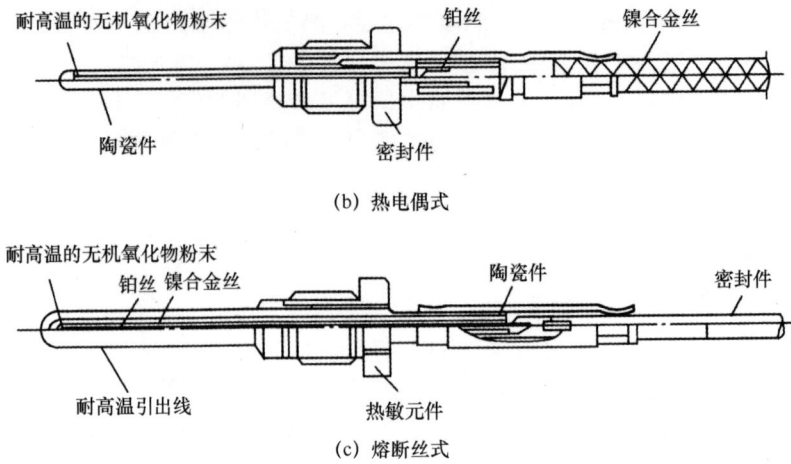

耐高温的无机氧化物粉末　　　铂丝　　　镍合金丝

陶瓷件　　　　　密封件

（b）热电偶式

耐高温的无机氧化物粉末
铂丝　镍合金丝　　　　　　　陶瓷件　　　　　　密封件

耐高温引出线　　　　　　热敏元件

（c）熔断丝式

图 2-29　排气温度传感器的结构（续）

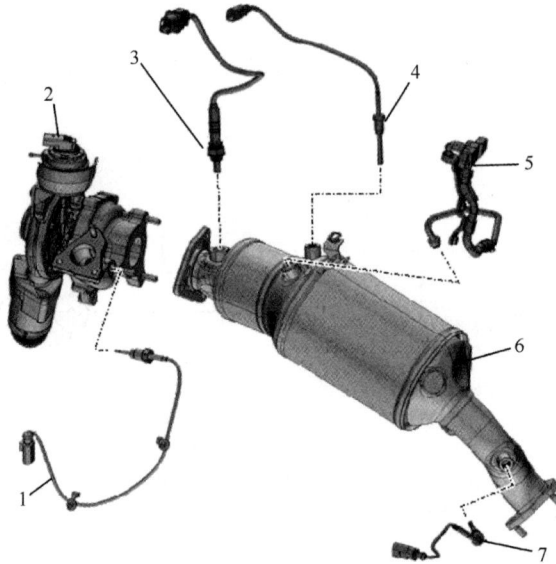

1—废气涡轮增压器；2—氧传感器 G39，带有氧传感器加热装置 Z19；3—排气温度传感器 3 G495；4—排气压力传感器 G450；
5—排气温度传感器 4 G648；6—颗粒过滤器；7—排气温度传感器 1 G235

图 2-30　新款奥迪 TDI 2.0L 排气温度传感器安装位置

3．检测

1）就车检测

在接通点火开关时，排气温度传感器指示灯亮，而在发动机起动时指示灯熄灭，表明传感器良好。

2）检测传感器电压

打开点火开关，用万用表分别检测传感器端子 T94/75、T94/32、T94/9 与搭铁间的电压，电压值应为 5V，否则电路故障，相关端子如图 2-31 所示。

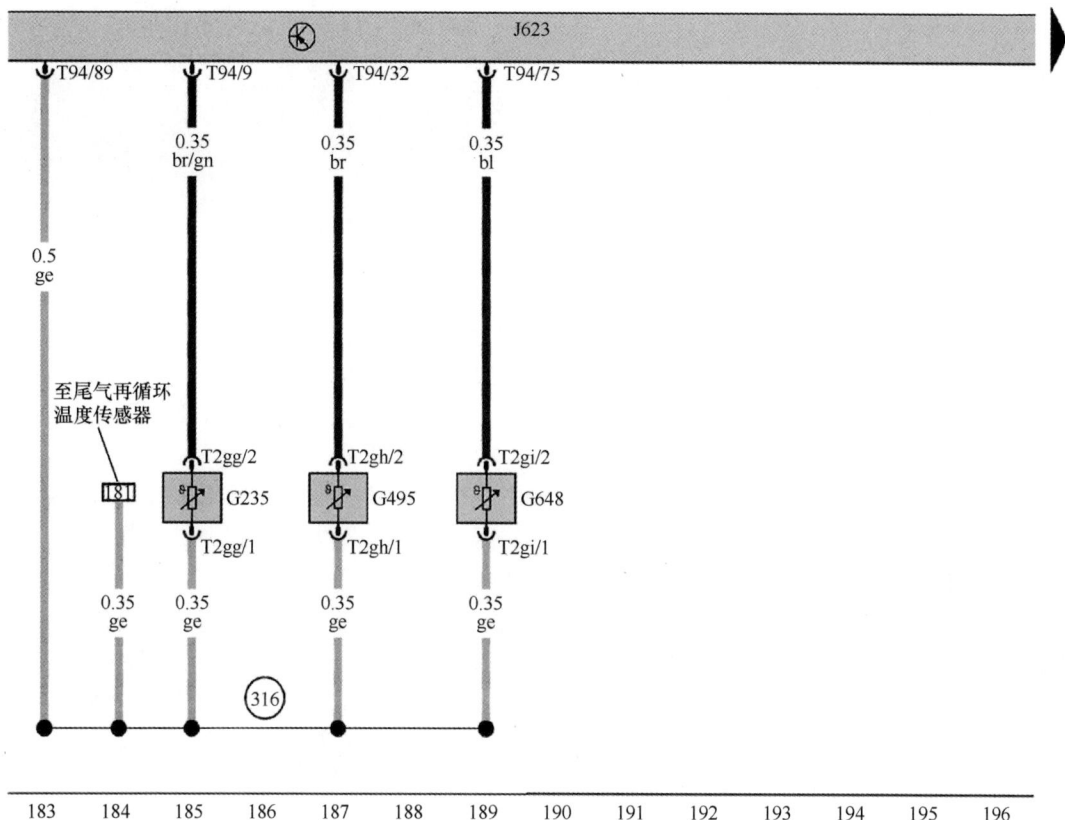

G235—排气温度传感器 1；G495—排气温度传感器 3；G648—排气温度传感器 4；J623—发动机控制单元；T2gg—2 芯插头连接；T2gh—2 芯插头连接；T2gi—2 芯插头连接；T94—94 芯插头连接；316—接地连接（传感器接地 2），在发动机导线束中

图 2-31　新款奥迪 TDI 2.0L 排气温度传感器与 ECU 的连接电路图

3）单体检测

排气温度传感器的单体检测是测量电阻值。用炉子加热传感器的顶端 40mm 长的部分，直到靠近火焰的部分呈暗红色，这时传感器连接器端子间的电阻值为 0.4～20kΩ。排气温度传感器引线的橡胶管有损伤时，应当换用新的传感器。

压力传感器

目前，压力传感器在汽车上得到了广泛的应用，常见的有进气歧管压力传感器、大气压力传感器、油压传感器、空气滤清器真空开关、机油压力开关、空调高低压开关、主动悬架的控制阀压力传感器、蓄压器压力传感器、增压传感器等。

压力传感器也是工业自动化系统中应用较广泛的一种传感器，它常用来检测气体和液体压力，并将压力信号转化为电压信号。常见的压力传感器有半导体式、真空膜盒式、应变片式及膜片弹簧式等。

半导体式压力传感器是利用半导体的压阻效应（通过压力的变化转化为电阻的变化）制成的。工作时，半导体硅膜片受压产生应力，随着膜片应力的变化，在其上面以集成加工技术制作的 4 个压敏电阻（以惠斯通电桥的方式连接）的阻值发生变化，从而将压力信号转换为电信号输出。半导体式压力传感器由于体积小，精度高，成本低，响应性、再用性、稳定性好，在汽车上得到了广泛的使用。

第一节　进气压力传感器

进气歧管绝对压力传感器（也称进气压力传感器或 MAP）用在缸内直喷汽油喷射系统和 D 型汽油喷射系统（电子控制多点间歇式汽油喷射系统，基本特点是以进气歧管压力和发动机转速为基本控制参数来控制喷油器的基本喷油量），其根据发动机的负荷状态测出进气歧管内压力的变化，并通过电路的连接转化为电信号和转速信号一起输入汽车电控单元（ECU），作为确定喷油器喷油量的基本依据。进气压力增大，喷油量增多，点火提前角变小。

进气压力传感器的种类较多，按其信号的产生原理可以分为电压型和频率型两种。电压型的又可分为半导体压敏电阻式（电阻应变计式）和膜盒传动可变电感式；频率型的可分为电容式和表面弹性波式。其中以半导体压敏电阻式应用最多。

一、半导体压敏电阻式进气压力传感器

1. 半导体压敏电阻式进气压力传感器的结构

半导体压敏电阻式进气压力传感器是利用半导体的压阻效应制成的。主要由硅膜片、真空室、硅杯、底座、真空管接头和电极引线等组成，其内部结构如图 3-1 所示。

硅膜片是用单晶硅制成的压力转换元件，其长和宽各为 3mm，厚度为 160μm，在硅膜片的中心部位用腐蚀方法制作了一个直径为 2mm、厚度为 50μm 的薄膜片，在薄膜片表面的圆周上，采用集成电路加工和台面扩散技术制作了 4 只阻值相等的应变电阻，并将 4 只

电阻连接成惠斯通电桥电路，如图 3-2 所示，然后再与传感器内部的温度补偿电阻和信号放大电路等混合集成电路连接。

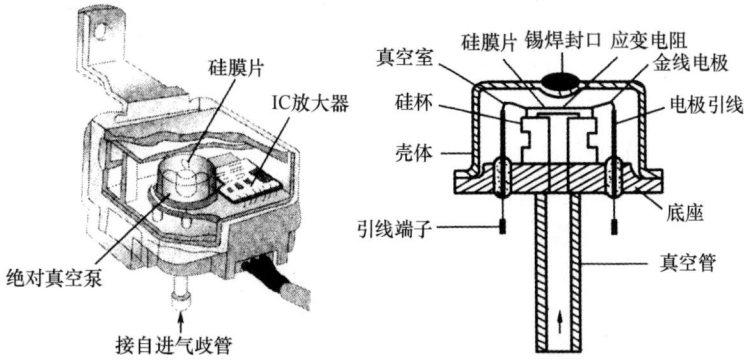

图 3-1 半导体压敏电阻式进气压力传感器的结构

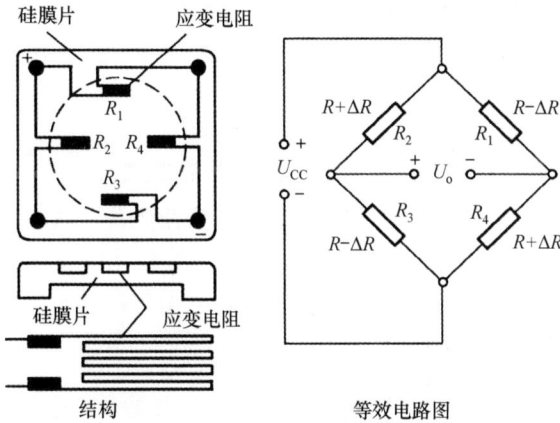

图 3-2 硅膜片结构及等效电路图

2. 半导体压敏电阻式进气压力传感器的工作原理

半导体压敏电阻式进气压力传感器的工作原理如图 3-3 所示。硅膜片一面通真空室，一面承受来自进气歧管中气体的压力，在此气体压力的作用下，硅膜片会产生变形，且压力越大形变越大，膜片上应变电阻的阻值在此压力的作用下就会发生变化，使传感器上以惠斯通电桥方式连接的硅膜片应变电阻的平衡被打破，当电桥的输入端输入一定的电压或电流时，在电桥的输出端便可得到相应变化的信号电压或信号电流，因为此信号比较微弱，故采用了混合集成电路进行放大后输入 ECU。

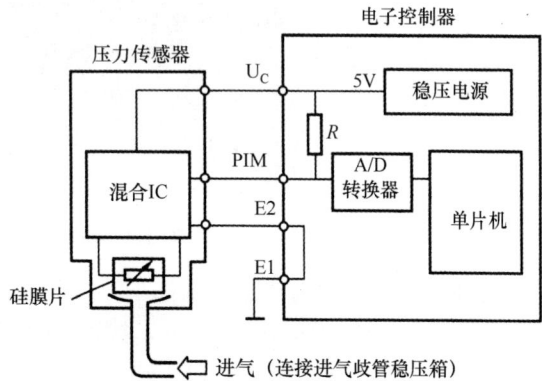

图 3-3 半导体压敏电阻式进气压力传感器的工作原理

3．半导体压敏电阻式进气压力传感器的检测

半导体压敏电阻式进气压力传感器由于其体积小，精度高，响应性、再现性和抗震性较好，一般不易损坏，应用较广泛。但若其损坏或连接线路不良，则易使发动机出现怠速不良、起动不易和起动后熄火的故障。若在汽车运行中出现上述故障，则应对此传感器及相关电路和元件进行检测，检测方法如下。

（1）拔下传感器的连接器插头，接通点火开关（但不起动发动机），用万用表电压挡检测连接器插头电源端和地线之间的电压（如图3-3所示电路中的 U_C 端子与 E2 端子间电压），电压值应在 4～6V 范围内。若正常，则是传感器与 ECU 间的连接线路发生故障；若无电压，应检测 ECU 相应端子间的电压，若仍无电压，则是 ECU 故障。

（2）检测进气压力传感器的输出电压。拔下进气压力传感器与进气歧管连接的真空软管，打开点火开关（但不起动发动机），用电压表测量进气压力传感器的输出电压（如图3-3所示电路中的 PIM 端子与 E2 端子间电压）。接着向进气压力传感器内施加真空，并测量在不同真空度下的输出电压，该电压值应随真空度的增大而降低，其变化情况应符合规定，否则应进行更换。

二、具体车型上的检测

1．大众轿车半导体压敏电阻式进气压力传感器的检测

此类型的轿车的进气压力传感器与进气温度传感器制成一体，安装在进气系统的动力腔上，这两种传感器配合工作能准确地反映气缸的进气量。进气压力传感器的外形如图3-4所示。该传感器连接器的 4 个连接端子 1、2、3、4 分别与发动机控制单元（ECU）的端子220、T60/42、D101、T60/55 相连接，其连接电路如图3-5 所示。

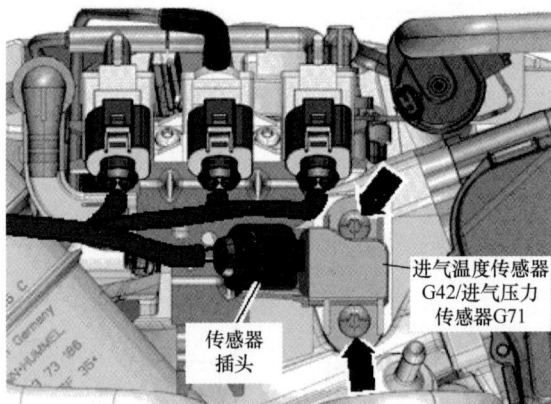

图3-4　进气压力传感器的外形

此种压力传感器的检测方法如下。

① 电阻检测。关闭点火开关，拔下 ECU 线束连接器和进气压力传感器线束连接器。用万用表的电阻挡检测 ECU 和传感器有关端子间的电阻值，其电阻值应符合表3-1 中列出的标准值，如果电阻过大或为无穷大，则说明线束与端子接触不良或有断路，应进行更换。

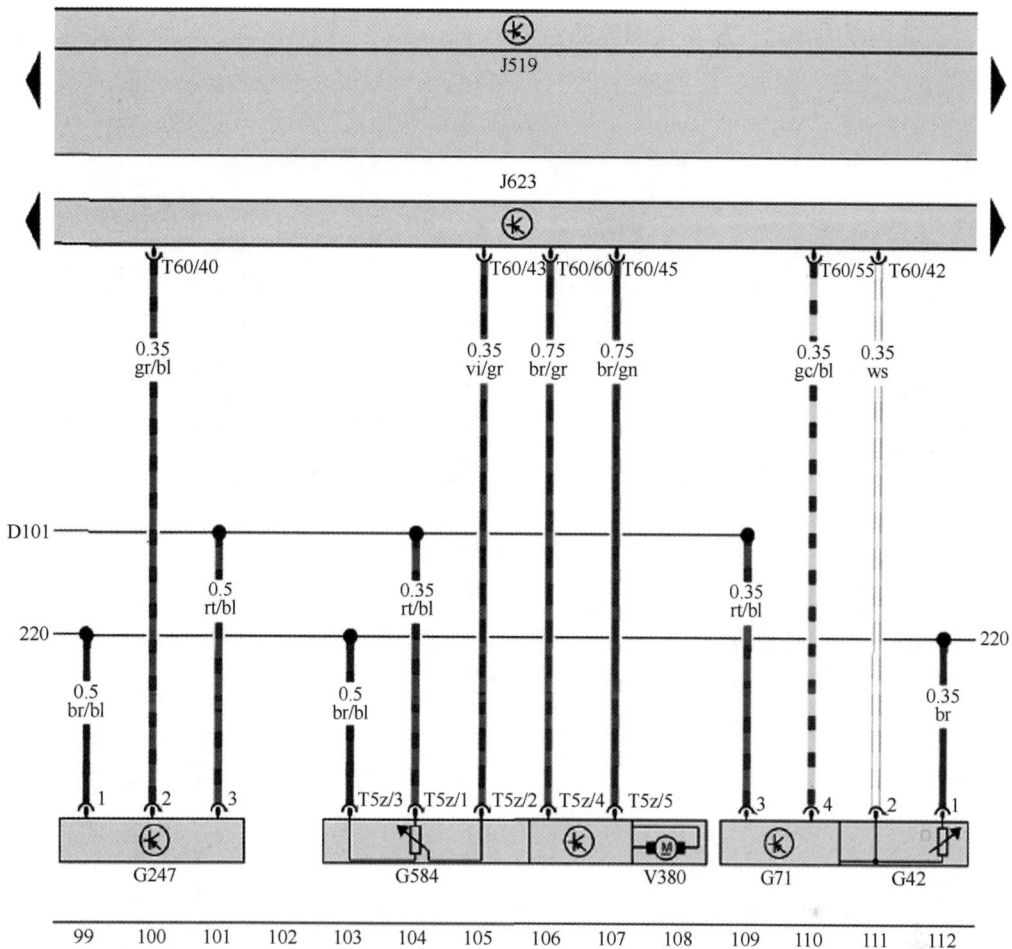

G42—进气温度传感器；G71—进气压力传感器；G247—燃油压力传感器；G584—调整风门电位计；J519—车载电网控制单元；J623—发动机控制单元，排水槽内部；T5z—5 芯插头连接；T60—60 芯插头连接；V380—控制风门调节伺服马达；220—接地连接（传感器接地），在发动机导线束中；D101—连接 1，在发动机舱导线束中

图 3-5　进气压力传感器与 ECU 的连接电路

表 3-1　进气歧管压力传感器线束电阻值的检测

检测项目	检测部位	电阻标准值（Ω）
传感器负极导线	发动线束中端子 220 与端子 1	<0.5
温度传感器信号导线	端子 T60/42 与端子 2	<0.5
传感器正极导线	发动线束中端子 D101 与端子 3	<0.5
传感器信号线	端子 T60/55 与端子 4	<0.5

②电压检测。用万用表直流电压挡检测电压，打开点火开关，检查进气压力传感器连接器端子 3 与端子 1 间的电压，标准值应为 5V 左右；打开点火开关，但不起动发动机，检查进气压力传感器信号输出端子 4 与搭铁端子 1 间的信号电压，标准值应为 3.8~4.2V；当发动机怠速运转时，信号电压应为 0.8~1.3V；当节气门开度加大时，信号电压应上升。如果信号电压经检查不符合上述规定，说明传感器已经损坏，应进行更换。

2．新款大众轿车进气压力传感器的检测

新款大众速腾、捷达轿车的进气压力传感器与进气温度传感器集成在一起，安装在进气歧管内的冷却器上，如图 3-6 所示，监控冷却后的增压空气的压力和温度。

速腾进气压力传感器位置

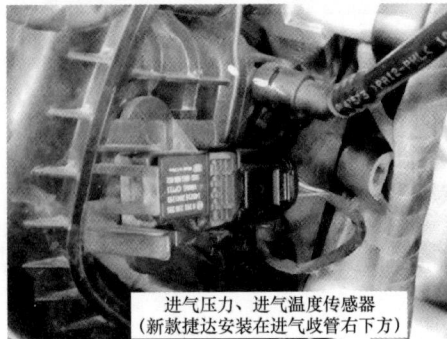

进气压力、进气温度传感器
（新款捷达安装在进气歧管右下方）
新款捷达进气压力传感器位置

图 3-6　进气压力传感器安装位置

进气压力传感器的外形如图 3-7 所示。该传感器连接器的 4 个连接端子 T4bf/1、T4bf/2、T4bf/3、T4bf/4 分别与 ECU 的端子 220、T60/42、T60/29、T60/55 相连接，其连接电路如图 3-8 所示。

惠斯通电桥与硅膜片粘在一起

4 3 2 1
进气压力信号
5V供电
进气温度信号
传感器接地

图 3-7　传感器外形

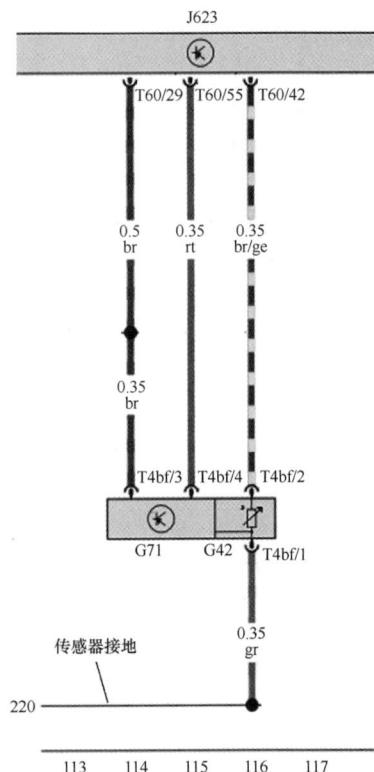

J623—发动机控制单元；G71—进气压力传感器；
G42—进气温度传感器

图 3-8　进气压力传感器的连接电路

新款大众轿车进气压力传感器的检测方法如下：

用万用表直流电压挡检测电压，打开点火开关，检查进气压力传感器连接器端子 T4bf/3 与 T4bf/1 间的电源电压，标准值应为 5V 左右；端子 T4bf/4 与端子 T4bf/1 间的怠速进气信号电压约为 1.362V（速腾 1.4TSI 信号电压为 0.485～0.715V），加速时电压约为 1.08V，端子 T4bf/2 与端子 T4bf/1 间的进气温度信号电压约为 3.72V（速腾 1.4TSI 信号电压约为 2.65V）。如果信号电压经检查不符合上述规定，说明传感器已经损坏，应进行更换。进气压力传感器的电压标准波形如图 3-9 所示。

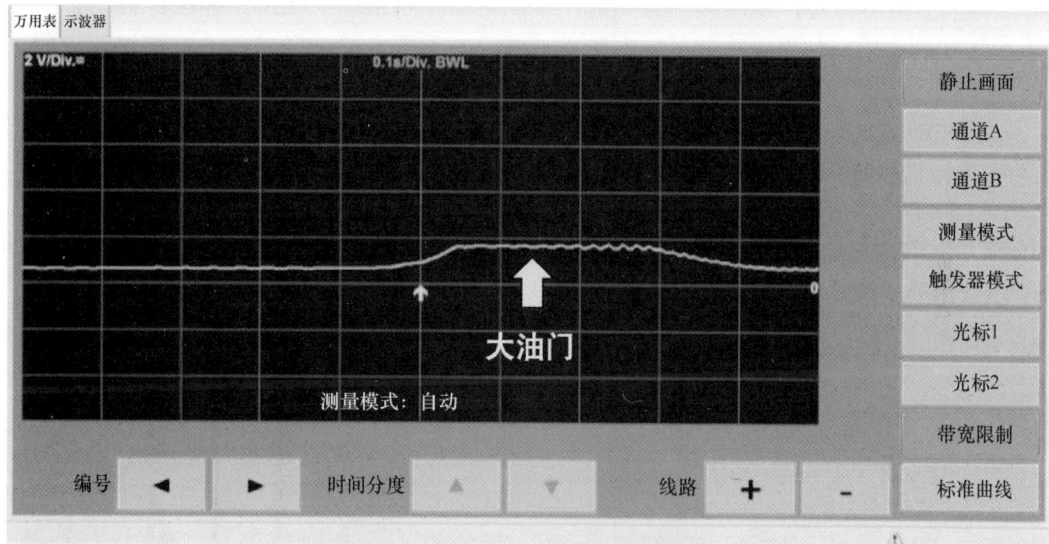

图 3-9　进气压力传感器电压标准波形

常见故障码如表 3-2、表 3-3 所示。

表 3-2　进气压力故障码

传感器名称	代号	针脚号	故障类型	故障码	故障
进气压力传感器	G71	T60/29	正极断路	P010700	进气管压力/空气压力，信号太小
		传感器接地	接地断路	P011300	进气温度传感器 1，过大信号
		T60/55	信号断路	P010800	进气管压力/空气压力，过大信号
		T60/55	信号短路	P010700	进气管压力/空气压力，信号太小

表 3-3　进气温度故障码

传感器名称	代号	针脚号	故障类型	故障码	故障
进气温度传感器	G42	T60/29	正极断路	P010700	进气管压力/空气压力，信号太小
		传感器接地	接地断路	P011300	进气温度传感器，过大信号
		T60/42	信号断路	P011300	进气温度传感器，过大信号
		T60/42	信号短路	P011200	进气温度传感器，信号太小

3．速腾 1.4TSI 增压压力传感器 G31 和进气温度传感器 G299 的检测

速腾 1.4TSI 的增压压力传感器和进气温度传感器装在节流阀体之前的进气管上，如图 3-10 所示，监控涡轮增压之后的进气压力和温度。发动机监控 G31 的信号来调整增压压力。

（1）进气温度传感器 G299 信号的作用：

①用于计算对增压压力的修正，补偿温度对于进气密度的影响；②元件保护，如果进气温度超过限定值，增压压力降低；③控制冷却液循环泵，如果冷却器前后的空气温差小于 8℃，那么冷却液循环泵就会被激活；④监控冷却液循环泵的工作状况，如果冷却器前后的空气温差小于 2℃，说明循环泵失效，车载自动诊断系统（OBD）警报灯会亮起。

（2）失效影响：如果两个信号同时失效，涡轮增压压力控制变成开环控制，动力下降。

（3）增压压力传感器的检测方法如下。

用万用表直流电压挡检测电压，打开点火开关，检查增压压力传感器连接器端子 T4aj/3 与 T4aj/1 间的电源电压，标准值应为 5V；端子 T4aj/4 与端子 T4aj/1 间的怠速进气信号电压约为 1.886V，加速时信号电压约为 1.9V；端子 T4aj/2 与端子 T4aj/1 间的进气温度信号电压约为 3.5V，加速时信号电压约为 3.1V。如果信号电压经检查不符合上述规定，说明传感器已经损坏，应进行更换。其控制电路如图 3-11 所示。标准波形如图 3-12 所示。

图 3-10 增压压力传感器和进气温度
传感器安装位置

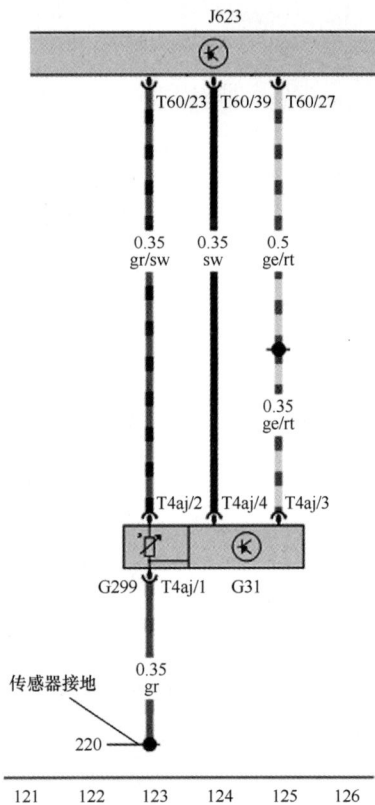

J623—发动机控制单元；G299—进气温度传感器；
G31—增压压力传感器

图 3-11 速腾 1.4TSI 增压压力传感器控制电路

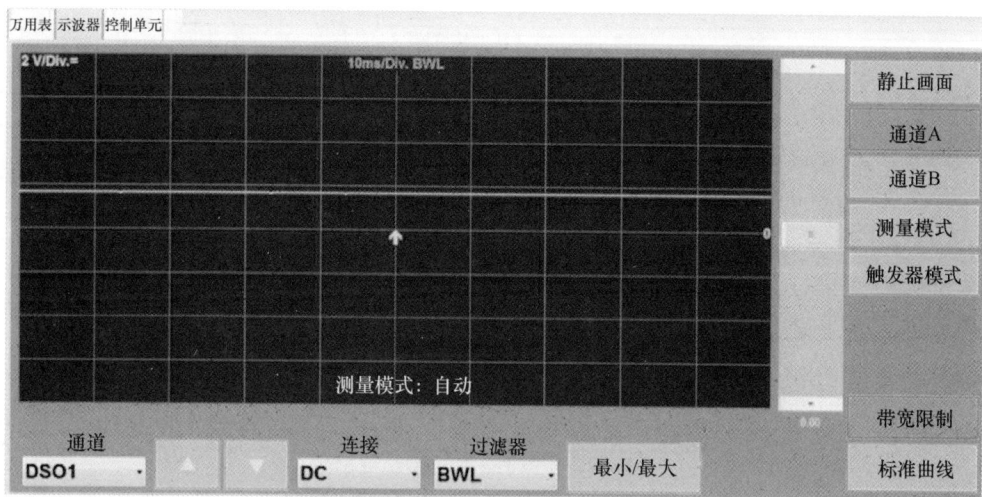

图 3-12　增压压力传感器的标准波形

4．宝马进气温度和压差传感器的检测

宝马发动机采用了组合式进气温度和压差传感器，其外观如图 3-13 所示。

该传感器安装在进气集气管上。为数字式电子发动机管理系统（DME）控制单元提供进气装置内空气的温度和压差信号。DME 控制单元根据进气管压力传感器信号调节节气门位置。

空气压力通过传感器外侧的一个开孔施加到评估元件上。进气管压力施加在对面一侧，从而使传感器识别出压差。

图 3-13　宝马进气温度和压差传感器的外观

DME 为传感器提供 5V 供电和接地连接。传感器通过信号导线将压差信号发送至 DME。

用于压差的可分析信号随压力变化而变化。与测量范围（0.5～4.5 V）相对应的差压为 20kPa（0.2bar）至 250kPa（2.5bar）。

DME 为进气温度传感器提供接地连接。另一个接口与 DME 内的一个分压器电路相连。进气温度传感器包括一个热敏电阻器，该电阻器伸入进气气流内，测量进气温度。该电阻为负温度系数（NTC）电阻，即电阻值随温度的升高而减小。该电阻是分压器电路的一个组成部分，DME 为其提供 5V 供电。电阻上的电压取决于空气温度。DME 内存有一个不同电压值与对应温度值的对照表，从而补偿电压与温度之间的非线性关系。

温度变化时，电阻值在 167kΩ 至 150Ω 范围内变化，相应温度为-40℃ 至 130℃。

5．本田轿车的半导体压敏电阻式进气压力传感器的检测

本田轿车的进气压力传感器安装在节气门体进气道上，如图 3-14 所示。它也是利用半导体的压阻效应制成的半导体压敏电阻式压力传感器，其与 ECU 的连接电路如图 3-15 所示。其中端子 1 为传感器电源接头，端子 2 为搭铁接头，端子 3 为传感器信号接头。

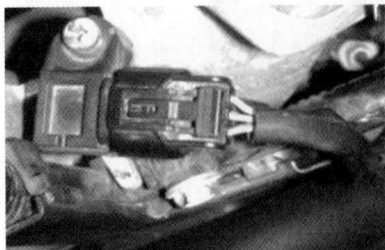

图 3-14　本田轿车的进气压力传感器的安装位置

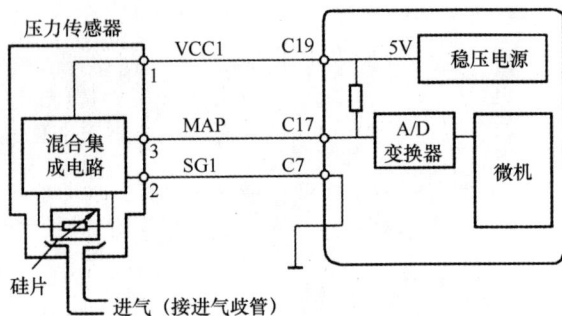

图 3-15　进气压力传感器与 ECU 的连接电路

对本田轿车进气压力传感器，仍从电源电压、信号电压及连接线束的导通性等方面进行检测，检测方法如下。

1）检测 MAP 传感器的电源电压

拔下 MAP 传感器的 3 芯插头，打开点火开关，用万用表测量 MAP 传感器 3 芯插头上的端子 1、2 间的电压，如图 3-16 所示，其标准值应为 5V。

2）检测 MAP 传感器的信号电压

拆下 MAP 传感器，把手动真空泵接在 MAP 传感器进气口处，如图 3-17 所示，打开点火开关，用万用表测量 MAP 传感器的信号线（3 号端子）与搭铁线（2 号端子）之间的电压，按下真空泵，随着真空度的变化，读取电压值的变化。不同真空度下 MAP 传感器的信号电压如表 3-4 所示。

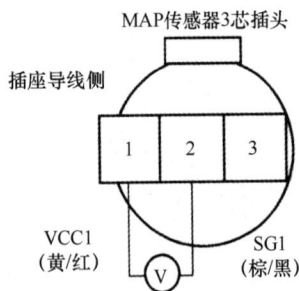

图 3-16　用万用表测量传感器 3 芯
插头上的端子 1、2 间的电压

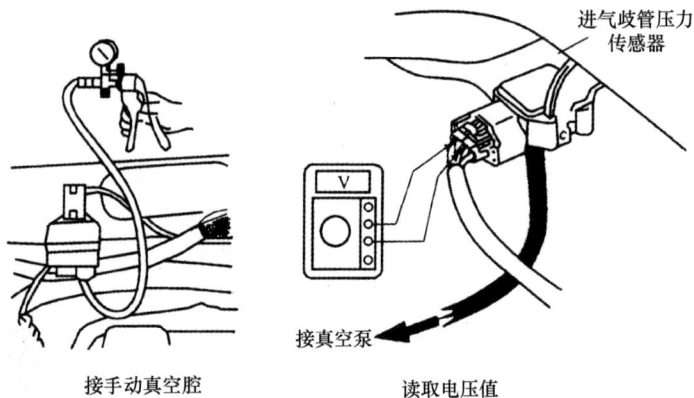

图 3-17　测量 MAP 传感器的信号电压

表 3-4　不同真空度下 MAP 传感器的信号电压

真空度（kPa）	输出信号电压（V）	真空度（kPa）	输出信号电压（V）	真空度（kPa）	输出信号电压（V）
100	2.6	300	1.6	500	1.0
200	2.2	400	1.3	600	0.6

3）检测 MAP 传感器的线束导通性

关闭点火开关，拔下 ECU 的 C 插头，拔下 MAP 传感器的 3 芯插头，用万用表的电阻挡分别测量 ECU 的 C19、C7、C17 与 3 芯插头的 1、2、3 号端子的导通性，如图 3-18 所示。测量的各阻值应小于 0.5Ω。

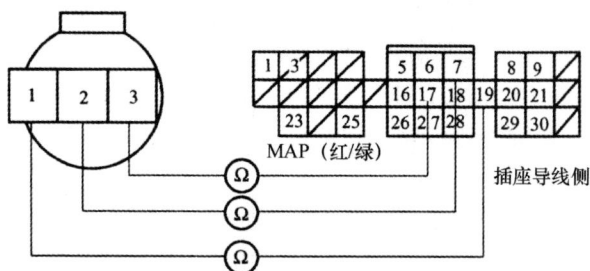

图 3-18　检测传感器的线束导通性

6. 别克凯越进气压力传感器的检测

1）检测数据及电路图

发动机控制单元向压力传感器提供 5V 的基准信号电压。随着进气歧管压力的变化，压力传感器会产生不同的电阻值，真空度越大电阻就越低，从而控制原为 5V 的基准信号在 0～5V 变化，不同的信号电压，对应着不同进气歧管的气压值，如图 3-19 所示。在打开点火开关、未起动发动机时，歧管压力等于大气压力 85～96kPa，信号电压较高，ECU 将该信息作为车辆所在地的大气压力信号，并根据大气压力信号修正喷油时间，此功能也称作海拔修正。当发动机怠速运行时，进气管真空度为 37～45kPa，进气压力信号电压为 1.0～1.5V；当节气门全开时真空度低，进气压力信号电压为 4.0～4.8V。在线性废气再循环流量测试诊断运行时，进气歧管绝对压力传感器还用于确定歧管压力变化。

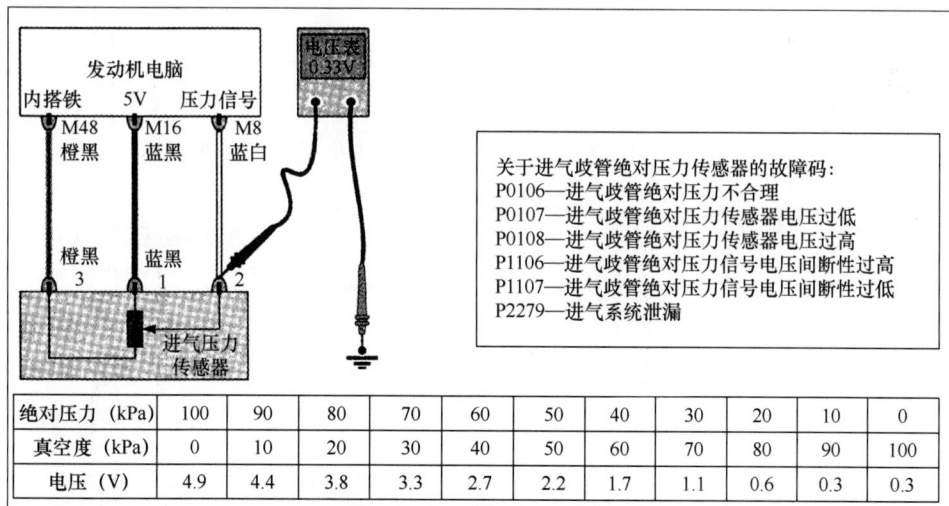

关于进气歧管绝对压力传感器的故障码：
P0106—进气歧管绝对压力不合理
P0107—进气歧管绝对压力传感器电压过低
P0108—进气歧管绝对压力传感器电压过高
P1106—进气歧管绝对压力信号电压间断性过高
P1107—进气歧管绝对压力信号电压间断性过低
P2279—进气系统泄漏

绝对压力（kPa）	100	90	80	70	60	50	40	30	20	10	0
真空度（kPa）	0	10	20	30	40	50	60	70	80	90	100
电压（V）	4.9	4.4	3.8	3.3	2.7	2.2	1.7	1.1	0.6	0.3	0.3

图 3-19　进气压力传感器检测数据

2）检测步骤

当进气歧管绝对压力信号不良时，将会造成发动机怠速不良、加速不良、动力不足等故障。如果进气歧管绝对压力传感器信号与正常值有较大偏差，但未出现故障码时可导致混合气过稀动力不足（信号电压过低）、混合气过浓冒黑烟（信号电压过高）等故障。

（1）连接诊断仪，打开点火开关，若有故障码 P0106，证明进气歧管绝对压力信号不符合变化规律；若有故障码 P0107，证明进气歧管绝对压力信号过低；若有故障码 P0108，证明进气歧管绝对压力信号过高。

（2）打开点火开关，不起动发动机，读进气压力数据，应在 96kPa 左右。若高于 103kPa，说明 P0108 所反映的故障是正在持续的硬故障，即信号电压超高；否则证明是间歇性故障，清除故障码。

（3）使发动机运行在怠速状态，读进气压力数据，应在 40kPa 左右。若压力低于 12kPa，说明 P0107 所反映的故障是正在持续的硬故障，即信号电压过低；否则证明是间歇性故障，清除故障码。

（4）气缸缺火也会设置故障诊断码 P0108。如果出现缺火，先修理导致缺火的故障。

（5）测量压力传感器插头 1 端（蓝黑色线）对搭铁电压，应为 5V，是由 ECU 的 5V 电源模块提供的传感器工作电源。

（6）测量压力传感器插头 3 端（橙黑色线）对搭铁电压，应接近 0V，是由 ECU 提供的传感器工作搭铁。

（7）测量压力传感器插头 2 端（蓝白色线），在打开点火开关时，对搭铁电压应为 5V，是 ECU 提供的 5V 电源串联了一电阻后输出的传感器信号基准电压。

（8）拔下压力传感器上的真空管，检查真空管是否有堵塞，把手动抽气筒连接到压力传感器上，在压力传感器上人工抽气制造真空度。观察信号电压应随着压力变化而产生变化，若变化缓慢或没有反应，证明压力传感器有故障，应更换。可以参考的标准数据：当不施加真空时，压力信号电压为 4.5V 左右；当施加 34kPa 的真空时，压力信号电压应为 1.5V。

（9）打开点火开关，不起动发动机时，数据显示的大气压值若不符合车辆所在地的海拔，证明传感器有故障。

（10）在起动发动机时，压力传感器应检测到进气歧管压力所发生的任何变化，如果总是保持在一个固定值，证明传感器有故障。

（11）在发动机正常工作的情况下，压力传感器的信号电压应迅速响应节气门位置的变化。若压力信号不对应节气门位置的变化，信号响应迟缓或响应滞后，证明传感器有故障，或真空管堵塞。

（12）修理完成后，要用诊断仪的燃油微调复位功能，将长期燃油修正值微调复位到 128（0%）。

第二节　其他压力传感器

一、机油压力传感器

目前应用在汽车上的液体压力传感器主要有机油压力传感器（机油压力开关）、发动机机油液面传感器、制动主缸油压传感器、蓄压器压力传感器、燃油压力传感器、共轨燃油压力（柴油机用）传感器和制冷剂（空调）压力传感器等。

1. 发动机机油压力开关的结构和原理

1）结构

发动机机油压力开关通常安装在发动机缸体的主油道上，用于检测发动机有无机油压力，它由弹簧、压板隔板及触点等组成，其外观及结构如图 3-20 所示。其内部结构部件及机油压力开关的安装位置如图 3-21、图 3-22 所示。注：此压力开关为常开型，只有在机油压力作用下才会闭合。

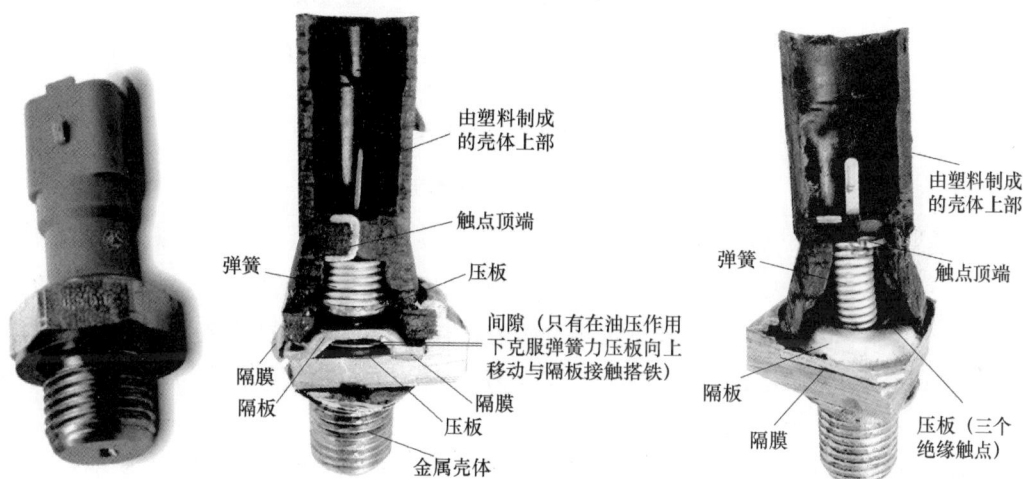

图 3-20 机油压力开关外观及结构

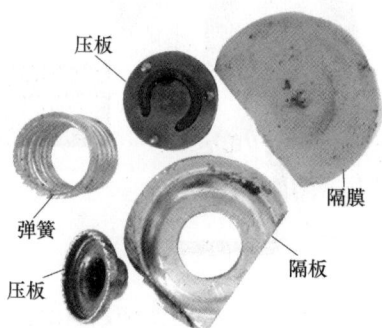

图 3-21 内部结构部件

图 3-22 新款捷达机油压力开关的安装位置

2）工作原理

机油压力开关的工作原理如图 3-23 所示，油压指示灯安装在组合仪表内，压力开关安装在发动机主油道上。在压力开关内，装有受油压作用动作的隔板与受油压作用动作的压板。当油压低于规定值时，压板不具有推动弹簧的作用力，触点闭合，指示灯点亮；当油压高于规定值时，压板推起弹簧，触点分开，指示灯熄灭，告知驾驶员油压已达到规定值。通常情况下，触点动作压力在 30～50kPa 范围内。

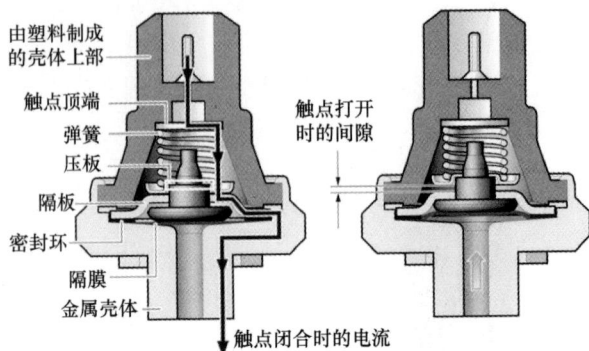

图 3-23　机油压力开关的工作原理

2. 发动机机油压力开关的检测方法

（1）将点火开关置于"OFF"位置，断开发动机机油压力开关的线束连接器，将点火开关置于"ON"位置，用万用表测量线束连接器电压，电压值为 12V 时正常，说明发动机控制单元和连接线束都没有问题；测量机油压力开关与缸体间的电阻值，正常应该接近 0Ω，否则表明机油压力开关内部失效了。

（2）检查机油压力开关及机油压力时应满足的条件：机油油位正常；点火开关打开后，机油压力警报灯必须点亮；自动检查系统的显示屏必须显示"OK"；机油温度约为 80℃。

（3）机油压力开关的检查。断开机油压力开关连接导线，拧下机油压力开关，并装上机油压力检测仪 VAG1342（见图 3-24），将机油压力开关装到机油压力检测仪 VAG1342 上，检测仪导线接地。将二极管测试灯 VAG1527 连接到机油压力开关及蓄电池正极，测试灯应不亮；若测试灯亮，则需更换机油压力开关。起动发动机，压力达 120～160kPa 时测试灯应亮，若测试灯不亮，则需更换机油压力开关。

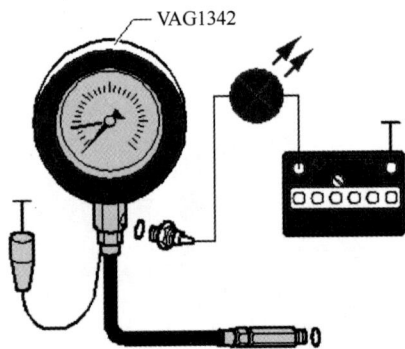

图 3-24　机油压力检测仪 VAG1342

（4）限压阀的滤清器支座及机油泵的检查。断开机油压力开关连接导线。拧下机油压力开关，并装上机油压力测试仪 VAG1342。起动发动机，机油温度约为 80℃。机油压力参考值：怠速时为 100～250kPa；转速 2000r/min 时应大于或等于 200kPa，3000r/min 时为 300～500kPa；转速更高时机油压力不允许超过 700kPa。若未达到上述规定值，应更换带限压阀的滤清器支座或机油泵。

二、制动压力传感器

1．制动压力传感器结构

以奥迪制动压力传感器为例，该传感器通过 4 个接触弹簧与控制单元连接（见图 3-25 所示 4）。两个触点用于供电，另外两个触点提供两个彼此独立的压力信号。

该传感器根据压阻原理工作，即利用结构变形引起材料导电率变化的原理。四个压阻测量元件构成一个电桥（见图 3-25 所示 5），这些元件固定在一个隔膜上。压阻测量元件是由半导体材料制成的电阻。

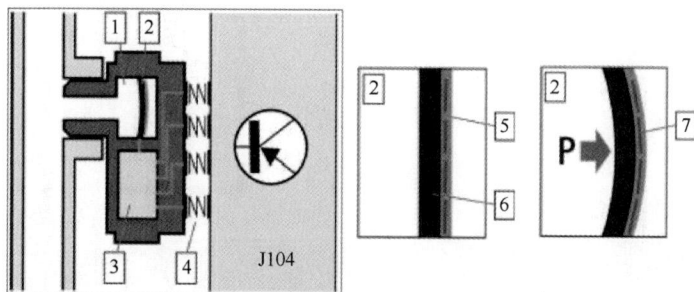

1—测量室；2—压阻厚膜传感器元件；3—传感器电子装置和信号放大器；4—连接至控制单元的接触弹簧；5—压阻测量电桥；6—柔性厚隔膜；7—测量电桥内的压电桥元件

图 3-25　制动压力传感器的结构

2．功能

压力提高时，隔膜和与其连接的压阻测量电桥的长度发生变化。长度变化时测量电桥内的压电元件上出现作用力，这些作用力使压电元件内的电荷分布发生改变从而使其电气特性发生改变。其电气信号与压力成正比，并作为放大后的传感器信号传输给控制单元。

失效时的影响：某一压力传感器失灵时，系统将 ESP（电子稳定程序）系统功能降至 ABS（制动防抱死系统）和 EBV（电子制动力分配）系统功能。

3．制动压力传感器工作原理、安装位置

制动压力传感器安装在 ESP 系统中的行驶动力调节液压泵中，该压力传感器拧在液压泵内且不能从中拧出，要和液压泵一起更换。它向电子控制单元传送制动管路的实际制动压力，电子控制单元据此算出车轮制动力及作用在车辆上的轴向力，如果需要 ESP 起作用，电子控制单元会利用上述数值计算侧向力。

制动压力传感器的核心部件是一个会受到制动液作用的压电元件和一个电子元件。若制动液挤压压电元件，压电元件上的电荷分布就会起变化，电荷位置移动，由此产生电压。压力越大，电荷分得越开，电压越大。电压被内置的电子元件放大后，以信号的形式传送给电子控制单元。故电压的大小可以直接测量出制动力的大小。

制动压力传感器通过三根导线与电子控制单元相连，如图 3-26 所示，连接端子 T3an/1 的导线为 5V 电源线，连接端子 T3an/2 的导线为信号线，连接端子 T3an/3 的为搭铁线。

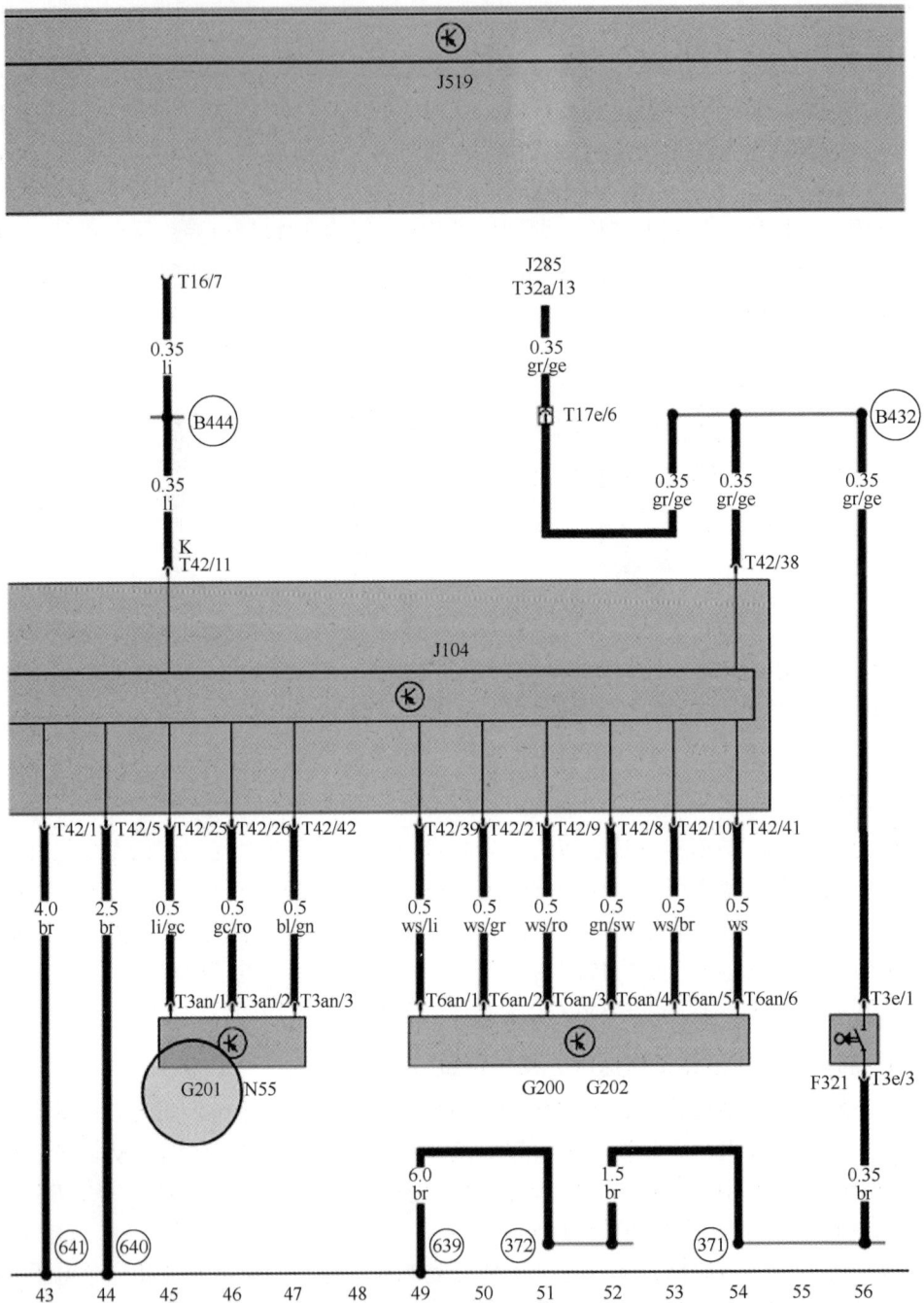

F321—驻车制动器开关；G200—横向加速度传感器；G201—制动压力传感器 1；G202—偏转率传感器；J104—ABS 控制单元，
在发动机舱内左侧；J285—组合仪表中的控制单元；J519—车载电网控制单元；N55—ABS 液压单元；T3an—3 芯插头连接；
T3e—3 芯插头连接；T6an—6 芯插头连接；T16—16 芯插头连接，在仪表板下方左侧，自诊断接口；T17e—17 芯插头连接，在
仪表板下方左侧；T32a—32 芯绿色插头连接；T42—42 芯插头连接；640—发动机舱内侧接地点；641—发动机舱内左侧的接
地点 3；371—接地连接 6，在主线束中；372—接地连接 7，在主线束中；639—左侧 A 柱上的接地点；B432—连接 3（58d），
在主线束中；B444—连接 1（诊断），在主线束中

图 3-26　新款奥迪制动控制单元的连接线路

用于奥迪 A6 轿车上的 ESP 制动压力传感器，集成在液压单元上，如图 3-27 所示，传感器在液压控制单元输入端的初级电路中测量出制动压力，这种集成结构可以减少线束的使用，并可提高安全性。

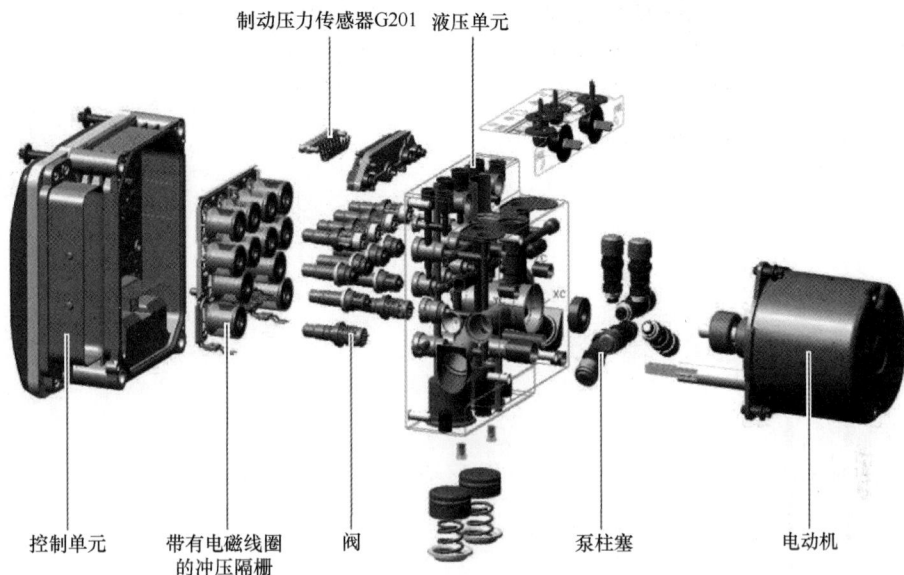

制动压力传感器G201　液压单元

控制单元　　带有电磁线圈　　阀　　　泵柱塞　　　电动机
　　　　　　的冲压隔栅

图 3-27　制动压力传感器 G201 的安装位置

4．制动压力传感器检测

该传感器的性能参数为最大测量值：170bar（17MPa）；最大能量消耗：10mA、5V。

ESP 制动压力传感器的检测方法如下：

首先检查线路是否损坏断路，其次检查正极线路是否短路，最后检查负极线路是否短路。如果以上检查均未发现问题，说明传感器已损坏，应更换新传感器。

三、大众直喷发动机燃油压力传感器

1．燃油压力传感器的结构与原理

燃油压力传感器用于检测发动机实际燃油压力。此传感器由印制电路板、传感器元件、隔离块（间隔块）和壳体等组成。传感器安装在进气歧管下方靠近飞轮一侧，用螺栓紧固在塑料制成的油轨上。它监控燃油系统高压部分的压力，并且把信号传给发动机控制单元。油轨内的压力保持恒定对减少排放、降低噪声和提高功率有重要意义，燃油压力在一个调节回路中进行调节，传感器的测量误差小于 2%。

传感器的核心是一个钢膜，在钢膜上有应变电阻。要测量的压力经压力接口作用到钢膜的一侧，钢膜弯曲，如图 3-28 所示，引起应变电阻的阻值发生变化，分析电路将电信号处理放大后传递给控制单元，压力传感器与控制单元的连接电路如图 3-29 所示。

发动机控制单元给传感器供电，供电电压 5V。当压力升高时电阻降低，于是信号电压升高。燃油压力传感器的特性曲线如图 3-30 所示。

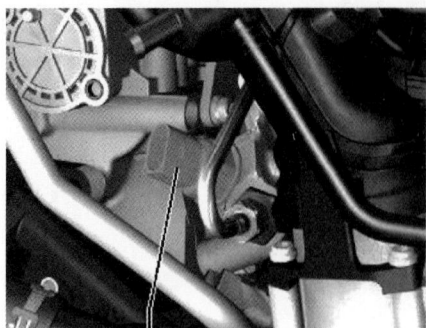

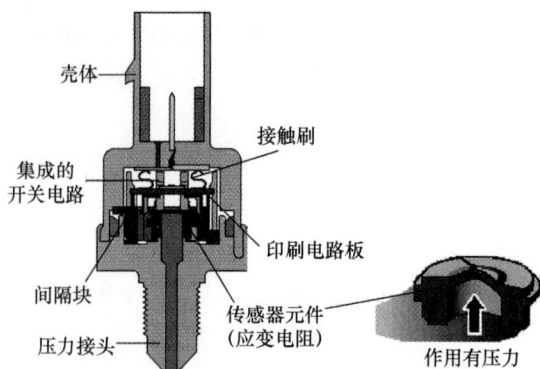

图 3-28　燃油压力传感器安装位置及工作原理

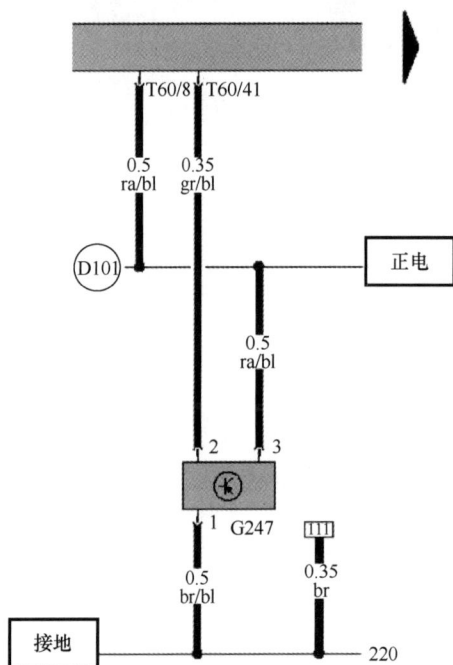

图 3-29　燃油压力传感器与控制单元的连接电路

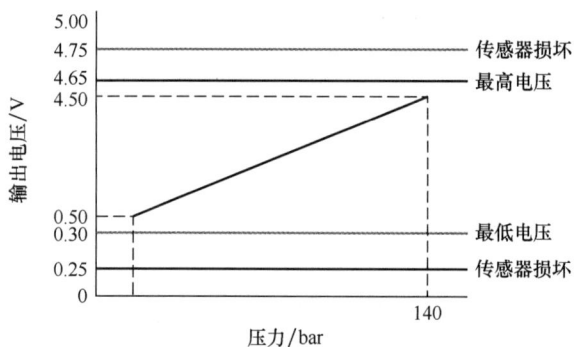

图 3-30　燃油压力传感器的特性曲线

2. 信号作用及失效影响

发动机控制单元根据接收到的信号，调节燃油压力调节阀来控制油轨内的燃油压力。

失效影响：如果燃油压力传感器传来的信号反映出燃油压力已无法调整，燃油压力调节阀会在泵油行程也通电，处于常开状态，这时整个系统压力降低至低压端的 5bar。发动机的输出扭矩和功率都会大幅下降。

3. 检测方法

1）电路检测

（1）打开点火开关，检查燃油压力传感器插头中端子 1 和端子 3（见图 3-29）之间的电压，标准值为 5V。

（2）检查传感器线束与发动机线束和 ECU 连接器端子有无损坏之处，若有损坏之处应修复或更换传感器线束。

2）油压检测

注意：在打开高压管路前，如拆卸高压泵、燃油分配器、喷射阀门、燃油管或燃油压力传感器 G247 之前，高压管路内的燃油压力必须被降低到剩余压力 6bar 左右。操作方法描述如下。

① 请将一块干净的抹布放在连接点周围，并小心地打开，以便卸载油压至大约为 6 bar 的剩余压力。必须收集流出的燃油。

② 请在工作结束后查询发动机控制单元的故障存储器，将所有由于插头拔下而生成的故障码清除。

检测步骤：

（1）将发动机舱盖抬起，向前拉发动机舱盖。

（2）拆下空气滤清器。

（3）拆下燃油压力传感器 G247。

（4）替代燃油压力传感器，旋入适配接头 VAS 6294/2，并用 22N·m 的力矩拧紧，如图 3-31 所示。

（5）打开数字压力表 VAS 6394/1 的密封盖 2，如图 3-32 所示。并用 22 N·m 的力矩将燃油压力传感器 G247 拧紧在数字压力表上。

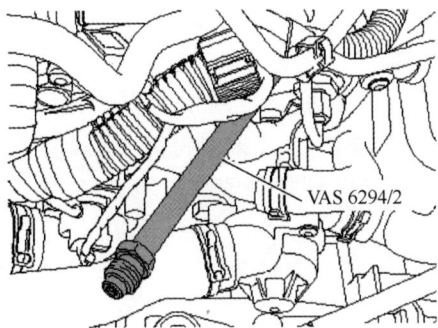

图 3-31　旋入适配接头 VAS 6294/2　　　　图 3-32　将传感器 G247 拧紧在数字压力表上

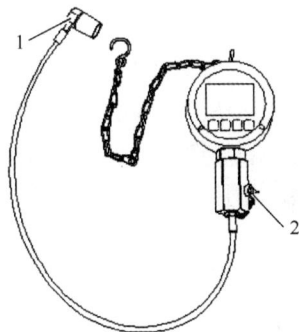

（6）用手将数字压力表 VAS 6394/1 的压力管 1 拧紧到适配接头 VAS 6294/2 上。

（7）用适配接头 VAS 5570 连接燃油压力传感器 G247 与燃油压力传感器的电气插头，如图 3-33 所示。

（8）连接车辆诊断、测量和信息系统 VAS 5051B-1，如图 3-34 所示。

（9）将 VAS 5051B-1 的诊断导线的插头 2 插到驾驶员脚部空间的诊断接口上。

（10）打开点火开关。

（11）依次按压诊断系统显示器上的按钮："车辆自诊断""自诊断""01-发动机电子装置""011-测量值"。

（12）输入 140，并按 Q 确认。显示区会显示额定值及燃油压力传感器 G247 记录的车辆实际值。

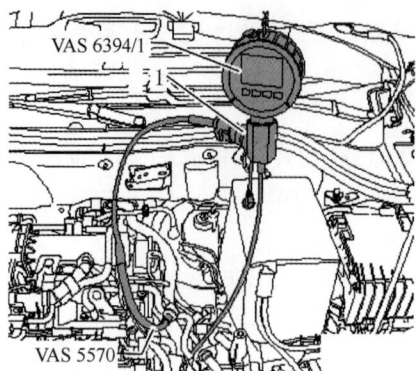

图 3-33　将适配接头 VAS 5570 连上燃油压力传感器 G247

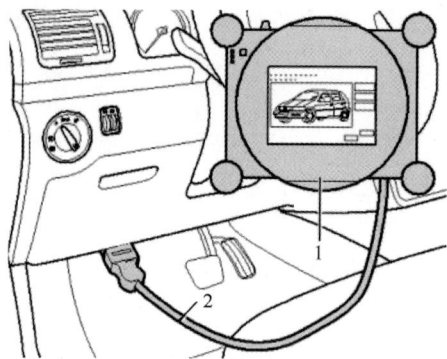

图 3-34　连接车辆诊断、测量和信息系统

（13）短暂按压一次按钮 A（见图 3-35），打开数字
压力表 VAS 6394/1。

提示：如果按压按钮 A 2s，照明灯将会打开 20s。
数字压力表 VAS 6394/1 应显示 0bar，如果未显示该数
值，短促地按一下按键 C 进行调零。

（14）起动发动机。

（15）比较数字压力表 VAS 6394/1 上显示的压力和
车辆诊断、测量和信息系统 VAS5051B 的实测值。压力
最大差值为 5bar。

（16）如果压力不匹配，更换燃油压力传感器 G247。

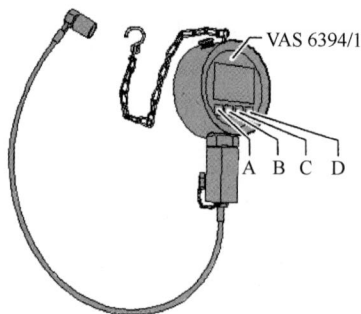

图 3-35　数字压力表 VAS 6394/1

注意：数字压力表 VAS 6394/1 有很高的燃油压力。发动机运行期间，从燃油压力调节
阀 N276 上拔下接头，将燃油压力降低到 6bar 左右。关闭点火开关。将抹布置于燃油压力
传感器 G247 周围，然后小心地松开燃油压力传感器 G247 卸载剩余压力。

提示：

（1）如果在怠速情况下拔下燃油压力调节阀 N276 的电气插头连接，高压部分的压力
会降低到 6 bar 左右。

（2）在高压解除后，高压系统必须打开，因为燃油压力会由于温度的升高而再次升高。

（3）更换燃油压力传感器 G247 后，要重新比较两个测量值。

（4）如果测量值仍然不符须检查管路。

四、共轨燃油压力传感器

共轨燃油压力传感器应用于第三代柴油机电控燃油系统中，如图 3-36 所示，该系统将
喷油量和喷油时间控制融为一体，使燃油的升压机构独立，也就是燃油压力与发动机转速、
负荷无关。这种具有可以独立控制压力的蓄压器即称为共轨。喷油量、喷油时间等参数直
接由装在各个气缸上的喷油器控制。

第三代柴油机电控燃油系统采用高速电磁阀，是全新一代的燃油系统，将发挥巨大的
作用，尤其在降低柴油机的排放、保护环境方面将会起到不可替代的作用。图 3-37 是电控
共轨式燃油系统的控制原理图，图 3-38 为连接电路图。

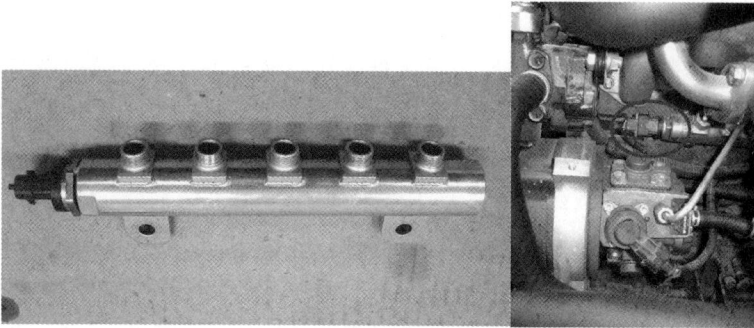

图 3-36 共轨燃油压力传感器安装位置

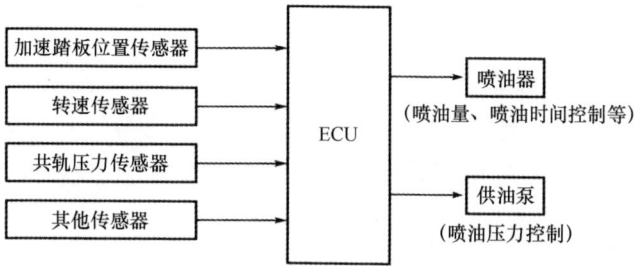

图 3-37 电控共轨式燃油系统的控制原理

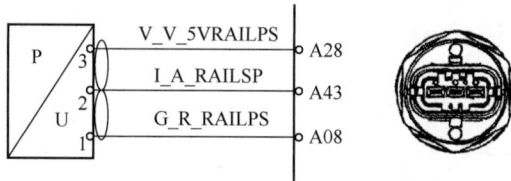

图 3-38 电控共轨式燃油系统的连接电路

共轨式燃油系统中喷油压力的控制方法如图 3-39 所示。根据各个传感器的信息，ECU

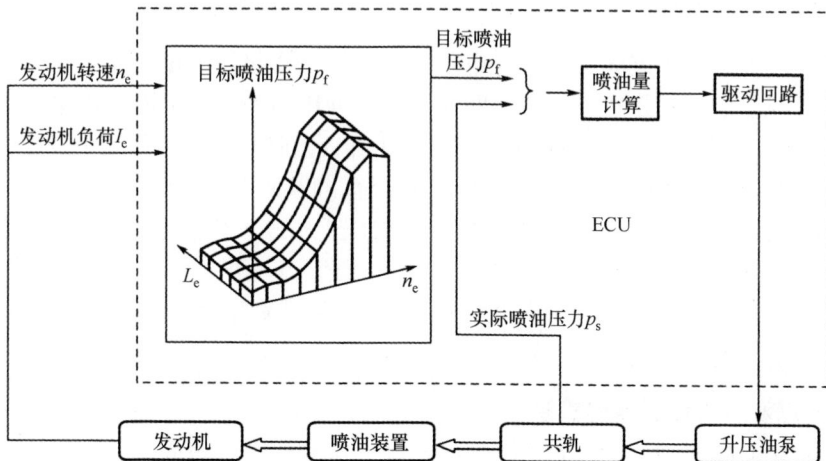

图 3-39 喷油压力的控制方法

演算单元经过演算后给定目标喷油压力。根据装在共轨上的压力传感器的信号，ECU 计算出实际喷油压力，并将其值和目标压力值进行比较，然后发出命令控制供油泵，升高或降低压力。将 ECU 中的目标喷油压力特性用具体数据表示成三维图形，即所谓的 MAP 图，可以得到最佳喷射压力特性。

1．共轨燃油压力传感器结构

共轨燃油压力传感器以足够的精度，在相对较短的时间内，测定共轨中的实时压力，并向 ECU 提供电信号。其结构如图 3-40 所示，燃油经过一个小孔流向共轨燃油压力传感器，传感器的膜片将孔的末端封住。高压燃油经压力室的小孔流向膜片，膜片上装有半导体材料的压敏元件，可将压力转换为电信号，通过连接导线将产生的电信号传送到一个向 ECU 提供测量信号的求值电路。

2．共轨燃油压力传感器工作原理

共轨燃油压力传感器的测量元件安装于其中心部位，它与一个被微机械蚀刻的硅膜制成一体，四个变形的电阻分布在硅膜的膜片上，工作电路如图 3-41 所示。

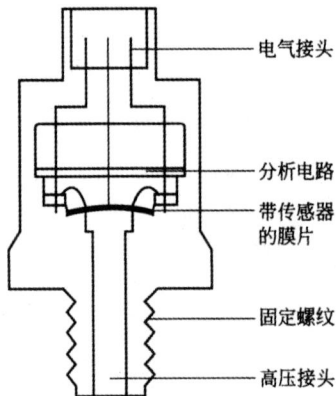

图 3-40　共轨燃油压力传感器结构　　　　图 3-41　共轨燃油压力传感器工作电路

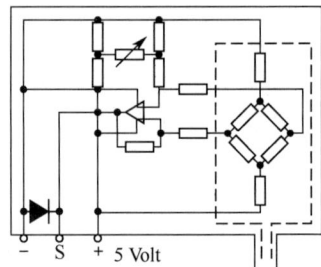

当有微小压力作用于硅膜膜片上时电阻的阻值发生变化，测量元件的四周被一盖子环绕，测量元件与盖子一起将参考真空空间封闭。根据压力测量的范围，传感器的膜片厚度为 $10 \sim 1000 \mu m$。压力传感器以惠斯通电桥原理工作，当膜片在压力作用下发生变形时，四个测量电阻中的两个电阻值升高而其他两个电阻值降低，这将导致电桥的输出端产生电压，则该电压值代表压力。信号处理电路被集成在传感器内部，该电路用于对电桥电压进行放大，同时补偿温度的影响，产生线性的压力特性曲线，其输出电压在 0~5V 范围。传感器通过端子与发动机 ECU 连接，发动机 ECU 以输出电压计算压力。共轨压力传感器失效时，具有应急行驶功能的调压阀以固定的预定值进行控制。

3．共轨燃油压力传感器的检修

以博世高压共轨系统为例，对其共轨燃油压力传感器进行检测。

1）可能会有的故障码

P0194——共轨燃油压力传感器信号太弱；P0191——共轨燃油压力传感器信号太强；

P0192——共轨燃油压力传感器电压太低；P0193——共轨燃油压力传感器电压太高。

2）检查共轨燃油压力传感器的电源供应

①拔出共轨燃油压力传感器插塞接头；②在线束一侧的端子 1 与端子 3 间进行检测。触发系统已接通，额定值为 4.5～5 V，如果未达到额定值，检查电线。

3）检查信号电压

①插上共轨燃油压力传感器的插塞接头；②在部件一侧的端子 2（+）和端子 1（-）之间进行测量，触发系统已接通，额定值为 0.3～0.7V；③当发动机处于热温和怠速运转状态时，信号电压额定值为 0.8～1.2V；④踩油门时电压上升。如果未达到额定值，则共轨压力传感器有故障。

4）其他可能出现的故障

①电缆断路、正极短路或者接地短路；②插塞接头没有连接或者连接处导电不佳。

五、轮胎压力监控系统及轮胎压力传感器

目前大众、奥迪车上用的轮胎压力监控系统主要分为间接式和直接式两类。间接式是通过 ABS 的轮速传感器来比较轮胎之间的转速差别，以达到监测胎压的目的的。直接式是利用安装到每一个轮胎的压力传感器来直接测量胎压的，利用无线发射器将压力信息从轮胎内部送到中央接收器，然后对各轮胎压力进行显示，当有漏气时系统会自动报警。备胎由控制单元监控和管理，但它不在信息通报的对象内。数据从车轮处的传感器到控制单元是通过高频无线电传递的。车辆外围设备的信息交换是通过舒适 CAN 总线实现的。如图 3-42 所示，奥迪车每个轮胎气门嘴上都装有一个轮胎压力测量和发送单元，该单元以固定的时间间隔，向安装在翼子板上的轮胎压力监控天线和轮胎压力监控控制单元发送无线电信号。其轮胎压力监控系统组成及电路连接如图 3-43 所示。

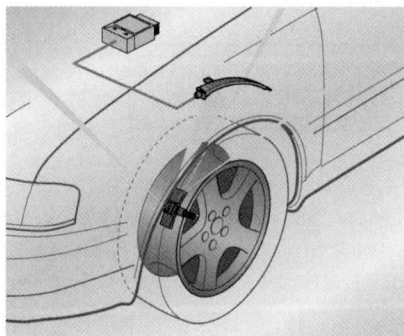

图 3-42　轮胎压力监控系统

轮胎压力监控控制单元分析轮胎的充气压力及其变化情况，将相应信息发至组合仪表，这些信息由驾驶员信息系统（FIS）显示出来。

轮胎压力监控系统有以下作用：

（1）轮胎压力过低时会提前指示，因此安全性得到提高。

（2）不需要定期检查轮胎的压力，因此舒适性得到提高（只有当显示屏上显示相应的信息时，才有必要校正轮胎压力）。

（3）提高了轮胎寿命（胎压每降低 0.3bar，轮胎寿命会降低 25%）。

（4）正确的轮胎压力会降低燃油消耗。

轮胎压力监控系统监控下列各种情况并提供相应提示：

（1）缓慢漏气。缓慢漏气会提前指示给驾驶员，以便驾驶员检查轮胎状况及校正轮胎的气压。

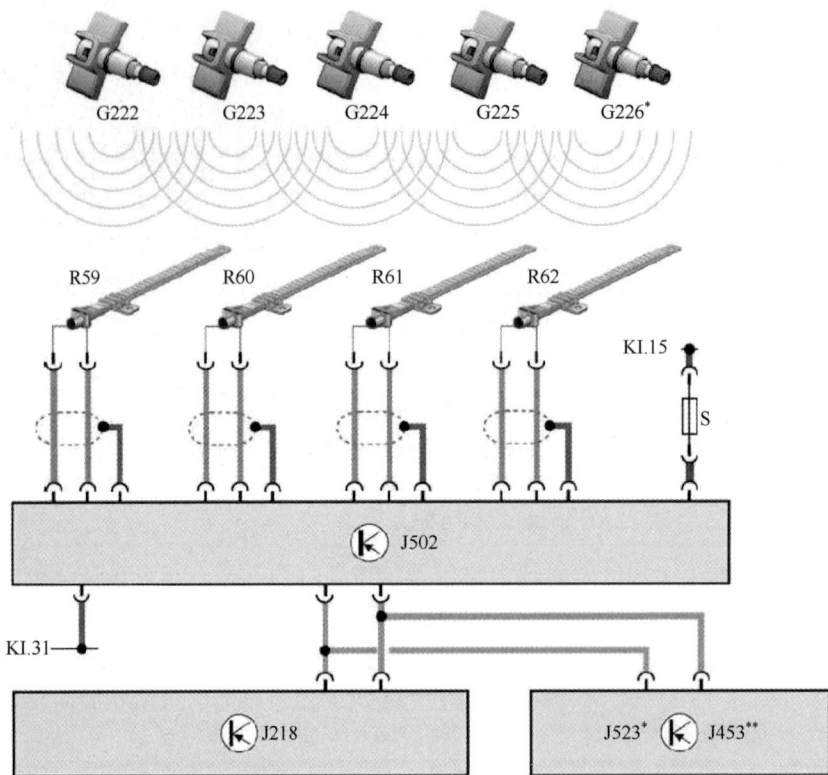

E272—功能选择开关；G222—轮胎压力传感器，左前；G223—轮胎压力传感器，右前；G224—轮胎压力传感器，左后；G225—轮胎压力传感器，右后；G226—轮胎压力传感器，备胎；J218—仪表板内组合处理器；J502—轮胎压力监控控制单元；K—自诊断连接；R59—轮胎压力监控天线，左前；R60—轮胎压力监控天线，右前；R61—轮胎压力监控天线，左后；R62—轮胎压力监控天线，右后；J453—多功能方向盘控制单元；J523—前部信息系统操纵和显示控制单元；*——适用于辉腾汽车；**——适用于途锐汽车

图 3-43 奥迪车的轮胎压力监控系统组成及电路连接

（2）突然漏气。车辆正在行驶时若出现突然漏气现象（如爆胎、瘪胎），系统会立即给驾驶员发出警报。

（3）车辆静止时瘪胎。如果车辆静止时出现瘪胎，那么在接通点火开关后，系统会立即提醒驾驶员。

正常情况下，驾驶员根据车辆行驶状态也可识别出上述情况。但对于拥有车轮应急运行系统的车辆，驾驶员可能会由于应急系统运行作用而未能立即识别出"瘪胎"等状况。在这种情况下，轮胎压力监控系统就成了唯一能提醒驾驶员的手段了。有应急运行系统的车轮在轮胎没气时也可继续行驶，但是防侧滑性能下降，因此行驶安全性变差。另外，为了保证应急运行和防止轮胎彻底损坏，应限制车速和行驶里程。

1. 轮胎压力监控系统组成

以奥迪车为例，轮胎压力监控系统由下述部件构成：5 个轮胎压力传感器、4 个轮胎压力监控天线、轮胎压力监控控制单元、组合仪表、功能选择开关，如图 3-44 所示。

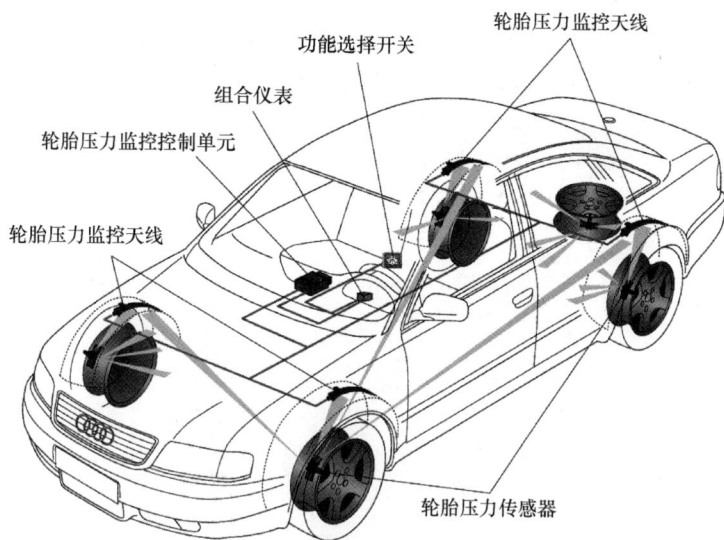

图 3-44　轮胎压力监控系统组成部件及位置

2. 轮胎压力监控系统工作原理

当打开驾驶员车门或 15 号接线柱接通（点火开关置于"ON"位置）时，系统就开始进入初始化过程，然后控制单元给轮胎压力监控发射器和天线各分配一个 LIN 地址（分配时在时间上是错开的），初始化完成后，这几个发射器一个接一个从控制单元接收到一条信息，随后这些已经分配有地址的发射器发射出无线电信号（频率为 125kHz，只发射一次）。由于这种无线电信号的作用半径很小，所以它们只会分别被相应的轮胎压力传感器接收，传感器被无线电信号激活，然后就会发送出测量到的当前压力和温度值，这些测量值由天线接收后，再经 LIN 总线传送到控制单元。

随后，只要车停下，就不再进行任何通信联系了（轮胎压力传感器上装有离心力传感器，该传感器可以识别出车轮是否在转动）。与前代系统相比，现在系统的一个突出优点是：只要 15 号接线柱接通就可立即显示出警告信息，同时传感器的寿命也得到了延长。

车辆起步时，传感器在约 2min 后开始与车轮位置进行匹配。当车速超过约 20km/h 时，每个传感器会自动发射当前的测量值，而无须等待来自各自发射器的信号。发射出的无线电信号中包含传感器的 ID，这样控制单元就可识别出是哪个传感器发出的信息及其位置。

3. 部件简介

1）金属气门嘴

奥迪车的轮胎压力监控系统所用的气门嘴是新设计的，以前使用的是橡胶气门嘴，现在用的是金属气门嘴，其结构如图 3-45 所示。

2）轮胎压力传感器 G222～G226

轮胎压力传感器拧在金属气门嘴上，在更换车轮或轮辋时，该传感器仍可再用。轮胎压力传感器将轮胎的实时压力信息（绝对压力测量）发送给轮胎压力监控控制单元，用于评估压力情况。温度信号用于补偿因温度改变而引起的压力变化，同时还用于自诊断。当温度高于某一限定值时，传感器就停止发送无线电信号。温度补偿由轮胎压力监控控制单元来进行，测出的轮胎压力以20℃时的值为标准值。

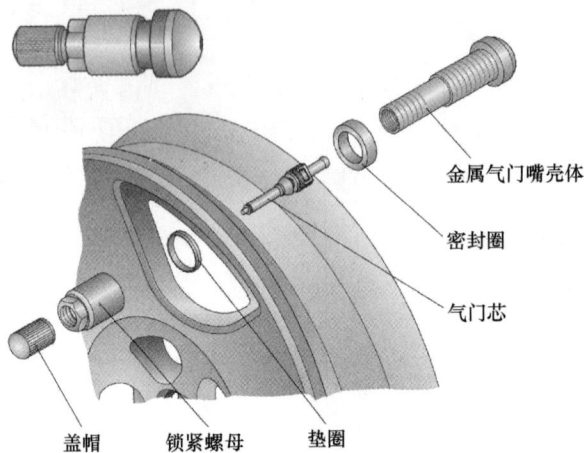

图3-45 金属气门嘴结构

轮胎压力传感器内部集成部件如图3-46所示。压力和温度传感器及测量和控制电子装置都集成在其上。

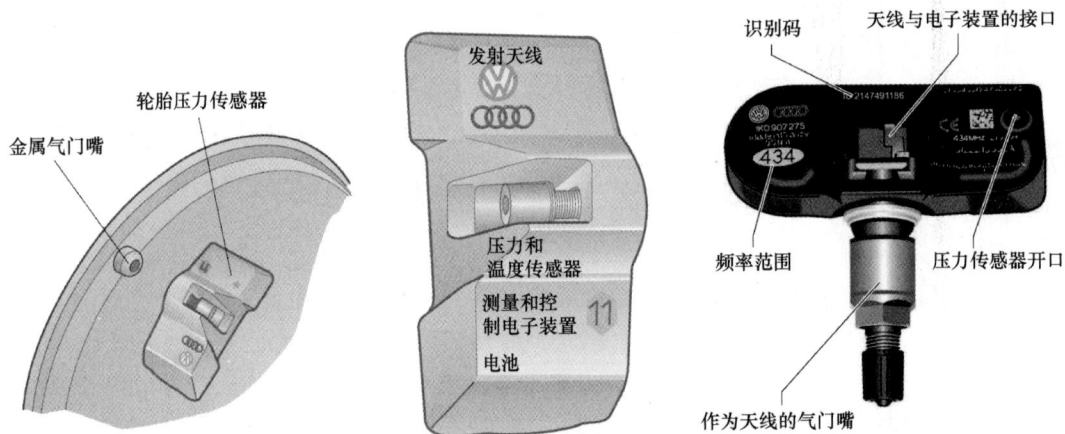

图3-46 轮胎压力传感器内部集成部件

轮胎压力传感器的发射天线发送下述信息：

①专用识别码（ID-Code）；②实时轮胎压力（绝对压力）；③实时轮胎空气温度；④集成电池的状态；⑤为保证数据的安全传递所需的状态、同步和控制方面的信息。

以上所列的信息都包含在一段12位长的数据电报内。数据传递是调频式的，传递时间约10ms。测量轮胎压力的数据传递量是很小的，但应能立即识别出气压不足并将此信息传递给控制单元。

每个轮胎压力传感器都有一个专用的识别码（ID-Code），用于"轮胎识别"。为了避免接收到错误信息，当轮胎压力传感器接收到的温度达到120℃时，它就不再发送无线电信号（数据电报）了。当温度低于某一值时，轮胎压力传感器又恢复无线电通信，电子部件对高温很敏感，高温会导致功能故障及部件损坏。在发射电子装置马上切断轮胎压力传感器前，轮胎压力监控控制单元得到了"温度切断"信息，于是"故障内容"就被记录在故障存储器内。

当一个或多个轮胎压力传感器发生温度切断时，会出现图3-47中所示的提示。

轮胎压力传感器集成的测量、控制及发射信号的电子装置是通过集成的锂电池供电的。锂电池是轮胎压力传感器的一个组成部件，不能单独更换。可以通过自诊断来查询电池的理论寿命。为了使轮胎压力传感器的使用寿命尽可能地长，其控制电子装置有专用的"能源管理"功能。

"能源管理"功能可以根据不同的测量和发射时间间隔，区分出是正常发射模式还是快速发射模式。当轮胎压力值保持恒定时，轮胎压力传感器就处于正常发射模式。当气压损失高于 $2 \times 10^4 Pa/min$ 时，轮胎压力传感器立即切换到快速发射模式，如图3-48所示。

图3-47 轮胎压力传感器发生温度切断

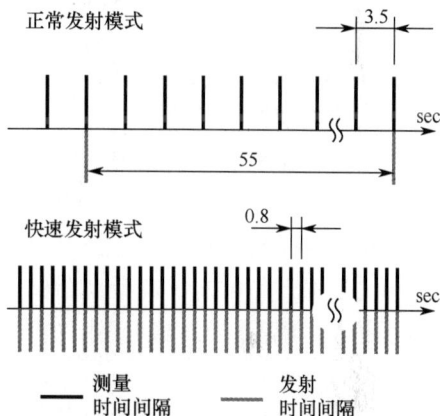

图3-48 轮胎压力传感器发射模式

"能源管理"可在保证胎压监控功能的同时，使传感器电池所承受的负荷尽可能地小。电池寿命理论上可达到7年。

3）轮胎压力监控天线 R59～R62

轮胎压力监控天线接收来自轮胎压力传感器的无线电信号，并将此信号传送至轮胎压力监控控制单元以便进一步处理。轮胎压力监控系统共有4根用于轮胎压力监控的天线，分别安装在左前、右前、左后、右后车轮罩内的衬板后，如图3-44所示。这4根天线经高频天线导线与轮胎压力监控控制单元相连，并根据安装位置与控制单元进行匹配。天线接收所有处于其接收半径以内及频率范围内的无线电信号，无线电信号会被传送至控制单元内并经过选择，以便处理正确的信息。

为了保证轮胎压力监控系统能正常工作，该系统上使用的各部件的载波频率必须相同（从零件号也可看出载波频率）。根据各国情况的不同，现在使用两种不同的载波频率，大多数国家使用 433MHz 的载波频率；少数国家（如美国）使用 315MHz 的载波频率。

轮胎压力监控天线目前还不能用自诊断来查找故障,但故障存储器内记录的关于轮胎压力传感器"无信号故障",可能是天线和天线导线的原因。

4)轮胎压力监控控制单元 J502

该控制单元对轮胎压力监控天线发来的信号进行处理并排队,然后把相应的信息送至组合仪表。驾驶员信息系统(FIS)的显示屏会显示相应信息。车辆外围设备是通过舒适CAN 总线进行通信的。通过对各种不同的界限值和按时间变化的压降(压降梯度)进行分析,就可按其重要性对系统状况信号进行排队。

4. 轮胎压力监控系统的操作和显示

1)轮胎压力监控系统的操作

在轮胎压力子菜单里,通过功能选择开关可以关闭或再次接通轮胎压力监控系统,还可以存储轮胎的实时压力。通过驾驶员信息系统显示屏的"存储压力"功能,由驾驶员存储轮胎充气压力。用驾驶员信息系统的菜单可以存储个性化的轮胎充气压力值(如满负荷或冬季轮胎)。存储轮胎压力时为了避免错误信号,建议每次检查及校正完轮胎充气压力后,应在 FIS 菜单里执行一次"存储压力"功能。如果没有遵守这个操作说明且使用了不同的充气仪器来检查和校正轮胎压力,那么根据充气仪器的公差范围情况,系统信号可能提前或延迟;在轮胎温度不同(热/冷)或外界温度不同(夏天/冬天)时校正完轮胎压力后,但没有每次都存储压力值时,也会出现系统信号提前或延迟现象。

一个封闭系统内的空气压力变化与温度是呈比例的。正常情况下,温度每变化10℃,压力变化约 10^4Pa,执行"存储压力"后,轮胎充气压力就被标准化为 20℃时的值。为了避免调整不当,应特别注意必须在"轮胎冷态"时检查、校正及存储轮胎的充气压力。

当轮胎压力监控系统由驾驶员在菜单里设置关闭时,每次接通点火开关后短时出现"系统已关闭"的信息以提醒驾驶员。当选择"存储压力"时,轮胎压力监控系统自动接通。

2)轮胎压力监控系统的显示

根据对车辆行驶性能的影响,将系统状况信号分成两个优先等级:

优先等级 1 的信号(最重要),表示已不能保证行驶安全性了,优先等级 1 的信号由 FIS 显示屏上的红色警告符号以及声音信号来指示,这时要求驾驶员立即检查轮胎状态。

优先等级 2 的信号(次重要),表示还没有直接影响行驶安全性,FIS 显示屏出现黄色符号来提醒驾驶员现在系统的状态如何。

优先等级 1 的信号和优先等级 2 的信号又都可分成"无位置"和"有位置"两种形式。所谓"无位置"是指系统不能准确说明故障原因的位置,或者有多个故障位置。所谓"有位置"是指系统可以准确说明故障位置,且只有该位置是引起故障的原因。

例如,轮胎压力的规定值是 $22×10^4$Pa,最低压力极限值是 $4×10^4$Pa(制造厂规定的 AUDI A8 车的部分负荷值)。优先等级 1 的信号在下列条件下才显示。

（1）实际的轮胎充气压力值降至警告线 2 以下，如图 3-49 所示。

（2）压力损失梯度大于 $2×10^4 Pa/min$。

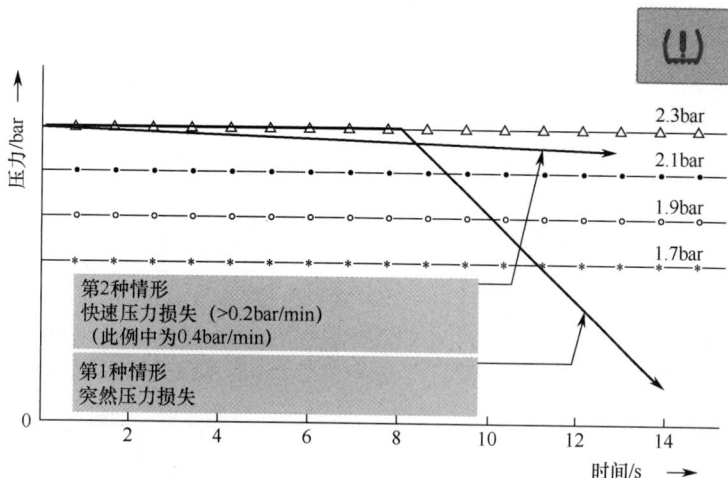

图 3-49　优先等级 1 信号的出现情形

优先等级 1 的信号在处理完成后会立即显示出来，超过警告线 3 以后就总是显示优先等级 1 的信号。FIS 显示屏可能会显示如图 3-50 所示的优先等级 1 的信号：当至少满足优先等级 1 的一个条件，且不能明确指出是哪个车轮时，就会显示这个信息（此时优先等级 1，无位置），表明故障可能与一个或多个车轮有关。当 FIS 显示屏出现如图 3-51 所示的指示时，即代表对应有明确的轮胎压力故障（此时优先等级 1，有位置）。

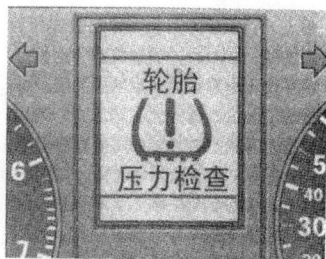

图 3-50　优先等级 1 的信号（红色符号）

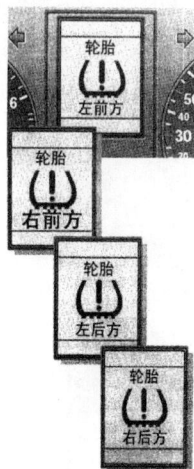

图 3-51　车轮位置指示（红色符号）

在出现优先等级 1 的信号时，若按下"CHECK"按钮，就会出现图 3-52 所示的提示。如果导航系统已激活，那么很快就会用如图 3-53 所示的指示符号指示所有优先等级 1 的信号（先是全图，然后是小图，如图 3-53 上部所示。这个指示符号出现在驾驶员信息系统显示屏的上部，这样就不会干扰行车路线指示了）。

图 3-52　车轮提示

图 3-53　驾驶员信息系统提示

优先等级 1 的信号在满足下列条件时会自动撤消：

（1）如果所有的压力传感器接收到的轮胎充气压力都高于警告线 1（比存储的轮胎充气压力规定值低 $2 \times 10^4 Pa$）。

（2）重新存储了轮胎的压力（通过菜单）。

当满足下列条件时，会显示优先等级 2 的信号：

（1）当某个车轮的实际压力比通过菜单存储的轮胎压力规定值低 $2 \times 10^4 Pa$ 时，就会显示如图 3-54 中所示的这些信息（达到警告线 1，见图 3-49）。这时轮胎压力监控控制单元应识别出报警的轮胎压力传感器的位置（优先等级 2，有位置）。另外，其他三个轮胎的实际压力与存储的压力规定值相差不能大于 $10^4 Pa$。

如果某个轮胎压力达到警告线 1，而其他轮胎中有一个或多个轮胎的压力比存储的压力规定值低 $10^4 Pa$，就会显示无位置信息如图 3-55 所示。这时就要求驾驶员检查并校正所有轮胎的压力。此外，下次车轮故障在短时间内是不会发出警告的，这样就可避免警告过于频繁。

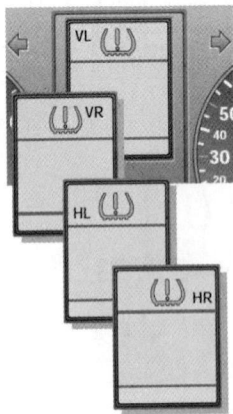

图 3-54　优先等级 2 的车轮位置指示（黄色符号）

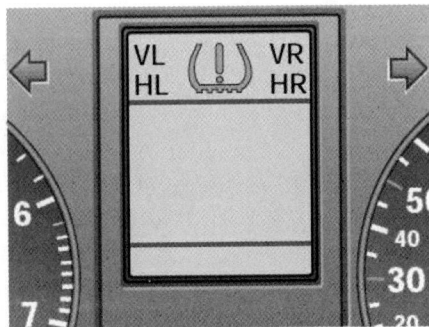

图 3-55　显示无位置信息

另外，在点火开关接通的情况下，传感器的温度不应该比环境温度高 15℃ 以上，如果超过了这个界限，就不会发出警告了。

优先等级 2 的信号在满足下列条件时会自动撤消：

① 如果所有传感器接收到的压力信号与存储的压力规定值的偏差均小于 10^4Pa 时。

② 重新存储了轮胎压力（通过菜单）。

（2）当同一轴（前轴、后轴或两轴）上的两个车轮轮胎压力差大于 $4×10^4$Pa 时，会显示如图 3-56 所示信息。如果校正轮胎压力的工作做得不对（如忘了一个轮胎），也会显示这些信息，这时驾驶员应再次检查并校正轮胎压力，然后执行"存储压力"的操作。

（3）轮胎压力监控系统被驾驶员通过菜单关闭［当装有轮胎压力传感器的轮胎（如冬季轮胎）放在行李箱内运输或装用的轮胎无传感器时，关闭压力监控系统就显得非常重要了］。

这时每次接通点火开关后，会出现如图 3-57 所示的显示情况，用于提示驾驶员压力监控系统已关闭。

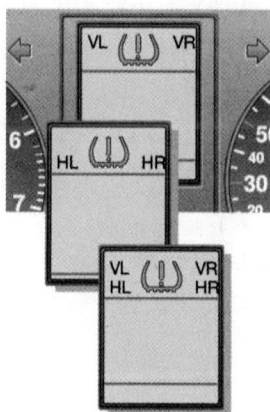

图 3-56 优先等级 2 的车轴位置指示（黄色符号）

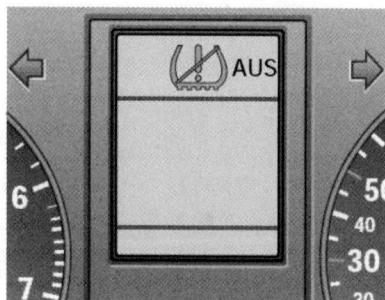

图 3-57 轮胎压力监控系统已关闭

（4）当故障轮胎压力监控系统无法使用时，会出现如图 3-58 所示显示以提醒驾驶员。图中对应故障为由于电磁场变化而导致传感器无法接收信号，干扰的因素有火花塞间隙过大（火花塞插头未插好）或使用了无线耳机等。

如果无线电干扰消失且传感器接收到信号，那么这个提醒信息就消失了。

（5）当出现其他系统干扰时，会出现如图 3-59 所示的信息提示，它表示轮胎压力监控系统已无法使用了。可能的原因有：

① 系统故障（如导线断路、胎压监控控制单元损坏等）。

② 轮胎压力传感器没有接收到无线电信号（装上了防滑链或无传感器的轮胎后）。

③ 车辆行驶 30min 内还未完成车轮识别和位置识别。

④ 在车辆行驶中，接收到 5 个以上传感器发出的信号（在行李箱内有传感器的车轮）。

⑤ 轮胎压力监控控制单元编码错误或未编码。

图 3-58　无线电干扰

图 3-59　轮胎压力监控系统失效提示

5. 轮胎充气压力和轮胎温度的显示

轮胎的当前状态可在奥迪多媒体交互系统（MMI）中显示。

第一种显示轮胎充气压力和轮胎温度的操作如下。

①按压功能按钮 CAR；②在汽车菜单中选择 Systems（系统）；③选择 Tyre pressure monitoring（轮胎压力监控系统）；④选择 Display tyre pressures（显示轮胎压力）；⑤再次按压旋/压式控制钮。所选车轮的轮胎充气压力和温度便会显示出来，如图 3-60 所示。

当前的轮胎充气压力用数值和符号显示。这些符号的特征及含义如下：

（1）无符号。如果当前的轮胎充气压力与规定压力大体相同，则仅显示轮胎充气压力。

（2）惊叹号。如果当前的轮胎充气压力比规定压力低约 $3×10^4$Pa，便会显示带有惊叹号的轮胎充气压力。

（3）带有惊叹号的三角符号。如果当前的轮胎充气压力比规定压力低 $5×10^4$Pa 以上，便会显示带有一个三角符号和惊叹号的轮胎充气压力。再次按压旋/压式控制钮，便会依次显示四个在用车轮的轮胎充气压力和温度。

第二种显示轮胎充气压力和轮胎温度的操作如下。

①按压功能按钮 CAR；②在汽车菜单中选择 Systems（系统）；③选择 Tyre pressure monitoring（轮胎压力监控系统）；④选择 Display tyre pressures（显示轮胎压力）。轮胎压力和温度显示如图 3-61 所示。

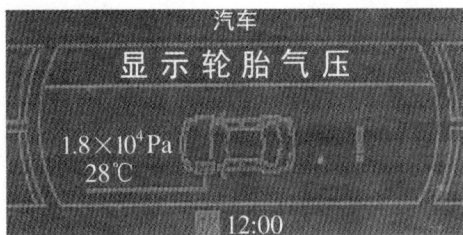

图 3-60　按压旋/压式控制钮显示轮胎充气压力和温度

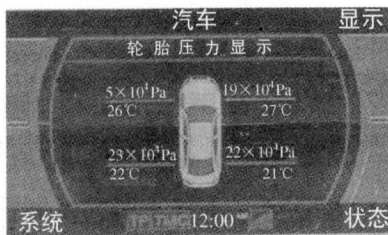

图 3-61　显示屏显示轮胎压力和温度

当前的轮胎充气压力用绿色、黄色和红色数值显示。这些颜色的含义如下：

（1）绿色。如果当前的轮胎充气压力与规定压力大体相同，则轮胎充气压力用绿色字体显示。

（2）黄色。如果当前的轮胎充气压力比规定压力低约 $3×10^4$Pa，则轮胎充气压力用黄色字体显示。

（3）红色。如果当前的轮胎充气压力比规定压力低 5×10^4Pa 以上，则轮胎充气压力用红色字体显示。

当在系统进行学习（识别并存储新的传感器）的阶段时，不会显示轮胎充气压力或轮胎温度。轮胎充气压力和温度显示为水平虚线-----。

6. 轮胎充气压力的存储

正确存储规定压力是可靠监控轮胎充气压力的基本前提。为了确保轮胎充气压力监控系统正常工作，每次匹配轮胎充气压力（如汽车的负荷状态改变）时，要重新存储规定压力，此时请按以下步骤进行。

1）校正轮胎充气压力

①检查车轮的轮胎充气压力；②必要时按油箱盖板内侧贴签上的数据校正轮胎充气压力。

2）存储轮胎充气压力

①按压功能按钮 CAR；②在汽车菜单中选择 Systems（系统）；③选择 Tyre pressure monitoring（轮胎压力监控系统）；④选择 Store curr.tire pressures（存储当前轮胎压力）。

每次更改规定压力后都必须启动存储轮胎充气压力功能。存储后，轮胎充气压力监控系统测量当前的轮胎充气压力，并将其存储为新的规定压力。

7. 轮胎压力监控控制系统的匹配与校准

更换车轮时必须对调换过的车轮重新执行学习过程。

①按压功能按钮 CAR；②在汽车菜单中选择 Systems（系统）；③选择 Tyre pressure monitoring（轮胎压力监控系统）；④选择 Initialize wheels（初始化车轮）。

执行该功能后，系统便会记忆新的车轮。这个学习记忆过程的时间最长 5min。在此期间，不会显示轮胎的充气压力和温度，因为车轮的传感器首先必须重新学习和编排位置。

在记忆过程中，轮胎充气压力监控系统只能执行部分工作。只有轮胎充气压力低于允许的最低规定压力时，才会发出警告。涉及的车轮可能会是一个或多个，如果是这种情况，便会出现警告符号，同时带有说明轮胎压力的文字。

1）轮胎压力监控系统的匹配

当匹配轮胎压力监控控制单元 J502 时，需要满足如下条件：

以超过 40km/h 的车速持续行驶至少 20min，避免时走时停驾驶；与其他车辆并行行驶时间不要超过 5min，以避免接收到其他车辆的车轮信号。

匹配结果可通过轮胎压力系统读取测量数据块 17 组的系统状态显示。状态 0049 表示系统已经匹配成功。

2）校准

每次更改充气压力、修理底盘及更换轮胎后，因轮胎特性发生变化，故必须进行系统校准，以便确定新的基准值。

（1）启动校准过程。按住轮胎监控显示系统按键2s即可启动校准过程。组合仪表上的警报灯将亮起约2s，并发出锣声。

（2）正常行驶过程中，轮胎监控显示系统按照司机给定的轮胎充气气压和所安装的轮胎进行校准。

校准过程中，系统逐步将数据传输给轮胎压力监控系统，数分钟后，系统就可以根据刚刚"学习"到的车速和行驶状况进行大致的监控，如图3-62所示。

8．故障排除

如果轮胎充气压力监控系统不工作，显示屏上便会出现如图3-63所示的提示。这可能是以下原因造成的：

（1）如果学习过程结束时出现这条信息，则说明该系统无法识别到汽车上所安装的车轮，其原因可能是一个或多个车轮未安装车轮传感器。

（2）一个车轮传感器或其他组件可能已失灵。

（3）该系统识别到汽车内车轮多于4个，如装了冬季用车轮时。

（4）更换车轮后未激活初始化车轮功能。

（5）使用防滑链时该系统的功能可能因防滑链的屏蔽特性而受影响。

（6）轮胎压力监控系统可能因无线电干扰而无法工作。

（7）相同频率的发射设备（如随车携带的无线耳机或对讲机）可能通过其强电磁场暂时性干扰该系统。

图3-62　校准过程

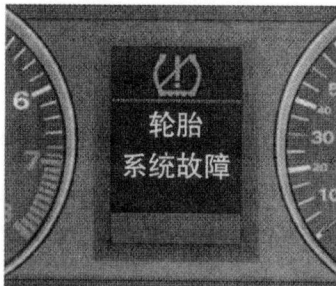

图3-63　显示屏显示系统故障

9．自诊断

轮胎压力监控控制单元与车辆的信息交换是在组合仪表上通过 CAN 舒适总线来完成的。通过车上的自诊断接口可以快速查寻故障，地址码为65，可选功能有：

01—查询控制单元版本号；02—查询故障存储器；05—清除故障存储器；06—结束输

出；07—查询控制单元编码；08—读取测量数据块；10—自适应。

其中选择08—读取测量数据块，可输入组号查询相应模块的数据流，对应含义如表3-5所示。

表 3-5 奥迪轮胎压力监控系统数据流显示含义

显示组号	显示区域表达含义			
	1 区	2 区	3 区	4 区
01	左前方车轮	温度	实际压力	额定压力
02	左前方车轮	蓄电池剩余工作寿命	空	蓄电池电压状况
03	左前方车轮+识别号	空	空	空
04	右前方车轮	温度	实际压力	额定压力
05	右前方车轮	蓄电池剩余工作寿命	空	蓄电池电压状况
06	右前方车轮+识别号	空	空	空
07	左后方车轮	温度	实际压力	额定压力
08	左后方车轮	蓄电池剩余工作寿命	空	蓄电池电压状况
09	左后方车轮+识别号	空	空	空
10	右后方车轮	温度	实际压力	额定压力
11	右后方车轮	蓄电池剩余工作寿命	空	蓄电池电压状况
12	右后方车轮+识别号	空	空	空
13	右侧备用车轮	温度	实际压力	额定压力
14	右侧备用车轮	蓄电池剩余工作寿命	—	蓄电池电压状况
15	右侧备用车轮+识别号	空	空	空
16	车轮电气设备识别号	状态比特	车轮电气设备蓄电池状态	实际压力
21	速度信号	ABS 状态	发动机转速	发动机状态
22	外界温度	空调状态	接线柱 15 状态	控制器电压
23	驾驶员车门状态	负载	空气悬架状态	网关状态（媒体系统数据交换）
24	左前方天线部件号码	空	右前方天线部件信号	空
25	左后方天线部件号码	空	右后方天线部件号码	空
81	车架号码	序列号	车型检测码	—
31	左前备件号	右前备件号	空	空
32	左前备件号	右前备件号	空	空
125	车速信号	来自 ABS	发动机转速	来自发动机
126	车外温度/℃	0/1	Ein/Aus（接通/断开）	0～25.5V
130	司机车门状态	来自组合仪表	FMVSS138（美国指示灯）	空
140	来自 MOST 总线	空	空	空

10．电路图

轮胎压力监控系统电路如图 3-64 所示。

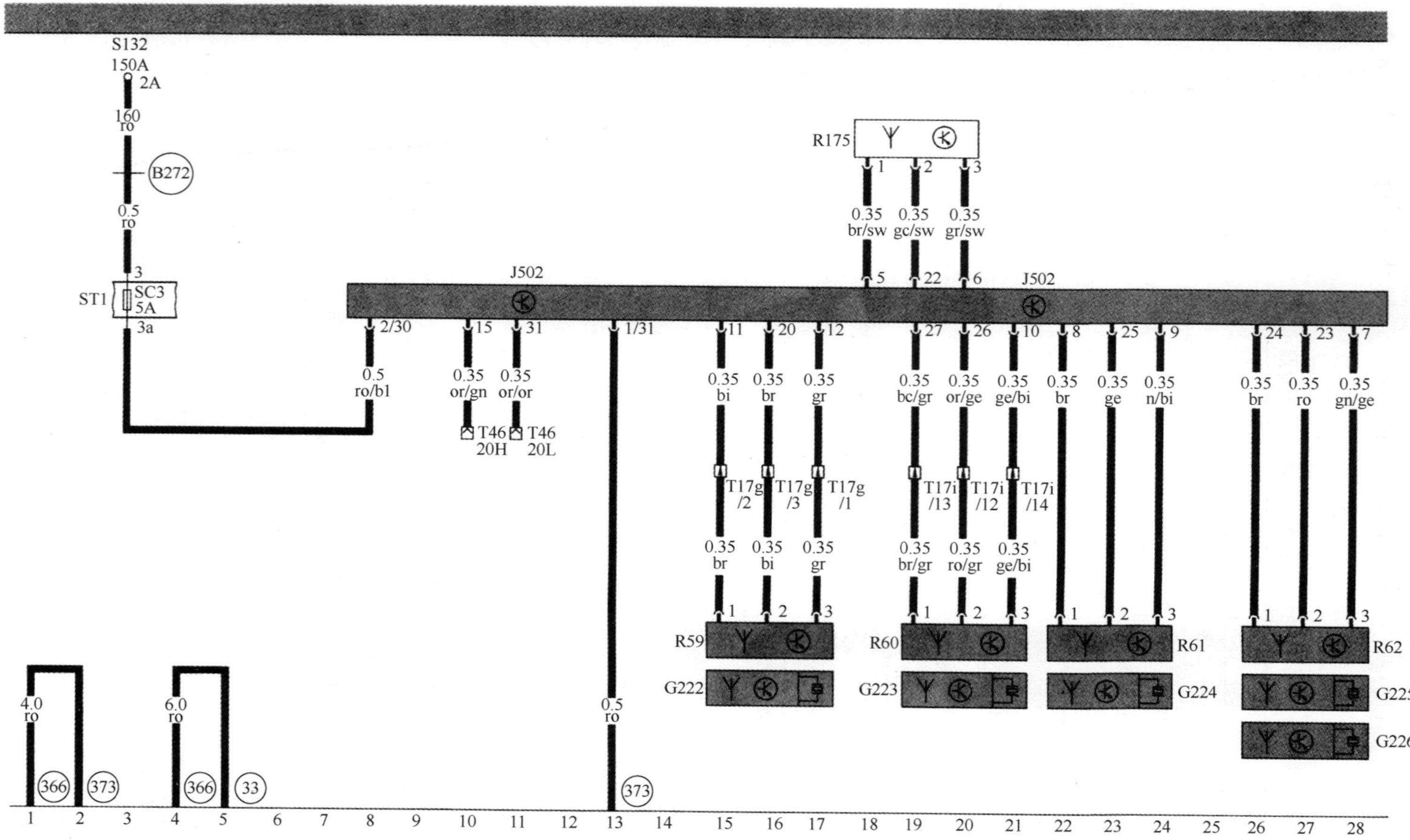

图 3-64　奥迪轮胎压力监控系统电路

J502—轮胎压力监控制单元；S132—熔断式熔丝；SC3—熔丝丝架 C 上的熔丝 3；T46—46 芯插头连接，右 CAN 分离插头；T46—46 芯插头连接器；G222—左前轮胎压力传感器；G223—右前轮胎压力
传感器；G224—左后轮胎压力传感器；G225—右后轮胎压力传感器；G226—备用轮胎压力传感器；R59—用于左前轮胎压力监控显示的天线；R60—用于右前轮胎压力显示
的天线；R61—用于右后轮胎压力监控显示的天线；R62—用于右后轮胎压力监控显示的天线；R175—轮胎压力监控的天线；T17g—17 芯棕色插头；T17i—17 芯红色插头

11．车轮电子装置的拆装

1）安装车轮电子装置

自内侧经轮辋上的气门嘴开口插入并拧紧车轮电子装置。

2）更换装有车轮电子装置的轮胎

更换轮胎时注意不要在气门嘴区域使用撬棍，如图 3-65 所示，以免损坏车轮电子装置。

3）更换车轮电子装置

发生下列情况时必须更换车轮电子装置：

①电池无电；②车轮电子装置损坏；③气门嘴损坏（适用于没有车轮位置识别功能的轮胎压力监控系统）。

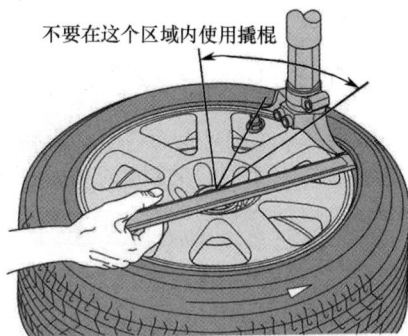

不要在这个区域内使用撬棍

图 3-65　不要在气门嘴区域使用撬棍

另外，如果曾使用轮胎密封液（Tirefit），则建议更换车轮电子装置，因为密封液可能堵塞压力传感器的开口。

注意：①只可使用认可的气门芯和原装气门嘴帽；②不得用超声波清洗机清洗车轮，超声波可能会损坏车轮电子装置；③气门嘴由涂有特殊防腐涂层的铝制成，用力过大会导致气门嘴折断。如果气门嘴折断，则必须更换整个车轮电子装置。

12．奥迪轿车胎压监控系统相关设定

1）初始化设定（胎压灯消除操作）

（1）在驾驶员信息系统中，如果仪表胎压黄灯指示如图 3-66 所示。使发动机熄火，点火开关置于"ON"位置，利用雨刮开关的 A、B 键，通过驾驶员信息系统菜单来操作，步骤如图 3-67 所示。

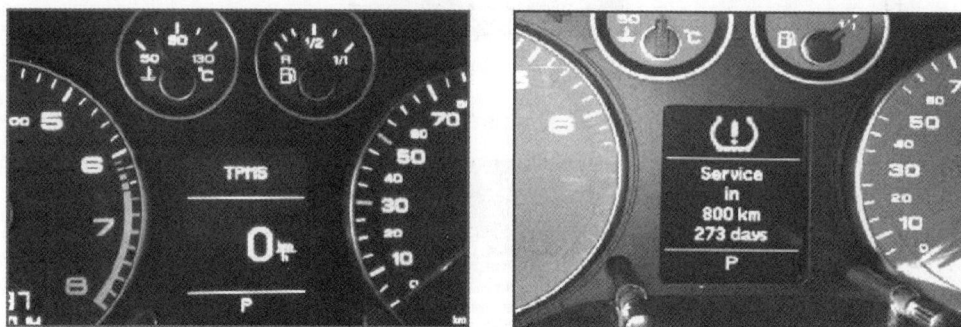

图 3-66　仪表胎压黄灯指示

（2）如果胎压没有设定菜单项（无法做胎压重置）且仪表中安全带指示灯不亮。

在打开 SET 菜单后，通过上、下键查找，没有发现胎压项菜单：Tyre pressure，如图 3-68 所示，则按如下方法恢复仪表编码。

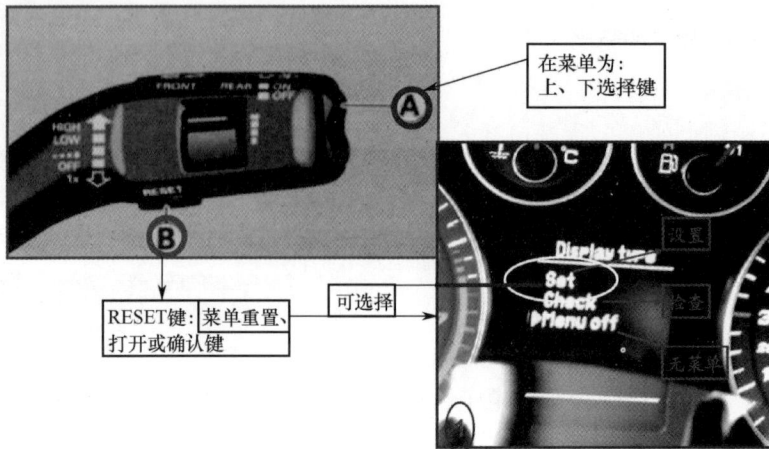

在菜单为:
上、下选择键

RESET键:菜单重置、
打开或确认键

可选择

(a) 选择重置

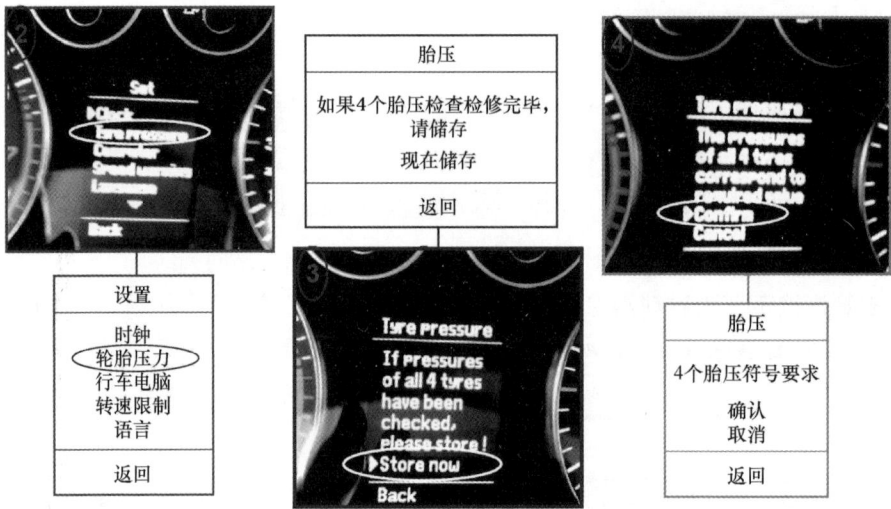

设置

时钟
轮胎压力
行车电脑
转速限制
语言

返回

胎压

如果4个胎压检查检修完毕,
请储存

现在储存

返回

胎压

4个胎压符号要求

确认
取消

返回

(b) 存储胎压

图 3-67 胎压监控系统初始化

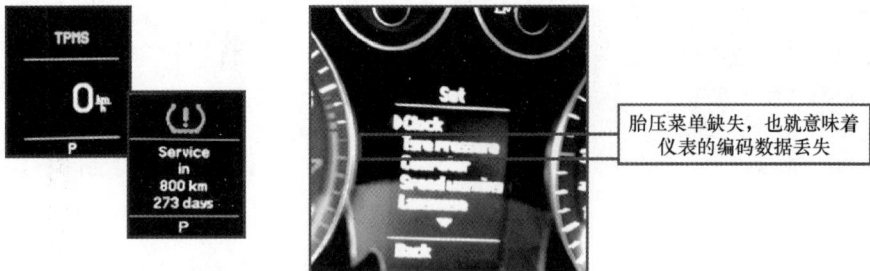

胎压菜单缺失,也就意味着
仪表的编码数据丢失

图 3-68 恢复仪表编码

用故障诊断仪 VAS 6150B 进入自诊断,检查仪表编码,如果仅显示编码为"2",则
说明编码数据已丢失,这个编码说明仪表不仅胎压菜单丢失,而且连安全带的指示灯功
能也丢失了,可以尝试编码为"16022"(具体要根据车辆的配置来设置或找同车型对比

编码），执行编码后，退出 VAS 6150B，关闭并重新打开点火开关，打开驾驶员信息系统，按前面所讲的初始化方法做胎压重置，这时就会发现 SET 菜单中已经有了 Tyre pressure 菜单项了。

2）消除组合仪表中的 TPMS 警告信息

组合仪表中显示"TPMS"和"轮胎压力!系统故障"的警告信息，这种现象的出现可能有 2 种情况：一是只有在发动机起动后才会显示 TPMS（轮胎压力监测系统）信息，然后发动机很快就熄火，而且故障存储器中无故障记录；二是组合仪表始终显示上述警告信息，而且制动器控制单元故障存储器中存储 03159——ESP 中的轮胎压力监控功能的故障记录。

适用车型：2008～2014 款的奥迪 A4、A5 和 Q5 车。

技术背景：组合仪表显示 TPMS 信息，并不是针对压力损失发出的警告，而是表示目前未激活轮胎压力监控。在下列情况下可能显示该信息。

一是在起动阶段进行自检时，可能 ESP 功能短时受到抑制，且同时关闭了轮胎监控显示功能，当自检结束后，这两个功能重新恢复正常；二是如果制动电子设备出现故障，则将导致轮胎监控显示功能关闭。制动电子设备本身不存在故障时，其他系统（如发动机控制单元或 EPB 控制单元）故障也可能造成这种情况，但此时制动器控制单元故障存储器中除记录故障代码 03159 外，至少还有 1 个其他的故障记录。

解决方案：由于没有针对轮胎压力损失发出的警告，因此可以不更改轮胎压力的存储记录，但请注意下列事项。

（1）如果在起动阶段，组合仪表中显示 TPMS，然后又立即消失，则完全可以忽略。在这种情况下请不要尝试进行任何维修。该警告信息仅说明暂时未激活轮胎压力监控功能。因为在这个过程中，车辆处于静止状态，因此无车轮转速值，轮胎压力监控功能即使在已激活状态下也无法正常工作。当上述警告信息消失后，轮胎压力监控功能会重新恢复正常。

（2）如果制动器控制单元故障存储器中不仅记录了故障代码 03159，还有其他的故障记录，则请先处理其他故障记录，处理完记录且已排除相关故障后，故障代码 03159 可能会自动消失，如果不自动消失，一般也可以被删除，轮胎压力监控功能会恢复正常，仪表恢复正常显示。

3）大众轿车胎压设定

①选择 65—轮胎压力监控；②选择 16—系统登录；③输入登录码"10896"；④选择 10 通道调整匹配，输入通道号：1—左前轮（240～280kPa），2—右前轮（240～280kPa），3—左前轮（240～280kPa），4—右后轮（240～280kPa），确认保存。

13.　各车型胎压复位、初始化操作

1）国产宝马 5 系车轮胎压力监控系统初始化

修正轮胎充气压力或更换轮胎时，要对轮胎压力监控系统进行初始化操作，具体方法如下。

①起动发动机，但不要起步；②调用 i 菜单；③选择"车辆设置"并按压控制器；④选择"RPA"并按压控制器；⑤选择"设置轮胎压力"并按压控制器；⑥选择"是"并按压控制器；⑦让轿车行驶，初始化结束。

2）汉兰达车胎压监测系统复位及初始化

（1）复位方法。接通点火开关，在 TPWS（轮胎压力警告系统）指示灯亮时，按下轮胎"SET"键 1～2s，在 TPWS 指示灯熄灭之后松开"SET"键即可。

（2）初始化方法。接通点火开关，按住轮胎"SET"键直到轮胎压力指示灯以每秒 3 次的频率闪烁，在轮胎压力指示灯闪过 3 次之后，松开按钮，然后再驾驶车辆行驶一段时间，完成轮胎压力初始化设定。

3）老款卡宴 E1 车胎压灯消除操作

老款卡宴 E1 车在更换轮胎、执行车轮动平衡后，轮胎最好不要对调，以免胎压灯点亮无法消除（只针对带原厂胎压监控系统的车型）。正常情况下，如果胎压灯亮起，只需调整胎压后，车辆稍微行驶一段距离，胎压灯即会自动消除。如果胎压灯无法消除，可能需对轮胎类型尺寸重新设定后再行驶使其消除。如果还是无法消除，则需要重新设定各个车轮的 ID。方法为：用 PIWIS 检测仪读取胎压实际值，下拉查找 4 个车轮的 ID 并记录；进入"保养保修"项目，在第 2 行将相应车轮的 ID 录入，再重新设置车轮尺寸类型即可。注意，实际值中的数据是带逗号的，在录入"保养保修"中时不需要录入逗号。

4）保时捷卡宴车轮胎压力复位操作

（1）接通点火开关。

（2）按转向盘右侧组合开关上的 MENU 键，调出系统设置主菜单，如图 3-69 所示，并选择"Tyre press"（轮胎压力），按"OK"键。

（3）如图 3-70 所示，选择"Settings"（设定）选项。

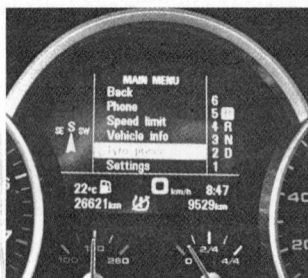

图 3-69　系统设置主菜单　　　　图 3-70　选择"Settings"（设定）

（4）如图 3-71 所示，选择相应选项："Tyres"（轮胎）、"Winter"（冬季轮胎）、"20Inch"（20 英寸）。

（5）如图 3-72 所示，选择"Spare wheel"（备胎）。

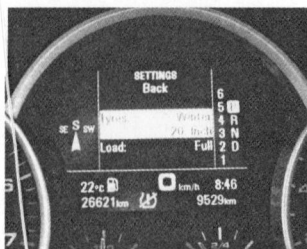

图 3-71　选择相应选项　　　　图 3-72　选择"Spare wheel"（备胎）

（6）如图 3-73 所示，选择"Sealing set"（补胎设定）。

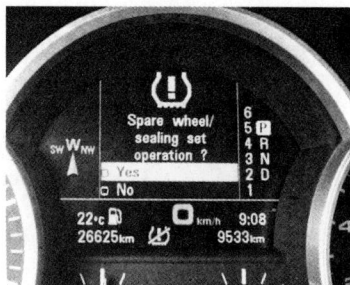

（7）起动车辆，行驶数分钟，仪表出现图 3-74 所示的提示（是否确认补胎设定），选择"Yes"确认，轮胎压力设定成功。

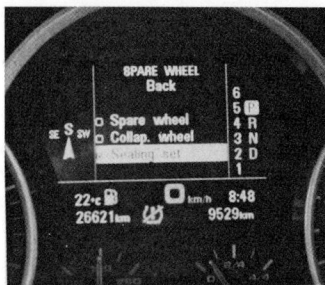

图 3-73　远择"Sealing set"（补胎设定）　　图 3-74　仪表提示是否确认补胎设定

5）别克林荫大道车胎压复位操作

别克林荫大道车的胎压复位操作具体有两种：一种是手动操作；另一种是利用专用的故障检测仪，按照其提示进行操作。手动操作方法如下。

（1）将点火钥匙插入并接通点火开关。

（2）同时按住遥控器的开锁和闭锁键，听到发出"嘟嘟"2 声后，松开遥控器，表明汽车进入匹配状态，此时轿车左前转向灯会闪亮。

（3）用气压表对左前轮胎充气或放气，直到左前转向灯熄灭，此时右前转向灯会点亮，同样，对右前轮胎充气/放气。之后按右后轮胎、左后轮胎的顺序进行复位。

6）斯柯达车系统胎压灯清除方法

目前，斯柯达车系部分车辆配置了原厂的间接式胎压监测系统，当车辆某个车轮的胎压发生变化时，相应车轮的轮速也会发生变化，ABS 以此来判断各车轮的胎压情况，必要时点亮仪表上的胎压报警灯。胎压报警灯一旦点亮，在排除故障原因后，可以通过以下 3 种方式清除胎压报警灯。

（1）接通点火开关，按下胎压复位"SET"按钮并保持大约 3s，直至仪表内发出一声"当"，同时胎压报警灯会熄灭。

（2）连接 VAS 6150B 检测仪，进入 ABS 03 的基本设定功能 006，输入通道号 42 后激活，显示屏上会显示"轮胎压力复位完成"，退出系统后仪表上的胎压报警灯会熄灭。

（3）连接 VAS 6150B 检测仪，进入引导性功能，选择"防抱死系统"，选择"轮胎"→"检验"→"显示轮胎压力报警"打开子菜单，按提示操作选择"-3-轮胎监控恢复到初始状态"后按提示确认即可。

7）北京现代车使用 GDS 设置 TPMS 的方法

进行下列与 TPMS 相关的操作后，须用 GDS 检测仪执行模式设置程序，否则 TPMS 警告灯可能会异常点亮，TPMS 不能正常工作，例如：更换 TPMS 传感器、更换车轮总成、轮胎换位、更换 TPMS 接收器。

（1）注意事项。

① 当更换 TPMS 传感器时，因为可能与其他车辆的 TPMS 传感器发生干挠，所以一

定要让车辆远离配备 TPMS 的其他车辆。

② 如果车辆的低压警告灯点亮,而且储存相关DTC(故障码),则一定要检查4个TPMS传感器,不能只检查与DTC有关的那个传感器。

(2) 更换 TPMS 传感器及轮胎换位时的设置方法。

当更换 TPMS 传感器及轮胎换位时,一定要使用 GDS 通用检测仪执行以下操作:①注册传感器;②设置传感器状态,如图 3-75 所示。

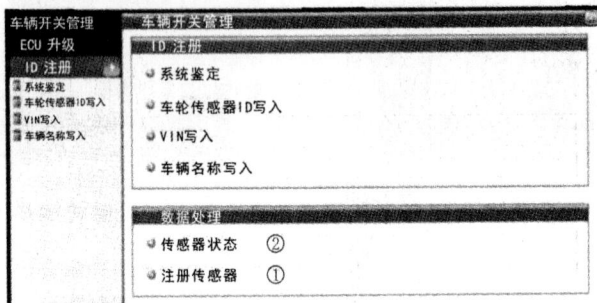

图 3-75　更换 TPMS 传感器及轮胎换位进行 TPMS 设置时的显示界面

(3) 更换 TPMS 接收器时的设置方法。

当更换 TPMS 接收器时,一定要使用 GDS 进行以下操作,如图 3-76 所示。①VIN 写入(在 ECM 存储器内写入车辆 ID 编号);②车辆名称写入(在 TPMS 接收器上输入车辆名称);③注册传感器(在 TPMS 接收器上输入新 TPMS 传感器的 ID);④设置传感器状态(检查传感器状态)。

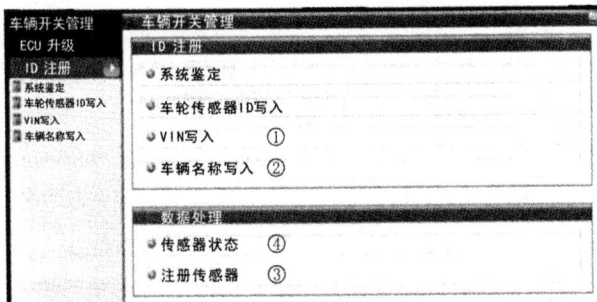

图 3-76　更换 TPMS 接收器进行 TPMS 设置时的显示界面

8)新君威胎压监测系统的读入方法与常见故障显示

(1) 专用模块的读入方法。

① 使用 J-46079(通用别克胎压复位仪)启动轮胎压力监测读入模式。若听到喇叭发出两声"唧唧"声并启动转向信号灯,表示读入模式已经启动,左前转向信号灯将点亮。

② 从左前轮胎开始,将 J-46079 的天线朝上顶住气门芯位置,紧贴车轮轮辋的轮胎侧壁,以启动传感器。按下启动按钮然后松开并等待喇叭发出"唧唧"声。一旦所有转向信号灯持续点亮 3s 并且喇叭发出"唧唧"声,表示已读入传感器信息并且下一读入位置的转向信号灯将点亮。

③ 喇叭发出"唧唧"声并且下一读入的转向信号点亮后,重复步骤②以启动其余 3 个传感器:右前、右后、左后。

④ 当已读入左后传感器时,所有转向信号灯被启动持续 3s 并且喇叭响起两次"唧唧"声,表示读入过程完成并且车身控制模块退出读入模式。

⑤ 将点火开关置于"OFF"位置,调整所有轮胎至推荐的压力。

(2)手动读入方法。

① 将点火开关置于"ON"位置,按下和释放手柄开关上的"INFO"(信息)按钮,或者按下里程表按钮(取决于驾驶员信息中心等级)直至"TIRE LEARN"(轮胎读入)信息出现在驾驶员信息中心屏幕上。按住"SET/RESET"(设置/重置)按钮直至所有转向信号灯被启动持续 3s 并且喇叭响起两次"唧唧"声,显示读入模式已被启动。左前转向信号灯也将点亮。

② 从左前轮开始,增大/减小轮胎压力 8.3kPa,然后等待喇叭发出"唧唧"声。喇叭"唧唧"声可出现在压力增大/减小前或最多 30s 后。一旦喇叭发出"唧唧"声,表示已读入传感器信息,要读入的下一个位置的转向信号灯将点亮。

③ 喇叭发出"唧唧"声并且下一读入的转向信号点亮后,重复步骤②以启动其余 3 个传感器:右前、右后、左后。

④ 当已读入左后传感器时,所有转向信号灯被启动持续 3s 并且喇叭响起两次"唧唧"声,表示读入过程完成并且车身控制模块退出读入模式。

⑤ 将点火开关置于"OFF"位置,调整所有轮胎至推荐压力。

(3)胎压监测系统常见故障。

① 胎压过低。

车辆仪表显示:某轮胎胎压过低且胎压灯亮。在旋转菜单键后,会出现"请检修胎压监测系统"。

原因:某一个或某几个轮胎压力值低。

解决方法:对被提示胎压不足的轮胎充气(到达 240kPa 即可),然后重新起动汽车。不需要进行轮胎压力传感器读入程序。

② 胎压过高。

车辆仪表显示:某轮胎胎压过高。在旋转菜单键后,会出现"请检修胎压监测系统"。

原因:某一个或某几个轮胎压力值高。

解决方案:对被提示胎压过高的轮胎放气(到达 240kPa 即可),然后重新起动汽车。不需要进行轮胎压力传感器读入程序。

③ 四个胎压值均不显示。

车辆仪表显示:四个胎压值均不显示。

原因:车辆蓄电池接线被断开过。

解决方案:汽车行驶后可以恢复正常。

④ 部分胎压值不显示。

车辆仪表显示:部分胎压值不显示且胎压灯亮。在旋转菜单键后,会出现"请检修胎压监测系统"。

原因：进行轮胎压力传感器读入程序时，读入错误的胎压传感器位置或者车辆改装电器系统（如加装 DVD 等）干扰了接收器接收胎压传感器的信号。

解决方案：使用正确的胎压诊断工具或充/放气方法重新进行轮胎压力传感器读入程序；如果由于 DVD 系统改装或加装，其释放出的干扰信号较强，必须先排除电磁干扰。

⑤ 胎压监测系统学习不成功。

车辆仪表显示：四个胎压值均不显示且胎压灯亮。在旋转菜单键后，会出现"请检修胎压监测系统"。

原因：车身控制模块（BCM）软件和标定不是最新版本；传感器故障；车辆改装 DVD 干扰接收器接收胎压传感器的信号。

解决方案：重新编程更新车身控制模块软件，然后再进行轮胎压力传感器读入程序；更换新胎压传感器；如果由于改装加装的 DVD 释放出的干扰信号较强，必须先排除电磁干扰。

9）新保时捷车轮胎压力复位操作

（1）接通点火开关。

（2）按下转向盘右侧组合开关上的 MENU 键，调出系统设置主菜单，并选择"TIRE PRESST"（轮胎压力），然后按"OK"键。

（3）选择"Settings"（设定）选项。

（4）选择相应选项："Tires"（轮胎）、"Winter"（冬季轮胎）、"20Inch"（20 英寸）。

（5）选择"Spare wheel"（备胎）。

（6）选择"Sealing set"（补胎设定）。

（7）起动车辆，行驶数分钟，当仪表出现是否确认"Spare wheel/sealing set operation?"的英文提示后，选择"Yes"确认，轮胎压力设定成功。

六、增压压力传感器

1. 增压压力传感器功用

增压压力传感器用于检测增压器的增压压力，以便对修正喷油量和增压压力进行控制。按增压压力传感器在增压器上的使用分为机械增压压力传感器和涡轮增压压力传感器。机械增压压力传感器用在奥迪 3.0LV6-TFSI 发动机的罗茨式增压器上，罗茨式增压器结构如图 3-77 所示。

发动机控制单元一方面根据增压压力传感器的信号将增压压力调节到所希望的规定值，另一方面还根据传感器信号来计算出每个工作循环中每个气缸吸入的空气流量，这个输入量将决定喷油时刻、喷油量以及点火提前角。如果增压压力传感器损坏，那么在整个负荷转速范围内的混合气成分都是不正确的，因为空气流量的计算是错误的，这会引起喷油量错误，结果导致废气排放出现问题。在增压工况，传感器若出现故障，就会导致增压压力错误，有可能损坏发动机。因此，在打开点火开关后，这些传感器一直都在彼此互检以及对照替代模块进行检查。一旦发现有异常，就会记录下故障，同时切换到对应的传感器，或者切换到替代模块。这样就可使车辆尽可能地处于正确的状态来行驶，从而防止出现不良后果。

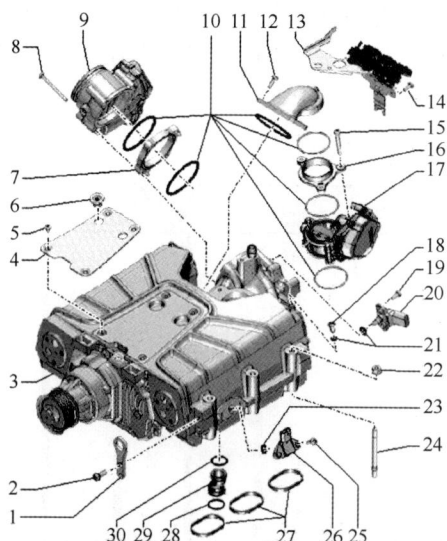

1—发动机吊耳；2—螺栓 27N·m；3—压缩机；4—减震板；5—螺栓 5N·m；6—橡胶套管；7—中间法兰；8—螺栓；9—节气门控制单元 J338；10—O 形环；11—套管；12—螺栓；13—支架；14—螺栓 9N·m；15—螺栓；16—中间法兰；17—调节风门控制单元 J808；18—排气螺栓，用于左侧增压空气冷却器，1.5～3.0N·m；19—螺栓；20—进气温度传感器 G42；21—O 形环；22—螺母 20N·m；23—O 形环；24—丝杆 17N·m；25—螺栓；26—增压压力传感器，气缸列 1（右侧）增压压力传感器 G31，气缸列 2（左侧）增压压力传感器 2 G447；27—密封件；28—O 形环；29—连接套管；30—O 形环

图 3-77　奥迪 A6 罗茨式增压器结构

2．增压压力传感器的检测

涡轮增压压力传感器是用硅膜片上形成的扩散电阻作为传感元件，用于检测涡轮增压机的增压压力，以便对修正喷射脉冲和增压压力进行控制。

检查步骤如下。

（1）连接好 VAS5053 检测仪查询发动机控制单元的故障存储器。如果显示增压压力传感器 G31 有故障，检查供电电压。

说明：增压压力传感器 G31 及导线由发动机控制单元监控。

（2）拔下图 3-78 箭头所指的传感器插头。

（3）将万用表电压挡接到插头触点 T4p/2 和 T4p/4 之间，具体见传感器连接电路（图 3-79）。

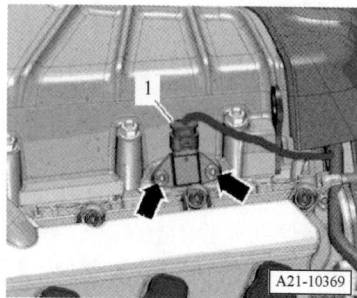

图 3-78　涡轮增压压力传感器安装位置

（4）接通点火开关，检查万用表读数，标准值约 5V。

（5）如果未达到标准值，将万用表接到发动机控制单元线束上。

（6）检查导线连接是否断路及对地/正极短路。如有需要，排除导线断路或短路。如果达到标准值，检查信号线。

（7）插上传感器 G31 的插头。

（8）将万用表电压挡接到端子 T4p/1 和 T4p/2 之间。

（9）起动发动机，使之怠速运转，万用表检测电压标准值约 1.90V。

（10）使发动机急加速，检测电压的标准值为 2.00～3.00V。

（11）如果未达到规定值，检查插头触点 T4p/1 与导线是否断路或对地/正极短路。如有需要，排除导线断路或短路。

（12）如果导线正常，更换增压压力传感器 G31。

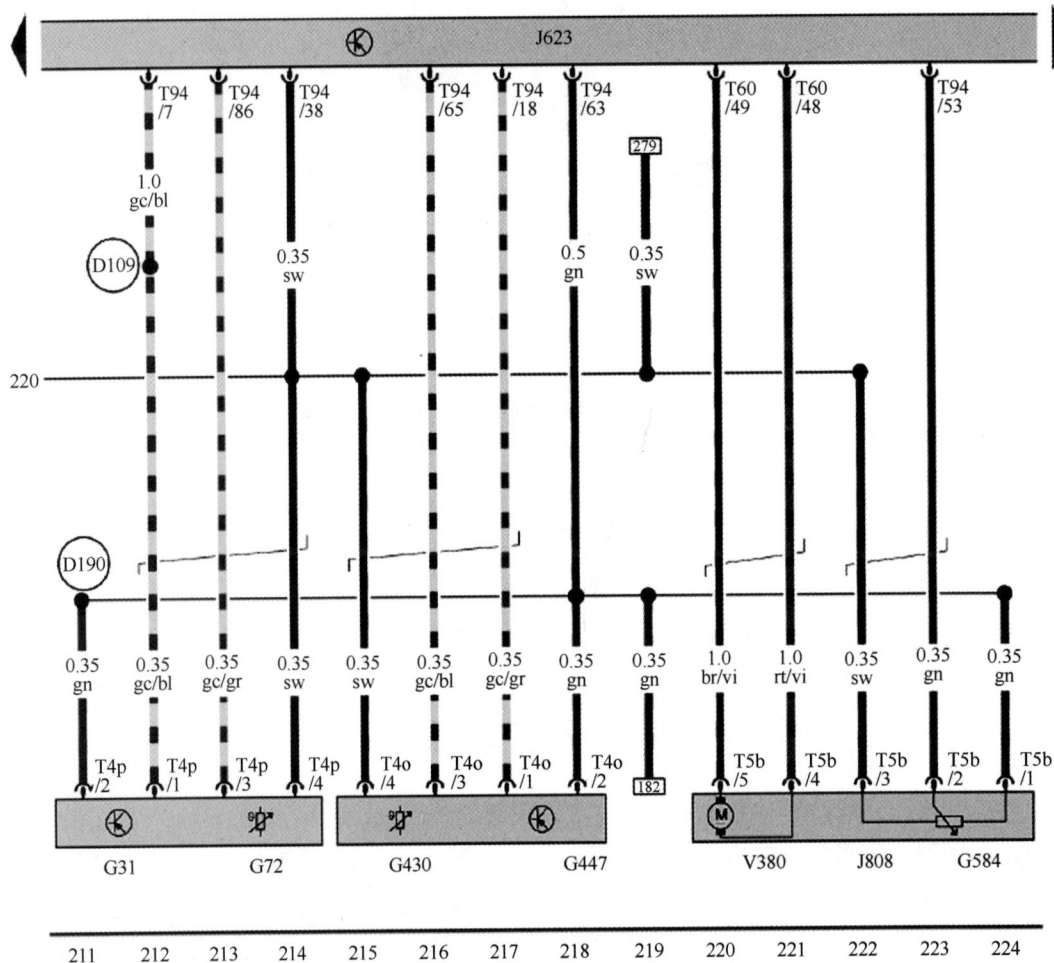

G31—增压压力传感器；G72—进气管温度传感器；G430—进气管温度传感器 2；G447—增压压力传感器 2；G584—调整风门电位计；J623—发动机控制单元；J808—调节风门控制单元；T4o—4 芯插头连接；T4p—4 芯插头连接；T5b—5 芯插头连接；T60—60 芯插头连接；T94—94 芯插头连接；V380—控制风门调节伺服马达；220—接地连接（传感器接地），在发动机导线束中；D109—连接 7，在发动机舱导线束中；D190—连接 3（5V），在发动机预接线导线束中

图 3-79　增压压力传感器与 ECU 的连接电路

七、制冷剂高压传感器

当压缩机工作时，管路的压力会升高，高压传感器可以防止管路冷媒压力过高。当压力高于一定值（约 1.6Mbar）时，高压传感器会给自动空调控制单元信号，控制单元将会

终止压缩机工作以防止管路压力过高。高压传感器 G65 如图 3-80 所示。

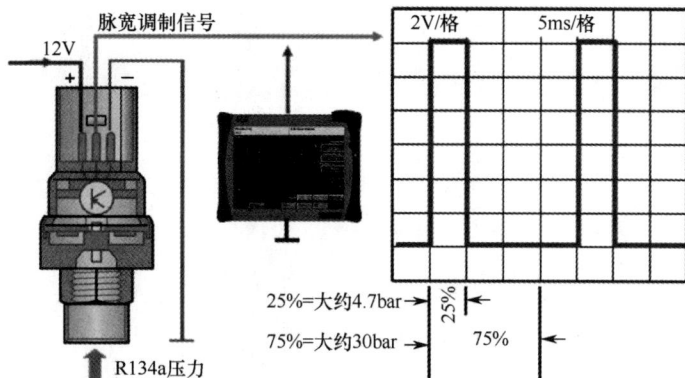

图 3-80　高压传感器

在低压下，晶体的变形小（见图 3-81），输出一个小脉冲。在高压下，晶体变形增大（见图 3-82），脉冲宽度随着压力的增大而变宽，如图 3-80 图注所示。

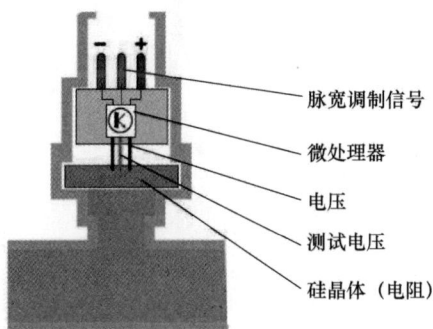

图 3-81　低压下的晶体变形

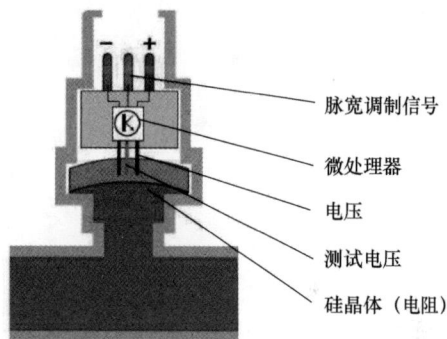

图 3-82　高压下的晶体变形

再如高压传感器 G65 在 20ms 的脉冲周期内 0.14MPa（1.4bar）的低压下，输出信号的脉冲宽度为 2.6ms。脉冲宽度随压力增大而增大，在 3.7MPa（37bar）的高压下，输出信号的脉冲宽度为 18ms，如图 3-83 所示。

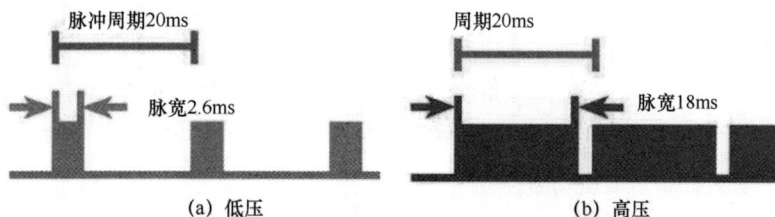

（a）低压　　　　　　　　　　（b）高压

图 3-83　脉冲宽度

制冷剂高压传感器 G65 的连接电路如图 3-84 所示。其中端子 T3ae/3 与 T3ae/1 之间为 12V 电压，端子 T3ae/3 与 T3ae/2 之间的电压值在 0～5V 范围内变化。

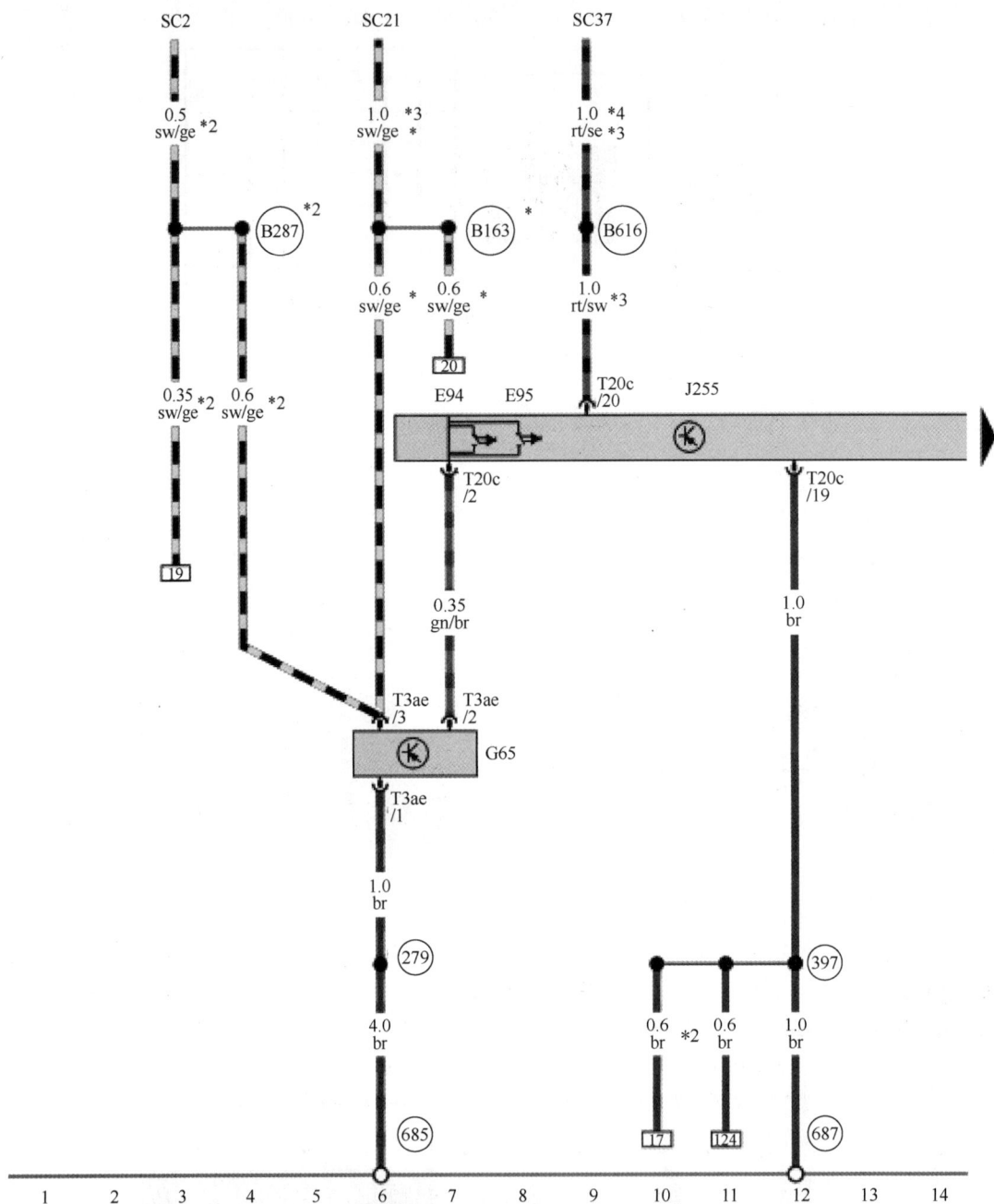

E94—可加热驾驶员座椅调节器；E95—可加热副驾驶员座椅调节器；G65—高压传感器；J255—Climatronic 控制单元；SC2—熔丝架 C 上的熔丝 2；SC21—熔丝架 C 上的熔丝 21；SC37—熔丝架 C 上的熔丝 37；T3ae—3 芯插头连接；T20c—20 芯插头连接；279—接地连接 5，在车内导线束中接地连接 32，在主导线束中接地点 1，左前纵梁上；687—接地点 1，在中央通道上正极连接 1（15），在车内导线束中正极连接 11（15a），在主导线束中；B616—正极连接 12（30a），在车内导线束中；*—截至 2013 年 6 月；*2—自 2013 年 7 月起；*3—导线颜色取决于装备；*4—截面积视装备而定

图 3-84　制冷剂高压传感器 G65 的连接电路

位置与角度传感器

用来测量元件运转或运动所处位置的传感器称位置与角度传感器。位置与角度传感器的类型有很多,主要有节气门位置传感器、曲轴位置传感器、车高与转角传感器、溢流环位置传感器、超声波距离传感器、液位传感器、方位传感器、座椅位置传感器等。

节气门位置传感器安装在节气门体上,它将节气门的开度信号转化为电信号输入ECU,作为ECU判定发动机工况的依据,同时也通过CAN总线向自动变速器控制单元提供信号,常用的有触点开关式和可变电阻式两种。

安装曲轴位置传感器是为了检测出曲轴的位置转角及发动机的转速,从而对电控汽车燃油喷射系统的点火时刻和喷油正时进行控制,常用的有磁脉冲式、光电式和霍尔式曲轴位置传感器。

车高与转角传感器用于电控主动悬架系统中,目前采用的一般为光电式。它是把车身高度的变化转化为传感器轴的旋转,并将旋转角度检测出来,转化为电信号输入ECU,实现ECU对车身高度的调节。转角传感器则用于检测出轴的旋转方向及速度,并输入ECU,由ECU调节汽车悬架系统的侧倾刚度。

溢流环位置传感器用在电控柴油喷射装置上,用来检测溢流环的位置,实现电子控制喷油量。

超声波距离传感器利用超声波检测出车辆后方障碍物的位置(包括距离),并利用指示灯和蜂鸣器将车辆到障碍物的距离及障碍物的位置通知给驾驶员,从而起到安全倒车作用。

液位传感器用于测定制动液液位、洗涤液液位、冷却液液位、燃油液位等,当液位降低到一定值时,产生类似于开关的接通、断开的转换,主要有浮子式、可变电阻式、热敏电阻式、电容及电热式等。

方位传感器是车辆导航系统中非常重要的一种传感器,它是利用地磁产生电信号进行检测的传感器,用于指示方向的偏差。

座椅位置传感器用于微机控制的电动座椅上,通过霍尔元件将旋转永久磁铁的变化位置引起的磁通量密度变化检测出来,并转化为电压信号,作为脉冲信号输入控制电脑,实现ECU对座椅位置的自动调节。

第一节 节气门及加速踏板位置传感器

一、概述

1. 节气门位置传感器的功用

节气门位置传感器(Throttle Position Sensor,TPS)是汽车电子控制系统中最重要的传感器之一，主要用于发动机电子燃油喷射系统和电控自动变速器系统。节气门位置传感器安装在节气门体上节气门轴的一端，探测或监测节气门开度的大小，并把位置信号转换为电信号后输入电控单元。

在发动机电子燃油喷射系统中，节气门位置传感器的作用主要是将节气门开度以及节气门开度变化快慢，转换为电信号输入发动机ECU，用于判别发动机的各种工况，从而控制不同的喷油量和点火正时。在装有电子控制自动变速器的汽车上，节气门位置传感器信号是变速器换挡和变矩器锁止时的主要信号。在新型的智能电子节气门控制系统中，节气门开启角度不再由加速踏板拉线直接进行控制，而由节气门伺服电机根据ECU信号进行驱动。电子节气门轴上的节气门位置传感器用来检测节气门的实际开度，ECU以此作为反馈信号，实时控制节气门伺服电机，对节气门开度作出适当的调整。

2. 节气门位置传感器的类型

传统的拉线控制式节气门配置的节气门位置传感器，按总体结构分为触点开关式、滑动电阻式、怠速开关与滑动电阻整合的综合式。新型的智能电子节气门控制系统所用的节气门位置传感器常见的有双可变电阻式和线性双霍尔式两种。

二、滑动电阻式节气门位置传感器

1. 滑动电阻式节气门位置传感器结构

滑动电阻式节气门位置传感器，又称线性输出式节气门位置传感器、可变电阻式节气门位置传感器、电位计式节气门位置传感器。滑动电阻式节气门位置传感器的设计避免了开关式节气门传感器只能检测发动机怠速工况和全负荷工况的弊端，可以获得节气门从全闭到全开连续变化的信号，从而更精确地判断发动机的运行工况。

滑动电阻式节气门位置传感器为3线式传感器，其中两个针脚处于电阻的两端，并作为电源端子和搭铁端子，由发动机ECU提供5V电压，第三个针脚连接于滑动触点，节气门轴与触点（或称触头）联动，节气门转动时，滑动触点可在电阻上移动，引起滑动触点电位的变化，利用电位的变化将节气门位置信号转换成电压值。该电压值呈线性变化，所以也称为线性输出式节气门位置传感器。根据这个线性电压值，ECU可感知节气门的开度，使ECU进行喷油量修正。如图4-1所示为滑动电阻式节气门位置传感器的安装位置、线路连接和输出特性曲线。

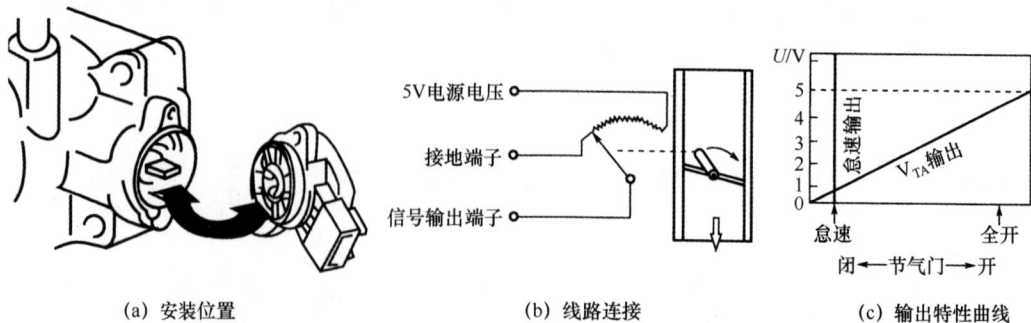

(a) 安装位置　　　　　　(b) 线路连接　　　　　　(c) 输出特性曲线

图4-1　滑动电阻式节气门位置传感器的安装位置、线路连接和输出特性曲线

2. 滑动电阻式节气门位置传感器的检测

不同型号节气门位置传感器，其电阻值及输出电压信号值也不完全相同，下面以上海别克发动机节气门位置传感器为例说明其检测方法。如图 4-2 所示为新款别克凯越发动机 TPS 与发动机控制模块连接线路。

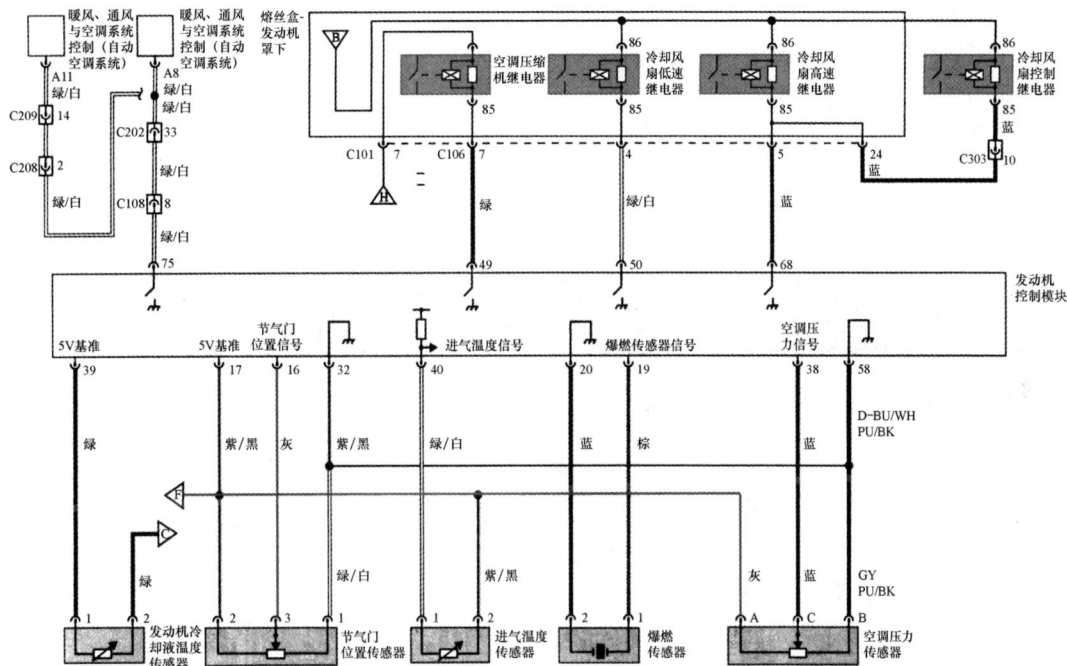

图 4-2　新款别克凯越发动机 TPS 与发动机控制模块连接线路

1）供电电压及搭铁检测

将点火开关置于"OFF"位置，拔下传感器插头，再将点火开关置于"ON"位置，用高阻抗数字万用表电压挡测量传感器线束侧 2 端子与搭铁之间的电压，应为 5V。

用高阻抗数字万用表欧姆挡测量线束侧 1 端子与蓄电池负极之间的电阻值，应为 0Ω。如果测量值不符合要求，则应进一步检查发动机控制模块端子，如果 17 端子输出电压为 +5V，32 端子与蓄电池负极间电阻为 0Ω，则说明发动机控制模块工作正常，故障发生在发动机控制模块与传感器连接线束上，应对线束进行检修。如果发动机控制模块的 17 端子输出电压不是 +5V，或者 32 端子与蓄电池负极间电阻不为 0Ω，则说明发动机控制模块存在故障，应更换新的发动机控制模块。插上传感器插头，点火开关置于"ON"位置，将 2 端子线束刺破，用数字万用表电压挡测量传感器 2 端子与搭铁之间的电压，改变节气门的开度，使节气门分别处于全开、全闭等任何位置，其电压值应稳定在 5V 左右。

2）阻值和连续性检测

（1）阻值检测。

将点火开关置于"OFF"位置，拔下传感器插头，用欧姆表测量传感器端子 2 与 1、端子 3 与 1、端子 2 与 3 之间的电阻值，应符合表 4-1 规定。如果测量值不在此范围内，则须更换节气门位置传感器。

表 4-1　滑动电阻式节气门位置传感器电阻值

测量端子	节气门全闭	节气门全开
2—1	3.98~4.50kΩ	3.98~4.50kΩ
3—1	1.13~1.36kΩ	4.25~4.88kΩ
2—3	4.25~4.88kΩ	1.13~1.36kΩ

（2）连续性检测。

用万用表电阻挡测量传感器信号端子 3 与接地端子 1 间的电阻，其电阻值应随节气门开度逐渐开大而由小到大平滑地连续变化。否则，表明节气门位置传感器有故障，应予以更换。

3）传感器输出电压检测

插上传感器插头，将点火开关置于"ON"位置，用高阻抗数字万用表电压挡测量端子 3 的输出电压。当节气门完全关闭时，电压应为 0.53V；当节气门缓慢打开时，电压应在 0.5~4.5V 平滑变化。若检查结果与上述规定不符，表明节气门传感器有故障，应予以更换。

三、双可变电阻式节气门位置传感器

在电子控制节气门系统和电控柴油机系统中，一般使用冗余设计的两个节气门位置传感器。两个传感器一般都是组合安装的，当一个传感器发生故障时能及时被识别，增加了系统的可靠性。从两个传感器输出信号的变化关系来看，有反相式、同相式两种，同相式又可分为同斜率线性变化和不同斜率线性变化两种。

爱丽舍 1.6L 轿车装备的 16 气门 TU5JP4 型发动机采用了博世公司电喷系统的智能电子节气门。电子节气门门轴上的双可变电阻式节气门位置传感器用来监控节气门的准确开度，节气门位置传感器（2 个电位计）的滑片与节气门同轴。当节气门转动时，电位计滑片同步转动，当加上 5V 工作电压后，变化的电阻转化为电压输出信号，电位计的输出电压随节气门的位置变化而改变，可使控制单元准确知道节气门的开度。由于两个电位计是反相安装，因此当节气门位置发生变化时，两路信号电压均线性变化，其中一个增加，同时另一个减小。如图 4-3 所示是电子节气门位置传感器端子布置，如图 4-4 所示是反相式节气门传感器的输出电压。

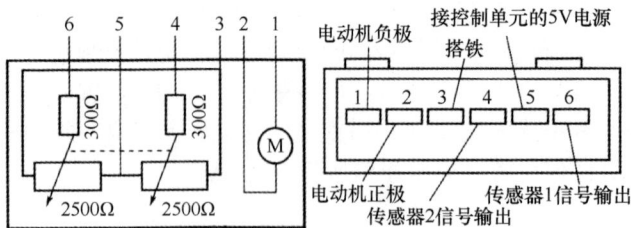

图 4-3　电子节气门位置传感器端子布置

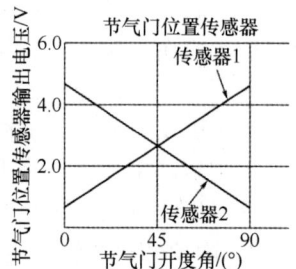

图 4-4　两路传感器的反相输出

双可变电阻式节气门位置传感器和综合式节气门位置传感器的检测，都可以依照滑动电阻式节气门位置传感器的检测方法来进行。

四、霍尔式节气门位置传感器

1. 构造

在三菱格兰迪车电子节气门系统中，使用双霍尔式线性节气门位置传感器。位于节气门体的节气门位置传感器的功能是测量节气门的位置，向发动机 ECU 输出与节气门轴转角成正比的电压信号。根据该传感器输出的电压，发动机 ECU 控制节气门控制伺服电机进行反馈控制。

非接触式的霍尔传感器包括一个固定在踏板轴上的永磁铁、一个输出电压与磁通量成正比的线性霍尔集成电路，一个有效地将永磁铁的磁通量转入霍尔集成电路的定子。内部构造如图 4-5 所示。

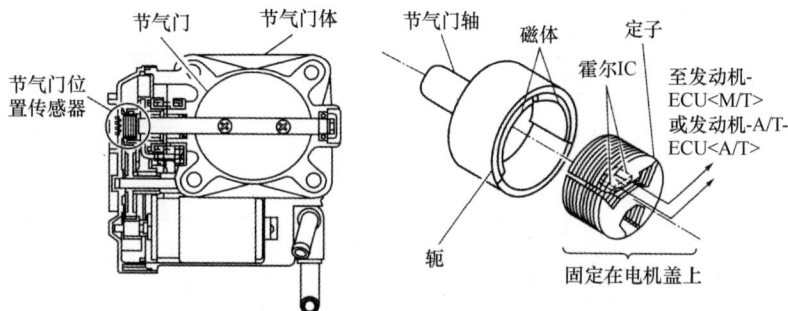

图 4-5　双霍尔式线性节气门位置传感器构造

2. 工作原理

当节气门全闭时，如图 4-6（a）所示，磁场方向向上，节气门位置传感器电压输出最小。当节气门全开时，如图 4-6（c）所示，磁场方向反向向下，节气门位置传感器电压输出最大。当节气门半开时，如图 4-6（b）所示，节气门位置传感器输出电压在中间值。

节气门位置传感器通过两个系统（主、副）输出，这就提高了系统测量的准确性，增强了故障保护功能，确保了可靠性。其输出特性曲线如图 4-7 所示。

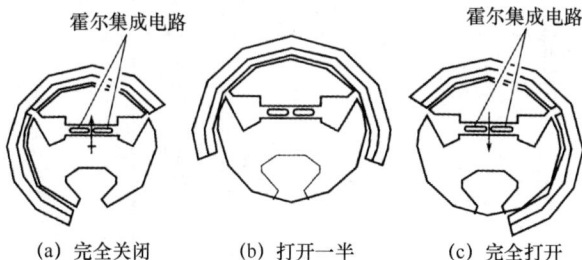

图 4-6　霍尔式节气门位置传感器的工作原理

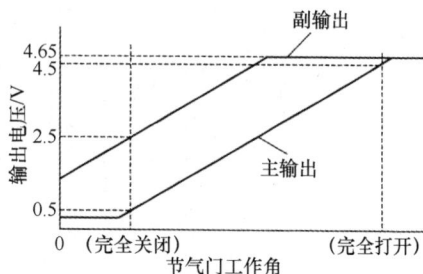

图 4-7　主、副传感器输出特性曲线

3. 检测

1）输入电压检测

关闭点火开关，拔下节气门位置传感器插头，打开点火开关，用万用表的电压挡测量线束侧 5 号端子（见图 4-8）与搭铁间电压，检查是否有 5V 电压输入。如果没有，应检查传感器 5 号端子与 ECU C-113 中的 106 号端子是否导通，如果不导通，检查线路线束，如果导通，说明 ECU 没有 5V 电压输出，应更换 ECU。

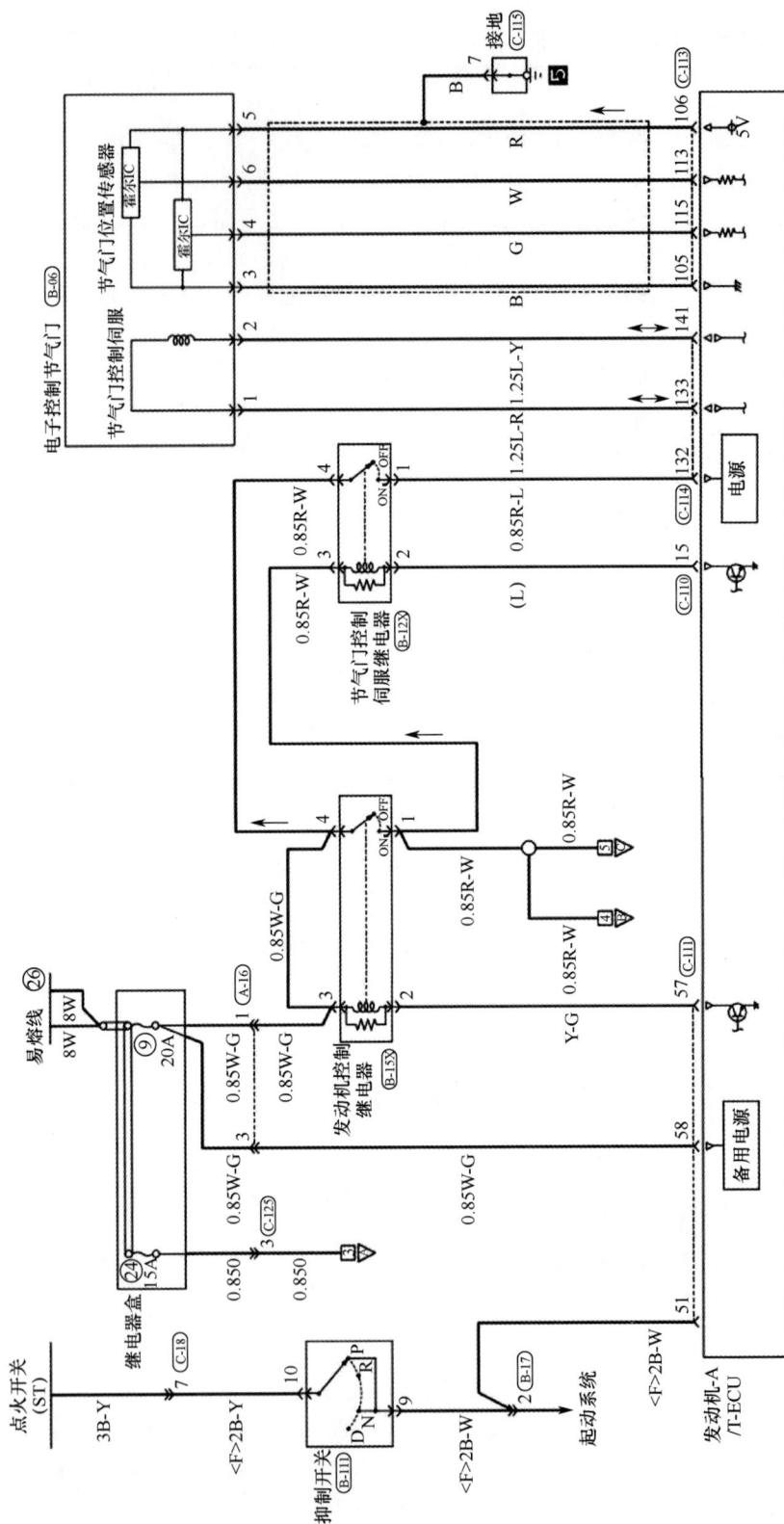

图 4-8　节气门位置传感器与 ECU 的电路连接

2）输出电压检测

由于在使用万用表检测输出电压时，需要配备专用线束三通接头，或刺破信号线，因此，三菱公司推荐使用其专用解码器 MUT-Ⅲ，通过读取数据流从而进行输出电压的检测。将点火开关置于"ON"位置，检测 14 项—节气门位置传感器（副）和 79 项—节气门位置传感器（主）的电压数值，看电压数值是否可以随节气门的打开而同步变大，如果变化不同步或中间有断点，则节气门位置传感器线路或本体有故障。有关节气门位置传感器的数据流如表 4-2 所示。

表 4-2　节气门位置传感器的数据流

序号	MUT-Ⅲ显示项目	条件	正常值
8A	节气门位置传感器（主）	点火开关"ON"，用手指完全封闭节气门	0～12%
		点火开关"ON"，用手指完全打开节气门	75%～100%
9A	节气门位置传感器（主）中间开度学习值	点火开关"ON"，不论节气门是打开还是关闭	0.8～1.8V
79	节气门位置传感器（主）	点火开关"ON"，用手指完全封闭节气门	0.3～0.7V
		点火开关"ON"，用手指完全打开节气门	≥4.0V
14	节气门位置传感器（副）	点火开关"ON"，用手指完全封闭节气门	2.2～2.8V
		点火开关"ON"，用手指完全打开节气门	≥4.0V

3）搭铁检测

关闭点火开关，拔下节气门位置传感器插头，打开点火开关，用万用表的电压挡测量线束侧 3 号端子与蓄电池负极是否导通。正常情况下，应该导通，如果不导通，应依次检查线路、接头和 ECU。

4）节气门控制伺服电路检测

打开点火开关，用万用表的电压挡测量线束侧 2 号端子与搭铁间电压，检查是否有 5V 电压输入。如果没有，应检查传感器 2 号端子与 ECU C-114 中的 141 号端子是否导通，如果不导通，检查线路线束；如果导通，说明 ECU 没有 5V 电压输出，应更换 ECU。ECU C-114 中的 133 号端子和 ECU C-114 中的 141 号端子应有 5V 电压，否则更换 ECU。

5）故障码检测

在维修过程中，用三菱专用解码器读出电控节气门系统的故障码（DTC），对应含义见表 4-3，从而准确、快速地判断故障部位。

表 4-3　节气门系统故障码含义表

DTC	故障码含义	DTC	故障码含义
P0122	节气门位置传感器（主）电路输入过低	P0123	节气门位置传感器（主）电路输入过高
P0222	节气门位置传感器（副）电压过低	P0223	节气门位置传感器（副）电压过高
P0638	节气门控制伺服电路范围/性能故障	P0642	节气门位置传感器电源
P0657	节气门控制伺服继电器电路故障	P1121	节气门控制伺服电机电源系统
P1122	节气门控制伺服电机连接器系统	P2100	节气门控制伺服电路（断路）
P2101	节气门控制伺服电机故障	P2102	节气门控制伺服电路（低压短路）
P2103	节气门控制伺服电器（高压短路）	P2135	（主传感器和副传感器）范围/性能故障

6）电控节气门系统的初始化

在更换新的节气门体后，或节气门阀片区油污被清洁后，都要进行节气门初始化，方法如下。

（1）起动发动机，进行暖机，使发动机水温达到80℃以上。

（2）如发动机水温就在80℃以上，不必进行暖机，可直接将点火开关置于"ON"位。

（3）再把点火开关旋回至"LOCK"位，停止发动机运转。

（4）在"LOCK"位停止10s，然后再次起动发动机，使发动机怠速运转。

（5）10min后，在变速箱为"N"挡、灯类及散热器冷却风扇等电器附件全关条件下，检查发动机怠速是否正常。如怠速正常，说明节气门自学习后节气门位置适当，怠速节气门开度正常。至此，节气门学习完成。反之，如怠速不正常，节气门需按上述过程重新进行学习操作。

4. 加速踏板位置传感器控制电路

三菱格兰迪轿车使用的双霍尔式加速踏板传感器与前述双霍尔式节气门位置传感器工作原理相同，其线路连接如图4-9所示，传感器的输出特性曲线如图4-10所示。

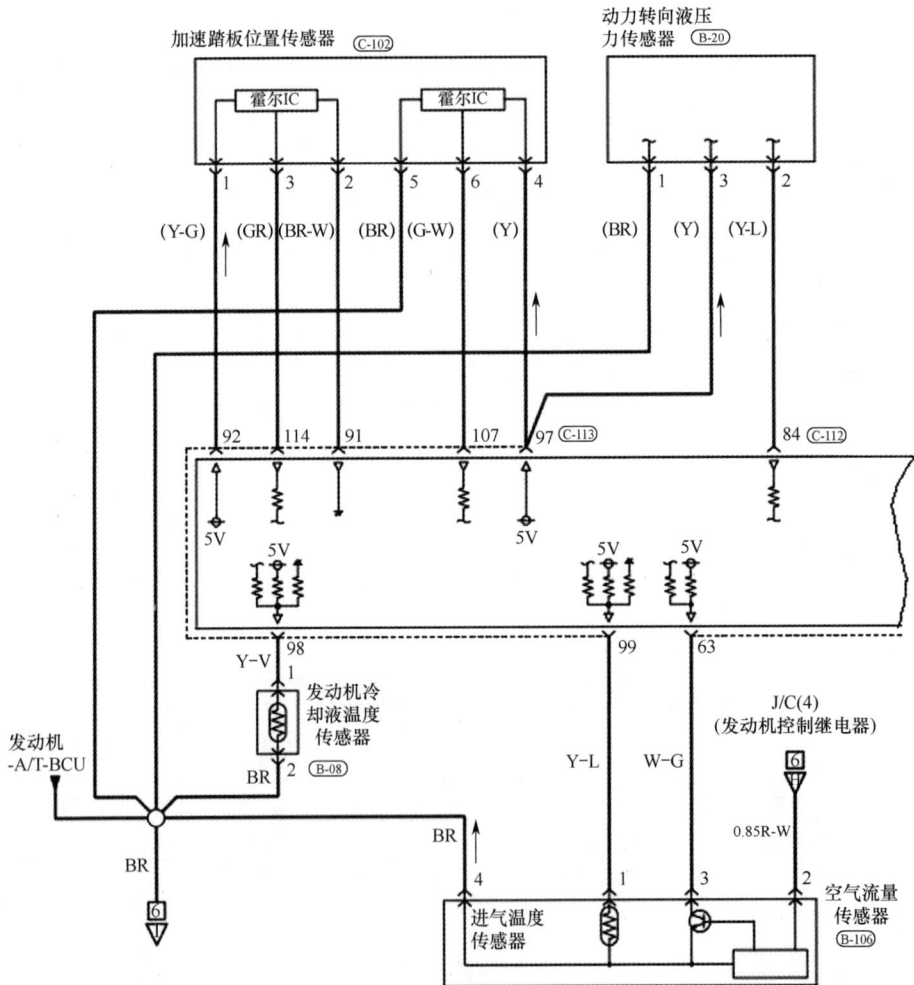

图4-9　加速踏板的线路连接

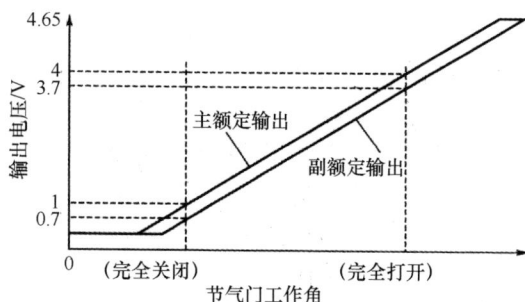

图 4-10　主、副传感器的输出特性曲线

1）工作电压的检测

利用霍尔效应工作的传感器需要供给一定的工作电压，因此首先要进行电压测试。关闭点火开关，拔下加速踏板位置传感器插头，再打开点火开关，用万用表的电压挡测量端子 1 与 2、端子 4 与 5 间是否有 5V 电压。如果没有，可能是线路损坏或 ECU 故障。

2）输出信号检测

因为格兰迪使用的是线性霍尔式传感器，所以可以使用万用表进行模拟信号的检测。关闭点火开关，连接加速踏板位置插头，再打开点火开关，用背插法分别检测端子 3 与 2、端子 5 与 6 间的电压，其电压值应该随着加速踏板的下压而连续改变，不应有断点或者突变，否则应检查或更换加速踏板位置传感器。

3）解码器检测

在维修过程中，利用三菱专用解码器 MUT-Ⅲ读出电子控制节气门系统的数据流和故障代码，从而准确、快速地判断故障部位。

（1）加速踏板位置主传感器和副传感器的检查。点火开关置于"ON"位，应用 MUT-Ⅲ，慢慢踩加速踏板，从数据流读出 77 项—加速踏板位置传感器（副）和 78 项—加速踏板位置传感（主）的电压数值，看电压数值是否可以随加速踏板的下压而同步变大。如果变化不同步或中间有断点，则加速踏板位置传感器线路或本体有故障。表 4-4 为传感器标准参考值。

表 4-4　传感器标准参考值

序号	MUT-Ⅲ显示项目	条件	正常值
78	加速踏板位置传感器（主）	点火开关 ON，松开加速踏板	0.9～1.2V
		点火开关 ON，完全踩下加速踏板	≥4.0V
77	加速踏板位置传感器（副）	点火开关 ON，松开加速踏板	0.4～1.0V
		点火开关 ON，完全踩下加速踏板	≥3.6V

（2）故障码检测。利用 MUT-Ⅲ的诊断功能，读出故障码（见表 4-5），判断故障部位。

表 4-5　传感器故障码含义表

DTC	故障码含义	DTC	故障码含义
P2122	加速踏板位置传感器（主）电路输入电压过低	P2123	加速踏板位置传感器（主）电路输入电压过高
P2127	加速踏板位置传感器（副）电路输入电压过低	P2128	加速踏板位置传感器（副）电路输入电压过高
P2138	加速踏板位置传感器（主传感器和副传感器）范围/性能故障		

五、大众直喷发动机电子节气门

在电子节气门系统中，节气门并不是通过加速踏板的拉线来控制的，节气门与加速踏板之间无机械式连接装置。加速踏板位置由两个加速踏板位置传感器传递给发动机控制单元，这两个传感器与加速踏板一体包在一个壳体内。加速踏板位置（司机意愿）是发动机控制单元的一个主要输入参数。而节气门是由节气门控制单元内的一个电动机（即节气门控制器）来控制开度的，在整个转速及负荷范围内均有效。节气门由节气门控制单元根据发动机控制单元指令来控制。当发动机不运转且点火开关打开时，发动机控制单元根据加速踏板位置传感器的信息来控制节气门开度，例如，当加速踏板踏下一半时，节气门也打开一半。当发动机运转（有负荷）时，发动机控制单元可能不依靠加速踏板位置传感器来打开或关闭节气门，例如，尽管加速踏板踏下一半，但节气门已完全打开。这样可以避免节流损失，还能在一定负荷状态下减少有害物质排放并降低油耗。发动机所需扭矩由发动机控制单元通过节气门开度、进气压力及发动机转速确定。如果认为电子节气门（E-Gas）仅是由一个或两个部件组成的，那是完全错误的，它包括用于确定、调整及监控节气门位置的所有部件，如节气门控制单元、加速踏板位置传感器、EPC（发动机电子控制系统）警报灯、发动机控制单元等。

电子节气门体安装在空气流量计和发动机之间的进气管上，用来改变进气通道面积，从而控制进气量和发动机运行工况，结构如图 4-11 所示。当驾驶员踩下加速踏板，加速踏板传感器将加速踏板的位置转换为电信号，并传递给发动机控制单元，控制单元实时将驾驶员输入的信号传递给节气门控制器（电动机），执行器将节气门转动到相应的角度。发动机控制单元可以独立于加速踏板的位置，调整节气门的位置，其优点是发动机可以根据各种不同的需求（如驾驶员的输入的信号、废气的排放、燃油消耗及安全性等）确定节气门的位置。

1）霍尔式加速踏板位置传感器

这种浮动传感器无摩擦，寿命长，且作为整体式传感器不需要进行强制低速挡基本设定。加速踏板的结构如图 4-12（a）所示，当未进行加速时，薄金属盘位于传感器的初始位置，此时传感器内无相对运动，传感器信号电压最低。当踩下加速踏板时，在踏板机构元件的作用下，薄金属盘发生移动，切割磁场，传感器产生较大电压，且移动位置越大，感应出的电压越高，其电压信号如图 4-12（b）所示。

2）霍尔式加速踏板位置传感器的失效影响

当两个加速踏板位置传感器中的一个或两个失效后，系统会存储故障，同时仪表上的 EPC 故障警报灯也会亮起。车辆的一些便捷功能，如定速巡航或发动机制动辅助控制功能也将会失效。

① 当一个传感器信号失真或中断，如果另一个传感器处于怠速位置，则发动机进入怠速工况；如果是负荷工况，则发动机转速上升缓慢。

② 若两个传感器同时出现故障，则发动机高怠速（1500r/min）运转。

电控节气门系统的最大优点是可以实现发动机全范围的最佳扭矩输出，实现牵引力控制、巡航控制等多种功能，兼顾提高动力性、经济性、操纵稳定性、排放控制和乘坐舒适性，保证车辆的最佳动力性和燃油经济性。

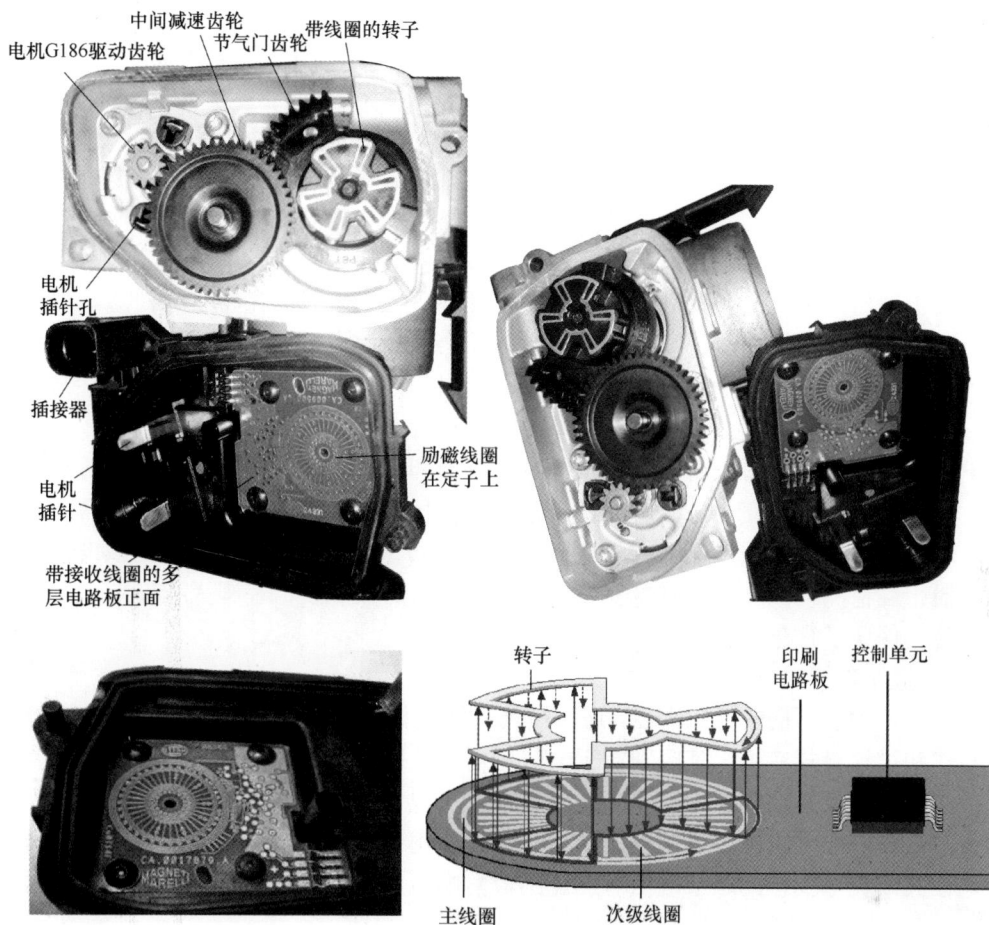

图 4-11　电子节气门体的结构

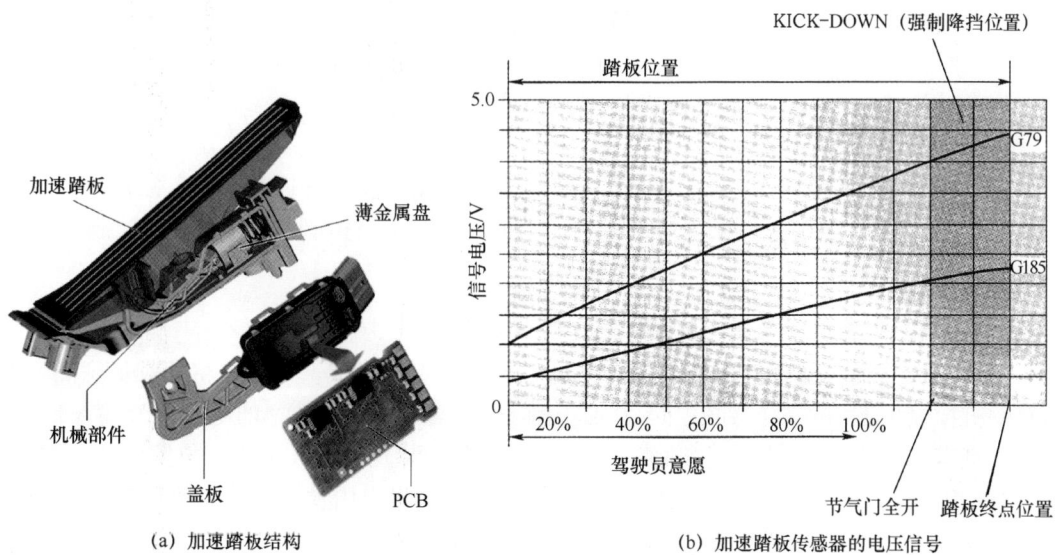

（a）加速踏板结构

（b）加速踏板传感器的电压信号

图 4-12　大众新型电子节气门加速踏板结构及电压信号

1. 电子节气门控制策略

1）基于发动机扭矩需求的节气门控制

电控节气门开度并不完全由加速踏板位置决定的，而是发动机控制单元根据当前行驶状况下整车对发动机的全部扭矩需求，计算出节气门的最佳开度，从而控制电机驱动节气门到达相应的开度。因此，节气门的实际开度并不完全与驾驶员的操作意图一致。控制单元根据整车对扭矩的需求计算所需的理论扭矩，而实际扭矩通过发动机转速、点火提前角和发动机负荷信号求得。在发动机扭矩调节过程中，控制单元首先将实际扭矩与理论扭矩进行对比，如果两者有偏差，发动机电控系统就会适当地调节，使实际扭矩值和理论扭矩值一致。

2）传感器冗余设计

电控节气门系统采用2个加速踏板位置传感器和2个节气门位置传感器，传感器两两反接，实现阻值的反向变化，即两个传感器阻值变化量之和为零。对两个传感器施加相同的电压，两者输出的电压信号也相应反向变化，且其和始终等于供电电压。该设计可使两个传感器相互检测，当一个传感器发生故障时，能及时被识别，在很大程度上增加了系统的可靠性，保证了行车的安全性。

3）可选工作模式

驾驶员可根据不同的行车需要，通过模式开关选择不同的工作模式，通常有正常模式、动力模式和雪地模式三种，其区别在于节气门对加速踏板的响应速度不同。正常模式下，节气门对加速踏板的响应速度适合于大多数行驶工况；动力模式下，节气门加快对加速踏板的响应速度，发动机能提供额外的动力；雪地、雨天等附着较差的工况下，驾驶员可选择雪地模式驾驶车辆，此时节气门对加速踏板的响应降低，发动机输出的功率比正常情况下小，使车轮不易打滑，保持车辆稳定行驶。

4）海拔高度补偿

在海拔较高的地区，大气压力下降，空气稀薄，氧气含量下降，导致发动机输出动力下降。此时电控节气门系统可按照大气压力与海拔高度的函数关系，对节气门开度进行补偿，使发动机输出的动力和加速踏板位置的关系保持稳定。

5）控制功能扩展及其原理

现代电控节气门独立成一个系统，可实现多种控制功能，既提高行驶可靠性，又使结构简化、成本降低。主要控制功能有牵引力控制（ASR）、巡航控制（CCS）、怠速控制（ISC）、减少换挡冲击控制等。

2. 大众直喷奥迪、高尔夫 A6 电子节气门电路图

加速踏板位置传感器由两个霍尔传感器 G79 和 G185 组成，作用是将驾驶员意图输送给发动机控制单元。传感器将产生的反映加速踏板下踏量和变化速率的电压信号输入 ECU，以控制汽车的工作状况。节气门控制部件由节气门驱动装置 G186、节气门位置传感器 G187 和 G188 组成。节气门驱动装置 G186 是一个伺服电动机，由发动机控制单元控制。G187 和 G188 是两个线性可变电阻式节气门位置传感器，它将节气门的位置信号传送给发动机控制单元，这两个传感器的电路相互独立，相关控制电路如图 4-13、图 4-14、图 4-15 所示。

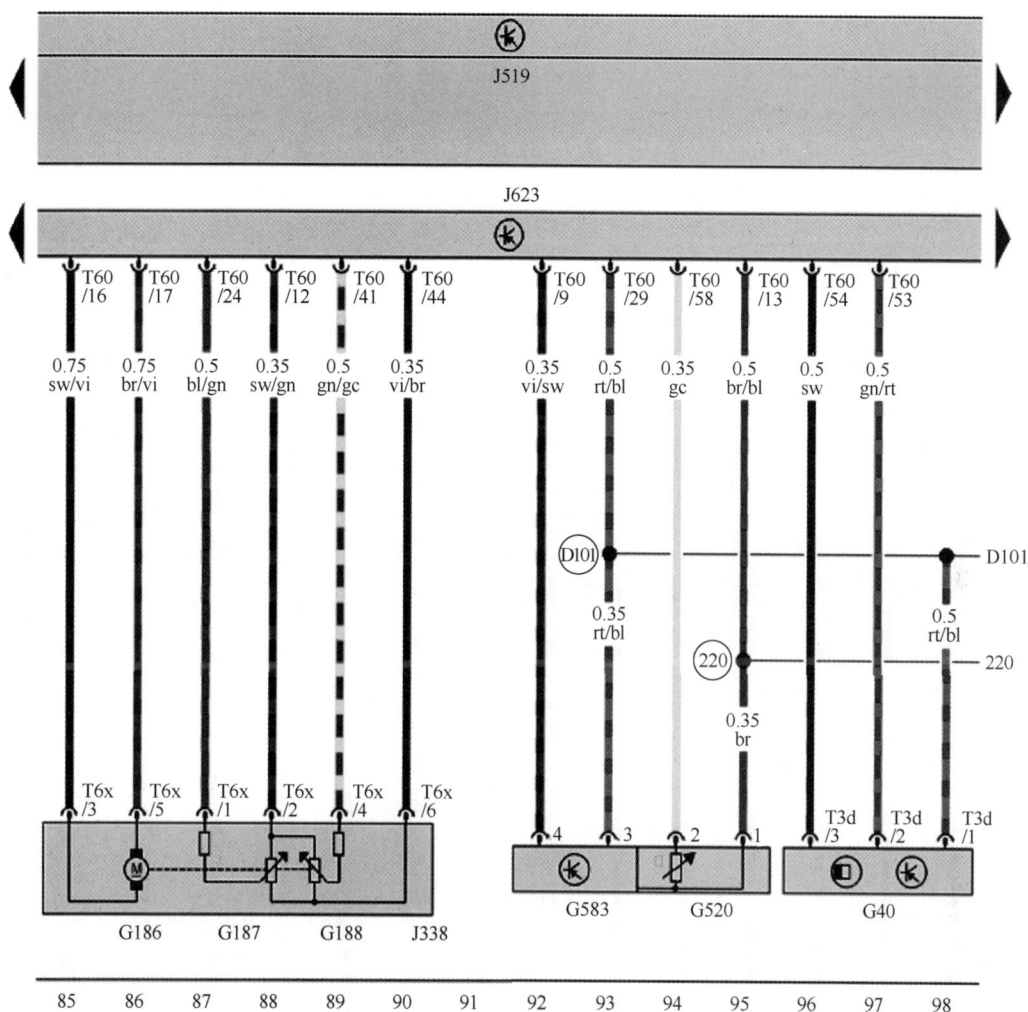

G40—霍尔传感器；G186—节气门驱动装置；G187—节气门位置传感器1；G188—节气门位置传感器2；G520—进气温度传感器3；G583—进气管压力传感器3；J338—节气门控制单元；J519—车载电网控制器；J623—发动机控制单元，排水槽内中部；T3d—3芯插头连接；T6x—6芯插头连接；T60—60芯插头连接；220—接地连接（传感器接地），在发动机导线束中；D101—连接1，在发动机舱导线束中

图4-13 电子节气门控制单元连接电路

　　组合仪表上的EPC指示灯，是Electronic Power Control的缩写，意为"电子功率控制"，也就是电控节气门系统（E-Gas）警报灯。在发动机运转时，如电控节气门系统发生故障，EPC指示灯点亮，同时发动机控制单元的故障存储器会记录该故障。

　　由于电控节气门系统是通过控制单元来调整节气门的，因此电控节气门系统可以设置各种功能来改善驾驶的安全性和舒适性，其中最常见的就是ASR（牵引力控制）和速度控制系统（巡航控制）。

　　驾驶员操纵加速踏板，加速踏板位置传感器产生相应的电压信号输入节气门控制单元，控制单元首先对输入的信号进行滤波，以消除环境噪声的影响，然后根据当前的工作模式、踏板移动量和变化率解析驾驶员意图，计算出对发动机扭矩的基本需求，得到相应的节气门转角的基本期望值。然后再经过 CAN 总线和整车控制单元进行通信，获取其他工况信息以及各种传感器信号，如发动机转速、挡位、节气门位置、空调能耗等，由此计算出整车所需求的全部扭矩，通过对节气门转角期望值进行补偿，得到节气门的最佳开度，并把相应的电压信号发送到驱动电路模块，驱动控制电机使节气门达到最佳的开度位置。节气门位置传感器则把节气门的开度信号反馈给节气门控制单元，形成闭环的位置控制。

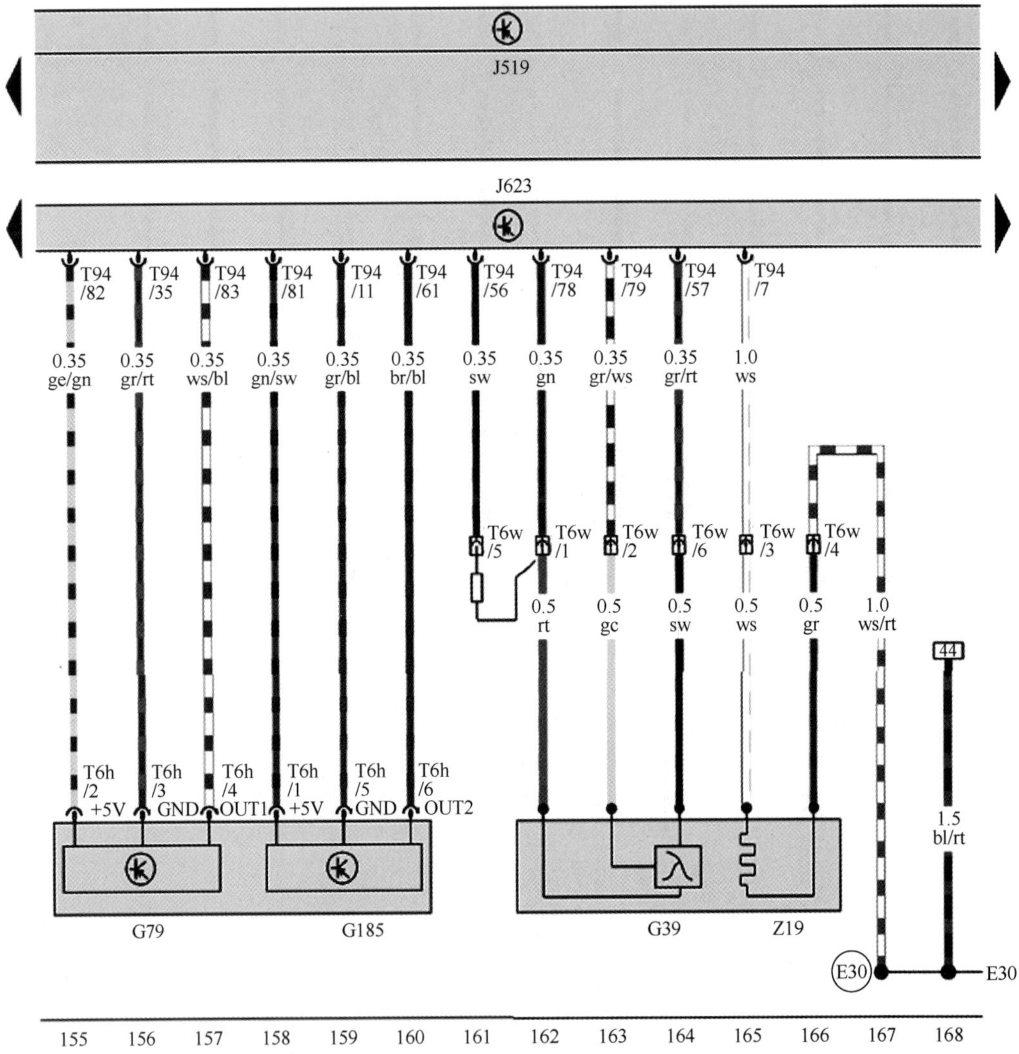

G39—氧传感器；G79—加速踏板位置传感器 1；G185—加速踏板位置传感器 2；J519—车载电网控制器；J623—发动机控制单元，排水槽内中部；T6h—6 芯插头连接；T6w—6 芯插头连接，发动机舱内后部；T94—94 芯插头连接；Z19—氧传感器加热器；E30—连接（87a），在发动机导线束中

图 4-14　加速踏板连接电路

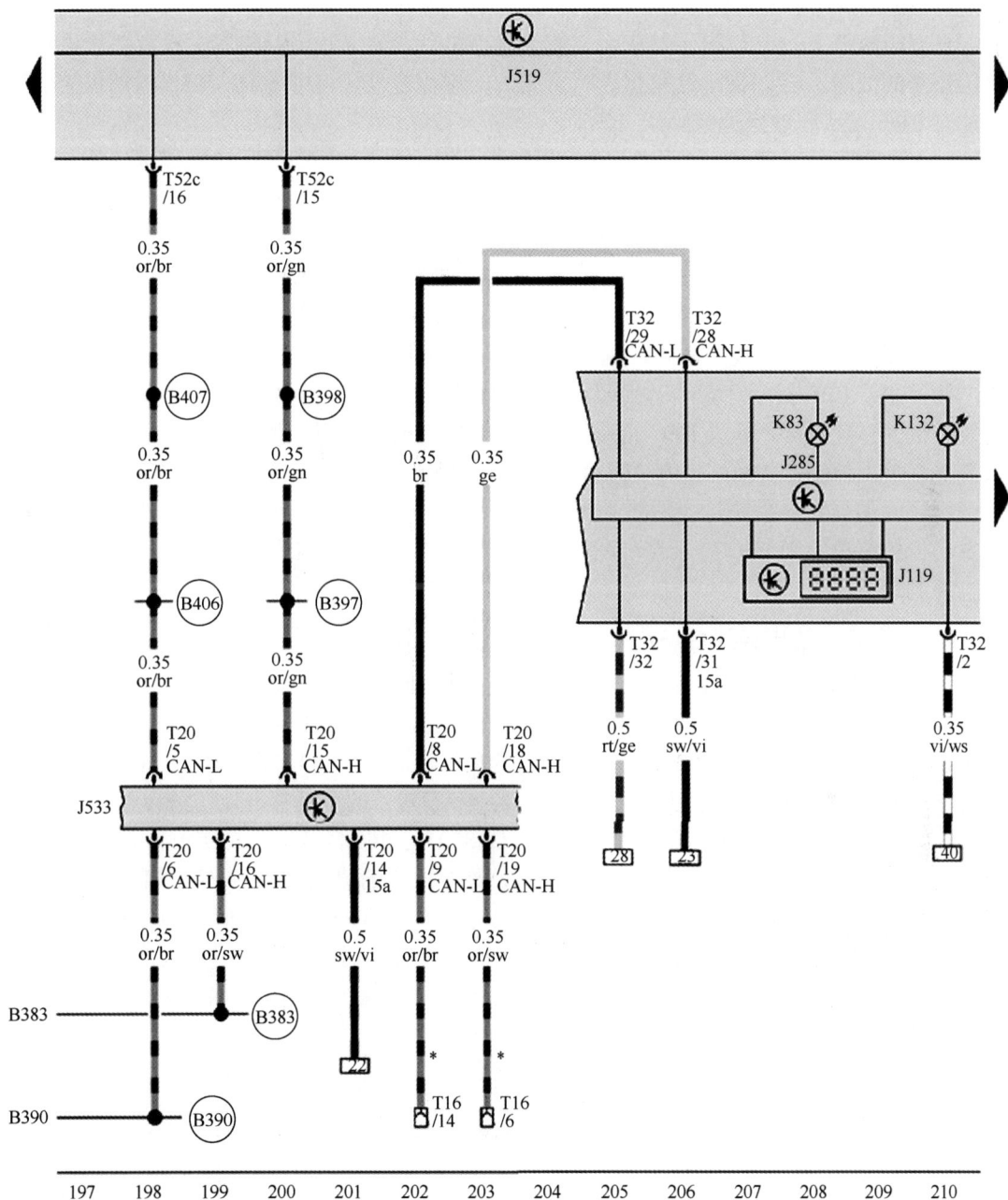

J119—多功能显示器；J285—仪表板中的控制单元；J519—车载电网控制器；J533—数据总线诊断接口，左侧脚部空间内，中控台附近；K83—废气警告灯；K132—EPC 故障信号灯；T16—16 芯插头连接；T20—20 芯插头连接；T32—32 芯插头连接；T52c—52 芯插头连接；B383—连接 1（驱动系统高速 CAN 总线），在主导线束中；B390—连接 1（驱动系统低速 CAN 总线），在主导线束中；B397—主导线束中的连接 1（舒适/便捷功能 CAN 总线，高速）；B398—主导线束中的连接 2（舒适/便捷功能 CAN 总线，高速）；B406—主导线束中的连接 1（舒适/便捷功能 CAN 总线，低速）；B407—主导线束中的连接 2（舒适/便捷功能 CAN 总线，低速）；*—诊断接口

图 4-15　EPC 指示灯电路

3. EPC 指示灯功能检测

打开点火开关，EPC 指示灯应亮，起动发动机后，如果故障存储器中没有关于电控节气门系统的故障，EPC 指示灯将熄灭。否则，应进行检查（可用 VAS 5052 检测仪的引导功能对 EPC 指示灯进行检查）。

（1）如果开始时 EPC 指示灯不亮，应检查从发动机控制单元到 EPC 指示灯的导线。检查方法是关闭点火开关，接上检测盒 VAG 1598/31，但不接发动机控制单元。用 VAG 1594 连接检测盒上插孔 1 和 EPC 搭铁。打开点火开关，EPC 指示灯应亮。如果 EPC 指示灯不亮，则检查组合仪表板内 EPC 指示灯是否烧坏，或按电路图检查 EPC 指示灯供电情况。如果 EPC 指示灯和供电都正常，则按电路图排除发动机控制单元到 EPC 指示灯之间导线的短路或断路。如果导线无故障，则应更换发动机控制单元。

（2）如果 EPC 指示灯亮的时间超过 3s，则应检查导线是否对搭铁短路。检查方法是起动发动机并怠速运转，如果 EPC 指示灯不熄灭，则读取故障码。如果无故障码，则关闭点火开关，接上检测盒 VAG 1598/31，但不接发动机控制单元，检查发动机控制单元与电子节气门之间的导线对搭铁是否短路，规定值为无穷大。如果未达到规定值，则按电路图排除发动机控制单元到 EPC 指示灯之间的导线对搭铁的短路。如果导线无故障，则应更换发动机控制单元。

4. 节气门位置传感器 G187、G188 的检测

连接 VAS 6150 诊断仪，起动发动机，进入"发动机电控系统"，选择功能"读测量数据块"，输入组号"062"，诊断仪显示区 1 显示节气门位置传感器 1（G187）的开度百分比，规定值为 3%～93%；显示区 2 显示节气门位置传感器 2（G188）的开度百分比，规定值为 97%～3%；显示区 3 显示加速踏板位置传感器 1（G79）的开度百分比，规定值为 12%～97%；显示区 4 显示加速踏板位置传感器 2（G185）的开度百分比，规定值为 6%～50%。怠速时显示区 1 至显示区 3 的值为 8%～18%，显示区 4 的值为 3%～13%，如表 4-6 所示。慢慢将加速踏板踩到底，显示区 1 节气门位置传感器 G187 的百分比值应均匀升高，而显示区 2 节气门位置传感器 G188 的百分比值应均匀降低。如果显示达不到上述要求，则检查节气门控制部件的供电及导线，尤其要注意插头是否松动或锈蚀。如果供电及导线正常，则更换节气门控制部件。

表 4-6　电子节气门数据流标准值

发动机数据流 （62 组）	节气门角度 1—G187（1 区）	节气门角度 2—G188（2 区）	加速踏板 1—G79（3 区）	加速踏板 2—G185（4 区）
标准值	3%～93%	97%～3%	12%～97%	6%～50%

拔下节气门控制部件插接器（见图 4-16），打开点火开关，用万用表测量端子 T6x/2 与 T6x/6、端子 T6x/2 与 T6x/1、端子 T6x/2 与 T6x/4 间的电压值，应约为 5V。电机两端子 T6x/3（正极）与 T6x/5（负极）间电压应约为 5V。怠速下测量端子 T6x/2 与 T6x/4 间电压值为 0.659V，端子 T6x/4 与 T6x/6 间电压值为 4.29V，端子 T6x/1 与 T6x/6 间电压值为 0.673～0.783V。若达不到上述要求，按照电路图检查节气门控制部件插头 6 个端子至

发动机控制单元相应端子之间的导线是否断路，然后检查导线相互之间是否导通（导线最大阻值为 1.5Ω）。注：电机端子 T6x/3（正极）与 T6x/5（负极）间的阻值为 10～13Ω。

5. 节气门控制单元的匹配

当电源供应中断、更换了节气门控制部件或更换了发动机控制单元时，发动机控制单元必须与节气门控制部件进行匹配（即自适应或自学习）。通过匹配，发动机控制单元学习了节气

图 4-16　插接器

门在不同位置时的特性参数，并将这些参数存入发动机控制单元。匹配的条件为故障存储器中没有故障存储，蓄电池电压至少应为 12.7V，冷却液温度在 10～95℃，进气温度在 10～90℃，发动机不转，点火开关打开，不踩加速踏板。进行匹配时，将 VAS 5052 诊断仪连接到诊断座上，打开点火开关 6s 以上，进入"发动机电控系统"，选择功能"基本设置"输入组号"060"。不要起动和操纵加速踏板，发动机控制单元识别出"学习需要"时，匹配过程会自动完成（当节气门位置传感器的存储电压值与实际测得值在某一公差范围内不一致时，才能识别出"学习需要"。匹配过程是否完成是看不出来的）。

6. 加速踏板位置传感器 G79 和 G185 的检测

电子节气门加速踏板连接线有 6 根，分别为 2 个霍尔传感器 G185 和 G79 传输信号，连接至发动机控制单元。对这两个传感器进行检查时，将 VAS5052 连接到诊断座上，起动发动机，进入"发动机电控系统"，选择功能"读测量数据块"，输入组号"062"，慢慢将加速踏板踩到底，同时注意显示区 3 和 4 的百分比值，应均匀升高，并且显示区 3 中的显示值总应是显示区 4 的 2 倍。如果显示值没有达到此要求，则继续进行下一步检查。

拆下驾驶员侧杂物箱，拔下加速踏板位置传感器插头。打开点火开关，测量插头端子 T6h/1 与 T6h/5 及端子 T6h/2 与 T6h/3 之间的电压，电压值应约为 5V。

将发动机怠速，在线检测传感器对应发动机 ECU 端子的电压电路如图 4-14 所示。端子电压应如表 4-7 所示。

表 4-7　加速踏板位置传感器各端子电压正常值

测试端子	T94/81	T94/82	T94/35	T94/83	T94/11	T94/61
正常值（V）	4.99	4.98	0	0.76	0	0.38

7. 强制降挡自适应

如果更换了加速踏板位置传感器或发动机控制单元，对于装备变速器的汽车，必须进行强制降挡功能自适应。将 VAS 5052 诊断仪连接到诊断座上，起动发动机，进入"发动机电控系统"，选择功能"基本设置"，输入组号"060"。在诊断仪的显示区 1 显示加速踏板位置传感器 1（G79）的开度百分比，规定值为 79%～94%；显示区 2 显示加速踏板位置传感器 2（G185）的开度百分比，规定值为 79%～94%；显示区 3 显示加速踏板位置，应显示"Kick down"；显示区 4 显示自适应状态，可能显示"ADP.i.o.""ERROR""ADPlauft"等。自适应完成应显示"ADP.i.o."，表示要求"操纵强制降挡功能"。应立即踩下加速踏板，

一直踩过强制降挡作用点，并保持该状态至少 2s。注意在强制降挡作用点自适应过程中，VAS 5052 屏幕上会显 "kickdown ADPlauft"，完成自适应后会显示 "kickdown ADPi.o."。

六、智能电子节气门

在常规型节气门体中，都是由加速踏板作用力确定节气门角度，而丰田凯美瑞 ETCS-i 使用发动机 ECU 来计算适合于相应驾驶条件的最佳节气门开度，并使用节气门控制电动机来控制开度。

智能电子节气门控制系统 ETCS-i 组成如图 4-17 所示。它将节气门控制为适合于加速踏板作用力和发动机转速等适应驾驶条件的最佳节气门角度，从而实现优异的节气门控制性能和所有工作范围内的舒适操作，ETCS-i 具有下列五项功能。

1）智能可变气门正时

智能电子节气门的 VVT-i（智能可变气门正时）系统，用于将进气凸轮轴控制在曲轴角 40° 的范围内，从而提供最适于发动机状态的气门正时。这使所有转速范围内的转矩得到改进，燃油经济性增加，排气量减少。

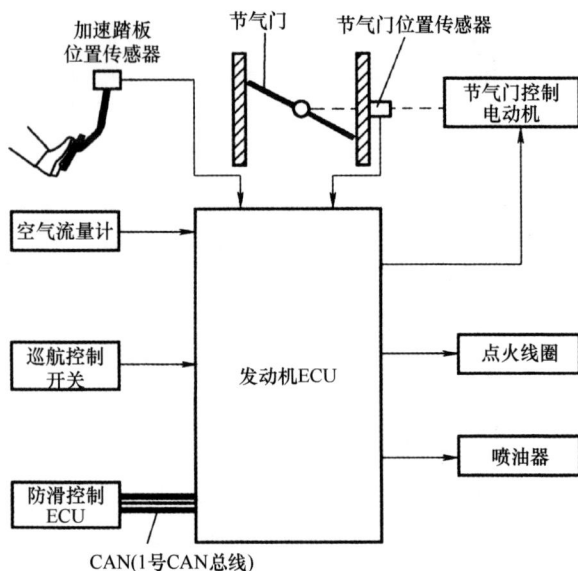

图 4-17 智能电子节气门控制系统 ETCS-i 组成

根据发动机转速、进气量、节气门位置和冷却液温度，发动机 ECU 可以计算每个驾驶条件下的最佳气门正时，控制凸轮轴正时机油控制阀。此外，发动机 ECU 使用来自凸轮轴位置传感器和曲轴位置传感器的信号来检测实际气门正时，从而提供反馈控制以达到目标气门正时。

2）怠速控制（ISC）

发动机 ECU 控制节气门，从而恒定地维持理想的怠速转速。

3）牵引力控制（TRC）

作为 TRC 系统的一部分，驱动轮出现过量滑动时，由来自防滑控制电子控制单元的请求信号关闭节气门，这便于车辆确保稳定性和驱动力。

4）车辆防滑控制（VSC）

为了最好地发挥 VSC 系统控制的效用，通过防滑控制电子控制单元协调控制性能来控制节气门角度。

5）巡航控制系统（CCS）

集成巡航控制系统的发动机 ECU，直接控制节气门来进行巡航控制。

1. 智能电子节气门的失效保护

当失效保护检测到任何传感器存在故障时，如果发动机 ECU 仍能继续正常控制发动机控制系统，则说明发动机可能有故障或出现其他故障。为了确保车辆安全，发动机 ECU 的失效保护功能借助于存储的记忆数据，使发动机控制系统继续运行，或在预计将出现危险的情况下停止发动机。

1）加速踏板位置传感器的失效保护

加速踏板位置传感器有两个（主和副）传感器电路，若其中一个传感器电路出现故障，如图 4-18 所示，发动机 ECU 会检测两个传感器电路之间不正常的信号电压差，并切换到跛行模式。在跛行模式中，正常工作的电路被用来计算加速踏板开度，从而在跛行模式控制下运行车辆。

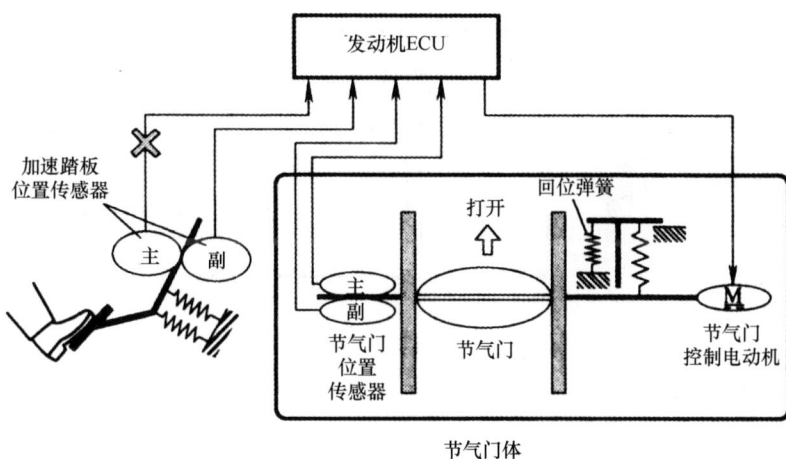

图 4-18 一个传感器故障

如果两个传感器电路都有故障，发动机 ECU 会检测来自这两个传感器电路的不正常信号电压，中断节气门控制，如图 4-19 所示。此时，可以在车辆的怠速范围内驾驶车辆。

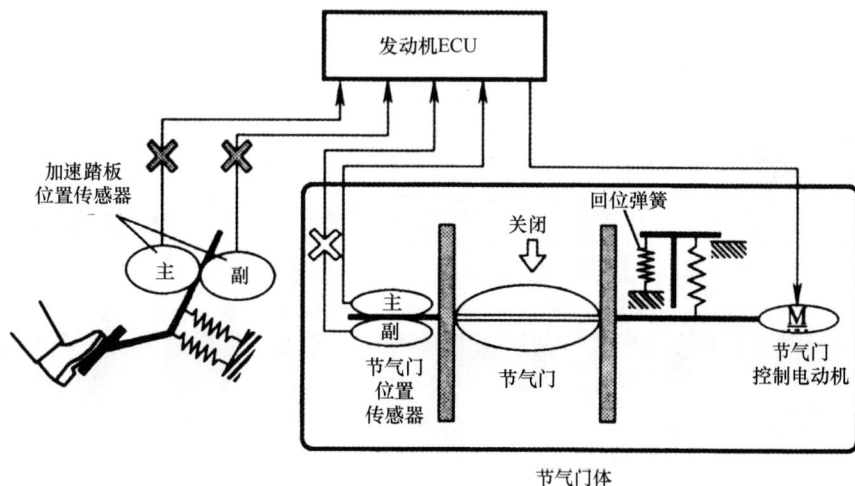

图 4-19 两个传感器故障

2）节气门位置传感器的失效保护

节气门位置传感器有两个（主和副）传感器电路，若其中一个传感器电路出现故障，发动机 ECU 会检测两个传感器电路之间不正常的信号电压差，切断至节气门控制电动机的电流，并切换到跛行模式，如图 4-20 所示。然后，回位弹簧的弹力导致节气门回位，保持在指定的开度。此时，可以在跛行模式下驾驶车辆，同时根据加速器开度控制燃油喷射和点火正时，从而调节发动机输出。如果发动机 ECU 检测到节气门控制电动机系统中存在故障，则执行与上述相同的控制。

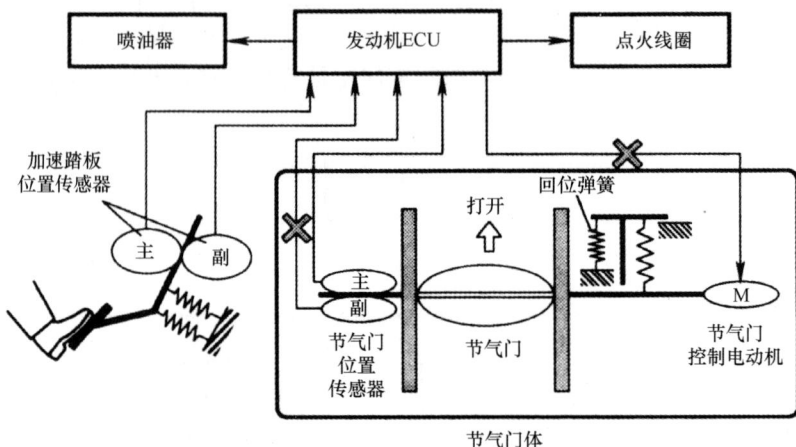

图 4-20 节气门位置传感器的失效保护

2. 加速踏板位置传感器

1）加速踏板传感器结构

该无触点型加速踏板位置传感器（见图 4-21），使用安装在加速踏板臂上的霍尔 IC（集成电路）。磁轭安装在加速踏板臂的底座上，该磁轭根据施加在加速踏板上的作用力，绕着霍尔 IC 旋转。霍尔 IC 将磁通量变化转化为电信号，并以加速踏板信号的形式，将其输出至发动机 ECU，连接电路如图 4-22 所示。

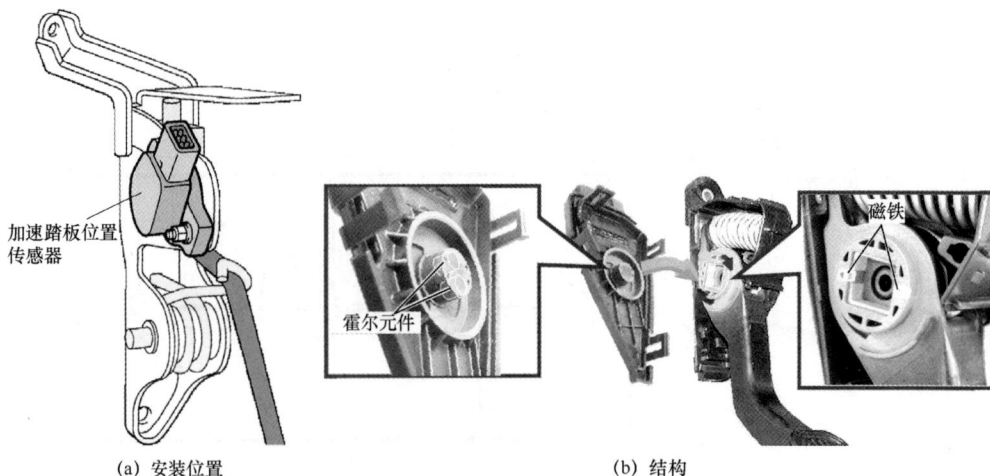

(a) 安装位置　　　　　　　　　　　(b) 结构

图 4-21 加速踏板位置传感器

霍尔 IC 含有两个电路，一个用于主信号，另一个用于副信号。将加速踏板位置转化为具有不同特性的电信号，并将其输出至发动机 ECU。

2）加速踏板位置传感器的电压检测

（1）测量发动机 ECU 连接器端子 VPA1 与 EPA1、端子 VPA2 与 EPA2（见图 4-22）之间的电压，电压值应为 4.5～5.5V，电压线性输出如图 4-23 所示。

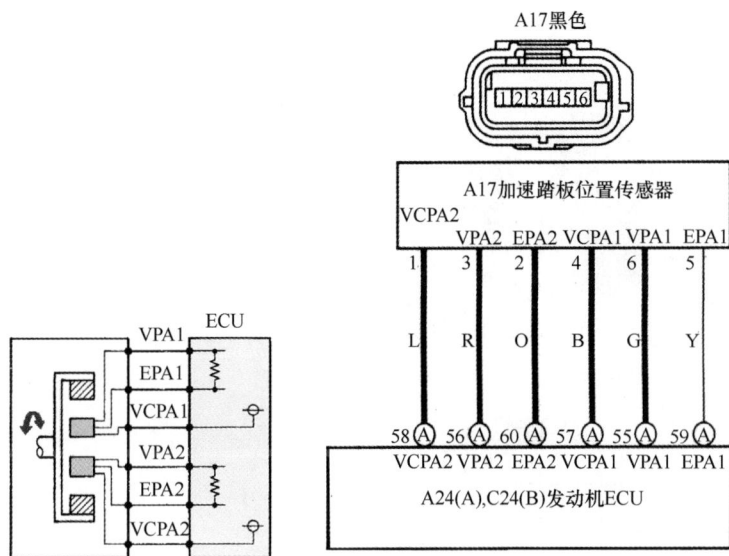

图 4-22　加速踏板位置传感器与发动机 ECU 电路连接　　图 4-23　电压线性输出

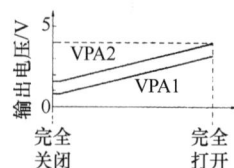

（2）测量发动机 ECU 连接器端子 VPA1 与 EPA1、端子 VPA2 与 EPA2 之间的动态电压，参考值如表 4-8 所示。

表 4-8　加速踏板位置传感器动态电压参考值

加速踏板位置传感器	电压	
	VPA1	**VPA2**
松开	0.5～1.1V	0.9～2.3V
踩下	3.0～4.6V	3.4～5.0V

维修提示：此传感器使用霍尔 IC，检查方法不同于常规加速踏板位置传感器。

3. 节气门位置传感器

1）节气门位置传感器结构

该无触点型节气门位置传感器使用安装在节气门体上的霍尔 IC。霍尔 IC 被电磁轭环绕，并将当时的磁通量变化转化为电信号，并以节气门作用力的形式将其输出至发动机 ECU，节气门内部结构如图 4-24 所示。

2）节气门位置传感器电压及阻值检测

霍尔 IC 含有分别用于主信号和副信号的电路，它将节气门开度转化为具有不同特性的电信号，并将其输出至发动机 ECU，连接电路及输出特性曲线如图 4-25 所示，电压及阻值检测参考值如表 4-9、表 4-10 所示。

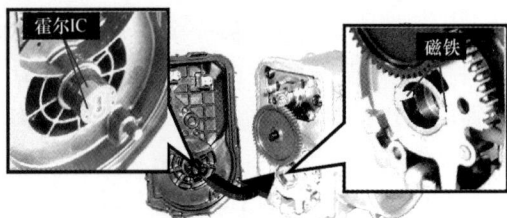

(a) 两个霍尔IC与2个磁铁

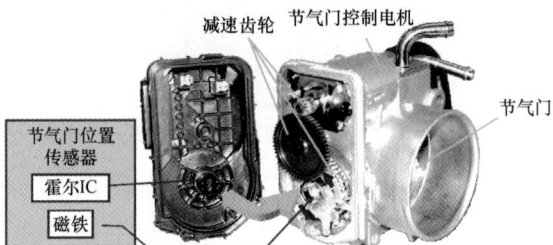

(b) 节气门位置传感器及控制电机

图 4-24　节气门内部结构

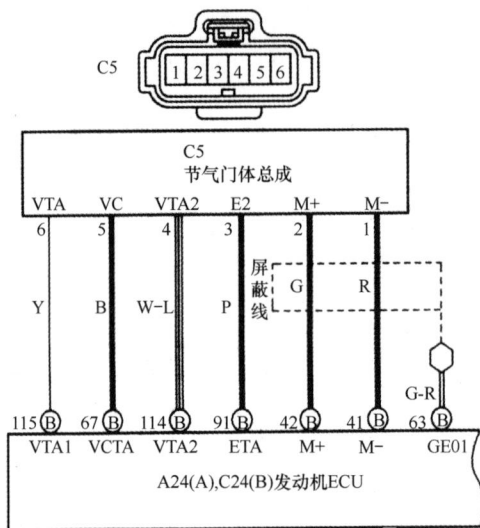

(a) 节气门与发动机控制单元连接电路图

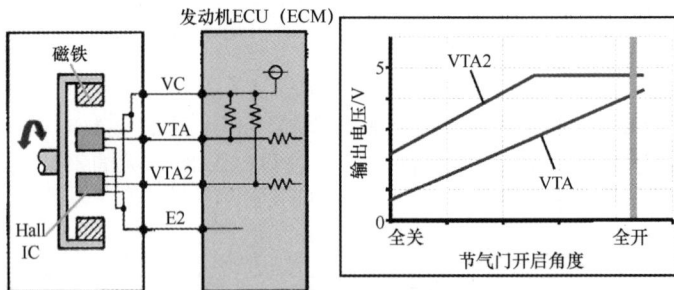

(b) 节气门控制单元电路图及输出特性曲线

图 4-25　节气门连接电路图及输出特性曲线

表4-9 节气门电压检测参考值

节气门位置传感器	电压	
	VTAI—E2	VTA2—E2
松开	0.4~1.0V	2.0~2.9V
踩下	3.2~4.8V	4.6~5.0V

表4-10 节气门电阻检测参考值

节气门位置传感器	电阻	
	VC—E2	VTA—E2
	1.2~3.2kΩ	1.2~3.2kΩ
全开	2.5~5.9kΩ	2.0~10.2kΩ

3）节气门位置传感器（TPS）检测数据

VC——传感器电源，4.5~5V；

VTA——节气门位置传感器信号输出电压，0.5~4.8V；

VTA2——节气门位置传感器信号输出电压，2.1~5.0V。

① 节气门全闭

a.节气门VTA用百分数表示为10%~20%；

b.节气门VTA2用电压表示为2.1~3.1V。

② 节气门全开

a.节气门VTA用百分数表示为64%~96%；

b.节气门VTA2用电压表示为4.5~5.0V。

③ 节气门安全角度7°

节气门VTA用百分数表示为10%~24%。

第二节 曲轴位置传感器

一、曲轴位置传感器功用与安装位置

曲轴位置传感器（CKP或CPS），又称为发动机转速与曲轴转角传感器，其功用是采集曲轴转动角度和发动机转速信号，并输入电子控制单元（ECU），以便确定喷射顺序、喷射正时、点火顺序、点火正时，并根据信号监测到的曲轴转角波动的大小来判断发动机是否有失火现象。它是发动机集中控制系统最主要的传感器之一，是控制发动机燃油喷射和点火时刻确认曲轴位置的信号源，同时也是测量发动机转速的信号源。在现代电控发动机上，曲轴位置传感器和发动机转速传感器制成一体，既可用于发动机曲轴位置、活塞上止点位置的测定，又可用于发动机转速的测定。

曲轴位置传感器一般安装于曲轴前端、靠近飞轮的变速器壳体位置，如图4-26所示。按其工作原理的不同可分为磁电感应式曲轴位置传感器、光电式曲轴位置传感器和霍尔式曲轴位置传感器等。

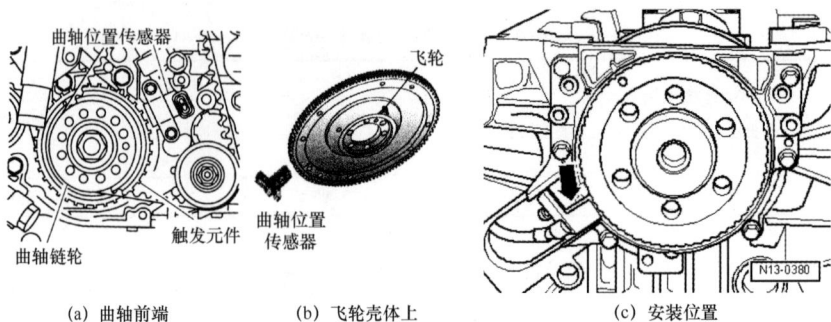

图 4-26　曲轴位置传感器安装位置

（a）曲轴前端　　　　　（b）飞轮壳体上　　　　　（c）安装位置

二、磁电感应式曲轴位置传感器结构和工作原理

1．磁电感应式曲轴传感器结构

磁电感应式曲轴位置传感器，又称为磁脉冲式传感器、可变磁阻式传感器，主要由导磁材料制成的信号转子、软磁铁芯、信号线圈等组成，传感器的位置是固定的，软磁铁芯与信号转子齿间必须保持一定间隙，如图 4-27 所示。

传感器插头接线形式主要有两线制和三线制两种。两线制的两根线为信号回路线，信号正负交替变化，三线制中多出的一根线为屏蔽线。

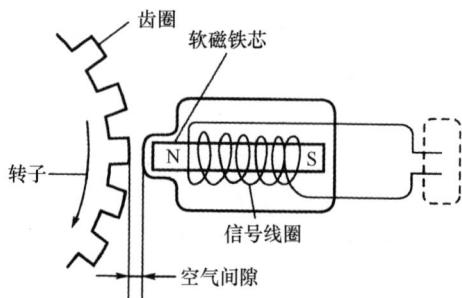

图 4-27　磁电感应式曲轴位置传感器结构

2．磁电感应式曲轴传感器的工作原理

（1）当信号转子凸齿靠近传感器时，磁头与齿间隙逐渐缩小，磁路中的磁阻逐渐减小，传感器的磁场便开始产生集中的现象，磁场强度增大，磁通量的变化率也逐渐增大，因此产生一个逐渐增大的正的感应电动势，磁场的变化越大，则感应出的电压也越强。凸齿在由如图 4-28（a）所示位置转动至如图 4-28（b）所示位置过程中，磁通量和感应电动势的变化如图 4-29 的 ab 段所示。

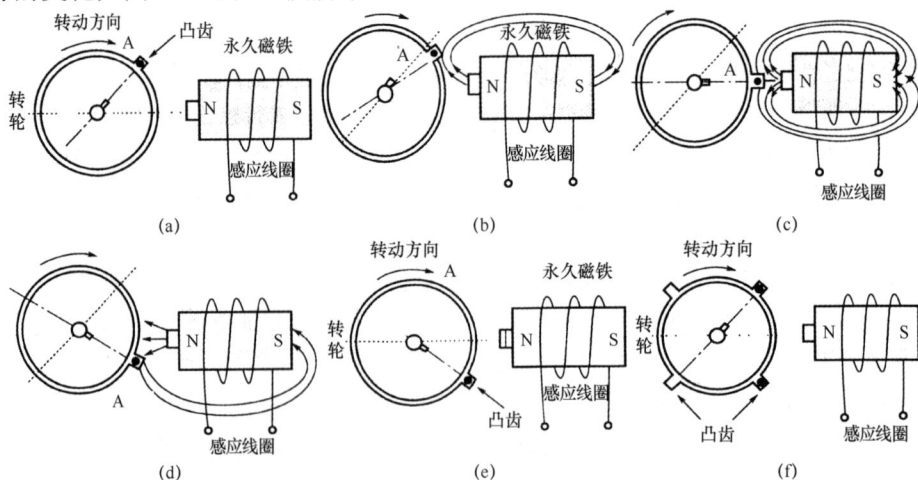

图 4-28　磁电式传感器的工作原理

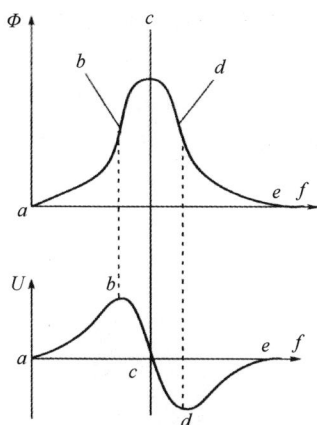

图 4-29　磁通量和感应电动势的变化

（2）当凸齿继续靠近磁头时，磁通量仍在增大，但磁通量的变化率减小，因此产生一个正的、逐渐减小的感应电动势。凸齿在由如图 4-28（b）所示位置转动至如图 4-28（c）所示位置过程中，磁通量和感应电动势的变化如图 4-29 的 *bc* 段所示。

（3）当信号转子凸齿与传感器尖端对齐成一直线时，磁头与齿间隙最小，磁路中的磁阻最小，磁场强度最强，磁通量最大。但在该点磁场强度没有变化，磁场变化率为 0，所以感应电压和电流强度为 0。其相对位置如图 4-28（c）所示；磁通量和感应电动势的变化如图 4-29 的 *c* 点所示。

（4）信号转子凸齿继续转动，该过程中其相对位置由如图 4-28（c）所示位置转动至如图 4-28（d）所示位置，凸齿远离磁头准备离开传感器，二者间隙逐步变大，磁路中的磁阻逐渐增大，磁通量逐渐减小，但磁通量的变化率仍逐渐增大，所以产生一个负的但绝对值逐渐增大的感应电动势，如图 4-29 的 *cd* 段所示。

（5）当凸齿继续转动离开磁头时，磁路中的磁阻继续增大。磁通量继续减小，但磁通量的变化率也逐渐减小，因此产生一个负的绝对值逐渐减小直至为 0 的感应电动势，该过程中其相对位置由如图 4-28（d）所示位置转动到如图 4-28（e）所示位置，磁通量和感应电动势的变化如图 4-29 的 *de* 段所示。

三、磁电感应式曲轴位置传感器检测

1. 新款捷达车曲轴位置传感器检测

捷达轿车的磁电感应式曲轴位置传感器安装在气缸体左侧、发动机后端靠近飞轮处，零件编号 G28，传感器用螺钉固定在发动机缸体上（见图 4-30），信号转子为齿盘式，齿数为 60-2 齿，即在原来为 60 齿的圆周上，切掉 2 个齿，形成在其圆周上间隔的 58 个凸齿、57 个小齿缺和 1 个大齿缺。因为原来的 60 齿在圆周上均匀分布，齿与齿的间隔度数为 360°/60=6°，因此每个凸齿和小齿缺所占的曲轴转角均为 3°。曲轴旋转一圈 360°，将会产生 58 个脉冲信号。大齿缺所占的弧度相当于两个凸齿和三个小齿缺所占的弧度，大齿缺所占总的曲轴转角为 15°（2×3°+3×3°）。大齿缺用于输出基准信号，对应发动机气缸 1 或气缸 4 压缩上止点前一定角度。

当大齿缺转过磁头时，信号电压所占的时间较长，即输出信号为一宽脉冲信号。电子控制单元接收到宽脉冲信号时，便可知道气缸 1 或气缸 4 上止点位置即将到来，至于即将到来的是气缸 1 还是气缸 4，则需根据凸轮轴位置传感器输入的信号来确定。由于信号转子上有 58 个凸齿，因此信号转子每转一圈（发动机曲轴转一圈），传感线圈就会产生 58 个交变电压信号输入 ECU。因此，ECU 每接收到曲轴位置传感器 58 个信号，就可知道发动机曲轴旋转了一圈。依此类推，ECU 根据每分

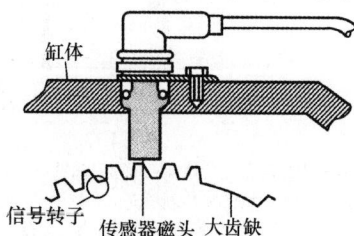

图 4-30　曲轴位置传感器

钟接收曲轴位置传感器脉冲信号的数量，便能计算出发动机曲轴的转速和曲轴的位置，输出波形如图 4-31 所示。

　　曲轴位置传感器 G28 插头位置如图 4-32 所示，与发动机控制单元 J361 的连接关系如图 4-33 所示。传感器端子 T3i/2 与发动机控制单元的端子 T80/64 相连；端子 T3i/3 与发动机控制单元的端子 T80/53 相连；端子 T3i/1 为屏蔽线端子在发动机线束内的接地连接。

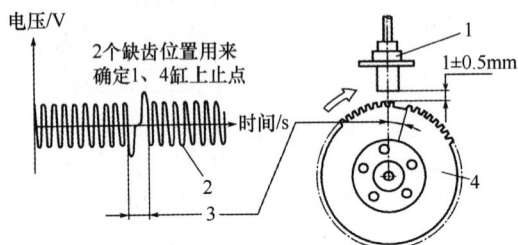

1—曲轴位置传感器；2—正常齿波形；3—缺齿波形；4—信号转子

图 4-31　曲轴位置传感器波形输出　　　　　图 4-32　曲轴位置传感器插头位置

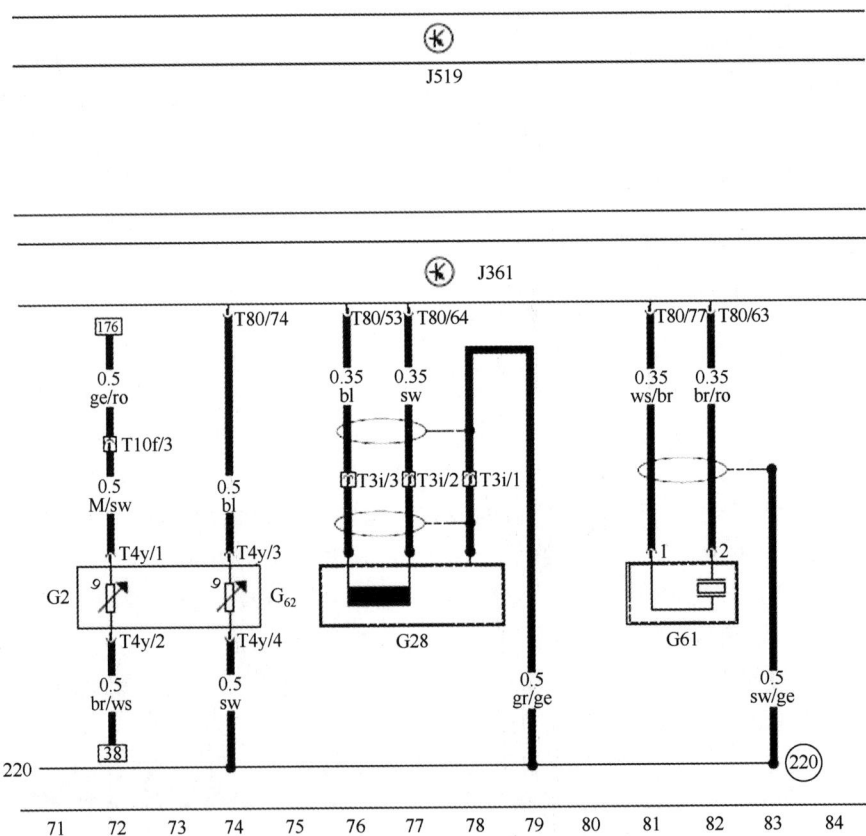

G2—冷却液温度传感器；G28—曲轴位置传感器；G61—爆燃传感器 1；G62—冷却液温度传感器；J361—Simos 发动机控制单元；J519—E-BOX 控制单元；T3i—3 芯黑色插头连接；T4y—4 芯黑色插头连接；T10f—10 芯插头连接；T80—80 芯黑色插头连接；220—发动机线束内的接地连接（传感器接地）

图 4-33　传感器与发动机控制单元的电路连接

该款曲轴位置传感器的检测方法如下。

（1）故障征兆检测。在发动机运行中，当曲轴位置传感器出现故障时，会导致信号中断，发动机不能起动或在运行时立即熄火，这时电子控制单元可以诊断到故障并进行代码存储。

（2）曲轴位置传感器的电阻检查。关闭点火开关，拔下传感器连接器插头，检查传感器上端子 T3i/1 与 T3i/2 间电阻，应为 450～1000Ω。若电阻为无穷大，说明信号线圈存在断路，应更换传感器。检查传感器上端子 T3i/3 或端子 T3i/2 与屏蔽线端子 T3i/1 之间的电阻值，阻值应为无穷大，如果阻值不是无穷大，则应更换传感器。

（3）信号转子与磁头间间隙检查。用厚薄规检查信号转子与磁头间间隙，标准值为 0.2～0.5mm。不在标准范围内时，需进行调整。

（4）输出电压测量。用万用表的交流电压挡，在线路正常连接、发动机运转时测量端子 T3i/3 与端子 T3i/2 间电压，其电压值在 0.2～2V 波动。

（5）检查传感器与 ECU 之间的连接线束。分别检查传感器端子 T3i/2 与 ECU 控制单元端子 T80/64、端子 T3i/3 与 ECU 控制单元端子 T80/53、端子 T3i/1 与发动机线束 220 间的电阻值，应不超过 1.5Ω。如果电阻为无穷大，说明存在导线断路或接触不良，需进行维修。

（6）利用 VAS 5052 故障诊断仪检测，通过故障诊断插座可以读取故障信息。如果曲轴位置传感器故障，则会出现 00513—发动机转速传感器 G28 故障代码。

2．新款凯美瑞曲轴位置传感器检测

新款凯美瑞的曲轴位置传感器安装在曲轴正时护罩内，曲轴的正时转子由 34 个齿组成，带有 2 个缺齿。曲轴位置传感器每 10°输出曲轴旋转信号，缺齿用于确定上止点，曲轴位置传感器安装位置与输出信号如图 4-34 所示。

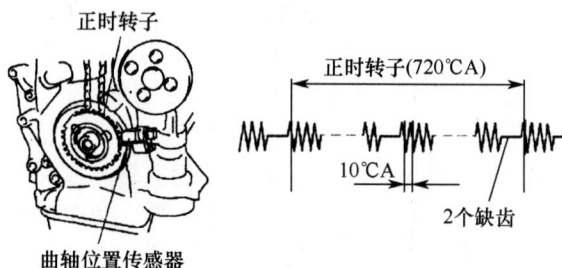

图 4-34　凯美瑞的曲轴位置传感器安装位置与输出信号

该曲轴位置传感器与发动机 ECU 的连接电路如图 4-35 所示，其检测方法如下。

（1）曲轴位置传感器的电阻检查。关闭点火开关，拔下传感器连接器插头，检查传感器上端子 122 与 121 间电阻，应为 20℃时为 1850～2450Ω。若电阻为无穷大，说明信号线圈存在断路，应更换传感器。

（2）检查传感器上端子 122 或端子 121 与屏蔽线端子 C 之间的电阻值，阻值应为无穷大，如果阻值不是无穷大，则应更换传感器。

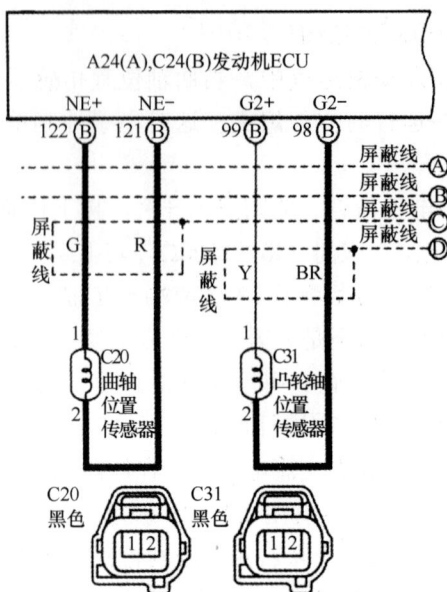

图 4-35　传感器与发动机 ECU 的连接电路

四、霍尔式曲轴位置传感器结构和工作原理

霍尔式曲轴位置传感器是利用霍尔效应产生与曲轴转角相对应的电压脉冲信号的原理制成的，可分为触发叶片式和触发轮齿式两种曲轴位置传感器。

霍尔效应：当电流 I 通过放在磁场中的半导体基片（称霍尔元件）且电流方向与磁场方向垂直时，电荷在洛仑兹力作用下向一侧偏移，在垂直于电流与磁场的霍尔元件的横向侧面上即产生一个与电流和磁场强度成正比的电压，称为霍尔电压 U_H，如图 4-36 所示，霍尔电压可用下式表示，即

$$U_H = \frac{R_H}{d} IB$$

式中，R_H 为霍尔系数；d 为基片厚度；I 为电流；B 为磁场强度。

当结构一定且电流为定值时，霍尔电压与磁场强度成正比。霍尔式曲轴位置传感器主要使用霍尔开关电路，根据脉冲信号的多少计算曲轴的旋转速度和位置，为了能够输出数字信号，产生的霍尔电压应该能够打开和关闭功率晶体管，如图 4-37 所示。

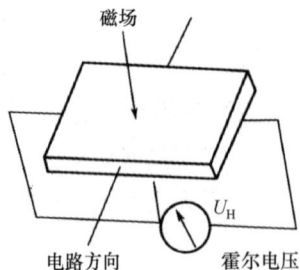

图 4-36　霍尔效应原理

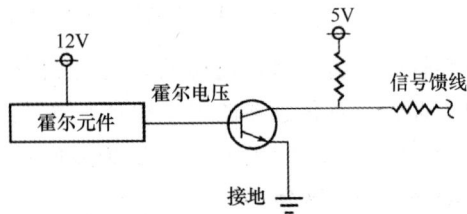

图 4-37　霍尔开关电路

1．触发叶片式霍尔曲轴位置传感器的结构和工作原理

1）触发叶片式霍尔曲轴位置传感器的结构

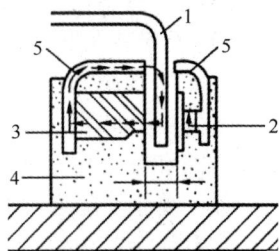

1—触发叶轮；2—霍尔集成电路；3—永久磁铁；
4—底板；5—磁轭（导磁钢片）

图 4-38　触发叶片式霍尔曲轴位置传感器的结构

触发叶片式霍尔曲轴位置传感器主要由触发叶轮、霍尔集成电路、磁轭（导磁钢片）和永久磁铁组成，其结构如图 4-38 所示。而霍尔集成电路又由霍尔元件、放大电路、稳压电路、温度补偿电阻、信号变换电路和输出电路组成。触发叶轮安装在转子轴上，随转子轴一起转动，叶轮上制有叶片。

2）触发叶片式霍尔曲轴位置传感器的工作原理

当曲轴转动并带动转子轴转动时，触发叶轮随转子轴一起转动，触发叶轮的叶片便从霍尔集成电路与永久磁铁之间的气隙中转过。当叶片进入气隙时，霍尔集成电路中的磁场被叶片旁路，如图 4-39（a）所示，此时霍尔元件产生的霍尔电压为零，集成电路输出级的三极管截止，传感器输出一个高电平信号电压 U_0（实验表明：当电源电压 $U_{CC}=14.4V$ 时，信号电压 $U_0=9.8V$；当电源电压 $U_{CC}=5V$ 时，信号电压 $U_0=4.8V$）。

当叶片离开气隙时，永久磁铁的磁通便经过霍尔集成电路和导磁钢片构成回路，如图 4-39（b）所示，此时霍尔元件产生霍尔电压 U_H（$U_H=1.9\sim2.0V$），霍尔集成电路输出级的三极管导通，传感器输出一个低电平电压信号 U_0（实验表明：当电源电压 $U_{CC}=14.4V$ 或 5V 时，信号电压 $U_0=0.1\sim0.3V$）。

ECU 便根据输入的脉冲信号计算出曲轴的转角及活塞上止点位置，从而对发动机的点火和喷油时刻进行控制。

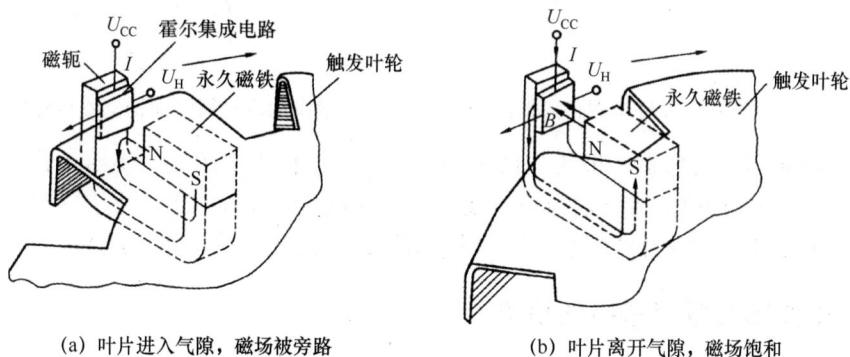

(a) 叶片进入气隙，磁场被旁路　　　　(b) 叶片离开气隙，磁场饱和

图 4-39　霍尔曲轴位置传感器的工作原理

2．触发轮齿式霍尔曲轴位置传感器的结构和工作原理

1）触发轮齿式霍尔曲轴位置传感器的结构

触发轮齿式霍尔曲轴位置传感器即差动霍尔式曲轴位置传感器，也叫双霍尔式曲轴位置传感器，其结构与磁脉冲式曲轴位置传感器相似，由带凸齿的信号转子和霍尔信号发生

器组成，如图4-40所示。

2）触发轮齿式霍尔曲轴位置传感器的工作原理

触发轮齿式霍尔曲轴位置传感器的工作原理与触发叶片式霍尔曲轴位置传感器的工作原理相同。触发轮齿式霍尔曲轴位置传感器的信号转子即凸齿转子安装在发动机曲轴上（部分汽车以发动机的飞轮为信号转子），当发动机曲轴或飞轮转动时，传感器的信号转子随其一起转动，从而使信号转子的齿缺与凸齿转过霍尔电路（与触发叶片式霍尔电路相同，由霍尔元件、放大电路、稳压电路、温度补偿电阻、信号变换电路和输出电路等组成）的探头。齿缺或凸齿与霍尔电路的探头之间的气隙就会发生变化，磁通量随之变化，即磁场强度 B 发生变化，根据霍尔效应原理，在传感器的霍尔元件中就会产生交变电压信号，如图4-41所示，其输出电压由两个霍尔信号电压叠加而成。因为输出信号为叠加信号，所以转子凸齿与信号发生器之间的气隙可以增大到 1.0±0.5mm（普通霍尔式传感器仅为 0.2～0.4mm），从而便可将信号转子设置成像磁感应式传感器转子一样的齿盘式结构，其突出优点是信号转子便于安装。

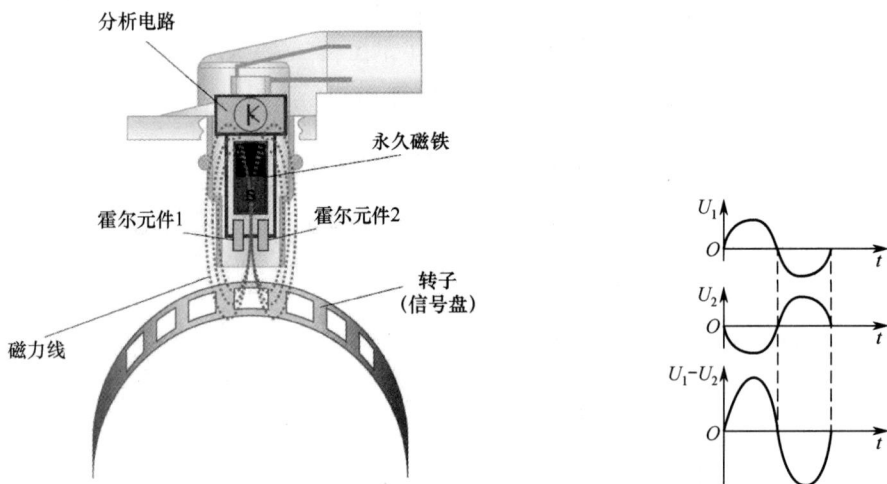

图 4-40　触发轮齿式霍尔曲轴位置传感器结构　图 4-41　触发轮齿式霍尔曲轴位置传感器电压波形

汽车上用霍尔式传感器一般为三线或两线制的：一根为电源线，供给工作电压，一般为 12V（也有 5V、9V）；另一根为信号线，需要提供 5V 参考电压，用于三极管的导通或关闭，实现 0V 和 5V 的脉冲变化；第三根为搭铁线（两线制的无搭铁线）。

五、霍尔式曲轴位置传感器的检测

1. 上海别克轿车触发叶片式霍尔曲轴位置传感器

上海别克轿车的 24X 曲轴位置传感器属于触发叶片式曲轴位置传感器，是利用霍尔效应的原理制成的。该传感器的信号转子上有 24 个均匀的叶片和窗口，曲轴每转一次，24X 曲轴位置传感器产生 24 个通断脉冲信号，并将其输入 ECU。ECU 通过此信号来计算发动机低速运转时曲轴的位置和发动机的转速。24X 曲轴位置传感器安装在发动机右前部下侧，固结在铝质安装支架上，并用螺栓固定在发动机正时链条盖的前面，一部分位于曲轴平衡装置后。

24X 曲轴位置传感器与 ECU 的连接电路如图 4-42 所示。传感器的插头端子如图 4-43 所示，其中 A 端子为电源线，B 端子为信号线，C 端子为搭铁线。该曲轴位置传感器的检测方法如下。

（1）检测传感器的输出信号。关闭点火开关，在曲轴位置传感器的信号线路上串接一个无源试灯（或发光二极管），起动发动机，观察灯（或发光二极管）的闪烁情况，试灯（或发光二极管）应有规律闪烁，否则曲轴位置传感器信号不良。

（2）检测传感器的电源电压。关闭点火开关，拔下曲轴位置传感器的 3 芯插头，打开点火开关，用万用表电压挡测量曲轴位置传感器插座上 A 孔与搭铁之间的电压值，应为 12V（蓄电池电压），否则曲轴位置传感器的电源线路不良。

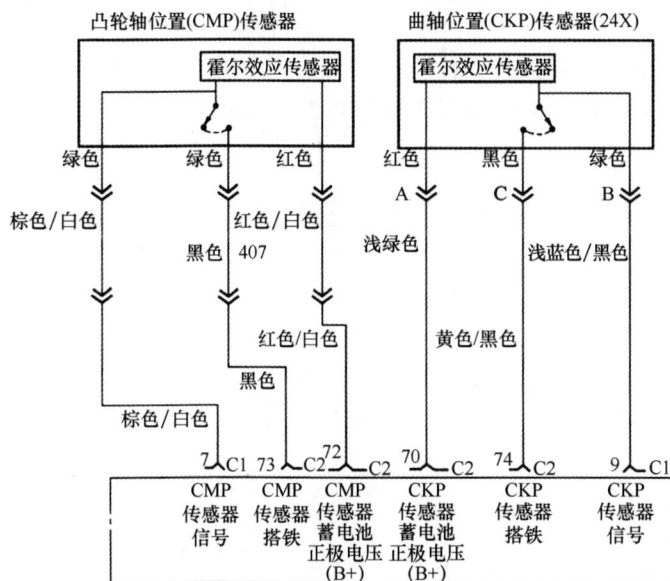

图 4-42　传感器与 ECU 的连接电路

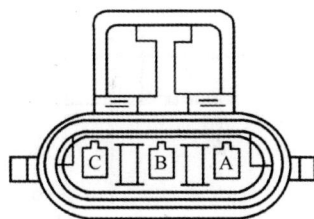

图 4-43　传感器的插头端子

2. 三菱格兰迪曲轴位置传感器

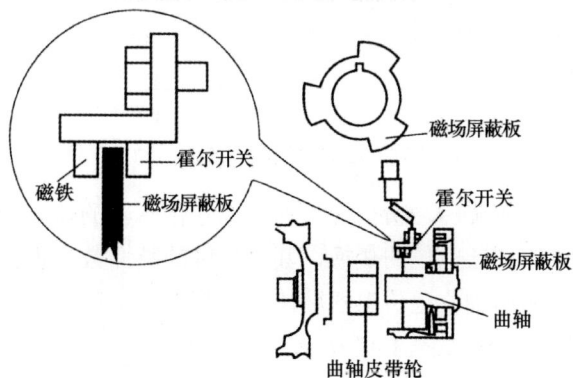

图 4-44　曲轴位置传感器的霍尔元件与叶片的位置关系

三菱格兰迪 4 缸发动机用曲轴位置传感器属于触发叶片式霍尔曲轴位置传感器，其固定安装于曲轴前端的发动机缸体上。

叶片式磁场屏蔽板安装在曲轴皮带盘后，以键与曲轴相连，并能够随曲轴一起运转。该传感器为 U 形设计，U 形的一条臂为磁铁，另一条臂安装霍尔开关集成电路，U 形的中部缝隙用于叶片旋转时通过（见图 4-44）。三菱格兰迪汽车发动机用的曲轴位置传感器的叶片有 3 个凸起和 3 个缺口，叶片随曲轴旋转，凸起通过时，磁铁的磁通被阻挡，缺口通过时，有磁力线通过霍尔开关。

1）工作原理

（1）缺口处于霍尔集成元件和磁铁之间时。当缺口通过磁场和霍尔开关元件之间时，霍尔开关元件接受磁铁产生的磁场，并产生霍尔电压，霍尔电压经放大后，作用于曲轴位置传感器的晶体管基极，使晶体管接通，来自发动机 ECU 的 5V 基准电压被接地，因此，发动机 ECU 将检测到曲轴位置传感器输出的低电位电压（注意：其实低电位电压并非为 0V，因为三极管导通时，根据晶体管的不同，集电极和发射极会有 0.3V 或 0.7V 的压降），磁力线通过时霍尔传感器线路电流流向和电压输出如图 4-45 所示。

（2）叶片凸起经过磁场与霍尔开关时。当屏蔽板的叶片将磁场与霍尔开关隔开时，磁场被阻断，霍尔开关集成元件不能产生霍尔电压，在曲轴位置传感器内的晶体管不导通，来自发动机 ECU 的 5V 基准电压与搭铁线断开，于是发动机 ECU 检测到近似 5V 的高电位电压。磁力线被阻挡时霍尔传感器线路电流流向和电压输出如图 4-46 所示。

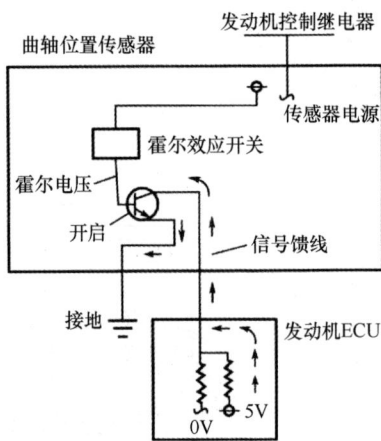

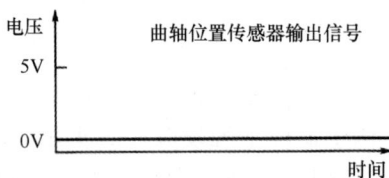

图 4-45　磁力线通过时电流流向和电压输出　　　图 4-46　磁力线被阻挡时电流流向和电压输出

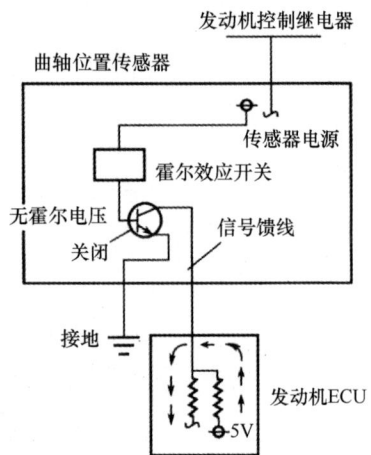

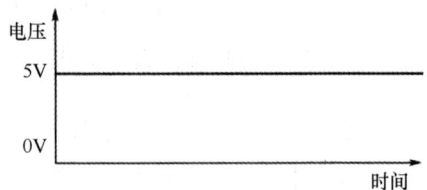

（3）连续运转时。因为屏蔽板随着曲轴一起旋转，所以通过曲轴位置传感器的输出信号会随着屏蔽板的叶片和缺口不断进行高电位和低电位的变换，其每分钟的脉冲数目也会随着曲轴的旋转速率而变化。因此，通过检测曲轴位置传感器脉冲信号频率即可测得曲轴的转速。连续运转时曲轴位置传感器脉冲信号波形如图 4-47 所示。

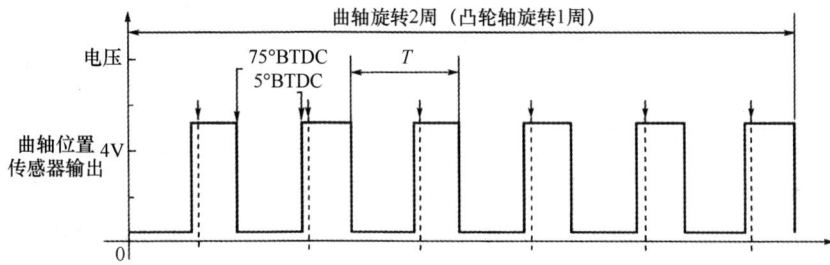

图 4-47 连续运转时曲轴位置传感器脉冲信号波形

2）传感器检测

三菱格兰迪汽车发动机曲轴位置传感器的插头及其与发动机ECU的连接如图4-48所示。

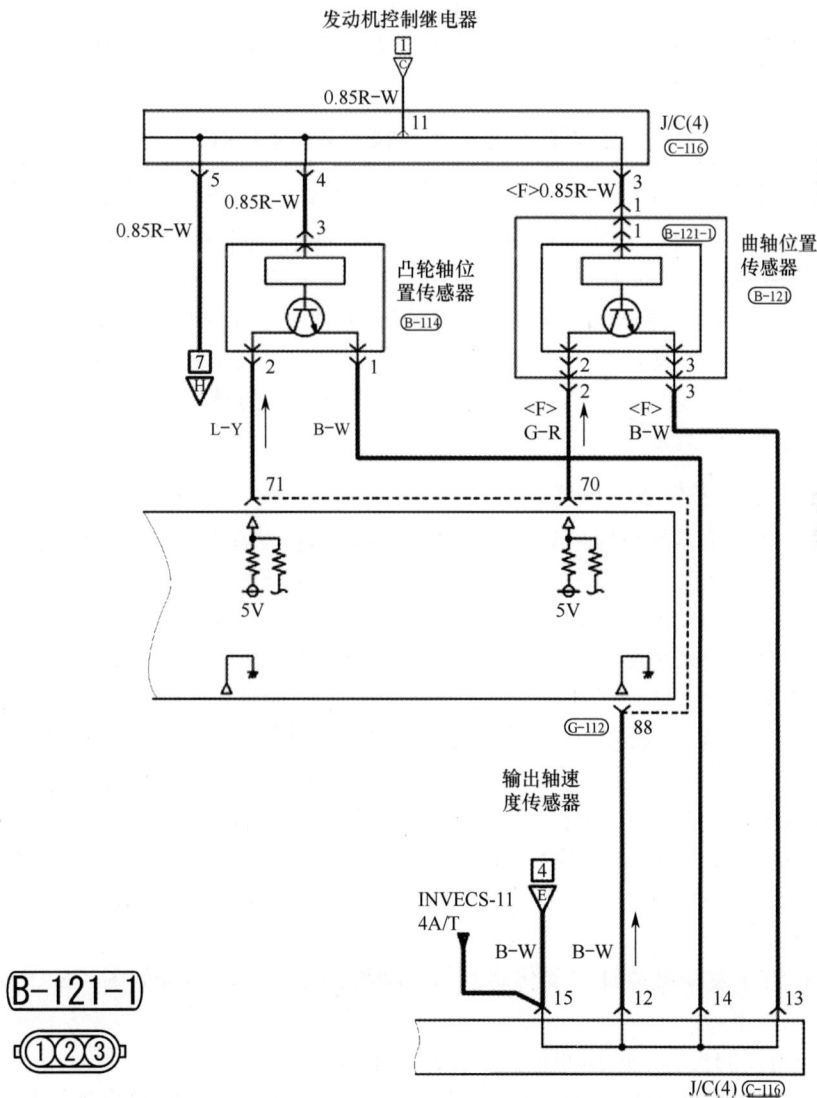

图 4-48 曲轴位置传感器的插头及其与发动机 ECU 的连接电路

① 工作电压的检测。拔掉曲轴位置传感器插头，打开点火开关，用万用表的电压挡测量线束侧 1 端是否有 12V 蓄电池电压，如果没有，检查控制继电器的 1 端与曲轴位置传感器的导通性。

② 参考电压的检测。点火开关置于"OFF"位，将曲轴位置传感器插头断开，然后将点火开关置于"ON"位，检查曲轴位置传感器 2 号针脚对地的电压，正常时应为 4.8～5.0V。如果没有 4.8～5.0V 电压，将点火开关置于"OFF"位，检查曲轴位置传感器线束的 2 号针脚是否与 ECU 的 70 号针脚导通，如果导通，则为 ECU 故障。

③ 检查搭铁性能。检查曲轴位置传感器 3 号针脚是否与地导通，如果不导通，检查线束。

④ 解码器检测。用 MUT-III 检测，如果曲轴位置传感器损坏，会存储故障代码 22—曲轴位置传感器故障。

⑤ 输出信号的万用表检测。使用专用三通接口插头，或在线路完好连接的情况下，将曲轴位置传感器的 2 号信号线引出一条测量线进行测量，使用万用表电压挡检测，电压值应符合表 4-11 所示标准。

表 4-11　曲轴位置传感器信号标准电压值

测量端子	发动机状态	万用表电压
2 端与搭铁	起动	0.4～4.0V
	怠速	1.5～2.5V

⑥ 输出信号的示波器检测。霍尔式传感器一般情况下无法检查电阻，如能检查也是经验数值或对比数值，因此，最好用示波器检查其输出信号波形来准确判断好坏。使用专用三通接口插头，或在线路完好连接的情况下，将曲轴位置传感器的 2 号信号线引出一条测量线，用示波器进行测量。

3. 大众 CC 曲轴位置传感器

由于霍尔式传感器能克服电磁式传感器输出信号电压幅值随车轮转速变化而变化、响应频率不高及抗电磁波干扰能力差等缺点，因而其被广泛应用于汽车。

随着科学技术的发展，现代制造业对汽车生产技术要求不断提高，同时为降低汽车生产成本，近年来，越来越多的汽车采用一种新型霍尔式传感器，普通霍尔式传感器有 3 根引线，分别为电源线、信号线和搭铁线；而新型霍尔式曲轴位置传感器只有 2 根引线，如图 4-49 所示，分别为电源线和信号线。新型霍尔式传感器与普通霍尔式传感器的输出信号均为方波脉冲信号，占空比范围为 30%～70%，一般为 50%，如图 4-50 所示，但普通霍尔式的输出信号的高、低电压存在差异。新型霍尔式传感器输出信号的高、低电压不受速度影响，主要由控制单元内部的电阻决定，电阻值一定，高、低电压便一定，即使转速很低，发动机控制单元仍能检测到输出信号电压，这就克服了电磁式传感器输出信号电压随转速变化而变化的缺点。

大众 CC 汽车发动机曲轴位置传感器与发动机控制单元的连接如图 4-51 所示。该传感器的检测方法如下。

① 工作电压的检测。拔掉曲轴位置传感器插头，打开点火开关，用万用表的电压挡测量线束侧端子 T2jp/2 与搭铁是否有约为 5V 的电压，如果没有，则检查插头端子 T2jp/2 与控制单元端子 T60/36 的线束导通性。如果导通则说明控制单元故障。

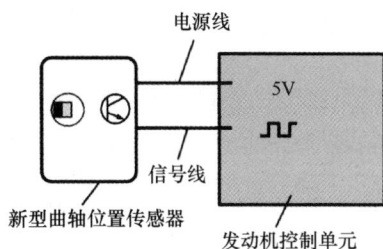

图 4-49 新型 2 线霍尔式曲轴位置传感器

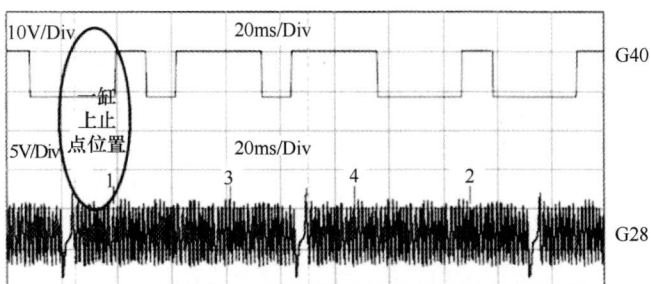

图 4-50 输出信号波形

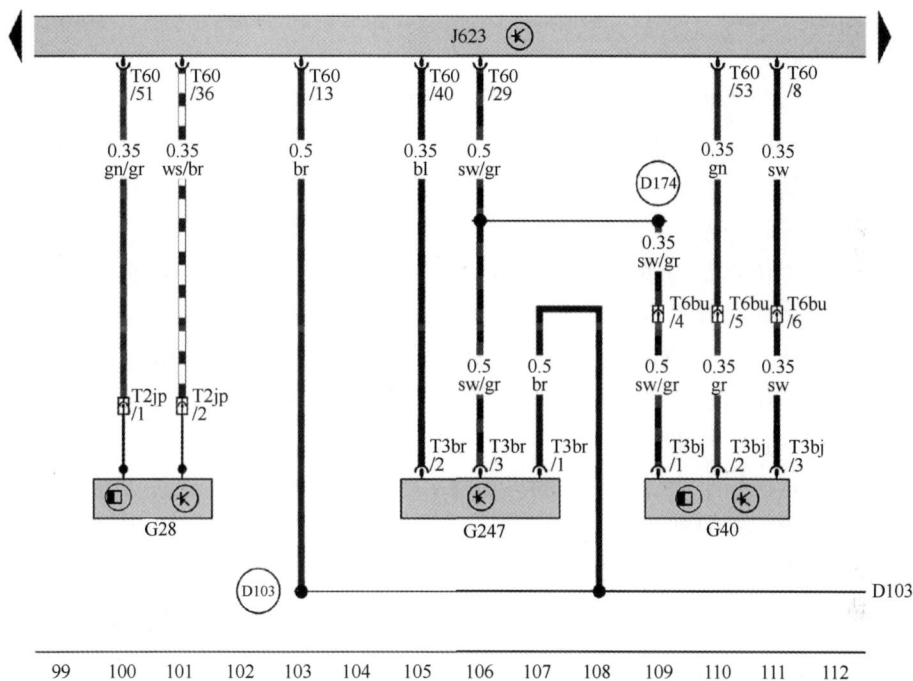

G28—发动机转速传感器；G40—霍尔传感器；G247—燃油压力传感器；J623—发动机控制单元，排水槽内中部；T2jp—2 芯插头连接；T3bj—3 芯插头连接；T3br—3 芯插头连接；T6bu—6 芯插头连接，气缸盖附近；T60—60 芯插头连接；D103—连接 3，在发动机舱导线束中；D174—连接 2（5V），在发动机预接线导线束中

图 4-51 曲轴位置传感器（发动机转速传感器）与发动机控制单元的连接

② 检测传感器的输出信号。关闭点火开关，在曲轴位置传感器的信号线路端子 T2jp/1 与 T2jp/2 上串接一个发光二极管试灯，起动发动机，观察发光二极管试灯的闪烁情况，试灯应有规律闪烁，否则曲轴位置传感器信号不良。如二极管试灯不闪烁，应检查 T2jp/2 端子与控制单元的 T60/36 线束的导通性。如果导通，检查端子 T2jp/1 与搭铁是否有 5V 电压。电压正常说明传感器故障，否则控制单元故障。

4．霍尔式曲轴位置传感器失灵的诊断方法总结

（1）检查霍尔传感器线路有无断路或短路，以及连接器端子有无腐蚀。

（2）清洁霍尔传感器传感器头部。

（3）检查霍尔传感器的供电与搭铁情况。

（4）用示波器读取波形，波形应为方波信号。

（5）串接一个发光二极管，起动发动机，观察发光二极管的闪烁情况，发光二极管应有规律闪烁，否则曲轴位置传感器信号不良。

第三节　凸轮轴位置传感器

凸轮轴位置传感器（Camshaft Position Sensor，CPS），又称为凸轮轴转角传感器、相位传感器、同步信号传感器、缸位传感器（Cylinder Position Sensor，CYP）、气缸识别传感器（Cylinder Identify Sensor，CIS），有的车上还称为 1 缸上止点传感器（No.1 Top Dead Center Sensor，No.1 TDC）。

凸轮轴位置传感器的作用主要是检测凸轮轴位置和转角，从而确定第一缸活塞的压缩上止点位置。在起动时，发动机 ECU 根据凸轮轴位置传感器和曲轴位置传感器提供的信号，识别出各个气缸活塞的位置和冲程，控制燃油喷射顺序和点火顺序，进行准确的喷油和点火控制。在发动机起动期间，凸轮轴位置传感器是一个关键性的输入。在某些车型上，如果没有凸轮轴位置传感器的输入，发动机将不能正常起动。一旦发动机正常运转，在下一个点火起动循环之前，就不再需要凸轮轴位置传感器信号，发动机可以正常运转。这是因为 ECU 已经确定了第一缸的压缩上止点位置，发动机 ECU 利用曲轴位置传感器，便可推算出其他各缸的工作情况。

随着可变气门正时技术的出现和发展，凸轮轴位置传感器也被赋予了新的作用，除了在起动时用于判定压缩上止点，在发动机正常工作后，还要肩负起监控可变的进气或排气凸轮是否达到预定位置的重任。

按照工作原理不同，凸轮轴位置传感器可以分为磁电式凸轮轴位置传感器、光电式凸轮轴位置传感器、霍尔式凸轮轴位置传感器、磁阻元件式凸轮轴位置传感器。

一、霍尔式凸轮轴位置传感器

新款捷达的凸轮轴位置传感器向 ECU 提供第 1 缸点火位置信号，故又称为判缸传感器。该传感器安装在气缸盖前端凸轮轴正时齿轮之后，如图 4-52（a）所示。霍尔式传感器是一个电子开关，它按霍尔原理工作，传感器隔板上有一个霍尔窗口，曲轴每转两周产生一个信号。根据霍尔信号和发动机转速传感器的点火时间信号，发动机控制单元识别出 1 缸点火上止点，其连接电路如图 4-53 所示。霍尔式凸轮轴位置传感器的检测如下。

1．检测传感器的供电电压

（1）关闭点火开关。

（2）拔下霍尔传感器的 3 芯插头。

（3）打开点火开关，用万用表的电压挡测量 3 芯插头的端子 T3a/1 与 T3a/3 之间的电压，标准电压值约为 5V（端子 T3a/3 为传感器搭铁，端子 T3a/2 为传感器信号线）。发动机怠速时测量端子 T3a/2 与 T3a/3 间的电压，标准电压值为 2.2～2.5V。

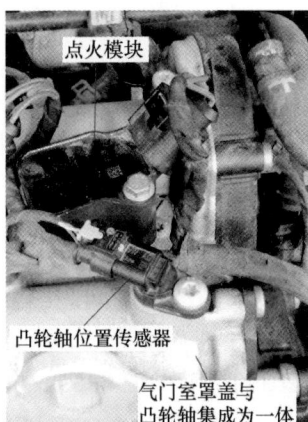

（a）新款捷达凸轮轴位置传感器安装位置　　　（b）大众高尔夫A6凸轮轴位置传感器安装位置

图 4-52　霍尔式凸轮轴位置传感器的安装位置

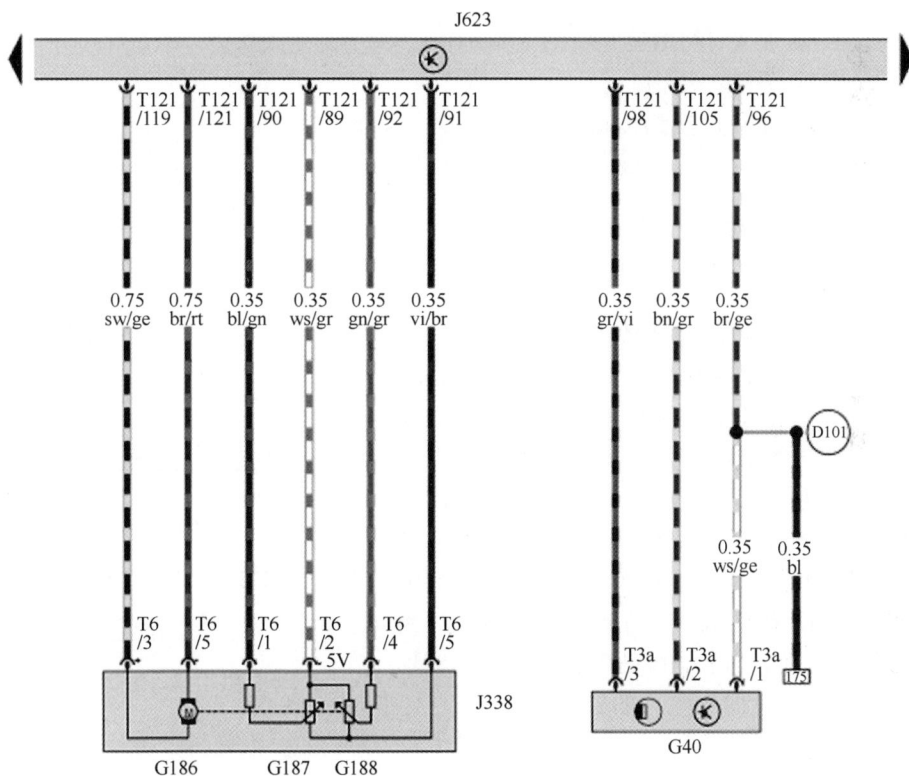

G40—霍尔式凸轮轴位置传感器；G186—节气门驱动装置；G187—节气门位置传感器1；G188—节气门位置传感器2；J338—节气门控制单元；J623—发动机控制单元；T3a—3芯插头连接；T6—6芯插头连接；T121—121芯插头连接；D101—连接1，在发动机舱导线束中

图 4-53　凸轮轴位置传感器与发动机控制单元的电路连接

2. 检测传感器的线束导通性

（1）关闭点火开关。

（2）拔下发动机控制单元 J623 的连接插头。

（3）拔下传感器的 3 芯插头。

（4）用万用表电阻挡测量 3 芯插头的端子 T3a/1 与控制单元 J623 的端子 T121/96 之间的线束电阻值，线束应导通。

（5）测量 3 芯插头上端子 T3a/2 与控制单元 J623 的端子 T121/105 之间的线束电阻值，线束应导通。

（6）测量 3 芯插头上端子 T3a/3 与控制单元 J623 的端子 T121/98 之间的线束电阻值，线束应导通。

3. 传感器工作情况检测

（1）关闭点火开关。

（2）拔下燃油泵 G6 的熔丝 S37。

（3）释放燃油系统的压力。

（4）将二极管试灯连接到传感器端子 T3a/2 与 T3a/3 之间。

（5）短暂起动发动机，二极管灯应有规律地闪烁。

二、磁阻元件式凸轮轴位置传感器

1. 磁阻效应

利用磁阻效应制成的磁敏电阻元器件叫作磁阻元件，英文简称 MRE（Magneto Resistance Element）。磁阻效应是指半导体材料的电阻值随与电流相同或垂直方向的磁场强弱而变化的现象。在一个长方形半导体元件的两端面通电，如图 4-54 所示，在无磁场时，电流电极间的电阻值最小。当长方形元件处于磁场中时，两电极间的电流路径因磁场作用而加长，从而使电极间的电阻值增加。利用磁阻效应，可实现磁和电变化到电阻率变化的转换。对于非铁磁性物质，外加磁场通常使电阻率增加，即产生正的磁阻效应。

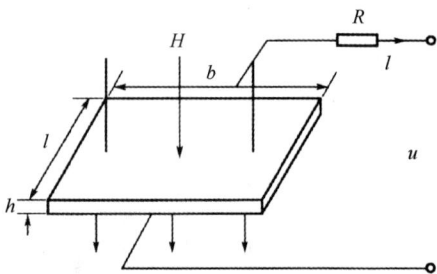

图 4-54　磁阻效应

2. 工作原理

MRE 凸轮轴位置传感器由信号发生器、磁铁和用树脂封装的信号处理电路的集成电路模块组成，如图 4-55（a）所示。当传感器的磁头正对转子凹槽时，磁力线向两侧的叶片分布构成闭合磁路，此时磁阻元件电阻较小，通过磁阻元件的磁力线较少，磁场强度较弱，且磁力线与磁阻元件成一定角度，如图 4-55（b）所示，此时磁阻元件输出 5V 高电平信号；当磁阻传感器的磁头正对转子叶片时，磁力线通过正对的叶片构成闭合磁路，此时磁阻元件电阻较大，通过磁阻元件的磁力线较多，磁场强度较强，且磁力线与磁阻元件垂直，如图 4-55（c）所示，此时磁阻元件输出 0V 低电平信号。

(a) MRE传感器结构及输出的数字信号

(b) 传感器输出高电平　　　　(c) 传感器输出低电平

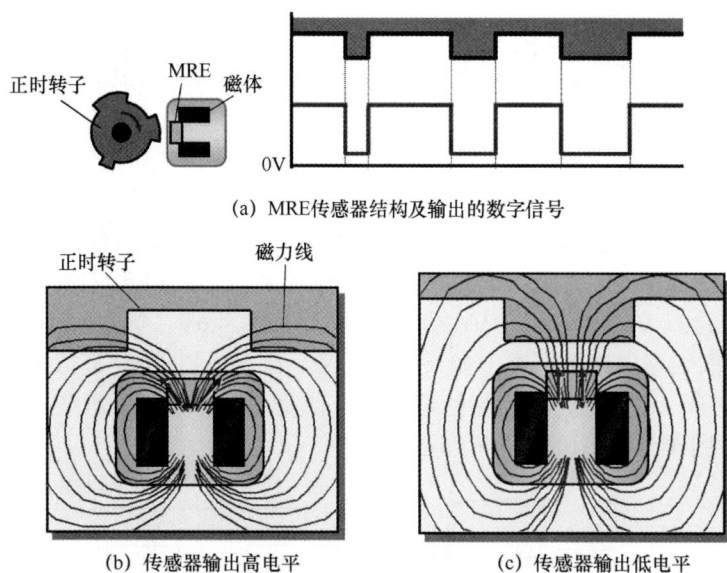

图 4-55　MRE 传感器工作原理

因此，随着转子的旋转，叶片的凸起与凹槽交替变化，引起通过磁阻元件的磁力线的强弱和角度发生改变，由于磁阻效应的作用，磁阻元件的电阻也发生变化，通过 MRE 装置的电流也随之改变，这种电流的变化由信号放大电路、滤波电路和整形电路转换成二进制数字信号，并输送给发动机 ECU。发动机 ECU 根据此信号判别进、排气凸轮轴位置。

3．MRE 凸轮轴位置传感器检测

丰田、红旗 HQ300、新皇冠车发动机智能可变气门正时系统 VVT-i 采用 MRE 凸轮轴位置传感器，在每个气缸组上的进、排气凸轮轴上都装有 1 个 MRE 凸轮轴位置传感器（也称为 VVT 传感器，共 4 个），传感器的安装位置如图 4-56 所示。

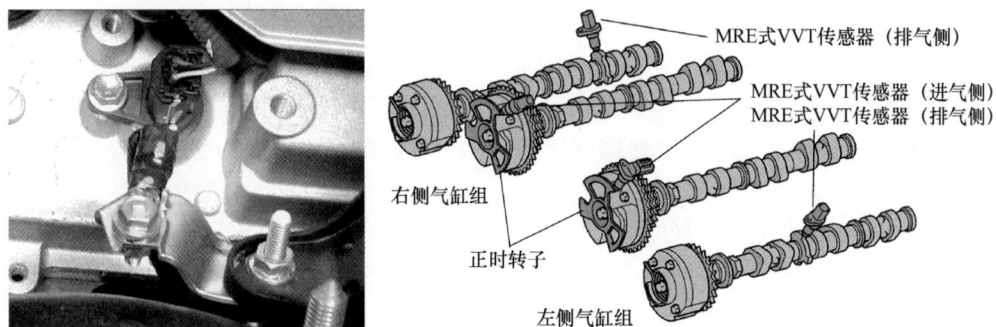

图 4-56　MRE 传感器安装位置

进、排气凸轮轴上凸轮轴位置传感器正时转子有三个凸起，所对应的凸轮轴角分别为90°、60°、30°，即所对应的曲轴转角为180°、120°、60°，曲轴每旋转两周，进、排气凸轮轴旋转一圈，产生三个大小不同的脉冲，智能可变气门正时系统通过凸轮轴位置传感器的检测，由 ECU 占空比控制油压控制电磁阀，从而把进气和排气凸轮轴分别控制在 40°和 35°

（曲轴转角）范围内，提供最适合发动机工作特性的气门正时，改善发动机所有转速范围内的扭矩，提高燃油经济性，减少污染物的排放。MRE 传感器的连接电路如图 4-57 所示，信号波形如图 4-58 所示。

（1）工作电压的检测。关闭点火开关，断开凸轮轴位置传感器，打开点火开关至"ON"位置，用万用表检查 VC 端子与 VV–之间的电压，应为 5V，如果没有 5V 电压，应分别检查 VC 与 ECU 间线路的连接情况，如果线路正常，则发动机 ECU 有故障。

（2）参考电压的检测。关闭点火开关，断开凸轮轴位置传感器，打开点火开关至"ON"位置，用万用表检查 VV+端子与 VV–之间的电压，应为 4.6V，如果没有 4.6V 电压，应检查 VV+与 ECU 间线路的连接情况，如果线路正常，则发动机 ECU 有故障。

（3）波形检测。在线路正常连接的情况下，使发动机运转，用示波器检测输出信号，其标准波形应与图 4-58 所示的波形相同。

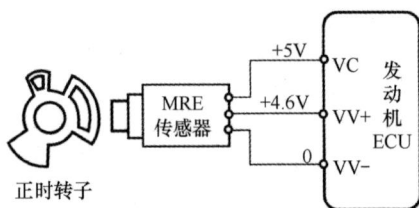

图 4-57　MRE 传感器的连接电路　　　　图 4-58　传感器数字信号波形

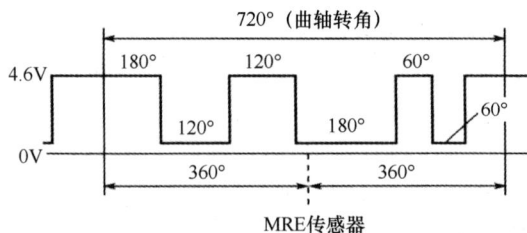

第四节　其他位置传感器

一、液位传感器

1．超声波液位传感器

封装式超声波液位传感器（PULS）是按超声波原理来工作的，其结构和测量范围如图 4-59 所示。传感器发出的超声波脉冲被机油—空气的边界层所反射。根据发出的脉冲和返回的脉冲之间的时间差，参照声波的速度就可计算出机油油位。这种传感器利用其壳体内集成的传感器电子装置来处理测量到的信号。发送出的脉冲信号是 PWM 脉冲宽度调制信号。

超声波传感器的优点：

①取样时间很快（约 100ms）；②电流消耗非常小，<0.5 A（热敏式机油油位传感器则高达 5A）。

2．电容式液位传感器

1）工作原理

电容式液位传感器常用作燃油、机油和冷却液液位的测量。如图 4-60 所示，将电容式传感器放入燃油或冷却液中，随着燃油或冷却液液面高度发生变化，电容电极间的电介质的介电系数发生变化，引起了电容的变化，进而引起了振荡周期的变化，通过计算振动频率，就能获知液面状态。

(a) 结构

(b) 测量范围

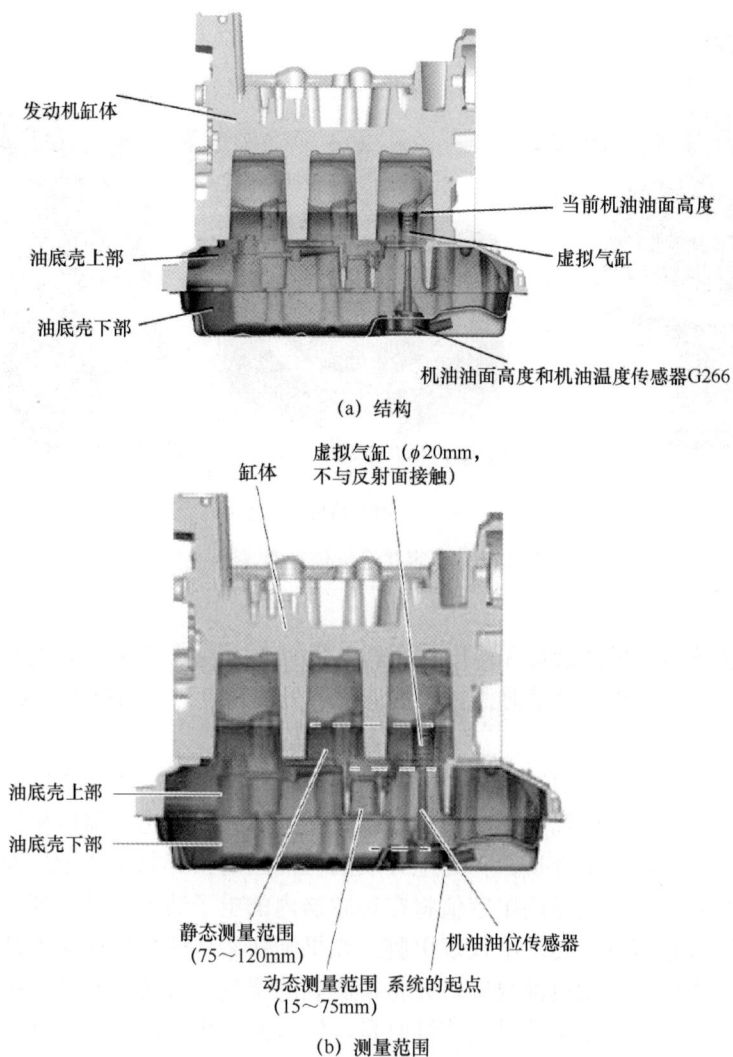

图 4-59 超声波机油油位传感器的结构和测量范围

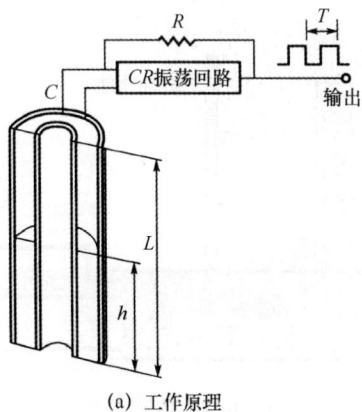

(a) 工作原理

图 4-60 电容式液位传感器

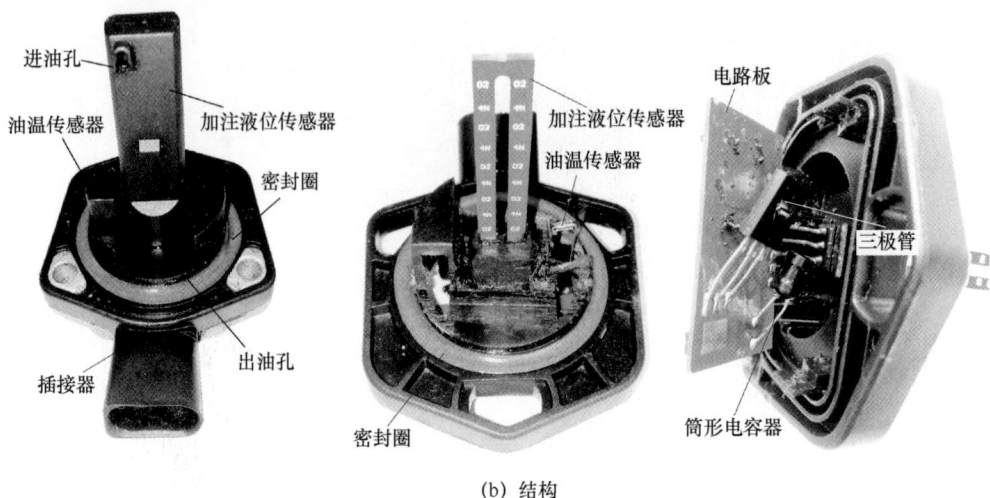

进油孔
油温传感器
加注液位传感器
密封圈
插接器
出油孔

加注液位传感器
油温传感器
密封圈

电路板
三极管
筒形电容器

(b) 结构

图 4-60 电容式液位传感器（续）

2）结构

机油状态传感器（机油液位和温度传感器）是大众/奥迪车系所配备的反映机油状况的一个重要传感器，主要作用是随时监控机油液位、机油温度。下面以大众 CC 发动机为例，说明其构造和检测原理。

如图 4-61 所示，机油液位传感器和机油温度传感器 G226，安装于发动机油底壳上，该传感器由两个重叠安装的筒形电容器组成。两根金属管作为电容器电极嵌套安装，在电极之间有发动机机油作为电介质。作为电介质的机油因磨损碎屑不断增加及添加剂的分解而使介电常数发生变化，相应的电容值将在传感器内的电子装置中被处理成数字信号，并作为发动机机油状态信息被传送给仪表电脑。在机油状态传感器的底座上装有一个铂电阻温度传感器，该传感器检测机油温度，并将检测到的温度信号传送到仪表电脑，再输出到机油温度表显示。只要在输出信号端连续测量，即可测得机油液位、温度和发动机机油状态信号的变化。机油状态传感器 G266 是一个三线式数字信号传感器，电路连接如图 4-62 所示。

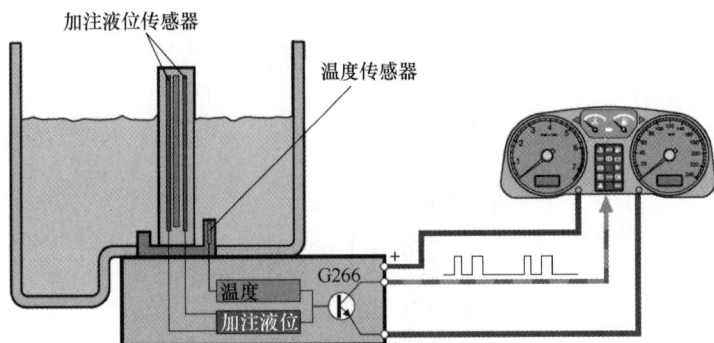

加注液位传感器
温度传感器
G266
温度
加注液位

图 4-61 传感器电子装置

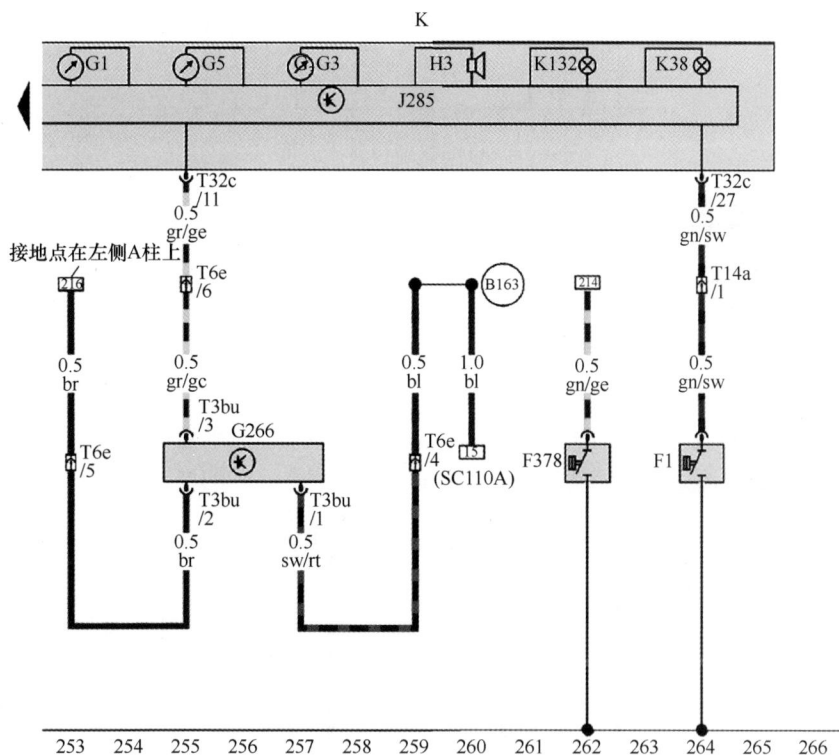

F1—油压开关；F378—机油压力降低开关；G1—燃油储备显示；G3—冷却液温度表；G5—转速表；G266—机油状态温度传感器；H3—警报蜂鸣器；J285—仪表板中的控制单元；K—仪表板；K38—油位指示灯；K132—电子油门故障信号灯；T3bu—3芯插头连接；T6e—6芯插头连接；T14a—14芯插头连接，发动机舱内左侧；T32c—32芯插头连接；B163—正极连接1（15），在车内导线束中

图 4-62　机油状态传感器电路连接图

3）大众 CC 机油状态传感器 G226 检测

（1）供给电源检测。用数字式万用表对传感器进行工作电压检查。用数字万用表直流电压挡检测机油状态传感器端子 T3bu/1 与 T3bu/2 间的电压，点火开关打开时，端子间电压应是蓄电池电压。

（2）搭铁线检测。检测 T3bu/2 号线与搭铁间电阻，正常应为 0Ω，否则说明搭铁不正常。

（3）信号线参考电压检测。检测 T3bu/3 号线信号电压，正常应在 9.8～10.5V 范围内。在怠速时测量电压值应基本不变化。

（4）解码器检测。使用 VAS 5052 故障诊断仪可以查询故障代码，如果机油液位传感器本身或线路出现问题，会出现故障代码 00562。

（5）波形检测。运用示波器对机油状态传感器输出端的信号进行波形分析，可以进一步确定该传感器信号特征。该信号是一个脉冲矩形方波信号，如图 4-63 所示。

（6）由指示灯状态判断。发动机油压指示灯也用来显示油位，如果指示灯为黄色则表示油位过低；如果黄色指示灯闪烁则表示油位状态传感器损坏；油位过高时指示灯无显示。

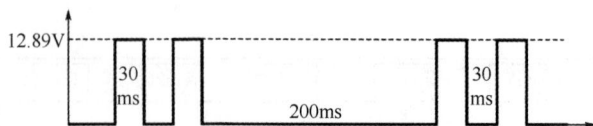

图 4-63　机油状态传感器波形

二、燃油液位传感器

1．大众燃油液位传感器

1）工作原理

大众直喷发动机使用的燃油液位传感器为三线制浮子可变电阻传感器滑动电阻臂的位置随浮子的上升/下降而变化。就传感器本身来说，它与其他浮子可变电阻式燃油液位传感器工作原理相同，但不同之处在于燃油表的显示信号由燃油泵控制单元 J538 控制，而不是传感器本身。大众 CC 车的燃油液位指示单元与燃油泵控制单元 J538 的连接电路，如图 4-64 所示。

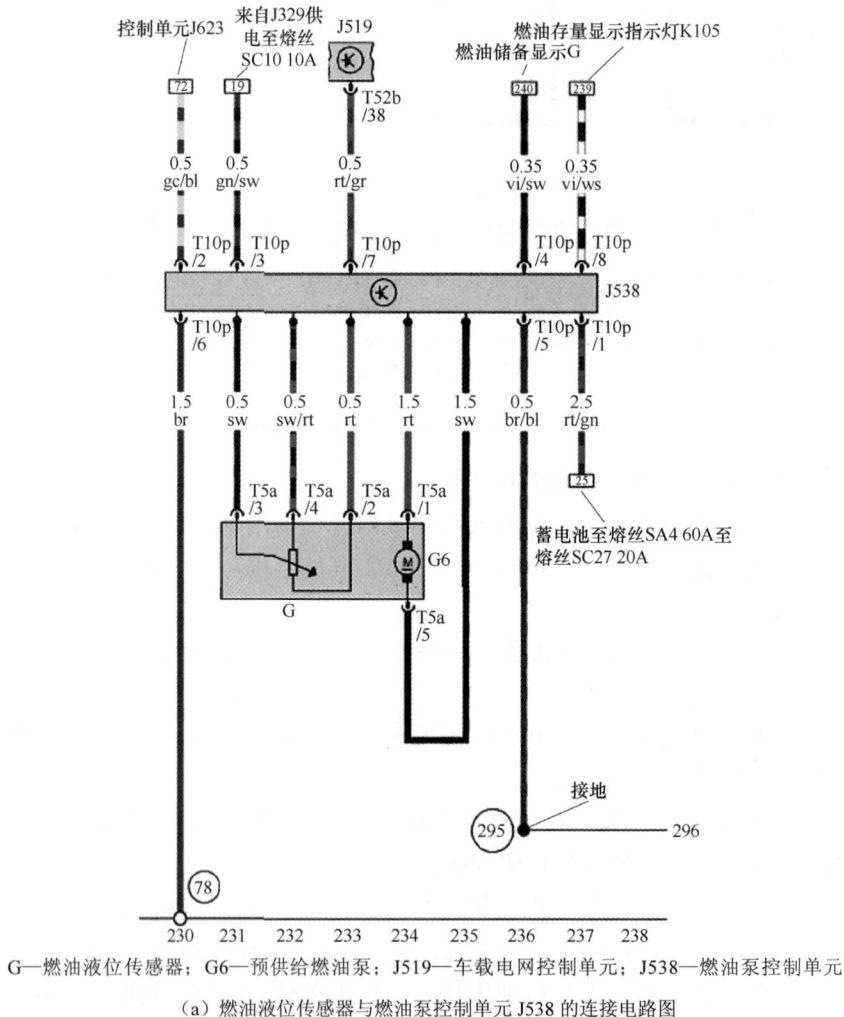

G—燃油液位传感器；G6—预供给燃油泵；J519—车载电网控制单元；J538—燃油泵控制单元

（a）燃油液位传感器与燃油泵控制单元 J538 的连接电路图

图 4-64　燃油液位指示单元与燃油泵控制单元 J538 的连接电路

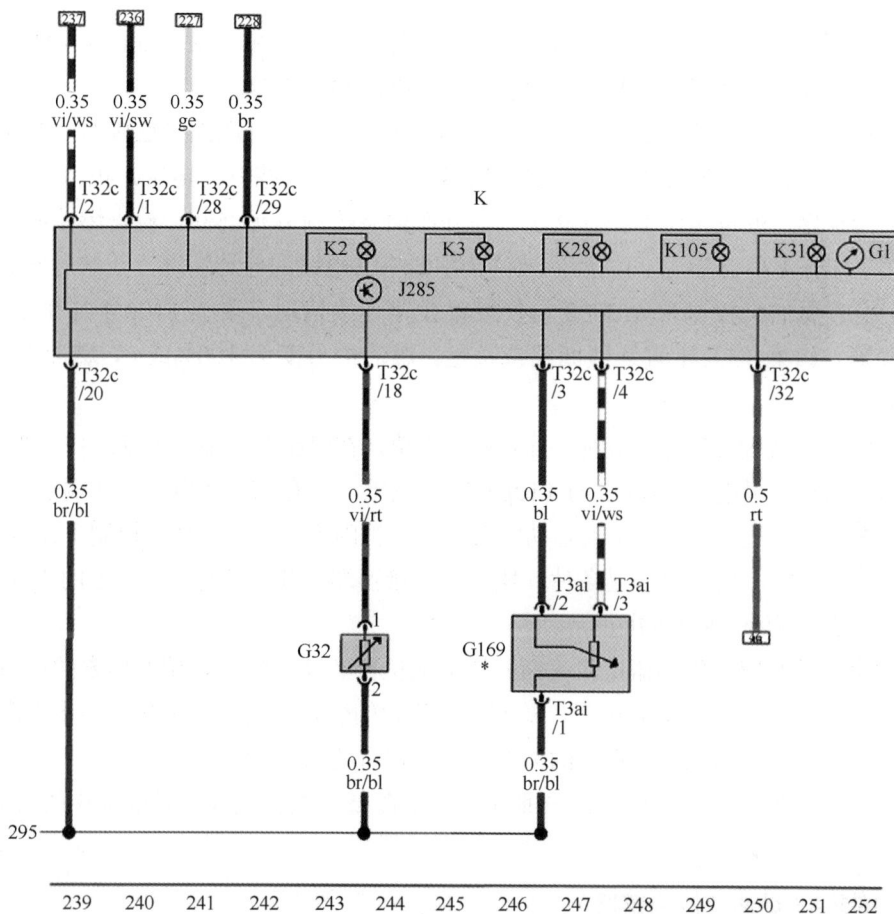

G1—燃油存量传感器；J285—仪表控制单元；K105—燃油存量指示灯；G169—燃油液位传感器2；G32—冷却液不足显示传感器；K—仪表板；K2—发电机指示灯；K3—机油压力指示灯；K28—冷却液温度和冷却液不足显示指示灯；K31—GRA 指示灯；K105—燃油存量指示灯；*—仅适用于带全轮驱动的车辆

（b）仪表板 K 与燃油泵控制单元 J538 的连接电路

图 4-64　燃油液位指示单元与燃油泵控制单元 J538 的连接电路（续）

　　燃油液位传感器由燃油泵控制单元 J538 的 T5a/2 号端子提供 12V 电压，由 J538 的 T5a/4 号端子提供搭铁回路。燃油液位的改变引起滑动电阻值的变化，滑动电阻的变化电压信号是通过 T5a/3 号端子提供给燃油泵控制单元 J538。滑动电阻的电压改变最终使燃油液位传感器的信号电压发生改变。油面高时，滑动电阻值小，信号电压低；油面低时，滑动电阻值大，信号电压高。

　　燃油泵控制单元 J538 根据燃油液位传感器端子 T5a/3 信号电压的高低，通过端子 T10p/4 向仪表控制单元 J285 上的端子 T32c/1 提供脉冲参考电压约为 5V 的方波信号，J538 根据燃油液位传感器的信号电压高低，控制方波的占空比，即控制了搭铁时间，也就控制了供给燃油表的平均电压，从而驱动燃油表指针指示不同的值。

2）检测

燃油液位电路端子经常出现的故障主要有变形、端子损坏、端子与导线接触不良、线束损坏、电阻片并未磨损只是其表面附着有许多脏污和污物等。

（1）检查燃油液位传感器参考电压。关闭点火开关，断开燃油泵连接器，接通点火开关，用数字电压表测量燃油液位传感器连接器端子 T5a/2 与搭铁间电压，正常值约为 5V。

（2）检查燃油液位传感器搭铁状况。断开燃油泵控制单元 J538，检查燃油液位传感器连接器端子 T5a/4 和 J538 之间的燃油液位传感器搭铁电路的导通情况，正常时应导通。

（3）检查燃油泵控制单元 J538 与仪表板线路连接情况。端子 T10p/4 与 T32c/1 间线路应该导通，如果 T32c/1 端连线断路或接地，燃油信号变为 100%或 0，燃油表不显示，也不动作。

（4）检查熔丝 SC27 是否熔断。拆开后排坐垫，在燃油泵控制单元 J538 的 T10p 插接器处，用万用表测量端子 T10p/1 与 T10p/6 间的电压，应有 12.3V 电压。在端子 T10p/2 与接地端子间连接发光二极管，车辆起动时发光二极管闪烁，表明发动机控制单元 J623 的控制信号已输入，控制信号也满足条件。燃油泵插接器端子 T5a/1 与 T5a/5 上的 12V 试灯点亮，意味着 J538 给燃油泵供电正常。

（5）检查燃油液位传感器电阻。断开燃油液位传感器插接器，用万用表的电阻挡测量传感器端子 T5a/3 与 T5a/4 间电阻，随着浮子位置的变化，燃油液位传感器电阻阻值应符合满箱时小于或等于 36Ω，半箱时约为 90Ω，空箱时约为 285Ω。

（6）如果传感器没有供电电压，按照电路图检查 J538 的供电（见图 4-64 中的来自 J519、25、19 的线路）。

2. 奥迪 A8 燃油液位传感器

1）结构

奥迪 A8 的燃油液位传感器为两个浸入式传感器和两个旋转角传感器。其中旋转角传感器是电磁被动式位置传感器，采用电磁耦合原理进行检测，如图 4-65 所示。

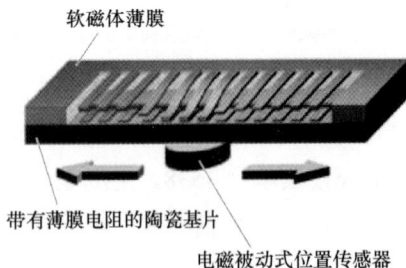

软磁体薄膜

带有薄膜电阻的陶瓷基片

电磁被动式位置传感器

图 4-65　电磁被动式位置传感器工作原理

陶瓷基片上有 51 个串联的薄膜电阻，每个电阻都有自己的分接头，离这些分接头很近（距离很小）处有一个软磁体薄膜，其上带有相同数量的弹性触点。

陶瓷基片下面的电磁位置传感器会将弹性触点拉到分接头上。输出的电信号根据磁铁的位置就会呈比例地变化。由于使用了电磁耦合，因此测量系统可以获得极好的密封性。

测量系统的优点有：①该测量系统是非接触式的，所以使用寿命长；②可防止脏污和污物沉积；③接触电流小。

2）工作过程

燃油油面高度是由浸入式传感器和旋转角传感器信号的逻辑电路来确定的。

a. 燃油油面较低时，只由旋转角传感器的测量值来确定燃油油面高度；b. 燃油油面较高时，只由浸入式传感器的测量值来确定燃油油面高度；c. 燃油油面处于中间位置时，由所有传感器信号的逻辑电路来确定燃油油面高度，如图 4-66 所示。传感器信号由组合仪表进行分析，所有传感器是并联在一起的。

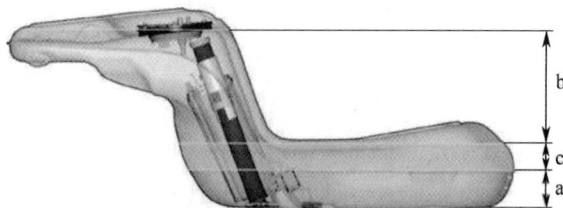

图 4-66 不同高度的油位高度获取

连接导线在油箱下面汇集在一起，这样在测量电阻时就不需要再进一步拆卸，传感器位置如图 4-67 所示。

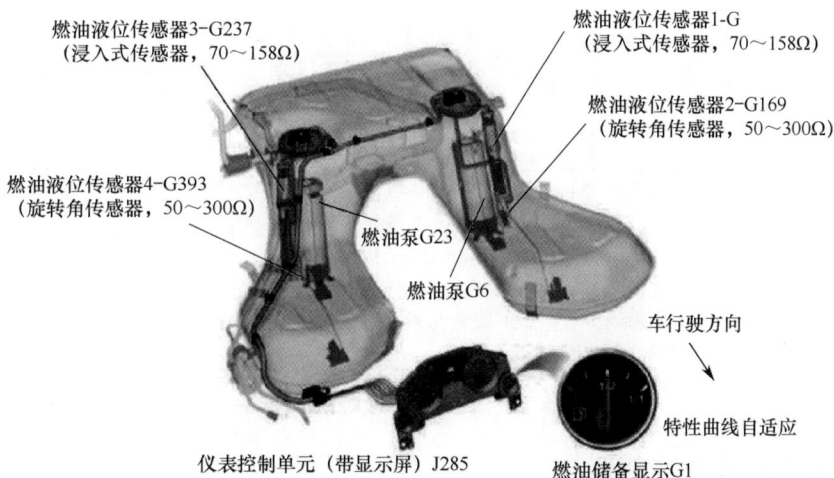

图 4-67 奥迪 A8 燃油液位传感器位置

3）燃油液位传感器控制电路

燃油液位传感器的控制电路如图 4-68 所示。其中，燃油液位传感器 G237 端子 T6i/5 与端子 T6i/1 间的电压为 5V，端子 T6i/3 与端子 T6i/5 间的阻值为 70～158Ω；燃油液位传感器 G169 端子 T6i/4 与端子 T6i/2 间的电压为 5V，端子 T6i/4 与端子 T6i/6 间的阻值为 50～300Ω；燃油液位传感器 G 端子 T3y/2 与端子 T3y/1 间的电压为 5V，端子 T3y/2 与端子 T3y/1 间的阻值为 50～300Ω；

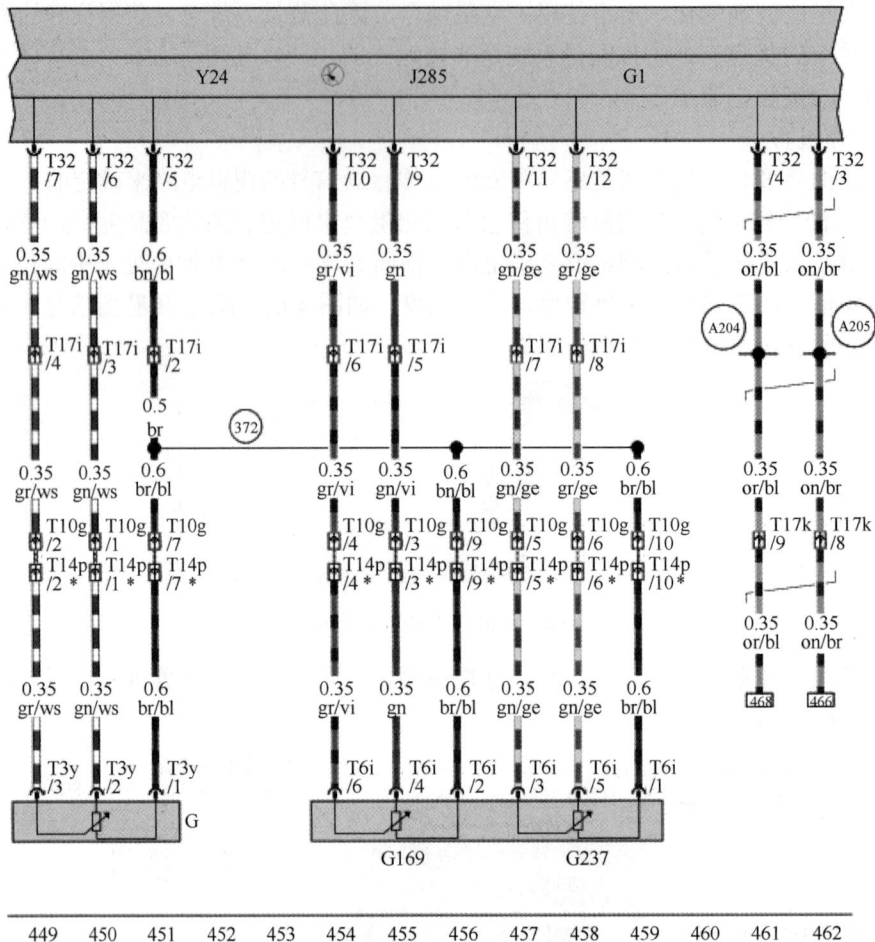

G—燃油液位传感器；G1—燃油储备显示；G169—燃油液位传感器 2；G237—燃油液位传感器 3；J285—仪表控制单元；T3y—3 芯插头连接；T6i—6 芯插头连接；T10g—10 芯插头连接，右后部汽车地板上，黑色；T14p—14 芯插头连接，右后部汽车地板上，黑色；T17i—17 芯插头连接，车内左侧的连接位置中，白色；T17k—17 芯插头连接，连接站内，A 柱右侧，蓝色；T32—32 芯插头连接；Y24—组合仪表显示单元；372—接地连接 7，在主导线束中；A204—连接（仪表盘 CAN 总线，High），在仪表板导线束中；A205—连接（仪表盘 CAN 总线，Low），在仪表板导线束中；*—自 2013 年 9 月起

图 4-68　燃油液位传感器的控制电路

三、电极式液面高度传感器

1. 结构与原理

蓄电池液面报警系统利用电极式液面高度传感器测量液面高度，当蓄电池液面下降至低于规定量时，蓄电池液面报警灯点亮，向驾驶员报警，以便对蓄电池进行维护。如图 4-69 所示，该传感器主要由装在蓄电池盖板上作为电极的铅棒构成。当把传感器的电极置于蓄电池电槽中时，该电极也将产生电动势。如使其电极长度与用液规定液面位置下限处吻合，则当实际液面高于该位置时，铅棒起电极作用，它浸在蓄电池电解液中，作为正电极的铅棒与蓄电池负极将产生电压和电动势。低于该位置不产生电动势。因此电极式液面高度传感器在蓄电池液位正常时可产生电压信号，异常时不产生电压信号。当蓄电池液位正常符

合规定要求时，如图 4-70 所示，传感器即铅棒浸入蓄电池电解液中产生电动势，晶体管 VT_1 处于导通状态。蓄电池电流按图中箭头方向从正极经过点火开关、晶体管 VT_1 流向蓄电池负极。由于 A 点电位接近于零，晶体管 $VT2$ 处于截断状态，报警灯不亮。

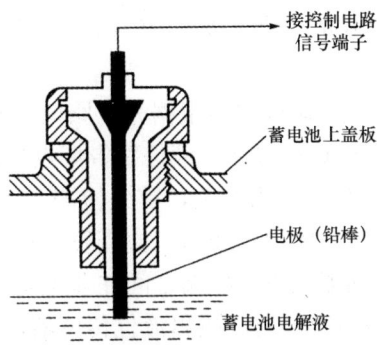

图 4-69　电极式液面高度传感器的构造

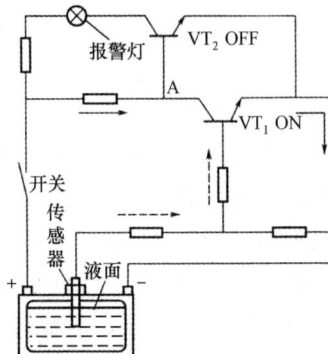

图 4-70　蓄电池液面正常时的电路

当蓄电池液量不足时，由于此时传感器未浸入蓄电池电解液中，不能产生电动势，晶体管 VT_1 处于截断状态。同时，又由于 A 点电位升高，VT_2 得到正偏压而导通电流按箭头方向流过晶体管 VT_2 基极，VT_2 处于异通状态，报警灯亮，警告驾驶者蓄电池液量不足，如图 4-71 所示。

2．检测

电极式液面高度传感器是利用电极产生电动势来对液面进行监控的，因此，如果蓄电池液面报警灯点亮，则首先检查蓄电池液面，如果液面正常，则可以用下述方法对传感器和线路的损坏部分进行判定：拔掉传感器单线插头，将通向控制电路的线束侧接头与蓄电池正极直接相连，如果蓄电池液面报警灯熄灭，则说明传感器故障。

四、冷却液液位传感器

1．别克轿车冷却液液位的传感器

别克轿车使用半导体型冷却液液位传感器，当点火钥匙处"RUN"位置时，液位传感器的 B 端有蓄电池电压供给，传感器电极浸入发动机冷却液中，而发动机冷却液作为电介质被传感器电路视为电阻，电路如图 4-72 所示。

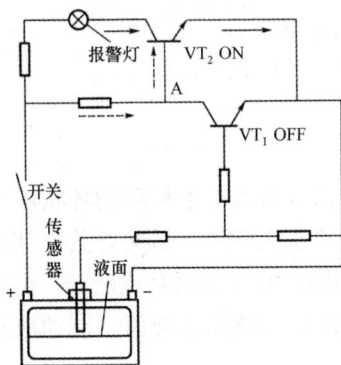

图 4-71　蓄电池液面下降时的电路

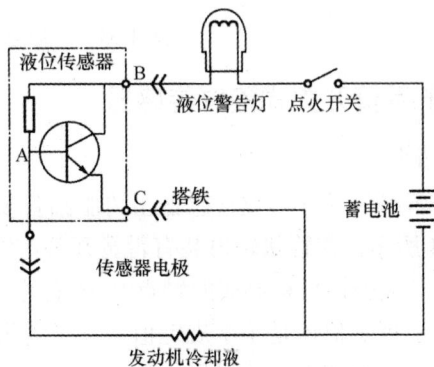

图 4-72　冷却液位传感器电路

发动机冷却液液位传感器的内部电路类似于三极管，液位传感器的 B 端"+"电压不仅是发动机冷却液液位警告灯电路的一部分，同时也是液位传感器的内部电路的工作电压，C 端为搭铁端。当发动机冷却液液位正常时，发动机冷却液导电能力相对较强，电阻较小，根据分压原理，基极电位（A 点电位）较低，三极管截止，液位传感器的内部电路将使 C 端处于开路状态，则液位警告灯不亮。

反之，当发动机冷却液液位较低时，发动机冷却液电阻较大，根据分压原理，A 点电位较高，三极管导通，液位传感器的内部电路使 B 端和 C 端导通，液位警告灯点亮。

检测时，关闭点火开关，断开液位传感器接头，打开点火开关，首先检测 B 端是否有蓄电池电压，检查 C 端搭铁是否正常。如果不正常，应检查线路。检查发动机冷却液液位传感器 B 端与 C 端的线路是否有短路现象。传感器的 B、C 端之间并非电阻信号，因此在水位正常的情况下，传感器本体的 B、C 端间不应导通。拔出液位传感器，则 B、C 端间应导通，检测时应注意表笔的正负极不要接反。在发动机冷却液液位正常的情况下，发动机液位警告灯依旧点亮，此时应检查液位警告灯至液位传感器 C 端的线路是否有短路现象。

2．大众、奥迪冷却液液位传感器

该液位传感器对冷却液罐中的两个金属销引脚之间的阻值进行测量，以确定冷却液液位。如果冷却液液位降低，引脚之间的阻值将增加，电子元件间的电流减小，如果阻值大于 65Ω，仪表故障灯亮起。在正常液位时，两个金属销被充分冷却，其间的阻值减小，电流增加，传感器位置如图 4-73 所示。这种技术也被用来监测风窗清洗液液位。

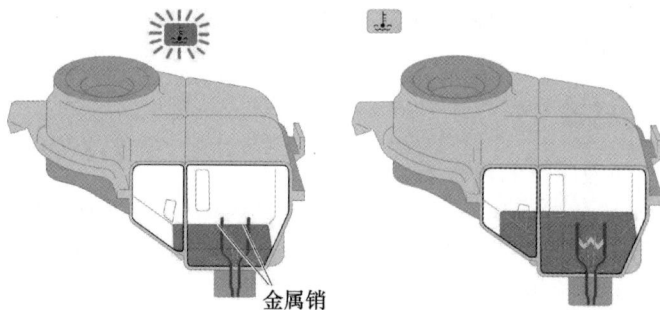

金属销

图 4-73　冷却液罐中传感器位置

五、浮子舌簧开关式液位传感器

1．结构

浮子舌簧开关式液位传感器由树脂圆管制成的轴和可沿其上下移动的环状浮子组成，如图 4-74 所示。在管状轴内装有舌簧开关，浮子内嵌有永久磁铁。舌簧开关内部是一对很薄的触点（强磁性材料制成的触点），随着浮子位置不同，触点会闭合或断开，由此可以判定液量大于规定值还是小于规定值。浮子舌簧开关式液位传感器主要用于制动液液位、冷却液液位、洗涤液液位的报警检测。

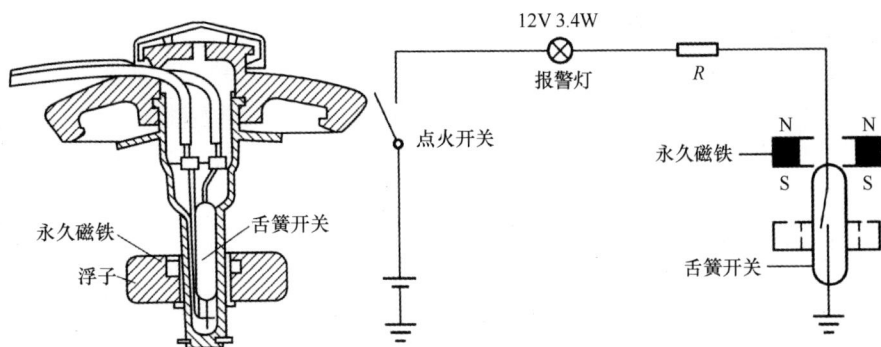

图 4-74　浮子舌簧开关式传感器结构及电路

2．工作原理

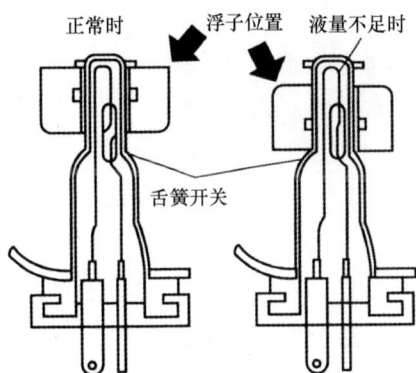

图 4-75　液位传感器开关情况

当液位低于规定值时，浮子的位置较低，因为浮子内嵌有永久磁铁，所以永久磁铁接近舌簧开关，磁力线从舌簧开关中通过，使舌簧开关内两金属触点磁化产生吸引力，即舌簧触点一个磁化生成 N 极，另一个磁化生成 S 极，二者相互吸引克服舌簧的弹性而使开关闭合，报警灯点亮，表明液位已低于规定值。

当液位达到规定值时，浮子上升，永久磁铁产生的磁场偏离了开关中心，两个舌簧触点被接近的磁极磁化为同性极，因相互排斥而使触点打开，报警灯熄灭，表示液位在正常位置。液位传感器液量正常和不足时触点的开闭情况如图 4-75 所示。

3．检测

浮子舌簧开关式液位传感器常见故障是浮子损坏、舌簧弹性丧失不能工作。可用万用表测量传感器的两接线端子间电阻来判断传感器的好坏：当浮子上下移动时，确认开关是否随之通断变化。当传感器工作正常，浮子向下移动时，两端子电阻为 0Ω，表示导通；浮子向上移动时，两端子电阻为 ∞，表示截断。如果不符合要求，表示液位传感器已损坏，应当更换。

六、转向盘转角传感器

1．转向盘转角传感器作用

ESP（Electronic Stability Program）系统根据转向盘转角传感器和轮速传感器判断驾驶员想往什么方向行驶，同时 ECU 根据横摆率传感器和横向加速传感器判断车辆实际行驶方向。如果车辆实际行驶方向与驾驶员的意图相同，则 ESP 系统不工作；如果车辆发生跑偏或甩尾，导致车辆实际行驶方向与驾驶员的驾驶意图不同时，则 ESP 系统工作，调节车辆实际行驶方向，防止发生事故。当车辆转向不足时，通过对内侧后轮施加相应的制动，并控制发动机和变速器管理系统，减小动力输出，ESP 在一定程度内阻止车辆向外驶出弯道；当车辆出现过度转向时，通过对外侧前轮施加制动，并对发动机和变速器管理系统施加控制，ESP 在一定程度内可以阻止车辆向内过度转向。转向盘转角传感器向带有 EDL/TCS/ESP 的 ABS 控制单元传递转向盘转角信号，测量范围为±720°，4 圈，测量精度：1.5°，分辨速度：1～2000°/s。

2．安装位置、结构

转向盘转角传感器安装在转向柱上，转向开关与方向盘之间，与安全气囊时钟弹簧集成为一体，如图 4-76 所示。安装时，要保证转向盘转角传感器 G85 在正中位置，观察孔内黄色标记可见，进行标定，如图 4-77 所示。

图 4-76　转向盘转角传感器 G85　　　　图 4-77　拆装传感器 G85 注意标定

转向盘转角传感器 G85 测量出当前的转向角值并把该值发送到 CAN 总线上（它是个独立的驱动 CAN 总线用户）。驻车转向系统控制单元就可以从转向角实际值与规定值的对比中确定出实际驻车路线与理想驻车路线之间的偏差。根据这个偏差信息计算出新的转向角规定值并把该值发送到 CAN 总线上。打开点火开关后，方向盘被转动 4.5°，传感器进行初始化操作。

3．转向盘转角传感器工作原理

大众转向角传感器 G85 的结构如图 4-78 所示。

传感器的结构为带有两只密码环的编码盘以及各有一光源和一只光学传感器的光栅对。

编码盘由两只环组成，如图 4-79 所示，外面的一只叫作绝对环，里面的一只叫作增量环。增量环被分为 5 个扇区，每个扇区 72°，它由一只光栅对读取，如图 4-80 所示。该环在扇区有开口，同一扇区内的开口是相同的，但不同扇区之间的开口则不同，从而实现了各扇区之间的设码。

a—光源；b—编码盘；c、d—光学传感器；
e—整圈计数器

图 4-78　传感器 G85 的结构

绝对环确定精度，它被 6 只光栅对读取。传感器可以识别 1044°的转向角，整圈计数器对角度进行累加。由此当超出 360°标记时，能够识别转向盘完全转动了一圈。转向器的这种设计结构可以使转向盘转动 2.76 圈。

将传感器结构简化一下，如图 4-81 所示，包括带孔模板 1 和模板 2，光源在两板之间，光学传感器在两板之外。

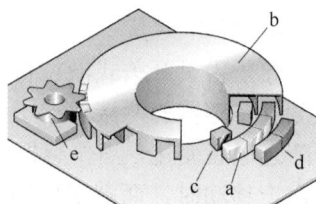

如图 4-82 所示，光束通过孔隙照到传感器上，产生电压信号。如果光线被挡住，电压消失。

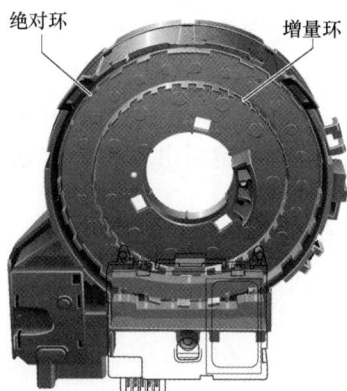

图 4-79 编码盘组成

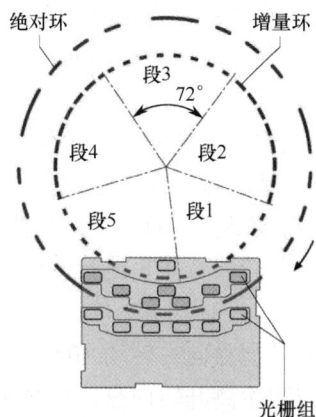

图 4-80 光电编码器

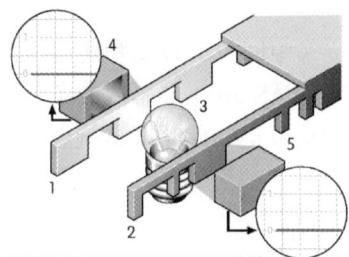

图 4-81 光栅原理结构

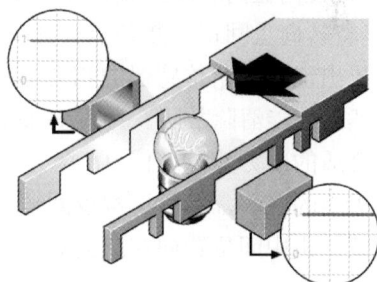

图 4-82 光栅工作原理一

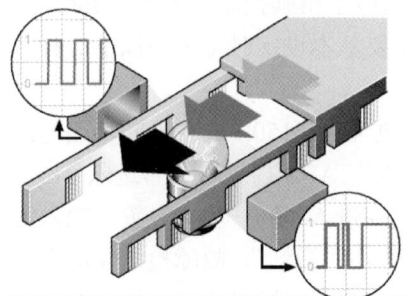

图 4-83 光栅工作原理二

如图 4-83 所示，移动模板产生 2 个不同的电压序列。其中一个模板因孔隙间隔一致，产生的电压信号也是规则信号。另一块模板因不规则间隙生成不规则信号。比较 2 个信号，系统可以计算出模板移动的距离，由不规则板确定运动的起始点。

当传感器失灵，紧急运行程序起动。缺损的信号被设置成替代值，完全保持转向助力。该故障将通过指示灯的亮起显示。

4. 转向盘转角传感器设定

1）零位设定

（1）前轮保持直线行驶状态，用 VAS 5051 输入地址码 44 后，转向盘左转 4°～5°（一般在 10°之内），回正转向盘。

（2）再向右转 4°～5°，将转向盘回止，双手离开转向盘。

（3）输入 31875，按返回键。

（4）输入功能 04-06，按激活键。

（5）退出 VAS 5051，断开点火开关 6S 即可。

注意：在做零位设定时，发动机不能运行。转向盘左、右转动后再回正，双手必须离开转向盘，使转向盘静止不动，以便让控制单元对零位进行确认。

2）转向极限位置的设定方法

如果在更换了转向盘转角传感器、转向机总成（含转向控制单元）、转向柱开关总成（含控制单元）或做过一次四轮定位，做过转向零位（中间位）设定后出现故障码 02546，则需要做转向极限位置的设定，具体方法如下：

① 将前轮保持在直线行驶状态，起动发动机，将转向盘向左转动 10°左右，停顿 1～2s，回正。

② 将转向盘向右转动 10°，停顿 1～2s，回正。

③ 将双手离开转向盘，停顿 1～2s。

④ 将转向盘向左转到底，停顿 1～2s。

⑤ 将转向盘向右转到底，停顿 1～2s。

⑥ 将转向盘回正，断开点火开关 6s，设定完成。

如果出现转向角传感器的相关故障，一定要先做零位（中间位）设定和转向极限位置设定，然后才能清除故障。用 VAS 5051 进入 44-10-01，在 VAS 5051 屏幕内的条形块上选择某个合适的助力数值（1～16 挡），按保存键，然后再按接收键。此时屏幕就会显示新设定助力大小的名称，然后再按返回键，退出即可。

注意：由中间位置向左或向右最大的旋转角度为 90°。

5. 斯柯达车系转角传感器基本设定方法

斯柯达车系所有 PQ35 及 PQ46 平台上的车辆全部运用电子精确控制动力转向 EPS，其中关键元件转向盘转角（转向角）传感器 G85 在维修中需要基本设定时可采用以下 2 种方法完成。

（1）起动发动机并将转向盘保持在车辆直行位置→通过 VAS 6150B 的自诊断功能进入 44—助力转向系统（如果 ABS 含 ESP 电子稳定功能也可以在 ABS 内进入）→进入 015—访问许可输入 40168 并确认→显示成功执行该功能后退出→进入 006—基本设置，输入通道号 060 并确认→故障检测仪界面会显示"激活"字样→点击"激活"，故障检测仪即会显示"转向角传感器已校准"→退出故障检测仪，将转向盘向左转到极限位置后再向右转到极限位置即可。

（2）连接 VAS 6150B 引导性功能→选择"功能"→进入车辆系统或功能选择，选择"防抱死系统"→选择"转向角传感器基础设定"（前提条件：起动发动机→向左和向右转动转向盘→在平地上直线行驶汽车，车速不要超过 20km/h→把转向盘转到直线行驶位置→汽车由直线行驶状态停车，注意不要再调整转向盘）→确认在试驾时转向盘和前轮在正前方位置→导入基本设置→成功后对零位进行测试，基本设定完成。

注意：一般在更换相关配件后只要通过简单地输入通道号并激活即可完成对 G85 的基

本设定，但如果系统内由于接收到错误的数据而存储了故障代码，只有通过引导性功能做动态的基本设定才可排除。

七、霍尔式转向盘转角传感器

1. 标致霍尔式转向盘转角传感器

在东风标致的随速可变电子泵助力转向系统中，使用了霍尔式转向盘转角传感器，同使用遮蔽板的霍尔式曲轴位置传感器原理相似，霍尔式转向盘转角传感器也是利用遮蔽转盘旋转时遮蔽或通过磁场，使霍尔元件产生或不产生霍尔电压的办法来计量转向角度的大小。转向盘转角传感器需要使用一根 12V 工作电压线、一根搭铁线和两根用于转向盘转动信号 S1 和 S2 的信号线。转向盘角度信息以两个方波信号传给助力转向控制单元，控制单元通过这两个信号确定转向盘转动的速度和方向。霍尔式转向盘转角传感器的结构如图 4-84 所示。

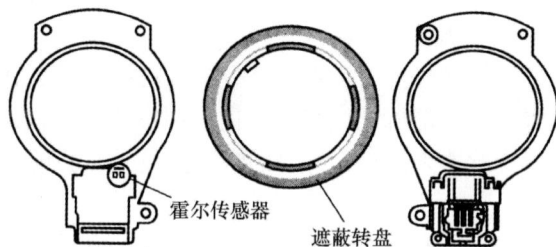

霍尔传感器　　　　遮蔽转盘

图 4-84　霍尔式转向盘转角传感器的结构

由于霍尔式转向盘转角传感器产生的也是脉冲方波信号，如图 4-85 所示，因此判断转向盘转角的方式和光电式相似。两个霍尔式传感器从相位上错开 $90°±30°$，以确定转向盘的旋转方向。转向时，控制器可根据 S1 信号和 S2 信号的相对位置确定旋转方向，其检测方法也可参照光电式转向盘转角传感器来进行。

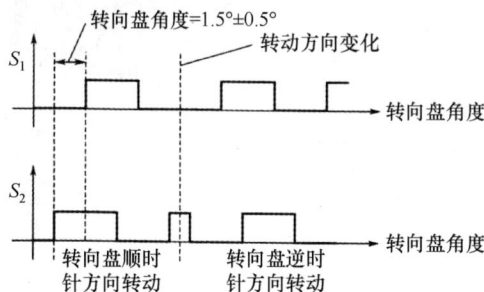

图 4-85　输出脉冲信号

2. 高尔夫 A6 转向盘转角传感器

在第三代电子机械式动力转向机中，转向盘转角传感器由转子位置传感器和圈数指示器集成来计算车辆的转向角度，如图 4-86 所示。转向角度信号不仅用于转向功能，也被提供给其他控制单元。

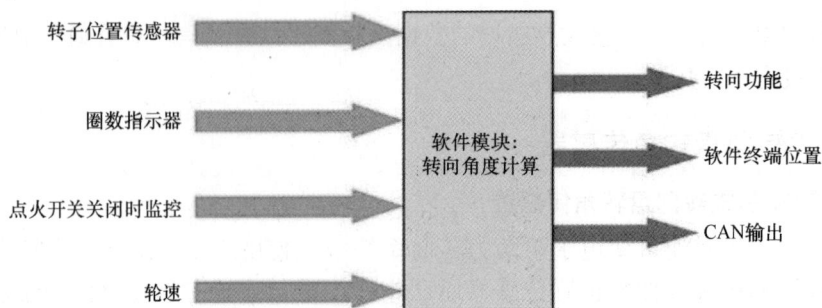

图 4-86　控制原理

1）圈数指示器

在转向输入轴上，圈数指示器（霍尔传感器）以一定角度安装在扭矩传感器上。磁铁块被安装在锥形弹簧盒的旋转部件上，传感器安装在锥形弹簧盒的固定部件上，如图 4-87 所示。当转向轴转动时，磁铁块经过霍尔传感器的检测区域，方向盘每转一圈，霍尔传感器信号就被方向盘的正中位置触发一次。

在整个转向范围内转向轴转过约 3.7 圈，圈数指示器被触发 3 次。利用此传感器，可以确定转向盘的正中位置，但不能确定清晰的转向正中位置或车辆是否为直线行驶，还要借助高分辨率的转子位置传感器来确定，并且通过轮速信号来验证。

2）转子位置传感器

每转 180°，转子位置传感器检测非接触式转子的位置。传感器元件在控制单元内部。相应的传感器磁铁是一个磁力盘，位于电机轴的端面处，如图 4-88 所示。转子位置传感器检测整个转向动作（左/右）。通过转子位置传感器、圈数指示器和轮速信号，可以准确地判断出转向中间位置和车辆是否直线行驶。

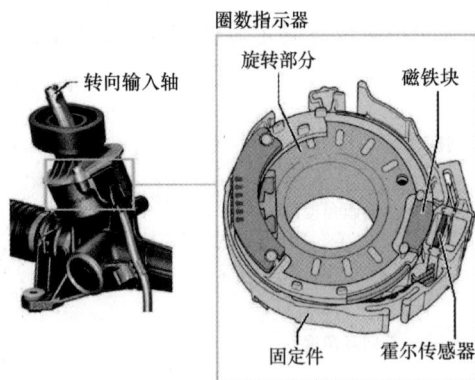

图 4-87　圈数指示器结构

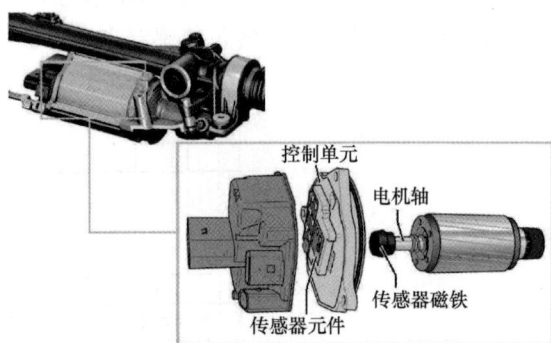

图 4-88　转子位置传感器结构

当点火开关关闭时（睡眠模式），为满足实时获取绝对转向角度信息和保持最低信号传输电流的要求，需要持续不断地监测电机转子位置传感器信号。一个机械的计数装置集成在控制单元内部，当点火开关关闭后，将持续不断地监测电机转子位置传感器，并且自动记录识别出的任何转向运动（睡眠模式计数）。当打开点火开关后，计数器的信号被读出，绝对转向角度信号被提供。

注意：如果更换电瓶，转向系统需要通过圈数指示器和评估轮速来进行标定。

3）控制电路及检测

高尔夫 A6 转向盘转角传感器控制电路如图 4-89 所示。

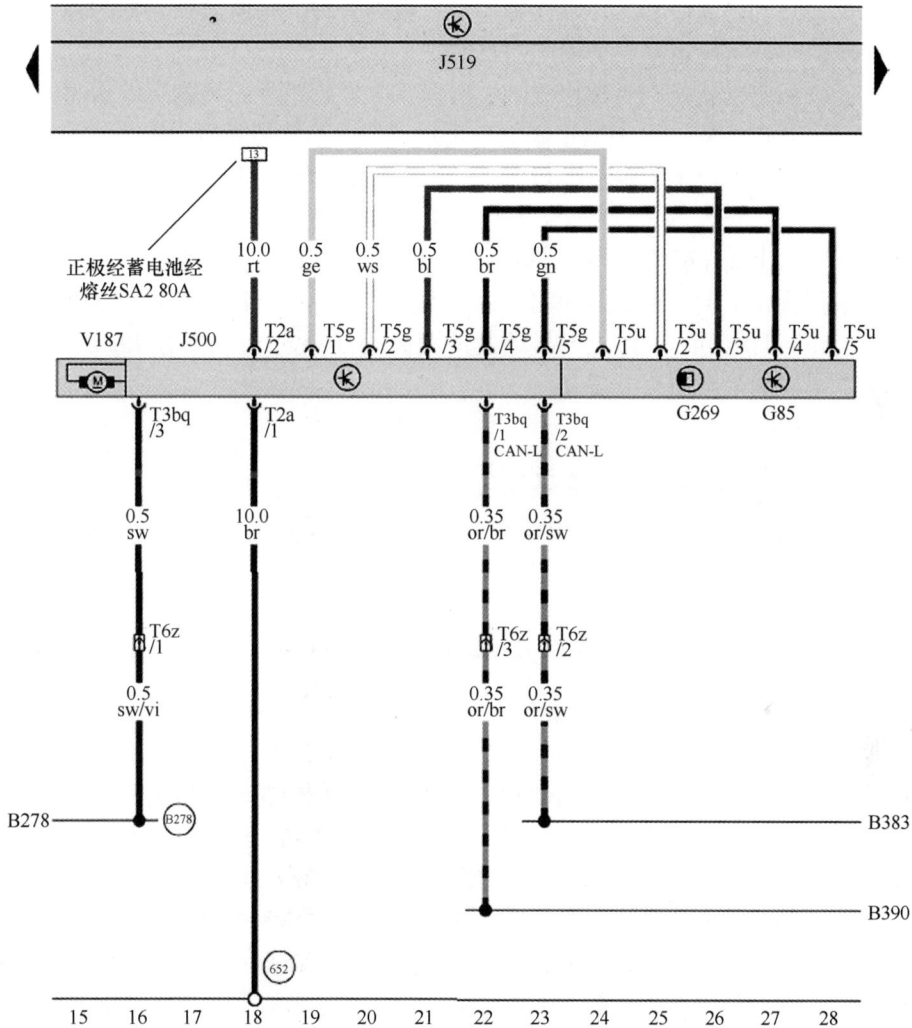

G85—转向盘转角传感器；G269—转向扭矩传感器；J500—转向辅助控制单元，前轴横梁上；J519—车载电网控制单元；
T2a—2 芯插头连接；T3bq—3 芯插头连接；T5g—5 芯插头连接；T5u—5 芯插头连接；T6z—6 芯插头连接，左侧大灯附
近；V187—电控机械式伺服转向电机；652—变速箱和发动机地线的接地点；B278—正极连接 2（15a），在主导线束中；
B383—连接 1（驱动系统 CAN 总线，High），在主导线束中；B390—连接 1（驱动系统 CAN 总线，Low），在主导线束中

图 4-89　高尔夫 A6 转向盘转角传感器的控制电路

检测电压时，打开点火开关，端子 T5u/1 与 T5u/4 间的电压约为 5V，端子 T5u/5 与 T5u/4
间的电压约为 12V。同时，端子 T5u/4 与搭铁应导通。

八、超声波距离传感器

超声波距离传感器与控制器、显示器或蜂鸣器等部分组成倒车雷达。倒车雷达一般采用超声波测距原理，传感器在控制器的控制下发射超声波信号，当遇到障碍时，产生回波信号。传感器接收到回波信号后，经控制器进行数据处理，判断出障碍物的位置，显示距离并发出警示信号，从而达到安全泊车的目的。

超声波距离传感器就是利用超声波的发射和接收原理进行距离测定的传感器，也称为超声波换能器，俗称"探头"，主要用于倒车雷达系统中车辆与障碍物距离的测量，或者在车距控制辅助系统中，用于测定后车与前车的跟车距离。倒车雷达系统所使用的超声波距离传感器，有2个、3个、4个、6个、8个及10个之分。2、3、4个探头的倒车雷达安装在汽车的后保险杠上面，6、8个探头的倒车雷达一般的安装为前2后4、前4后4。通常来说，探头数量决定了倒车雷达的探测覆盖能力，能减少探测盲区。6个以上探头的倒车雷达在倒车时，还可探测前左、右角与障碍物的距离。目前常用的频率有40Hz、48Hz、58Hz，选择不同的频率以满足不同车型需要。

1．测距原理

超声波测距是通过不断检测超声波发射后遇到障碍物所反射的回波，由单片机实时检测出超声波传播所用的时间 ΔT。利用超声波在同种介质中传播速度不变的性质，在声速 v 已知的条件下，得到障碍物离传感器的距离：

$$s = \Delta Tv/2$$

其中，v 为超声波波速，常温下取为 344m/s；ΔT 为自发射出超声波到接收到反射回波的这段时间差。

2．结构

将两个压电元件（或一个压电元件和一个金属板）黏合在一起成为压电片。当超声波照射到压电元件上时，压电元件产生振动，并产生压电信号；同理，当有电信号输入到压电元件上时，压电晶体产生超声波。超声波距离传感器就是根据这一原理设计的检测装置。

超声波探头利用压电陶瓷（主要材料 GaAs 和 SiGe），作为换能器件实现超声波的发射和接收。给探头压电陶瓷片施加一定的超音频电信号，压电陶瓷片将电能转换成声能发送出超声波。超声波遇到障碍被反射后作用于探头压电陶瓷片，压电陶瓷片将声能再转换成电信号，微弱的电信号经放大后传送控制单元处理。其示意图和结构如图 4-90 所示。

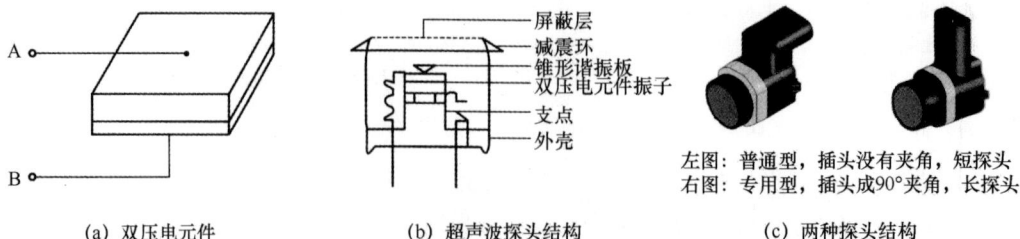

（a）双压电元件　　　（b）超声波探头结构　　　（c）两种探头结构

左图：普通型，插头没有夹角，短探头
右图：专用型，插头成90°夹角，长探头

图 4-90　超声波探头示意图和结构

3．超声波传感器工作过程

1）发送模式

处于发射模式时，超声波传感器的作用相当于扬声器，所选择的超声波频率为 40～50 kHz，在这个频率范围内的超声波对人和家畜无害。

超声波传感器电子装置通过电脉冲使压电陶瓷振动（将电能转化为机械能）。压电陶瓷位于外部隔膜的内侧。外部隔膜以共振频率振动并产生超声波。短脉冲序列碰到障碍物后反射回来，如图 4-91 所示。

2）接收模式

处于接收模式时，超声波传感器的作用相当于话筒。外部隔膜振荡衰减后（约 1ms），超声波传感器接收到障碍物反射回来的超声波，如图 4-92 所示。

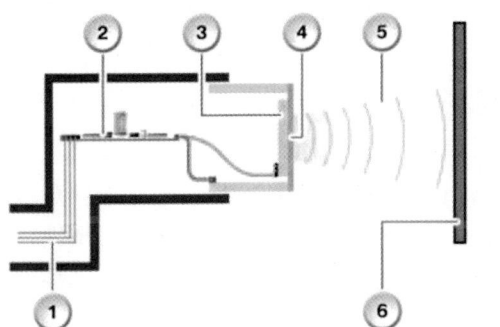

1—超声波传感器接口；2—超声波传感器电子装置；
3—压电陶瓷；4—外部隔膜；5—超声波；6—障碍物/墙壁

图 4-91　发送模式

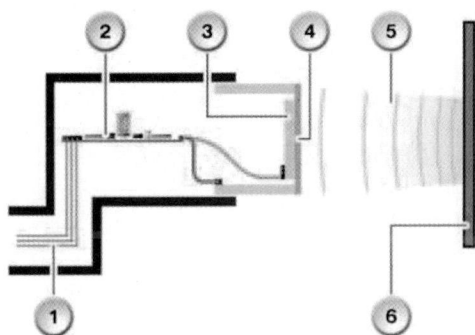

1—超声波传感器接口；2—超声波传感器电子装置；
3—压电陶瓷；4—外部隔膜；5—超声波；6—障碍物/墙壁

图 4-92　接收模式

外部隔膜和压电陶瓷受激振动并向超声波传感器电子装置发送电脉冲（将机械能转化为电能）。电信号进行数字化处理后传输给控制单元。在控制单元内对数据进行处理并计算出至障碍物的距离。

按照接收和发送信号的传感器的组合情况，可以将其检测方式分为直接检测方式和间接检测方式。直接检测方式是指用一个传感器发送并接收信号的检测距离的方式，即使用发射/接收一体式车距传感器；间接检测方式是指用两个传感器，一个发送信号，一个接收信号的检测方式。现在以使用直接检测方式为主。

4．迈腾轿车驻车辅助系统（PDC 系统）

迈腾轿车驻车辅助系统的组件及其布置，如图 4-93 所示，在后保险杠上安装 4 个超声波传感器即驻车辅助设备传感器，在前保险杠或散热器格栅上安装了 4 个超声波传感器。驻车辅助控制单元 J446 通过前后保险杠内的超声波传感器监控车辆周围环境。通过汽车内部的两个警告扬声器来进行声音间距报告。驻车辅助按钮位于换挡杆右侧，按下该按钮或挂倒挡，驻车辅助功能被激活。再次按下该按钮或车速大于 15km/h，该功能终止。驻车辅助起作用时，驻车辅助开关上的 LED 灯为黄色，若有故障，该灯闪烁。

在打开点火开关以后系统进行自检，在 1s 后关闭自检。如果驻车辅助系统已待命，信号声会短促响起，功能指示灯亮起。如果发现系统故障，就会响起一个持续 5s 的信号声，驻车辅助系统的功能指示灯闪烁。在正常情况下进行测距时，声脉之间的暂停间隔时间随距离的逐渐减小呈比例缩短。测量不超过 30cm 的距离时，声脉变为持续音。

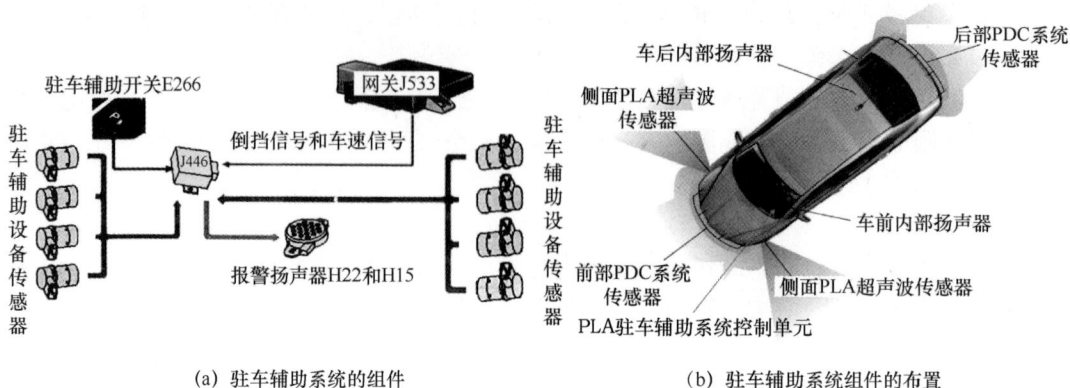

(a) 驻车辅助系统的组件　　　　　　　(b) 驻车辅助系统组件的布置

图 4-93　迈腾驻车辅助系统组件及其布置

5. 迈腾轿车驻车辅助系统检测

（1）驻车辅助控制单元 J446 及相关连接线路如图 4-94～图 4-96 所示。检查驻车辅助控制单元 J466 的供电线路，拆下驻车辅助控制单元的插接器，检查端子 T16/3 与搭铁之间的电压，标准值为 12.3V。打开点火开关，检查端子 T16/1 与搭铁之间的电压，标准值为 12.3V（端子 T16/3 接收来自 SC37 的 30 电，端子 T16/1 接收来自 SC19 的 15 电）。

（2）检查 T16/8 脚与正极之间的电压，标准值为 12.3V，并检查后备箱内的搭铁点是否良好。

（3）检查驻车辅助传感器线路前部端子 T3ax/1、T3ay/1、T3ba/1、T3az/1 与搭铁之间的电压，应为 10.5～14.5V。

（4）检查驻车辅助传感器线路后部端子 T3at/1、T3au/1、T3av/1、T3aw/1 与搭铁之间的电压，应为 10.5～14.5V。

（5）检查各个驻车辅助传感器线路 3 号端子与搭铁的导通性，应正常导通。

（6）打开点火开关，断开传感器接头，将车辆挂入倒挡，用万用表的电压挡测量控制模块侧的 1 号端子与 3 号端子间电压，应为 10.5～14.5V，如果不是，应检查控制模块是否从倒挡开关处取得 10.5～14.5V 的工作电压。

（7）当倒车雷达主机通电后，自检出现 4～6s 的长鸣音后，发出"嘀、嘀、嘀、嘀、嘀"五声报警时，提示为倒车雷达主机出现故障。如倒车雷达在通电后，没有任何的提示反应，请先检查倒车雷达主机端子的安装状态，确认是否为线束脱落或断路造成的。

（8）经验判断法。在汽车进入倒车工作状态下，用耳朵贴近传感器表面，仔细听是否有轻微的嘀答（可与正常的比较），如果响声正常，说明传感器的电源正常，检查传感器和控制器之间的信号连接是否正常。如果搭铁、供电、线束都没有问题应尝试更换控制单元和传感器。

（9）静态启用倒车辅助开关的情况下驻车辅助系统的数据流如表 4-12 所示。

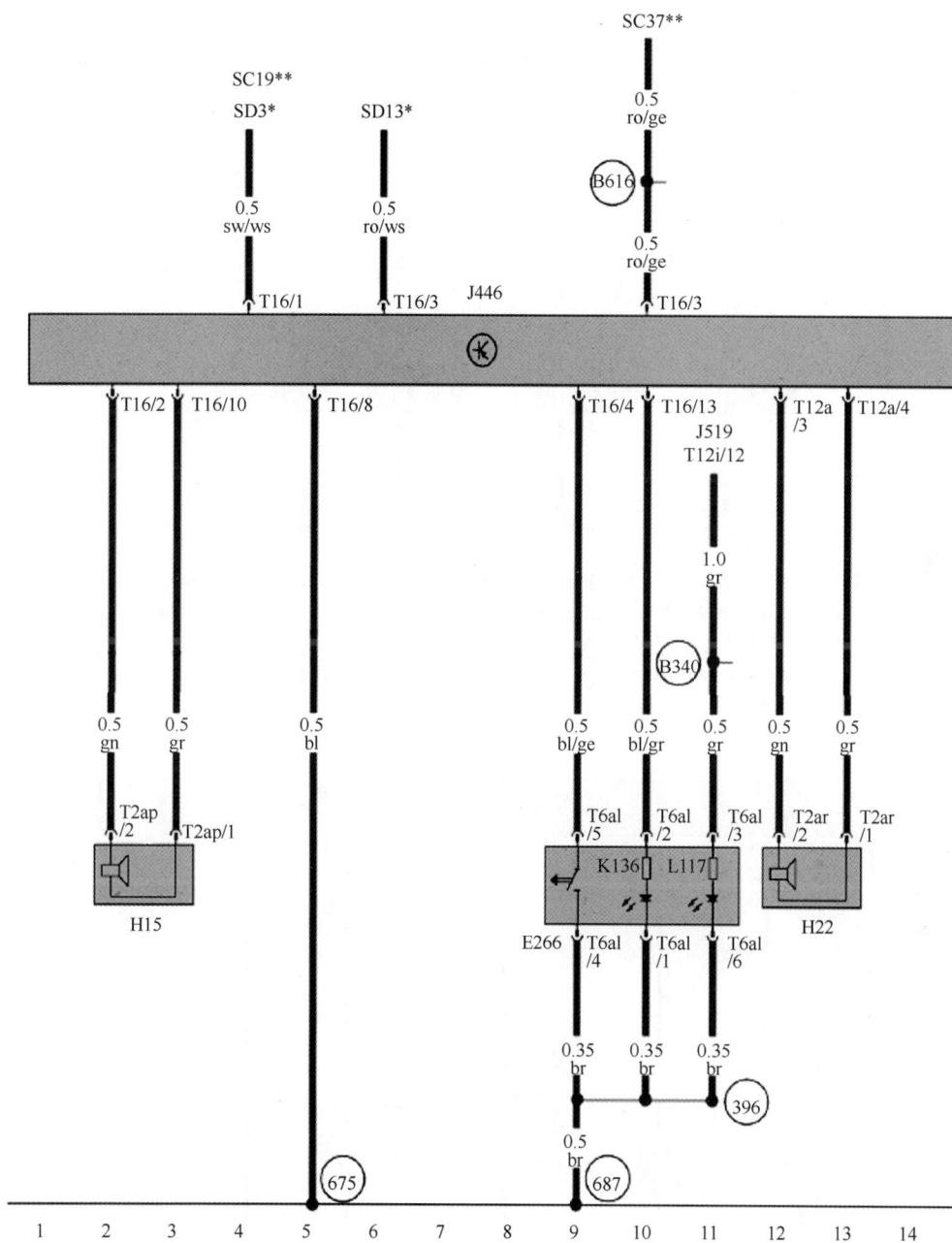

图 4-94 驻车辅助控制单元 J446 供电电路

E266—驻车辅助系统按键；H15—后部驻车辅助系统报警扬声器；H22—前部驻车辅助系统报警扬声器；J446—驻车辅助系统控制单元；J519—车载电网控制单元；K136—驻车辅助系统指示灯；L117—驻车辅助系统开关照明灯泡；SC19—熔丝架 C 上的熔丝 19；SC37—熔丝架 C 上的熔丝 37；SD3—熔丝架 D 上的熔丝 3；SD13—熔丝架 D 上的熔丝 13；T2ap—2 芯插头连接；T2ar—2 芯插头连接；T6al—6 芯插头连接；T12a—12 芯棕色插头连接；T12i—12 芯黑色插头连接；T16—16 芯棕色插头连接；396—接地连接 31，在主线束中；675—接地点 2，在行李箱内右侧；687—接地点 1，在中间通道上；B340—连接 1（58d），在主线束中；B616—连接 12（30a），在车内线束中；*—到 2008 年 12 月止；**—自 2009 年 1 月起

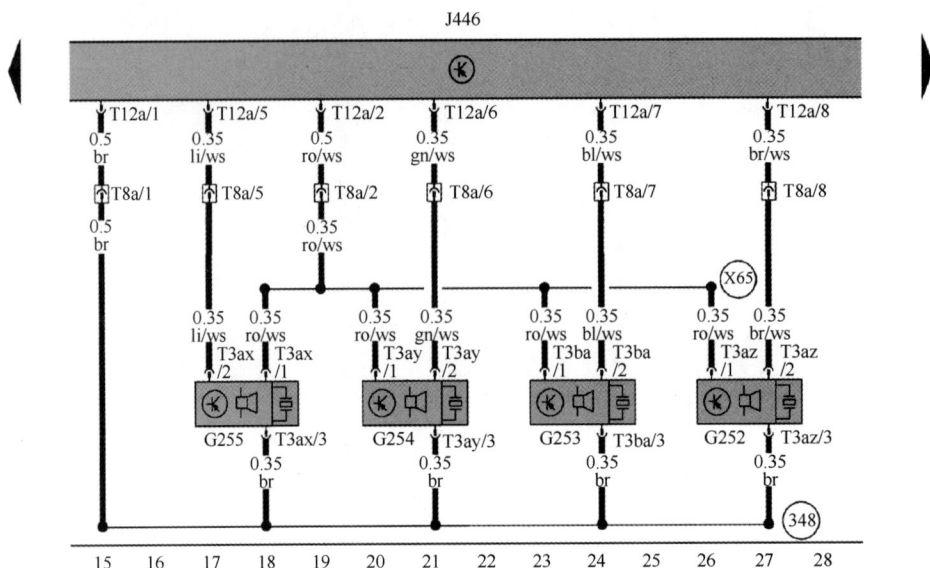

G252—右前驻车辅助系统传感器；G253—右前中部驻车辅助系统传感器；G254—左前中部驻车辅助系统传感器；G255—左前驻车辅助系统传感器；J446—驻车辅助系统控制单元；T3ax—3 芯插头连接；T3ay—3 芯插头连接；T3az—3 芯插头连接；T3ba—3 芯插头连接；T8a—8 芯黑色插头连接，在左前纵梁上；T12a—12 芯棕色插头连接；348—接地连接（驻车辅助系统），在前保险杠线束中；X65—连接（驻车辅助系统），在前保险杠线束中

图 4-95　前部驻车辅助系统传感器电路连接

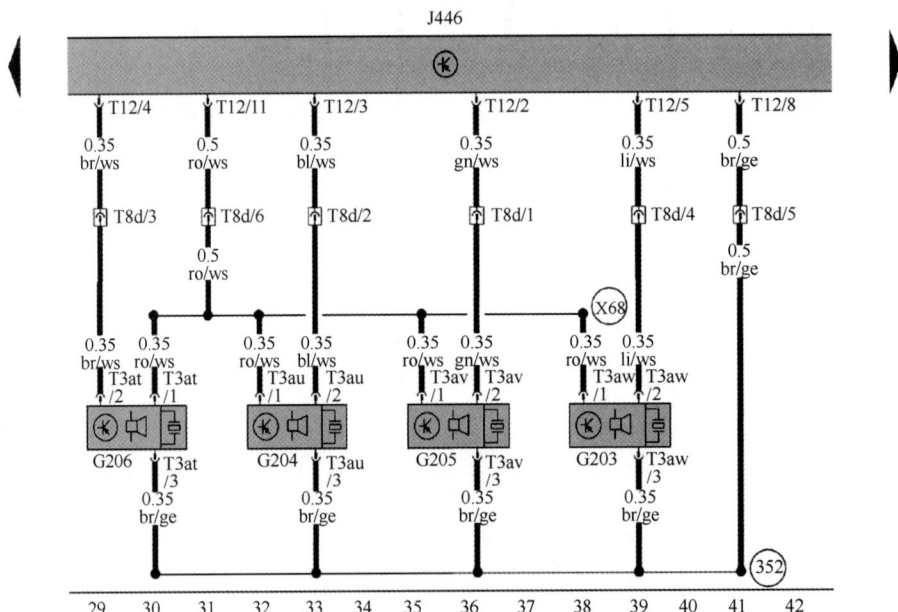

G203—左后驻车辅助系统传感器；G204—左后中部驻车辅助系统传感器；G205—右后中部驻车辅助系统传感器；G206—右后驻车辅助系统传感器；J446—驻车辅助系统控制单元；T3at—3 芯插头连接；T3au—3 芯插头连接；T3av—3 芯插头连接；T3aw—3 芯插头连接；T8d—8 芯黑色插头连接，在右后保险杠上；T12—12 芯黑色插头连接；352—接地连接（驻车辅助装置），在后保险杠线束中；X68—连接（驻车辅助装置），在后保险杠线束中

图 4-96　后部驻车辅助系统传感器电路连接

表 4-12 驻车辅助系统数据流

测量对象	规定值
左后停车辅助设备传感器 G203（间距）	0
左后中央停车辅助设备传感器 G204（距离）	0
右后中央停车辅助设备传感器 G205（距离）	0
右后停车辅助设备传感器 G206（间距）	0
左前停车辅助设备传感器 G255（距离）	0
左前中央停车辅助设备传感器 G253（距离）	0
右前中央停车辅助设备传感器 G253（间距）	0
右前停车辅助设备传感器 G252（间距）	0
前间距结果	0
后间距结果	0
速度信号	0
停车辅助设备传感器的供电电压	10～14.5V

九、离合器位置传感器

1. 作用

大众汽车的离合器位置传感器 G476 的作用是切断定速巡航、控制换挡时减少喷油保证换挡平顺、识别离合器的接合状态。对于安装手动变速箱的车型，要启动电子驻车制动系统（Electrical Park Brake，EPB）的坡道起步辅助功能，必须事先确定离合器踏板的位置。EPB 的控制单元要综合分析下列因素才能确定制动启动点的位置，即离合器踏板位置、所选挡位、道路坡度，以及发动机扭矩等。

同样，在具备坡道辅助功能的车型中，EPB 的控制单元要确定何时释放系统中的电磁阀以及已降低的制动力。这两种情况下，为了防止翻车，在降低制动力之前都必须达到足够的发动机扭矩。

2. 结构

离合器位置传感器用卡箍固定在离合器位置传感器缸上，该传感器监测离合器踏板的动作。离合器位置传感器缸通过一个卡扣安装在轴承支承架上。离合器踏板及位置传感器如图 4-97 所示。

当踩下离合器踏板时，推杆头和推杆一起沿离合器位置传感器方向被推动。在活塞的最前端是一块永久磁铁。在离合器极板中的集成了 3 个霍尔传感器。永久磁铁一经过霍尔传感器，电子机构就会向相应的控制单元发送信号，如图 4-98 所示。

3. 原理

（1）霍尔传感器 1 是一个数字传感器。它将电压信号发送到发动机控制单元，该信号用于关闭巡航控制系统。

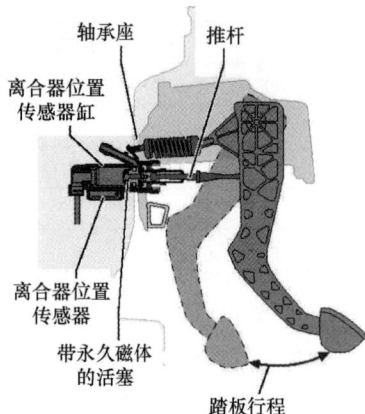

图 4-97 离合器踏板及位置传感器

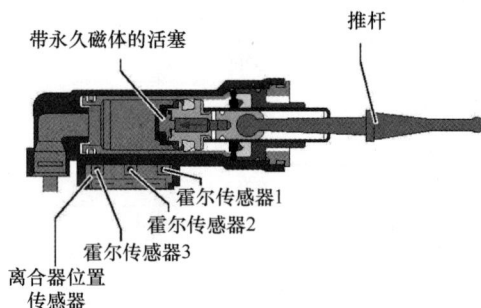

图 4-98 离合器位置传感器 G476 内部原理

（2）霍尔传感器 2 是一个模拟传感器。它将一个频宽可调脉冲信号（PWM 信号）发送到电子机械驻车制动控制单元。这样就可监测到离合器踏板的准确位置，控制单元可在动态起步时，计算出驻车制动的最佳解除时间点。

（3）霍尔传感器 3 是一个数字传感器。它将电压信号发送到车载电网控制单元 J519。控制单元监测是否踩下了离合器踏板。仅在踩下离合时可起动发动机（互锁功能），传感器的输出如图 4-99 所示。

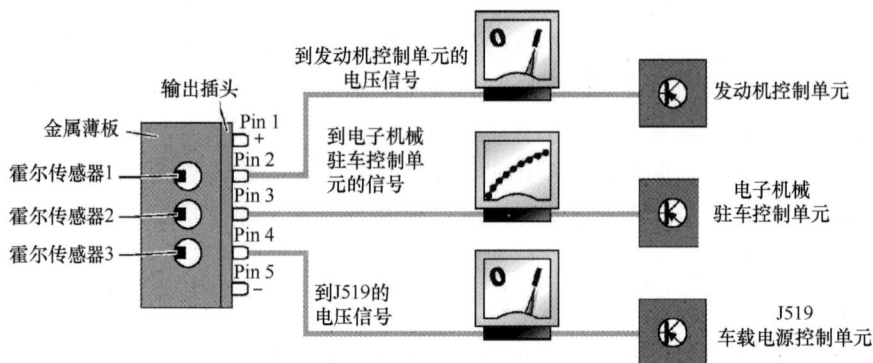

图 4-99 离合器位置传感器的输出

4. 检测

（1）正常情况下测量离合器位置传感器的 2、3、4 号脚的电压如图 4-100 所示。用大众 VAS 6150 检测仪检测的数据流如表 4-13 所示。

（2）分别断开离合器位置传感器的 2、3、4 号脚后检测的数据流如表 4-14 所示。

从上述试验得出：ABS 控制单元 J104 中可以读出 G476 到 J540、J623、J519 的线路通短状态，J104 从 J623 中得出第 1 状态位、从 J519 中得出第 2 状态位。

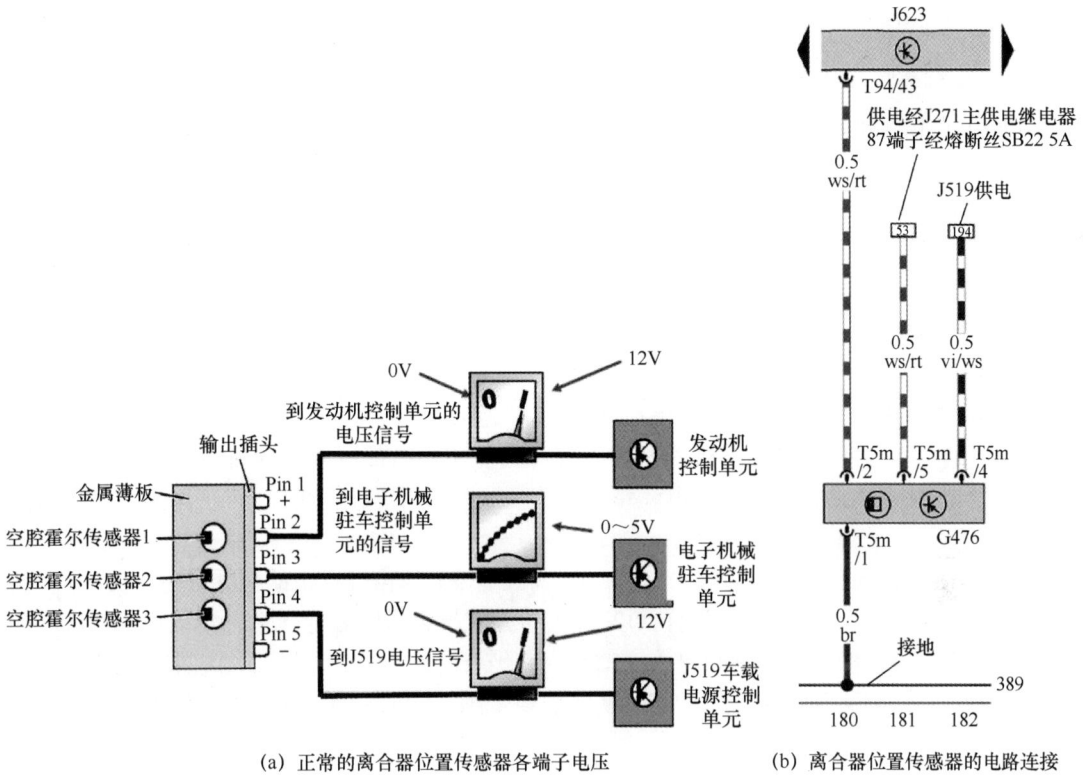

(a) 正常的离合器位置传感器各端子电压　　(b) 离合器位置传感器的电路连接

图 4-100　离合器位置传感器的检测

表 4-13　正常情况下测量离合器位置传感器的 2、3、4 号脚数据流

显示值　查看路径 离合器状态	01-08-66-02	09-08-15-03	03-08-03-01
不踩离合器	00000000	关	00
踩下 1/3	00000100	关	10
踩下 2/3	00000100	开	11

表 4-14　断开离合器位置传感器的 2、3、4 号脚后的数据流

显示值　查看路径 离合器状态	01-08-66-02	09-08-15-03	03-08-03-01
不踩离合器	00000000	关	00
到 J540 断路踩下离合器	00000100	开	11
到 J623 断路踩下离合器	00000100	开	01
到 J519 断路踩下离合器	00000100	关	10

十、乘员位置传感器

　　丰田轿车智能安全气囊系统采用了乘客位置感知系统。乘客位置感知系统可以探测前排座椅是否坐有乘客，以及乘客的坐姿、体形和体重等状况，从而对气囊爆出的时间和阶

段作出必要的调整。

1. 乘客姿势感知系统

丰田轿车乘客姿势感知系统（OPDS）由 OPDS 传感器和 OPDS 装置组成，其结构如图 4-101 所示。在乘客座椅内暗藏了 7 个传感器，即 6 个座高传感器和 1 个位置传感器，这些传感器和 OPDS 装置一起隐藏在前排乘员座椅内部。OPDS 传感器中由座椅靠背内的 6 个座高传感器负责观察乘员的坐姿高度，来判断坐着的是儿童还是大人，靠背侧边的一个头部位置传感器则专门检查儿童是不是侧着头打瞌睡，来判断儿童的头部是不是处于侧气囊展开的范围内。

OPDS 传感器的感测原理是检测放射电波因电介质的存在而导致的输出电流增加或减少。在 OPDS 装置内有高频振荡回路，发射频率为 120kHz，并设有输出监视回路。座高传感器（天线）位于前排乘员座椅的靠背中央，座椅和乘员都可以看成特定的电介质，具有一定的导电体量。由于儿童的导电体量比大人少，因此乘坐儿童时，传感器的输出电流也会减少。

另外，当乘员远离传感器时，虽然乘员本身没有变化，但是乘员的实际导电体量变少，因而传感器的输出电流也会减少。这样，OPDS 传感器就把乘员的导电体量转化成电信号。OPDS 装置根据输出电流的变化，判断出乘客的身高、坐姿和头部位置，从而知道乘员是大人还是儿童或幼儿，知道其头部是否处于侧气囊的引爆范围。OPDS 的工作原理如图 4-102 所示。

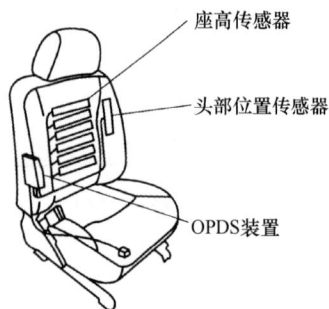

图 4-101　乘客姿势感知系统

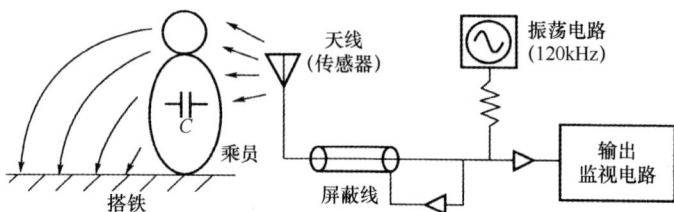

图 4-102　OPDS 工作原理

2. 座椅占用识别传感器

大众新款速腾车副驾驶座处设置座椅坐人识别功能，副驾驶座座椅占用识别传感器 G128 是一张塑料薄膜，该薄膜一直延伸到副驾驶座座椅的后部区域，它由多个单独的压力传感器组成，这样可以保证识别出座椅表面各处的状态，如图 4-103 所示。

副驾驶座椅占用识别传感器对压力作出反映并根据负荷来改变电阻值。如果副驾驶座椅占用识别传感器识别出高于 5kg 的负荷，那么安全气囊控制单元 J234 就认为"座椅已坐人"。只要副驾驶座椅上未坐人，那么座椅占用识别传感器就处于高阻值

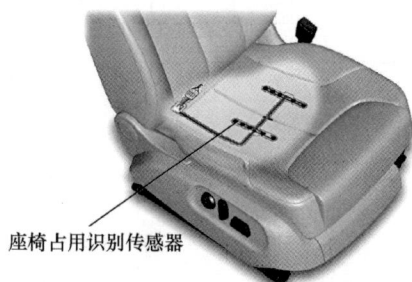

图 4-103　座椅占用识别传感器的位置

状态；如果有人坐，那么阻值就会下降。如果电阻值超过 480Ω ，安全气囊控制单元就认为传感器断路了，并会在故障存储器内记录一个故障码。安全气囊控制单元通过分析座椅占用识别传感器的信号和安全带开关的信号来判断乘员是否系上了安全带，控制电路如图 4-104 所示。

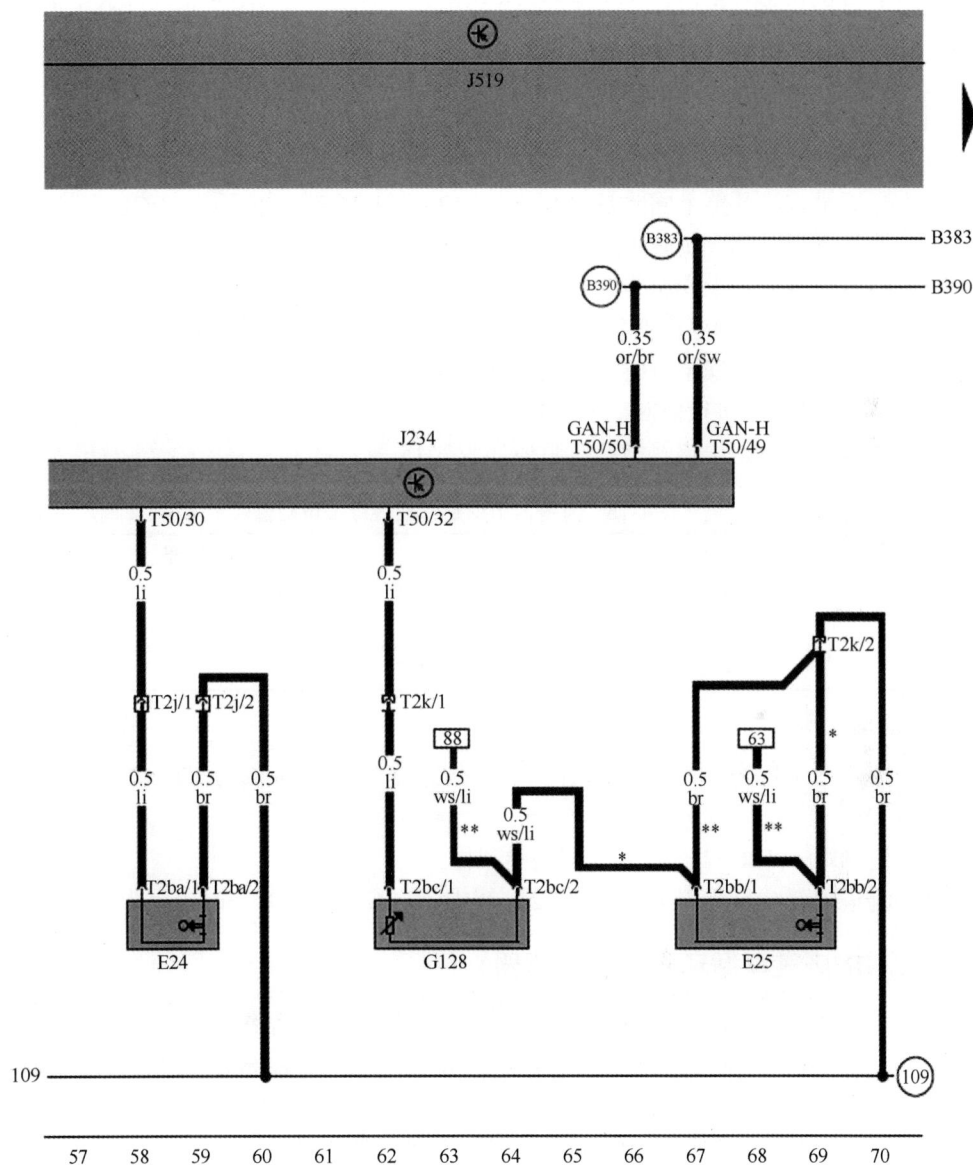

E24—驾驶员侧安全带开关；E25—副驾驶员侧安全带开关；G128—副驾驶员侧座椅占用传感器；J234—安全气囊控制单元；J519—车载电网控制单元；T2j—2 芯插头连接；T2k—2 芯插头连接；T2ba—2 芯插头连接；T2bb—2 芯插头连接；T2bc—2 芯插头连接；T50—50 芯插头连接；109—安全气囊线束中的接地连接；B383—主线束中的连接 1（驱动系统总线 CAN-H）；B390—主线束中的连接 1（驱动系统总线 CAN-L）；*—到 2008 年 09 月止；**—从 2008 年 09 月起

图 4-104　座椅占用传感器的相关控制电路

3. 乘客位置识别逻辑

1）控制逻辑

以舒适型速腾气囊电控系统功能为例，当车辆车速超过一设定值，气囊电脑监控乘客侧座位处于占位状态（由占位传感器 G128 识别），且副驾驶员侧安全带开关不插合时，仪表将发出安全带未系提示音报警。

2）电路图分析

（1）根据电路图所示，电路连接为：安全气囊控制单元供 5V 电→占位传感器 G128→副驾驶员侧安全带开关 E25→接地。

（2）当无乘客时，整个回路是闭合的，G128 和 E25 产生电压降，ECU 通过 T50/32 端子的电位变化进行监测（实际上 ECU 通过 ECU 内部分压电阻器的电压变化进行监测）。

（3）当有乘客未系上安全带时（E25 闭合），G128 阻抗发生变化，电压降发生变化，ECU 通过 T50/32 端子的电位变化进行监测，此时乘客未系安全带，则系统发出报警提示音。

（4）当有乘客系上安全带时，安全带开关 E25 将断开回路，无电压降，电位约 5V，ECU 通过 T50/32 端子进行监测。

（5）座椅占用识别传感器标准电阻值如表 4-15 所示。

表 4-15　座椅占用识别传感器标准电阻值

G128 的电阻值	分析结果
430～480Ω	座椅上未坐人
120Ω 或更小	座椅上已坐人
大于 480Ω	故障，断路

4. 检测

（1）打开点火开关，检测 G128 座椅占用传感器端子 T2bc/1 与 T2bc/2 之间的电压，标准值约为 5V。

（2）检测端子 T2bc/2 与搭铁之间的导通性。

（3）测量副驾驶员侧安全带开关 E25，电阻为 2Ω，插上开关时电阻为无穷大。

十一、EGR 废气再循环阀位置传感器

废气再循环（Exhaust Gas Recirculaton）系统简称 EGR 系统。按照是否设置有反馈监测元件，废气再循环系统可以分为开环控制 EGR 系统和闭环控制 EGR 系统。闭环控制 EGR 系统与开环控制 EGR 系统相比，只是在 EGR 阀上增设了一个 EGR 阀位置传感器作为反馈信号，用于监测 EGR 阀开度的大小，使 EGR 率保持最佳值。

废气再循环系统的功能是降低氮氧化合物的排放量。气缸内混合气的燃烧温度越高，氮氧化合物的产生量就越大，而氮氧化合物严重污染环境。适当降低燃烧温度，可以减小氮氧化合物的生成量。当将适量的废气送回燃烧室时，就可以降低混合气的燃烧温度。

1）奥迪直喷 2.0TSI EGR 废气再循环阀

发动机装备有外部废气再循环装置，它通过初级催化净化器上的一根连接管来抽取废气如图 4-105 所示。由发动机控制单元精确计算出的废气供应量经废气节流阀（由一个电

动机来驱动）被抽入。废气节流阀的位置由电位计来监控并用于计算废气量以及自诊断。

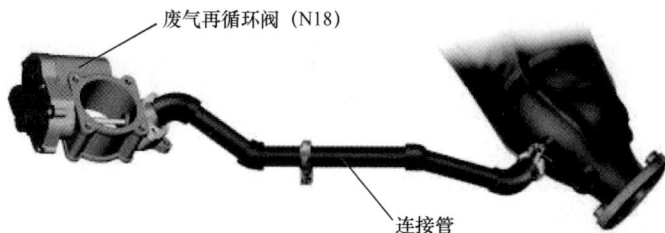

图 4-105 废气再循环装置

废气再循环发生在分层充气模式/均质模式且转速不超过 4000r/min 的中等负荷状态，怠速时不会出现废气再循环。导回到燃烧室的废气用于降低最高燃烧温度，从而减少氮氧化物的生成量。

废气再循环阀（N18）设计成一个模块，它由一个节流阀、一个电动机（带有废气再循环电位计 G212，正极由控制单元提供 5V 电压）构成，结构如图 4-106，控制电路如图 4-107 所示。

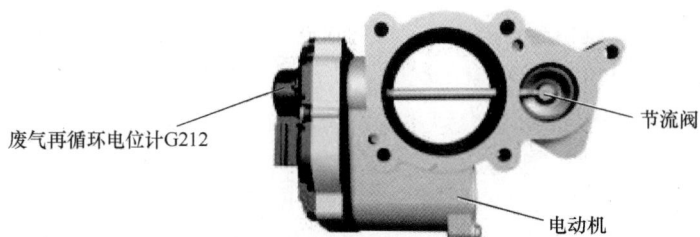

图 4-106 废气再循环阀结构

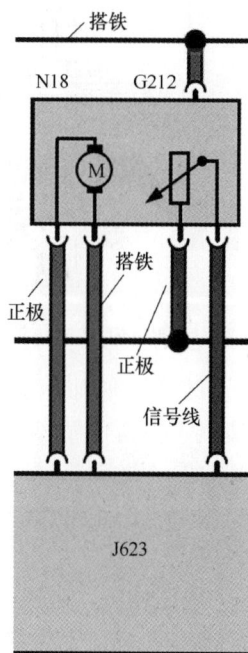

图 4-107 废气再循环阀控制电路

2）别克废气再循环阀位置传感器

（1）EGR 阀位置传感器的结构与工作原理。

EGR 阀位置传感器位于 EGR 阀的上部，一般使用电位计式传感器来检测 EGR 阀阀杆的上下移动位置，发动机 ECU 以此确定阀门开度的大小。EGR 阀位置传感器结构如图 4-108 所示，EGR 阀阀针与电位计的滑动触点臂相连，占空比控制的 EGR 阀随着占空比的变化，控制的真空吸力也不同，引起 EGR 阀阀门开启的大小也不一样，阀杆上升的位移也不同。

阀杆上升，推动与之相连的滑动触点臂的位置发生变化，从而使滑动触点在滑动电阻上滑动，产生不同的电压信号，这个信号会传递到发动机控制 ECU，发动机控制 ECU 以此监视 EGR 阀的位置，确保阀门对 ECU 的指令作出正确的响应，从而调整和修正 EGR 阀的开启时刻和占空比，精确控制再循环量的大小，以减小排放、改善性能。

（2）EGR 阀位置传感器的检测。

上海别克废气再循环系统 EGR 阀位置传感器的电路连接如图 4-109 所示。废气再循环真空控制电磁阀和废气再循环 EGR 阀位置传感器共用一个 5 针插头，灰色连接的端子 A、白色连接的端子 E 分别和发动机控制单元 PCM 连接。采用正极驱动器和 PCM 中的搭铁电路，用于废气再循环真空控制电磁阀的驱动，另外 3 条连接线路为电位计式的 EGR 阀位置传感器所使用，它能够监视 EGR 阀的位置，确保阀门对 PCM 的指令作出正确的响应。电位计的 D 端子为 5V 参考电源、B 端子为搭铁端子、C 端子为信号输出端子。

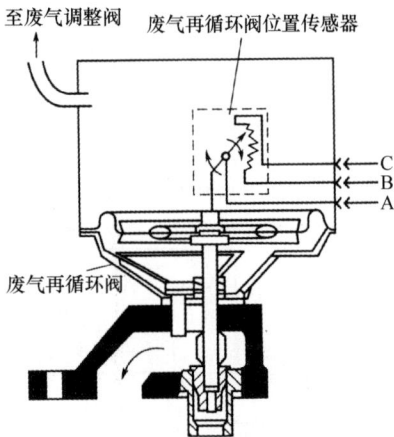

图 4-108 EGR 阀位置传感器结构

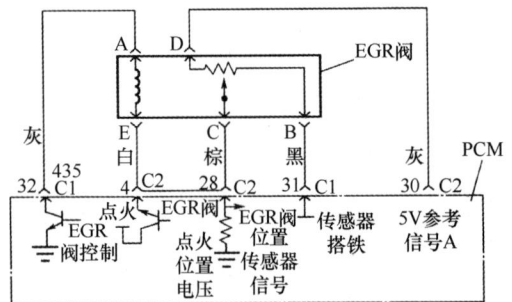

图 4-109 传感器的电路连接

① 故障征兆判断法。当发动机在怠速、低速、小负荷及冷机工况时，发动机控制单元控制废气不参与再循环，避免发动机性能受到影响。因此，一旦发动机的 EGR 系统出现故障，特别是在发动机怠速、低速、小负荷及冷机工况时，使得废气参与再循环，将会影响发动机混合气的正常燃烧，导致发动机怠/加速不稳、汽车行驶无力等故障现象，从而影响发动机的动力性。

② 电阻检测。电阻检测时，首先关闭点火开关，拔掉 EGR 阀位置传感器线束插头，对传感器本体进行电阻测量：插座端子 B 与 D 之间的电阻应为 4.92kΩ；插座端子 B 与 C 之间的电阻应随 EGR 阀开度的变化而变化。

③ 外部电压和信号电压检测。在检查传感器外部供电电压时，打开点火开关至"ON"位置，断开 EGR 阀位置传感器线束插头，用数字万用表电压挡检查端子 D 与搭铁端间电压，应有 5V 参考电压，检查 B 端子与搭铁端电压，应为 0V。连接 EGR 阀位置传感器线束插头，测量 C 端子信号电压，在 EGR 阀全关时应为 0.14~1.0V，手动打开 EGR 阀，其信号电压随着 EGR 阀开度的变化而变化，全开时应为 4.5~4.8V。如果测量结果不符合要求，则应更换 EGR 阀。

④ 输出波形检测。将示波器信号测量线探针插入传感器信号线中，起动发动机并加速，观察波形变化情况，应如图 4-110 所示。当 EGR 阀打开时波形上升，这时废气排放；当 EGR 阀关闭时，波形下降，这时限制废气排出。汽车怠速时，EGR 阀是关闭的，不需要废气再循环；汽车正常加速时，EGR 阀开大；汽车减速时，EGR 阀也是关闭的。

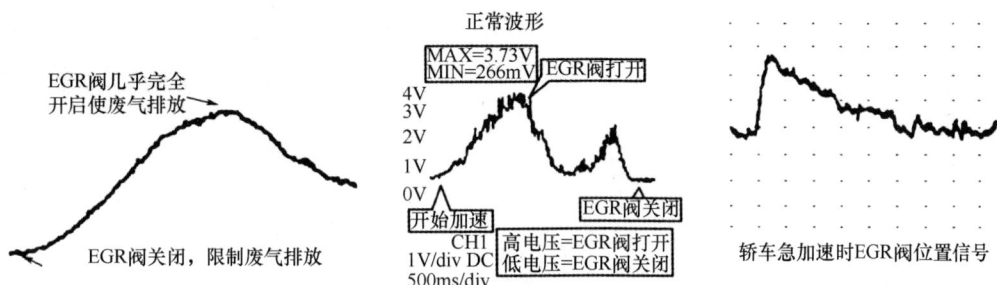

图 4-110　EGR 阀位置传感器输出波形

3）别克凯越废气再循环阀

（1）废气再循环阀的工作原理。

图 4-111　别克凯越的废气再循环阀

别克凯越废气再循环系统采用了一个受发动机 ECU 控制的线性废气再循环阀如图 4-111 所示，为气缸提供准确的废气量。

发动机 ECU 根据节气门位置信号和进气歧管绝对压力信号，计算废气再循环阀的理想位置之后，驱动废气再循环阀到达理想位置。发动机 ECU 通过阀的位置传感器监测废气阀的实际位置，控制废气阀接近或处于理想位置，从而精确控制废气再循环的流量。故障诊断仪能读取理想位置和实际位置的数据。在必要时，发动机 ECU 还可以根据点火信号控制废气再循环阀。

当 ECU 预先计算出废气再循环阀的理想位置后，也预先计算出了因废气再循环阀的开启而产生的进气压力变化的理论值。当废气再循环阀真正开启时，将产生进气压力变化的实际值。理论值与实际值之差的平均值叫作废气再循环减速过滤器值。系统在自诊断时，ECU 将根据废气再循环减速过滤器值的大小来判断废气再循环阀是否有故障，若有故障就存储相关的故障码（P0401—废气再循环阀流量不足；P0404—废气再循环阀开度错误；P0406—废气再循环阀位置信号电压过高；P0402—废气再循环阀流量过大；P0405—废气再循环阀位置信号电压过低；P1404—废气再循环阀的阀芯关闭错误）其控制电路如图 4-112 所示。

说明：在发动机起动时，测量废气再循环阀 5 号端子的灰色线电压应为蓄电池电压。电脑以脉冲的方式控制 1 号绿色线搭铁，把发动机转速提高到 3000r/min 时，测量废气电磁阀 1 端子的平均电压为 8.5V。

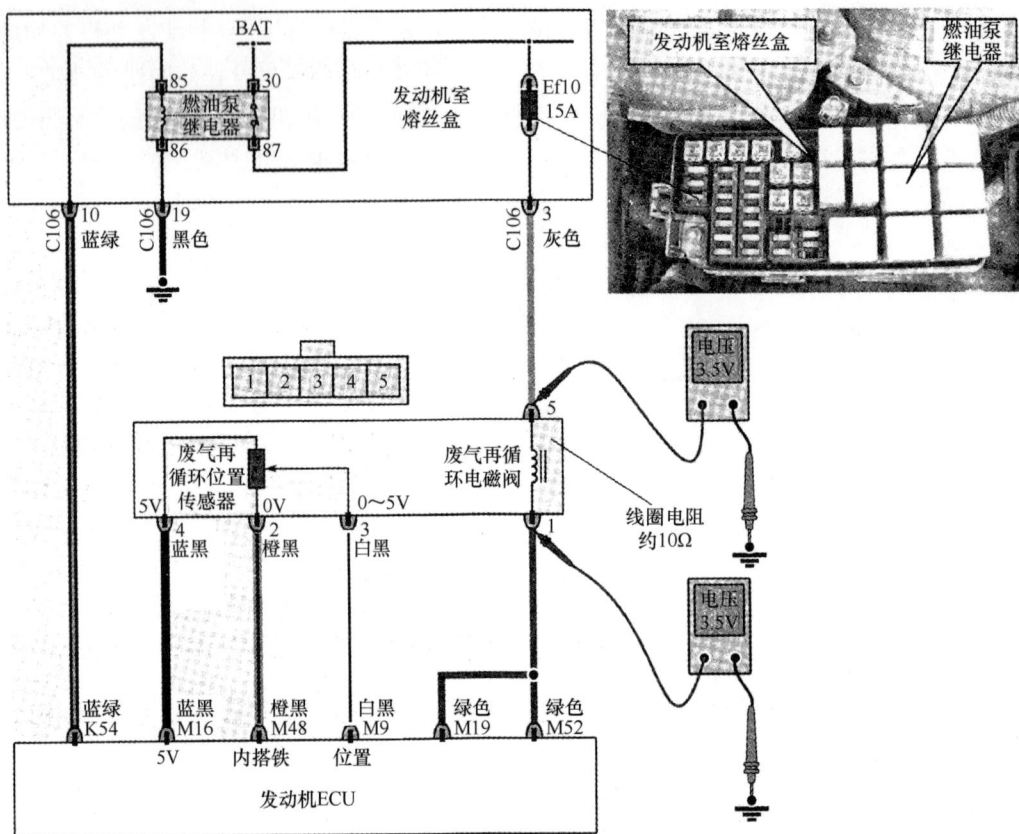

图 4-112　废气再循环控制电路

废气再循环阀通常在发动机热机工作、超过怠速转速时打开。如果废气再循环流量过大，则会削弱混合气燃烧速度，导致发动机运转不稳或停机。所以，仅允许少量废气通过此阀，特别是在怠速时。在怠速、巡航或冷机运转时，排气再循环流量过大会导致冷起动后发动机停机、发动机减速后停机、怠速不稳、巡航时唑车，如果废气再循环阀始终打开，发动机就不能在怠速下运行。如果废气再循环流量过小或没有，则会使发动机在提速和负载条件下燃烧温度过高，从而导致爆燃、发动机过热或产生废气再循环方面的故障码。

（2）废气再循环阀的功能检查。

修理人员可以用诊断仪读取废气再循环减速过滤器值，分析废气再循环系统是否有堵塞故障，也可以检验维修效果。首先驾驶车辆加速到 97km/h，之后减速到 32km/h。正常工作的废气再循环阀，使进气压力产生变化的理论值要小于实际值。也就是说，废气再循环减速过滤器值应为负数，正常应在−3 以下。若数据为−3～+2 时，表示系统有部分堵塞，但没有完全堵塞，达不到预期的废气再循环流量，会影响排放水平。

（3）故障检修。

① 在寒冷天气条件下，废气中的水分在废气再循环阀处有时会结冰，使阀卡住，造成 ECU 产生废气再循环阀的故障码。当车辆温度上升后，故障消失。用诊断仪监测废气再循环阀的实际位置和理想位置，很容易检验出废气阀是否卡住。

② 按照废气再循环阀的电路图以及前述的废气再循环阀数据，检查废气再循环阀的线路，排除开路、短路、接触不良等故障。

③ 废气再循环阀性能不良时，也会导致 ECU 存储废气再循环阀故障码。用诊断仪指令废气再循环阀按照规定值打开（如 25%、50%、75%、100%），可以确定废气再循环系统能否准确控制废气再循环阀以及是否出现故障。若实际位置与指令位置之差大于 15%，证明废气再循环阀有性能故障，应更换废气再循环阀。

④ 若废气再循环阀 4 号端子的线路开路，会导致位置信号电压过低，而存储故障码 P0405，此时，诊断仪显示废气再循环阀的实际位置为 0%。断开废气再循环阀插头时，诊断仪显示废气再循环阀的实际位置应为 0%。否则证明废气再循环信号电路或发动机控制模块有故障。

⑤ 将 5V 基准电路跨接到信号电路（3、4 号端子短接），会导致位置信号电压过高，而存储故障码 P0406。诊断仪显示废气再循环阀的实际位置应为 100%，否则证明线路或电脑有故障。

⑥ 清除故障码后，发动机 ECU 才能重新学习废气再循环阀的位置。所以在每次维修后，都要先清除故障码，再进行功能检验。

十二、水平传感器

1. 奥迪 A6 的水平传感器

水平传感器又称车身高度传感器，奥迪 A6 的水平传感器 G84 用于车身的水平状态。这种传感器是一种非接触式的转角传感器，它通过一根联动杆来判定前/后桥相对于车身的弹簧压缩量。所使用的转角传感器也是根据霍尔原理来工作的。集成在传感器内的测量电子装置将霍尔集成电路信号按角度比例转换成电压信号，如图 4-113 所示，有一块环形磁铁与传感器曲拐轴连接在一起（转子）。在分为两半的铁芯（定子）之间有一个偏心安装的霍尔集成电路，与测量电子装置共同构成检测部件。根据环形磁铁的位置不同，穿过霍尔集成电路的磁场会发生变化。由此而产生的霍尔信号就被测量电子装置按角度比例转换成电压信号，这个模拟的电压信号由控制单元 J197 来使用，用于判定车身的水平状态。

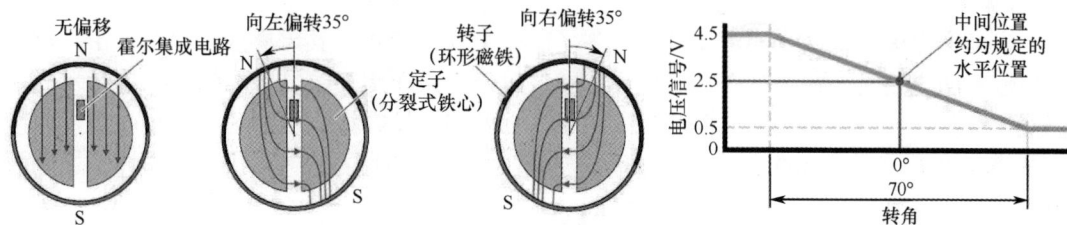

图 4-113　原理图

这种传感器既可用于空气悬架，如图 4-114、图 4-115 所示，也可用于大灯照程调节。其中一个输出信号提供一个与角度呈比例的电压（用于大灯照程调节），另一个输出信号提供一个与角度呈比例的 PWM 信号（用于空气悬架）。这四个水平传感器结构是相同的，只是支架和联杆根据左右和车桥的不同而有所不同。左、右传感器臂的偏转方向是相反的，所以输出的信号也是相反的。例如，车身一侧的的传感器输出信号在空气悬架压缩时如果是增大的，那么在车身另一侧该输出信号则是减小的。

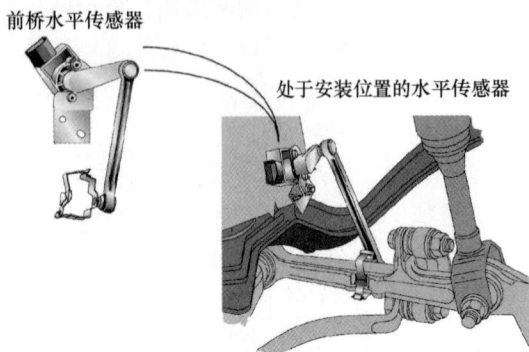

图 4-114　前桥水平传感器

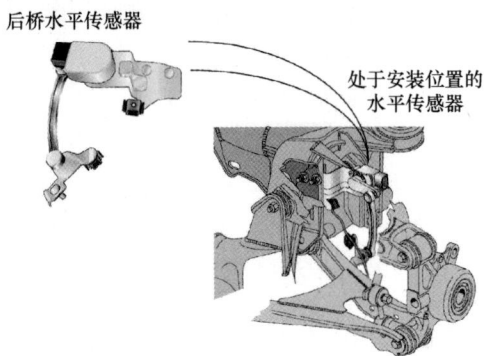

图 4-115　后桥水平传感器

2. 奥迪 A8 的水平传感器

1）结构

传感器主要是由定子和转子组成，如图 4-116 所示。

定子由多层电路板构成，电路板上有励磁线圈、三个接收线圈以及控制/电子解析单元。三个接收线圈布置成多角星形，相位是彼此错开的。励磁线圈装在电路板的背面。转子由一个封闭的线匝构成，线匝上连着传感器臂（线匝与传感器臂一同转动）。线匝的形状与接收线圈的形状是一样的。

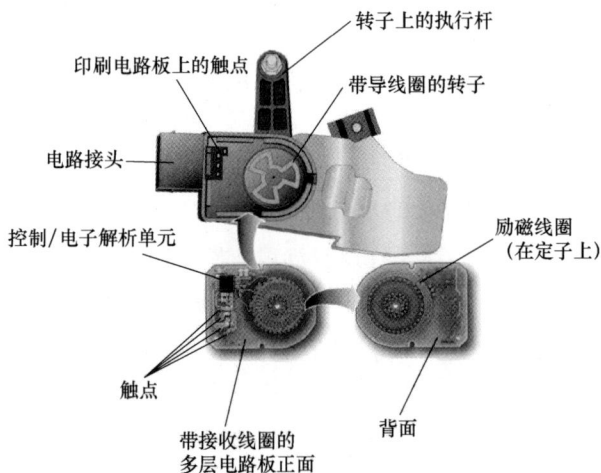

图 4-116　传感器结构

2）工作原理

交变电流流过励磁线圈，于是就产生了一个交变电磁场，其磁感线会穿过转子。转子中感应出的电流又会在线匝（转子）周围感应出一个次级交变磁场，如图 4-117 所示。这两个交变磁场（分别由励磁线圈和转子产生的）共同作用在接收线圈上，在接收线圈内感应出交流电压。转子中的感应与角度位置无关，但接收线圈的感应取决于它与转子之间的距离和其角度位置。

由于角度位置不同，转子与接收线圈的重合度就不同，因此对应角度位置的感应电压幅值也就不同。电子分析装置会对接收线圈的交变电压进行整流并放大，并使得三个接收线圈的输出电压呈比例（相对比例测量）。分析完电压后，分析结果转化成水平传感器的输出信号，送至控制单元做进一步处理，电路连接如图 4-118 所示（传感器 1 号端子由 J197 提供 5V 电压，2 号端子为传感器接地端，3 号端子输出电压信号，1 号端子与 3 号端子间的电压为 0.5～4.5V）。

电路板（定子）
交变电流

3个接收线圈

U_1
U_2
U_3

励磁线圈

初级磁场
（励磁线圈产生）

导线圈
（感应电流）

旋转运动

次级磁场
（导线圈产生）

交变电流

转子
（在执行杆上）

电压幅值（取决于转子相对于接收线圈的位置）
（以一个转子位置为例）

U_1

0

时间

U_2

0

时间

U_3

0

时间

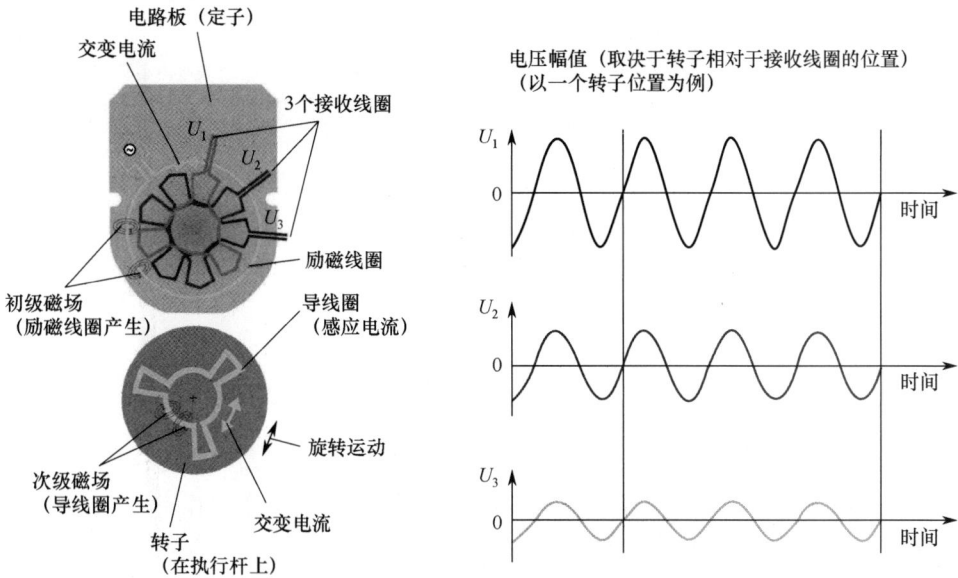

图 4-117 传感器工作原理

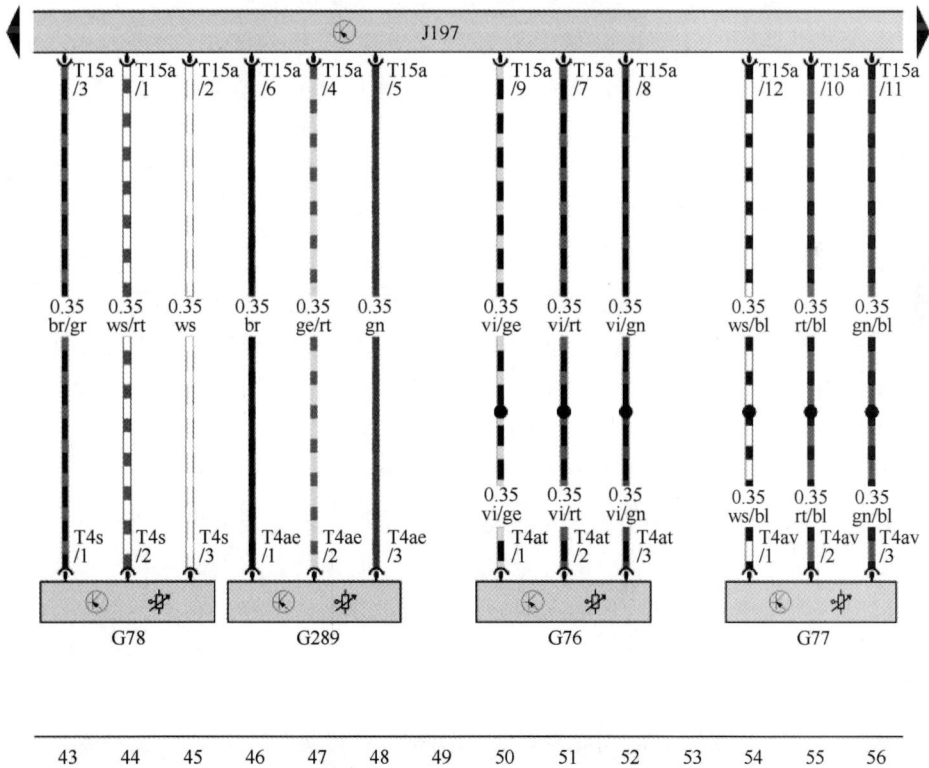

J197

| T15a /3 | T15a /1 | T15a /2 | T15a /6 | T15a /4 | T15a /5 | | T15a /9 | T15a /7 | T15a /8 | | T15a /12 | T15a /10 | T15a /11 |

0.35 br/gr | 0.35 ws/rt | 0.35 ws | 0.35 br | 0.35 ge/rt | 0.35 gn | 0.35 vi/ge | 0.35 vi/rt | 0.35 vi/gn | 0.35 ws/bl | 0.35 rt/bl | 0.35 gn/bl

0.35 vi/ge | 0.35 vi/rt | 0.35 vi/gn | 0.35 ws/bl | 0.35 rt/bl | 0.35 gn/bl

T4s /1 | T4s /2 | T4s /3 | T4ae /1 | T4ae /2 | T4ae /3 | T4at /1 | T4at /2 | T4at /3 | T4av /1 | T4av /2 | T4av /3

G78   G289   G76   G77

43　44　45　46　47　48　49　50　51　52　53　54　55　56

G76—左后汽车水平传感器；G77—右后汽车水平传感器；G78—左前汽车水平传感器；G289—右前汽车水平传感器；J197—水平高度调节系统控制单元；T4ae—4 芯插头连接；T4at—4 芯插头连接；T4av—4 芯插头连接；T4s—4 芯插头连接；T15a—15 芯插头连接

图 4-118 水平传感器的电路连接

第五章

爆燃、碰撞传感器

第一节　概述

为了避免因爆燃产生的振动损坏发动机，人们通过在发动机上装上爆燃传感器（Detonation Sensor，DS）来检测有无爆燃现象的产生，并将检测的信号输入 ECU，ECU 根据爆燃传感器的反馈信号来调整点火提前角，从而使点火提前角保持最佳位置，改善发动机的工作性能。点火时间过早是产生爆燃的重要原因，采用点火时刻闭环控制可以防止这种现象的发生。爆燃传感器是点火时刻闭环控制系统必不可少的重要部件。

在利用发动机爆燃信号作为反馈信息的闭环控制方式中，爆燃传感器将发动机的爆燃信息提供给 ECU，一旦爆燃程度超过规定的标准，ECU 立即发出推迟点火指令；当爆燃程度低于规定的标准时，ECU 又会将点火时刻提前。循环调节点火时刻的结果，使发动机始终处于临界爆燃的工作状态，可使发动机获得最大的动力性能，经济性能也可以得到一定程度的改善。

检测发动机爆燃通常有三种途径，一是检测气缸压力，二是检测发动机振动，三是检测燃烧噪声。其中检测气缸压力的方法精度最好，但是存在着传感器的耐久性差和难以安装的问题；检测燃烧噪声的方法，由于是非接触式的，其耐久性很好，但是精度和灵敏度偏低；现在常用检测发动机振动的方法来判断有无爆燃，这种方法可获得高输出信号，灵敏度高，安装简单，应用最为广泛。

用于发动机机体振动检测的爆燃传感器有共振型和非共振型两大类，共振型又分为磁致伸缩式和压电式两种；非共振型为压电式。共振型传感器在发动机爆燃时输出的电压比较高，因此无须使用滤波器即可判别有无爆燃产生；而非共振型的爆燃传感器需经滤波器检出爆燃信号。现在绝大多数汽车采用共振型压电式爆燃传感器，它是利用发动机产生爆燃时其振动频率和传感器本身的固有频率一致而产生共振的现象，用于检测爆燃是否产生，其输出信号为电压，电压值的大小表示爆燃的强度。

碰撞传感器用在汽车的安全气囊和新型的防抱死制动系统中，已成为确保汽车操纵稳定性和制动性能的重要元件。其功能是检测汽车的碰撞强度，以便及时通知汽车安全气囊（Supplement Restraint System，SRS）电控单元启动安全气囊。

第二节　爆燃传感器

一、爆燃传感器控制系统

汽油发动机是利用火花塞产生的电火花将混合气点燃，使火焰在混合气中不断扩展传播燃烧的。在火焰的传播过程中，如果压力和温度异常升高，一些部位的混合气不等火焰传到就自行着火燃烧，在整个燃烧室内造成瞬时爆发燃烧，产生高温和强大的压力波，这种现象称为爆燃。发动机工作时，如果持续产生爆燃，不但会引起气缸体、气缸盖和进气歧管等薄壁构件的高频振动及运动机构的冲击载荷，产生很大噪声，最终导致机件损坏，而且火花塞电极或活塞很可能产生过热熔损等现象，造成发动机的严重故障，因此必须防止爆燃的产生（爆燃和点火时刻有密切的关系，在一定的范围内，点火时刻提前，燃烧的最大压力高，就容易发生爆燃）。

为防止爆燃的产生，在发动机上安装了爆燃传感器，用于检测爆燃，从而可以把点火时刻控制在接近爆燃极限的位置，使发动机的潜力更能得到充分的发挥。

爆燃传感器一般安装在发动机气缸体、火花塞或进气歧管上，它能够感应出发动机各种不同频率的振动，并将振动转化为不同的电压信号。当发动机发生爆燃时，爆燃传感器感应到此变化并产生较大的振幅电压信号，如图 5-1 所示。来自爆燃传感器的含有各种频率的电压信号输入 ECU 中的爆燃信号判别电路，如图 5-2 所示。首先须经滤波电路，将爆燃信号与其他振动信号分离，只允许特定范围频率的爆燃信号通过，然后将此信号的最大值与爆燃强度基准值进行比较，如大于基准值，则将爆燃信号输入微机，表示发生爆燃，由微机进行处理。

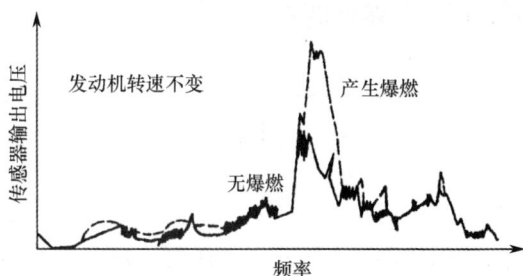

图 5-1　爆燃传感器的输出信号

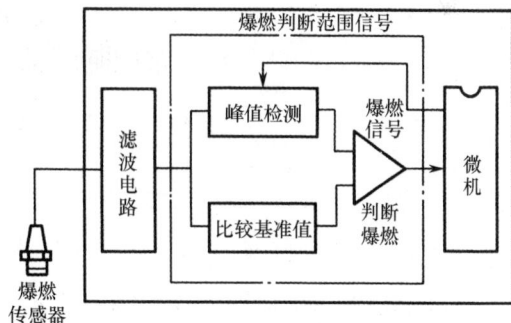

图 5-2　ECU 中的爆燃信号判别电路

由于发动机的振动频繁而剧烈，为了使传感器只检测到爆燃信号，从而防止 ECU 发生错误爆燃判别，因此判别爆燃信号并非任何时刻都进行，而是有一个判别范围，如图 5-3 所示，判别范围限于发动机点火后爆燃可能发生的一段曲轴转角范围内，只有在该范围内，爆燃传感器的信号才能被输入比较电路。

曲轴位置信号

各缸上止点 —— 第1缸 第5缸 第3缸 第6缸
0° 120° 240° 360°

判别范围
爆燃判别范围

爆燃

爆燃传感器信号

爆燃判别范围
以外的强振信号

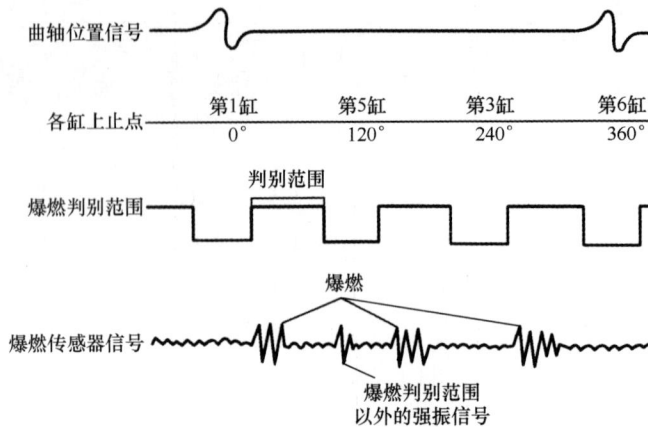

图 5-3　爆燃传感器判别范围

爆燃强度则以超过基准值的次数计量，其次数越多，则爆燃强度越大；次数越少，则爆燃强度越小，如图 5-4 所示。试验表明，当发动机的负荷低于一定值时，一般不会出现爆燃，这时不宜采用控制爆燃的方法来调整点火提前角，可采用开环控制的方式控制点火提前角，即此时 ECU 不再检测和分析爆燃传感器输入的信号，而只根据其他相关传感器及 ROM 中存储的数据控制点火提前角的大小。而要判断在某一时刻究竟要采用开环还是闭环控制，可由 ECU 对负荷传感器送来的信号进行分析判断。

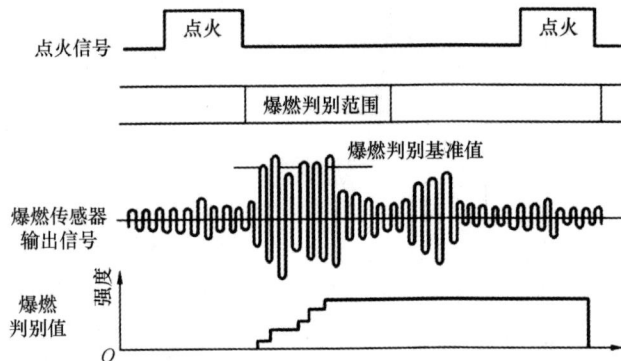

点火信号 —— 点火　　　　　　　　　　　　点火

爆燃判别范围

爆燃判别基准值

爆燃传感器
输出信号

爆燃
判别值

强度

O

图 5-4　爆燃强度的判别

当 ECU 进行闭环控制时，实际点火提前角的控制如图 5-5 所示。当任何一缸产生爆燃时，ECU 立即以某一固定值（1.5°～2°曲轴转角）逐渐减少点火提前角，直至发动机不产生爆燃为止。然后，在一定的时间内，先维持调整过的点火提前角不变。在此期间内，若又有爆燃发生，则继续以固定值减少点火提前角；若无爆燃发生，则此段缓冲时间过后，又开始逐渐以同样的固定值增大点火提前角，直至爆燃重新发生，又开始进行上述的反馈控制过程。

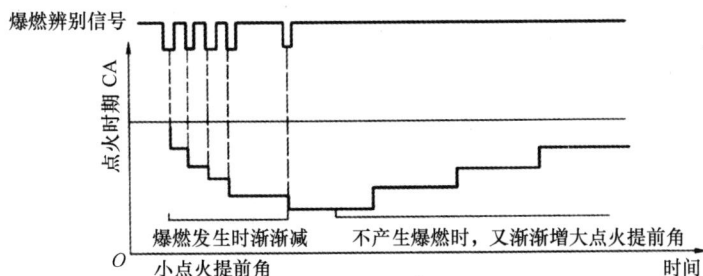

图 5-5 点火提前角的闭环控制

二、共振磁致伸缩式爆燃传感器

磁致伸缩式爆燃传感器应用较早，它是一种磁电感应式传感器，属于共振型爆燃传感器。其结构如图 5-6 所示，由永久磁铁、靠永久磁铁励磁的强磁性铁芯以及铁芯周围缠绕的感应线圈和壳体组成。

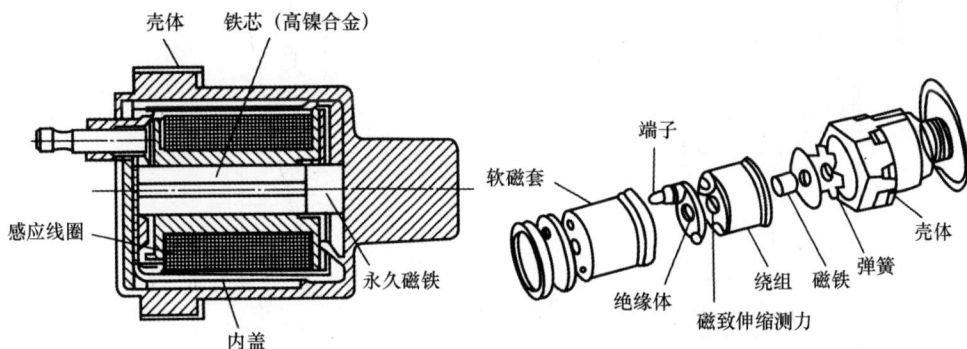

图 5-6 磁致伸缩式爆燃传感器的结构

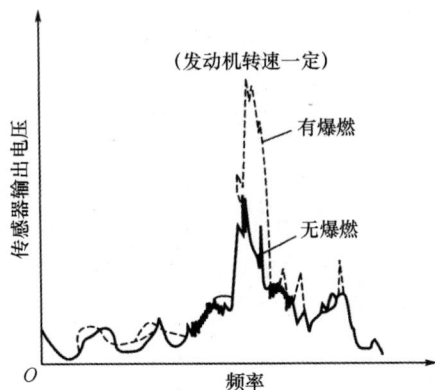

图 5-7 磁致伸缩式爆燃传感器的输出特性曲线

磁致伸缩式爆燃传感器安装在发动机上，它将发动机振动的频率变换成电压信号，来检测爆燃强度。其工作原理是：当发动机的气缸体出现振动时，外壳和感应线圈绕组随发动机振动，磁铁因弹簧的存在由于惯性而保持不动，这样磁铁和感应线圈间便存在相对运动。根据电磁感应原理，绕组中就会有感应电动势产生，当频率在 6～9kHz 时，传感器将产生共振，使传感器感应线圈的感应电压显著增大。如图 5-7 所示为磁致伸缩式爆燃传感器的输出特性曲线。

三、压电式爆燃传感器

压电效应是指当沿着一定方向向某些电介质施力而使其变形时，其内部会发生极化，同时在其表面产生电荷的现象。压电式爆燃传感器是利用结晶或陶瓷多晶体的压电效应硅压电效应，把爆燃传到缸体上的机械振动转换成电信号。压电式爆燃传感器从振动方式上可分为共振型和非共振型两种。共振型爆燃传感器是由与爆燃几乎具有相同共振频率的振子和能够检测振动压力并将其转换成电信号的压电元件构成，非共振型爆燃传感器是用压电元件直接检测爆燃信息的。

1. 共振型压电式爆燃传感器

共振型压电式爆燃传感器的结构如图 5-8 所示，主要由压电元件 5、振荡片 4、基座 3 等组成。压电元件 5 紧密地贴合在振荡片 4 上，振荡片则固定在传感器的基座 3 上。振荡片随发动机的振动而振荡，波及压电元件，使其变形而产生电压信号。当发动机爆燃时的振动频率与振荡片的固有频率相同时，振荡片产生共振，此时压电元件将产生最大的电压信号。共振型压电式爆燃传感器的输出特性曲线如图 5-9 所示。该爆燃传感器在发动机爆燃时输出的电压比较高，因此可判别有无爆燃产生。

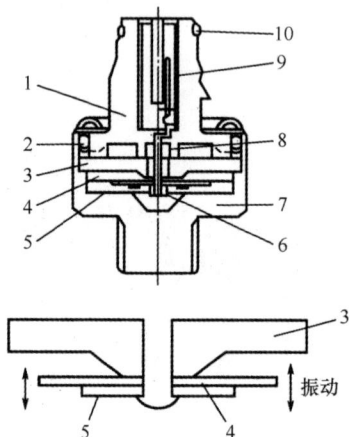

1—连接器；2、10—O 形环；3—基座；4—振荡片；
5—压电元件；6—引线端头；7—外壳；
8—密封剂；9—接线端子

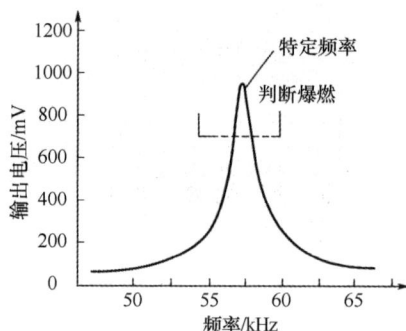

图 5-8 共振型压电式爆燃传感器的结构   图 5-9 共振型压电式爆燃传感器的输出特性曲线

2. 非共振型压电式爆燃传感器

非共振型压电式爆燃传感器由平衡块、压电元件、壳体、电气连接装置等组成，如图 5-10 所示。平衡块由螺钉固定在壳体上，两个压电元件同极性相向对接，输出电压由两个压电元件的中央取出。这种传感器与共振型传感器结构的不同之处在于它内部没有振荡片，但设置了一个平衡块。平衡块以一定的预紧力压紧在压电片上，当发动机产生爆燃时，发动机缸体的振动传到爆燃传感器壳体上，平衡块就产生一个正比于加速度的交变力，壳体与平衡块之间就产生相对运动，使夹在中间的压电元件所承受的压紧力发生变化，压电元件承受推压作用力产生电压，并作为电信号输出。非共振型压电式爆燃传感器结构简单，制造时不需要调整。

非共振型传感器在爆燃时输出电压较无爆燃时无明显增加，具有平缓的输出特性，不像共振型爆燃传感器在爆燃时会输出较高的电压。爆燃是否发生是靠滤波器检出传感器输出信号中有无爆燃频率来判别的。因此，必须将反映发动机振动频率的输出电压信号输送给识别爆燃的滤波器，以此判别发动机是否有爆燃产生。

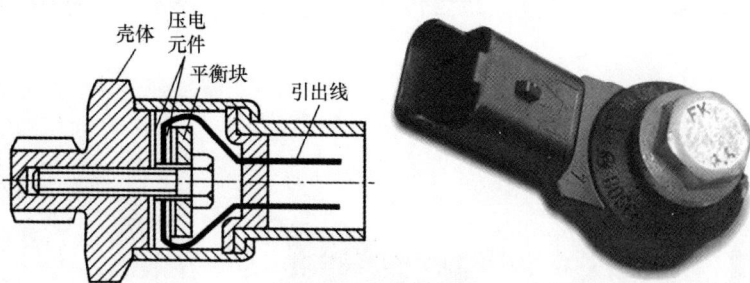

图 5-10 非共振型压电式爆燃传感器结构

3. 共振型压电式爆燃传感器与非共振型压电式爆燃传感器的比较

（1）电压。共振型在爆燃时输出电压明显增大，非共振型输出电压增大不明显。

（2）测量。共振型电压易于测量，但传感器必须与发动机配套使用；非共振型用于不同发动机时，只需调整滤波器的频率范围就可以工作，不需要更换传感器，通用性比较强，但爆燃信号的检测复杂一些。

（3）共振型爆燃传感器的输出波形可以直接观察出爆燃的波形，即爆燃点，而非共振型的爆燃传感器需经滤波器检出爆燃的信号。共振型和非共振型爆燃传感器输出波形如图5-11 所示。

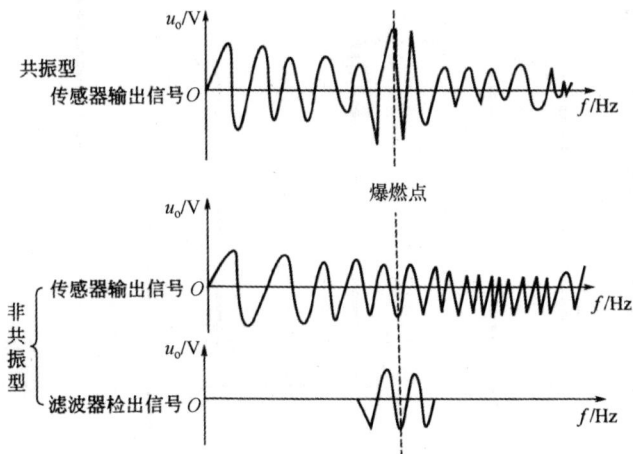

图 5-11 共振型和非共振型爆燃传感器输出波形

四、压电式爆燃传感器检测

1. 大众 CC 爆燃传感器

大众 CC 设有两个爆燃传感器。爆燃传感器 1（G61，白色插头）安装在缸体进气管侧

1、2缸之间，用于检测1、2缸的爆燃情况；爆燃传感器2（G66，蓝色插头）安装在缸体进气管侧3、4缸之间，用于检测3、4缸的爆燃情况。

　　大众CC爆燃传感器是根据压电原理制成的，传感器由压电陶瓷（压电元件）、惯性配重、壳体等组成，如图5-12所示。爆燃传感器1与发动机控制单元的电路连接如图5-13所示。

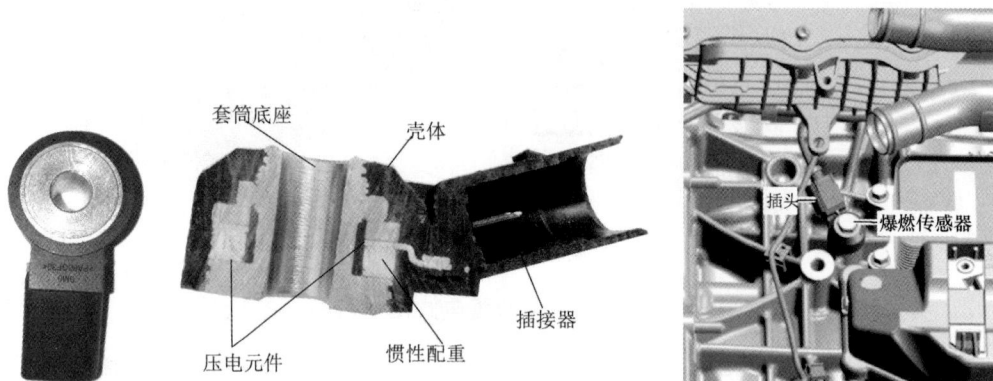

图5-12　爆燃传感器的结构及安装位置

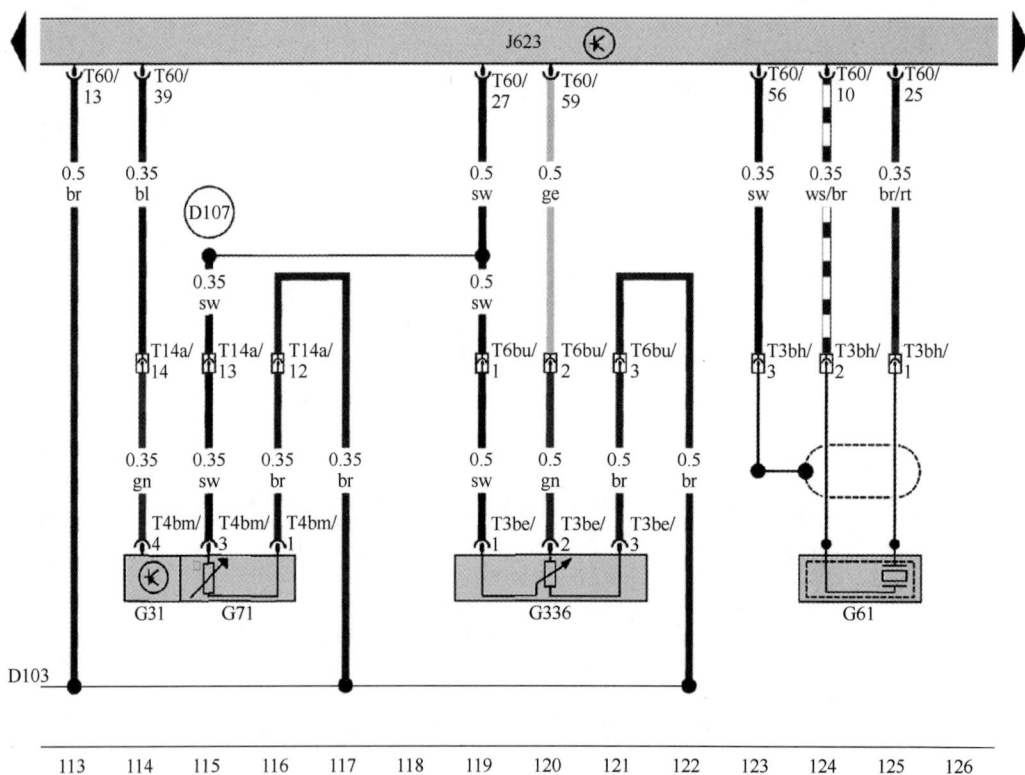

G31—增压压力传感器；G61—爆燃传感器1；G71—进气管压力传感器；G336—进气管风门电位计；J623—发动机控制单元，排水槽内中部；T3be—3芯插头连接；T3bh—3芯插头连接；T4bm—4芯插头连接；T6bu—6芯插头连接，气缸盖附近；T14a—14芯插头连接，发动机舱内左侧；T60—60芯插头连接；D103—连接3，在发动机舱导线束中；D107—连接5，在发动机舱导线束中

图5-13　爆燃传感器1与发动机控制单元的电路连接图

传感器的检测方法如下：

（1）爆燃传感器的随车检查。在进行爆燃传感器的检查时，可轻轻敲击该爆燃传感器附近的缸体，发动机的转速应随之下降。

（2）用正时灯观察点火提前角的变化。轻轻敲击该爆燃传感器附近的缸体，此时点火提前应该突然向后推迟，然后又向前提前，此现象说明爆燃传感器在起作用，爆燃传感器及其线路基本没有问题。反之，说明爆燃传感器或线路出现故障。

（3）在发动机工作过程中，如果爆燃传感器发生故障，监测爆燃信号中断，发动机 ECU 就会将点火提前角推迟一定角度，汽车在行驶过程中，驾驶员就会明显感觉到发动机动力不足，这时发动机电控系统会诊断到故障，并使故障指示灯点亮。

（4）电阻检查。关闭点火开关，分别拔下爆燃传感器的 3 芯插头，用万用表的电阻挡分别测量 3 芯插头各端子之间的电阻值，各端子间的电阻值应都大于 1MΩ。

（5）检测爆燃传感器线束的导通性。关闭点火开关，分别拔下爆燃传感器的 3 芯插头，然后拔下 ECU J623 控制单元插头。用万用表的电阻挡分别测量爆燃传感器 3 芯插座 T3bh/1、T3bh/2、T3bh/3 号端子与 ECU J623 控制单元的 T60/25、T60/10 及 T60/56 号端子之间的电阻值，应均小于 0.5Ω，如果电阻值过大或为无穷大，则线束与端子可能接触不良或存在断路，应及时排除。

（6）使用专用诊断仪 VAS 5052，通过诊断插座读取有关故障的信息：00524—G61 传感器对地开路或短路，或者 00540—G66 传感器对地开路或短路。

（7）检测爆燃传感器的输出信号。检测爆燃传感器的输出信号时，应先关闭点火开关，拔下传感器的连接器插头，再打开点火开关，起动发动机使之怠速运转，用示波器检测传感器的两个接线端子 T3bh/1 与 T3bh/2，应产生如图 5-14 所示的输出波形，否则，应更换爆燃传感器。用万用表检测两端子间电压，敲击缸体（人工模拟）时电压应大于 0.5V，发动机正常怠速时应小于 0.6V，起动时电压应大于 0.8V，发生爆燃时应大于 1.2V。

（8）爆燃传感器安装注意事项。为了避免爆燃传感器误传输爆燃信号，必须保证爆燃传感器固定螺栓的拧紧力矩准确无误。在安装爆燃传感器时若紧固扭矩过大，爆燃传感器感知气缸爆燃信号电压太低，从而出现点火过早现象；若紧固扭矩过小，爆燃传感器会感知气缸爆燃信号电压太高，从而出现点火过迟现象。

2. 新款凯美瑞非共振型爆燃传感器

常规型（共振型）爆燃传感器内置有振动板，该板具有与发动机爆燃频率相同的共振点，能检测此频段的振动。而平型（非共振型）爆燃传感器能够检测 6～15kHz 的更宽频带范围内的振动，它具有如下特性：

根据发动机转速的不同，发动机爆燃频率会有些许变化，即使在发动机爆燃频率变化时，平型爆燃传感器也能检测振动。因此，与常规型爆燃传感器相比，共振型传感器检测能力增强，并可获得更加精确的点火正时控制。爆燃传感器的输出特性曲线如图 5-15 所示。

如图 5-16 所示，平型传感器通过安装在气缸体上的双头螺栓安装在发动机上。供双头螺栓使用的孔穿过传感器的中心。在传感器内侧的上部分有钢制配重，压电元件穿过绝热体位于配重下方。该传感器整合了开路/短路检测电阻器。常规型爆燃传感器则是通过自身上的螺纹旋入缸体中。

—·—·— ： 常规型
———— ： 平型

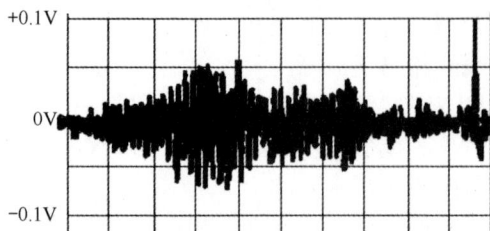

图 5-14 爆燃传感器的输出波形

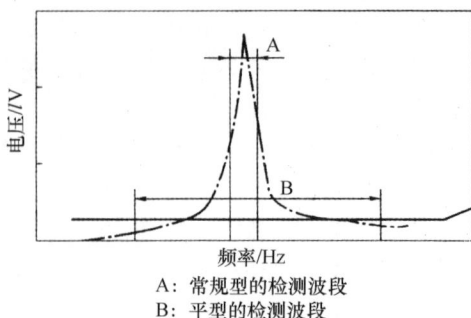

A：常规型的检测波段
B：平型的检测波段

图 5-15 爆燃传感器的输出特性曲线

非共振型爆燃传感器将爆燃振动传输给钢制配重，其惯性将压力施加给压电元件，该动作产生电动势，如图 5-17 所示。

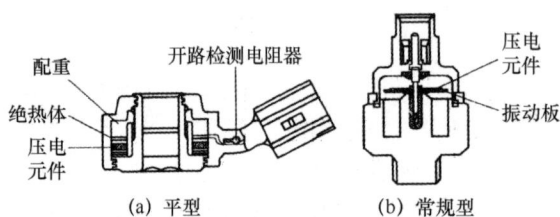

图 5-16 平型爆燃传感器和常规型爆燃传感器

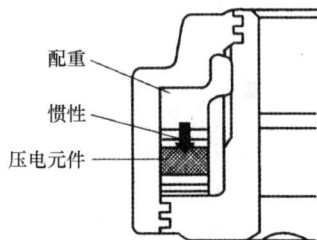

图 5-17 惯性将压力施加给压电元件

1）开路/短路电阻器的检测

打开点火，检测爆燃传感器中的开路/短路电阻器及发动机 ECU 中的电阻器时，保持发动机端子 KNK1（见检测电路图 5-18）处的电压恒定。发动机 ECU 中的 IC（集成电路）始终监视端子 KNK1 的电压，如果爆燃传感器和发动机 ECU 之间出现开路/短路，端子 KNK1 的电压将改变，发动机 ECU 出现开路/短路并存储 DTC（诊断故障码）。

2）维修提示

（1）当检测开路/短路电阻器时，传感器的检查方法随之更改。

（2）确保按照如图 5-19 所示的位置安装平型爆燃传感器，以防插接器中积水。

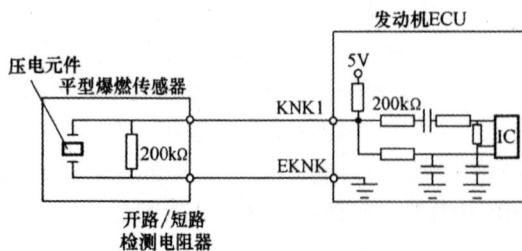

图 5-18 爆燃传感器检测电路

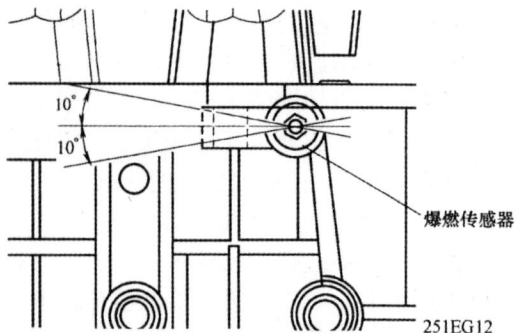

图 5-19 平型爆燃传感器安装位置

3. 帕萨特的非共振型压电式爆燃传感器

在帕萨特 1.8T 发动机上装的是非共振型压电式爆燃传感器，其结构如图 5-20 所示。它是由压电元件、惯性配重、套筒底座、壳体、传感器信号线、插头等组成。该传感器结构简单，制造时不需要调整。

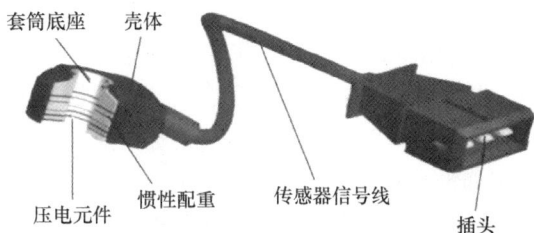

图 5-20 非共振型压电式爆燃传感器结构

帕萨特 1.8T 发动机爆燃传感器安装在进气管侧气缸体上部，一个在第 1、2 缸之间，另一个在第 3、4 缸之间，如图 5-21 所示为帕萨特发动机 2 号爆燃传感器安装位置。如图 5-22 所示为爆燃传感器的插头与插座，由图可知其有 3 个接线端子，其中 1、2 号为信号端子，3 号为屏蔽线端子。轻击缸体爆燃传感器就有信号产生，能将发动机的爆燃情况转成电信号输入 ECU，ECU 收到爆燃信号后将根据爆燃强度推迟点火时间，从而修正点火提前角，并能单独对每一个缸进行最佳点火提前角的控制，以清除发动机爆燃现象的发生，保证发动机输出的高功率、低油耗。如图 5-23 所示是爆燃传感器与 ECU 的控制电路。如图 5-24 所示为爆燃传感器电压波形，爆燃时传感器电压为 0.4～1.4V，它属于低频电压，所以易受外界干扰。

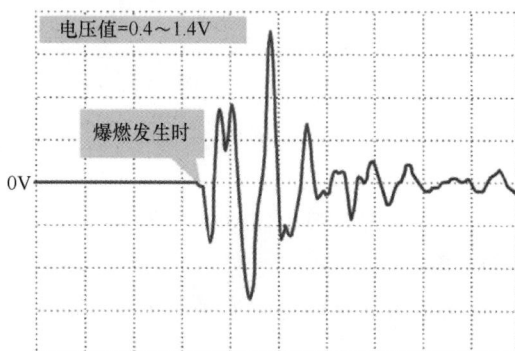

(a) 爆燃传感器插头   (b) 爆燃传感器插座

图 5-21 2 号爆燃传感器安装位置   图 5-22 爆燃传感器插头与插座

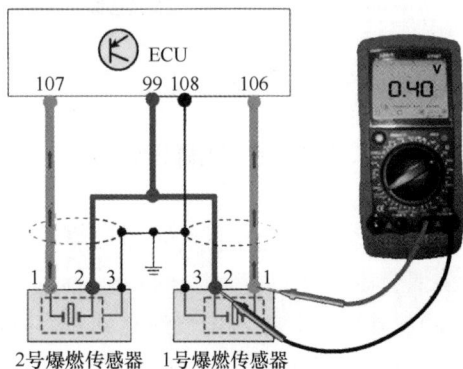

图 5-23 爆燃传感器与 ECU 的控制电路   图 5-24 爆燃传感器电压波形

第三节　碰撞传感器

碰撞传感器的作用是在汽车发生碰撞时，检测汽车碰撞强度，并将信号输入给安全气囊 ECU，安全气囊 ECU 根据碰撞传感器传送的信号来决定是否引爆气体发生器使气囊充气，保护乘员的安全。

碰撞传感器按其功用可分为碰撞信号传感器（Impact Sensor）和安全传感器（Safe Sensor）。平时所讲的碰撞传感器其实是指碰撞信号传感器，也有称为碰撞强度传感器、触发碰撞传感器，其作用是将汽车碰撞时的强度信号输入 SRS ECU，用于判断是否需要引爆气囊，一般采用机电结合式结构或机械式结构。正面的碰撞传感器常安装在散热器支架内，侧面的碰撞传感器安装在 B 柱内，如图 5-25 所示。安全传感器又称为碰撞防护传感器、防护传感器或保险传感器，一般安装在电子安全气囊 SRS ECU 内部，其功用是防止气囊在非碰撞情况下发生错误引爆。安全传感器与触发碰撞传感器串联，且一般采用电子式结构，电路连接如图 5-26 所示。

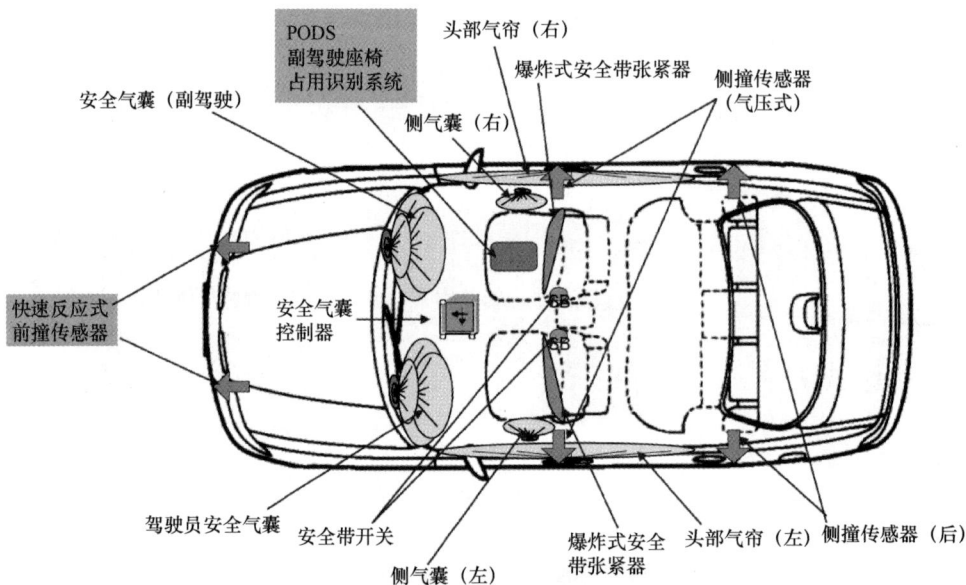

图 5-25　碰撞传感器在汽车上的位置

按照结构来分，碰撞传感器可分为机械式碰撞传感器、机电结合式碰撞传感器、电子式碰撞传感器。

机械式碰撞传感器常见的有阻尼弹簧式，没有电子设备，只靠机械力控制气囊电路的接通和切断。

机电结合式碰撞传感器是利用机械的运动（滚动或转动）来控制电气触点动作，再由触点断开和闭合来控制气囊电路的接通和切断，常见的有滚球式、滚轴式和偏心锤式。

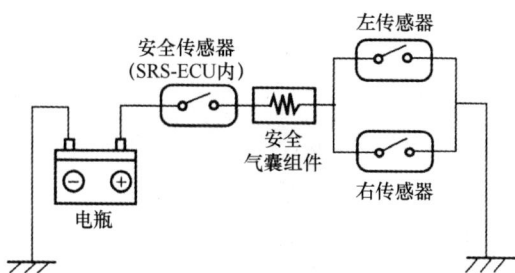

图 5-26 安全传感器与碰撞传感器的电路连接

电子式碰撞传感器没有电气触点,目前常用的有电阻应变式和压电效应式两种。电阻应变式碰撞传感器在发生碰撞时应变电阻发生变形,使电阻发生变化,传感器输出信号电压发生变化,当电压值超过预定值时,气囊被触发;压电式碰撞传感器在碰撞时压电晶片输出电压发生变化,当变化的电压达到预定值时,气囊被触发。

一、滚轴式碰撞传感器

1. 滚轴式碰撞传感器的结构

滚轴机电开关式碰撞传感器由止动销、滚轴、滚动触点、固定触点、片状弹簧和底座等零件构成,如图 5-27 所示。片状弹簧 5 的一端固定在底座 6 上,另一端略微弹起。滚轴 2 可沿片状弹簧 5 滚动,滚动触点 3 固定在滚轴 2 上,可随滚轴一起滚动并引出传感器的一个电极。固定在片状弹簧 5 上并与之绝缘的固定触点 4 接传感器的另一个电极。

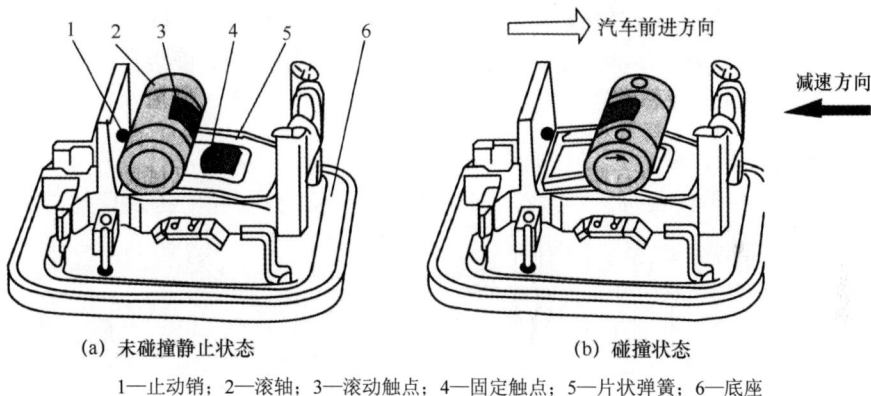

(a) 未碰撞静止状态 　　　　　　　　(b) 碰撞状态

1—止动销;2—滚轴;3—滚动触点;4—固定触点;5—片状弹簧;6—底座

图 5-27 滚轴机电开关式碰撞传感器的结构

2. 滚轴式碰撞传感器的工作原理

汽车未碰撞时,传感器处于静止状态,此时滚轴在弹起的片状弹簧作用下,靠向止动销一侧,滚动触点与固定触点形成的开关处于断开状态,传感器电路不接通,无碰撞信号输入。

当汽车碰撞且减速度达到碰撞强度设定时,滚轴由于惯性产生的惯性力大于片状弹簧的弹力,滚轴就会克服片状弹簧的弹力压下片状弹簧向右滚动,使滚轴上的滚动触点与片状弹簧上的固定触点接触,将传感器电路接通。丰田、本田和三菱汽车安全气囊系统采用了滚轴式碰撞传感器。

二、偏心锤式碰撞传感器

1. 偏心锤式碰撞传感器的结构

该碰撞传感器又叫偏心转子式碰撞传感器。传感器的结构如图 5-28 所示,主要由偏心锤 1 与 8、偏心锤臂 2 与 15、转动触点臂 3 与 11 及转动触点 6 与 13、固定触点 10 与 16、复位弹簧 19、挡块 9 等组成。

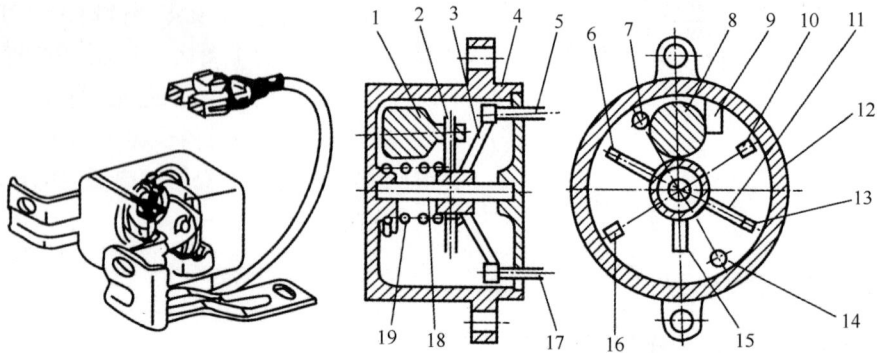

1、8—偏心锤；2、15—偏心锤臂；3、11—转动触点臂；4、12—壳体；5、7、14、17—固定触点接线端子；6、13—转动触点；
9—挡块；10、16—固定触点；18—传感器轴；19—复位弹簧

图 5-28　偏心锤式碰撞传感器的结构

转子总成由偏心锤 1、8，转动触点臂 3、11 及转动触点 6、13 组成，安装在传感器轴上。偏心锤 1 与 8 偏置安装在偏心锤臂 2 与 15 上；转动触点臂 3、11 两端固定有触点 6、13，触点随触点臂一起转动。两个固定触点 10、16 绝缘固定在传感器壳体上，并用导线分别将传感器接线端子 7、14 与端子 5、17 连接。

2．偏心锤式碰撞传感器的工作原理

当传感器处在静止状态时，在复位弹簧弹力作用下，偏心锤与挡块保持接触，转子处于静止状态，转动触点与固定触点处于断开状态，如图 5-29（a）所示。

当汽车遭受碰撞时，偏心锤的惯性力矩大于复位弹簧的弹力力矩，惯性力矩就会克服弹簧力矩使转子总成转动，从而带动转动触点臂转动，使转动触点与固定触点接触，接通 SRS 气囊的搭铁回路，如图 5-29（b）所示。丰田雷克萨斯 LS400 轿车使用的是偏心锤式碰撞传感器。

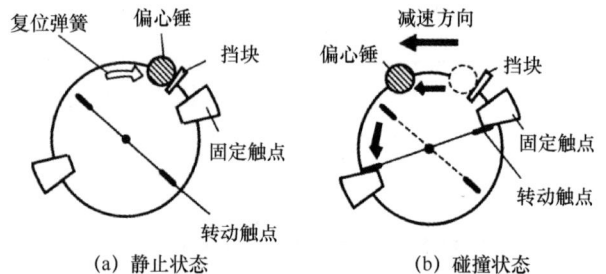

(a) 静止状态　　　　　　　(b) 碰撞状态

图 5-29　偏心锤式碰撞传感器工作原理

三、滚球式碰撞传感器

1．滚球式碰撞传感器的结构

滚球式碰撞传感器又称偏压磁铁式碰撞传感器，如图 5-30 所示，该传感器主要由固定触点 1、滚球 2、永久磁铁 3 和壳体等零件构成。滚球用铁材料制成，能在柱状滚道内滚动。略带弹性的两个固定触点绝缘固定在壳体上，并分别引出两个传感器引线端子。日本尼桑和马自达汽车公司采用这种滚球式碰撞传感器，用于 SRS 安全气囊系统。该碰撞传感器由

德国博世公司生产。

2. 滚球式碰撞传感器的工作原理

汽车未碰撞时传感器状态如图5-30（a）所示，传感器处于静止状态，滚球在永久磁铁的磁力作用下，被吸向磁铁，静止于磁铁侧，两个触点未被连通，无碰撞信号输入。

当汽车受碰撞且减速度达到碰撞强度设定的值时，滚球由于惯性产生的惯性力大于永久磁铁的磁力，滚球克服磁力在柱状滚道内滚动到两个固定触点侧，将两个固定触点搭接如图5-30（b）所示，使传感器电路接通，碰撞强度信号即输入。

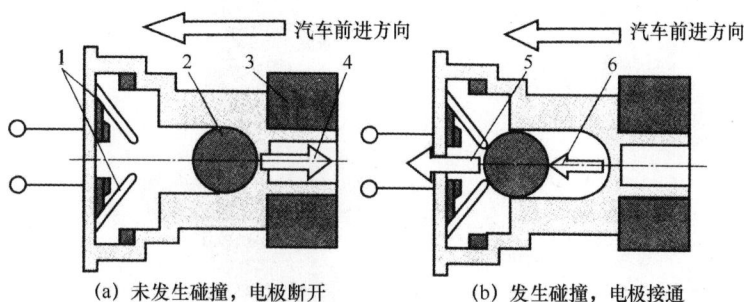

(a) 未发生碰撞，电极断开　　　(b) 发生碰撞，电极接通

1—固定触点；2—滚球；3—永久磁铁；4—磁力；5—碰撞时的惯性力；6—惯性力与磁力的合力

图5-30　滚球机电开关式碰撞传感器

四、电阻应变计式碰撞传感器

电阻应变计式碰撞传感器的结构如图5-31（a）所示，主要由电子电路4、电阻应变计5、振动块6、缓冲介质7和壳体3等组成。电子电路包括稳压与温度补偿电路W、信号处理与放大电路A。应变计的电阻R_1、R_2、R_3、R_4制作在硅膜片8上，如图5-31（b）所示。当膜片产生变形时，应变电阻的阻值就会发生变化。为了提高传感器的检测精度，应变电阻一般都连接成桥式电路，并设计有稳压和温度补偿电路，如图5-31（c）所示。

当汽车遭受碰撞时，振动块振动，缓冲介质随之振动，应变计的应变电阻产生变形，阻值随之发生变化，经过信号处理与放大后，传感器S端输出的信号电压就会发生变化。SRS ECU根据电压信号强弱便可判断碰撞的强度，即碰撞激烈程度。如果信号电压超过设定值，SRS ECU就会立即向点火器发出点火指令引爆点火剂，使充气剂受热分解产生气体。

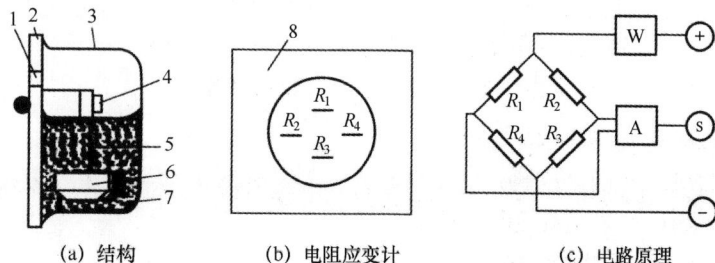

(a) 结构　　　　(b) 电阻应变计　　　　(c) 电路原理

1—密封树脂；2—传感器底板；3—壳体；4—电子电路；5—电阻应变计；6—振动块；7—缓冲介质；8 硅膜片

图5-31　电阻应变计式碰撞传感器

五、压电式碰撞传感器

压电式碰撞传感器在车辆发生侧面碰撞时，测量前车门内空气压力的突然变化情况。这种压力传感器按工作原理分成两种：压电式压力传感器和电容式压力传感器。这两种压力传感器都带有电子分析机构，传感器与电子分析机构装配在一个壳体内，如图 5-32 所示。

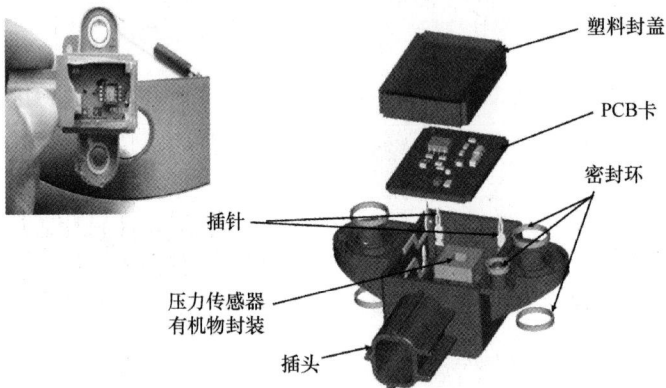

图 5-32　压电式碰撞传感器结构

1. 压电式压力传感器

压电式压力传感器的传感器单元是个密封的空腔，其上蒙着附有压电晶体层的膜片。压力作用到膜片上时，膜片会内凹，这就引起压电晶体上出现电荷迁移。电子分析机构将这种电荷迁移转换成电压，并将电压信号传送给安全气囊控制单元，如图 5-33 所示。

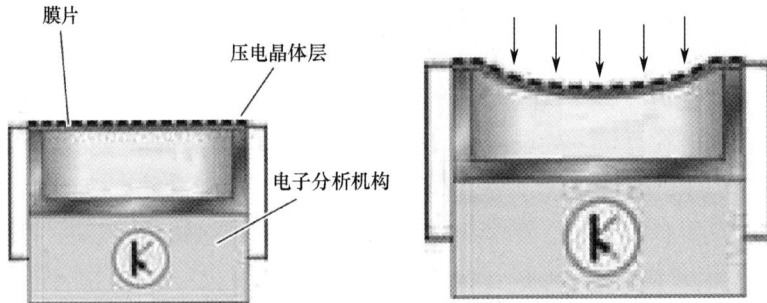

图 5-33　压电式压力传感器工作原理

2. 电容式压力传感器

电容式压力传感器的结构就像一个电容器。电容器极片 1 固定在一个密封的空腔内，电容器极片 2 以膜片的形式处于张紧状态。

如果膜片上作用有压力，那么电容器极片之间的距离就会发生变化，如图 5-34 所示。电子分析机构会对这种变化进行处理，并将信号传送给安全气囊控制单元。

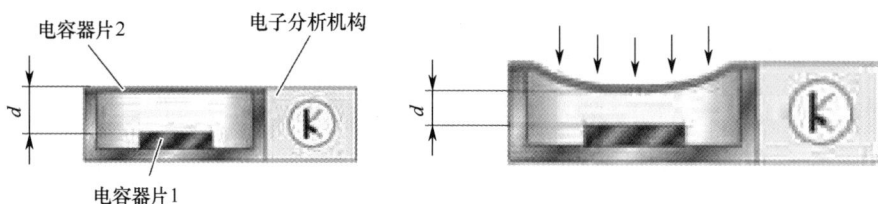

图 5-34 电容式压力传感器工作原理

六、水银开关式碰撞传感器

1. 水银开关式碰撞传感器的结构

水银开关式碰撞传感器利用水银导电良好的特性制成。一般用作防护传感器（安全传感器）。水银开关式碰撞传感器结构如图 5-35 所示，由电极 1 和 5、密封圈 2、水银珠 4、螺塞 6 和壳体 3 等零件构成。其中能够在管状壳体内移动的水银珠是一个良导电体。安装在绝缘螺塞上的两个电极互相绝缘，并各引出一个传感器电极。螺塞和壳体也是绝缘的。

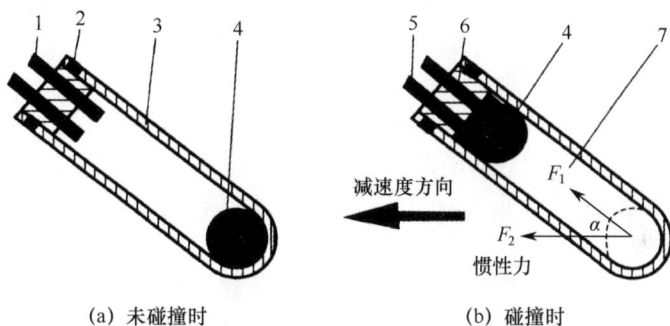

1—接引爆管电极；2—密封圈；3—壳体；4—水银珠；5—接电源电极；6—螺塞；7—水银运动方向

图 5-35 水银开关式碰撞传感器的结构

2. 水银开关式碰撞传感器的工作原理

汽车未碰撞时，如图 5-35（a）所示，传感器处于静止状态，水银珠在重力作用下处于壳体下端，传感器的两电极断开，传感器电路未接通，无碰撞信号。

当汽车碰撞且减速度达到碰撞强度设定值时，如图 5-35（b）所示，水银珠由于碰撞产生的惯性力在壳体轴线方向的分力，克服了水银珠重力在壳体轴线方向的分力，将水银珠抛向传感器电极一端，并将两电极接通，产生碰撞强度信号。

七、碰撞传感器的检测

以丰田卡罗拉前碰撞传感器为例，说明碰撞传感器的检测过程，其安全气囊系统电路如图 5-36 所示。

前碰撞传感器（右侧）　　　　　　　　　气囊传感器总成

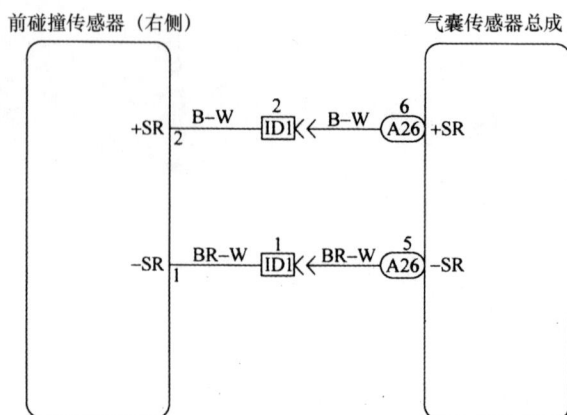

图 5-36　安全气囊系统电路

检测步骤：

（1）检测右前碰撞传感器电路。断开蓄电池负极电缆并等待至少 90s，断开安全气囊电控单元与右前碰撞传感器间的插接器，接回蓄电池负极电缆。将点火开关转至"ON"位置，检测右坐椅安全带预张紧器与安全气囊电控单元间的插接器（在安全气囊电控单元侧）端子 A26-6（+SR）与车身间及端子 A26-5（−SR）与车身间的电压，正常应小于 1V。若正常，则进行下一步检测。若不正常，则进行第 7 步检测。

（2）检测右前碰撞传感器电路。断开蓄电池负极电缆并等待至少 90s，检测右前碰撞传感器与安全气囊电控单元间的插接器（在安全气囊电控单元侧）端子 A26-6 与车身间及端子 A26-5 与车身间的电阻，正常应为 1MΩ 或更大。若正常，则进行下一步检测。若不正常，则进行第 8 步检测。

（3）检测右前碰撞传感器电路。检测右前碰撞传感器与安全气囊电控单元间的插接器（在安全气囊电控单元侧）端子 A26-5 与 A26-6 间的电阻，正常应小于 1Ω。若正常，则进行下一步检测。若不正常，则进行第 9 步检测。

（4）检测右前碰撞传感器电路。用跨接线连接安全气囊电控单元与右前碰撞传感器间的插接器（在右前碰撞传感器侧，右前碰撞传感器插接器如图 5-37 所示）端子 2（+SR）与 1（−SR），检测右前碰撞传感器与安全气囊电控单元间的插接器（在安全气囊电控单元侧）端子 A26-6 与 A26-5 间的电阻，正常应小于 1Ω。若正常，则进行下一步检测。若不正常，则进行第 10 步检测。

（5）检测右前碰撞传感器。检测右前碰撞传感器插接器端子 2（+SR）与 1（−SR）间的电阻，正常应为 850Ω。若正常，则进行下一步检测。若不正常，则更换右前碰撞传感器。

（6）检测安全气囊电控单元。将点火开关转至"LOCK"位置，断开蓄电池负极电缆并等待至少 90s，插回右前安全气囊电控单元插接器和安全气囊电控单元插接器，接回蓄电池负极电缆并等待至少 2s，将点火开关转至"ON"位置并等待至少 90s，清除 SRS 故障码。将点火开关转至"LOCK"位置并等待至少 20s，将点火开关转至"ON"位置并等待至少 60s，读取 SRS 故障码，这时应没有故障码 B1156、B1157。若正常，则用模拟故障症状的方法进行检测。若不正常，则更换安全气囊电控单元。

（7）检测发动机室主配线。断开蓄电池负极电缆并等待至少 90s，断开发动机室主配线与右前碰撞传感器间的插接器，接回蓄电池负极电缆。将点火开关转至"ON"位置并等待至少 60s，如图 5-38 所示，检测安全气囊电控单元与发动机室主配线间的插接器（在右前门配线侧）端子+SR 与−SR 的电压，正常应小于 1V。若正常，则修理或更换仪表板配线。若不正常，则修理或更换发动机室主配线。

（8）检测发动机室主配线。断开发动机室主配线与右前气囊传感器间的插接器，如图 5-38 所示，检测安全气囊电控单元与发动机室主配线间的插接器（在右前门配线侧）端子+SR 与车身间及端子−SR 与车身间的电阻，正常应为 1MΩ 或更大。若正常，则修理或更换仪表板配线。若不正常，则修理或更换发动机室主配线。

图 5-37　右前气囊传感器插接器

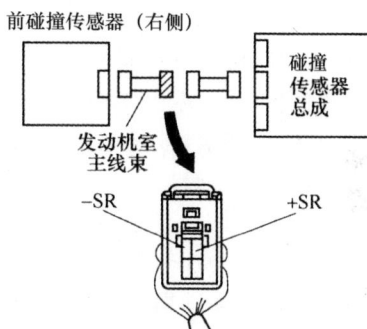

图 5-38　安全气囊电控单元与发动机室主配线间的插接器

（9）检测发动机室主配线。断开发动机室主配线与右前碰撞传感器间的插接器，检测安全气囊电控单元与发动机室主配线间的插接器（在右前门配线侧）端子+SR 与−SR 的电阻，正常应小于 1Ω。若正常，则修理或更换仪表板配线。若不正常，则修理或更换发动机室主配线。

（10）检测发动机室主配线。断开发动机室主配线与右前碰撞传感器间的插接器，用跨接线连接发动机室主配线与右前碰撞传感器间的插接器（在右前碰撞传感器侧）端子 2（+SR）与 1（−SR），检测安全气囊电控单元与发动机室主配线间的插接器（在发动机室配线侧）端子+SR 与−SR 间的电阻，正常应小于 1Ω。若正常，则修理或更换仪表板配线。若不正常，则修理或更换发动机室主配线。

第六章

气体浓度传感器

发动机上进行反馈控制的传感器是氧传感器，它安装在发动机的排气管上，作用是通过检测排放气体中氧的含量来获得混合气的空燃比浓稀信息，并将检测结果转换成电压信号输入 ECU，ECU 根据氧传感器输入的信号，不断地对喷油脉宽进行修正，使混合气浓度保持在理想范围内，实现空燃比的反馈控制，即闭环控制。利用氧传感器对发动机混合气的空燃比进行闭环控制，能使过量空气系数控制在 0.98～1.02 范围内，使发动机在各种工况下获得最佳浓度的混合气，使有害气体的排放量降到最低，减少汽车排气污染。

目前汽车上采用的氧传感器有二氧化钛（TiO_2）式和二氧化锆（ZrO_2）式宽量程氧传感器。氧传感器又分为加热型氧传感器和非加热型氧传感器两种。

随着汽油缸内直接喷射发动机（GDI）和燃油分层喷射发动机（FSI）的大量使用，均质稀薄燃烧技术也日益成熟。只能在理论空燃比附近间接测量混合气浓度的二氧化钛和二氧化锆式氧气传感器已不能适应监测的需要，宽量程氧传感器随之出现。这种传感器能在混合气极稀薄条件下，连续地检测出空燃比，实现稀薄领域的反馈控制。

氮氧化物是可燃混合气在高温、高压下燃烧后的产物，稀薄燃烧技术的应用，使在高温富氧的条件下更易生成 NO_x，为了降低排放，在还原存储型催化转化器的后端加装了感测氮氧化物浓度的 NO_x 传感器，用于给 ECU 传输 NO_x 浓度信号，使电控发动机适时对存储在还原存储型催化转化器中的氮氧化物进行催化还原，最终以氮气形式排出车外。烟雾浓度传感器用于空气净化，该传感器通过检测烟雾浓度，可使空气净化器自动运转或停止，从而达到净化驾驶室内空气的目的。

第一节 氧传感器

现在的三元催化转化器大都安装在排气歧管近端，以便更有效地净化排气中 CO、C_xH_y 和 NO_x 三种主要的有害成分。但三元催化转化器只能在混合气的空燃比接近理论值的一个窄小范围内才能有效地起到净化作用。故在排气管中安装氧传感器，以检测废气中的氧浓度，并将其转换成电压信号，输入发动机 ECU，测定空燃比，从而反馈控制喷油量，使空燃比接近于 14.7：1 的理论值。

一、二氧化锆式氧传感器

1. 二氧化锆式氧传感器的结构和工作原理

二氧化锆式氧传感器的基本元件是二氧化锆陶瓷（固体电解质），陶瓷体制成管状，因此也称锆管。锆管固定在带有安装螺纹的固定套中，锆管内外表面都覆盖着一层多孔性的透气铂膜作为电极，氧传感器安装在排气管上，其内表面与大气接触，外表面与废气接触，为了防止废气中的杂质腐蚀铂膜，在锆管外表面的铂膜上覆盖着一层多孔的氧化铝保护层，并加装了一个防护套管，套管上开有通气槽。这样既可以防止废气烧蚀电极，又可以保证废气渗进保护层和电极接触，导线将锆管内表面铂极经绝缘套从传感器引出，如图 6-1 所示。锆管的陶瓷体是多孔的，允许氧渗入该固体电解质内，温度高于 300℃时，氧气发生电离，氧气渗入锆管的多孔陶瓷体，由于锆管内、外侧氧含量不一致，存在浓度差，因此氧离子从大气侧向排气一侧扩散，从而使锆管成为一个微电池，在两铂极间产生电压，如图 6-2 所示。当混合气的实际空燃比小于理论值，即发动机以较浓的混合气运转时，排气中氧含量少，CO、C_xH_y 等浓度较高。这些气体在锆管外表面的铂催化作用下与氧发生反应，将耗尽排气中残余的氧，使锆管外表面氧气浓度变为零，这就使得锆管内、外侧氧浓度差加大，两铂极间电压陡增，可以产生约 1V 的电压；当混合气的实际空燃比大于理论值，即发动机以较稀的混合气运转时，氧气浓度高，CO、C_xH_y 浓度低，在锆管外表面的铂催化作用下，即使 CO、C_xH_y 气体完全与氧发生反应，排气中仍有残余的氧存在，由于内外两侧氧的浓度差较小，几乎不能产生电动势，此时输出电压几乎为零。因此，锆管传感器产生的电压将在理论空燃比时发生突变。

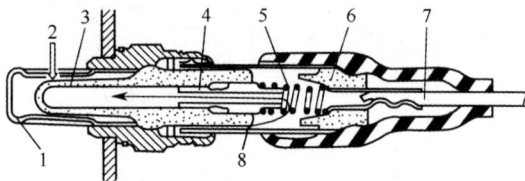

1—防护套管；2—废气；3—锆管；4—电极；5—弹簧；6—绝缘体；7—信号输出导线；8—空气

图 6-1　二氧化锆氧传感器的构造

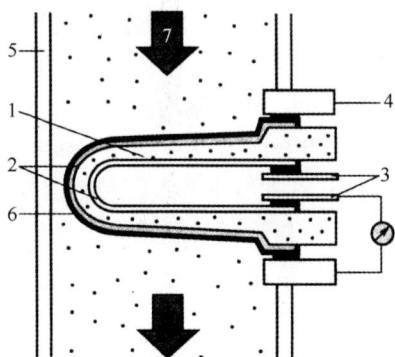

1—锆管；2—电极；3—电极引线；4—壳触点；5—排气管；6—多孔陶瓷支承；7—废气

图 6-2　二氧化锆式氧传感器工作原理

根据氧传感器所产生的电压值就可测量氧传感器外表面的氧气含量，而发动机废气排放中的氧含量主要取决于混合气的空燃比，因此，ECU 根据氧传感器输入的电信号分析汽油的燃烧状况，以便及时修正喷油量，使空燃比处于理想状况，即使空气过量系数

λ=1，所以这种传感器又称 λ 传感器。要准确地完全保持混合气浓度为理论空燃比是不可能的，实际上氧传感器对喷油器的反馈调节是动态的，只能使混合气在理论空燃比附近一个较小的范围内波动，故氧传感器的输出电压在 0.1～0.8V 范围内不断变化（通常每10s 内变化 8 次以上）。如果氧传感器输出电压变化过缓（每 10s 内少于 8 次）或电压保持不变（不论保持在高电位或低电位），则表明氧传感器本体或线路有故障，需检查线路或更换传感器。

2．加热型二氧化锆式氧传感器

二氧化锆式氧传感器输出信号的强弱与工作温度有关，只有在 300℃以上时传感器才能正常工作，早期使用的氧传感器靠排气加热，这种传感器必须在发动机起动运转数分钟后才能开始工作，因此，电控发动机在氧传感器正常工作之前是开环控制的。现在，大部分汽车使用带加热器的氧传感器，这种传感器在原来传感器的基础上，增加了一个陶瓷加热元件用于加热传感器，如图 6-3 所示，可在发动机起动后的 20～30s 内迅速将氧传感器加热至工作温度，扩大了空燃比闭环控制的工作范围，故又称加热型氧传感器。

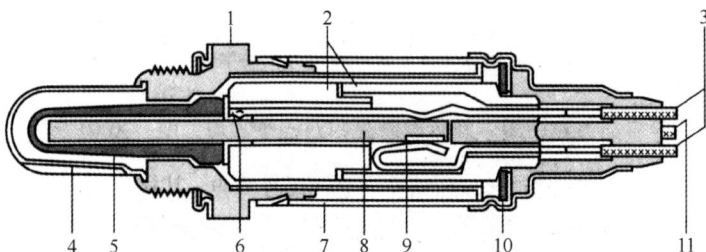

1—壳体；2—陶瓷管支承；3—加热电缆；4—带槽的保护套；5—二氧化锆；6—接触部件；7—外保护套；8—加热元件；
9—电加热接头；10—弹簧垫圈；11—氧传感器信号线

图 6-3　加热型二氧化锆氧传感器的结构

氧传感器有一线制、两线制、三线制、四线制四种类型。一线制只有一根信号线与发动机 ECU 连接，传感器的另一极直接接搭铁；两线制的两根线均与 ECU 相连，一根为信号线，另一根接入 ECU 搭铁；三线制、四线制均属于加热式氧传感器，由于添加了两根加热元件的接线，和氧传感器信号线组合成为三线制或四线制。加热元件的两根接线，一根直接控制继电器或主继电器，接受 12V 加热电压，一根由 ECU 控制搭铁端，控制加热时间。氧传感器加热元件是正比例系数热敏材料制成的，在传感器与线束断开的情况下，可以通过测量其阻值来对加热元件进行检测。

3．双氧传感器系统

随着排放法规越来越严格，越来越多的车辆都在三元催化转化器的前后端分别安装了氧传感器，称为双氧传感器系统，一个在三元催化转化器之前，称作主氧传感器或上游氧传感器，用于混合气反馈控制，发动机电脑根据主氧传感器的反馈信号，增加或减少喷油量，将实际空燃比控制在理论空燃比附近；另一个位于三元催化转化器之后，称作副氧传感器或下游氧传感器，用于监测三元催化转化器的催化净化效率。

因为正常运行的三元催化转化器在转化 C_xH_y 和 CO 时要消耗氧气，所以副氧传感器输出的电压信号比主氧传感器输出的电压信号波动要缓慢得多。两个氧传感器的电压幅值差值可反映出三元催化转化器存储氧以及转换有害气体的能力。当三元催化转化器损坏时，其转化效率丧失，这时在其前后的排气管中的氧气量十分接近，几乎相当于没有安装三元催化转化器，前、后两氧传感器的信号电压波形就趋于相同，并且电压波动范围也趋于一致，此时表明三元催化转化器转化能力下降。Ⅱ型车载诊断系统监视系统正是根据这个原理来检测三元催化转化器转化效率的。

二、二氧化钛式氧传感器

1. 二氧化钛式氧传感器的工作原理

二氧化钛式氧传感器与二氧化锆式氧传感器在测量氧气浓度的原理上有很大的不同：二氧化锆式氧传感器以浓差电池原理为基础，通过浓度差异产生电压，判断混合气的稀浓。二氧化钛式氧传感器则是利用气敏电阻的原理，通过氧气浓度引起的二氧化钛电阻值的改变来判定混合气状态，故又称电阻型氧传感器。

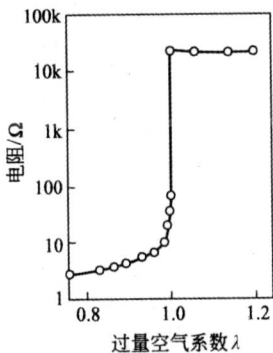

图6-4 二氧化钛电阻值与过量空气系数的关系

二氧化钛的电阻值与温度和含氧量有关。当周围气体介质中的氧元素多时，二氧化钛的电阻值增大；反之，当氧元素少时，电阻值减小。在室温下，二氧化钛是具有很高阻值的半导体，当二氧化钛式氧传感器被放入排气管中后，排气中氧含量少（混合气浓）时，其晶体出现空缺，产生更多的电子用来传送电流，材料的阻值也随之大大降低；当混合气较稀时，排气中氧较多，二氧化钛阻值将增加，特别是 $\lambda=1$ 在临界点处产生突变，二氧化钛电阻值与过量空气系数的关系如图6-4所示。

2. 新型二氧化钛式氧传感器的构造

本田、丰田等车型应用的新型二氧化钛式氧传感器由发动机 ECU 提供 1V 基准电压，外形和原理与二氧化锆式氧传感器相似，但为了使二氧化钛式氧传感器有着与二氧化锆式氧传感器相同的变化电压，即和二氧化锆式氧传感器输出的 0～1V 电压值一致，将其参考电压由原来的 5V 变为 1V，同时，为了降低传感器的重量和更换时的成本，将其中的精密电阻转移到了 ECU 内部，其结构如图6-5所示。

如图6-6所示，ECU 的 A 端子将一个恒定的 1V 电压加在二氧化钛式氧传感器的 A 端上，传感器的另一端子 B 与 ECU 的 B 端相接。当排出的废气中氧浓度随发动机混合气浓度变化而变化时，氧传感器的电阻随之改变，ECU 的 B 端子电位也随着变化，当 B 端子上的电压高于参考电压时，ECU 判定混合气过浓；当 B 端子上的电压低于参考电压时，ECU 判定混合气过稀。通过 ECU 的反馈控制，可保持混合气的浓度在理论空燃比附近。在实际的反馈控制过程中，二氧化钛式氧传感器与 ECU 连接的 B 端子上的电压也是在 0.1～0.9V 范围内不断变化的，这一点与二氧传锆式氧传感器是相似的。

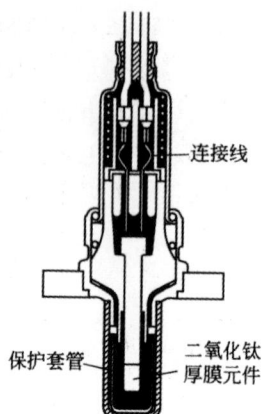

图 6-5 二氧化钛式氧传感器的结构

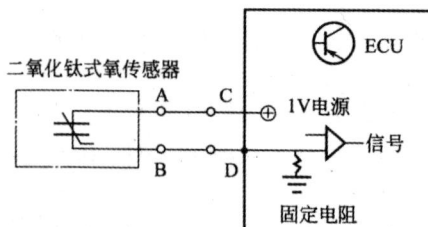

图 6-6 二氧化钛式氧传感器工作原理

三、氧传感器检测

1. 新款捷达二氧化锆式氧传感器的检测

新款捷达使用二氧化锆式氧传感器，部件代号 G39、G130，其接线图和端子布置如图 6-7 所示，T4b/1、T4b/2 端为加热元件接头，T4b/1 端由供电继电器 J317 的端子 68 提供蓄电池电压，T4b/2 端为搭铁端，接发动机控制单元 J623，由 J623 控制加热时间；T4b/3、T4b/4 端为氧传感器信号端，T121/37 端为信号电压正极，T121/17 端为信号电压负极（即搭铁端）。

（1）故障现象判断。氧传感器对汽车电子控制燃油喷射发动机正常运转和尾气排放起着至关重要的作用，一旦氧传感器或其连接线路出现故障，不但会使排放超标，还会出现回火、爆燃、怠速熄火、发动机运转失准、油耗增大等各种故障，使发动机工况恶化。

（2）解码器检测。氧传感器的异常工作，都会在 ECU 中存储故障码。因此，通过专用或通用解码器，可以查出氧传感器的故障代码（00525—氧传感器 G39、G130 无信号，或氧传感器 G39、G130 对正极短路），或者通过读取数据流，如果氧传感器示数长时间停滞在一个数值不变或变化缓慢，说明氧传感器有故障。

（3）检测加热元件的阻值。在室温下，可用万用表进行检测。检测时，拔下氧传感器线束插头，检测插头上端子 T4b/1 与 T4b/2 之间的阻值，在常温下阻值应为 1～5Ω。如常温下阻值为无穷大，说明加热元件断路，应更换氧传感器。

（4）检测传感器加热元件的电源电压。氧传感器加热元件的电压为蓄电池电压，当点火开关接通使燃油泵继电器触点接通时，加热元件的电源即被接通。检测加热元件的电压时，拔下氧传感器插头，起动发动机，检测连接器插座上的端子 T4b/1 与 T4b/2 之间的电压，电压值应不低于 11V。如电压为零，说明熔丝（SC28 15A）断路或燃油泵继电器触点接触不良，分别检修即可。

（5）检测传感器的信号电压。由于当氧传感器工作温度低于 300℃ 时，氧传感器没有达到正常工作温度，无信号输出，因此应在二氧化锆式氧传感器处于 300℃ 以上工作状态时测量其输出电压。用汽车万用表测压法检查二氧化锆式氧传感器的具体方法是：使发动机转速在 2500r/min 时运行约 90s，插头与插座连接，将数字式万用表连接到氧传感器端子

T4b/3 与 T4b/4 连接的导线上，当供给发动机浓混合气（加速踏板突然踩到底）时，信号电压应为 0.7～1.0V；当供给发动机稀混合气（拔下空气流量传感器至发动机之间的真空管）时，信号电压应为 0.1～0.3V。否则说明氧传感器失效，应予以更换。

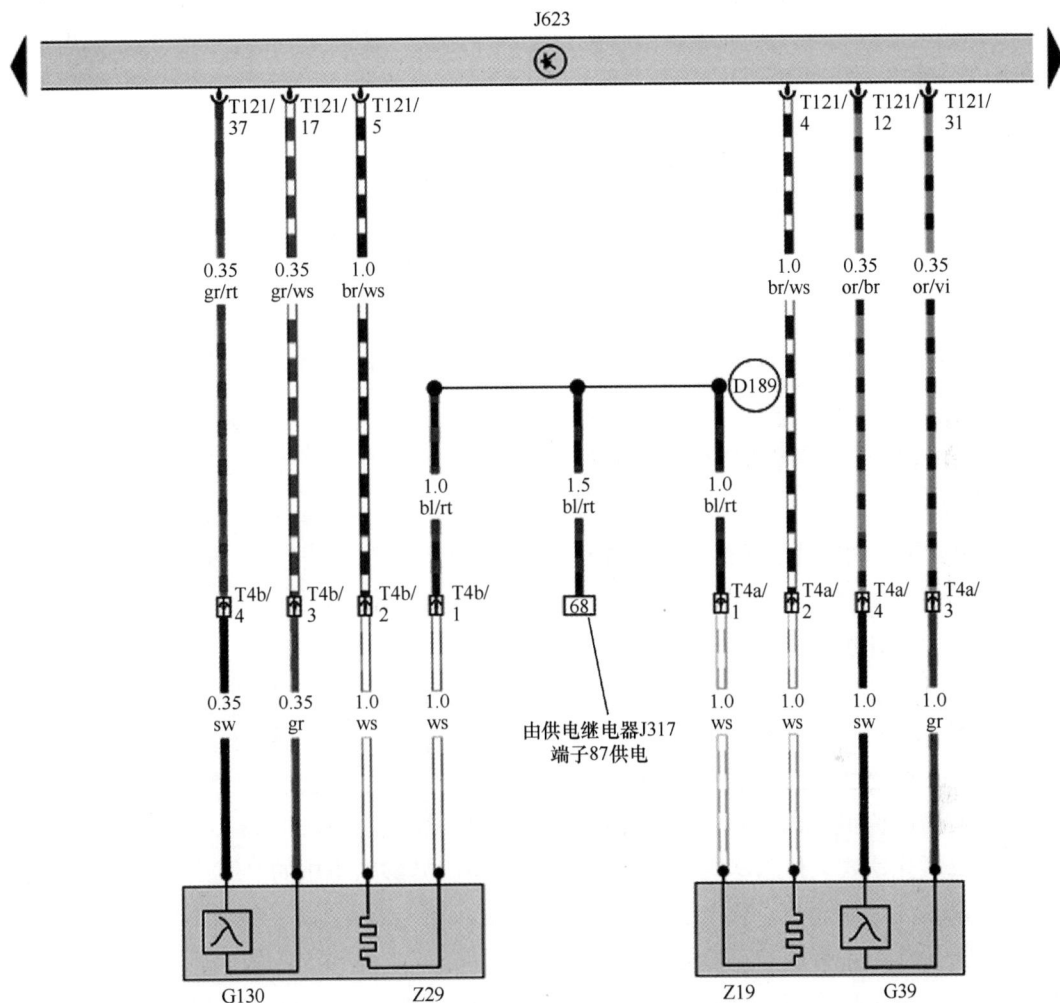

图 6-7　氧传感器接线图与端子布置

G39—λ 传感器；G130—尾气催化净化器后的 λ 传感器；J623—Simos 发动机控制单元；Z19—氧传感器加热装置；Z29—尾气催化净化器后的氧传感器加热装置；T4a—4 芯棕色插头连接；T4b—4 芯黑色插头连接；T121—121 芯插头连接

（6）检测氧传感器的信号变化频率。可将一只发光二极管和一只 300Ω 的电阻串联接在传感器端子 T4b/3 与 T4b/4 连接的导线之间进行检测。二极管核极连接到 T4b/3 端子上，二极管的负极经 300Ω 电阻连接到连接器 T4b/4 端子上。发动机怠速或部分负荷运转时，发光二极管应当闪亮。闪亮频率每分钟应不低于 10 次，如二极管不闪或闪亮频率过低，说明氧传感器失效，应更换传感器。用万表检测检查在 10s 内摆动的次数为 8 次或更多。

（7）示波器检测。用示波器检测氧传感器输出的信号波形，可以很直观地判定氧传感器是否良好。测试方法是：起动发动机，使传感器预热到 300℃以上，发动机处于闭环工作状态时，用探针连接到传感器连接器信号端子 T4b/3 和 T4b/4 上，从怠速开始增大转速，观察氧传感器输出信号波形，并与正常波形比较，判断传感器的好坏。图 6-8 为氧传感器发动机在怠速和2500r/min 时的正常波形。

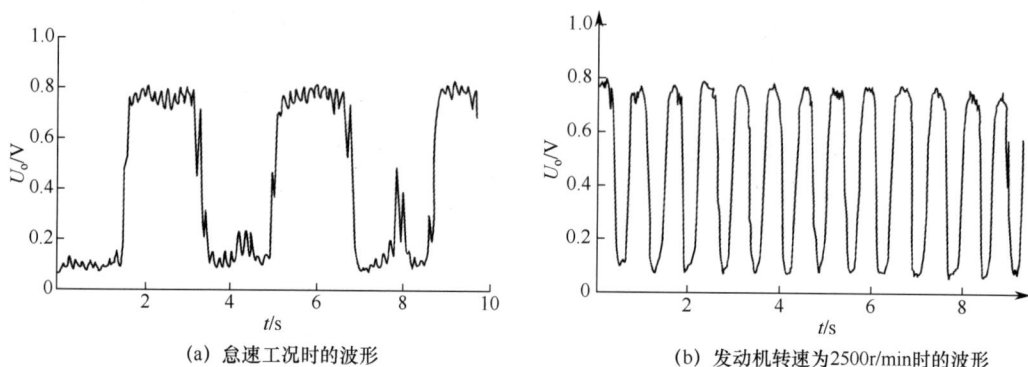

(a) 怠速工况时的波形　　　　　　　　　　(b) 发动机转速为2500r/min时的波形

图 6-8　氧传感器的正常波形

2．二氧化钛式氧传感器的检测方法

二氧化钛式氧传感器加热电阻的检查，同二氧化锆式氧传感器基本相同。下面主要介绍其不同于二氧化锆式氧传感器的检测方法。

（1）万用表测阻法。万用表测阻法是利用二氧化钛式氧传感器的电阻特性来判断其在暖机状态和非暖机状态下的电阻值，以此来判断其是否损坏。正常氧传感器的电阻值在充分暖机状态下约为 300kΩ（不同厂家此值不同）。拆下传感器并暴露在空气中，冷却后测量其电阻值，若阻值很大，说明传感器良好；反之，则说明传感器已损坏，应予以更换。

（2）二氧化钛式氧传感器波形检测法。对于采用 1V 参考电压的二氧化钛式氧传感器，其测试方法、波形图等和二氧化锆式氧传感器相同。对于采用 5V 参考电压的二氧化钛氧传感器，需要注意，良好的二氧化钛氧传感器输出端电压应以 2.5V 为中心上下波动。

四、宽量程氧传感器

为了克服普通氧传感器的缺陷，人们开发出了新一代氧传感器——宽量程氧传感器。宽量程氧传感器为 5、6 线制，属于线性、电流型氧传感器，在全空燃比范围内（$\lambda=0.7\sim4.0$）起作用。它由一个普通窄范围浓度差电压型二氧化锆式氧传感器（能斯特元件）、氧气泵单元、加热线圈、传感器控制器及扩散小孔、扩散室等构成。

当排气管废气中的氧离子通过扩散通道进入测量区时，氧气泵单元泵入或泵出氧离子，并使氧浓度达到 $\lambda=1$，以使普通氧传感器的电压值控制在 0.45V 附近，即将普通氧传感器的输出电压（能斯特电压为 0.45V）送到传感器内的运算放大器，通过与 ECU 输入传感器的比较电压比较后，运算放大器制泵电流 IP 计算出排气管中实际的氧浓度，进而控制喷油量。

一般来讲，宽域氧传感器只用于催化剂转换器之前，催化剂转换器之后必为普通氧传感器。后氧传感器只负责校验，当前氧传感器出现故障时，发动机进入开环紧急运行状态。如果查看发动机盖下的标识，如标识为 HOS 则为普通氧传感器，如标识为 A/F sensor 则为宽量程氧传感器。

1. 构造

宽量程氧传感器的测量室由一种二氧化锆（ZrO_2）陶瓷材料制成。该测量室由一个能斯特浓差电池（执行阶跃特性曲线式氧传感器功能的氧气测量室）和一个输送氧离子的氧气泵单元（氧气泵室）构成如图 6-9 所示。

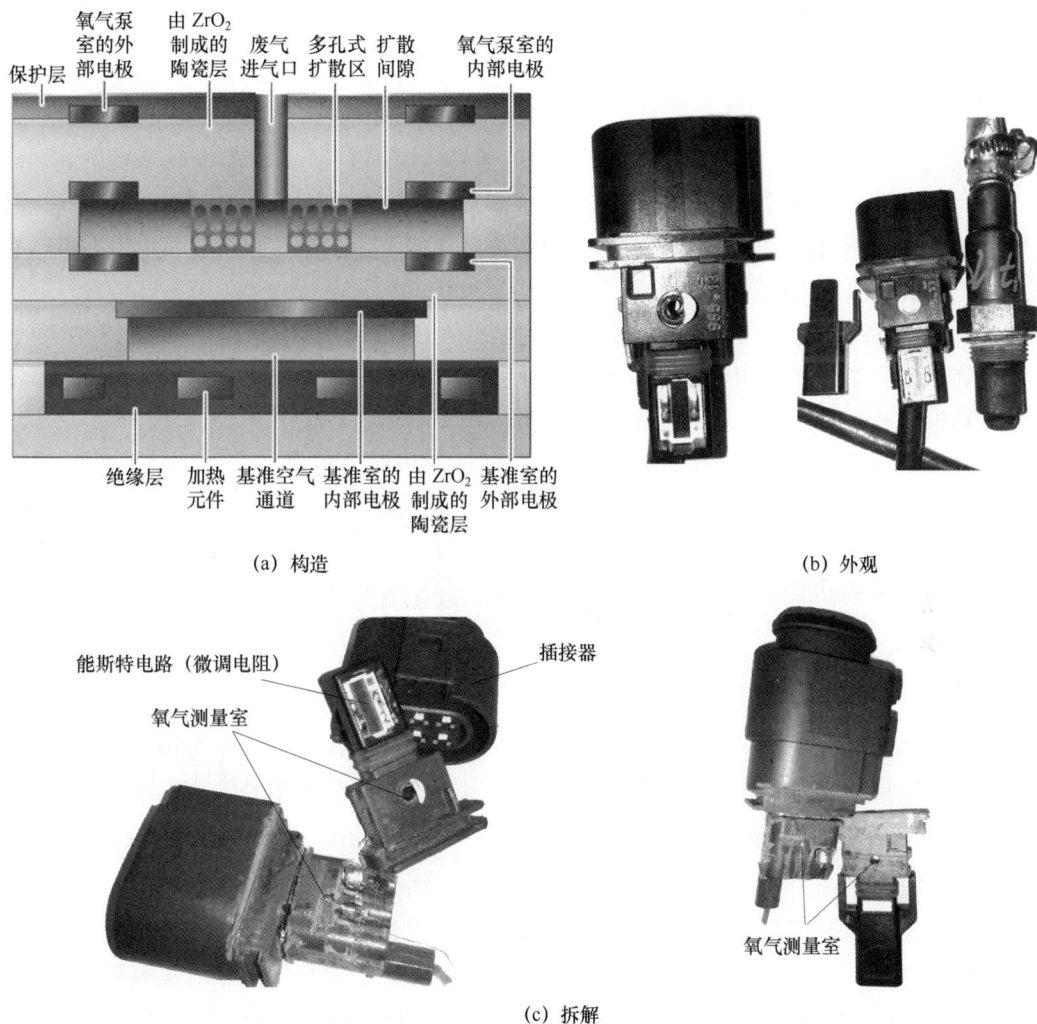

(a) 构造

(b) 外观

(c) 拆解

图 6-9 宽量程氧传感器

1）二氧化锆泵电池（氧气泵单元）

如果 ZrO_2 元件两端的氧气浓度不均，就会导致 ZrO_2 两端产生微小电压；反过来，当在 ZrO_2 元件两端施加电压时，就会使氧气扩散。在宽量程氧传感器中，泵单元是将尾气中的氧气通过扩散栅渗透到电源负极，在负极氧气分子得到 4 个电子变成氧离子，氧离子在电离作用下在二氧化锆电解质中运动到正极，在正极中和掉 4 个电子，又还原成氧气，这就是泵单元的泵氧原理，如图 6-10 所示为泵电池原理，如图 6-11 所示为泵电流特性曲线。

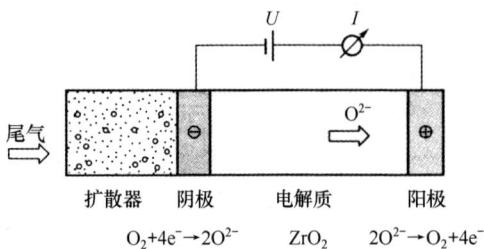

图 6-10　泵电池原理

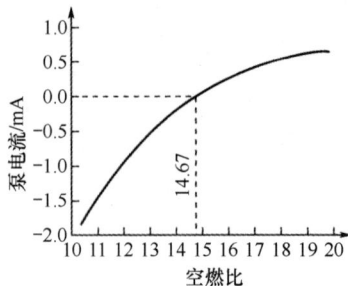

图 6-11　泵电流特性曲线

2）测量室

尾气中的氧气和氧气泵产生的氧气汇集于测量室，二氧化锆式氧传感器在此测量二者浓度之和与外部空气的浓差，并产生与普通窄范围浓度差电压型二氧化锆式氧传感器一样的、用于分辨氧浓度的电压值。

3）传感器控制器

传感器控制器在接收到二氧化锆式氧传感器的反馈电压信号后，将产生一个泵电流流经宽域氧传感器氧气泵单元，氧气泵单元泵入或泵出氧离子，并使氧浓度达 $\lambda=1$，以使其电压值控制在 0.45V 附近，发动机 ECU 根据氧气泵单元泵电流的大小和方向，判断气缸内混合气的稀浓程度，从而控制喷油脉宽。

4）加热线圈

加热线圈是配合前述的普通窄范围浓度差电压型二氧化锆式氧传感器快速进入工作温度的加热装置，但又稍有差别：宽量程氧传感器的加热速度远比普通氧传感器快，这使得发动机从开环到闭环的时间缩短。

5）二氧化锆参考电池

二氧化锆参考电池的工作原理和常规二氧化锆电池相同，是普通窄范围浓度差电压型二氧化锆式氧传感器，其功能为采集二氧化锆式氧传感器产生的信号，来提供混合气氧含量，是宽量程氧传感器施加泵电流的依据信号。

2．工作原理

宽量程氧传感器是利用氧浓度差电池原理和氧气泵的泵电原理，连续检测混合气从过浓到理论空燃比，再到稀薄状态整个过程的一种传感器。当混合气过浓时氧气泵就会吸入 O_2 到测定室中；而当排放气体比理论混合气稀薄时，则从测定室中放出 O_2 到排放气体中去。全范围空燃比就是利用这一特点用氧气泵供给出测定室的 O_2，使排放保持在理论空燃比上。这样就通过测定氧气泵的电流 I_p 来测定排放气体中的空燃比 A/F。泵电流在混合气过浓时为负电流，在稀薄时为正电流，当理论空燃比 A/F 为 14.7 时，电流值为零，由此可连续测量出空燃比，更换传感器时必须连插头一起更换，如图 6-12 所示。

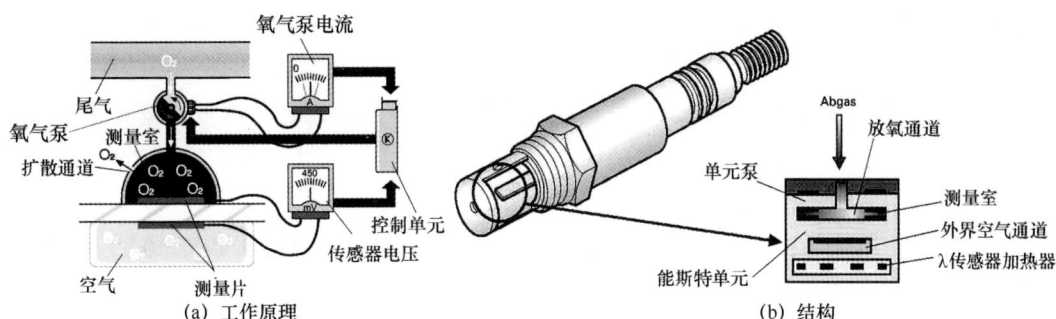

图 6-12 宽量程氧传感器

1）混合气过浓

混合气过浓时，氧气泵的泵氧量与通过扩散通道进入测量室的氧量叠加后，测量室中的氧含量较少，浓混合气产生高于参考电压的电压值，二氧化锆参考电池信号电压值上升，传感器控制器就会产生泵电流，自动增加泵单元的工作电流（使泵入测试室的氧量增加），使二氧化锆参考电池信号尽快恢复到 0.45V 的电压值，如图 6-13 所示。ECU 接收到单元泵的工作电流（控制单元将其折算成电压值信号），根据增加的泵电流，减少喷油量。

2）混合气过稀

混合气较稀时，通过扩散通道进入测量室中的发动机尾气氧含量较多，富氧的稀混合气产生低于参考电压的电压值，二氧化锆参考电池信号电压值下降，传感器控制器就会产生泵电流，自动减小或反向提供单元泵的工作电流（使泵入测试室的氧量减少），使二氧化锆参考电池信号尽快恢复到 0.45V 的电压值，如图 6-14 所示。ECU 接收到单元泵的工作电流（控制单元将其折算成电压值信号），根据减少的泵电流，推算出空燃比，加大喷油量。

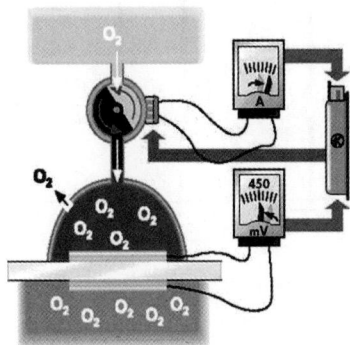

图 6-13 混合气过浓

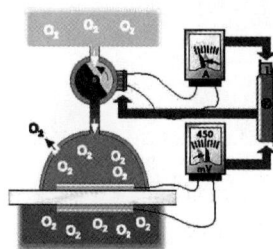

图 6-14 混合气过稀

3. 氧传感器 G39/G130 检测

1）读取数据流

用大众 VAS 6150 检测仪选择功能 08 读取数据块 30 组，一区显示 111（一区表示前氧传感器工作状态），第一位为 1 表示氧传感器正在加热，同时第一位能在 0 与 1 之间变换。第二位为 1 表示 λ 调节已准备好，第三位为 1 表示 λ 调节在工作。

读取数据流 033 组，第一区是前氧传感器调节值，标准值是 -10.0%～+10.0%。第二区是前氧传感器电压值，标准值是 1.0～2.0V，并且在 1.5V 上下跳动。

　　当发动机控制单元接收氧传感器信号后，判断发动机混合气过稀，所以 ECU 控制喷油器延长喷油时间，使喷油量增加，供给变浓的混合气。如果氧传感器的自学习值已经达到极限 25%，反馈混合气太稀的信息，发动机控制单元就持续的增加供油量，造成混合气总是处于过浓状态。造成这种情况出现的可能原因：①进气系统漏气；②空气流量计与节气门间漏气；③喷油嘴堵塞，喷油不畅；④空气流量计故障；⑤燃油压力低；⑥排气管漏气；⑦氧传感器加热器损坏；⑧氧传感器脏污或氧传感器本身损坏。新款高尔夫 A6 的氧传感器电路连接如图 6-15 所示。

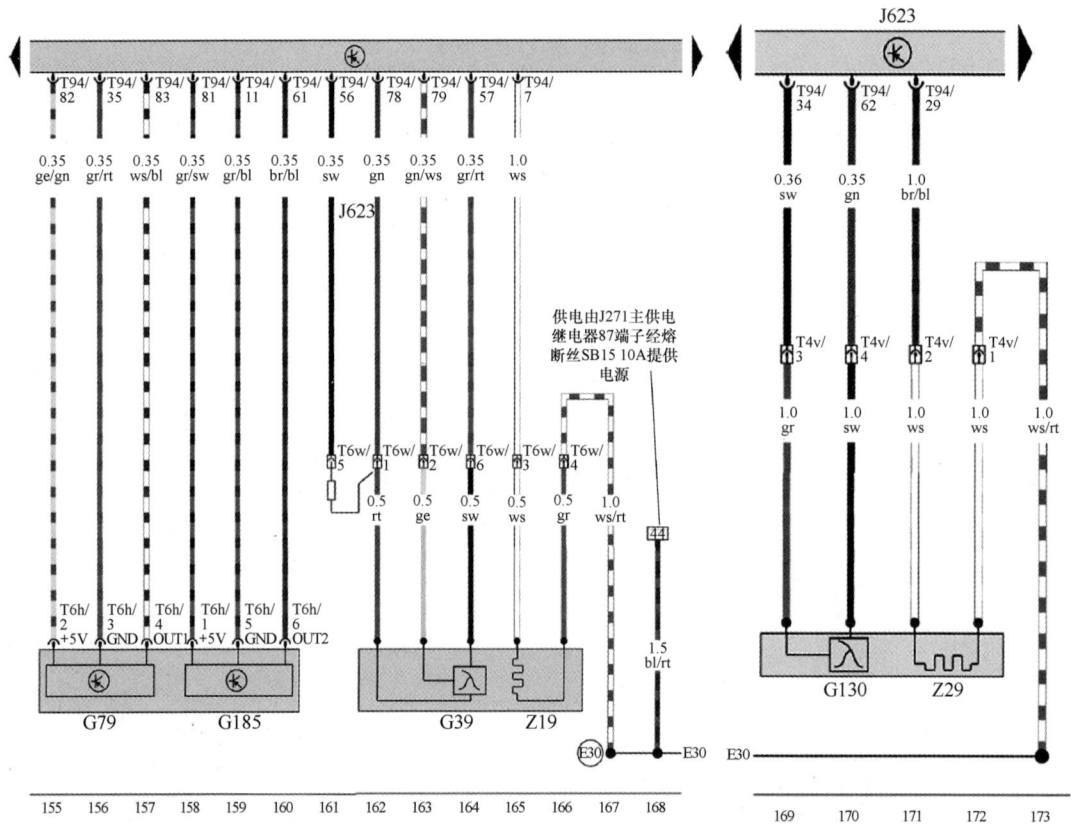

G39—氧传感器；G130—尾气催化净化器下游的氧传感器；J623—发动机控制单元，排水槽内中部；T4v—4 芯插头连接；T6w—6 芯插头连接；T94—94 芯插头连接；Z19—氧传感器加热装置；Z29—尾气催化净化器后的氧传感器 1 加热装置

图 6-15　氧传感器、尾气催化净化器下游的氧传感器与发动机控制单元的电路连接

2）检查氧传感器 G39

（1）检测条件：冷却液温度不低于 80℃，排气系统无泄漏。

（2）进入发动机系统，选择功能 08，读取数据块 30 组；第一区显示的标准值为 111，如果未到标准值，执行步骤（3）。

（3）检查加热器，如果达到规定值，执行步骤（4）。

（4）进入 32 组，检查第一区和第二区。规定值为第一区：−10.0%~10.0%；第二区：−10.0%～10.0%。

（5）如果达到规定值，进入 33 组，检查第一区和第二区。规定值为第一区：−10.0%~10.0% 并以至少 2% 的幅度波动；第二区：1.0~2.0V，应以 20 次/min 波动。

（6）若为恒定值则可能有 1.5V 断路；4.9V 对正极短路；0V 对地短路。

（7）检查线路，对应端子与参考值为：端子 T6w/1 与 T6w/6 间电压应为 0.4~0.5V；端子 T6w/3 与 T6w/4 间加热器电阻应为 2.5~10Ω，泵单元端子 T6w/1 与 T6w/2 间阻值应为 77.5Ω；T6w/4 与搭铁之间的电压约为蓄电池电压；端子 T6w/1 与搭铁间电压约为 5V。

（8）检测端子 T6w/1 与 T94/78、端子 T6w/2 与 T94/79、端子 T94/57 与 T6w/6、端子 T6w/3 与 T94/7 间是否断路。

3）检查氧传感器 G130

（1）检查条件：冷却液温度不低于 80℃，排气系统无泄漏。

（2）进入发动机系统，选择功能 08，读数据块 30 组；第二区显示的标准值为 110。

（3）上述 3 位数的头一位在 0 和 1 之间来回变动（λ 传感器加热器关和开）。3 位数的第三位在部分负荷及废气温度较高时被置为 1。

（4）如果达到规定值，进入显示组 36，检查后氧传感器电压（见显示区 1），规定值为 0.5V~0.8V（可稍微波动）。若为 0.4~0.5V 可能有断路；1.105V 时对正极短路；0V 时对地短路。

（5）显示区 2 规定值：B1-S2 OK。变为此值可能需要几分钟。

（6）如果显示 B1-S2 OK，清除后氧传感器上的沉积物，再次检查。

（7）如果未达到规定值，检查线路端子 T4v/2 与 T4v/1 间的阻值，标准值为 6.4~47.5Ω；端子 T4v/3 与 T4v/4 间的电压，标准值为 0.4~0.5V；检查端子 T4v/3 与 T94/34、端子 T4v/4 与 T94/62 间是否断路。

4）外观颜色检查

宽量程氧传感器性能的检查分为三种情况，一是检测氧传感器电阻；二是测量氧传感器电压输出信号；三是观察氧传感器外观颜色。

通过观察氧传感器顶部的颜色，可以判断故障的原因。氧传感器顶部的正常颜色为淡灰色，如果发现氧传感器顶部颜色发生变化，则预示着氧传感器存在故障或故障隐患。氧传感器顶部呈黑色，是由积炭污染造成的，可拆下氧传感器后清除其上的积炭。氧传感器顶部呈红棕色，说明氧传感器受铅污染，此时甚至不起净化作用。如果氧传感器顶部呈白色，说明是硅污染造成的，原因是发动机在维修时使用了不符合要求的硅密封胶，此时必须更换氧传感器。

5）输出电压检测

宽量程氧传感器输出电压不能用万用表直接测量，而应通过专用解码器读取数据流。发动机控制单元将宽量程氧传感器的电流信号转化为电压值显示出来，其规定电压值为 1.0~2.0V，发动机运转时宽量程氧传感器的输出电压应在 1.0~2.0V 范围内波动。电压值大于 1.5V 时，表示混合气过浓；电压值小于 1.5V 时，表示混合气过稀。当电压值为 0V、1.5V、4.9V 的恒定值时，表明氧传感器本身或其线路有故障。注：奔驰、宝马轿车的该电压值大于 2.0V 时，表示混合气过稀；电压值小于 2.0V 时，表示混合气过浓。

第二节　NO$_x$ 传感器

可燃混合气在高温、高压下燃烧后的产物 NO$_x$ 氮氧化物，是 NO 和 NO$_2$ 的总称。NO$_x$ 是在高温富氧的条件下生成的，当空气过量时，N$_2$ 与 O$_2$ 在电火花的作用下，生成了 NO，而 NO 被空气中的 O$_2$ 氧化为 NO$_2$。燃烧过程中排放的氮氧化物 95% 以上可能是 NO，其余的是 NO$_2$。尾气中氮氧化物的排放量取决于燃烧温度、时间和空燃比等因素。

一、NO$_x$ 传感器结构

NO$_x$ 传感器包含两个腔室、两个泵室、四个电极和一组加热器，如图 6-16 所示。传感器元件是用二氧化锆制成的。此材料的典型特点是：如果对它施加电压，它就能使负的氧离子从负电极迁移到正电极，相当于气泵将氧气从一侧泵入另一侧，因此，习惯上也被称为氧气泵。

NO$_x$ 传感器的检测原理也是以氧气测量为基础，并且可以从一个宽带 λ 探针上检测到氧气含量。

二、NO$_x$ 传感器工作原理

NO$_x$ 传感器安装在存储式 NO$_x$ 催化转化器的后部，以监测其 NO$_x$ 的存储量。NO$_x$ 传感器采用电池电动势原理检测 NO$_x$ 的浓度。

在泵室内，氧气含量保持恒定（14.7kg 空气：1kg 燃油）。通过调整泵工作电流，空燃比会发生变化，废气流经扩散网到 O$_2$ 测量单元，该单元通过还原电极将氮氧化物分解成氧气和氮气，通过氧泵电流就可确定 NO$_x$ 的浓度，原理如图 6-17 所示。

1）存储过程

当发动机在 λ>1 稀薄燃烧工况时，废气中的 NO$_x$ 催化转化器表面上白色涂层发生氧化反应，生产 NO$_2$。NO$_2$ 再与氧化钡（BaO）发生化学反应，生成硝酸盐 [Ba(NO$_3$)$_2$]，并存储在催化转化器中，如图 6-18 所示。

2）NO$_x$ 的还原

当存储式催化转化器中的 NO$_x$ 负载量已达到极限时，发动机控制系统使发动机短时间处于均质且 λ<1 模式工作。混合气变浓，排放的废气温度升高，催化转化器的温度也就升高，此时所形成的硝酸盐变得不稳定，利用废气中的 CO 与 Ba(NO$_3$)$_2$ 发生还原反应，使硝酸盐分解，生成 BaO（氧化钡），并释放出 CO$_2$ 和 NO$_x$。在催化转化器中的铂金和铑的作用下，NO$_x$ 转化成 N$_2$，CO 转化为 CO$_2$，还原过程一般需要 2s，如图 6-19 所示。

当 NO$_x$ 传感器监测到 NO$_x$ 的负载量已达到微小量时，发动机又进行 λ>1 稀薄燃烧模式。

3）硫的还原

硫比氮氧化物具有更高的温度稳定性。氮氧化物在很短的时间内再生后，就会有硫的再生。当发动机控制单元确认催化器内的空间已经被硫所占据，已经不能再存储氮氧化物时，发动机工况从分层充气模式转变为均匀模式，两个缸以浓混合气工作，两个缸以稀薄混合气工作，在排气管中，两种不同的气体混合在一起，并且发生后燃，通过这种方法，可以将氮氧化物催化转化器的温度提高到 650℃以上，硫将反应为二氧化硫，脱硫需要大约 2min。如果燃油中含硫较少，那么除去硫的时间间隔较长；但如果燃油含硫多，就会经常进行这种还原反应。在大负载、高转速行车时会自动去硫。对于涡轮增压式缸内直喷发动机，一般取消了存储式 NO_x 催化转化器。

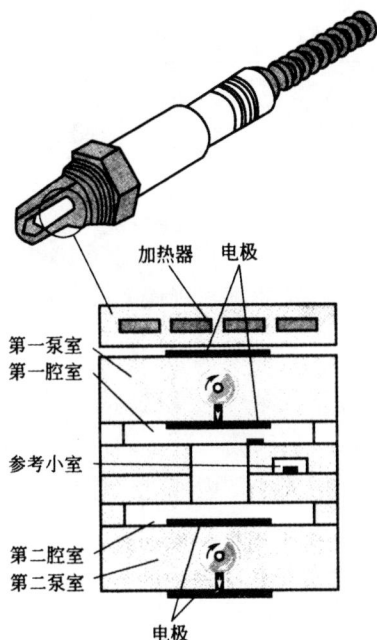

图 6-16　NO_x 传感器结构

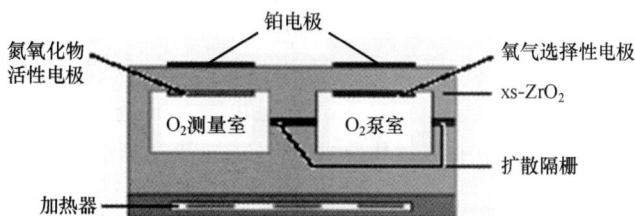

图 6-17　NO_x 传感器的原理

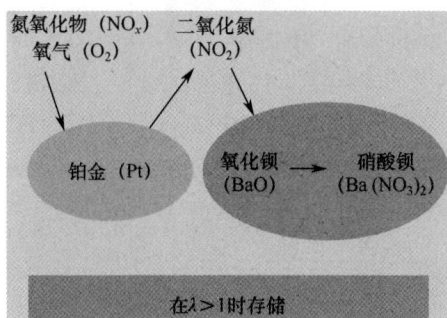

图 6-18　存储式 NO_x 催化转化器的存储过程

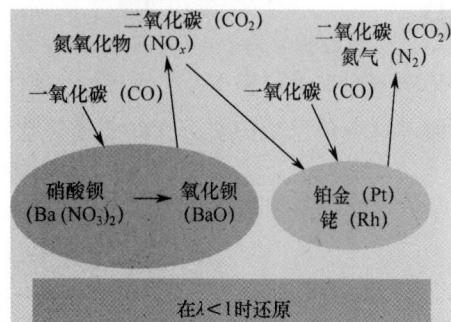

图 6-19　存储式 NO_x 催化转化器的还原过程

4）NO_x 传感器工作过程

NO_x 传感器工作过程可以分为两个阶段，如图 6-20 所示。

（1）确定第一腔室中的 λ 数值，一部分废气流入第一腔室中。由于废气中的氧气残留量与参考小室中的氧气残留量不同，就能在电极上测量出一个电压，氮氧化物传感器控制单元将此电压设定为恒定的 450mV，这相当于空气/燃油比 $\lambda=1$。如果偏离此数值，氧气被泵出或者泵入，使 450mV 的电压保持恒定。

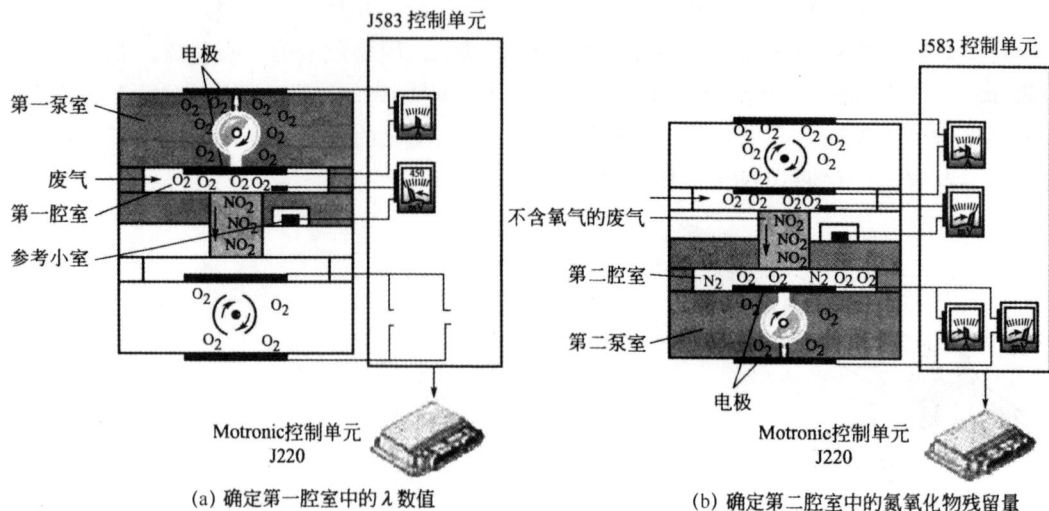

图 6-20　NO_x 传感器工作过程

（2）确定第二腔室中的氮氧化物残留量，不含氧气的废气从第一腔室进入第二腔室，废气中的氮氧化物分子被一个特殊的电极分裂成氮气和氧气。因为第二腔室内部电极和外部电极间电压被调整至恒定的 450mV，氧气泵通入电流，使氧离子从内部电极迁移到外部电极。在此过程中氧气泵流动的电流表征的是第二腔室中的氧气残留量。因为氧气泵的电流大小与废气中的氮氧化物成正比，为此就能够确定氮氧化物的残留量。

三、NO_x 传感器安装位置、功用、功能

1）NO_x 传感器控制单元位置

NO_x 传感器控制单元常安装在 NO_x 传感器的附近位于车外部底板下部，如图 6-21 所示，它对传感器信号进行预加工，然后将该信息经 CAN 总线传至发动机控制单元，发动机控制单元通过这个信息来识别所存储的氮氧化物的饱和程度，执行还原过程。

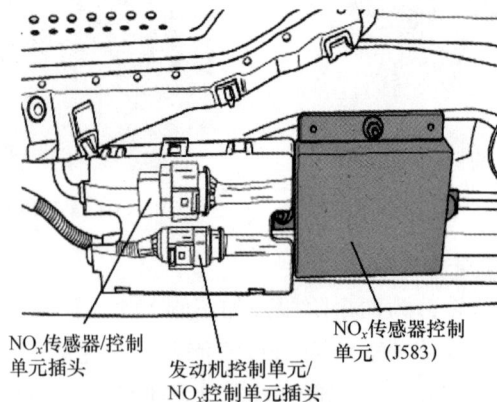

图 6-21　NO_x 传感器控制单元安装位置

2）NO_x 传感器的功能

NO_x 传感器被直接拧紧在存储式氮氧化物催化转化器的后面，它确定废气中氮氧化物和氧气的残留量并把此信号传送给 NO_x 传感器控制单元。

3）NO_x 传感器作用

（1）识别和检查催化转化器的功能是否正常。

（2）识别和检查催化转化器前端宽域量程氧传感器调节点是否正常或是否需要修正。

（3）NO_x 传感器感测到存储式氮氧化物催化转化器的存储空间达到饱和时，就会启动一个氮氧化物再生周期，即提供给 ECU 信号，使发动机在短时间内生成更浓的混合气体，使排气温度升高，转化器钡涂层便开始释放氮氧化物。氮氧化物会随之被转化为无害氮气。

（4）失灵时的影响：如果 NO_x 传感器发生故障，发动机就仅能在均质充气模式中运行。

第三节　烟尘浓度传感器

在驾驶室内，吸烟产生的烟雾会严重危害人体健康，为此，汽车上需安装空气净化器除去空气中的烟尘。烟尘浓度传感器是与空气净化器配套使用的装置，用于检测烟雾，当烟尘浓度传感器从乘员室内感知到烟尘的存在时，可自动地使空气净化器运转；没有烟尘时使空气净化器自动停止运转，从而使乘员室内空气始终保持清新。

一、烟尘浓度传感器结构和工作原理

烟尘浓度传感器的外观如图 6-22 所示，它是由本体和罩盖组成的，安装在车室顶棚上室顶灯的旁边。烟尘浓度传感器本体上设置许多可以使烟雾自由进入的细缝，当检测出有烟雾时，烟尘浓度传感器使空气净化器的鼓风机自动运转。在一般情况下，当烟雾浓度达到 $0.3\%/m^3$，即抽 1～2 根香烟时，就可使烟尘浓度传感器动作。在烟尘浓度传感器的本体上还设有感测灵敏度调整旋钮（灵敏度用电位器），转动旋钮，即可调整传感器的灵敏度。

烟尘度浓度传感器是由发光元件、光敏元件及信号处理电路组成的，其结构如图 6-23 所示。烟尘浓度传感器的工作原理如图 6-24 所示。当空气进入烟尘浓度传感器壳体的窄缝后，可以自由地流动，发光元件（发光二极管 LED）间歇地发出肉眼不可见的红外线光，在空气中没有烟雾的情况下，这种红外线光射不到光敏元件上，电路不工作；但当烟雾进入烟尘浓度传感器的壳体内时，烟雾粒子对间歇的红外光进行漫反射，使部分红外光照射到光敏元件上，这时传感器判断出车内有烟雾的存在，就会使空气净化器鼓风机电动机旋转。

为了防止外部干扰引起烟尘浓度传感器的误动作，这种传感器的控制电路采用了脉冲振荡式工作方式，这样即使有相同波长的红外线射入烟尘浓度传感器内，因其脉冲周期不同，传感器也不能做出有烟雾的判断。另外在烟尘浓度传感器控制电路中还包含定时、延时电路，若没有或只有少量的烟雾，鼓风机一旦动作起来，也只能连续旋转 2min 才停止工作。

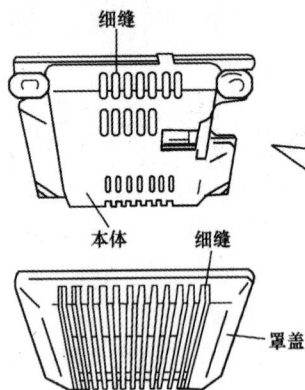

图 6-22　烟度浓度传感器的外观

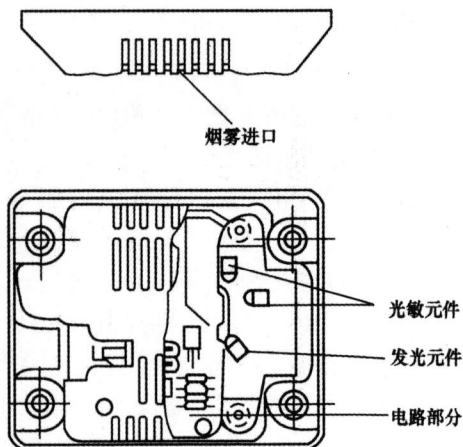

图 6-23　烟尘度浓度传感器的结构

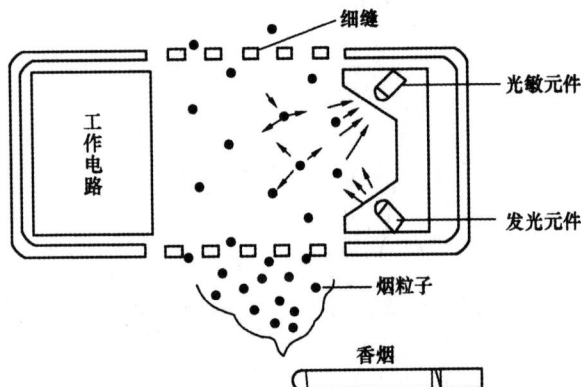

图 6-24　烟尘浓度传感器的工作原理

二、烟尘浓度传感器检测

　　新款丰田新皇冠汽车在空调系统中使用了光电式的烟雾浓度传感器，如图 6-25 为烟雾传感器与空调放大器的线路连接。

　　烟雾传感器 S21 检测烟雾浓度并以电压信号输入空调放大器中，当点火开关在 "ON"（IG）位置时，烟雾浓度越大，电压越高。

　　（1）搭铁端子电阻的检测。关闭点火开关，从烟雾传感器上断开连接器，用万用表电阻挡测量烟雾传感器线束端端子 1（E 端）与车身接地端间的电阻，其值应小于 1Ω。

　　（2）传感器电源的检测。关闭点火开关，拆开烟雾传感器连接器，打开点火开关，用万用表电压挡测量烟雾传感器线束端端子 3（B 端）与车身接地端间的电压，其值应为 10～14V，约为蓄电池电压。

　　（3）传感器信号的检测。关闭点火开关，拆下烟雾传感器，将 S21 端子 3（B 端）连接蓄电池正极，负极导线连接到端子 1（E 端），点燃香烟置于传感器旁边，用万用表检测 S21 端子 3（B 端）与端子 2（S 端）电压值，有烟雾时电压值高于 4V，无烟雾时电压值低于 4V，否则传感器故障。

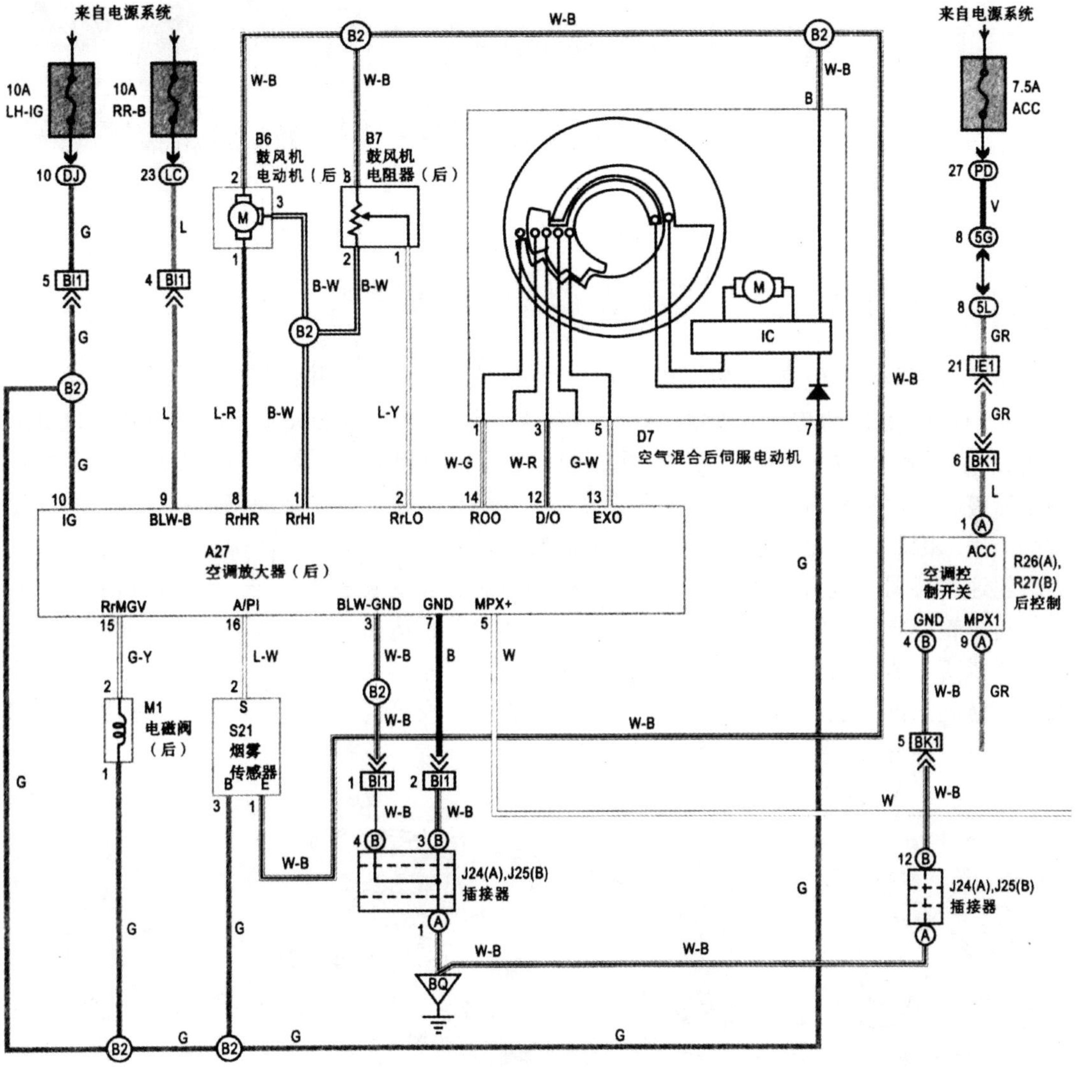

图 6-25 新款皇冠烟雾传感器与空调放大器的线路连接

第七章

速度传感器

第一节　轮速传感器

　　轮速传感器即车轮速度传感器，用于检测车轮旋转速度，并将其转化为电信号输入控制单元。现在，在制动防抱死系统（ABS）、牵引力控制系统（TCS）、电子制动力分配（EBD）系统、电子稳定程序（ESP）系统等系统中，各个控制单元根据轮速传感器的信号，通过和车速传感器信号的对比，确定车辆是否发生滑移和车轮抱死，从而决定执行器是否作出制动干预。因此，轮速传感器也是一个重要的传感器。

　　轮速传感器的数目和通道数目不同，感应齿圈安装位置也就不同。一般来讲，齿圈安装在随车轮或与传动轴一起转动的部件上，如驱动轮、从动轮、半轴、轮毂或制动盘、主减速器或变速器的输出轴上，如图 7-1 所示，传感器本体（传感器头）安装在车轮附近不随车轮转动的部件上，如半轴套管、转向节、制动底板等位置。传感器与感应齿圈的安装形式也有三种方式，如图 7-2 所示。

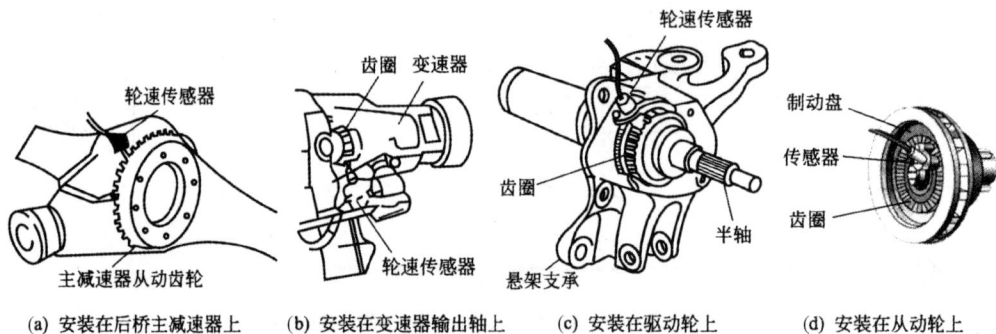

(a) 安装在后桥主减速器上　(b) 安装在变速器输出轴上　(c) 安装在驱动轮上　(d) 安装在从动轮上

图 7-1　感应齿圈与轮速传感器的相对安装位置

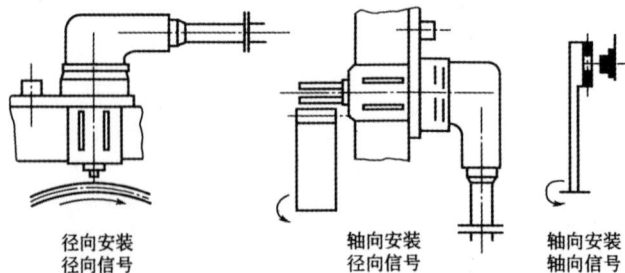

径向安装　　轴向安装　　轴向安装
径向信号　　径向信号　　轴向信号

图 7-2　车速传感器的安装形式

　　另外，按传感器头的外形分为凿式极轴轮速传感器头、柱式极轴轮速传感器头、菱形极轴轮速传感器头（相对比较少见），如图 7-3 所示。

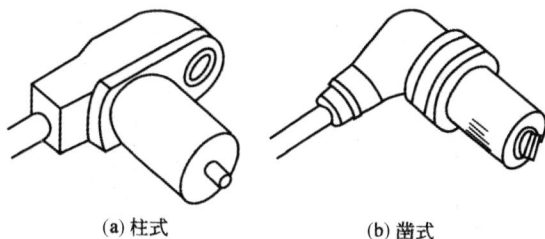

(a) 柱式　　　　　　(b) 凿式

图 7-3　传感器头形状

　　目前，轮速传感器主要有电磁感应式、励磁式、霍尔式、电涡流式、磁阻元件式等几种。

一、电磁感应式轮速传感器

1. 结构和原理

　　电磁感应式轮速传感器由传感头和齿圈两部分组成。传感头的结构如图 7-4 所示，它由永磁体、极轴（磁芯）和感应线圈等组成，齿圈由铁磁性材料制成。

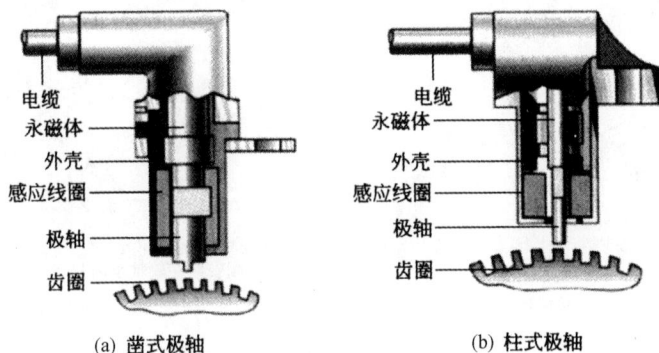

(a) 凿式极轴　　　　　　(b) 柱式极轴

图 7-4　电磁感应式轮速传感器传感头的结构

　　当齿圈旋转时，齿顶与齿隙轮流交替对向磁芯。当齿顶与传感头磁芯相对时，传感头磁芯与齿圈之间的间隙最小，由永久磁芯产生的磁力线就容易通过齿圈，感应线圈周围的磁场就强，如图 7-5（a）所示；而当齿隙与传感头磁芯相对时，传感头磁芯与齿圈之间的间隙最大，由永久磁芯产生的磁力线就不容易通过齿圈，感应线圈周围的磁场就弱，如图 7-5（b）所示。此时，磁通迅速交替变化，在感应线圈中就会产生交变电压，交变电压的频率将随车轮转速呈正比例变化。电子控制单元可以通过对轮速传感器输入的电压脉冲频率进行处理来确定车轮的转速、汽车的参考速度等。

2. 检测

　　新款捷达 MK70 制动系统共有 4 个轮速传感器，前轮轮速传感器的齿圈为 43 齿，安装在半轴上，传感器应安装在转向节上，如图 7-6（a）所示。后轮轮速传感器的齿圈也为 43

齿，安装在后轮毂上，轮速传感器则安装在固定支架上，如图7-6（b）所示。

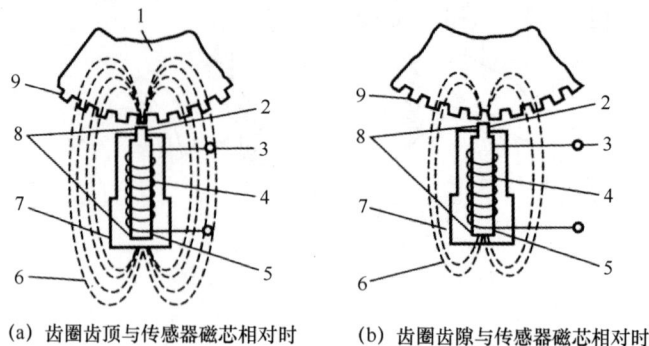

(a) 齿圈齿顶与传感器磁芯相对时　　(b) 齿圈齿隙与传感器磁芯相对时

1—齿圈；2—磁芯端部；3—感应线圈端子；4—感应线圈；5—磁芯；6—磁力线；7—传感器；8—磁极；9—齿顶

图 7-5　轮速传感器工作原理

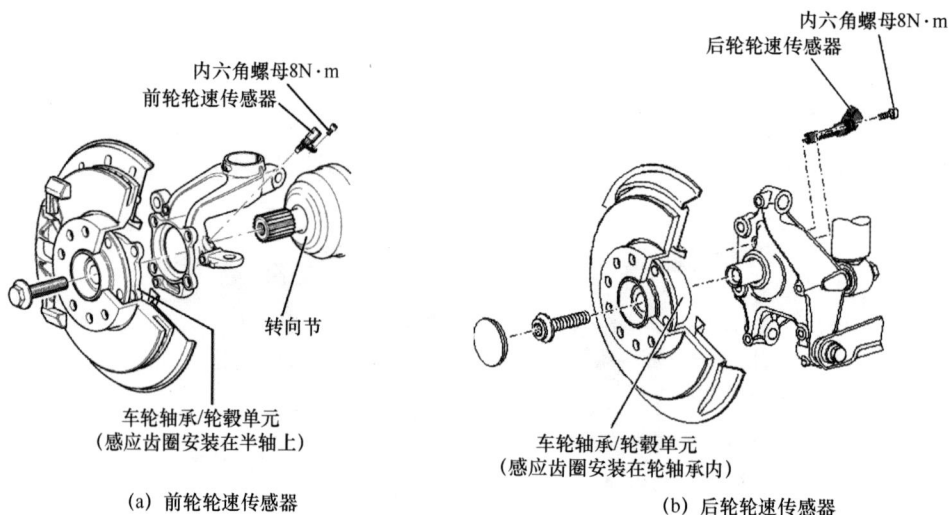

(a) 前轮轮速传感器　　　　　　　　(b) 后轮轮速传感器

图 7-6　轮速传感器的安装位置

1）故障征兆检测

电磁感应式轮速传感器如发生故障，将无法准确感知车轮轮速信号，从而使防抱死制动不能正确地控制车轮防抱死机构的工作，只能依靠基本制动进行刹车操作，此时 ABS 警告灯点亮，紧急制动时出现制动距离长、车轮抱死、两侧制动力不均匀、制动力不足、制动踏板剧烈振动、制动踏板行程过长、需用很大的力踩制动踏板、轻踩制动踏板时 ABS 工作、路面有拖印等故障现象。电磁感应式轮速传感器的常见故障主要是传感器本身的感应电路（感应线圈）断路或短路、传感器头和齿圈沾染油污或其他脏物、因振动或敲击造成传感器发生消磁现象等。除此之外，轮速传感器的松动、脉冲齿圈距离、车轮轴承、制动轮缸、制动蹄片等出现问题，也会导致轮速传感器没有信号输出的故障。

2）电阻检查

轮速传感器与 ABS 控制单元的电路连接，如图 7-7 所示。将点火开关挡位置于"OFF"，断开 ABS 控制单元插头，用万用表欧姆挡测量传感器阻值，其电阻值应符合表 7-1 的规定。

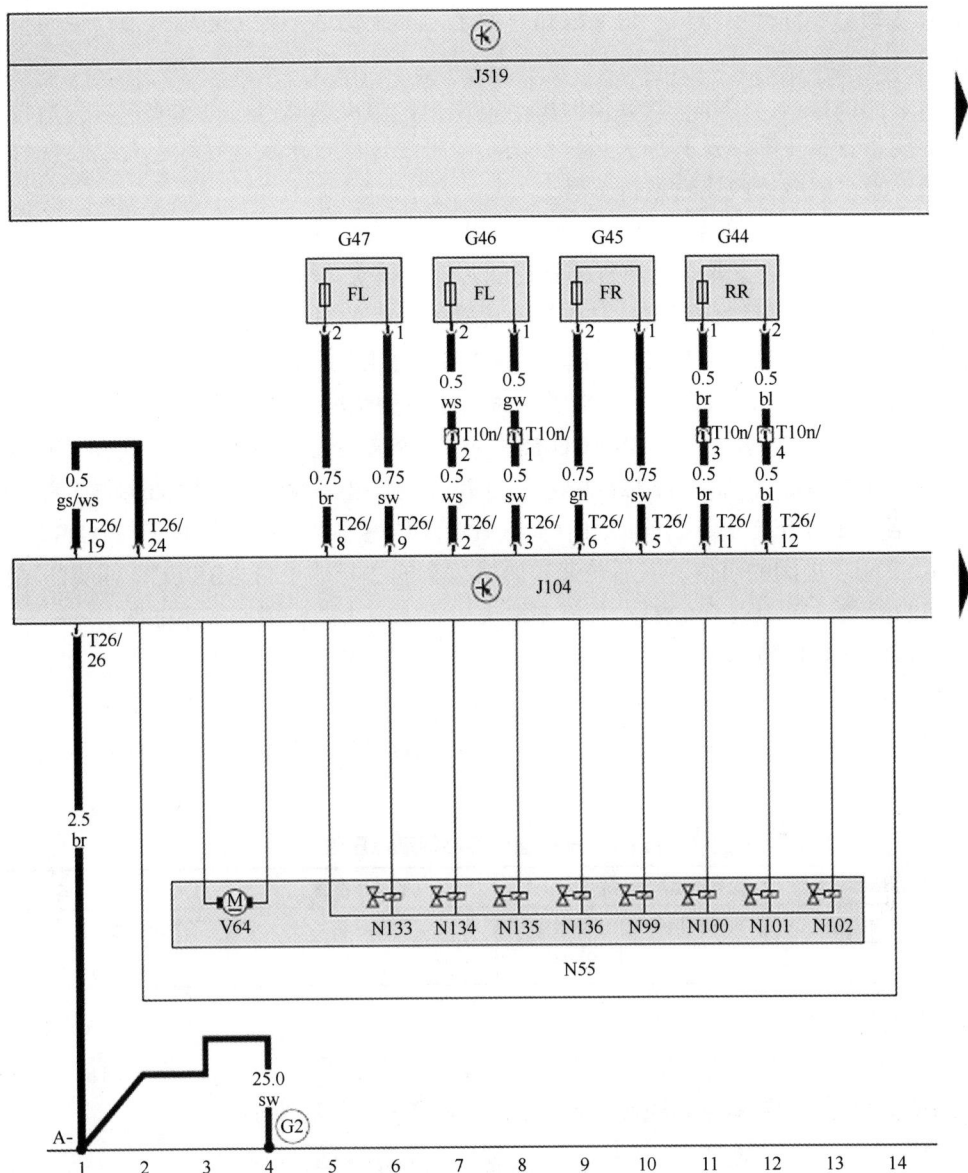

G44—右后轮速传感器；G45—右前轮速传感器；G46—左后轮速传感器；G47—左前轮速传感器；J104—ABS 控制单元；
J519—E-BOX 控制单元；N55—ABS 油压控制单元；T10n—10 芯蓝色对接插头，在 E-BOX 上；T26—26 芯黑色插头连接；
V64—ABS 液压泵；G2—接地点，在变速箱上

图 7-7　新款捷达轮速传感器与 ABS 控制单元电路连接

表 7-1　轮速传感器电阻标准值

轮速传感器	标准电阻值（kΩ）	轮速传感器	标准电阻值（kΩ）
左前轮速传感器	1.0～1.3	左后轮速传感器	1.0～1.3
右前轮速传感器	1.0～1.3	右后轮速传感器	1.0～1.3

　　如果电阻值不符合要求，可直接从所对应的轮速传感器处拔下导线，用欧姆表直接测量，如果达到上述标准电阻值，说明线路有问题，如果仍达不到上述标准值，说明传感器有故障。

　　如果检测的任何一个轮速传感器的电阻值都不在规定范围内，首先应检查与该传感器连接的导线是否发生断路及其插头是否松动。如果经过检查未发现导线中有断路现象，且插头连接牢固，就应更换该轮速传感器。

　　3）检测传感器线束的导通性

　　关闭点火开关，拔下 4 个轮速传感器的 2 芯连接插头，然后拔下 ABS 控制单元的连接端子。用万用表的电阻挡分别测量左前轮速传感器插头的 1 号端子与 ABS ECU 插头的 T26/9 端子之间的阻值、左前轮传感器插头的 2 号端子与 ABS ECU 插头的 T26/8 端子之间的阻值、右前轮速传感器插头的 1 号端子与 ABS ECU 插头的 T26/5 端子之间的阻值、右前轮速传感器插头的 2 号端子与 ABS ECU 插头的 T26/6 端子之间的阻值、左后轮传感器插头的 1 号端子与 ABS ECU 插头的 T26/3 端子之间的阻值、左后轮速传感器插头的 2 号端子与 ABS ECU 插头的 T26/2 端子之间的阻值、右后轮速传感器插头的 1 号端子与 ABS ECU 插头的 T26/12 端子之间的阻值、右后轮速传感器插头的 2 号端子与 ABS ECU 插头的 T26/11 端子之间的阻值，应均小于 0.5Ω，若相差很大或为无穷大，则说明线束断路。

　　4）检测传感器信号电压

　　升高车轮，使 4 个车轮高地悬空，以 1r/s 的速度分别转动各个车轮，用万用表分别测量各个轮速传感器的信号输出电压值。各车轮的轮速传感器的信号电压应满足表 7-2 所示的要求。

表 7-2　各轮速传感器标准电压值

轮速传感器	信号输出电压（转速 1r/s）	轮速传感器	信号输出电压（转速 1r/s）
左前轮	190~1140mV 的交流电压	左后轮	>650mV 的交流电压
右前轮	190~1140mV 的交流电压	右后轮	>650mV 的交流电压

　　5）检测传感器与齿圈的间隙

　　升起汽车，使 4 个车轮离地，在齿圈上取 4 点，用非磁性厚薄规，测量齿圈与传感器之间的间隙。各轮速传感器与齿圈的间隙应符合表 7-3 所示的要求。

表 7-3　各轮速传感器与齿圈的间隙

检查项目	标准值（mm）
前轮轮速传感器与齿圈之间的间隙值	1.10~1.97
后轮轮速传感器与齿圈之间的间隙值	0.42~0.80

二、霍尔式轮速传感器

1. 结构

　　这种轮速传感器的测量元件是霍尔传感器，它包括三个霍尔元件。传统的传感器环（脉冲感知环）被车轮轴承上的电磁密封圈所取代，这个密封圈上布置有 48 对南/北磁极（多极），如图 7-8 所示。

2．工作原理

传感器感知磁通量的变化。三个霍尔元件是错开布置的，如图 7-9 所示，元件之间的距离是这样设置的：当元件 C 测出的磁通量最小时，元件 A 测出的磁通量最大。传感器内会产生一个差动信号 $A-C$。

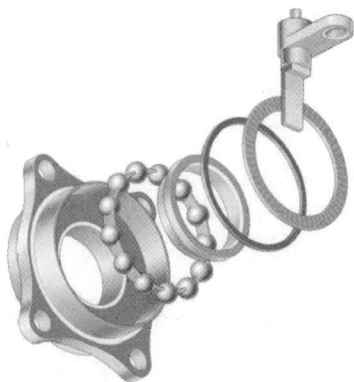

图 7-8　车轮霍尔传感器组成

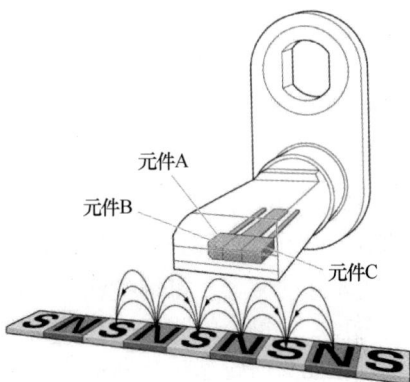

图 7-9　三个霍尔元件错开布置

霍尔元件 B 布置在元件 A 和元件 C 之间。当信号 A 和 C 以及差动信号为零时，元件 B 测出的磁通量最大。信号 B 何时达到最大值（正或负）就作为判定旋转方向的依据。例如：如果差动信号 $A-C$ 的过零点是由信号的下降沿得到的，且信号 B 的最大值为负，那么就认为车轮在逆时针转动，如图 7-10 所示。

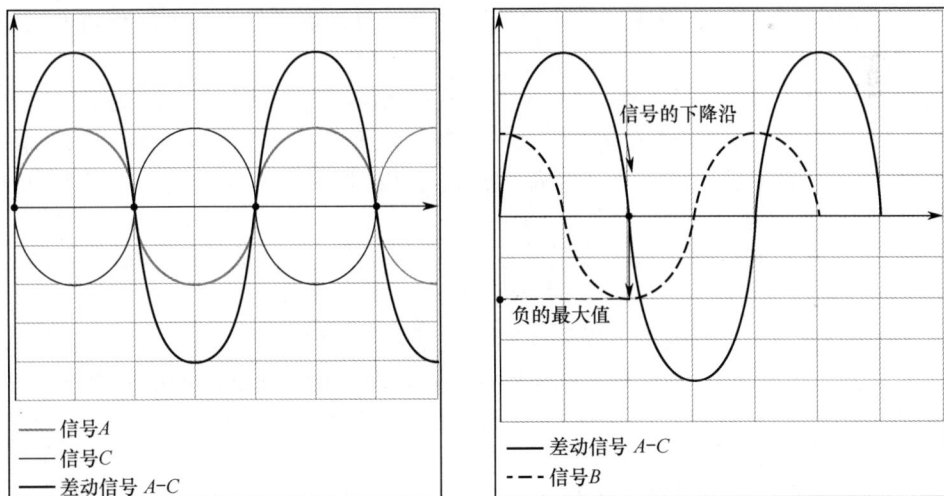

图 7-10　输出的波形

3．电气线路

轮速传感器通过一个电流接口与 ESP 控制单元相连，ESP 控制单元内装有一个低阻值 R 的测量电阻。轮速传感器有两个电插头，它与测量电阻一起构成一个分压器。插头 1 和 2

之间的电压就是蓄电池电压 U_B。传感器信号在测量电阻上会产生一个电压降 U_S，如图 7-11 所示。这个信号电压由控制单元来进行分析。

轮速传感器信号是 PWM（脉冲宽度调制）信号。某时间单位内的脉冲个数中包含着转速信息。

由脉宽信号提供如下信息：旋转方向、空气间隙的大小、安装位置、停车识别。正确的空气间隙大小对于系统操作和系统自诊断是很重要的。

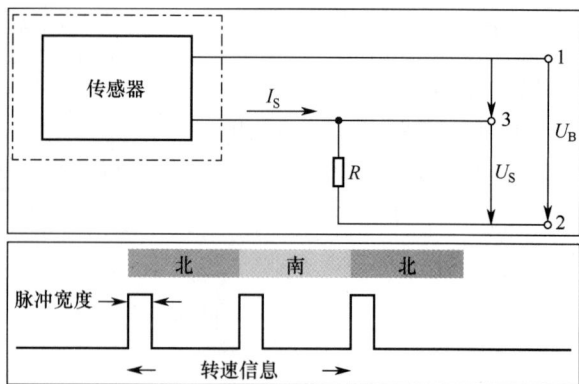

图 7-11　轮速传感器电气线路

4. 霍尔式轮速传感器的检测方法

霍尔式轮速传感器，可用检测其输出电压信号的方法来判断其工作好坏。关闭点火开关，将车支起，使每个轮胎离地 10cm 左右，然后拔下轮速传感器的导线连接器插头，并用导线将线束插头与轮速传感器插头的电源端子相连，用万用表（打开交流电压挡）的两表笔分别搭在轮速传感器的信号输出端子间，测量传感器的输出电压。接通点火开关，用手转动车轮，万用表应显示 7～12V 范围内波动的交流电压，若电压值不在此范围内，应检查传感器与齿圈之间的间隙，正常值应在 0.2～0.5mm 范围内，否则应进行调整。

三、新型霍尔式轮速传感器

由于霍尔式轮速传感器能克服电磁式轮速传感器输出信号电压幅值随车轮转速变化而变化、响应频率不高及抗电磁波干扰能力差等缺点，因此被广泛应用于汽车防抱死制动系统 ABS 的轮速检测。

为降低汽车生产成本，近年来，越来越多的汽车 ABS 采用一种新型霍尔式轮速传感器，例如奥迪 A8、奇瑞风云、雪铁龙新爱丽舍等车型。普通霍尔式轮速传感器有 3 根引线，分别为电源线、信号线和搭铁线；而新型霍尔式轮速传感器只有 2 根引线，如图 7-12 所示，分别为电源线和信号线。

新型霍尔式轮速传感器与普通霍尔式轮速传感器的输出信号均为方波脉冲信号，占空比范围一般为 50%，如图 7-13 所示，但输出信号的高、低电压存在差异。新型霍尔式轮速传感器输出信号的高、低电压不受轮速影响，主要由 ABS 电控单元内部的电阻 R 决定，如图 7-14 所示，电阻 R 一定，高、低电压便一定，即使轮速很低，ABS 电控单元仍能检测到输出信号电压，这就克服了电磁式轮速传感器输出信号电压随转速变化而变化的缺点。

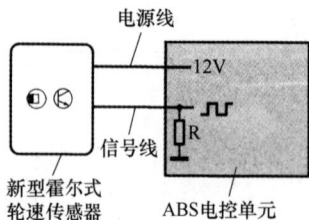

图 7-12　新型霍尔传感器电路

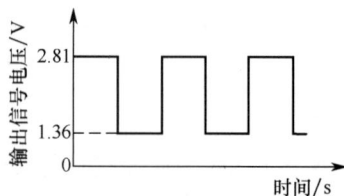

图 7-13　新型霍尔传感器输出信号波形

　　新型霍尔式轮速传感器的两根引线，其中一根是 ABS ECU 提供的 8V 或 12V 的工作电源，通过传感器另一根信号引线再回到 ABS ECU 控制搭铁，转子旋转时，传感器产生 0.75～2.5V 的方波脉冲信号。因为霍尔传感器的独特性能，使传感器的搭铁和信号线共用一根线，如图 7-15 所示。

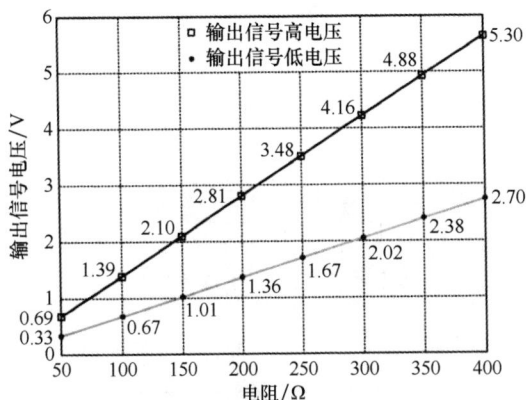

图 7-14　新型传感器输出高、低电压与电阻的关系

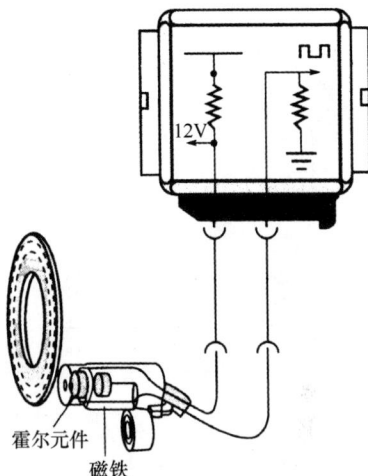

图 7-15　轮速传感器电路

四、磁阻式轮速传感器

1．结构、安装位置

　　新款皇冠车的轮速传感器采用磁阻式半导体传感器，简称 MRE 传感器。磁性转子是由内置带磁性粒子的橡胶制成的，南北共 48 极，磁极按圆周方向均匀分布的环状垫片，镶嵌在后轮轴承内圈上，与车轮同速度旋转。MRE 传感器本体则安装在轮毂上固定不动，与磁性转子间存在 0.5～0.8mm 的空气间隙，如图 7-16 所示。

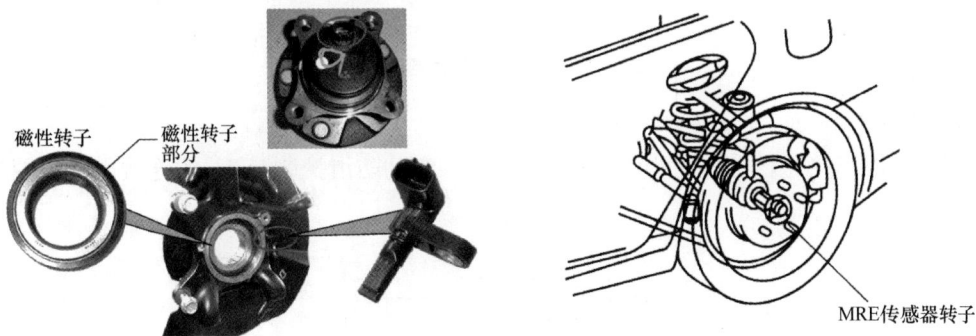

图 7-16　新款皇冠轮速传感器安装位置

2．工作原理

　　当磁性转子随车轮旋转，产生磁场变化，传感器内的磁阻值相应变化，经电路处理以脉冲信号输出给 ABS ECU。MRE 传感器与广泛采用的其他方式轮速传感器比较，它能检测到从 0km/h 开始的车速，此外，还能够检测到转子的旋转方向，因此系统可以区分车辆

向前还是向后的运动方向，为坡道起步辅助控制系统 HAC 提供制动控制信号，工作原理如图 7-17 所示。

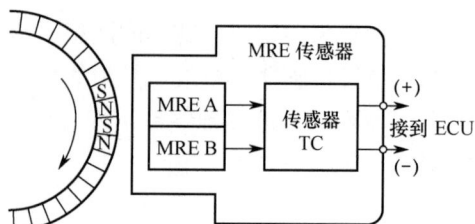

图 7-17 新款皇冠车轮速传感器工作原理

新型磁阻轮速传感器内部有两个磁阻，在车轮转动时产生两个信号，把这两个信号叠加在一起后，再发送到 ECU。由于车辆向前或者向后行驶时，两个磁阻发出的信号是不同的，所以 ECU 可以根据传感器信号来判断车轮的旋转方向和车辆的实际行驶方向，如图 7-18 所示。其正常的输出波形如图 7-19 所示。

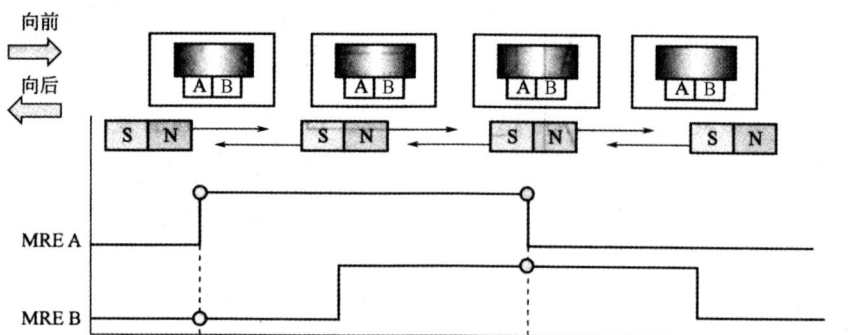

图 7-18 检测车轮旋转方向原理

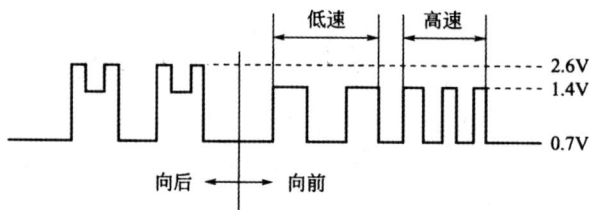

图 7-19 轮速传感器输出波形

3. 检测

新款皇冠车轮速传感器与牵引力执行器总成(制动防滑控制 ECU)的连接电路如图 7-20 所示。

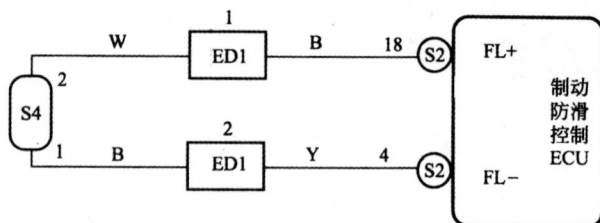

图 7-20 轮速传感器与制动防滑控制 ECU 连接电路

（1）线路导通性检测。关闭点火开关，断开轮速传感器连接器和制动防滑控制 ECU 连接器，用万用表测量左前轮速传感器 S4 的 2 号端子与防滑 ECU 的 18 号端子、左前轮速传感器 S4 的 1 号端子与防滑 ECU 的 4 号端子之间的阻值，均应小于 1Ω。

（2）绝缘性检测。关闭点火开关，断开制动防滑控制 ECU 连接器，用万用表测量防滑 ECU 的 4 号端子 FL－与搭铁之间、防滑 ECU 的 18 号端子 FL＋与搭铁之间的阻值，均应大于 10kΩ。

（3）输入电压检测。关闭点火开关，断开轮速传感器连接器，打开点火开关，用万用表检测左前轮速传感器 S4 的 2 号端子与车身搭铁的电压，其值应为 7.0～12V。

（4）示波器检测。使用示波器，利用背插法，在不脱开端子的条件下测量，其输出波形应符合图 7-19 所示，否则检查线路或更换传感器。

五、新型的主动型轮速传感器

当传感器的功能实现不需要外接电源时被称为主动型传感器。主动型轮速传感器带有一个磁电阻式元件，其电阻值与传感器环上的磁力线有关。轮毂上的传感器环由一个带有不同南北极性磁性区域的读取前束构成，如图 7-21 所示。传感器环在固定的传感器元件上旋转。

主动型传感器的功能原理：在磁性区域的附近，磁力线垂直于读取前束。根据极性的不同，磁力线要么背向、要么朝向前束。因为读取前束和传感器之间的距离非常小，因此磁力线穿过传感器元件并改变其电阻值。安装于传感器中的电子放大器/触发器开关装置将电阻变化转换成两个不同的电流电平，如图 7-22 所示。这也就意味着，如果传感器元件的电阻值因为穿过的磁力线方向而变大，电流便会降低。如果电阻变小，电流则会因为磁力线方向的改变而升高。

由于旋转，读取前束上的南北极交替变换，因此便产生一个方波信号序列，频率与转速成正比。

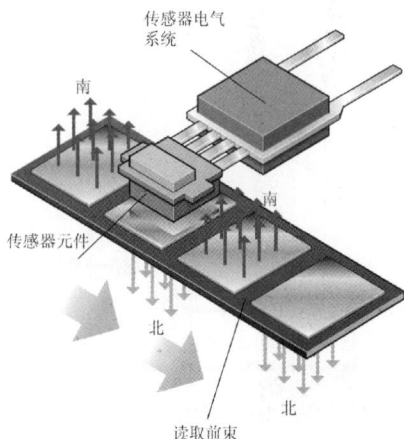

图 7-21　读取前束

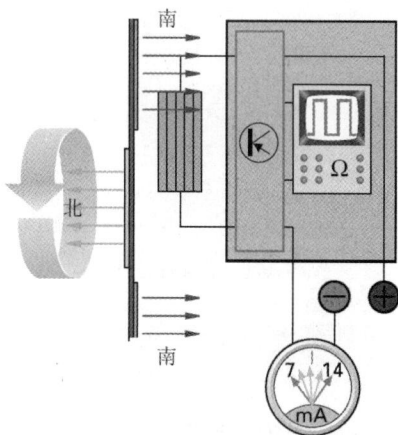

图 7-22　电阻变化转换成两个不同的电流电平

第二节　组合式加速度传感器

一、组合式加速度传感器

随着科技的发展，现在基本都使用了组合式传感器的模式，即将两个或三个传感器设计为一体与控制单元连接。最常见的组合式传感器为横向加速度传感器、横摆角速度传感器的组合。

横摆角速度传感器，英文原称为 Yaw Rate Sensor，由于翻译的不同，又称为横摆率传感器、侧滑传感器、翻转角速度传感器、偏转率传感器、旋转率传感器、偏航率传感器、旋转传感器等。

新款奥迪 A4 车的组合式加速度传感器安装在驻车制动杆的左侧，由横摆角速度传感器与横向加速度传感器组合而成，用以探测车辆横摆率（车辆沿纵轴的转动速度）及横向惯性力，并把信号传输给液压控制单元。当传感器探测到旋转转向叉的转动速度所产生的自转偏向力（科氏力），就会按比例获得横摆角速度。当传感器探测到作用在检测部件上的惯性力时，就会按比例获得横向惯性力。当车辆静止时，组合式加速度传感器输出横摆角速度和横向惯性力的信号电压均为 2.5V，值随着横摆角速度及横向惯性力变动。组合式加速度传感器的安装位置及外观如图 7-23 所示，输出特性曲线如图 7-24 所示。

图 7-23　安装位置及外观

横向加速度传感器与偏转率传感器这两个传感器装在一个壳体内，部件都装在一个印制电路板上，按微机械原理工作，通过一个六脚插头连接，按电容原理对横向加速度进行测量，偏转率是通过测量科氏（Coriolis）加速度而获得的。

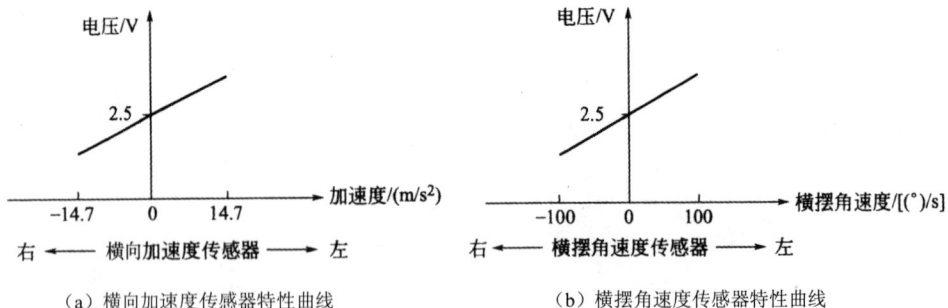

（a）横向加速度传感器特性曲线　　　　　　（b）横摆角速度传感器特性曲线

图 7-24　新款奥迪 A4 组合式加速度传感器的输出特性曲线

1. 横向加速度传感器

1）横向加速度传感器的结构

该传感器是组合式加速度传感器印制电路板上的一个极小的部件，其结构如图 7-25 所示。

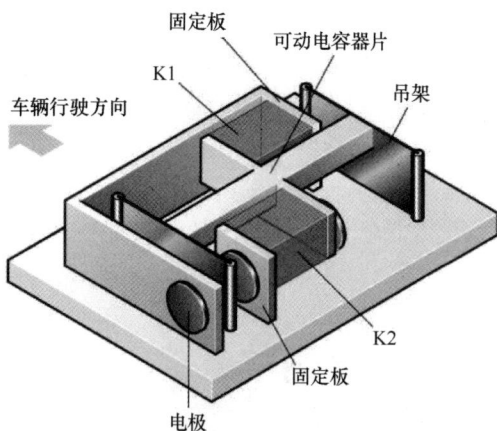

图 7-25　横向加速度传感器的结构

该结构中含有可来回摆动的可动电容器片。两个固定安装的电容器片（固定板）围住了可动的电容器片，这样就形成了两个串联电容器 K1 和 K2。借助电极就可以测量出这两个电容器的电容。

2）工作原理

如果没有加速度作用在这个系统上，那么测出来的两个电容器的电容 C1 和 C2 是相等的。若作用有横向加速度，那么可动的电容器片就会因惯性逆着加速度方向移动。于是两极板之间的距离就改变了，相应的电容器的电容也改变了。

对于电容器来说，若其两极板间的距离变大，那么其电容变小，反之变大，如图 7-26 所示，由此检测横向加速度。

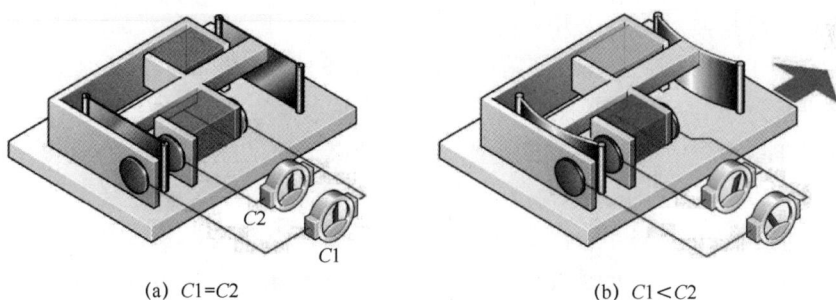

(a) C1=C2 　　　　　　　　　　　　(b) C1<C2

图 7-26　横向加速度传感器的电容的变化

2. 横摆角速度传感器

1）结构

在同一印制电路板上，还有横摆角速度传感器，该传感器与横向加速度传感器在空间上是分开的，其结构如图 7-27 所示。

为了简明易懂，这里只作简要说明：在有恒定磁场的南极和北极之间的托架内放一个可摆动的质量块，在这个质量块上装有一个导电轨道。在实际的传感器上，为保险起见，有两个这种结构。

2）工作原理

在托架上接上交流电压 U，那么支撑导电轨道的托架就会在磁场内摆动。如果现在有角速度作用在此结构上，那么由于惯性作用，摆动质量块的状态与前述的电容片是一样的。也就是说，由于出现了科氏加速度，质量块偏离了来回的直线摆动。由于这一切都是发生在磁场内的，因此导电轨道的电气性能就改变了。测量出这个变化就知道了科氏加速度的大小和方向，电子装置根据这个值即可计算出偏转率的大小，如图 7-28 所示。

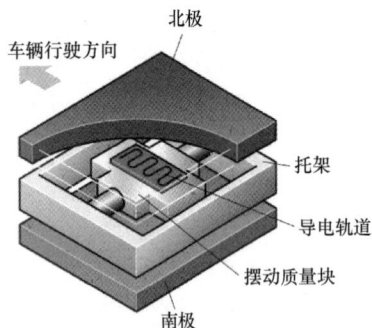

图 7-27　横摆角速度传感器的结构　　　　图 7-28　横摆角速度传感器的工作原理

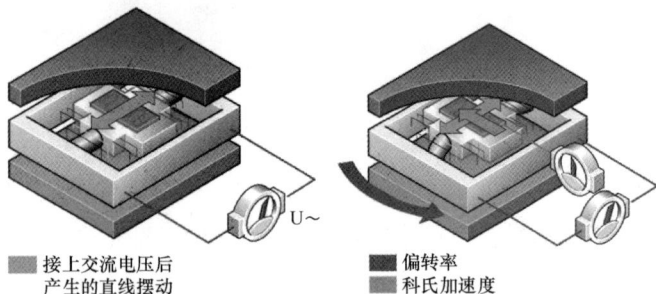

二、组合式加速度传感器检测

在检测组合式加速度传感器时，应注意不能让传感器跌落，如果传感器受到强烈冲击，应更换。组合式加速度传感器的电路连接如图 7-29 所示。

（1）电源检测。将点火开关旋转到接通的位置，且不起动发动机，测量组合式加速度传感器的端子 T6m/5 与搭铁之间的电压，电压应为 4.5～5V。

（2）搭铁电路检测。将点火开关旋转到断开的位置，断开组合式加速度传感器，测量其线束侧的端子 T6m/2（接搭铁）与蓄电池负极之间的导通性，正常应导通。

（3）横向加速度传感器的检测。连接插头，接通点火开关，根据下列内容改变传感器状态检查端子 T6m/4 与 T6m/2 之间的电压。如果结果不满足技术规范，则更换横向加速度传感器。

①水平，端子 T6m/4 与 T6m/2 之间的电压应为 2.4～2.5V。

②顶面向上（与水平面上倾 90°），端子 T6m/4 与 T6m/2 之间的电压应为 3.3～3.7V。

③顶面向下（与水平面下倾 90°），端子 T6m/4 与 T6m/2 之间的电压应为 1.3～1.7V。

（4）偏转率传感器的检测。在静态条件下测定偏转率传感器的电压。当摆动偏转率传感器使其左右旋转时，测量端子 T6m/3 与 T6m/2 之间电压应符合下述规定。如果结果不满足技术规范，则更换偏转率传感器。

①向右旋转：电压在 2.5～4.62V 范围内波动。

②向左旋转：电压在 0.33～2.5V 范围内波动。

注意：应注意旋转偏转率传感器时的旋转位置，因为旋转方向和电压方向相反，所以旋转位置处于相反状态。

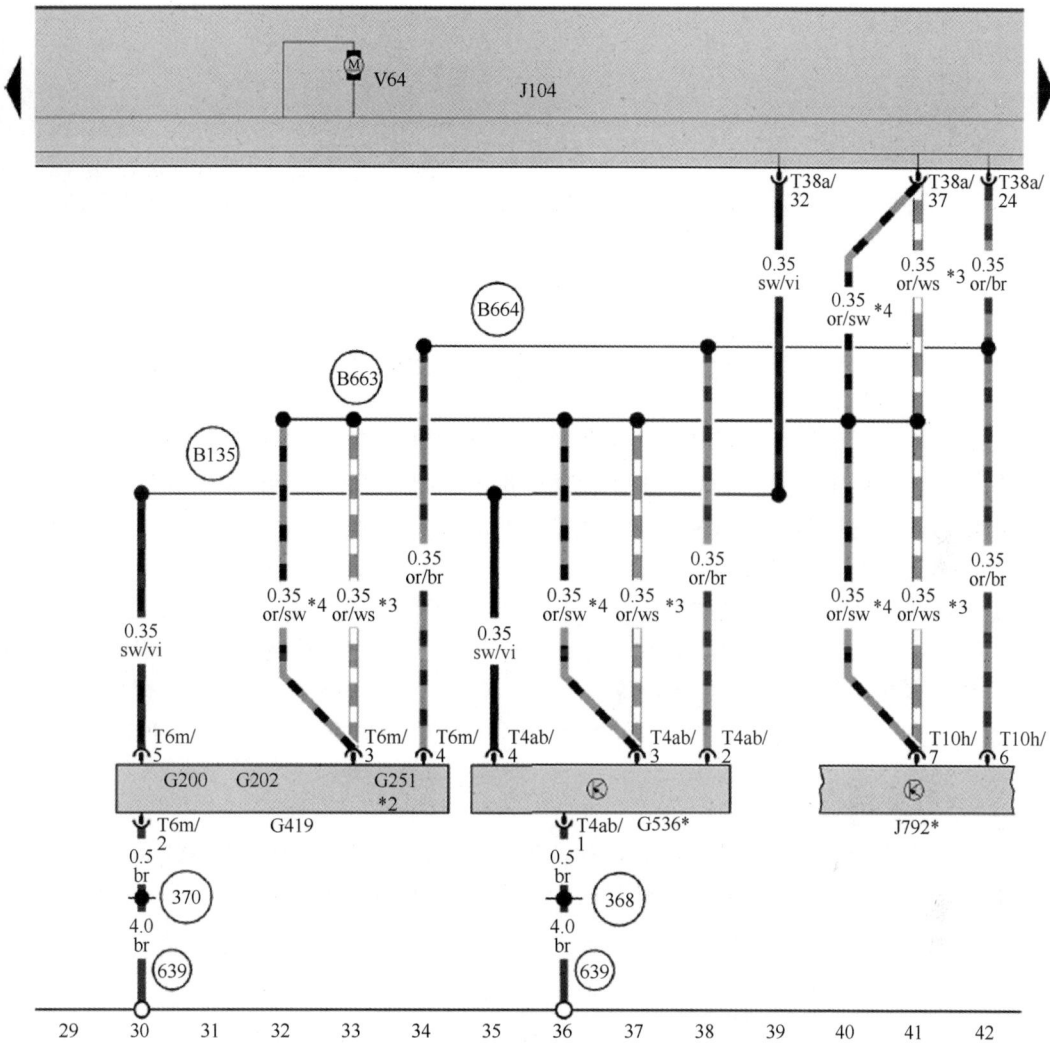

图 7-29 组合式加速度传感器的电路连接

G200—横向加速度传感器；G202—偏转率传感器；G251—纵向加速度传感器；G419—ESP 传感器单元；G536—ESP 传感器单元 2；J104—ABS 控制单元；J792—主动转向系统控制单元；T4ab—4 芯插头连接；T6m—6 芯插头连接；T10h—10 芯插头连接；T38a—38 芯插头连接；V64—ABS 液压泵；368—接地连接 3，在主导线束中；370—接地连接 5，在主导线束中；639—接地点，在左侧 A 柱上；B135—连接 1（15a），在车内导线束中；B663—连接（底盘传感器 CAN 总线，High），在主导线束中；B664—连接（底盘传感器 CAN 总线，Low），在主导线束中；*—特殊装备；*2—仅适用于带全轮驱动的车辆；*3—逐渐投入使用；*4—逐步取消

第八章

其他执行器、传感器

第一节 点火系统执行器

控制汽车点火线圈工作的点火控制器俗称点火模块,点火线圈按发动机管理模块控制单元的指令,在指定的时刻、对应的工况所需能量而进行点火。点火模块还提供给控制单元反馈信号,有的反馈信号供控制单元判断点火线圈工作是否正常,还有的反馈信号供控制单元计算下一个导通脉冲宽度。

点火模块实际上是一个功率电子开关,控制点火的信号为方波或磁脉冲信号,输送到点火模块的信号输入端,通过整形来驱动功率电子开关。用脉宽来控制功率电子开关的导通时间,导通后,点火线圈电流近似指数特性上升,导通时间长,断电电流就大,以此来控制线圈的点火能量,用脉冲信号的后沿时刻控制功率电子开关的关断时刻,即控制点火时刻。

一、点火线圈结构特点

单缸独立点火线圈(笔式线圈)的结构如图 8-1 所示,与一般的点火线圈基本相同。由于其结构紧凑,直接与发动机相接触,温度高、振动大,因此单缸独立点火线圈的结构有其特殊性。

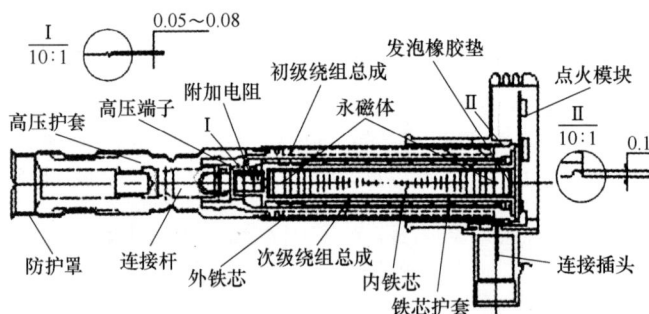

图 8-1　单缸独立点火线圈(笔式线圈)的结构

(1)单缸独立点火线圈的磁路由内部的圆铁芯、圆铁芯两端的永磁体以及圆筒形的外铁芯组成。在相同的初级断电电流的条件下,铁芯磁通的变化率越大,输出的电压及能量就越高。由于体积小,还要有足够的输出电压和能量,因此笔式线圈采用了两项措施:一是铁芯采用饱和磁感应强度高的晶粒取向的硅钢片,它比无取向的硅钢片饱和磁感应强度高 10%以上,铁损少;二是在内铁芯的两端加永磁体,永磁体磁通方向与初级电流产生的磁通方向相反，这样，初级电流施加后，产生的铁芯磁场由负变正，刚好在铁芯磁化曲线正负方向不饱和的直线段。相对于相同磁场强度的变化，得到比饱和段高得多的磁通变化率，从而以较小的体积实现了较高的输出。

（2）内铁芯前端是高压端子，后端是模块引线，它们之间的电位差就是输出的电压，因此要考虑前后有足够的绝缘距离。

（3）由于体积限制，笔式线圈初次级骨架、外壳的壁厚多为 0.7～1mm，而且与发动机接触，温度较高。这对于外壳及初次级骨架的材料选择、结构、加工工艺都提出了较高的要求。设计时要注意以下几点：①前部的薄壁外壳不要与插头座处的壳体设计成一体，因为两处的耐温不同，不宜用一种材料；同时，壁厚相差太大，不宜做成一体。②初次级骨架、骨架外的壳体，壁厚薄，材料要选择热变形温度在 170℃ 以上，注塑流动性好，与环氧树脂有良好黏结性能，耐电压强度高的材料，如 PPO、PET、PPS 等。IGN320 型 PPO 耐压可达 33kV/mm，注塑流动性好，是次级骨架的常用材料，环氧树脂要用玻璃化温度 140℃ 的环氧树脂。③如初次级骨架、外壳中有高压输出镶件时，最好不要在注塑时放入。因为加镶件的注塑模，内、外型腔不好保证同心，造成薄壁件厚度偏差大。高压端子后装时，为保证不涂胶密封，在端子外圆周边冷挤出 0.05～0.08mm 的凸起（见图 8-1 放大图Ⅰ），装入后靠凸起挤紧密封。④初次级骨架、外壳在结构设计时，要考虑防错装、防松脱，如它们之间采用圆周上的不对称定位键。如图 8-1 放大图Ⅱ所示，表示在初级骨架装入插头座壳体处有一个 0.1mm 的环形凸起，初级骨架挤入插头座壳体后，靠环形凸起防松脱。⑤初次级骨架与外壳的间隙较小，初次级骨架结构及尺寸设计时，要考虑环氧树脂灌入的通道，如在环形槽壁周边开缺口等。

（4）为了避免内应力开裂，在内铁芯两端加发泡橡胶垫。

（5）为了提高绝缘强度，在内铁芯加绝缘套管，初级骨架绕线前包一层耐高温、耐高电压的绝缘薄膜。

（6）带点火模块的笔式线圈，在模块的元器件上应附一层硅胶，防止热应力损坏元器件。

（7）为防止初级电流接通瞬间产生的正向 2kV 左右高压造成的误点火，应在次级回路加高压二极管。有两种二极管形式：一种是加耐压 3～4kV 的高压二极管，另一种是加 15kV 的瞬态电压抑制二极管。后一种形式的二极管装在模块上。

二、点火系统电路分析

高尔夫 A6 点火控制系统是单缸独立控制系统。优点是有四个点火末级功率放大器 N70、N127、N291、N292，点火线圈（与点火功率放大器为一体）是通过火花塞插头直接安装在火花塞的顶上，取消了点火高压线，如图 8-2 所示，可减小无线电干扰和能量损失。缺点是各缸点火线圈和功率放大器分别共用一个搭铁点，当搭铁点接触不良时，点火能量的损耗等问题可能使各缸同时工作不良或不工作。

如图 8-3 所示为点火系统控制电路。打开点火开关，经 J271 主供电继电器中端子 87（端子 85 向控制单元 J623 供电），经熔丝 SB14 再经图 8-3（a）所示的方框连接线 71、图 8-3（b）所示的方框连接线 43 分别向初级点火线圈端子 3 提供 12V 电压。根据发动机控制单元 J623 的指令控制初级线圈电路通断（控制点火线圈端子 4），从而在次级线圈中感应出高压电动势，击穿火花塞间隙点火。

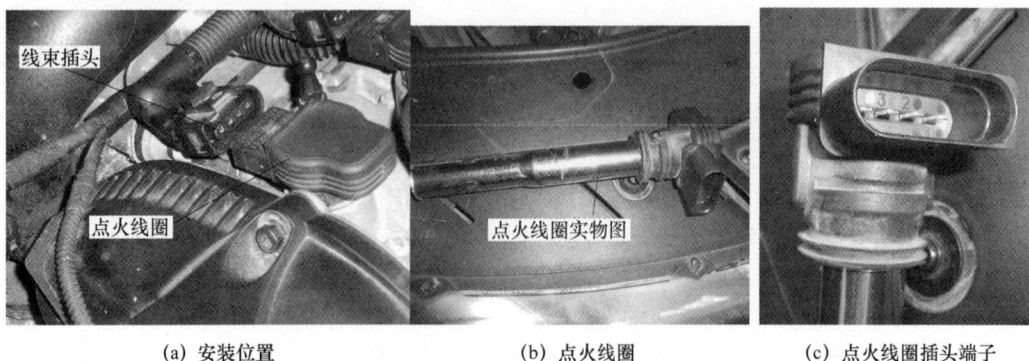

(a) 安装位置   (b) 点火线圈   (c) 点火线圈插头端子

图 8-2　点火线圈实物图

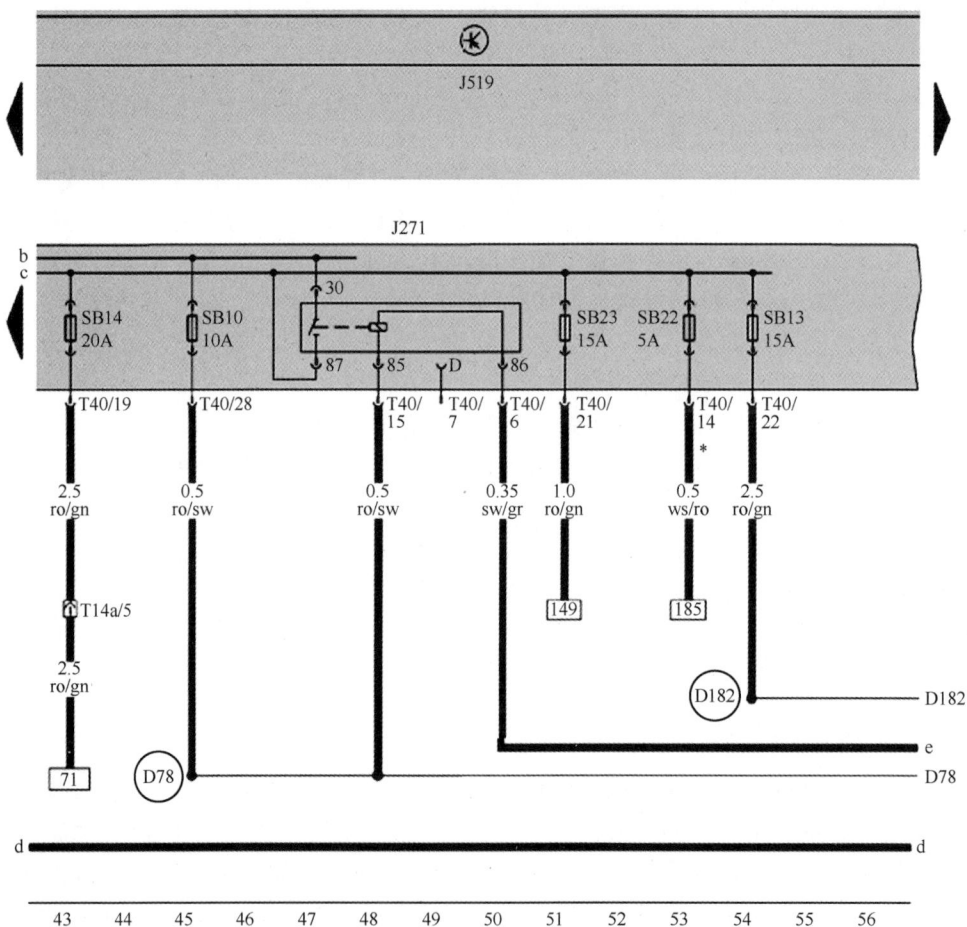

（a）Motronic 供电继电器

J271—Motronic 供电继电器，在电控箱上，在发动机舱内左侧（100）；J519—车载电网控制单元；SB10—熔丝架 B 上的熔丝 10；SB13—熔丝架 B 上的熔丝 13；SB14—熔丝架 B 上的熔丝 14；SB22—熔丝架 B 上的熔丝 22；SB23—熔丝架 B 上的熔丝 23；T14a—14 芯插头连接，在蓄电池附近；T40—40 芯插头连接；D78—正极连接 1（30a），在车身线束中；D182—连接 3（87a），在车身线束中；*—仅针对配备手动变速箱的汽车

图 8-3　点火系统控制电路

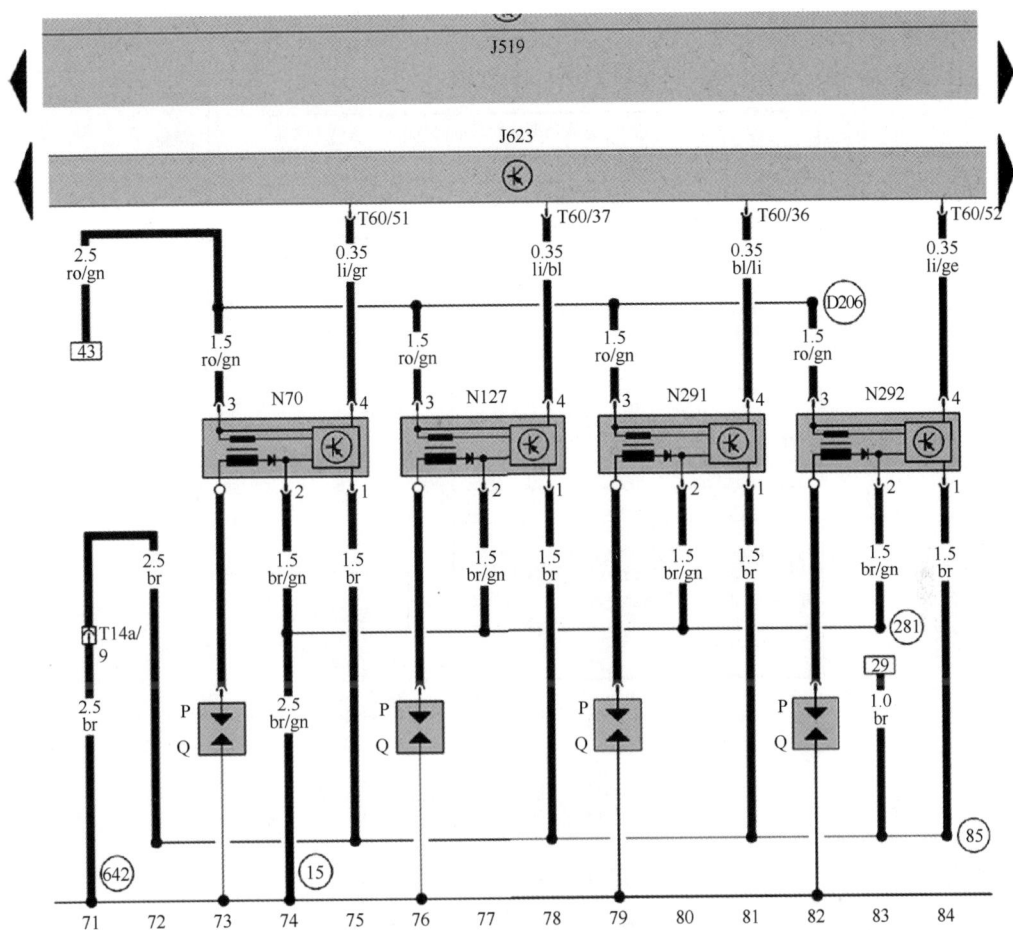

（b）发动机控制单元与带功率输出级的点火线圈

J519—车载电网控制单元；J623—发动机控制单元，在排水槽内中部；N70—带功率输出级的点火线圈1；N127—带功率输出级的点火线圈2；N291—带功率输出级的点火线圈3；N292—带功率输出级的点火线圈4；P—火花塞插头；Q—火花塞；T14a—14芯插头连接，在蓄电池附近；T60—60芯插头连接；15—接地点，在气缸盖上；85—接地连接1，在发动机线束中；281—接地连接2，在发动机线束中；642—EC风扇接地点；D206—连接4（87a），在发动机线束中

图8-3　点火系统控制电路（续）

三、点火系统故障检修

1）检查点火线圈

点火线圈的检查步骤如图8-4所示。

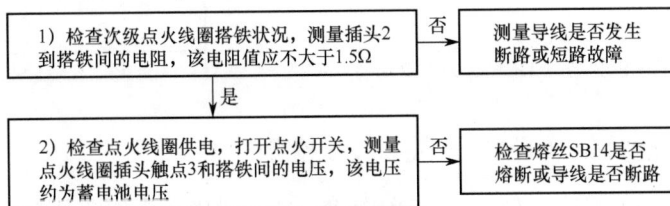

图8-4　点火线圈的检查步骤

2）检查点火线圈功率放大器

点火线圈功率放大器的检查步骤如图 8-5 所示。

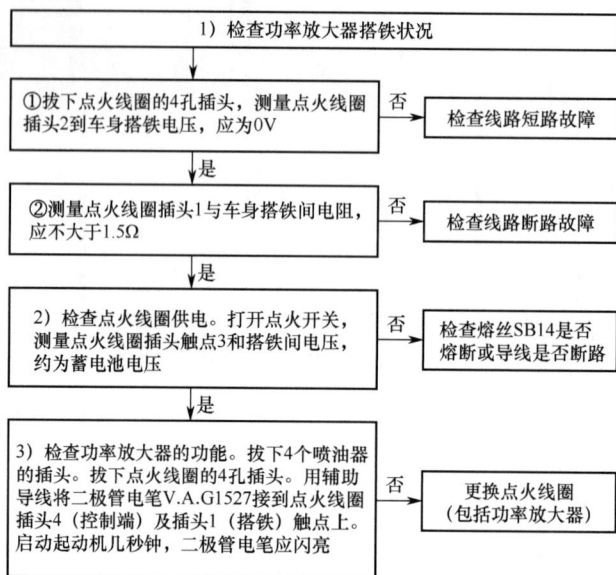

图 8-5　点火线圈功率放大器的检查步骤

第二节　变速器多功能挡位开关

一、变速器多功能挡位（TR）开关 F125 结构

变速器多功能挡位（TR）开关 F125 如图 8-6 所示。变速杆电缆把多功能挡位开关连接到变速杆上。多功能挡位开关把变速杆的机械运动转换为电信号，并把这些电信号传送到变速器控制模块（TCM）J127。变速器多功能挡位（TR）开关 F125 是有六个滑动触点的机械组合开关，其逻辑关系如表 8-1 所示。

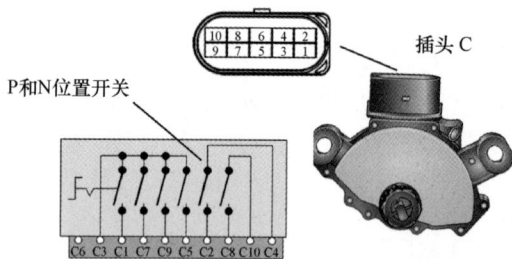

图 8-6　变速器多功能挡位（TR）开关 F125

表 8-1　变速器 F125 开关逻辑关系

二、变速器多功能挡位（TR）开关 F125 检测

（1）变速器多功能挡位（TR）开关 F125 的 10 芯连接插头如图 8-7 所示。连接检测盒 V.A.G 1598/22，检查供电电压。

（2）设置万用表量程：电压挡 20V。打开点火开关，测量变速器多功能挡位（TR）开关 F125 插头上插脚 10 到插脚 3 和插脚 4 之间的电压，额定值为蓄电池电压；测量多功能开关 F125 插头上插脚 10 到 V.A.G 1598/22 上的插脚 1 和插脚 2 之间的电压，额定值为蓄电池电压；测量适配接头 V.A.G 1598/22 上插脚 27 和插脚 28（接线柱 15）到插脚 1 和插脚 2 之间的电压，额定值为蓄电池电压。如果达不到额定值，根据电路图维修导线；如果达到额定值，进一步检查导线，关闭点火开关。

（3）设置万用表量程：电阻挡 200Ω。检查控制单元多孔插头与多功能开关之间的连接导线。测量适配接头 V.A.G 1598/22 上插脚 22 与插脚 1 和 2 之间的电阻值，额定值为无穷大；测量适配接头 V.A.G 1598/22 上插脚 22 和多功能开关 F125 上插脚 5 之间的电阻值，额定值小于 1.5Ω。如果达不到额定值，根据电路图维修导线；如果达到额定值，进一步检查导线。

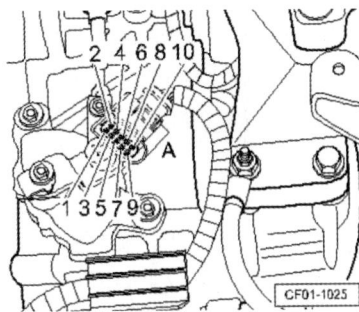

1—到控制单元插头插脚 47；2—到车身控制单元白色插头插脚 55；3—接地连接；4—接地连接；5—到控制单元插头插脚 22；6—未占用；7—到控制单元插头插脚 10（电源供电是压接线柱 15）；8—到控制单元插头插脚 21；9—到控制单元插头插脚 36；10—正极连接

图 8-7 变速器多功能挡位（TR）开关 F125 的 10 芯连接插头

（4）测量适配接头 V.A.G 1598/22 上插脚 36 与插脚 1 和插脚 2 之间的电阻值，额定值为无穷大；测量适配接头 V.A.G 1598/22 上插脚 36 和多功能开关 F125 上插脚 9 之间的电阻值，额定值小于 1.5Ω。如果达不到额定值，根据电路图维修导线；如果达到额定值，进一步检查导线。

（5）测量适配接头 V.A.G 1598/22 上插脚 10 与插脚 1 和插脚 2 之间的电阻值，额定值为无穷大；测量适配接头 V.A.G 1598/22 上插脚 10 和多功能开关 F125 上插脚 7 之间的电阻值，额定值小于 1.5Ω。如果达不到额定值，根据电路图维修导线；如果达到额定值，进一步检查导线。

（6）测量适配接头 V.A.G 1598/22 上插脚 47 与插脚 1 和插脚 2 之间的电阻值，额定值为无穷大。

（7）测量适配接头 V.A.G 1598/22 上插脚 47 和多功能开关 F125 上插脚 1 之间的电阻值，额定值小于 1.5Ω。如果达不到额定值，根据电路图维修导线；如果达到额定值，进一步检查导线。

（8）测量适配接头 V.A.G 1598/22 上插脚 21 与插脚 1 和插脚 2 之间的电阻值，额定值为无穷大；测量适配接头 V.A.G 1598/22 上插脚 21 和多功能开关 F125 上插脚 8 之间的电阻值，额定值小于 1.5Ω。如果达不到额定值，根据电路图维修导线；如果达到额定值，更换多功能开关 F125。

第三节 雨量感应传感器

随着科技的发展进步，人们对汽车的智能控制要求越来越高。刮水系统是汽车的重要组成部分，在雨天对汽车的安全性能起着非常重要的作用。汽车智能刮水系统正在逐步取代传统的机械结构的刮水器，在中高档汽车上广泛应用。现代汽车上普遍采用雨滴感应式智能刮水系统，可以免除驾驶员手动操作刮水器的麻烦，有效提高雨天行车的安全性。

奥迪 A6L（C6）轿车电控智能刮水组合开关具有间歇、间歇分级、单触刮水、刮水 4 种功能。根据雨量不同，雨量传感器具备 4 种功能：自动启动或停止刮水，并根据雨量，可选择 7 种速度工作；雨天会自动打开前照灯；关闭刮水停止 5s 后再次刮水一次；雨天车辆停止后自动关闭车门和车顶。当刮水拨杆置于"间歇"位置时，上述功能启用，雨量传感器有 4 种敏感程度可以选择。手动选择总是处于优先位置。

一、雨量感应传感器 G397

奥迪 A6L（C6）采用组合雨量/光强度识别传感器 G397，具有光辅助控制功能，可免除驾驶员手动接通行车灯的工作，还具有根据前风挡雨量情况控制刮水器的功能。传感器位于前风挡玻璃与车内后视镜的安装底座之间，如图 8-8 所示。G397 是供电控制单元 J519 的一个从控制单元，可通过 J519 进行诊断工作，如图 8-9 所示。

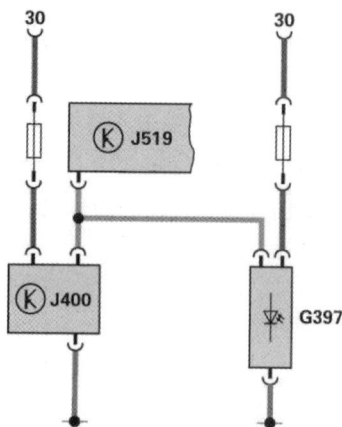

J519—供电控制单元；J400—刮水电机控制单元；G397—雨量感应传感器

图 8-8　传感器安装位置　　　　　图 8-9　控制单元与传感器间的通信

J519 作为 G397 的主控单元，可根据光强度识别传感器的信号自动接通及断开行车灯、激活回家/离家功能、实现白天/夜晚识别。在拂晓、黄昏、黑暗、驶入穿行隧道或在树林里行驶时，光强度识别传感器会发送信息到 J519 上，接通行车灯。为了能识别出诸如树林内的道路以及穿行隧道等环境状况，光强度识别传感器接收来自全区和前区 2 个区域内的光强度信号。全区检测紧靠车附近的亮度，通常是车上部区域；而前区检测车辆前部区域的光线情况，如图 8-10 所示。

J519 还可根据 G397 感应的前风挡玻璃的沾水湿润程度，实现刮水器 7 个速度挡的自动接通和关闭，同时在下雨时实现自动接通行车灯。在把刮水杆置于"间歇"位置时，G397 开始起作用，即被激活。驾驶员也可以通过刮水器间歇工作调节器的 4 个灵敏度来设置雨量感应传感器，在这种模式下则不再需要参考刮水动作（激活雨量感应传感器时的刮水动作）。当传感器被激活时，刮水杆总是置于"间歇"位置。出于安全考虑，只有当车速超过16km/h 或通过设置刮水器间歇工作调节器灵敏度时，雨量感应传感器 G397 才会被激活。

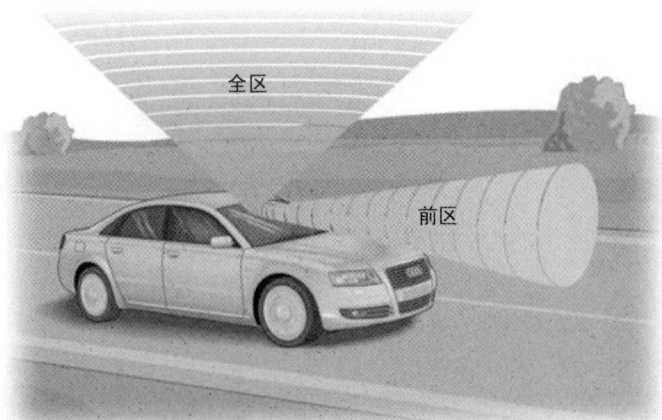

图 8-10　光强度识别传感器感应区域图

二、传感器的工作原理

G397 通过光的折射原理来判断前风挡玻璃的湿度情况，该传感器内集成有环形的发光二极管，这个发光二极管在驾驶室内透过前风挡玻璃发射出红外线光，如图 8-11 所示。

如果玻璃处于干燥状态，则红外线按照全反射原理进行反射，红外线光由玻璃的表面反射回来，集成在 G397 中央的光电二极管能接收到较多的光，记录了高的光的强度，如图 8-12 所示。

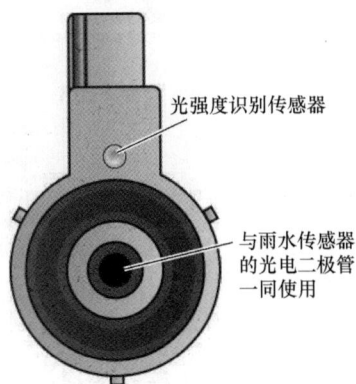

图 8-11　G397 结构

图 8-12　G397 晴天工作原理图

如果玻璃浸湿，玻璃表面的光学特性就发生了变化，光透过玻璃表面因水滴的作用会发生折射，即光线发生折射，反射的光量将会减少，这样光电二极管接收到的光也就减少，于是信号电压发生了改变，光电二极管记录了低的光的强度，如图 8-13 所示。

要使 G397 的发光二极管发出光线，光电二极管接收到光线后产生电压信号，就需要给发光二极管提供电流，即需要提供电源与搭铁回路，其信号是直接通过 LIN 总线发送的。G397 电路连接如图 8-14 所示。

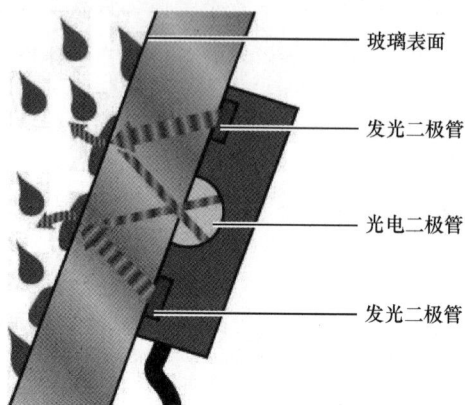

图 8-13　G397 雨天工作原理

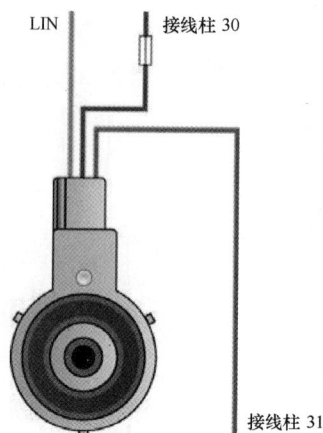

图 8-14　G397 电路连接

1.　刮水控制单元 J400

奥迪 A6L（C6）轿车上的刮水控制单元 J400 如图 8-15 所示。刮水控制单元与刮水电动机集成在同一个元件内部。J400 和 G397 均作为从控单元通过 LIN 总线与主控单元 J519 连接在一起，如图 8-16 所示。J400 可根据雨量传感器检测到的雨量信号控制刮水器自动工作，在完成清洗玻璃刮水动作 5s 后能再刮水一次（仅在车速大于 5km/h 时工作），以防止玻璃上产生水滴。J400 出现故障时仪表板上的黄灯亮起，如图 8-17 所示，提醒驾驶员及时检修。

图 8-15　刮水控制单元 J400

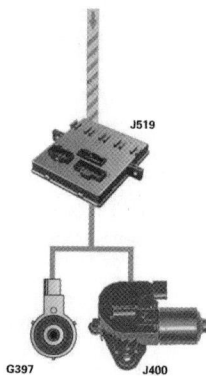

图 8-16　J400 总线连接

图 8-17　J400 故障指示灯

2.　智能型刮水器控制功能

奥迪 A6L（C6）轿车刮水器一般具有间歇、慢速、快速和点动刮水 4 挡，当车速为 0 时会自降速一挡，起步之后恢复到设定的刮水速度。如在间歇挡，间隔时间与车速成反比。将刮水操纵杆向下拨一下可短促刮水一次，如保持在该位置 2s 以上，刮水器开始持续刮水并加快刮水速度。刮水控制单元还可控制风挡玻璃清洗泵的工作，当向转向盘方向拉操纵杆，清洗器立即开始工作，刮水器随后开始刮水。如车速超过 120km/h，清洗器与刮水器同时工作。如果松开操纵杆，则清洗器停止工作，刮水器继续工作约 4s 后停止工作。

3.　供电控制单元 J519

J519 的任务是接收开关信息并向外输出能量，它控制 J400 的功率输出，并通过 LIN 总

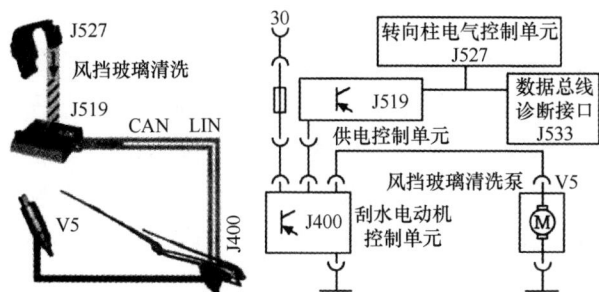

线控制 G397。如果在刮水电动机正在工作时打开发动机舱盖，那么刮水电动机会立即停止工作。如果在风挡玻璃清洗泵 V5 工作时打开了发动机舱盖，那么该泵也会立即关闭。发动机舱盖打开状态由 2 个接触开关来识别，这 2 个开关信号被发送到 J519 上。J519 通过 LIN 总线给 J400 提供所需要的信息，以便执行刮水器的各种功能。用于启动 V5 的信息是由转向

图 8-18　风挡玻璃清洗泵和刮水控制单元的电路控制

柱电气控制单元 J527 发送到舒适系统 CAN 总线的。J519 在接收到信息后，又通过 LIN 总线将信息传递给 J400，J400 随后启动 V5，同时 J519 通过 LIN 总线将包含相应刮水功能的信息发送到 J400，J400 控制刮水电动机工作。风挡玻璃清洗泵和刮水控制单元的电路控制如图 8-18 所示。

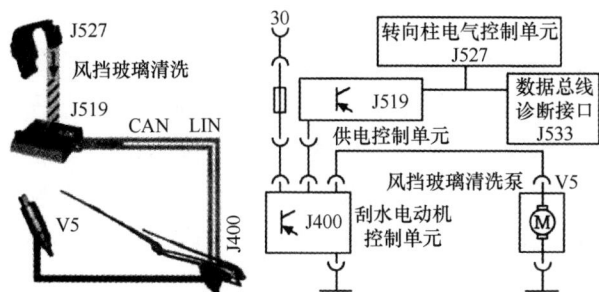

如果舒适系统中央控制单元 J393 失效，那么 J519 就会替代它来实现主功能，J519 会将转向信息发送到 CAN 总线上。J519 的软件可以实现应急功能，如果识别出旋转式灯开关有故障，如该开关的导线断路，那么 J519 会自动接通行车灯，前照灯亮起。J519 还可实现转向柱调节、脚坑照明、变速杆位置照明、前面和侧面转向信号、喇叭控制、风窗清洗泵控制、转向柱记忆等功能。J519 一般装在仪表板左侧的后部，取下脚坑盖板就可看到。

4. 智能型刮水器的其他功能

（1）停车并断开点火开关后 10s 内，启动刮水间歇挡，刮水器可停在风挡最上端，此时方可将刮水臂扳起进行维修。

（2）刮水器在摆动过程中遇到障碍物或冻结在风挡上时，会尝试推动 5 次，如失败，刮水器就会停在此位置不动，可避免传统刮水器耗尽电源电量的弊端。

（3）随车速、雨量的变化自动调整刮刷速度。

（4）刮水片停在发动机盖内，不干扰视野。

（5）关闭刮水器 5s 后，再刮一次，以清除水滴。

（6）发动机舱开启，刮水器自动停止，发动机机舱盖打开的状态下，刮水器没有动作，防止发生干涉而损坏刮水器。

（7）刮水器具有防盗功能，刮水器收到发动机舱盖下面后，无法将刮水器扳起盗走。

（8）挂倒挡时，后风窗玻璃刮水器刮水一次，如刮水器操纵杆处于慢速或快速刮水位置并挂倒挡，则后风窗刮水器开始持续动作。

（9）向前推刮水器操纵杆，后风窗玻璃约隔 6s 刮水一次。

（10）软停止功能使得刮水片磨损小，为了防止刮片的变形损坏，刮水器在每次开关断开时，刮臂都会轻柔地回到风挡的下沿，且每次的停止位置不同，每隔一次在停止位置稍许退回，将刮水片翻过来，这样可以延缓橡胶刮水片老化。

（11）每次起动发动机时，两只刮水臂都会轻轻地跳动一下，将刮水片翻转，此项动作能延缓橡胶刮水片老化。

5. 刮水器的 LIN 总线控制

奥迪 A6L（C6）轿车采用了 LIN 总线控制的智能刮水系统，LIN 总线是一个连接主控

制单元与其部件的子系统，这些部件包括控制器、开关、传感器、执行器等，这种连接方式和数据传递方式在很多车型与系统中应用。采用 LIN 总线作为子系统可以节省费用，在一辆车里可以存在多个 LIN 总线子系统用来输出不同的功能。每个 LIN 总线系统由一个主控制单元和一个或多个从控制单元组成。从控制单元有刮水电动机、雨量传感器、多功能转向盘等，执行器有刮水器等。从控制单元通过主控制单元与 CAN 总线通信。其他的 LIN 总线子系统均可与 CAN 总线进行数据交换，如图 8-19 所示。LIN 总线数据的传递速率介于 1~20kbit/s，传递速率的快慢取决于其位于舒适总线及信息娱乐总线的地址设定。LIN 总线的线材基础颜色为紫色，带有一点白色识别色，直径为 0.35mm，单线传输没有屏蔽。信号传递波形为高低电平的矩形波（介于 0V 与蓄电池额定电压之间），LIN 总线控制的优点包括可以减少线束，减轻车辆装备质量，减少干扰，由于插接器减到最少而减轻维修难度。

6．雨量/光照/湿度传感器 G397 失灵

（1）适用车型：所有奥迪车型。

（2）故障原因：由于拆卸或安装不当而损坏了雨量/光照/湿度传感器 G397，使得该传感器失灵。

（3）解决方案：请按照以下的方法正确拆卸和安装雨量/光照/湿度传感器，以防其损坏。①断开点火开关，拔出点火钥匙；②拆卸车内后视镜；③断开图 8-20 中的导线连接器 3；④将一把一字旋具（图 8-20 中 5）插入开口中，然后松开制动弹簧（图 8-20 中 2）的卡子；⑤等待 1min，以便硅胶垫松开，这样撕下时不会有残留。

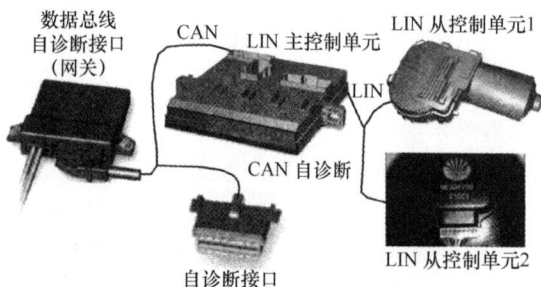

图 8-19　LIN 总线系统

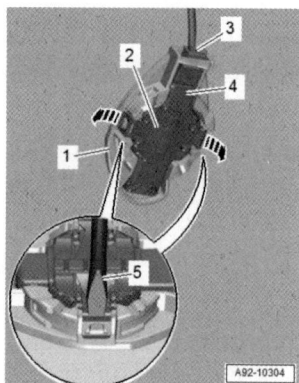

1—G397 定位座；2—制动弹簧；3—导线连接器；
4—G397；5—一字旋具

图 8-20　G397 的拆卸示意

第四节　本田扭矩传感器

一、本田扭矩传感器结构

广州本田飞度轿车 EPS 系统采用电感式扭矩传感器，扭矩传感器安装在转向器小齿轮

轴上，用来检测转向盘操作力矩的大小和方向，并把它转换为电压值传给 ECU。助力电机的助力大小与扭矩传感器的扭矩大小成正比，即扭矩传感器扭矩越大，助力电机助力作用越大。扭矩传感器结构如图 8-21 所示。扭杆 2 穿在中空的输入轴 1 内，扭杆的输入端通过固定销钉 3 和输入轴固连在一起，扭杆的另一端和输出轴 8 固连在一起。在输入轴和输出轴的外面套有阀芯 4，阀芯为中空结构，通过其下端内部的滑动平键 12 和输出轴 8 连在一起，阀芯相对于输出轴可沿轴向上下移动。在阀芯的表面上开有斜槽 5（上、下各一个），与输入轴固连在一起的固定销 13 穿在斜槽中。弹簧 11 通过其弹力将阀芯向上推，用来消除固定销 13 和斜槽之间的间隙。

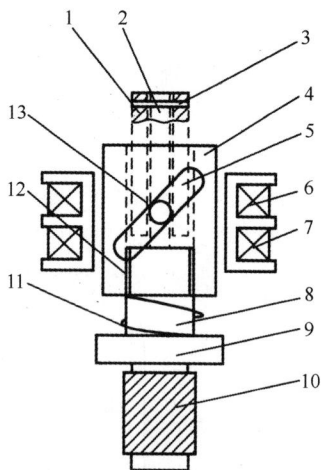

1—输入轴；2—扭杆；3—固定销钉；4—阀芯；5—斜槽；6—线圈 1；7—线圈 2；8—输出轴；9—蜗轮；10—小齿轮；11—弹簧；12—滑动平键；13—固定销

图 8-21 扭矩传感器结构

二、本田扭矩传感器工作原理

当转向盘在中位时，固定销在斜槽的中间位置。从输入轴端看，当向左转动方向盘时，由于小齿轮处有转向阻力，因此输入轴和输出轴之间发生相对位移，扭杆发生扭转变形。由于输入轴向左转动输入轴上的固定销也向左转动，固定销通过斜槽预推动阀芯向左转动，但因阀芯只能沿着轴线方向移动，固定销和斜槽之间的法向作用力产生使阀芯向上运动的分力，因此阀芯向上移动。转向阻力越大，扭杆变形越大，阀芯向上移动的位移越大。通过这种结构，可将扭杆的角变形转换成阀芯的上下直线位移。同理，当转向盘向右转动时，阀芯向下移动。当阀芯在感应线圈中上下移动时，感应线圈产生感生电压，电压信号经扭矩传感器中的集成放大电路放大处理后传送给 EPS 的 ECU。为保证扭矩传感器信号的可靠性，扭矩传感器中设计有两个线圈，向电脑同时输送主、辅信号，电脑将主、辅信号进行对比，判断力矩信号的正确性。扭矩传感器工作原理及输出的信号电压如图 8-22 所示。

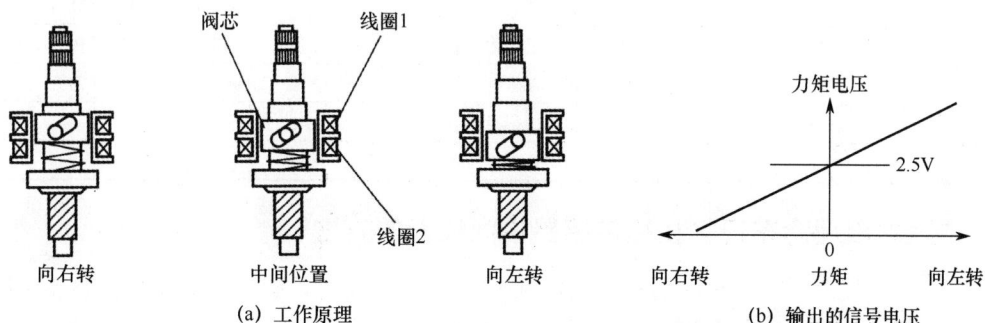

(a) 工作原理

(b) 输出的信号电压

图 8-22 扭矩传感器工作原理及输出的信号电压

三、本田扭矩传感器检测

（1）故障代码检测。将点火开关置于"OFF"位置，本田专用故障诊断仪（HDS）与仪表板下的 16 芯数据传输插接器连接后可进行故障代码检测，传感器有故障时必须根据本田 PGM 测试仪或 HDS 上的提示来清除故障代码。

（2）电压检测。点火开关打开，对 EPS ECU 的接线端进行电压测量，在插头连接的情况下，利用数字式万用表，采用背插法对广州本田飞度轿车进行电压检测，扭矩传感器与 EPS ECU 的线路连接如图 8-23 所示。

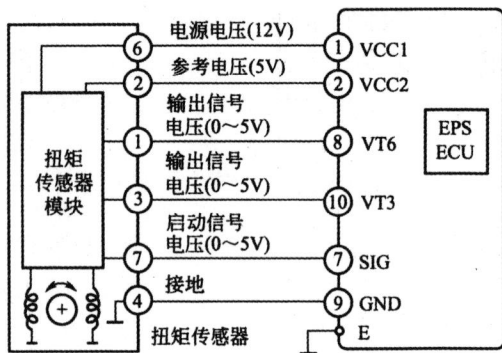

图 8-23　扭矩传感器与 EPS ECU 的线路连接

（3）广州本田飞度轿车扭矩传感器标准电压值如表 8-2 所示。

表 8-2　广州本田飞度轿车扭矩传感器标准电压值

端子编号	导线颜色	端子符号	说明	测量（断开 ABS/TCS 控制装置的 47P 插接器）		
				端子	条件	电压值
1	棕色	VCC1（12V）电压（公共 1）	扭矩传感器电源	1-接地	起动发动机	蓄电池电压
					点火开关 OFF	0V
2	红色	VCC2（5V）电压（公共 2）	扭矩传感器参考电压	2-接地	起动发动机	约 5V
					点火开关 OFF	0V
6	黄色	IG1（点火 1）	系统激活电源	6-接地	点火开关 ON	蓄电池电压
					点火开关 OFF	0V
7	灰色/蓝色	SIG（扭矩传感器 F/S 信号）	检测扭矩传感器信号	7-接地	起动发动机	短暂出现 5V
8	黄色	VT6	扭矩传感器信号	8-接地	起动发动机	为 0～5V
9	白色	GND（扭矩传感器接地）	扭矩传感器接地	9-接地	—	—
10	蓝色	VT3	扭矩传感器信号	10-接地	起动发动机	为 0～5V

四、广汽本田理念车记忆扭矩传感器中间位置的方法

对于广汽理念轿车，每次更换转向器或 EPS 控制单元时，必须记忆扭矩传感器中间位置。因为扭矩传感器对外界温度很敏感，因此记忆扭矩传感器中间位置时，环境温度必须高于 20℃。具体方法如下。

（1）将点火开关置于 LOCK（0）位，把 HDS 连接到驾驶员侧仪表板下的数据连接器 DLC 上，如图 8-24 所示中 A 处。

（2）将点火开关转至 ON（Ⅱ）位。

（3）确保 HDS 与车辆和 EPS 控制单元正常通信。

（4）从 HDS 的 EPS 菜单上，选择"MISCELLANEOUS TEST"（其他测试），然后选择"TORQUE SENSOR LEARN"（转矩传感器学习），并按照 HDS 屏幕上的提示进行操作。

（5）将点火开关转至 LOCK（0）位置即可。

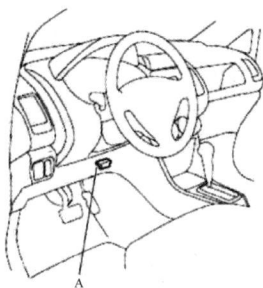

图 8-24　广汽理念车数据连接器 DLC 位置

第五节　新款皇冠分相器转矩传感器

一、新皇冠电控助力转向系统结构

电控助力转向系统是由转向控制单元控制转向电控机工作来实现助力的转向系统。电控助力转向系统的基本组成如图 8-25 所示。驾驶员操纵转向盘的转向，产生的力矩通过转向齿轮和转向拉杆传到汽车的转向轮上；与此同时，电子控制单元根据目前驾驶员操纵转向盘而产生的转向力矩及当时行驶的车速，计算出所需要的转向助力。所需的转向助力通过调整电动机的电压和电流来实现，转向轮上最终得到的转向力矩是驾驶员操纵转向盘所产生的转向力矩和转向电动助力之和（后者远大于前者）。电控助力转向系统直接使用电源，不消耗发动机的机械动力，故不会直接影响发动机的运转，比传统的液压助力转向系统节省燃油。

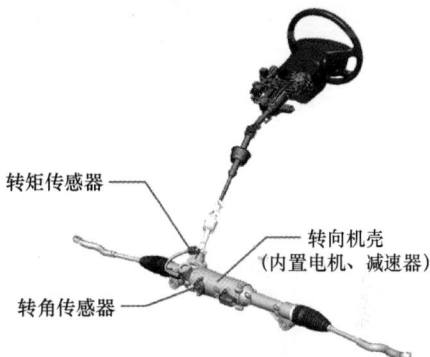

图 8-25　电控助力转向系统基本组成

该电控助力转向系统主要包括：由转向盘直接驱动的转矩传感器，其下部的小齿轮驱动齿条；转向电动机，装于转向管柱的中部；减速装置，采取与电动机转子内壳配套的循环滚珠式减速齿轮；转角传感器，反映助力电动机的转角和转向；齿条轴的外壳及左右横拉杆。

1. 转矩传感器结构与工作原理

转矩传感器包括上、下层两部分，分别安装在转向盘的输入轴和转向小齿轮的输出轴上，上、下两部分各有转子和定子部分。

（1）转子部分由上、下两层构成，如图 8-26 所示。输入轴和输出轴是通过一根细金属销连接成一体，转子部分上方有销孔，如图 8-27 所示。输入轴和输出轴两者上部是钢性连接，由汽车转向盘的转轴即输入轴驱动进行同步转动。其下层转子带动小齿轮推动齿条平移，驱动转向轮左右转向。

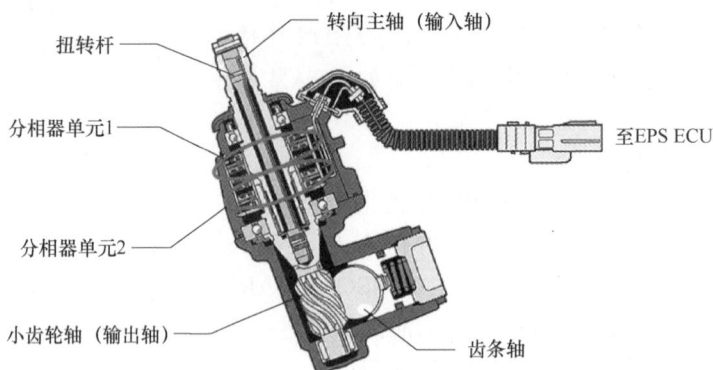

图 8-26　转矩传感器结构

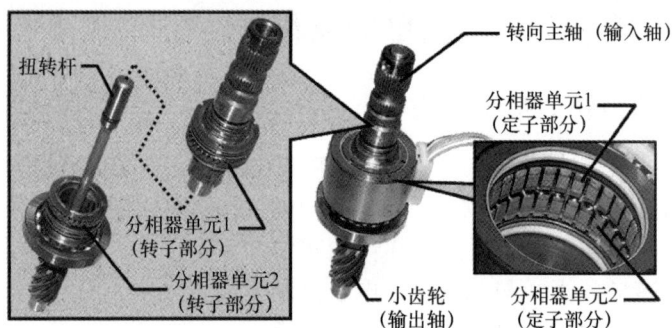

图 8-27　转矩传感器分解图

转矩传感器的上层部分由转向盘直接驱动，由于下端没有负载，所以它的转动量与转向盘转轴完全同步。但转矩传感器的下层部分带有转向小齿轮（有一定阻力），中间通过扭转杆驱动，导致下层转子的转动量相对较小，这就造成上、下层转子在位置上会产生相对角位移差。当汽车转向时，在不同的道路条件遇到不同的转向阻力时，输入轴与输出轴这两个转轴会产生与转向转矩大小相应的角度差。

（2）定子部分也有上、下两层，分别对应转子的上、下两层。定子线圈部分有两种线圈分布，分别是励磁线圈（产生信号 A）和检测线圈（产生信号 B），如图 8-28 所示，其上共有七根不同颜色的细导线与外界联系。其励磁线圈与转子部分的线圈通过电磁感应产生励磁作用；检测线圈则将输入轴、输出轴的上下角差（转向转矩）检测出来，向电子控制单元输送电信号，这个电信号是以定子线圈上的两列正弦波的相位差来反映。

2．助力电动机结构与工作原理

在转向器中部柱管内壁，安装有助力电动机及减速器，其结构如图 8-29 所示，电动机与齿条轴同心，由转角传感器、定子和转子组成。

助力电动机为无电刷的三相交流电机，如图 8-30 所示，其定子线圈为三相双星形连接如图 8-31 所示，电动机转子是强永磁式的。此电动机设计的转动惯量较小，便于汽车行驶时灵活地变转向操作。改变该电动机的旋转方向极方便，只需将三相电源任意两相间进行换接即能实现迅速的转向助力操作。此电动机具有低噪声、高转矩的特点，能克服行驶在各种道路时的转向阻力，从而进行灵活转向操作。

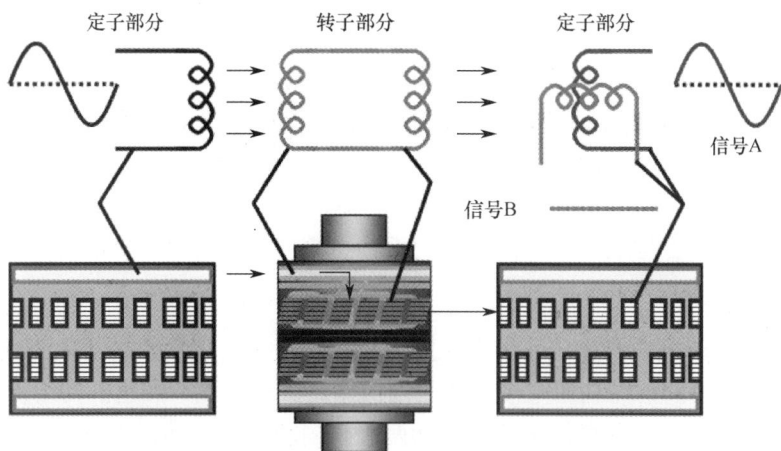

图 8-28 转矩传感器线圈分解

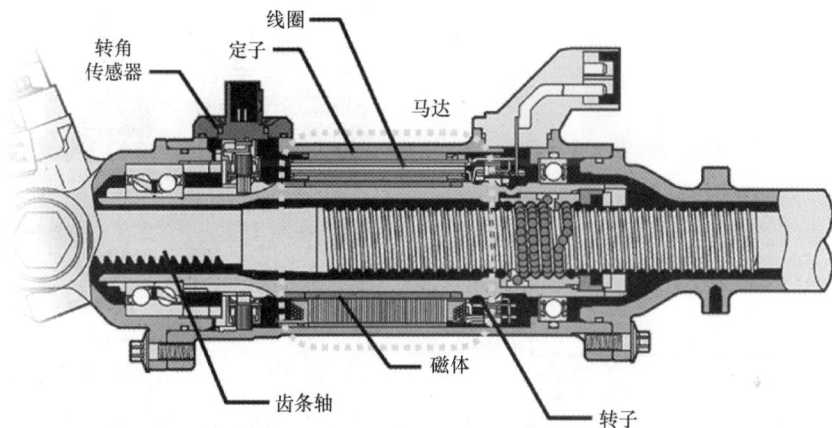

图 8-29 助力电动机及减速器的结构

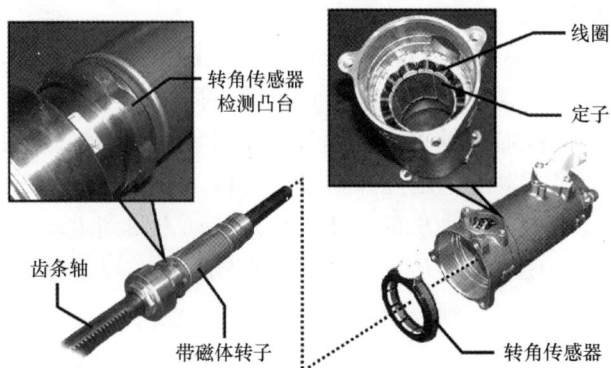

图 8-30 助力电动机

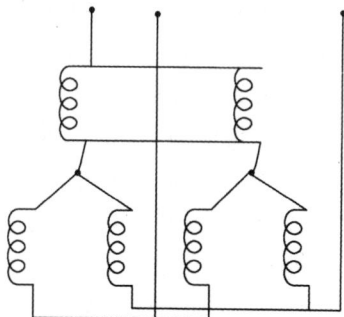

图 8-31 助力电动机的三相双星形连接

供给助力电动机的电源为 27～34V 的三相交流电压：此电动助力转向控制单元中专门设置有提升电压的逆变器和电感储能线圈，由类似三相桥式、能将蓄电池的电压转为 27～34V 的电路完成。当驾驶员操纵转向盘时，则会自动根据转向阻力大小，输出 27～34V 的可变电压；当驾驶员未打方向或车辆直线行驶时，电动机不运转，此时电动机的电压为 0V。

通过控制助力电动机的电流，来控制转向助力的大小。电动助力转向装置的控制单元接收转矩传感器和车速传感器的信号，并且根据转角传感器的数据判断当前车辆行驶状况，决定施加给转向电动机的辅助动力电流大小，转向转矩和辅助动力电流之间的关系如图 8-32 所示。转向电动机还有过热保护功能，当温度超过规定值，为保护电源和电动机不致过载，此时会限制电动机的助力电流，直至温度下降至规定的允许值为止。

3. 减速机构

为降低转向电动机的转速，获得更大的力矩，采取了与电动机转子内壳配套的循环滚珠式减速装置，极小的钢珠在四个极光滑的槽内循环滚动减速，减速机构结构如图 8-33 所示，将动力传递给齿条轴做直线运动，推动两个转向轮左右摆动，以驱动汽车进行转向。由于钢珠极小，并且导槽经过精细加工，表面质量很好，故传动噪声极微。

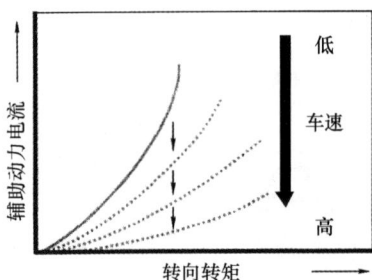

图 8-32　转向转矩和辅助动力电流之间的关系

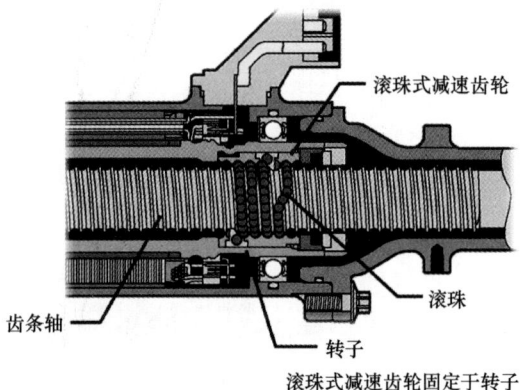

图 8-33　减速机构结构

二、电控助力转向系统的基本工作原理

如图 8-34 所示，当驾驶员操作转向盘，驱动转矩传感器的输入轴，经弹性扭转杆驱动输出轴，检测到输入轴与输出轴的转角差，转矩传感器输出电信号，同时输出转向信号到电动助力转向控制电脑；电动助力转向控制电脑根据车速传感器和转矩传感器计算出供给转向电动机的电流；转向控制单元将蓄电池电压提升到 27～34V，并且转换为三相交流电，增大转向功率；转角传感器反馈转向电动机的转角大小及转动方向到电动机控制电脑；钢滚珠和螺母将电动机旋转运动速度减小后，再转换为直线运动，以降低驾驶员的工作强度。

电控助力控制有以下功能：

（1）基本控制。根据车速和转向转矩计算辅助电流大小，并以此控制电动机运作。

（2）惯性补偿控制。在驾驶员刚开始转动转向盘时改善电动机起始运动。

（3）回复控制。在驾驶员将转向盘打到底后与车轮试图回复的短时间间隔内，控制辅助回复力。

（4）阻尼控制。当驾驶员高速行驶时可转动转向盘调节助力大小，以减缓车身摇移率。

（5）增压控制。在 EPS ECU 中将蓄电池电压增大，当驾驶员未打方向或车辆直线行驶时保持 0V，并在驾驶员转动转向盘时，根据负荷大小，输出 27～34V 内合适的电压。

（6）系统过热保护控制。根据电流值和持续时间估算电动机温度，如果温度超过标准值，即限制输出电流大小以保护电动机，防止过热损坏。

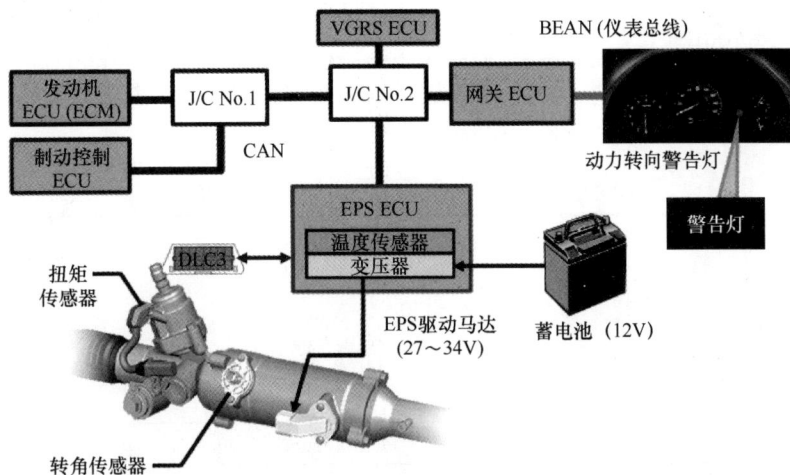

图 8-34 电动助力转向系统的基本工作原理

三、检测

（1）电阻检测。扭矩传感器与动力转向 ECU 总成之间的线路连接如图 8-35 所示，表 8-3 所示为插头端子连接情况，表 8-4 所示为端子间标准电阻值。

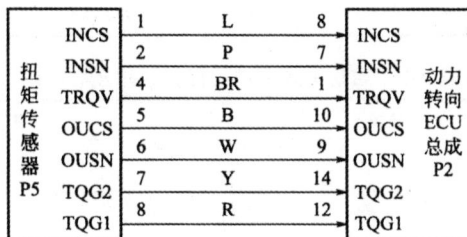

图 8-35 扭矩传感器与动力转向 ECU 总成之间的线路连接

表 8-3 插头端子连接情况

扭矩传感器插头端子	动力转向 ECU 总成插头端子	线束颜色	传输信号
P5-4	P2-1（TRQV）	BR	扭矩传感器电源（输入正弦脉冲信号）
P5-2	P2-7（INSN）	P	SIN 相位输出信号（扭矩传感器输入轴侧）
P5-1	P2-8（INCS）	L	COS 相位输出信号（扭矩传感器输入轴侧）
P5-6	P2-9（OUSN）	W	SIN 相位输出信号（扭矩传感器输出轴侧）
P5-5	P2-10（OUCS）	B	COS 相位输出信号（扭矩传感器输出轴侧）
P5 8	P2-12（TQG1）	R	扭矩传感器电源接地
P5-7	P2-14（TQG2）	Y	扭矩传感器检测电路接地

表8-4　标准电阻值

端子	电阻	端子	电阻
P5-1（INCS）与 P5-7（TQG2）	90～170Ω	P5-5（OUCS）与 P5-7（TQG2）	90～170Ω
P5-2（INSN）与 P5-7（TQG2）	300～430Ω	P5-6（OUSN）与 P5-7（TQG2）	300～430Ω
P5-4（TRQV）与 P5-8（TQG1）	4～14Ω		

（2）EPS 系统出现故障时，EPS ECU 进行以下控制：点亮 P/S 警告灯，启动失效保护。相关故障及故障码如表 8-5、表 8-6 所示。

表8-5　点亮 P/S 警告灯的相关故障及故障码

DTC	故障情况	P/S 警告灯
C1531/25	ECU 故障	点亮
C1532/25		
C1533/25		
C1534/25		
C1541/13	车速信号故障	点亮
C1551/25	IG 电源电压故障	点亮
C1552/22	PIG 补充电源电压故障	点亮
C1554/23	补充电源继电器失效	点亮
C1555/25	电动机继电器焊接失效	点亮
C1581/81	助力映射关系未写入	点亮
U0073/49	控制模块通信总线断开	点亮
U0121/42	与 ABS 控制模块失去联络	点亮

表8-6　启动失效保护的相关故障及故障码

DTC	故障情况	失效保护运作
C1511/11	转矩传感器故障	禁止转向助力控制
C1512/11		
C1513/11		
C1521/25	电动机故障	禁止转向助力控制
C1522/25		
C1523/24		
C1524/24		
C1528/12	电动机转角传感器故障	禁止转向阻力控制
C1531/25	EPS ECU 故障	禁止转向助力控制
C1532/25		
C1533/25		EPS ECU 保护功能取消，保留转向助力控制
C1534/25		助力大小固定在对应车速为 100km/h 时的值
C1541/13	车速信号故障	助力大小固定在车速为 100km/h 时的值
C1551/25	IG 电源电压故障	禁止转向助力控制

（续表）

DTC	故障情况	失效保护运作
C1552/22	PIG 补充电源电压故障	禁止转向助力控制
C1554/23	补充电源继电器失效	禁止转向助力控制
C1555/25	电机继电器焊接失败	禁止转向助力控制
U0073/49	控制模块通信总线断开	助力大小固定在车速为 100km/h 时的值
U0105/41	与燃油喷射控制模块失去联络	禁止转向助力控制
U0121/42	与 ABS 控制模块失去联络	助力大小固定在车速为 100km/h 时的值
—	电动机过热	限制电动机助力电流直至温度下降

第六节　大众磁阻式扭矩传感器

一、大众磁阻式扭矩传感器结构

大众磁阻式扭矩传感器作用在转向小齿轮上，利用转向小齿轮计算转向盘转矩，该传感器基于磁阻功能原理工作，它被设计成双保险（备用），以保证尽可能高的安全性。

在转矩传感器上，如图 8-36 所示，转向柱和转向器通过一根扭力棒相互连接。连接转向柱的连接件上有一只磁性极性轮，上面被交替划分出 24 个不同的极性区，每次分析转矩时使用两根磁极。

辅助配合件是一只磁阻传感器，它固定在连接转向器的连接件上。当操作时，两只连接件根据施加的扭矩做相对转动。由于此时磁性轮也相对传感器旋转，因此可以测量施加的转向力矩，并将信号发送给控制单元。

当转向力矩传感器发生故障时，必须更换转向器。整车识别到故障后，将关闭转向助力。关闭过程不是突然进行的，而是"缓慢"地进行。为了实现"缓慢"关闭，控制单元根据转向角和电动机的转子角度计算出转向力矩替代信号。故障将通过电动助力转向器故障指示灯 K161 亮起红灯来显示。

与电控转向助力系统相关的传感器还有：

1）转子转速传感器

转子转速传感器是电动机械转向助力器电动机 V187 的组成部件，从外部无法接触到它。转子转速传感器根据磁阻功能原理工作，在结构上与转向力矩传感器 G269 相同。它探测电动机械转向助力器电动机 V187 的转子转速，从而精确控制电动机。

当传感器失灵时，会将转向角速度用作替代信号。转向助力将安全地缓慢降低，从而避免由于传感器的失灵而突然关闭转向助力。

2）车速信号传感器

车速信号由 ABS 控制单元提供。当车速信号失灵时，紧急运行程序被启动。驾驶员仍会获得完全的转向助力，只是没有电控转向助力系统功能。故障将通过指示灯 K161 亮起黄灯来显示。

3）发动机转速传感器 G28

发动机控制单元根据发动机转速传感器的信号，计算出发动机转速和曲轴的准确位置。当发动机转速传感器失灵时，转向系统通过总线端 15 运行。故障将不会通过指示灯 K161 亮起来显示。

1. 电动机 V187

电动机 V187 是无电刷异步电动机，它能够产生最大 4.1N·m 转矩的转向助力。异步电动机没有永磁场或电磁激励，如其名称所述，异步电动机在所施加的电压频率和电动机旋转频率之间有一个偏差，这两个频率不相同，因此称为异步。异步电动机结构简单（无电刷），运行非常安全，外形如图 8-37 所示，电路如图 8-38 所示。

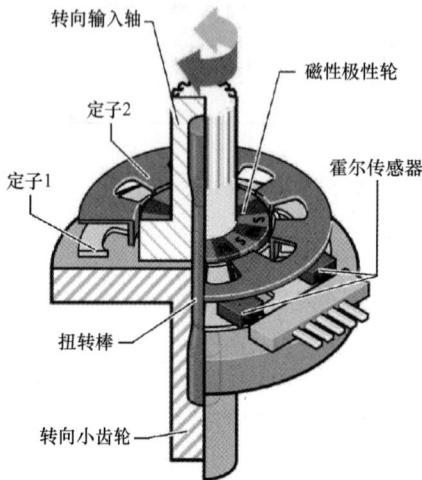

图 8-36　转向力矩传感器结构

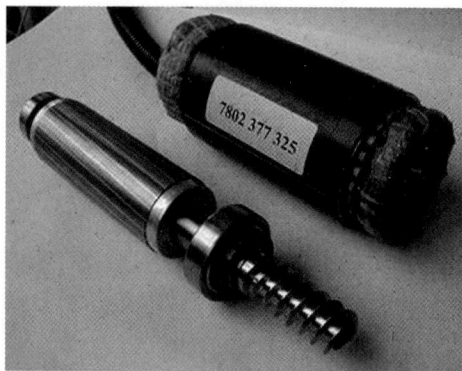

图 8-37　异步电动机外形

它的响应时间非常短，所以也适用于非常快的转向运动。电动机安装在铝合金壳体内，它通过蜗轮传动和齿轮齿条传动传送助力转向力。控制侧的轴端部有一块磁铁，控制单元用它来探测转子转速，利用该信号计算转向速度。

异步电动机的另一个优点在于，它可以在无电压状态下通过转向器运转。这说明，即使电动机发生故障，也不会引起转向助力失灵，只需用少量力来运转转向系统，甚至在短路时电动机也不会被锁止。异步电动机出现故障将通过指示灯 K161 亮起红灯来显示。

2. 转向辅助控制单元 J500

转向辅助控制单元直接固定在电动机上，因此无须铺设连接转向助力器部件的管路，其结构如图 8-39 所示。

转向辅助控制单元所需的输入信号如下：

（1）转向角传感器的转向角信号。

（2）发动机转速传感器的发动机转速信号。

（3）转向力矩、转子转速信号，以及车速信号。

（4）组合仪表中带显示的控制单元 J285 用于识别点火钥匙的信号。

控制单元探测到当前的转向助力需要的信号，计算激励电流的电流强度并控制电动机。控制单元中集成了一只温度传感器用来探测转向装置的温度，当温度上升到 100℃以上时，将持续降低转向助力。当转向助力低于 60%以下时，指示灯 K161 亮起黄灯，并在故障存储器中留下记录。当转向辅助控制单元损坏时应整套更换。控制单元永久程序存储器中相关的特性曲线组必须用汽车诊断、测量和信息系统 VAS 5051 激活。

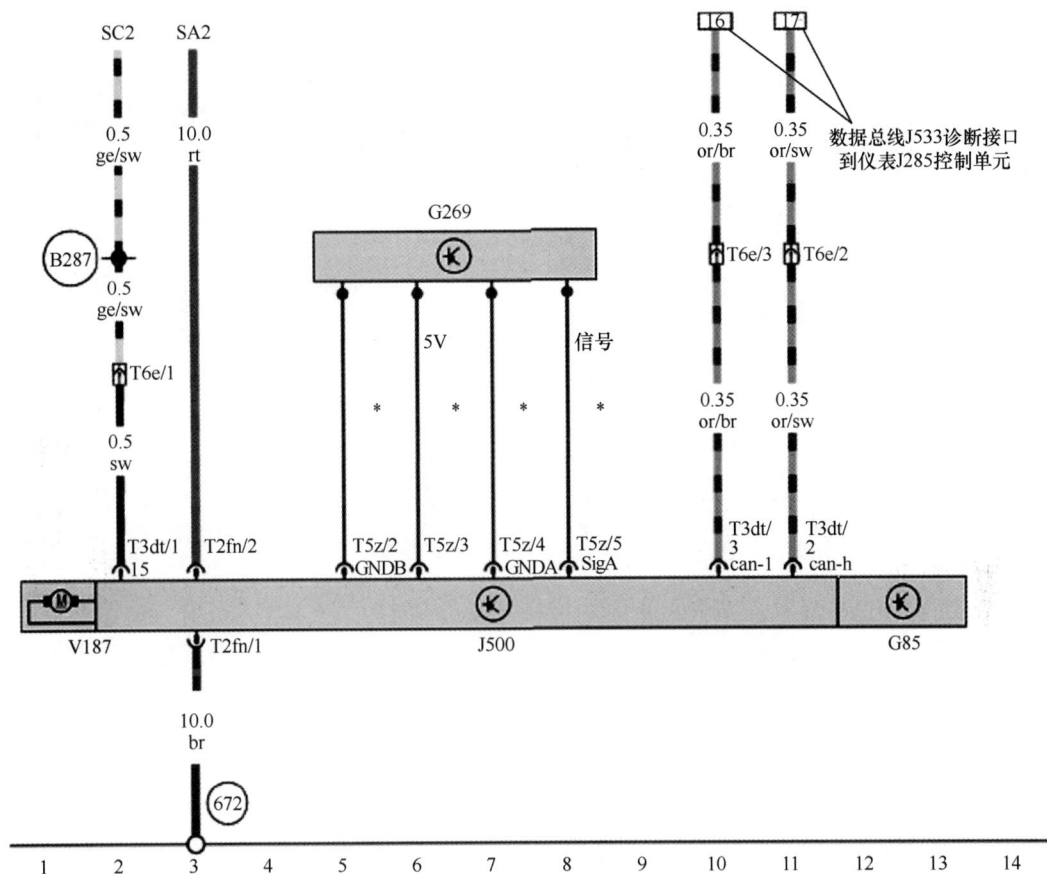

图 8-38 大众磁阻式扭矩传感器与控制单元之间的电路连接

G85—转向角传感器；G269—转向扭矩传感器；J500—转向辅助控制单元；SC2—熔丝架 C 上的熔丝 2；SA2—熔丝架 A 上的熔丝 2；T2fn—2 芯插头连接；T3dt—3 芯插头连接；T5z—5 芯插头连接；T6e—6 芯插头连接；V187—电控机械式伺服转向电机；672—接地点，左前纵梁上；B287—正极连接 11（15a），在主导线束中；*—适配导线

1）指示灯 K161 工作状态

指示灯位于组合仪表内的显示单元，如图 8-40 所示，它用于显示电动机械转向助力器的功能失灵或故障。

指示灯在功能失灵时可亮起两种颜色：黄灯亮起说明是一种轻量警告，红灯亮起时必须立刻前往维修站查询故障。当指示灯亮起红灯时，同时还会发出三声报警音作为声音警告信号。接通点火开关时，指示灯会亮起红灯，因为电动机械转向助力器系统在进行自检。只有当转向辅助控制单元收到系统工作正常的信号时，指示灯才会熄灭。这种自检过程大约 2s。

2）转向助力系统工作特点

（1）牵引状态。车速大于 7km/h，且点火开关接通，即使在牵引时也会提供转向助力。

（2）蓄电池用尽。转向系统会识别低电压，并对此作出反应。当电池电压低于 9V 时，会降低转向助力直至关闭，指示灯亮起红灯。当电压暂时低于 9V 时，指示灯亮起黄灯。

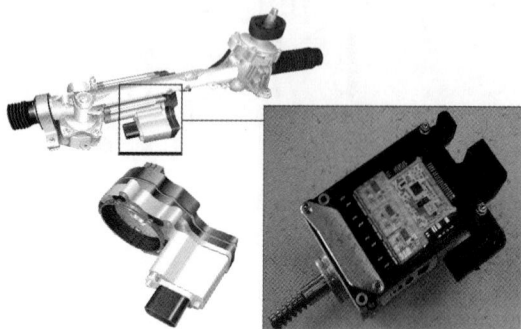

图 8-39　转向辅助控制单元

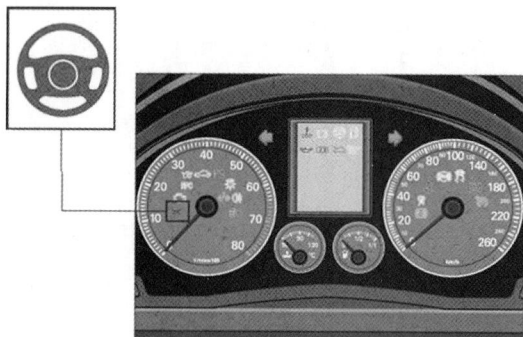

图 8-40　电动助力转向器故障指示灯 K161

二、转向助力数值的设定方法

用 VAS 5051 进入 44-10-01，在 VAS 5051 屏幕内的条形块上选择某个合适的助力数值（1～16 挡），按保存键，然后再按接收键。此时屏幕就会显示新设定助力数值，然后再按返回键，退出即可。

注意：由中间位置向左或向右最大的旋转角度为 90°。

三、检测

（1）用万用表检测端子 T3dt/1 的 15a 供电线、端子 T2fm/2 的 30 供电线（V187 供电）与端子 T2fm/1 的搭铁线之间的电压，电压值为 12V（供电电压）时表明 J500、V187 的供电和搭铁均正常。

（2）测量端子 T3dt/3 与端子 T3dt/2 之间的电压，工作时电压为 2.5～3.5V，睡眠模式下的电压为 0V，说明 CAN 总线通信正常。

（3）测量端子 T5z/3 与端子 T5z/2 之间的电压，正常电压应在 5V 左右。

第七节　丰田卡罗拉巡航控制系统

一、卡罗拉巡航控制系统组成及功用

巡航控制系统主要由巡航控制主开关、安全开关、传感器、ECU 和执行元件等组成。卡罗拉巡航控制电路如图 8-41 所示，巡航控制 ECU 与发动机控制 ECU 合为一体。ECU 根据各种传感器送来的信号判断汽车的运行工况，并通过执行元件自动调节节气门的开度，使汽车的行驶速度与设定的车速保持一致。

1）巡航指示灯电路

发动机控制模块 ECM 检测到巡航控制开关信号并从 A50 的 A49 脚、A41 脚通过 CAN 将其发送到组合仪表 E46 的 28 脚、27 脚，然后巡航指示灯亮起，巡航指示灯位置如图 8-42 所示。巡航指示灯电路使用 CAN 通信，如果此电路有故障，在对此电路进行故障排除前，检查 CAN 通信系统的故障码。

2）巡航控制主开关

巡航控制主开关位于转向盘上，控制开关信号通过螺旋电缆接发动机 ECM 的 A40 脚，电路如图 8-43 所示。

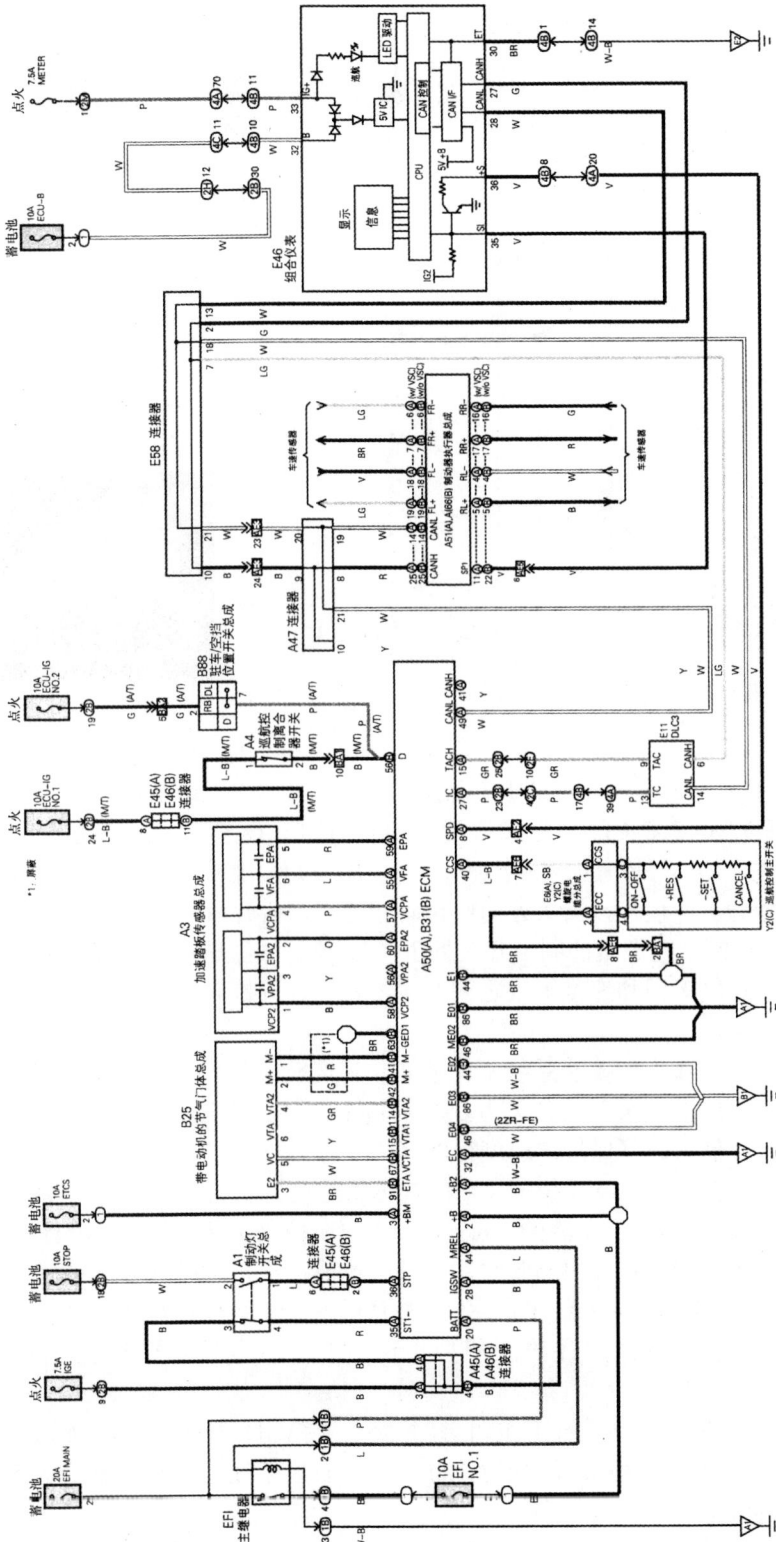

图 8-41 巡航控制电路

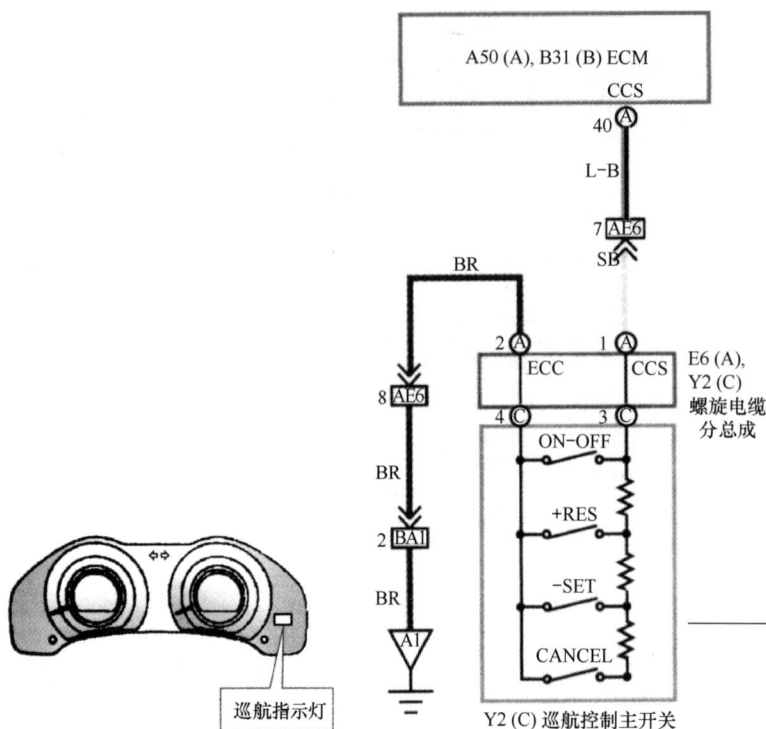

图 8-42　巡航指示灯位置　　　　　　　　图 8-43　巡航控制主开关电路

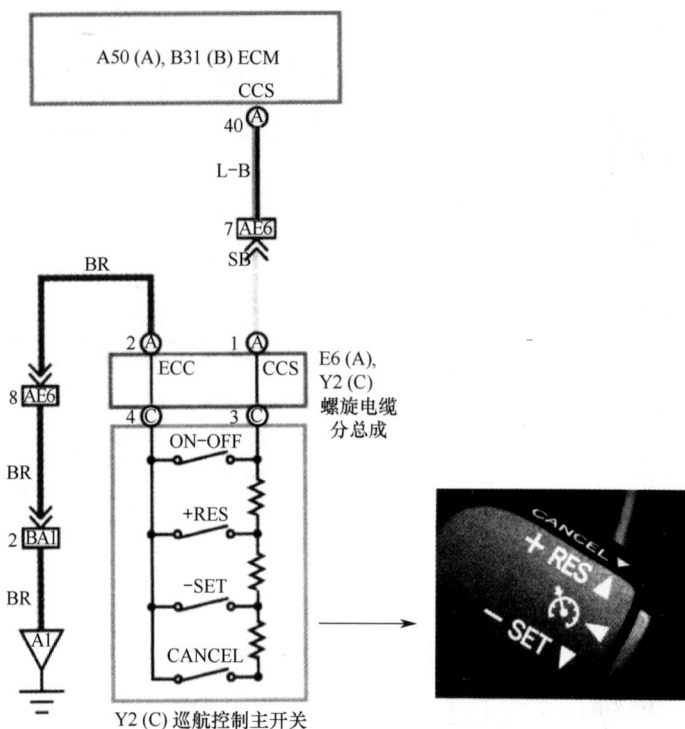

巡航控制主开关有以下 7 个功能：SET（设置）、—（滑行）、逐级减速、+（加速）、逐级加速、RES（恢复）和 CANCEL（手动取消控制）。SET（设置）、逐级减速和—（滑行）功能共用一个开关，RES（恢复）、逐级加速和+（加速）功能共用一个开关。巡航控制主开关是自动回位型开关，仅在按箭头方向操作时才打开，松开后即关闭。

（1）SET（设置）控制。在巡航控制主开关处于 ON 位置（巡航主指示灯亮起）且车速在设置速度范围内（速度下限和速度上限之间）时，将主开关推向（滑行）/SET，车速将被存储并保持恒速控制。

（2）—（滑行）控制。在巡航控制系统工作期间，将巡航控制主开关设置并保持在—（滑行）/SET 位置时，ECM 将"节气门开关为 0°"的指令信号发送至巡航控制系统。当巡航控制主开关松开时，存储车速且保持该速度行驶。

（3）逐级减速控制。在巡航控制系统工作期间，每将巡航控制主开关按至—（滑行）/SET（约 0.6s）一次，存储车速相应下降约 1.6km/h。当巡航控制主开关从—（滑行）/SET松开且行驶车速和存储车速相差超过 5km/h 时，行驶车速被存储并保持恒速控制。

（4）+（加速）控制。在巡航控制系统工作期间，按住巡航控制主开关上的的+（加速）/RES（恢复），ECM 指令节气门体总成的节气门电动机打开节气门。当巡航控制主开关松开时，存储车速并恒速控制。

（5）逐级加速控制。在巡航控制系统工作期间，每将巡航控制主开关按至+（加速)/RES（恢复）（约 0.6s）一次，存储车速相应增加约 1.6m/h。当行驶车速和存储车速相差 5km/h以上时，存储车速不会改变。

（6）RES（恢复）控制。如果当行驶速度在限制范围内按下制动灯开关、CANCEL 开关或低速限制开关来取消巡航操作，则将巡航控制主开关推至+（加速）/RES（恢复），可恢复取消时存储的车速并保持恒速控制。

（7）CANCEL（手动取消控制）。巡航控制系统工作时，执行下述任何一种操作，将取消巡航控制系统（仍保持 ECM 中存储的车速）。①踩下制动踏板；②踩下离合器踏板（M/T）；③变速杆从 D 位或 3 位换到 N 位、2 位或 1 位（A/T）；④将巡航控制主开关拉回 CANCEL；⑤关闭巡航控制主开关（不保持 ECM 中的存储车速）。

二、巡航控制主开关检查

（1）巡航控制主开关如图 8-44 所示，巡航控制主开关电阻值检测，如表 8-7 所示。

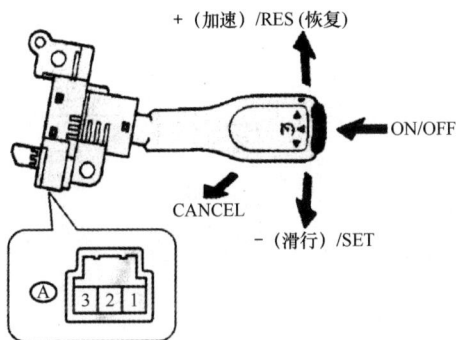

图 8-44　巡航控制主开关

表 8-7　巡航控制主开关电阻值检测

检测仪连接	开关条件	规定状态
A-3（CCS）至 A-1（ECC）	中立位置	10kΩ或更大
	+（加速）/RES（恢复）	235～245Ω
	−（滑行）/SET	617～643Ω
	CANCEL	1509～1571Ω
	主开关打开	小于 2.5Ω

（2）检查线束和连接器。巡航控制主开关与螺旋电缆的连接线路如图 8-45 所示，线束阻值如表 8-8 所示。

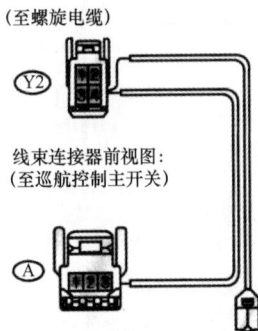

（至螺旋电缆）

线束连接器前视图：
（至巡航控制主开关）

图 8-45　巡航控制主开关与螺旋电缆的连接线路

表 8-8　线束阻值

检测仪连接	条件	规定状态
A-1 至 Y2-4	始终	小于 1Ω
A-3 至 Y2-3	始终	小于 1Ω

（3）检查制动灯开关如图 8-46 所示，制动灯开关电路如图 8-47 所示，制动开关阻值如表 8-9 所示。

（4）松开离合器踏板时，ECM 通过 1 号 ECU IG 熔丝接蓄电池正极；踩下离合器踏板时，离合器开关向 ECM 的 B56 端子 D 发送信号，端子 D 接收到信号时，ECM 取消巡航控制。离合器开关电路如图 8-48 所示。将点火开关置于"OFF"位，从离合器开关上断开连接器 A4，测量离合器开关端子 1、2（见图 8-49）之间的阻值，标准电阻值如表 8-10 所示。

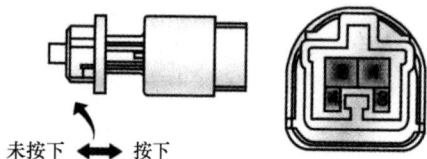

图 8-46　制动灯开关

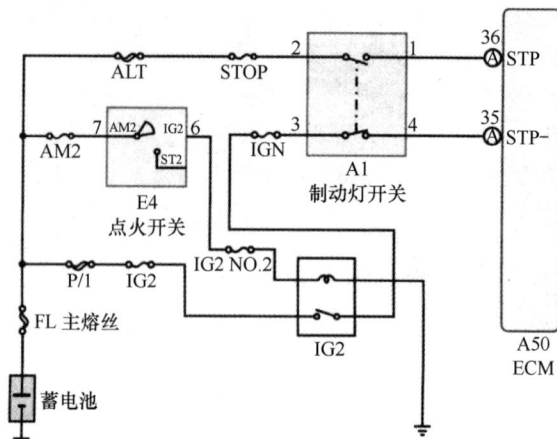

图 8-47　制动灯开关电路

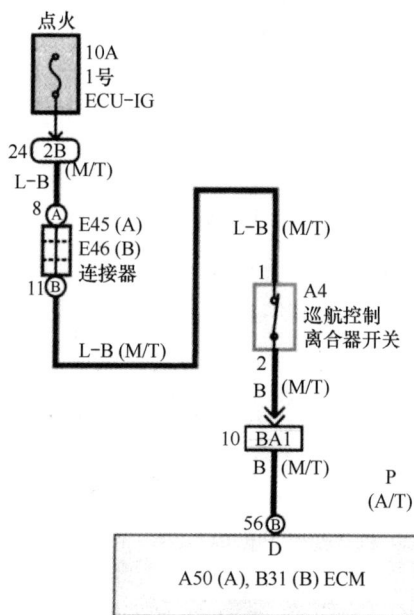

图 8-48　离合器开关电路

表 8-9　制动开关阻值

检测仪连接	开关条件	规定状态
1-2	开关未按下	小于 1Ω
3-4	开关未按下	10kΩ或更大
1-2	开关按下	10kΩ或更大
3-4	开关按下	小于 1Ω

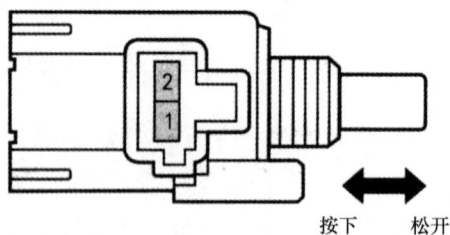

图 8-49　离合器开关

表 8-10　离合器开关标准电阻值

检测仪连接	开关状态	规定状态
端子 1 与端子 2	开关松开(踩下离合器)	10kΩ或更大
	开关松开(松开离合器)	小于 1Ω

（5）巡航控制系统故障诊断如表 8-11 所示。

表 8-11　巡航控制系统故障诊断

症状	可疑部位
当车速降到低于速度下限时，巡航控制没有取消（巡航主指示灯一直亮）	车速传感器电路
	如果上述部位检查完毕且证明各部位均正常，但症状仍然出现，则应更换 ECM（2ZR-FE）
当车速降到低于速度下限时，巡航控制没有取消（巡航主指示灯熄灭）	更换 ECM（2ZR-FE）
踩下制动踏板不能取消巡航控制（巡航主指示灯一直亮）	制动灯开关电路
	如果上述部位检查完毕且证明各部位均正常，但症状仍然出现，则应更换 ECM（2ZR-FE）
踩下制动踏板不能取消巡航控制（巡航主指示灯熄灭）	更换 ECM（2ZR-FE）
踩下离合器踏板不能取消巡航控制（巡航主指示灯一直亮）	离合器开关电路（C66 M/T）
	如果上述部位检查完毕且证明各部位均正常，但症状仍然出现，则应更换 ECM（2ZR-FE）
踩下离合器踏板不能取消巡航控制（巡航主指示灯熄灭）	更换 ECM（2ZR-FE）
移动变速杆不能取消巡航控制	变速器挡位传感器电路（U341E A/T）
	如果上述部位检查完毕且证明各部位均正常，但症状仍然出现，则应更换 ECM（2ZR-FE）
抖动（车速不恒定）	车速传感器电路
	组合仪表
	如果上述部位检查完毕且证明各部位均正常，但症状仍然出现，则应更换 ECM（2ZR-FE）
巡航主指示灯始终闪烁	TC 和 CG 端子电路
	如果上述部位检查完毕且证明各部位均正常，但症状仍然出现，则应更换 ECM（2ZR-FE）

（6）巡航控制系统 ECM 控制端子如图 8-50 所示，巡航控制系统端子电压检测如表 8-12 所示。

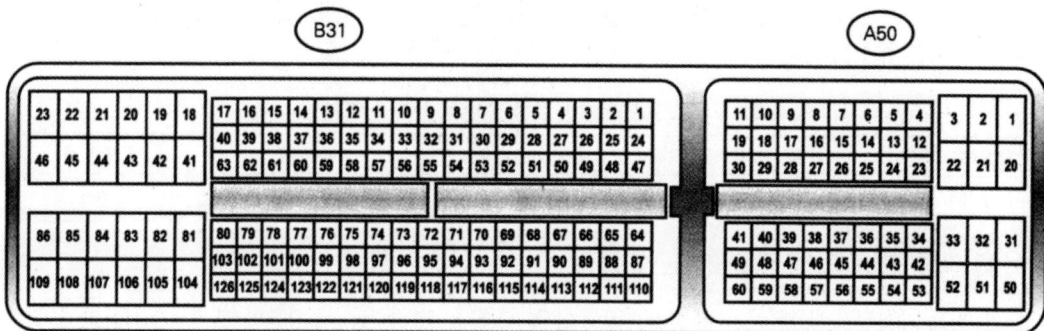

图 8-50　巡航控制系统 ECM 控制端子

表8-12　巡航控制系统端子电压检测

端子编号	接线颜色	端子说明	状态	规定条件
A50-27(TC)至B31-104(E1)	R-BR	车身搭铁	点火开关置于ON（IG）位置	11～14V
A50-27(TC)至B31-104(E1)	R-BR	车身搭铁	DLC3的端子TC和CG连接时	低于1V
A50-35(ST1)至B31-104(E1)	R-BR	制动灯信号	点火开关置于ON（IG）位置，踩下制动踏板	低于1V
A50-35(ST1)至B31-104(E1)	R-BR	制动灯信号	点火开关置于ON（IG）位置，松开制动踏板	11～14V
A50-36(STP)至B31-104(E1)	L-BR	制动灯信号	点火开关置于ON（IG）位置，踩下制动踏板	11～14V
A50-36(STP)至B31-104(E1)	L-BR	制动灯信号	点火开关置于ON（IG）位置，松开制动踏板	低于1V
A50-40(CCS)至B31-104(E1)	L-B-BR	巡航控制主开关电路	点火开关置于ON（IG）位置	11～14V
A50-40(CCS)至B31-104(E1)	L-B-BR	巡航控制主开关电路	CANCEL开关置于ON位置	6.6～10.1V
A50-40(CCS)至B31-104(E1)	L-B-BR	巡航控制主开关电路	－（COAST）/SET开关置于ON位置	4.5～7.1V
A50-40(CCS)至B31-104(E1)	L-B-BR	巡航控制主开关电路	＋（ACCEL）/RES开关置于ON位置	2.3～4.0V
A50-40(CCS)至B31-104(E1)	L-B-BR	巡航控制主开关电路	主开关置于ON位置	低于1V
(*1)B31-56(D)至B31-104(E1)	B-BR	D位开关信号	点火开关置于ON（IG）位置，变速杆置于D以外的位置	11～14V
(*2)B31-56(D)至B31-104(E1)	B-BR	离合器信号	点火开关置于ON（IG）位置，踩下制动踏板	低于1V
(*2)B31-56(D)至B31-104(E1)	B-BR	离合器信号	点火开关置于ON（IG）位置，松开制动踏板	11～14V

第八节　奥迪 A4 轿车太阳能天窗

太阳能天窗就是在汽车天窗玻璃的下方装置太阳能电池板，它可以将吸收的太阳能转换成电能，通过空调控制单元可以将其输送到汽车电气系统中，主要完成车内换气通风和对蓄电池的补充充电工作。目前在一些高档轿车上开始应用太阳能天窗技术。

奥迪 A4 轿车太阳能天窗的结构如图 8-51 所示。图中 C 为可随天窗移动的太阳能电池板，它是用热熔胶将天窗玻璃与太阳能电池粘接而成。A 为传输电能的动触点（在天窗的前边缘，左右各一个）。B 为传输电能的静触点（在固定天窗框架的前边缘，左右各一个）。当天窗关闭时动静触点紧密接触，太阳能电池板所产生的直流电能就可以通过触点传输到汽车内部。奥迪 A4 轿车太阳能天窗的主要电气技术参数如表 8-13 所示。

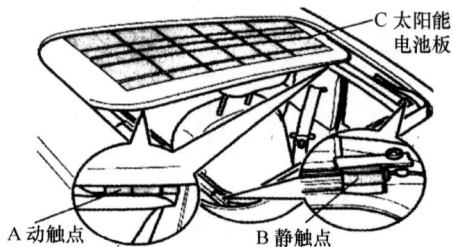

图 8-51　太阳能天窗的结构

表8-13　奥迪A4轿车太阳能天窗的主要电气技术参数

最大输出功率	最大输出电压	最大输出电流	开路电压	短路电流
36W	21V	1.72A	25.2V	1.86A

一、奥迪轿车太阳能天窗的工作原理

奥迪 A4 轿车太阳能天窗部分的控制组件如图 8-52 所示。由图可知，太阳能天窗电路只是在原自动空调系统上加入 C20 太阳能电池板。

1. 新鲜空气鼓风机 V2 的工作条件

发动机运转时，V2 可以在空调控制单元 E87 的控制下，完成自动空调系统的取暖、制冷、通风、空气净化等工作指令。此时，V2 的电能由发电机和蓄电池提供。当发动机停止运行时，V2 才可能在新鲜

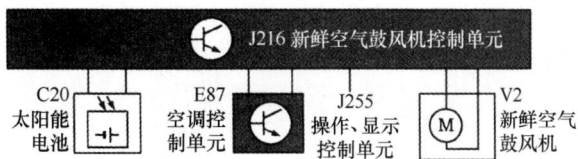

图 8-52 太阳能天窗部分的控制组件

空气鼓风机控制单元 J216 的控制下接收太阳能电池 C20 提供的电能，通过它连续运转，实现通风换气的目的。汽车进入此种运行模式（称为太阳能运行模式或新鲜空气运行模式），需满足以下几个条件：①点火开关置于"OFF"位置时（即发动机停止工作）。因为只要发动机工作，发电机就发电，V2 就不需要由太阳能天窗提供电能。②滑动天窗关闭或外翻时。因为只有在这 2 种状态下动触点与静触点接通导电，电能才能引到车内电路系统。③要具备一定的阳光照射强度（阳光照射强度在 70W/m^2 以上），否则所产生的电能不足以使 V2 转动。

2. 太阳能运行模式的工作原理

驾驶员通过操作显示操作面板使车辆进入太阳能运行模式。首先按下菜单键进入空调设置，然后选择进入太阳能运行模式。在太阳能运行模式下，一旦发动机停止运行，储存在太阳能电池上的电能就可以通过太阳能天窗上的动触点 A 和固定在天窗框架边缘上的静触点 B 将电能传输到车内电气系统。此时 E87 和 J255 已经通过通信设码环节处在太阳能运行模式下。此时不管汽车运行时空调上的所有伺服电动机在什么位置，只要点火开关断开，汽车就自动处于新鲜空气运行模式，如新鲜空气风门切换到打开位置、车内空气循环风门切换到外循环等。J216 定期查询来自太阳能电池 C20 的输入电压，当满足 V2 运行条件时（最小电压大于 2V），V2 转动。转动的快慢与太阳能电池的输入电压有关，输入电压越大转动越快。鼓风机的连续转动，使车内空气流通，保证车内环境温度不至于过高。显示屏上可以显示出 V2 在太阳能模式下的运转时间。

3. 太阳能运行模式的三大功能

当车辆较长时间停留在阳光照射强度较强的场所时，将引起车内温度过高（即驻车高温现象）。通过实测得知，夏季阳光下的驻车车内温度可高达 70℃以上（测试地点在东北吉林市）。高温使车内产生大量的有害气体，同时高温也使乘员感到明显不适。安装了太阳能天窗的车辆利用其换气功能，就可以减轻或避免以上一系列不良后果，下面介绍太阳能运行模式下的三大优越功能。

（1）降温、除臭、排毒功能。驻车高温时，车内的塑料制品、皮革、油漆、空调管道等将挥发出大量的有害气体（如甲苯、一氧化碳等，可达正常值的 20 倍以上，甚至更高）。当乘员进入车辆时不但会因闷热感到强烈不适，而且经常处在被有害气体污染的环境中也会导致神经和呼吸系统受到伤害，不良后果显而易见。新鲜空气运行模式可以通过 V2 的不停运转，增加空气流通，及时将有害气体排出车外，同时降低了车内温度，使乘员享受无毒无害的驾车、乘车舒适环境。

（2）节能环保功能。当起动驻车高温的汽车时，为了降低温度，驾驶员一般会马上打开汽车空调。在此降温过程中空调系统工作时间较长，且 V2 要高速运转，显然此过程要增加电能和燃油消耗。太阳能是一种清洁无污染的可再生能源，安装太阳能天窗的车辆就可以降低这部分的电能和燃油消耗。若太阳能汽车天窗与汽车蓄电池相连，在强光下也可

以实现对蓄电池自动充电,达到进一步节省燃料的效果(随着太阳能转换成电能的技术不断提高,这点是可以预期的),同时延长蓄电池的使用寿命。

(3)保护电器、减少意外事故功能。驻车高温对车内电器及电子产品的性能和使用寿命有一定影响,如加快电子器件的老化速度、降低材料的绝缘能力、缩短工作寿命等。另外,驻车高温也能引起车内易燃易爆物品(如气体打火机、气体清洁罐、易拉罐饮料等)的爆裂,严重时能引起车辆自燃。通过新鲜空气运行模式的通风降温作用可避免以上不良后果的发生,提高了汽车的安全性和可靠性。

二、太阳能天窗的检修

装有太阳能天窗的汽车,在已确定设置在"太阳能运行模式"的情况下,若仍出现驻车高温现象,可判定为"太阳能运行模式"出现故障(最好通过强阳光的实际测试)。一般可通过以下步骤进行检修。

(1)将车辆停放在阳光照射环境下,若在特约维修站等维修场所进行检测,为避免天气影响可以用 2 只普通的 500W 卤素灯照射太阳能天窗(有些车型如奥迪 A6L 等要求用1000W 卤素灯),照射时卤素灯与太阳能天窗的距离要保持在 500mm 左右。此时太阳能天窗的输出功率约为 15W。(2)应用 VAS 5051 测试仪的"引导型故障查询"功能,检查操作与显示单元的匹配(带太阳能电池滑动天窗的功能必须已匹配好)。(3)断开点火开关(操作与显示单元黑屏),关闭滑动天窗。(4)打开中部仪表板排风口并关闭其他出风口。(5)感觉是否有气流从仪表板出风口中吹出。(6)检查图 8-51 所示中 A、B 两个触点的接触是否良好。触点要保持清洁,只允许涂抹少量的导电性良好的触点润滑脂,不可使用普通的润滑脂。(7)断开点火开关,拆下排水槽盖板,打开汽车线束至进气单元(新鲜空气鼓风机控制单元J216)的 3 芯插头连接 A。测量插头 B 的触点 2(来自太阳能天窗)和触点 3(接搭铁)之间的电压,电压值在 3~12V 范围内为正常。也可将检测灯泡(12V,最大 5W)接在两触点之间,观察灯泡是否亮起(亮度与阳光照射强度有关,一般灯泡只发出微光)。这样可以判定太阳能天窗系统功能是否正常。(8)新鲜空气鼓风机 V2 是否正常和灵活性可通过空调通风状态进行测试。(9)新鲜空气鼓风机控制单元 J216 的好坏,可用替代法进行测试。

第九节　制动器摩擦片磨损传感器

一、制动器摩擦片磨损传感器结构

大众 CC 轿车制造器摩擦片磨损传感器用于检测汽车制动器摩擦片的磨损情况。安装在制动钳摩擦片上的传感器如图 8-53 所示。当制动钳摩擦片超过磨损允许的限度时,摩擦片磨损情况的检测方法有两种,一种方法是使磨损传感器本身磨损,另一种方法是使其接触磨损传感器。

磨损传感器在盘式制动器上的安装情况如图 8-54 所示。磨损传感器用一个安装在摩擦片中的 U 形金属丝检测,U 形金属丝的顶端就处在制动器摩擦块的磨损极限位置上,制动器摩擦片没有磨损到极限位置时,输出电压为 0,当摩擦片磨损到规定限度时,U 形金属丝部分被磨断,电路断开,这时输出电压为高电平,异常信号输入电控单元中或通过电阻 R 接通报警电路,使灯泡点亮,达到报警的目的。图 8-55 为磨损传感器工作电路。

图 8-53 磨损传感器的安装位置

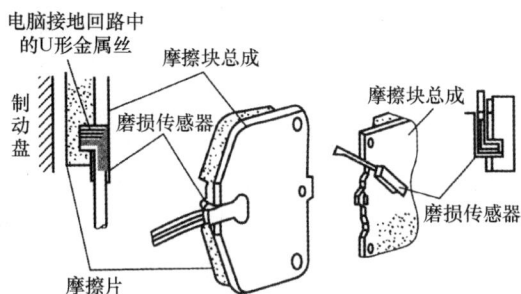

图 8-54 磨损传感器在盘式制动器上的安装情况

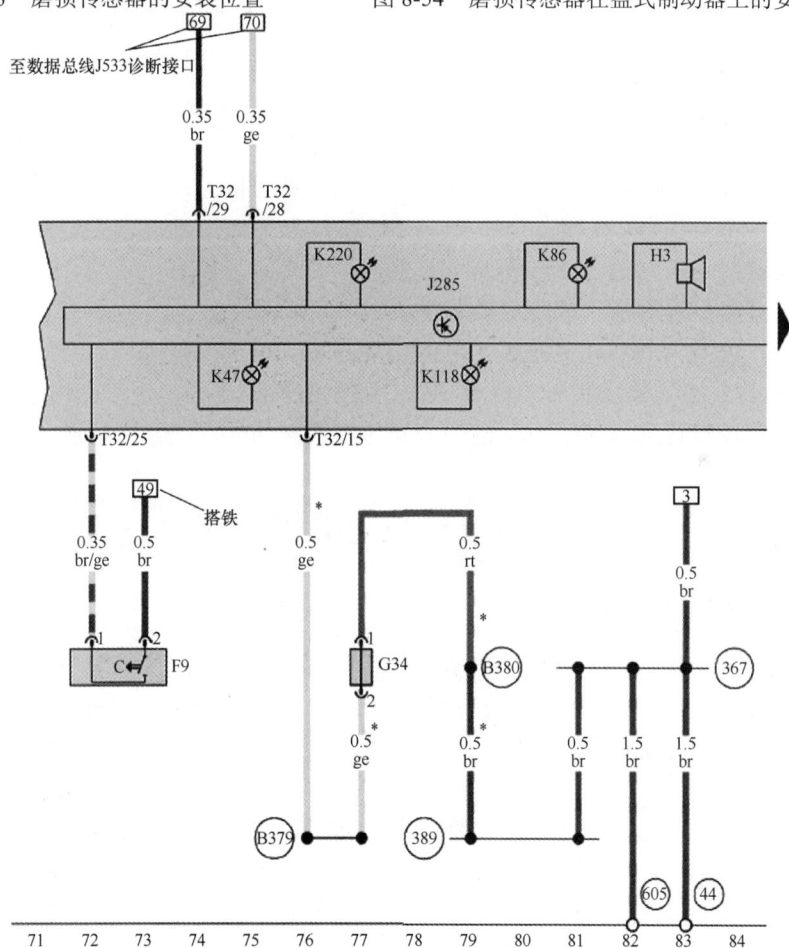

F9—手制动器指示灯开关；G34—左前制动摩擦片磨损传感器；H3—警报蜂鸣器；J285—仪表板中的控制单元；K47—ABS
指示灯；K86—驱动防滑控制指示灯；K118—制动系统指示灯；K220—轮胎压力监控显示指示灯；T32—32 芯插头连接；
44—接地点，左侧 A 柱下部；367—接地连接 2，在主导线束中；389—接地连接 24，在主导线束中；605—接地点，在上部
转向柱上；B379—连接 1（制动摩擦片磨损显示），在主导线束中；B380—连接 2（制动摩擦片磨损显示），在主导线束中；
*—仅用于配备制动摩擦片磨损显示的车辆

图 8-55 磨损传感器工作电路

二、制动器摩擦片磨损传感器的检测

大众 CC 摩擦片过薄报警系统是由带有传感器的特殊摩擦片、电子控制单元和报警指示灯组成。传感器的短接线置入该特殊摩擦片的一定深度处，当摩擦片磨损到只有 2.0～2.2mm 极限厚度时，摩擦片便将传感器的短接线磨破进而断路，该断路信号立即被输送到电子控制单元，电子控制器便接通报警指示灯电路，使指示灯闪亮，发出警告信号。

在车轮制动器摩擦过薄报警系统使用中，最常出现的故障是制动器摩擦片还未到更换时机，报警系统便报警，指示灯闪亮。由以上原理分析可以看出，造成指示灯闪亮的原因有两方面：一是制动摩擦片磨到了极限程度（正常），应该加以更换；二是报警系统本身有故障。报警系统检查步骤如下：

（1）关闭点火开关，拔下左右轮传感器插头，若指示灯仍亮，则故障在仪表控制单元，应予以更换；若指示灯闪亮停止，则说明传感器线路正常，传感器本身有故障，需进行进一步检查区别。

（2）在关闭点火开关的状态下，插入一侧传感器插头（不插另一侧）。当打开点火开关后，看报警指示灯的情况，若指示灯不亮，则说明该侧可能无问题；若指示灯闪亮，则说明该插入侧的传感器损坏。

（3）用同样的方法对另一侧传感器进行检测，若指示灯闪亮，说明该传感器有故障。由于损坏的传感器不可拆修，故应更换新件。

（4）检查 T32/15 与车身搭铁的电压应为 5V 左右。

（5）检查 T32/15 与摩擦片传感器端子 2 之间的线路导通性，正常应导通。

（6）检查摩擦片传感器端子 1 与搭铁之间的线路导通性，正常应导通。

第十节　日照光电传感器

一、日照光电传感器结构

日照光电传感器参与汽车自动空调系统对车内空调风量与温度的调节，该传感器由自动空调系统（Climatronic）控制单元提供 5V 电压，位于仪表板中部除霜出风口前的一个盖板下方。由于它不受环境温度的影响，能够准确地检测出日光照射量的变化，把日光照射量转化为电流，根据电流的大小判断日光照射量，并把信息送入自动空调系统控制单元，使自动空调系统控制单元根据此信号调整车内空调吹出的风量与温度。日照光电传感器主要由壳体、滤光片及光敏二极管组成，通过光敏二极管可检测出日光照射量的变化。光敏二极管对日光的照射变化反应敏感，而自身不受温度的影响，将日照变化转换成电流变化，根据电流的大小就可以知道准确的日照量。日照光电传感器的结构如图 8-56 所示。

在用于日光照光电传感器中有两个光敏二极管，若某个光敏二极管损坏，空调控制系统将参考仍能正常工作的光敏二极管的信号，调用一个固定的替代值作为控制参量；若两个光敏二管均损坏，空调控制系统将用两个固定替代值作为控制参量，以维持空调系统的正常工作。不过，此时空调系统的控制精度会有一定程度变化。

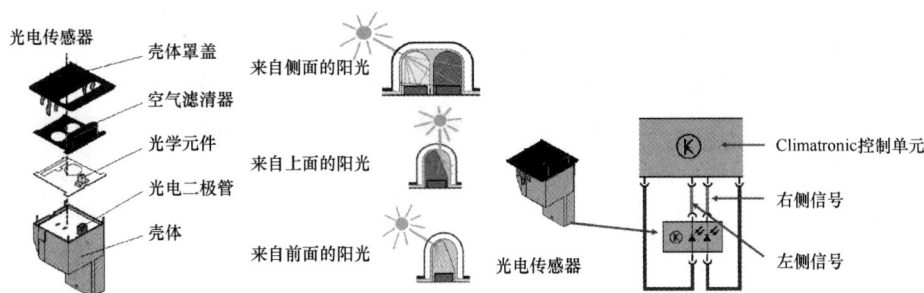

图 8-56 日照光电传感器的结构

二、工作原理

日照光电传感器壳体中含有两个光敏二极管与一个光学元件。该光学元件分为两个腔室，每个腔室各含一个光敏二极管。当太阳光从左侧照射到传感器上时，光学元件本身的特性会使射线集中到左侧的光敏二极管上，因此，左侧的光敏二极管上的电流会大于右侧光敏二极管上的电流。当太阳光从右侧照射时，右侧的光敏二极管上的电流会明显大于左侧光敏二极管上的电流。因此，自动空调系统控制单元就可以判断出车内的哪一侧正在受到日光照射的影响而升温，并采取相应的控制措施。

三、日照光电传感器检测

日照光电传感器与自动空调系统控制单元的电路连接如图 8-57 所示。

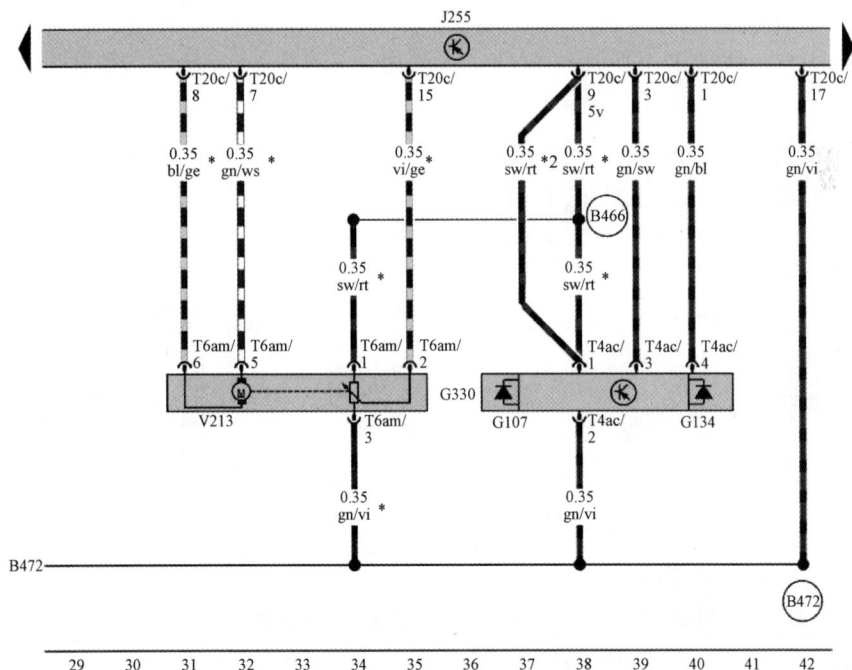

G107—日照光电传感器 1；G134—日照光电传感器 2；G330—间接通风风门伺服马达电位计；J255—Climatronic 控制单元；T4ac—4 芯插头连接；T6am—6 芯插头连接；T20c—20 芯插头连接；V213—间接通风风门伺服马达；B466—连接 2，在主导线束中；B472—连接 8，在主导线束中；*—截至 2011 年 3 月；*2—自 2011 年 3 月起

图 8-57 日照光电传感器与自动空调系统控制单元的电路连接

（1）拆下仪表板上的杂物箱，拔下日照传感器导线连接器，点火开关置于"ON"位置，用布遮住传感器，然后用灯光照射日光传感器，测量日照传感器连接器端子 1 与端子 2 之间的电压值，在正常情况下，电压值应为 4.0～4.5V，随着灯光逐渐远离电压不应超过 4.0V。

（2）用布遮住传感器，测量连接器端子 1 与端子 2 之间的电阻值，在正常情况下应为不导通。（阻值∞）。从日照传感器移开遮布，使其受电灯光照射，端子 1 和端子 2 之间的电阻值应为 4kΩ（电灯光移开电阻随之下降）。注：正常情况下两根导线的电阻值应小于 0.5Ω。

另外，可以拔下传感器连接器，连接好蓄电池和电流表。将传感器放在强光区，测量 2 号端子与蓄电池负极间电流；再将传感器放在弱光区，测量 2 号端子与蓄电池正极间的电流。测量结果为强光区电流应大于弱光区电流，若不符合规定，则应更换传感器。

第十一节　空气湿度传感器

一、安装位置与作用

各种测试方法表明，尤其在外界温度很低的情况下，挡风玻璃上部的三分之一会变得非常冷而容易起雾。为了能测量到该区域，空气湿度传感器 G355 安装在后视镜的根部，如图 8-58 所示。

如果来自除霜器通风口的小量连续气流确保传感器探测区域的空气可以良好地混合，这样就认为挡风玻璃上所测位置的空气湿度接近于挡风玻璃的其他位置，如图 8-59 所示。

为了能够进行自动除霜功能的自适应控制，该传感器检测三个测量值：空气湿度、传感器处的相关温度，以及挡风玻璃温度。所有功能都集中在传感器壳体中。空气通过传感器壳体上的一个空气缝隙达到传感器表面。若空气缝隙中有脏物则会导致传感器故障。

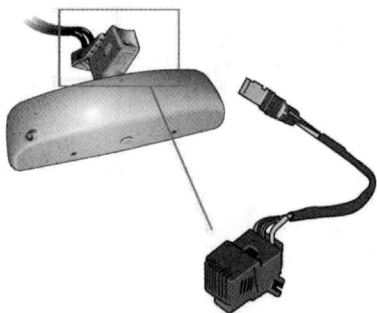

图 8-58　空气湿度传感器安装位置

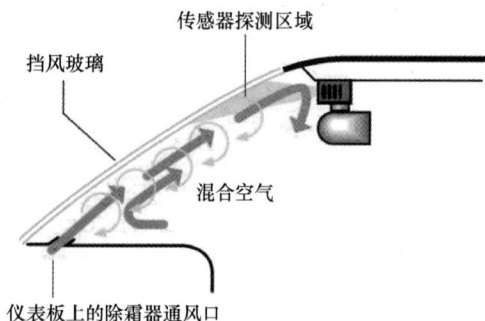

图 8-59　测量位置

二、测量空气湿度

测量空气湿度，就是确定座舱内气态水（水蒸气）的所占比例。空气吸收水蒸气的能力取决于空气温度。这就是为什么在测量湿度等级时必须确定相关的空气温度。空气越热，吸收的水蒸气就越多。若富含水蒸气的空气冷却下来后，水分就会冷凝，形成细小水滴并附着在挡风玻璃上。

湿度是通过薄层电容传感器测量的。该传感器的工作模式等同于平行极板电容器。

电容器的电容，即存储电能的容量，取决于电容极板的表面积、间隔以及两极板之间填充材料的特性，此填充材料叫作电介质。这种特殊的电容器可以吸收水蒸气，吸收的水分改变了电介质的电气特性，从而改变了电容器的电容量，所以测得的电容值就表示空气湿度，其结构如图 8-60 所示。传感器电子装置将所测的电容值转换成电压信号，如图 8-61 所示。

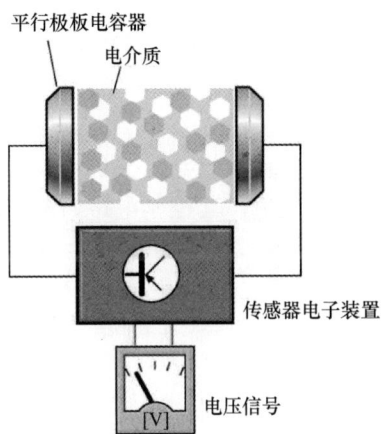

图 8-60　空气湿度传感器结构　　图 8-61　电容值转换成电压信号

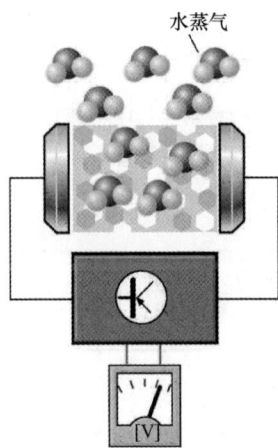

三、传感器处温度的测量

每个物体都会以电磁辐射的方式与周围环境交换热量。此电磁辐射可能含有红外线范围、可见光或者紫外线范围的热辐射。但是，这三种范围的辐射只是整个电磁光谱的一小部分。辐射包括"吸收"和"发射"。

例如，一块铁可能吸收红外线辐射会变热，也就是说这块铁重新发射红外线。如果继续加热，这块铁会发亮。此时它发射可见光范围内的电磁辐射以及红外线辐射，如图 8-62 所示。

根据物体自身温度的不同，所发射的辐射成分可能会有所变化。例如，若物体的温度变化，发出的辐射中的红外部分也会变化。这样通过测量辐射出来的红外线，就可以无接触地测量物体温度。

测量一个物体（这里是挡风玻璃）的红外线辐射，是用一个高灵敏度的红外线辐射传感器进行的，如图 8-63 所示。

若挡风玻璃的温度发生变化，在平垫圈发出的热辐射中，其红外部分也会变化。该传感器检测这种变化，并且传感器电子装置将其转换成电压信号。

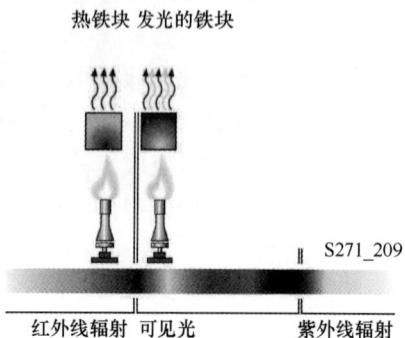

图 8-62　吸收红外线辐射

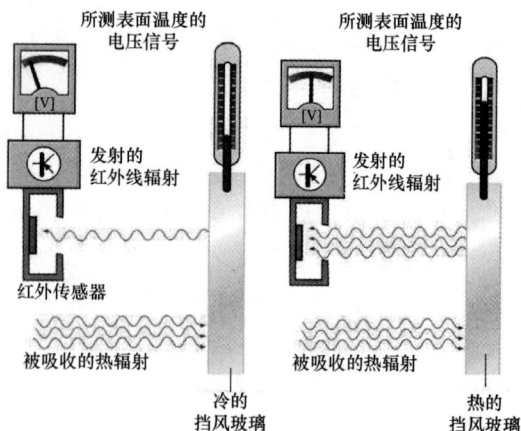

图 8-63　测量表面温度

四、空气湿度传感器电路图

奥迪 Q5、A5、A4 等车型采用空气湿度传感器，传感器的电压在 0～5V 范围内线性变化，由此，可以通过湿敏电容湿度传感器测得相对湿度值，其控制电路如图 8-64 所示。

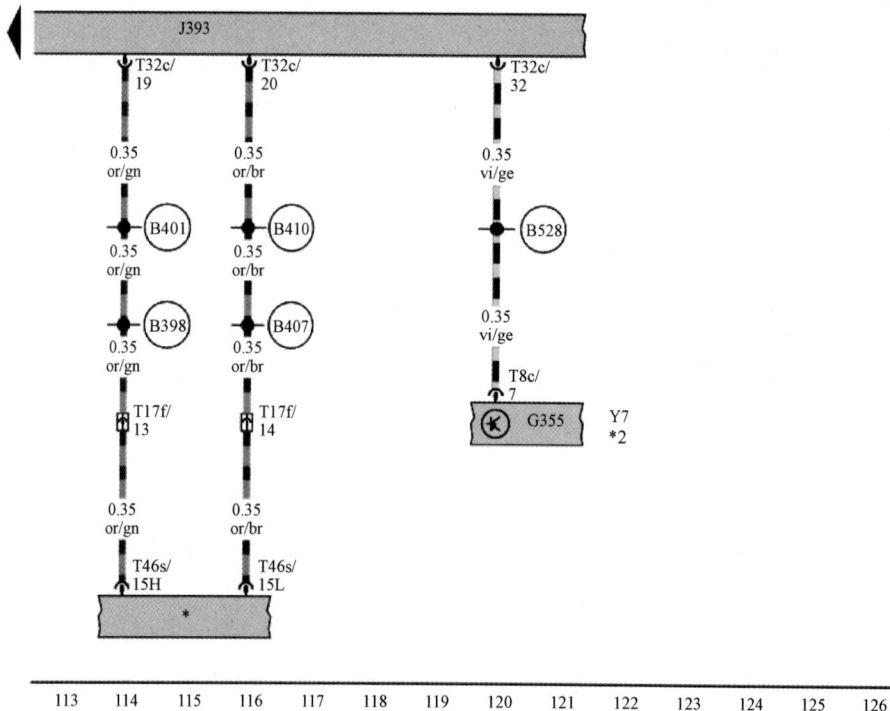

G355—空气湿度传感器；J393—舒适/便捷系统的中央控制单元；T8c—8 芯插头连接；T17f—17 芯插头连接，棕色；T32c—32 芯插头连接；T46s—46 芯插头连接；Y7—自动防眩的车内后视镜；B410—连接 2（舒适/便捷系统 CAN 总线，High），在主导线束中；B401—连接 5（舒适/便捷系统 CAN 总线，High），在主导线束中；B407—连接 2（舒适/便捷系统 CAN 总线，Low），在主导线束中；B398—连接 5（舒适/便捷系统 CAN 总线，Low），在主导线束中；B528—连接 1（LIN 总线），在主导线束中；

*—见适用的电路图；*2—见基本装备所适用的电路图

图 8-64　空气湿度传感器的控制电路

第十二节 空气质量传感器

一、安装位置和作用

空气质量传感器（AQS）连同新鲜空气进气道温度传感器 G89 一起安装在通风室的新鲜空气进气区域，安装位置及内循环开关如图 8-65 所示。

空气质量传感器具有通过感应化学物质（如 NO、NO_2 和 CO）检测空气污染的能力，空气污染检测步骤如图 8-66 所示。根据进气空气的质量，自动空调系统控制单元会自动打开车内空气循环模式（如果处于 AUTO 模式）。出于安全原因，如果外界温度降到 2℃ 以下或空调压缩机关闭（可能使挡风玻璃结冰），自动循环模式将中断。

图 8-65 安装位置及内循环开关

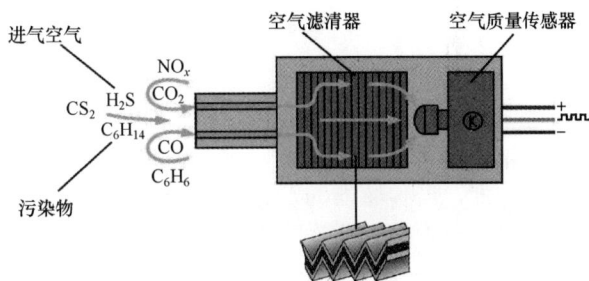

图 8-66 空气污染检测步骤

空气中的污染物是以可氧化或可还原气体的形式存在的，基于这一认识，该传感器得以开发和应用。自动空调系统控制单元需要该传感器信号来执行自动空气内循环功能，若此功能开启，在该传感器检测到新鲜空气中有污染物时，进气风门自动关闭并且空气内循环风门打开。

在自动空气内循环运行模式接通的情况下，空气质量传感器会测量吸入空气中的有害物质浓度。如果空气质量传感器识别到有害物质浓度明显升高，则暂时接通空气内循环运行模式。当有害物质浓度下降到正常水平时，自动关闭空气内循环运行模式，以便重新向车内输送新鲜空气。

接通自动空气内循环运行模式：反复按压内循环按钮，直到按钮上右下侧的指示灯亮起。

暂时关闭自动空气内循环运行模式：如果空气质量传感器在有难闻的气味时未自动接通空气内循环运行模式，可以通过按压按钮手动接通空气质量监控运行模式。按钮上左侧的指示灯亮起。

重新接通自动空气内循环运行模式：按下按钮超过 2s，按钮上右侧的指示灯亮起。

关闭自动空气内循环运行模式：反复按压按钮，直至按钮上的指示灯熄灭。

二、空气质量传感器原理

该传感器的核心部件由混有钨的氧化物或混有氧化物的锡组成。

当这两种化合物接触到可氧化或可还原气体时，它们会改变各自的电特性。

简而言之，当一种元素吸收氧时就发生氧化，当一种化合物释放氧时就发生还原，如图 8-67 所示。可氧化气体试图吸收氧并形成化学键，同时可还原气体试图让氧与其他元素或化合物结合。可氧化气体包括一氧化碳（CO）、苯蒸气、汽油蒸气、碳氢化合物与未燃烧的或者燃烧不充分的燃油成分等。可还原气体包括氮氧化物 NO_x。

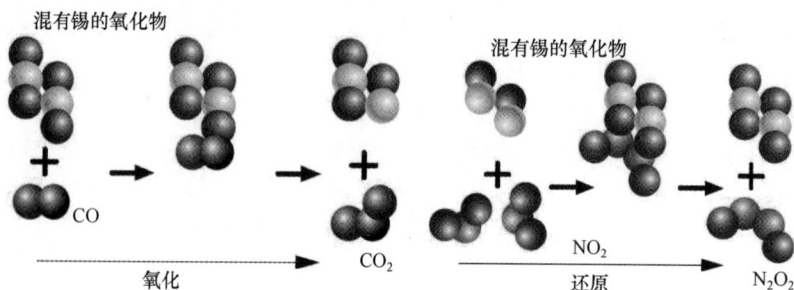

图 8-67　氧化还原的气体

三、空气质量传感器功能

一方面，若传感器的混合氧化物接触到可氧化气体，该气体从混合氧化物上吸收氧，从而改变了该混合氧化物的电特性，其阻抗下降。另一方面，若该传感器接触到可还原气体，该混合氧化物从气体中吸收氧，从而改变了该传感器的电特性，其阻抗上升。

由于混合氧化物的化学与物理特性，它可以在可氧化与可还原气体同时出现时检测其中的污染物，如图 8-68 所示。对于污染物检测，这意味着：若传感器阻抗下降，一定含有可氧化气体。若传感器阻抗上升，一定含有可还原气体。

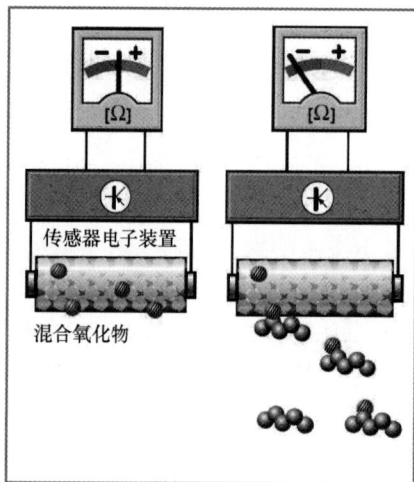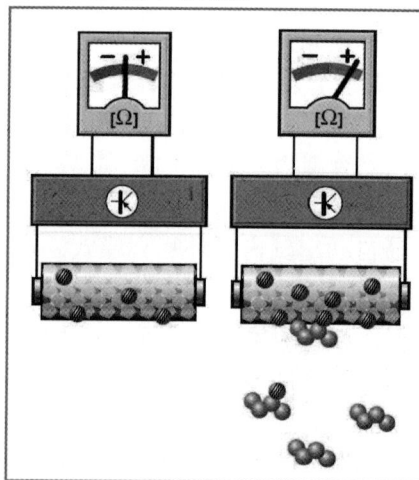

图 8-68　氧化还原气体的检测

四、空气质量传感器控制电路

空气质量传感器控制电路如图 8-69 所示。传感器的信号端子 T3p/3 通过 J519 将信息传递给 LIN 总线。J519 连接在 CAN 总线上，执行 LIN 的主功能。J519 在 LIN 总线和 CAN

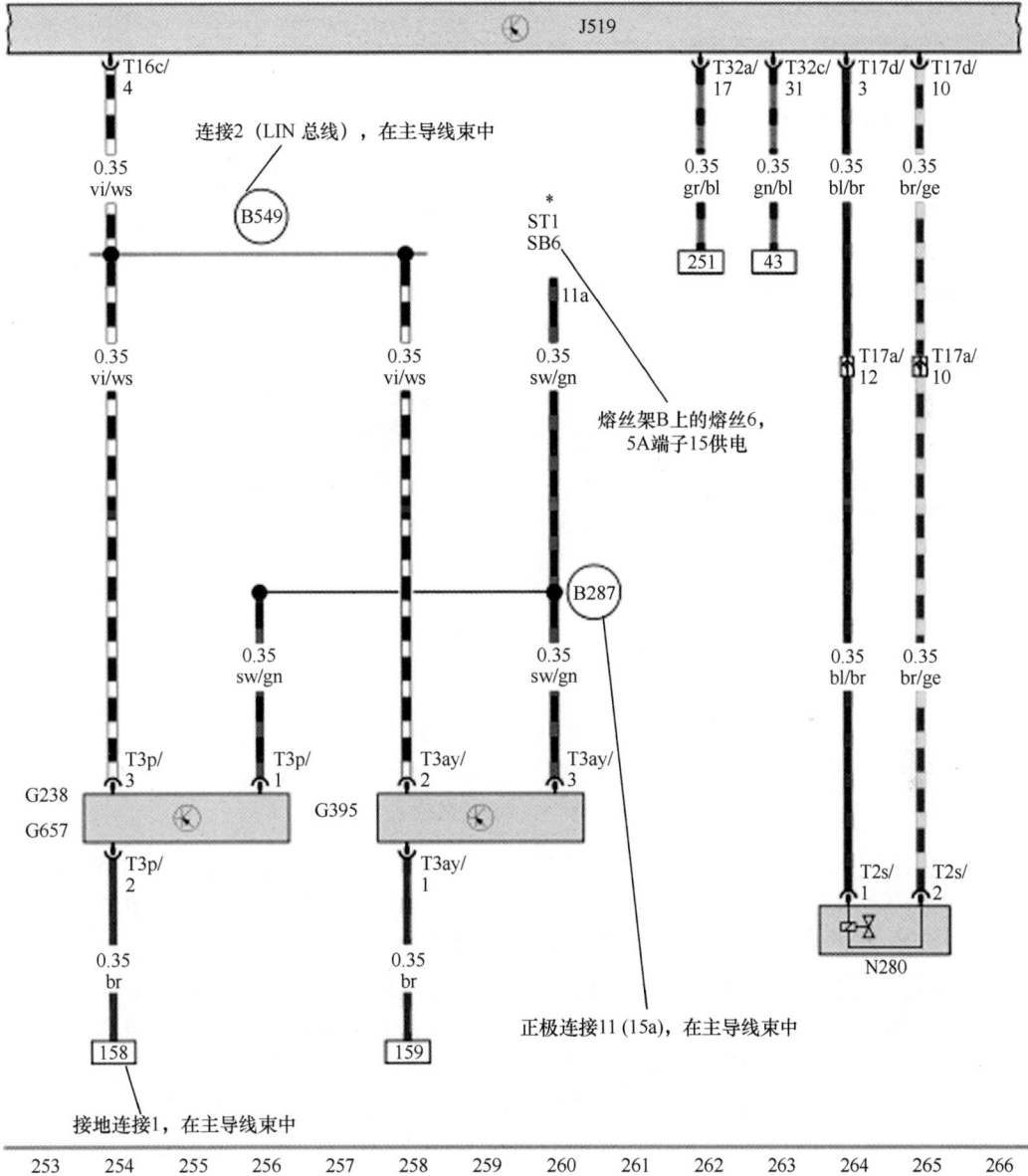

G238—空气质量传感器；G395—制冷剂压力和制冷剂温度传感器；G657—新鲜空气进气道中的空气湿度传感器；J519—车载电网控制单元；N280—空调压缩机调节阀；ST1—熔丝架 1；SB6—熔丝架 B 上的熔丝 6；T2s—2 芯插头连接；T3ay—3 芯插头连接；T3p—3 芯插头连接；T16c—16 芯插头连接；T17a—17 芯插头连接，排水槽电控箱左侧接线站；T17d—17 芯插头连接；T32a—32 芯插头连接；T32c—32 芯插头连接；B287—正极连接 11（15a），在主导线束中；B549—连接 2（LIN 总线），在主导线束中；*—见熔丝布置所适用的电路图

图 8-69　空气质量传感器控制电路

总线之间起翻译作用,它是 LIN 总线系统中唯一与 CAN 总线相连的控制单元。J519 通过 LIN 总线给新鲜空气鼓风机控制单元 J126 提供信息,新鲜空气鼓风机根据控制信息工作,若该传感器失效,自动空气内循环功能不可用。注:T3p/1 与 T3p/2 之间的电压为 12V。

第十三节　制冷剂温度传感器

一、安装位置、功用

制冷剂温度传感器 G454 是一个温度电阻,该传感器安装在压缩机和冷凝器之间,如图 8-70 所示。传感器接头上没有阀,所以只能在排空制冷剂后才可以拆卸这个传感器。Climatronic(自动空调系统)控制单元 J255 接收传感器 G454 的信号,制冷剂温度传感器 G454 现在不用于 V6 汽油发动机的汽车。

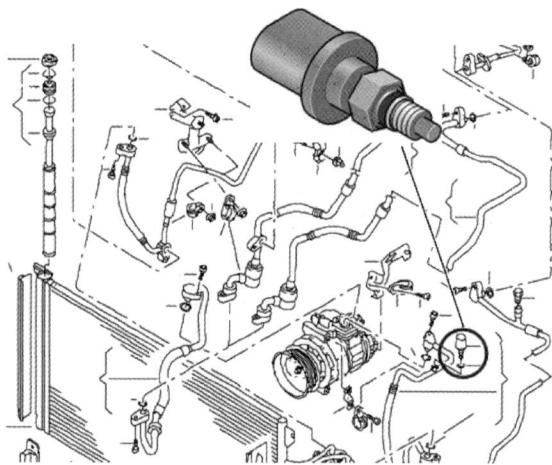

图 8-70　传感器安装位置

该传感器可以诊断制冷剂缓慢泄漏故障。当制冷剂的温度超过允许值的时间 30s,压缩机就被关闭。这些值以特性曲线的形式存储在自动空调系统控制单元 J255 内。

如果温度超过允许值,就表示:①压缩机可能过热并损坏;②很可能缺制冷剂,就是有制冷剂损失,最极限的情况是当制冷剂缺少 50%时,温度明显升高。

由于在车上,制冷剂压力不是与制冷剂温度一同进行分析的,而且在一定的使用条件下,即使制冷剂的充注量是正确的,制冷剂回路的温度也可能短时升高,所以只在下述使用条件下才分析传感器 G454 的制冷剂温度信号:①发动机转速低于 1000r/min;②压缩机至少接通了 2min;③驾驶舱内的温度低于 40℃;④在进行分析前,车速至少有一次高于 50km/h;⑤当前车速低于 5km/h。

二、制冷剂温度传感器控制电路

制冷剂温度传感器控制电路如图 8-71 所示。其端子 T3p/1 与 T3p/2 间电压为 12V。端子 T3p/3 向 J519 车载电网控制单元提供 0～5V 电压。

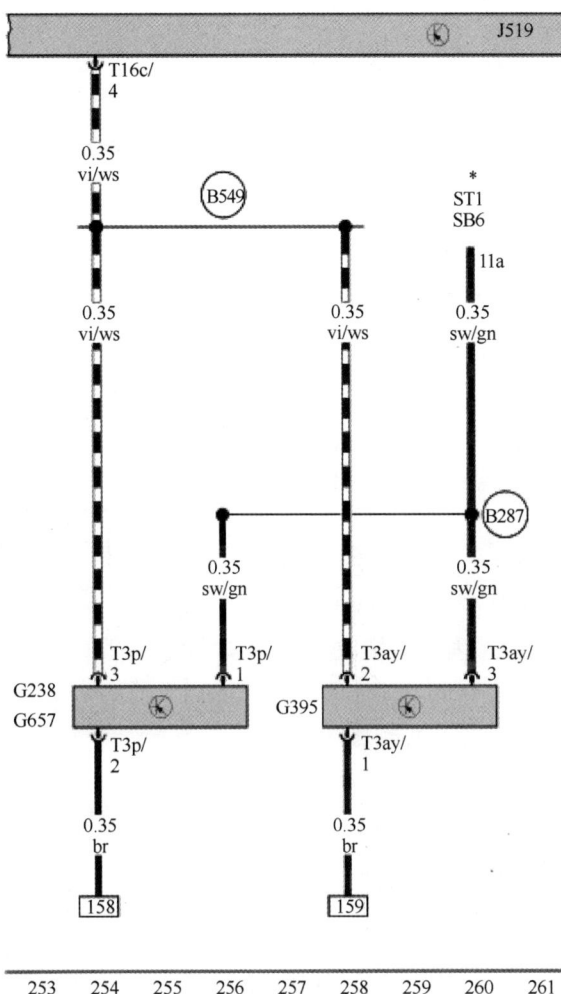

G238—空气质量传感器；G395—制冷剂压力和制冷剂温度传感器；G657—新鲜空气进气道中的空气湿度传感器；J519—车载电网控制单元；ST1—熔丝架 1；SB6—熔丝架 B 上的熔丝 6；T3ay—3 芯插头连接；T3p—3 芯插头连接；T16c—16 芯插头连接；B287—正极连接 11（15a），在主导线束中；B549—连接 2（LIN 总线），在主导线束中；*—见熔丝布置所使用的电路图

图 8-71 制冷剂温度传感器控制电路

第十四节 散热器识别传感器

一、散热器识别传感器功能

PremAir®发动机散热器的整个散热表面都涂有特殊催化涂层。当空气流经这种带有涂层的散热器时，空气中所含的臭氧就被转化成氧气。

由于流经汽车散热器的空气量可以达到 2kg/s，所以使用 PremAir®发动机散热器的汽车可以大大减少靠近地面的臭氧。尤其是在阳光照射强烈和空气污染严重时，这种技术尤其有效。

这种臭氧催化剂技术在飞机上用过，目的是防止同温层中的臭氧经空调系统进入机舱。另外，这种技术也用于打印机和复印机。加利福尼亚大气资源局将这种散热器置于"优先考虑"的范围内，对于这种"优先考虑"的要求是：不但要在车上安装 PremAir®发动机散热器，还要保证其功能正常。因此需要用一个传感器来监控这种特殊的散热器，这就是散热器识别传感器 G611。

二、散热器识别传感器 G611 的作用及控制原理

散热器识别传感器 G611 的作用如下。

（1）将 PremAir®发动机散热器拆除而用非 PremAir®发动机散热器来代替。

（2）拆下散热器识别传感器 G611 并复制电子系统和软件。

（3）将散热器识别传感器 G611 从散热器上取下并安装在"别处"。

为了验证该传感器是否还存在，将预先定义好的识别特征（ID）存储在发动机控制单元内和散热器识别传感器 G611 内并交换。这个通信是采用 LIN 总线根据主从原理来工作的。也就是说，由发动机控制单元来查询散热器识别传感器 G611。在发动机起动后，会将 ID 加密后发送一次，控制电路如图 8-72 所示。如果这个代码不符合要求（比如由于改动），就会报告有故障。

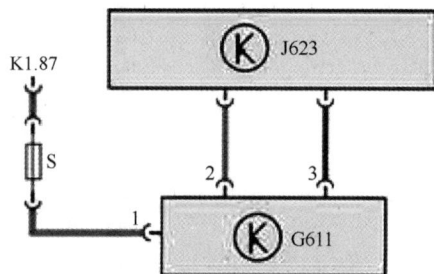

G611—散热器识别传感器；J623—发动机控制单元；
K1.87—主继电器 12V 供电；S—熔丝

图 8-72　控制电路

发动机散热器用一个温度传感器（负温度系数，NTC）测量安装点的温度。

测出的这个温度经 LIN 总线传送给发动机控制单元。测得的值在发动机控制单元内与一条特性曲线进行对比并分析。

该温度传感器在散热器识别传感器壳体上的一个形状特殊的栓塞内。在装配时，该温度传感器直接粘贴在散热器的固定座上，如图 8-73 所示。该传感器是用聚氨脂浇注而成的，在安装完毕后就无法再拆下了。如果执意拆卸，传感器栓塞就从壳体上断裂，机械和电气元件均损坏，该传感器将无法正常工作，废弃警告灯 K83（MIL）亮起，这时就必须更换散热器和散热器识别传感器 G611。以上原理分析可以用来达到识别出任何改动的要求。

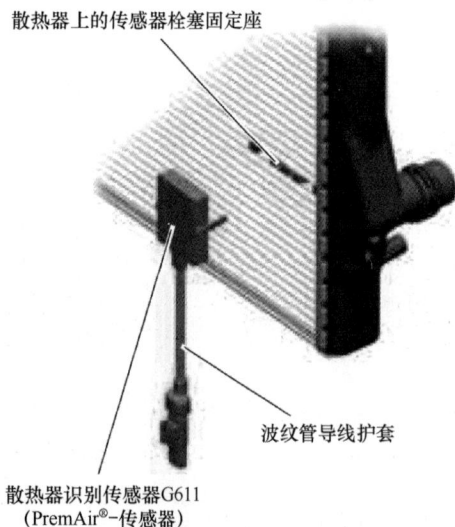

散热器上的传感器栓塞固定座

波纹管导线护套

散热器识别传感器G611
（PremAir®-传感器）

图 8-73　散热器识别传感器安装位置

第十五节 挡位识别传感器

一、挡位识别传感器功用

挡位识别传感器 G604 取代了以前的挡位识别开关 F208 和变速器空挡位置传感器 G701，并承担它们的功能。它支持下述功能和控制单元：①触发倒车灯；②车内后视镜/车外后视镜的自动防眩目功能和车外后视镜的收折功能；③驻车辅助功能；④挂车控制单元；⑤起步辅助（电动驻车制动器）；⑥起动—停止功能的空挡识别。

新增加了：①直接识别挂入的挡位；②换挡显示的挡位识别（只有当离合器接合时，挂入的挡位才会显示在驾驶员信息系统的显示屏上）；③改善换挡舒适性。

二、挡位识别传感器工作原理

在换挡轴处于空挡位置时，挡位识别传感器 G604 就位于挡板的中间分隔板上方，如图 8-74 所示。此时，传感器磁场明显增强了，电子装置就把这个情况识别为空挡位置。

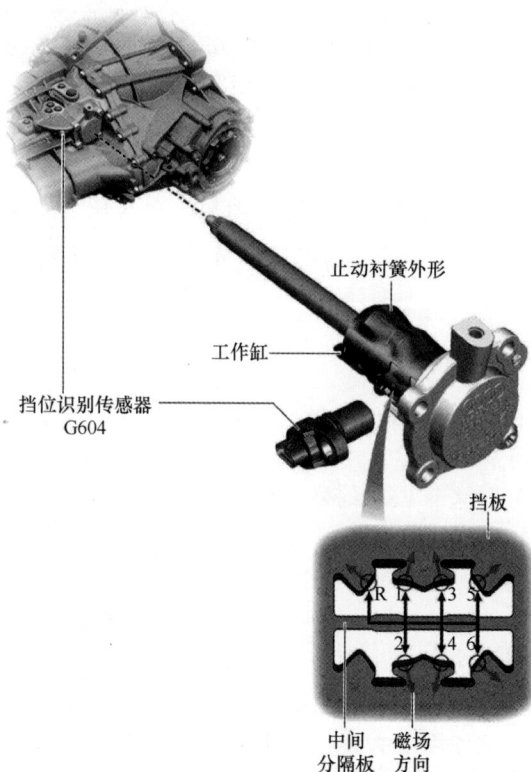

图 8-74 传感器 G604 安装位置

如果挂入了某个挡位，那么与这个挡位相应的挡板缺口就会处于传感器下方，而且与挡位相配的这些挡板缺口有不同的轮廓外形。因此，传感器磁场会向不同方向偏转，电子装置也就可以识别出到底挂入的是哪个挡位。如果工作缸的挡板损坏了，那么挡位就可能无法准确识别。

三、挡位识别传感器结构

在传感器的印制电路板上，装有 4 个霍尔传感器。印制电路板的背面有一块永久磁铁，如图 8-75 所示。工作缸挡板可以影响磁场的强度和方向。

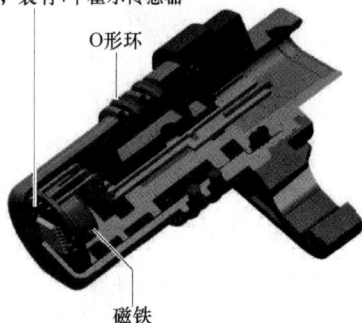

印制电路板，装有4个霍尔传感器

O形环

磁铁

图 8-75　传感器结构

传感器电子装置利用这 4 个霍尔传感器来分析磁场的方向和强度，从而判定具体挡位。挡位信息作为脉冲宽度调制信号（PWM 信号）被送至发动机控制单元 J623。

每个挡位位置有其固定的脉冲宽度，发动机控制单元对这些 PWM 信号进行处理后，将信息放到驱动 CAN 总线上。

四、改善换挡舒适性原理

整车安装挡位识别传感器后，发动机控制单元 J623 能立即获知所挂入的挡位信息，不必再通过发动机转速和车速去计算。这就显示出其优点：在离合器接合时，发动机转速可以根据车速与同步转速匹配，大大提高了换挡舒适性。

以配备 FSI 发动机的变速器 0B2 的车为例，在从 4 挡降至 3 挡过程中，脱离 4 挡时，转速首先降至怠速转速，如果识别出切换到 3 挡且离合器开始接合时，那么发动机控制单元会将发动机转速升至与 3 挡相适应的同步转速状态。离合器这时由离合器位置传感器 G476 来判定状态。

五、诊断

诊断通过发动机控制单元 J623 来进行。在离合器已接合且车速与发动机转速呈固定比例时来核对挡位信息的可靠性。

倒挡信息通过"倒车"这个 ESP 信号来校验。在车辆停住、离合器接合且以怠速转速工作时来核对空挡信息的可靠性。

如果在某个信号中断后又清晰地识别出挡位了，那么故障记录就被置于"偶然"状态。这时，除对起动—停止功能的支持外，仍可以使用传感器的所有功用。要在新的行驶循环中才会再次支持起动—停止功能。

信号中断或者发动机控制单元内记录了故障，会有如下影响：

①起动—停止功能无法使用；②换挡显示中的挡位识别会延迟，因为需要从发动机转速和车速中计算；③电动机械式驻车制动器在车辆起步时不能自动脱开；④倒车灯和驻车辅助系统不工作；⑤换挡舒适性有所降低。

故障记录会保存到下述控制单元内：①组合仪表内控制单元 J285；②供电控制单元 J519；③专用车控制单元 J608。

挡位识别传感器的挡位对应 PWM 信号占空比如下：

①空挡 85.5%～86.5%；②1 挡 37.5%～38.5%；③2 挡 53.5%～54.5%；④3 挡 69.5%～70.5%；⑤4 挡 29.5%～30.5%；⑥5 挡 45.5%～46.5%；⑦6 挡 61.5%～62.5%；⑧R 挡 13.5%～14.5%；⑨中间位置 77.5%～78.5%；⑩内部传感器故障 21.5%～22.5%。

六、挡位识别传感器电路控制图

挡位识别传感器电路控制如图 8-76 所示。端子 T94/59 与端子 T94/48 间的电压为 5V，3 号端子为信号输出端方波电压信号。

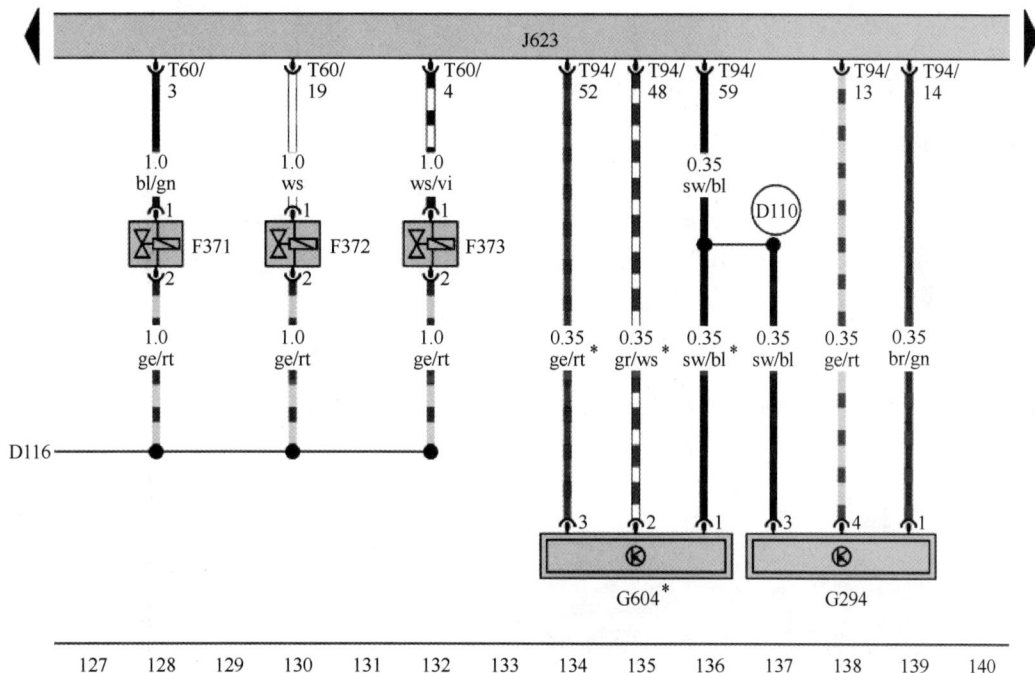

F371—凸轮轴调节元件 6；F372—凸轮轴调节元件 7；F373—凸轮轴调节元件 8；G294—制动助力压力传感器；G604—挡位识别感应器；J623—发动机控制单元；T60—60 芯插头连接；T94—94 芯插头连接；D110—连接 8，在发动机舱导线束中；D116—连接 14，在发动机舱导线束中；*—仅适用于带手动变速箱的汽车

图 8-76　挡位识别传感器电路控制

第十六节　智能型蓄电池传感器

一、智能型蓄电池传感器的功能

智能型蓄电池传感器（IBS）用于分析蓄电池的当前质量。IBS 自身带有控制单元，是蓄电池负极接线柱的一个组成部分。IBS 内部安装的智能芯片通过电源线给其供电，同时提供蓄电池电压信号。其工作时可以连续测量下列数值：①蓄电池电压；②蓄电池充电/放电电流；③蓄电池电解液温度。智能芯片内部的软件还负责控制相关流程和与发动机控制单元的通信，通过数据接口将数据传送至发动机控制单元。

车辆处于驻车运行模式时，会以周期的形式查询测量值，从而节省能量。IBS 的编程要求是每40s唤醒一次。IBS的测量持续时间约为50ms。测量值记录在IBS内的休眠电流直方图中。此外还计算部分蓄电池充电状态（SOC）。重新起动车辆后，发动机控制单元DME/DDE读取直方图数据。如果出现休眠电流错误，则在DME/DDE的故障存储器内进行记录。相关数据通过位串行数据接口传输。

IBS计算出的蓄电池指标将作为蓄电池充电和正常状态的基础。蓄电池指标是指车辆蓄电池的充电和放电电流、电压和温度。IBS使蓄电池的充电和放电电流保持平衡状态，始终监控蓄电池的充电状态，蓄电池电量不足时向DME发送相关数据。在起动发动机时计算电流特性曲线，以确定蓄电池的正常状态，并且IBS具有自诊断功能。

二、智能型蓄电池传感器结构、安装位置

1. 智能型蓄电池传感器结构

智能型蓄电池传感器是电源管理系统的一个组成部分，如图8-77所示。智能型蓄电池传感器由机械、硬件和软件三部分功能元件组成，是一个自身带有微型控制器 μC 的智能型蓄电池传感器。智能型蓄电池传感器的机械部分是由蓄电池负极接线柱及接地线组成的。

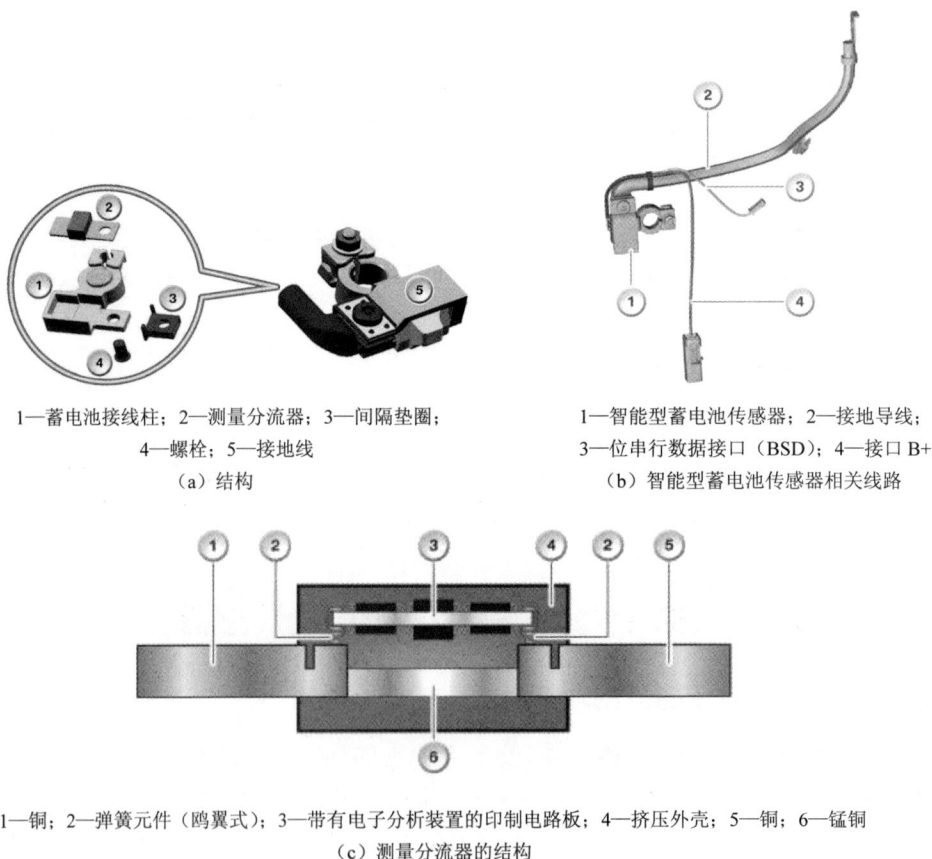

1—蓄电池接线柱；2—测量分流器；3—间隔垫圈；
4—螺栓；5—接地线
（a）结构

1—智能型蓄电池传感器；2—接地导线；
3—位串行数据接口（BSD）；4—接口 B+
（b）智能型蓄电池传感器相关线路

1—铜；2—弹簧元件（鸥翼式）；3—带有电子分析装置的印制电路板；4—挤压外壳；5—铜；6—锰铜
（c）测量分流器的结构

图8-77 智能型蓄电池传感器

2. 智能型蓄电池传感器安装位置

智能型蓄电池传感器直接安装在蓄电池的负极上，如图 8-78 所示。

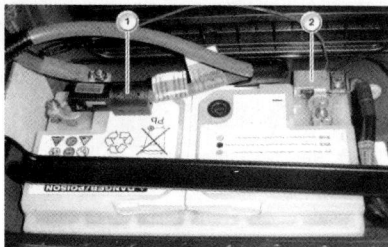

1—安全型蓄电池接线柱；2—智能型蓄电池传感器

图 8-78 智能型蓄电池传感器安装位置

三、智能型蓄电池传感器电子分析装置

智能型蓄电池传感器电子分析装置持续获取测量数据。智能型蓄电池传感器利用这些数据来计算下列蓄电池指示参数：电压、电流、温度。

智能型蓄电池传感器通过位串行数据接口 BSD 将这些蓄电池指示参数的数据传递到 DME/DDE，如图 8-79 所示。为了计算蓄电池指示参数，还要同时对蓄电池的充电状态（SOC）进行测量计算。智能型蓄电池传感器（IBS）测量范围如表 8-14 所示。

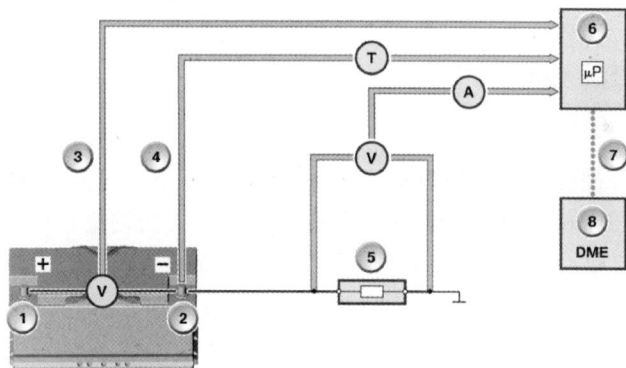

1—蓄电池正极；2—蓄电池负极；3—蓄电池电压测量；4—蓄电池温度测量；5—电流测量（分流器上的电压降）；6—IBS 中的微控制器；7—串行数据接口 BSD；8—DME

图 8-79 智能型蓄电池传感器控制原理图

表 8-14 IBS 测量范围

测量对象	IBS 测量范围	测量对象	IBS 测量范围
电压	6～16.5V	起动电流	0～1000A
电流	−200～+200A	温度	−40～105℃
休眠电流	0～10A		

第九章

传感器的波形分析

第一节　汽车电子信号

一、汽车电子信号类型

汽车电子信号基本可分为模拟信号和数字信号两种，有直流信号、交流信号、频率调制信号、脉宽调制信号和串行数据（多路）信号五大类型。

1．直流信号

直流信号是一种模拟信号，如图 9-1 所示。汽车中的直流（DC）信号有蓄电池电压或控制模块（PCM）输出的传感器参考电压。

产生模拟信号的传感器：发动机冷却温度传感器、燃油温度传感器、进气温度传感器、节气门位置传感器、废气再循环压强和位置传感器、热膜式或热线式空气流量传感器、真空和节气门开关以及进气压力传感器。

2．交流信号

交流信号是一种模拟信号，如图 9-2 所示。在汽车中产生交流（AC）信号的传感器和装置有车速传感器（VSS）、防滑制动轮速传感器、磁电式曲轴位置传感器和凸轮轴位置传感器、从模拟压力（MAP）传感器信号得到的发动机真空平衡波形、爆燃传感器（KS）。

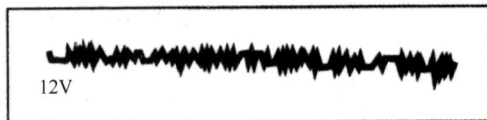

图 9-1　直流信号

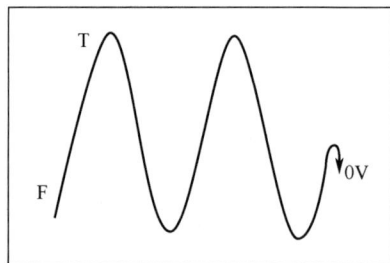

图 9-2　交流信号

3．频率调制信号

在汽车中产生可变频率信号（见图 9-3）的传感器和装置有数字式空气流量传感器、福特数字式进气压力传感器、光电式车速传感器、霍尔式车速传感器、光电式凸轮轴和曲轴位置传感器、霍尔式凸轮轴和曲轴位置传感器。

4．脉宽调制信号

在汽车中产生脉宽调制信号（见图 9-4）的电路或装置有初级点火线圈、电子点火正时电路、废气再循环控制阀、净化器、涡轮增压和其他控制电磁阀、喷油器、怠速控制电动机和电磁阀。

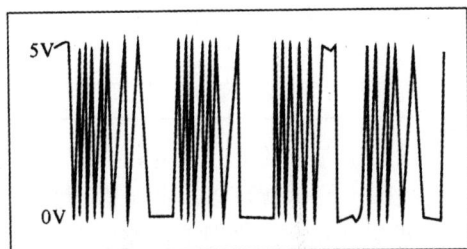

图 9-3　频率调制信号

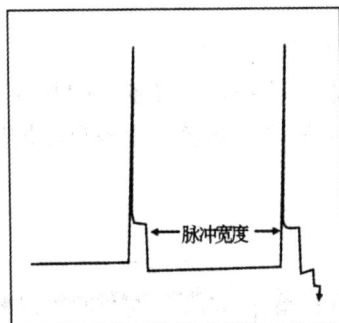

图 9-4　脉宽调制信号

5．串行数据（多路）信号

若汽车中具备有自诊断能力和其他串行数据送给能力的控制模块，则串行数据（多路）信号（如图 9-5 所示）是由发动机控制模块（PCM）、车身控制模块（BCM）和防抱死制动系统（ABS）或其控制模块产生的。

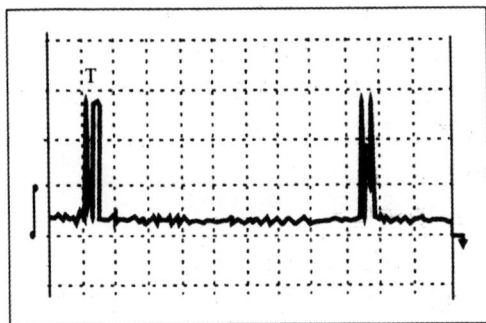

图 9-5　串行数据（多路）信号

二、汽车电子信号的五个判定依据

现在再回头看一下汽车电子语言的难题——五个"判据"即五种判定尺度。要从五种判定信号中得到只有五种判定特征的信息类型是重要的，因为发动机控制模块需要通过分辨这些特征来识别各个传感器提供的各种信息并依据这些特征来发出各种命令，指挥不同的执行器动作，这些特征就是汽车电子信号的五个判定依据。五个判定依据是：

（1）幅值——电子信号在一定点上的即时电压。

（2）频率——一般指每秒电子信号的循环数，单位：Hz。

（3）脉冲宽度——电子信号所占的时间或占空比。

（4）形状——电子信号的外形特征，包括它的曲线、轮廓和上升沿、下降沿等。

（5）阵列——组成专门信息信号的重复方式。五个判定根据与五要素的相关连带关系如表 9-1 所示。

表 9-1　电子信号的判断依据

信号类型	判断依据				
	幅值	频率	脉冲宽度	形状	阵列
直流	√				
交流	√	√		√	
频率调制	√	√		√	
脉宽调制	√	√	√	√	
串行数据	√	√	√	√	√

为了使汽车的计算机系统功能正常，必须去测试用于通信的电子信号，也就是，必须能"读"与"写"计算机电子通信的通用语言，用汽车示波器就可以"截听"到汽车计算机中电子对话，这既可以用来解决测试点问题，也可以用来验证修理工作完成后的功能是否正常。如果一个传感器、执行器或控制模块产生了不正确判定尺度的电子信号，该电路可能遇到"通信中断"的问题，它会表现为行驶能力及排放等方面的故障码。

在汽车发动机控制模块和其他电子智能设备中用来通信的串行数字信号是最复杂的信号，它是包含在汽车电子信号中的最复杂的"电子句子"，在实际中，要用专门的解码器去读取信息。

三、汽车波形识别

1. 常见波形术语

常见的波形术语主要有幅值，频率，占空比、脉冲宽度等，其含义如图 9-6、图 9-7 和图 9-8 所示。

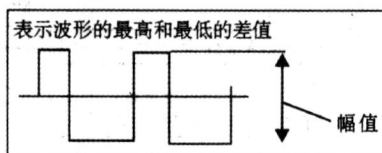

图 9-6　幅值波形

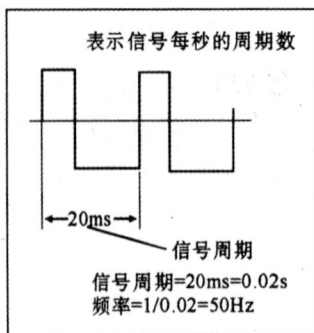

图 9-7　频率波形

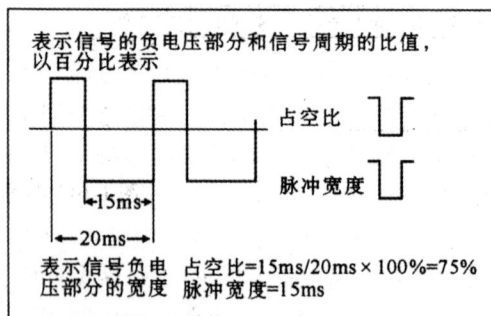

图 9-8　占空比、脉冲宽度波形

2．示波器用语

触发电平：示波器显示时的起始电压值。

触发源：示波器的触发通道［通道（CH1）、通道（CH2）和外触发通道（EXT）］。

触发沿：示波器显示时的波形上升或下降沿。

电压比例：每格垂直高度代表的电压值。

时基：每格水平长度代表的时间值。

直流耦合：测量交流和直流信号。

交流耦合：只允许信号的交流成分通过它，滤掉了直流成分（电容用来过滤直流电压）。

接地耦合：确认示波器显示的 0V 电压位置。

自动触发：如果没有手动设定，示波器就自动触发并显示信号波形。

3．波形界面识别

单、双通道波形，分别如图 9-9（a）、图 9-9（b）所示。图中展示了波形界面各部分的含义。

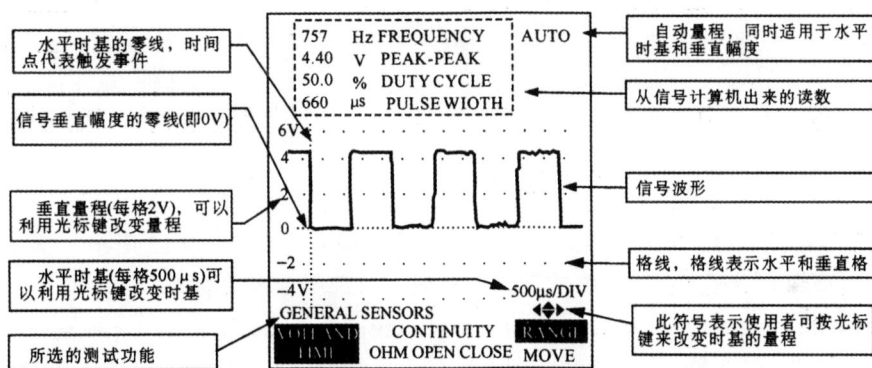

（a）单通道波形

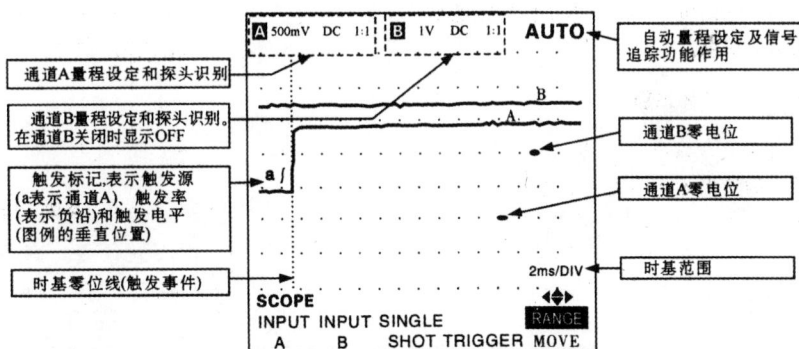

（b）双通道波形

图 9-9　单、双通道波形

4．波形数据的识别

氧传感器波形如图 9-10 所示。图中展示了波形的数据内容。

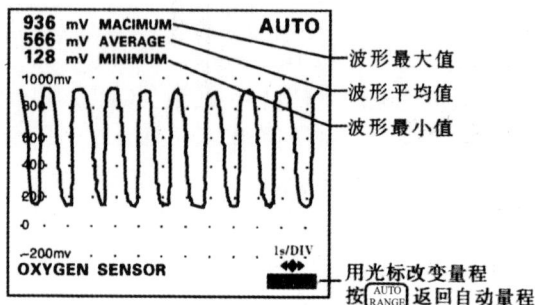

图 9-10　氧传感器波形

第二节　传感器的波形测试

一、示波器结构

汽车专用示波器种类较多，典型的汽车专用示波器结构如图 9-11 所示，主要由诊断模块、测试主机、存储卡、外接电源线、热起动开关、主电源开关、串行接口、外部电源接口、测试线缆等组成。示波器使用直流 12V 电源，可接在车辆的 12V 蓄电池上或用 A/C 充电器为仪器充电。仪器工作时，若出现死机，可以通过热起动开关重新起动仪器。串行接口用于连接打印机、电脑或废气分析仪等。

测试线缆一端接到诊断模块接口，另一端为测试探头。仪器备有一根测试线缆，分别为黄色、蓝色、红色和绿色 4 种颜色，另一根黑色为接地线缆，如图 9-12 所示。线缆分器通道接口为通用型和专用型，在进行不同项目测试时，可选用专用适配器。

示波器的安全使用注意事项：①确定被测试车辆在 P 位并且已拉上驻车制动；②确定车轮在地面上被锁止；③车辆在通风顺畅的地方；④在切断测试接头之前，应先断开搭铁线接头；⑤注意保护仪器免受液体浸入。

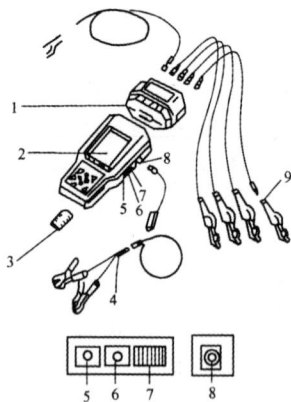

1—诊断模块；2—测试主机；3—存储卡；4—外接电源线；5—热起动开关；
6—主电源开关；7—串行接口；8—外部电源接口；9—测试线缆

图 9-11　示波器结构

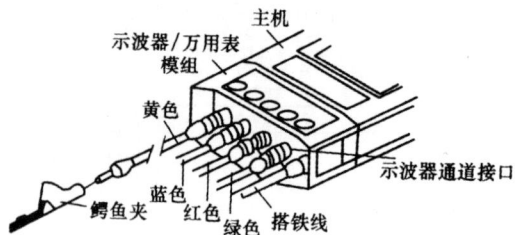

图 9-12　测试线缆的连接

二、示波器的使用方法

以对氧传感器进行测试为例，来描述示波器的使用方法。

（1）如图 9-13 所示连接线路，在对氧传感器进行测试时，须用高电阻专用线缆，以免影响测试精度。

（2）起动发动机并暖机运行，使发动机暖机到正常工作温度并进入闭环工作状态。进入闭环状态的方式是提高发动机转速，使其转速高于怠速工况（发动机在怠速时不能进入闭环状态）。

（3）按下 PWR 键使示波器开机。

（4）从主菜单中选择 AUTO METERS 项。在 AUTO METERS 项中，可以观测到氧传感器的信号波形、氧传感器的变动率及混合气的浓/稀状态。

（5）选择 02 SENSOR 项即可对氧传感器进行测试。

氧传感器的测试屏幕如图 9-14 所示。其上方为氧传感器变动率的统计数值，屏幕上为每 5s 的变动率，同时显示最大值与最小值，中间显示混合气的浓/稀状态，下方为氧传感器的信号波形。氧传感器的故障波形如图 9-15 所示。

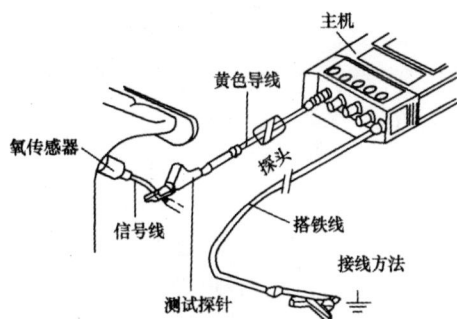

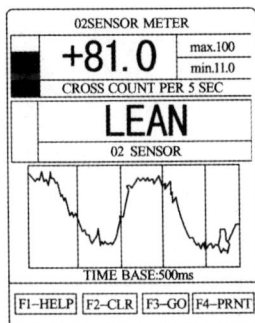

图 9-13　连接线路　　图 9-14　氧传感器的测试屏幕　图 9-15　氧传感器的故障波形

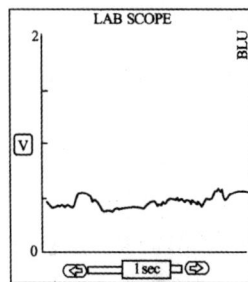

三、传感器波形分析

1. 数字输出进气压力传感器波形

这种压力传感器产生的是频率调制式数字信号，它的频率随进气真空度而改变，当没有真空时，输出信号频率为 160Hz，怠速时真空度为 19inHg，产生约 150Hz 的输出，检测时应按照维修手册中的资料来确定真空度和输出信号频率关系，数字输出进气压力传感器是一个三线传感器，用 5V 电源给它供电。

1）数字输出进气压力传感器测试

打开点火开关，但不起动发动机，用手动真空泵给进气压力传感器施加不同的真空度，并观察示波器的波形显示。确定判定参数：幅值、频率、形状是相同的，精确性和重复性好，幅值接近 5V，频率随真空度变化，形状（方波）保持不变。确定在给定真空度的条件下，传感器能发出正确的频率信号。

2）数字输出进气压力传感器波形分析

波形的幅值应该满 5V，同时形状正确，例如波形稳定、矩形方角正确、上升沿垂直。频率与对应的真空度应符合维修资料给定的值，如图 9-16 所示。可能的缺陷和参数值的偏差主要是频率值不正确、脉冲宽度变短、波形不良等，如图 9-17 所示。

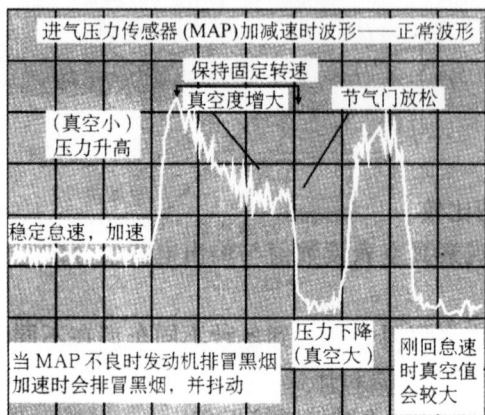

图 9-16　正常波形

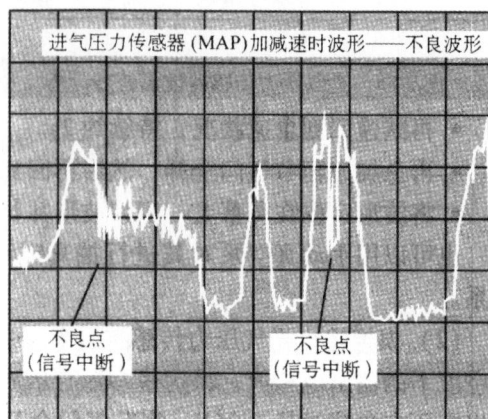

图 9-17　不良波形

2. 爆燃传感器波形

1）爆燃传感器波形测试

打开点火开关，不起动发动机，用一些金属物敲击发动机（传感器附近）。在敲击发动机体之后，紧接着在示波器显示上应有一振动，敲击越重，振动幅度就越大。从一种形式的传感器至下一种传感器的峰值电压将有些变化。爆燃传感器是极耐用的。最常见的爆燃传感器失效的方式是传感器根本不产生信号，这通常是因为某些东西碰伤，造成传感器物理损坏（传感器内晶体断裂使它不能使用）。波形显示只是一条直线，但如果转动发动机或敲击传感器时的波形仍是平线，则检查传感器和示波器的连接，确定该回路没有接地，然后再判断传感器是否失效。

2）爆燃传感器波形分析说明

轻轻地振动爆燃传感器顶部，其波形如图 9-18 所示。波形的峰值电压（峰高度或振幅）和频率（振幅的次数）将随发动机的负载和每分钟转速增加而增加，如果发动机因点火过早、燃烧温度不正常、废气再循环不正常流动等引起爆燃或发出敲击声，其幅值和频率也增大。为做关于爆燃传感器的测试，必须改变示波器的电压分度至 50 毫伏/分度。

3. 磁电式车速传感器波形

磁电式车速传感器由带两个接线柱的磁芯及线圈组成。当磁组轮转动经过传感器时，线圈里将产生交流电压信号。磁组轮上的逐个轮齿将产生一一对应的系列脉冲，其形状是一样的。输出信号的振幅（峰对峰电压）与磁组轮的转速成正比（车速），信号的频率大小反映了磁组轮的转速大小。传感器磁芯与磁组轮间的气隙大小对传感器的输入信号的幅度影响极大，如果在磁组轮上去掉一个或多个齿就可以产生同步脉冲，来确定上止点的位置，这会引起输出信号频率的改变，而在齿减少时输出信号的幅值也会改变，发动机控制模块或点火模块正是靠这个同步脉冲信号来确定触发点火时间或燃油喷射时刻的。

1）磁电式车速传感器波形测试

可以将系统驱动轮顶起，来模拟行驶时的条件，也可以将汽车示波器的测试线加长，在行驶中进行测试。

2）磁电式车速传感器波形分析说明

磁电式车速传感器波形如图 9-19 所示，车轮转动后，波形信号在示波器显示中心处的 0V 平线上开始上下跳动，并随着车速的提高跳动越来越高。波形显示与例子十分相似，这个波形是在大约 30km/h（8.33m/s）的速度下记录的，它不像交流信号波形，车速传感器产生的波形与曲轴和凸轮轴传感器的波形的形状特征是十分相似的。

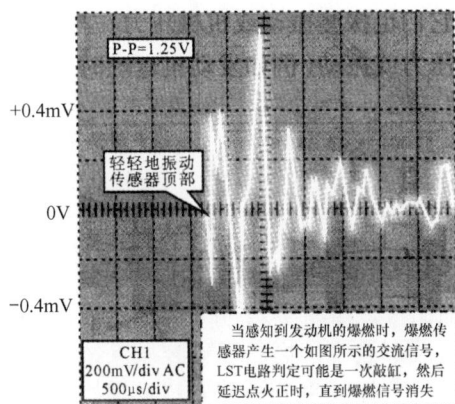
图 9-18　爆燃传感器波形

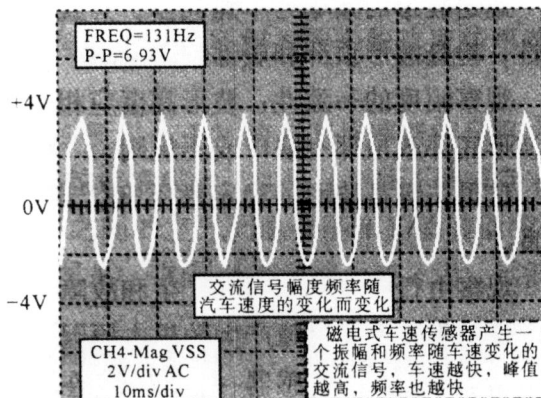
图 9-19　磁电式车速传感器波形

4. 数字式空气流量传感器波形

1）数字式空气流量传感器波形检测

将波形测试设备探针接空气流量传感器信号输出端子，鳄鱼夹接搭铁。在发动机运转时测试空气流量传感器输出信号电压波形。数字式空气流量传感器输出的信号都是频率信号，根据空气流量传感器的不同，其输出信号电压波形可以分为高频和低频两种形式，两种形式空气流量传感器的信号电压波形如图 9-20 所示。

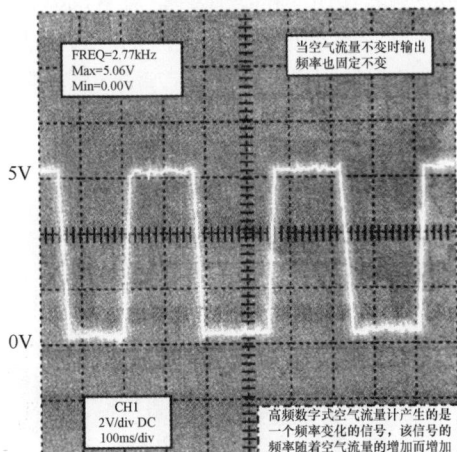
(a) 低频型

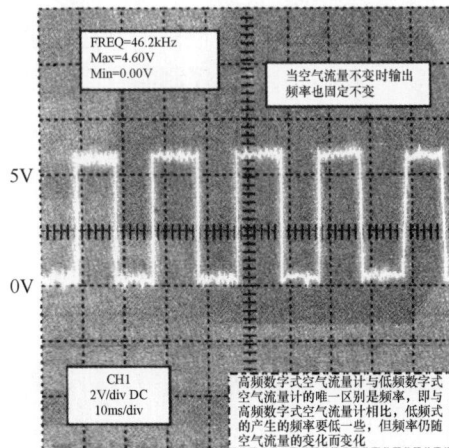
(b) 高频型

图 9-20　数字式空气流量传感器波形

2）数字式空气流量传感器信号电压波形如图 9-21 所示。

（1）波形的幅值大多数应满 5V，波形的形状要一致，矩形的拐角和垂直沿的一致性要好，传感器输出信号电压波形的频率要与发动机转速和空气流量传感器的比率一致。有些车型如通用别克汽车的波形上部左侧的拐角有轻微的圆滑过渡是正常现象，并不说明传感器损坏。

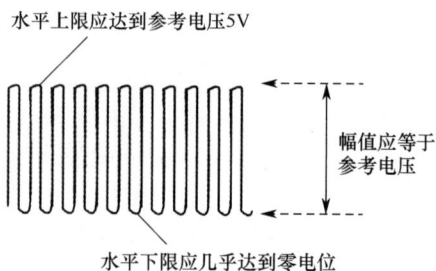

图 9-21　数字式空气流量传感器信号电压波形

（2）随着空气流量的增加，传感器输出信号波形的频率也增加，流过空气流量传感器的空气越多，信号向上出现的脉冲频率也就越高。

（3）如果信号波形不符合上述要求，或者脉冲波形有伸长或缩短，或者有不想要的尖峰和变圆的直角等，应更换空气流量传感器。

5. 氧传感器的波形

1）氧传感器的波形分析

良好的氧传感器波形与损坏的氧传感器波形叠加比较，如图 9-22 所示。振幅大的波形表示良好者，振幅小的表示损坏者。损坏的氧传感器波形表明，燃料反馈控制系统的正常运行受到了严重的抑制。但从其波形中的"稍浓、稍稀"振动来分析，燃料反馈控制系统一旦接收到正确的氧传感器反馈信号是有控制空燃比能力的。由于损坏的氧传感器的反应速率迟缓限制了浓稀转换次数，使混合气空燃比超出了三元催化转化器要求的范围，故此时排放指标恶化。图中良好的氧传感器波形反映的是更换了氧传感器之后的情况。

2）个别缸喷油器堵塞造成各缸喷油不均衡的故障现象

个别缸喷油器堵塞造成各缸喷油不均衡会导致汽车出现：①怠速非常不稳；②加速迟缓；③动力下降。

在冷起动后或重新热起动后的开环控制期间情况稍好，一旦反馈燃油控制系统进入闭环控制，症状就变得显著。用示波器检测氧传感器，检测发动机在 2500r/min 和其他稳定转速下的氧传感器波形，以检查燃料反馈控制系统。氧传感器在所有的转速、负荷下都显示了严重的杂波如图 9-23 所示。严重的杂波表明排气不均衡或存在缺火。这些杂波彻底毁坏了燃料反馈控制系统对混合气的控制能力。通常可以采用排除其他故障可能性的方法（即排除法）来判定喷油不均衡，包括用示波器检查、判断点火系统和气缸压缩压力以排除其可能性。

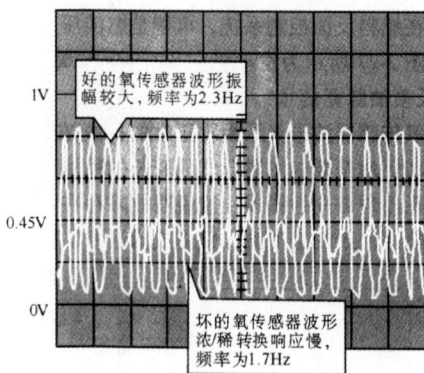

图 9-22　氧传感器良好与损坏的波形叠加比较

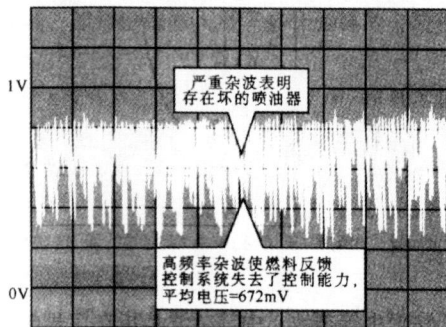

图 9-23　各缸喷油不均衡时的氧传感器信号电压波形

3）急加速法检测氧传感器信号电压波形

（1）以 2500r/min 的转速预热发动机和氧传感器 2～6min。然后再让发动机怠速运转 20s。

（2）在 2s 内将发动机节气门从全闭（怠速）至全开 1 次，共进行五六次。不要使发动机空转转速超过 4000r/min，只要用节气门进行急加速和急减速就可以了。

（3）此时示波器屏幕上的波形如图 9-24 所示，接着就可根据氧传感器的最高、最低信号电压值和信号的响应时间来判断氧传感器的好坏。在信号电压波形中，上升的部分是急加速造成的，下降的部分是急减速造成的。

（4）严重杂波。严重杂波是指振幅大于 200mV 的杂波，在波形测试设备上表现为从氧传感器的信号电压波形顶部向下冲（冲过 200mV 或达到信号电压波形的底部）的尖峰，并且在发动机持续运转期间它会覆盖氧传感器的整个信号电压范围。发动机处在稳定的运行方式时，例如稳定在 2500r/min 时，如果严重杂波能够持续几秒，如图 9-25 所示则意味着发动机有故障，通常是点火不良或各缸喷油器喷油量不一致，因此，这类杂波必须予以排除。

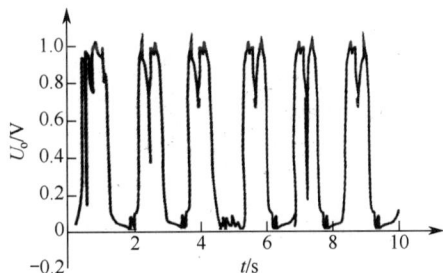

图 9-24　急加速时氧传感器的波形

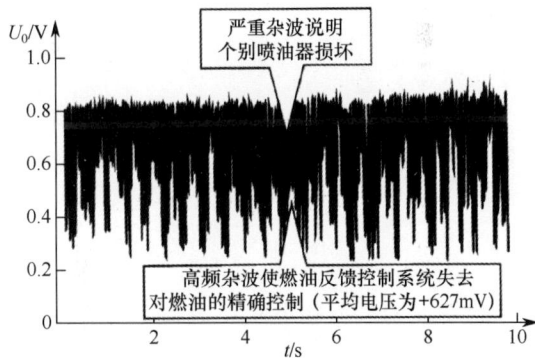

图 9-25　喷油器损坏引起的杂波

6．双通道测试

用双通道或双踪示波器来同时分析凸轮轴和曲轴位置传感器的信号，是很有用的分析方法，它不仅可以观察两个传感器波形是否正确，同时还可以帮助分析两个传感器所反映的凸轮轴和曲轴在旋转中的相位关系。

1）磁电式凸轮轴和曲轴位置传感器

如图 9-26 所示，这是双踪示波器测试磁电式凸轮轴和曲轴位置传感器的波形，它可以把两个相互有着重要关系的传感器或电路的波形同时显示在示波器的屏幕上，用这个试验可以同时诊断磁电式曲轴和凸轮轴位置传感器或检查曲轴和凸轮轴之间的正时关系。正确的波形分析方法与磁电式传感器相同。

2）霍尔式凸轮轴和曲轴位置传感器

如图 9-27 所示，这是一个双踪示波器测试霍尔式凸轮轴和曲轴位置传感器的波形，它们相互之间的重要联系同时显示在示波器上，用这个测试步骤可以同时诊断曲轴和凸轮轴之间的正时关系。正确波形的分析方法与霍尔式传感器相同。

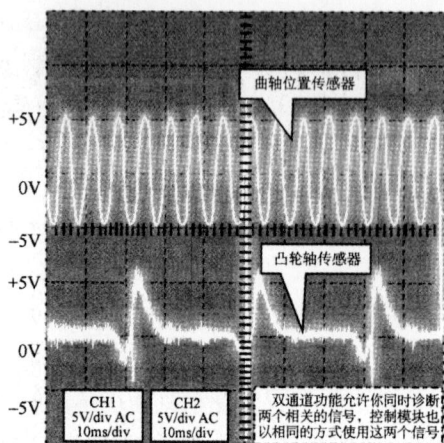

图 9-26 双踪示波器测试的磁电式凸轮轴和
曲轴位置传感器波形

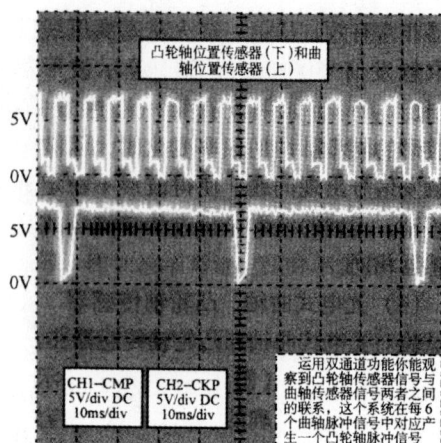

图 9-27 双踪示波器测试的霍尔式凸轮轴和
曲轴位置传感器波形

第十章

传感器故障案例

一、仪表警告灯点亮

1. 故障现象

仪表灯光警告灯点亮。

2. 故障诊断

首先使用专用诊断仪 VAS 6150A 对该车的车载诊断系统进行检测，检测发现在大灯照明距离调节装置控制单元中存储有故障码，如图 10-1 所示，"U112300 数据总线接收到的故障值"；车轮减震电子装置控制单元中存储有故障码，如图 10-2 所示，"00776 左前汽车水平传感器 G78 断路/对正极短路，静态；03262 舒适性故障，tbd，静态"。

图 10-1 故障码 1

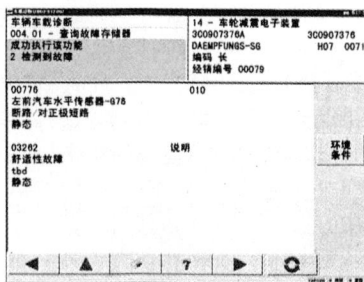

图 10-2 故障码 2

根据故障码"U112300 数据总线接收到的故障值"，分析灯光报警的主要原因是大灯照明距离调节装置控制单元通过 CAN 总线接收到来自车轮减震电子装置控制单元传输的故障信息，从而生成相应的故障码。分析仪表灯光报警的原因是在大灯照明距离调节装置控制单元中存储有故障时，仪表上的灯光警报灯就会点亮，以提醒驾驶员。由于故障码"00776 左前汽车水平传感器 G78 断路/对正极短路，静态"和"03262 舒适性故障，tbd，静态"同时显示，可以判断是因为左前汽车水平传感器 G78 断路/对正极短路故障导致"03262 舒适性故障"的生成。

通过以上故障码分析，可初步将故障范围锁定在：（1）左前汽车水平传感器 G78 故障；（2）左前汽车水平传感器 G78 与减震电子装置控制单元之间的线路故障；（3）减震电子装置控制单元故障。按照以上分析，维修人员根据电路（见图 10-3）检查左前汽车水平传感器 G78 与减震电子装置控制单元 J250 之间的线路故障。首先拆下减震电子调节控制单元 J250 的插接器，使用万用表检测减震电子调节控制单元 J250 到左前汽车水平传感器 G78 之间的线路，检查发现 T47a/27 插脚到 T4va/1 插脚之间的阻值为无穷大（即为断路），经检确认该线束断路如图 10-4 所示。

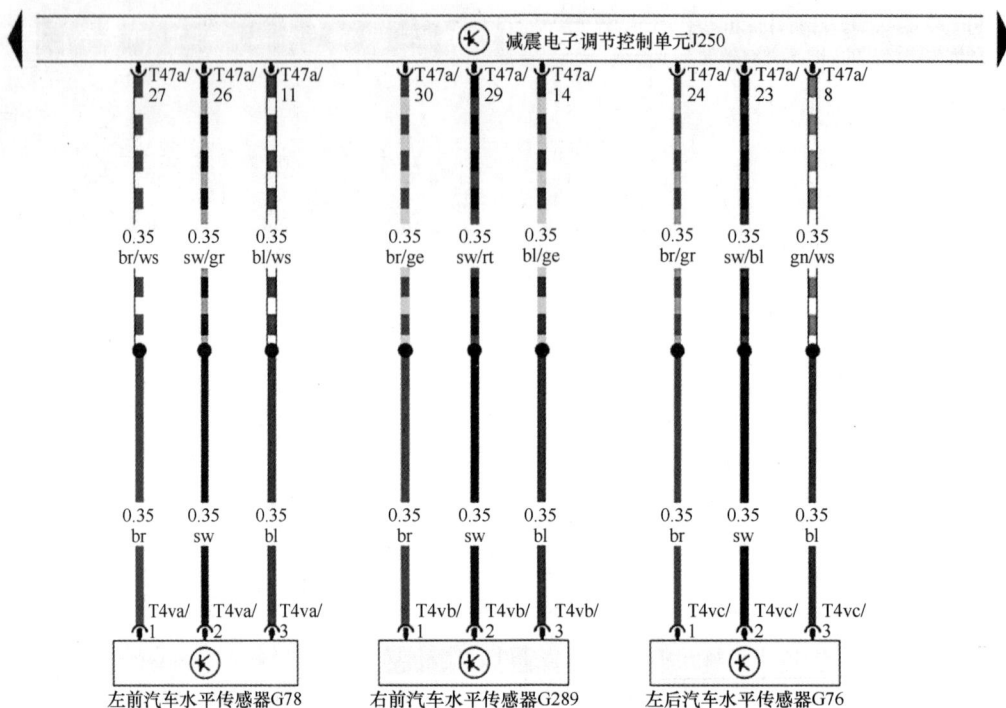

图 10-3　减震电子调节控制单元 J250 控制电路

修复该导线后，将减震电子装置制单元 J250 的插接器装复，使用专用诊断仪 VAS 6150A 清除所有控制单元中存储的故障码后，接着对减震电子装置控制单元 J250 进行在线编码和基本设定，最后检测发现减震电子装置控制单元 J250 中仍存储故障码，如图 10-5 所示，"00149 未执行装配线终端编程，tbd，静态"，其他控制单元中无任何故障码存储，此时自适应底盘控制系统不能正常工作。

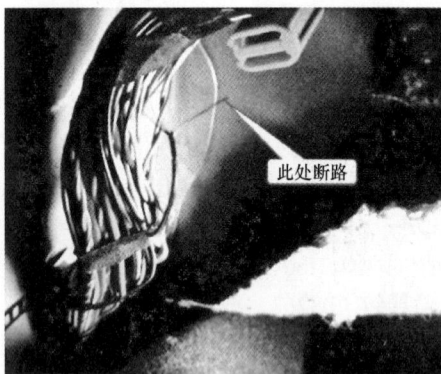

图 10-4　断路位置

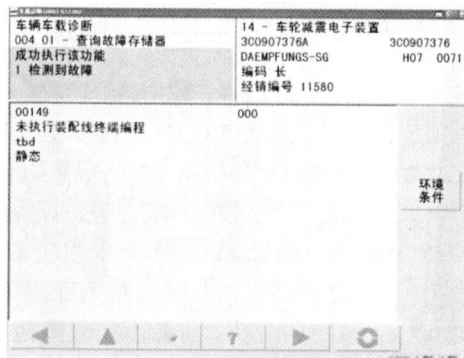

图 10-5　故障码 3

由于减震电子装置控制单元 J250 中仍存储故障码"00149　未执行装配线终端编程，tbd，静态"不能清除，自适应底盘控制系统不能正常工作，维修人员首先思考自适应底盘控制系统的结构（见图 10-6）。自适应底盘控制系统组成部件有减震电子装置控制单元 J250、减震调节按键 E387、左前车身加速传感器 G341、右前车身加速传感器 G342、后部车身加速传感器 G343、左前车身水平传感器 G78、右前车身水平传感器 G289、左后车身水平传感器 G76、左前减震调节阀 N336、右前减震调节阀 N337、左后减震调节阀 N338、右后减震调节阀 N339 等其他相关的控制单元。

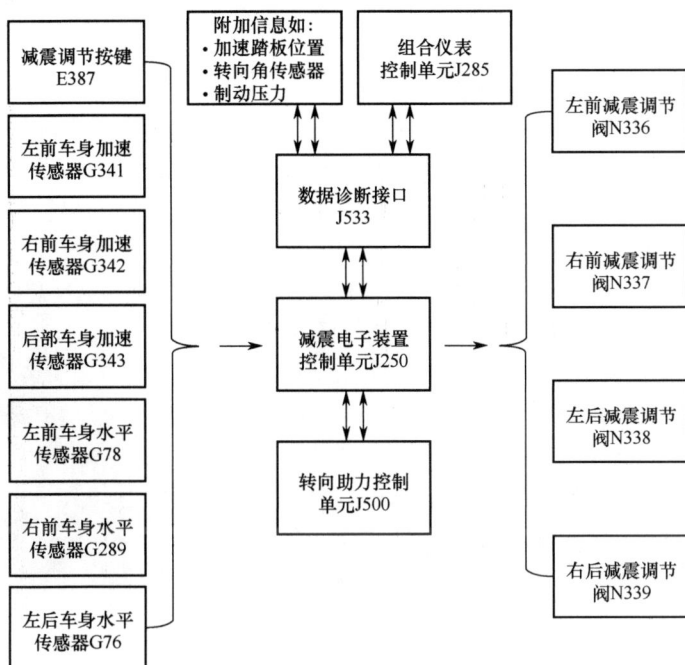

图 10-6　自适应底盘控制系统的结构

在自适应底盘控制系统中，信号通过 CAN 数据总线在减震电子装置控制单元 J250 和相关的车载电网控制单元之间进行交换。减震电子装置控制单元 J250 通过 3 个车身水平传感器以及 3 个车身加速度传感器提供的信号来计算出所需要的减震阻尼力，通过改变向减震调节阀输送的电流，从而改变减震器设置的阻尼力（注：减震器可以在数毫秒的时间内完成调节）。此车型减震特性有三种工作模式（普通模式、硬模式、软模式）、一种"故障安全"模式，即如果一个减震器中，至少有 2 个传感器或者减震电子装置控制单元 J250 发生故障，"故障安全"模式就会被激活（注：在"故障安全"模式下，供给减震器的电流被切断）。

根据原理分析自适应底盘控制系统不能正常工作是因为减震电子装置控制单元 J250 存储有故障码所致。按照该故障码分析应是减震电子装置控制单元 J250 内部软件故障。于是更换减震电子装置控制单元 J250，经过在线编码和基本设定后，故障排除。

3．故障排除

更换减震电子装置控制单元 J250，故障排除。使用诊断仪对该款车型减震电子装置控制单元 J250 基本设定有两种方法。

（1）使用专用诊断仪 VAS 6150 系列的"功能引导"按照基本提示进行设定。

（2）使用专用诊断仪 VAS 6150 系列进入车载自诊断系统中完成基本设定，方法是进入 14 减震电子装置控制单元，进入"访问许可"输入登录号 31564，再进入"基本设定"菜单，输通道号 01 确认，进行基本设置。

二、科鲁兹机油指示灯点亮

1. 故障现象

组合仪表上的尽快维修车辆指示灯和机油压力过低指示灯点亮。

2. 故障诊断

连接 GPS 和 MDI 检查，发动机控制模块（ECM）存储了 1 个故障码："P0520　发动机机油压力开关电路故障"。发动机机油压力开关是一个常闭开关，只有在合适的机油压力下才能打开。当点火开关置于"ON"位置但发动机不运行时，发动机控制模块应检测到低电压信号输入。当发动机运行时，发动机机油压力开关打开，发动机控制模块应检测到一个高电压信号输入。当机油压力过低时，发动机控制模块通过高速 CAN 总线向车身控制模块（BCM）发送一条信息。然后车身控制模块通过低速 CAN 总线向组合仪表发送一条信息请求发动机机油压力指示灯点亮。

将点火开关置于"OFF"位置，断开 B37 发动机机油压力开关（见图 10-7）的线束连接器，再将点火开关置于"ON"位置，用万用表测量线束连接器电压为 12V，电压正常，说明发动机控制模块和线束都没有问题；测量机油压力开关与缸体间的电阻为 345Ω，阻值过大，正常应该接近 0Ω，说明机油压力开关内部失效。

图 10-7　机油压力开关

3. 故障排除

更换发动机机油压力开关，故障排除。

三、大众车 OBD 灯报警

1. 故障现象

宝来 1.8T 已行驶 8000km，车主反映该车起动后 OBD 灯报警，冷车不易起动。

2. 故障分析

起动发动机观察，OBD 灯点亮不熄灭，说明控制单元内储存与排放控制有关的永久性故障码，若储存的是偶发性故障码，在车辆使用几个循环后故障没有再次出现，OBD 灯会自行熄灭。首先用 VAS 5051B 查询出故障码为 16725——霍尔传感器 G40 信号不可靠。OBD 灯报警和发动机不易冷起动现象与这个故障码有关，但不能确定就是霍尔传感器故障，因为导线、配气相位（包括正时皮带和传动链条的安装）、发动机控制单元等有故障都会存储这一故障码。清除故障码后，发动机能够起动并且数据块正常。因此下一步做发动机冷起动试验，在试验前连接好诊断接线盒 VAG 1598/31，如图 10-8 所示，再与 VAS 5051B 相连，从而观察起动时霍尔传感器的波形。

将宝来车辆放置 1 个小时以后，起动发动机，发动机果然不能起动，发动机控制单元再次存储故障码"16725"。起动机转动时观察 G40 波形，显示的是 10V 左右稍微波动的电压，说明 G40 没有信号输出。试接通起动机 3 次，发动机才起动，这时观察 G40 波形正常，如图 10-9 所示。

图 10-8 连接诊断接线盒 VAG 1598/31

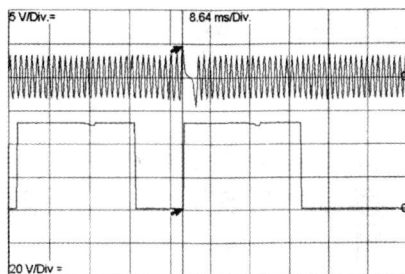

图 10-9 正常的 G40 波形

根据波形排除了配气正时不正确的可能，把故障点放在传感器本身和导线接触不良上。接下来用 VAS 1978B 工具盒中的挑线器，分别别出了霍尔传感器的供电、接地和信号线。起动车辆依然困难，但此时控制单元记录的故障为"16721 霍尔传感器信号太大"。由此可见，霍尔信号线并不存在故障。检查到此故障原因只有一种可能性，那就是霍尔传感器本身有故障，更换 G40 后，发动机冷起动一次成功，此后多次做发动机冷起动试验，均正常。

3. 故障排除

虽然在开始查询控制单元记忆时，发现了霍尔传感器故障，但考虑到霍尔传感器的损坏率很低，没有首选更换霍尔传感器，而采用测量波形方法查找故障点。霍尔传感器由霍尔元件和放大电路组成，霍尔元件是长方形半导体基片，如图 10-10 所示，外加电压作用的两个平面有电流 I 流过，在垂直于电流的两个平面加上磁场 B，则在垂直于电流和磁场的另外两个平面产生霍尔电压 U。

G40 的端子 1 接控制单元供给的 5V 工作电源，端子 2 接信号线，端子 3 接地，霍尔传感器电路如图 10-11 所示。霍尔传感器电压很微弱，该电压输送给微分放大器，微分放大器输出信号给施密特触发器。当信号轮齿不在磁场和霍尔元件之间时，磁场穿过霍尔元件产生霍尔电压，送到微分放大器的正、负输入极，然后将放大的信号送到施密特触发器输入极。施密特触发器不触发时端子 2 输出高电平（接近 12V）。当微分放大器的输入电压增加到阈值，施密特触发器触发以后，端子 2 输出低电平（接近 0V）。这样就可以判断故障了。

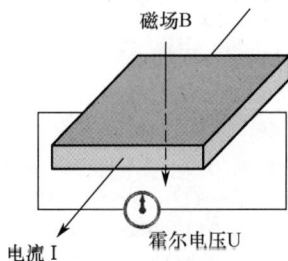

图 10-10 霍尔效应原理

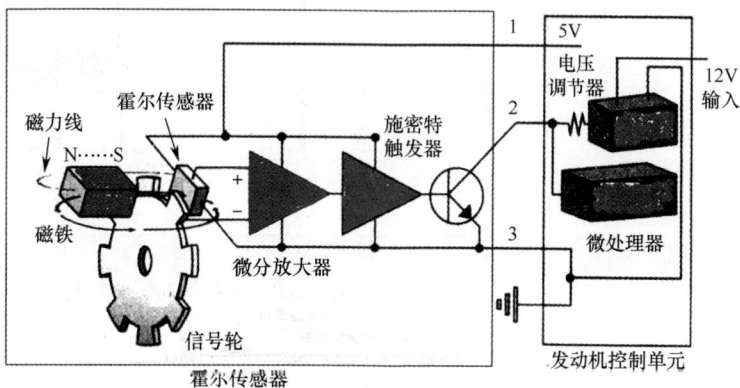

图 10-11 霍尔传感器电路

四、途安倒车雷达不工作

1. 故障现象

一辆已行驶里程为 5000km 的新款途安 1.4 TSI 倒车雷达不工作。

2. 故障诊断

首先检查倒车雷达是否工作，挡住红外线传感器蜂鸣器，不响。打开后车门检查蜂鸣器插头，发现没问题。然后检查倒车雷达控制单元（又称驻车辅助控制单元或停车辅助控制单元），驻车辅助控制单元 J446 的供电和接地电路，如图 10-12 所示，均没有发现问题。

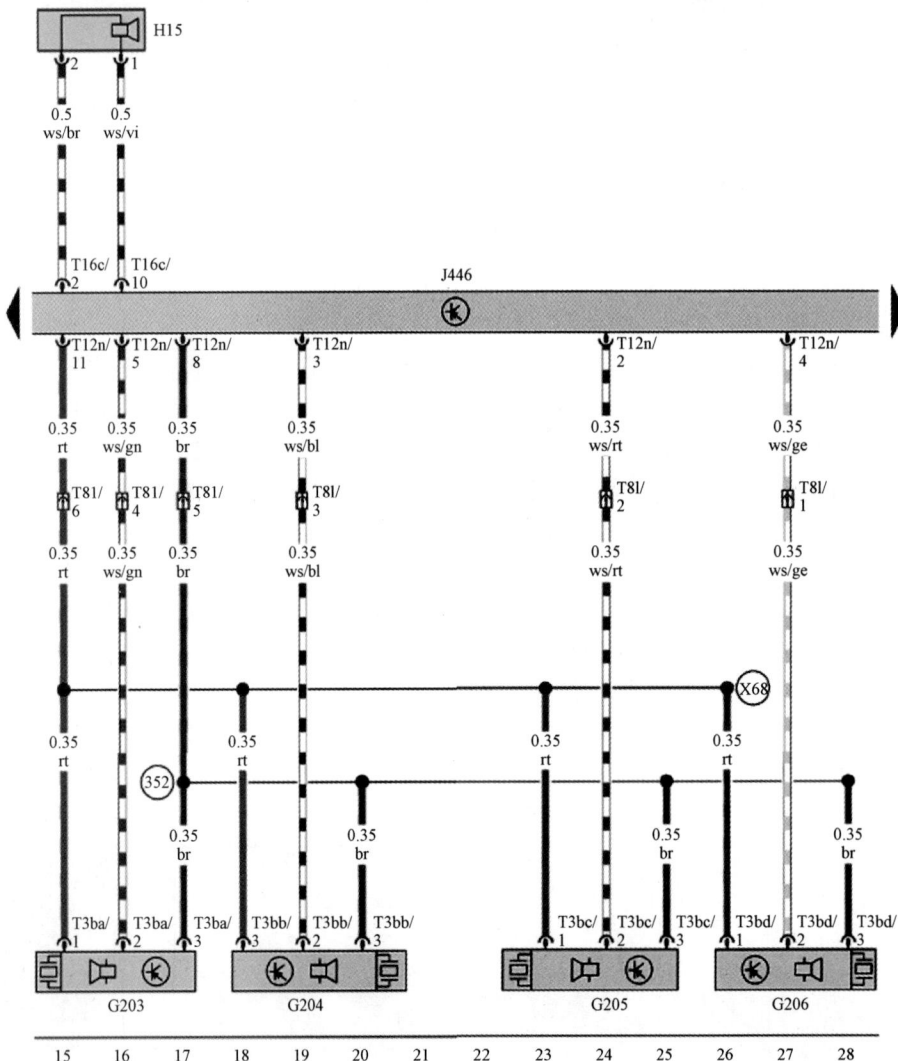

G203—左后驻车辅助传感器；G204—左后中部驻车辅助传感器；G205—右后中部驻车辅助传感器；G206—右后驻车辅助传感器；H15—后部驻车辅助报警蜂鸣器；J446—驻车辅助控制单元，在仪表板后面左侧；T3ba—3 芯插头连接；T3bb—3 芯插头连接；T3bc—3 芯插头连接；T3bd—3 芯插头连接；T8l—8 芯插头连接，右后保险杠之后；T12n—12 芯插头连接；T16c—16 芯插头连接；352—接地连接（驻车辅助），在后保险杠导线束中；X68—连接（驻车辅助），在后保险杠导线束中

图 10-12　驻车辅助控制单元 J446 的供电和连接电路

测量倒车雷达控制单元 J446 插头连接 T16C（见图 10-13）中输出给蜂鸣器的信号，发现有 3.6V 至 11V 的振荡电压，说明 J446 正常，而故障出现在蜂鸣器。用万用表测量蜂鸣器端子 1 和端子 2 阻值为 10Ω，属于正常。下一步测量倒车雷达控制单元与蜂鸣器之间两条导线的导电情况，发现 T16c/10 与端子 1 之间导线的电阻为 3.5Ω，明显过大，仔细观察蜂鸣器插头，发现插针上有锈，如图 10-14 所示，将锈清除后故障排除。

图 10-13　倒车雷达控制单元　　　　　　图 10-14　蜂鸣器插针有锈

3．故障排除

途安车倒车雷达控制单元有诊断线（数据总线诊断接口，位置在左侧仪表板下），当倒车雷达系统出现故障后，可通过蜂鸣器提示故障内容，长音后的 1～5 声为短音，分别代表后保险杠左侧至右侧 4 个红外线传感器及倒车雷达控制单元（即 G203、G204、G205、G206、J446）故障。当蜂鸣器没有声音时，对于传感器及线路可暂不考虑，应首先考虑倒车雷达控制单元、蜂鸣器及线路是否有故障。

五、2015 款大众高尔夫发动机不能起动

1．故障现象

2015 款大众高尔夫 A7 轿车，配置 1.4TSI 发动机型号 EA211，7 速 DSG 变速，已行驶里程 3000km，发动机不能起动。

2．故障诊断

该车被拖进修配厂后试车，此故障车的仪表 EPC 与 OBD 灯点亮，其余报警灯自检后熄灭，着车约 1s 后熄火，发动机转速不能提高，好像进入防盗锁止一样。再次起动，发动机没有着车迹象。连接 VAS 6150 诊断仪，打开网关列表。列表显示发动机正常，防盗器正常。读取发动机控制单元 J623 的测量值，140 组 2 区的油压为 106kPa，显然是低压油路的供油问题。该车没有燃油泵继电器，为了调整油泵的供油量，油泵控制单元通过一个 PWM 信号来控制油泵的供电电压，油泵电压在 6V 到电瓶电压之间变换。修正油泵电压的信号由发动机控制单元提供。供油量靠发动机控制单元通过下面的方法检测：在油泵的工作循环内，油泵的供油量持续减少，直到高压系统的压力受到影响。发动机控制单元会对燃油泵的调制信号与存储在发动机控制单元内的调制信号进行比较。如果发现两个信号有偏差，则以发动机控制单元内存储的为准，从而调整供油量。了解控制原理后，对控制电路图进行分析，如图 10-15 所示。

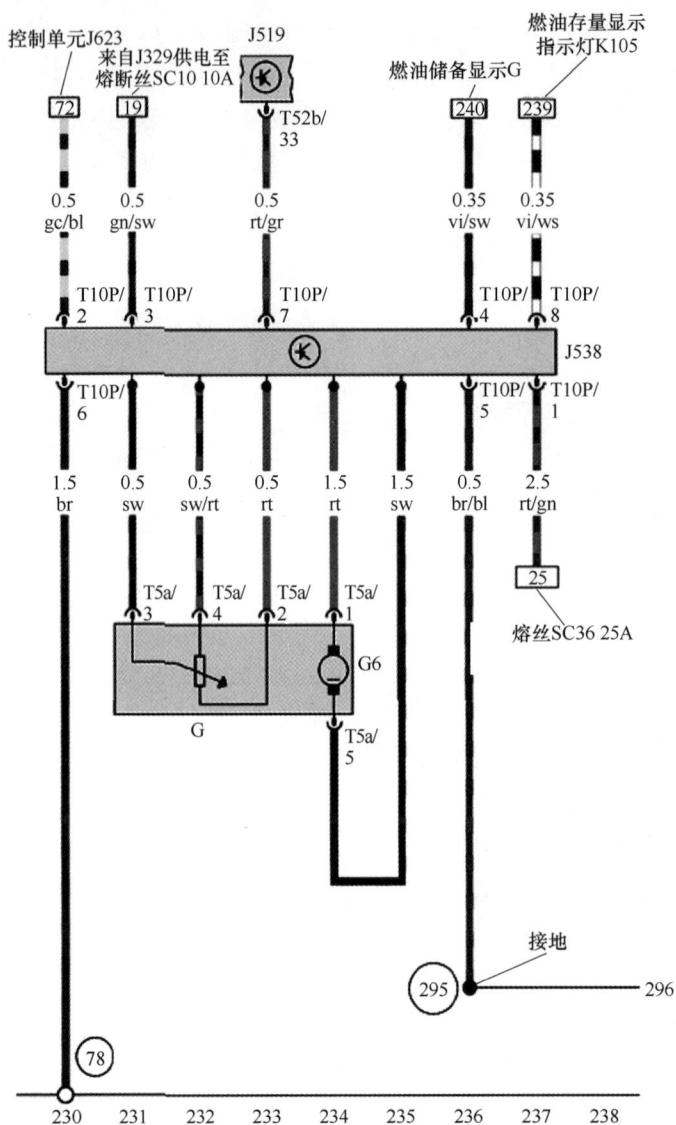

G—燃油液位传感器；G6—预供给燃油泵；J519—车载电网控制单元；J538—燃油泵控制单元

图 10-15　燃油液位传感器与燃油泵控制单元 J538 连接的电路

　　检查熔丝 SC36 发现没有熔断，拆开后排坐垫，在燃油泵控制单元 J538 的 T10P 插接器处，用万用表测量 T10P/1（红/绿色）与 T10P/6（棕色）端子间有 12.3V 电压，T10P/3（黑/白色）与 T10P/6（棕色）端子之间的电压为 12.5 V，上述端子间 12V 试灯以正常亮度点亮，满足供电条件。在 T10P/2（黄/蓝色）线与接地端子间连接发光二极管，起动时发光二极管闪烁，表明发动机控制单元 J623 的控制信号已输入，控制信号也满足条件，但接入燃油泵插接器 T5a/1 与 T5a/5 端子间的 12V 试灯没有点亮，意味着 J538 没有给燃油泵供电。

3. 故障排除

　　更换新的燃油泵控制单元，起动时用万用表测量燃油泵插针上有 9.3V 电压。装复部件，故障排除。

六、现代名驭水温表故障

1．故障现象

一辆新款北京现代名驭轿车，搭载 GB 型 1.8L 发动机，已行驶里程 2 万千米。用户反映该车在行驶中有时水温表指针会突然下落到 0℃。

2．故障分析

据维修厂所掌握的情况，近期已有多位用户反映同样的问题，但车辆前来检查时，故障均未出现。该车的故障却是当场出现了，为防止故障现象消失，迅速连接故障诊断仪，通过发动机控制单元实际测量到了冷却液温度传感器当时所输出的数据，如图 10-16 所示。由于该车发动机控制单元与仪表控制单元所使用的冷却液温度传感器是同一个传感器，因此可以肯定地排除冷却液温度传感器失效的可能性。很快将疑点放到了仪表总成上，难道是水温表的指针部分存在卡滞吗？于是维修人员用力敲打仪表台，但未见任何变化。熄火后再次起动发动机，水温表恢复了正常，因此故障范围锁定在了仪表部分。

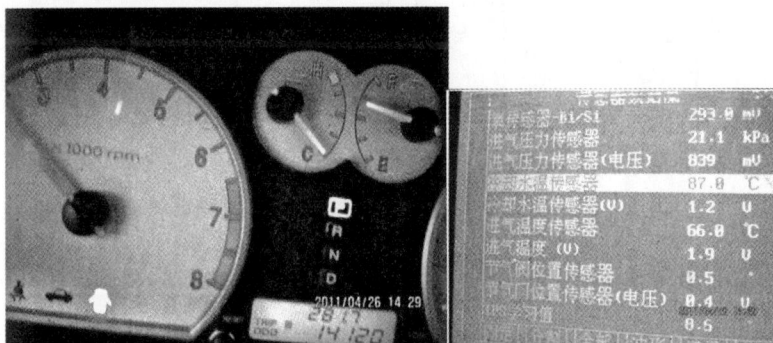

图 10-16　故障出现时抓拍的图像

接下来从试驾车上拆下仪表总成进行替换试验。将两车的仪表交换安装后，分别起动发动机，进行动态观察。通过一段时间的观察，两车的水温表指示均为正常，这样仍然不能确定具体的故障点。而这样的结果也显示出故障属于偶发类故障，这不禁让维修人员猛然想起平时阅读维修类杂志中所提到的，对于偶发类故障，行之有效的故障重现方法是晃动线束。于是将仪表总成拉出，用力晃动其后部的线束。刚晃动了几下线束，故障便马上表现了出来，与之前所见的故障现象完全一样。这样诊断工作出现了突破性进展，问题锁定在仪表控制单元到冷却液温度传感器的线路上，如图 10-17 所示。

将仪表插头拔下，仔细观察其 15 号插脚的形状，发现其孔径比其他插脚略大一些，这应该是造成电路接触不良的原因。

3．故障排除

使用线束修复专用工具将仪表插头的 15 号插脚取出，将其进行整形后装回插头内。将插头插回仪表后试车，再次晃动线束，故障现象不再出现，故障彻底排除。该车的故障成功排除后，维修人员将先前报修过此故障的车辆全部召回，采取同样的方法将故障隐患一次性地彻底排除。后经回访，这些车辆再未出现过此故障。

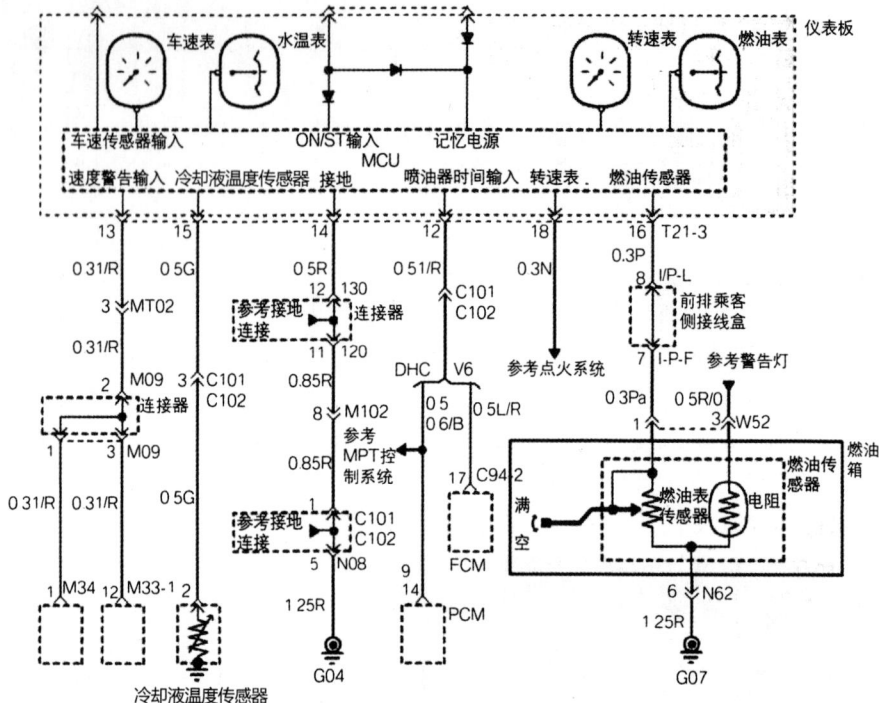

图 10-17　仪表控制单元到冷却液温度传感器的连接线路

七、帕萨特水温传感器损坏故障

1. 案例 1：冷车踩加速踏板，发动机熄火

1）故障现象

一辆 2008 年上海大众生产的帕萨特 1.8T，发动机型号为 BGC。已行驶里程大约为 20 万千米。冷车起动后踩加速踏板，发动机熄火。

2）故障诊断与排除

连接故障诊断仪 VAS 6150，发动机系统正常，没有故障码。起动发动机，转速为 400～500r/min 时，踩下加速踏板，发动机就熄火。熄火后再起动，发动机能顺利着车，又踩下加速踏板，发动机又熄火了。第 3 次起动发动机，在怠速情况下，让发动机运转几分钟，水温上升后，踩加速踏板不熄火，并且加速性能很好，怠速也很平稳。怀疑是燃烧室和进气道有积炭，或者喷油嘴有堵塞（油品不良，冷车时会有胶状物质附着在喷油孔上），造成冷车起动时混合气稀，踩加速踏板熄火。于是进行免拆清洗喷油嘴，用打吊瓶的方法（如同给病人输液，用带有阀门的胶管，一端接装有积炭清洗液的瓶口，另一端接进气歧管上的真空管），起动发动机，打开阀门 1/5，让清洗液进入进气道和燃烧室，运转一段时间怠速稳定在 800r/min。

将车放置一晚，第二天早晨起动发动机，怠速依然如故，在 400～500r/min，踩加速踏板熄火。连接 KT600，发动机仍然无故障码存储；读取发动机数据流，水温显示异常，高达 100℃，而此时是冷车，与实际情况不相符。检查其线路，正常。换上一个新的同型号 059 919 501A 水温传感器如图 10-18 所示，试车，冷车怠速时 1100r/min。踩加速踏板，发动机不熄火，加速性能很好，热车后怠速也很正常，至此故障排除。

图 10-18 水温传感器

2. 案例 2：帕萨特 2.0 怠速有时转速高

1）故障现象

一辆上海大众 2009 年 12 月出厂的帕萨特 2.0L，发动机型号为 BFF，怠速时发动机转速有时正常，有时很高，能达到 1500～2000r/min。

2）故障诊断与排除

接车后试车检查，怠速平稳，没有出现驾驶员所述情况：有时正常，有时很高。然后路试，除了驾驶员所说在等待红绿灯的过程中怠速不正常，有时堵车减速挂入空挡时，也有怠速不正常现象，正如驾驶员所说怠速在 1500～2000r/min 范围内。怀疑是节气门脏污或卡滞，拆下节气门体，发现节气门内壁附着一层比较厚的油泥，用清洁剂清洗干净，做完节气门控制单元和发动机控制单元的基本设定后试车，故障依旧。连接诊断仪 VAS 6150 进入发动机控制系统，无故障码，系统正常。为什么怠速不正常，能达到 1500r/min 以上呢?这就是常说的"没有故障码，但发动机确实有故障"。选择功能 08—读数据流，因此时没有出现故障，发动机转速、氧传感器电压、发动机负荷、喷油时间、空气流量传感器流量、水温传感器温度、进气温度传感器温度、炭罐电磁阀占空比都在正常范围。记得有汽修专家说过这样一句话："故障诊断一定要在故障状态下进行。"连接好诊断仪，在进行路试中，查看发动机几种重要传感器数据，发现水温传感器检测的水温不正常（但仪表显示水温正常），有时是 85℃，有时突变到 50℃。停车检查传感器插接器，牢固可靠，抖动传感器线束，没有发现异常，回汽修厂后检测水温传感器与发动机控制单元之间线路均正常，说明水温传感器性能变差。换上一个新的同型号（059 919 501A）传感器故障排除。

3）维修总结

水温传感器是发动机控制单元修正喷油量的一个重要传感器，其内部电阻随发动机温度的变化而变化。发动机控制单元收到不同的温度信号后，控制修正喷油量（增加或减少），当发动机控制单元收到低温信号后，加大喷油时间，增加喷油量，产生浓的混合气，怠速升高。在没有故障码的情况下，借助诊断仪强大的数据流功能，捕捉影响发动机性能的主要传感器信号差异，结合理论知识，就能排除故障。

八、进口尚酷定速巡航系统偶尔不工作

1. 故障现象

一辆进口大众尚酷 2.0 排量轿车，2014 年生产，发动机型号 CBFA，已行驶里程 5000km，在行驶中无法定速行驶，定速巡航偶尔失灵。

2. 故障诊断

大众尚酷定速巡航系统是发动机电控系统中的一个子系统，简称 CCS（Cruise Control System）。为了查找故障点，在原定速巡航系统电路的基础上将其与动力总线、舒适总线和仪表总线绘制在一起，如图 10-19 所示。

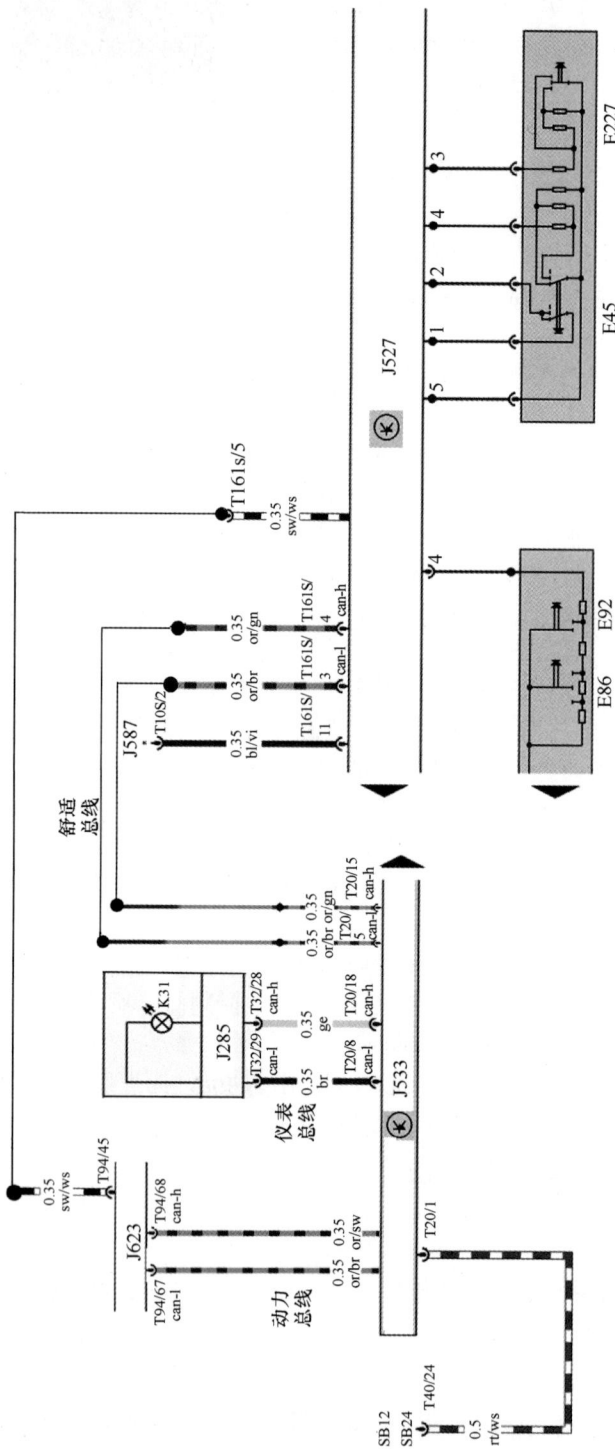

J533—网关控制单元; J623—发动机控制单元; J527—转向柱控制单元; J285—组合仪表控制单元; K31—定速巡航 (CCS) 指示灯; E45—定速巡航装置开关; E227—定速巡航设置按钮; J587—换挡杆传感器控制单元

图 10-19 绘有动力总线、舒适总线和仪表总线的定速巡航系统电路图

从系统电路图中可以看出，大众尚酷的定速巡航系统（CCS）硬件构成相对简单。装备定速巡航系统的大众尚酷车辆只是增加了定速巡航控制开关和定速巡航指示灯。变速器处于规定挡位，车辆行驶速度达到 30km/h 以上时，可实现定速巡航功能。当需要开启定速巡航时，首先要将定速巡航主开关置于"ON"位置，开关 E45 的 1 插脚与 2 插脚连通。1 插脚是转向柱控制单元 J527 提供的 12V 左右的高电位。主开关闭合时，此高电位信号经过 E45 开关的 2 插脚传递到转向柱控制单元 J527 的 5 脚。转向柱控制单元 J527 再通过导线将 E45 开关的"ON"信号传递给发动机控制单元 J623 。与此同时，转向柱控制单元 J527 将定速巡航开关 E45 及定速巡航按钮 E227 的状态信息，通过舒适 CAN 总线送到网关控制单元 J533。网关控制单元 J533 再将定速巡航开关状态信息经过动力 CAN 总线传递给发动机控制单元 J623。发动机控制单元 J623 只有同时收到动力 CAN 总线传递的"定速巡航开启"信号，以及转向柱控制单元 J527 单独传递的巡航主开关"ON"信号时，才能开启定速巡航控制功能。

定速巡航系统出现以下任何一种情况时，定速巡航功能关闭：

（1）动力控制系统出现故障。

（2）驾驶员踩制动踏板或踩离合器踏板（手动挡）。

（3）车速低于 30km/h。

（4）发动机控制单元收到定速巡航开关"OFF 关闭"信号或"CANCEL 取消"信号。

由于定速巡航系统（CCS）是发动机控制系统中的一个子系统，因此其各项自诊断功能均在发动机控制系统中完成。查询该车的发动机控制系统，故障码如图 10-20 所示。

此车故障为偶发故障，但每次清除后还会重新出现。针对无法定速行驶这一故障现象，进行的检查如下：

（1）检查控制单元定速巡航功能是否激活。大众尚酷轿车的定速巡航系统为选装，可以通过售后服务，在发动机控制单元中激活及关闭该功能。激活及关闭方法可利用诊断仪的功能引导实现，如图 10-21 所示。

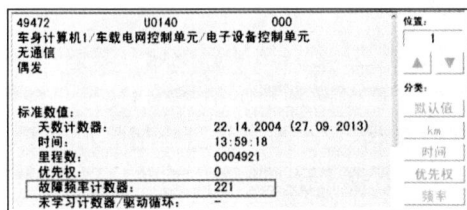

图 10-20　故障码

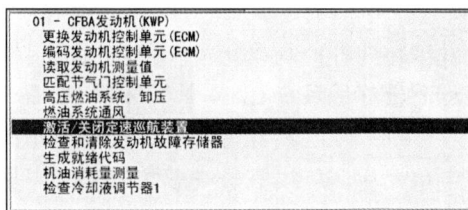

图 10-21　功能引导

发动机控制单元是否激活了定速巡航功能，可通过查看发动机控制单元版本信息及数据组 66 来进行判断，如图 10-22、图 10-23 所示，通过观察此车的发动机控制单元版本号 MED17.5.20 后面有"G"标志，且 66 组数据 2 区"状态位"显示定速巡航功能处于激活状态"1"。

（2）通过检查 01-11-66 组定速巡航开关状态数据（如图 10-24 所示），可以判断开关相关线路是否正常。通过检查发现该车定速巡航开关状态数据正常。

（3）此时进一步扩大诊断故障检查范围，发现多个控制单元有总线信息故障。检查网关控制单元 J533 数据流时发现，转向柱控制单 J527 及车身电气系统控制单 J519 的通信状态时断时续，如图 10-25、图 10-26 所示。

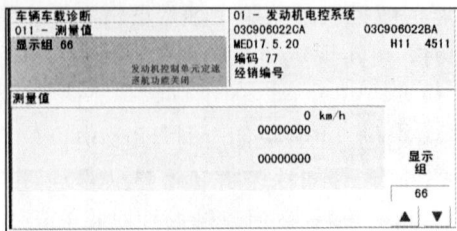

图 10-22 数据组 66 功能关闭　　　　图 10-23 数据组 66 功能激活

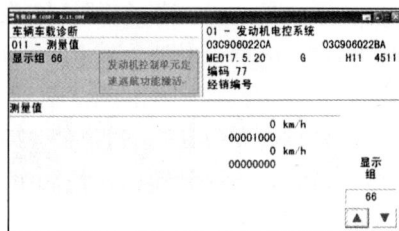

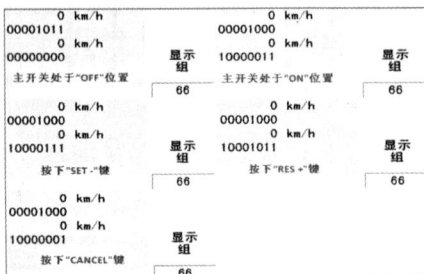

图 10-24 数据流 1　　　　　　　　图 10-25 数据流 2

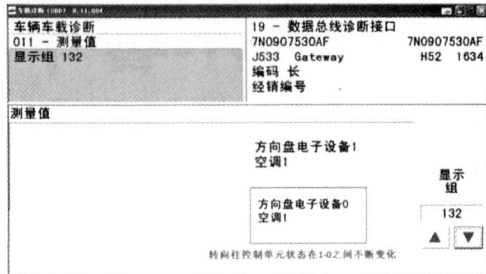

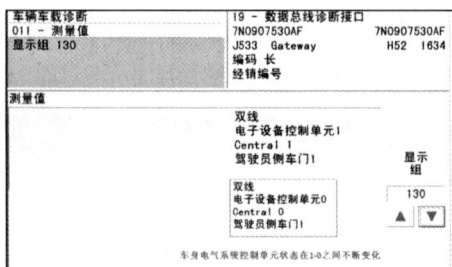

图 10-26 数据流 3

　　此车转向柱控制单元及车身电气控制单元均通过舒适系统 CAN 总线进行通信，所以用示波器测量舒适系统 CAN 总线波形（如图 10-27 所示）。根据判断舒适系统 CAN 总线信号受到了干扰。依次断开电气系统控制单元、转向柱控制单元、两个前门控制单元、空调系统控制单元后，总线信号波形均无变化，发动机中的故障码无法清除。

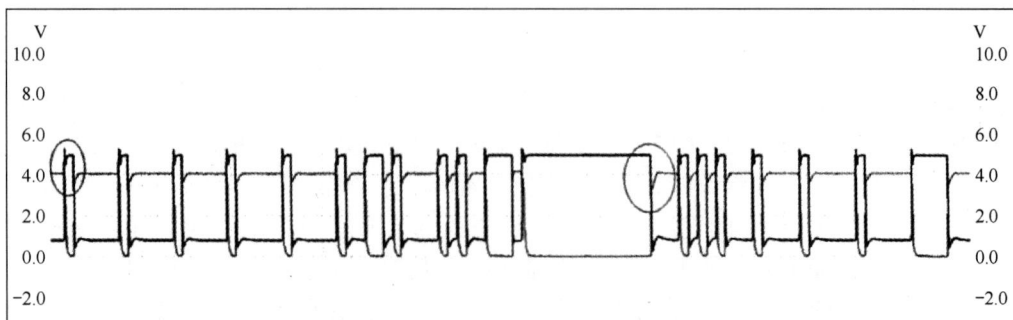

图 10-27 舒适系统 CAN 总线波形

　　经查发现此车改过导航音响。误将改过的导航音响插接头插到舒适系统 CAN 总线橙绿色端，从而导致上述巡航偶尔无法正常工作。导航音响控制单元属于信息、娱乐 CAN 总线系统（CAN-L，橙褐色；CAN-H，橙紫色）不属于舒适系统 CAN，于是拔下导航音响线束插头中的 CAN 总线导线插头，如图 10-28 所示。

3．故障排除

　　将舒适系统 CAN 总线原线束插头插好，用示波器读取信号波形恢复正常，如图 10-29 所示。最后将导航音响控制单元插头与信息、娱乐 CAN 总线插接好，发现发动机控制单元及

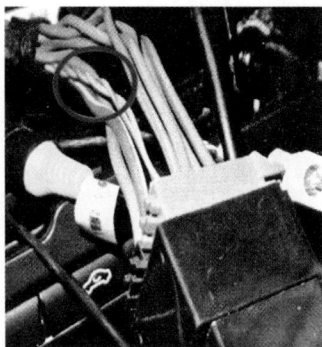

图 10-28　CAN 总线

其他控制单元中的网络通信故障能够清除，于是开始试车，当车速达到定速 30、60、90km/h 时，分别开启定速巡航持续行驶了 50 多分钟，没有出现巡航偶尔失效故障，随后交车。过 2 天后再次询问该车主，巡航再没有出现偶发不能使用故障，说明巡航系统功能恢复正常，故障彻底排除。

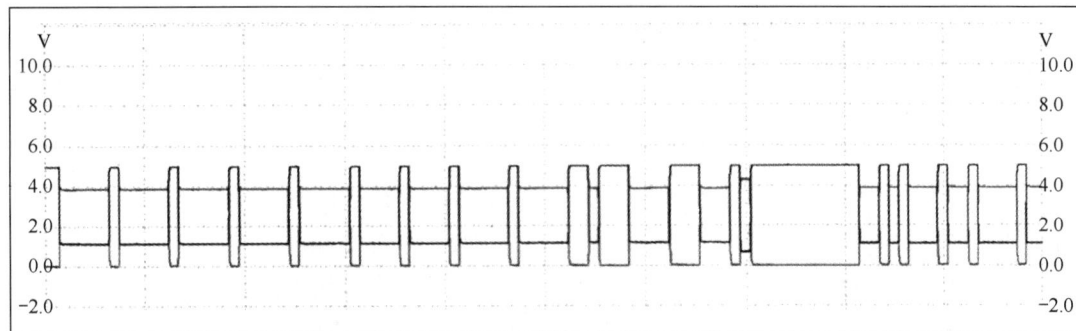

图 10-29　正常波形

九、奇瑞瑞虎 ABS 低速误动作

1．故障现象

　　一辆新款的奇瑞瑞虎 SUV，在车辆即将停车时踩踏制动踏板，ABS 误动作。

2．故障诊断与排除

　　首先对该车进行了路试。在快速行驶的情况下，采取紧急制动，ABS 工作正常；当车速减慢接近要停车时，轻踩制动踏板，踏板频繁弹脚，说明 ABS 此时正在工作，但是 ABS 故障灯也没有点亮，这种情况确实不正常。ABS 通常都是根据汽车车轮的滑移率 S 来实施 ABS 执行器的具体动作的。所谓滑移率，就是指车轮相对于地面的滑移程度，即

$$S=(v-\omega r)/v\times100\%$$

式中：v 为车速（车身速度、车轮中心速度）；ω 为车轮旋转角速度；r 为车轮滚动半径。在实施制动时，如果滑移率过小，则表明制动力不足，会增大制动距离；如果滑移率过大，则表明制动力已远远超过地面附着力，车轮将出现抱死拖滑的情况，这不但可能增大制动距离，也会使车辆失去方向稳定性。实验证明，在制动时将车轮的滑移率控制在 15%～20%，

此时，纵向附着系数最大，能够得到最好的制动效能。同时，横向附着系数也较大，使汽车具有较好的制动方向稳定性，如图 10-30 所示。ABS 的功用就是在制动过程中，通过调节制动器的制动力，将车轮的滑移率始终控制在 15%～20%，从而获得最佳的制动效能和较好的制动方向稳定性。

在车速低于 10km/h 时，ABS 是不工作的，主要原因是在如此低速的情况下，车轮滑移率很难会超过 20%，并且在该条件下，如果 ABS 参与工作，其制动距离将可能超过常规制动的

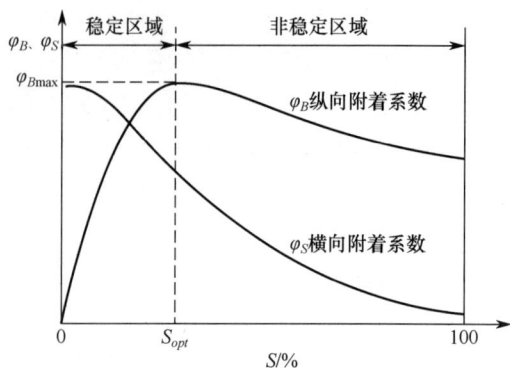

图 10-30　滑移率与附着系数的关系曲线

距离，反倒不安全。将 X-431 检测仪连接到车上，再次进行路试。通过检测仪的诊断，无故障存在，当车速降至 12km/h 左右时，实施慢速制动，ABS 又工作了而且在车速较低时，我们读取到的数据流有一点异常，即左前轮速传感器信号不稳，这是否与此故障有关呢？

根据上述 ABS 的工作机制和实车路试的情况，我们认为该 SUV 的故障尽管是在车速超过 10km/h 时出现，满足 ABS 工作的条件，但在实施慢速制动的情况下，其车轮滑移率不可能超过 20%。因此，在这种情况下 ABS 是不可能工作的。那么，导致该故障的原因究竟是什么呢？

由于在中、高车速的情况下 ABS 工作都很正常，因此，基本上可以排除 ABS 控制单元和液压执行系统存在故障的可能性，最大的可能就是在低速区间轮速传感器的信号陡然减弱或中断，只有这样，ABS 控制单元才会根据接收到的陡降或中断的轮速信号，判定滑移率超过 20%，从而启动 ABS。而能造成轮速传感器信号在低速时陡降或中断的原因主要有个别车轮刹车发胀、轮速传感器自身故障、轮速传感器与感应齿圈的间隙异常等。

本着由简至繁的检修原则，首先举升起车辆，用手分别转动每个车轮，各车轮都旋转自如，未发现有制动发胀的情况存在；由于前期在用 X-431 读数据流时发现左前轮速传感器信号不稳，为确定该情况是否确实存在，接下来我们分别慢速转动左、右前轮，并再次读取数据流，发现左前轮速传感器信号电压时有时无，而右前轮速传感器的信号电压比较稳定，由此可以判定，造成 ABS 低速误动作的原因要么是轮速传感器自身故障（线圈匝间局部短路或电路虚接），要么是轮速传感器与感应齿圈的间隙异常。拆下两前轮轮速传感器，转动半轴检查传感器的感应齿圈，均正常，测量传感器与感应齿圈的间隙，都在 0.4mm 左右，符合 0.2～0.8mm 的规定要求，可见，问题还是出在轮速传感器自身。为此，又分别断开左、右前轮轮速传感器插头，测试传感器的阻值，都约为 1200Ω，也在规定范围之内，之后又查阅了瑞虎的相关资料，根据 ABS 控制电路图（见图 10-31），对 ABS 控制单元 1 号和 2 号端子至左前轮速传感器插接器进行了导通性测试，也正常。至此，可以基本确定左前轮速传感器有线路虚接问题存在。为了证明推断，本应该更换一个新的左前轮速传感器进行实验验证，但由于当时没有备件，采取了另外一种方法，断开左前轮速传感器插头，从右前轮速传感器的插接器处并出两条线路，连接至 ABS 控制单元的 1 号和 2 号端子的线路插接器上，目的是利用右前轮速传感器的信号来取代原左前轮速传感器的信号。在此条件

下驾驶车辆路试，ABS 低速误动作的现象终于消失了，ABS 工作一切正常。在推断得到证实之后，我们将左前轮速传感器拆下并剖开外层护套仔细检查，发现该传感器在左前翼子板上沿附近的位置有被挤压的痕迹，但线路并没有完全断开，这很可能是在车辆装配过程中造成的。修复后该车 ABS 完全恢复正常，再也没有低速误动作的情况出现。

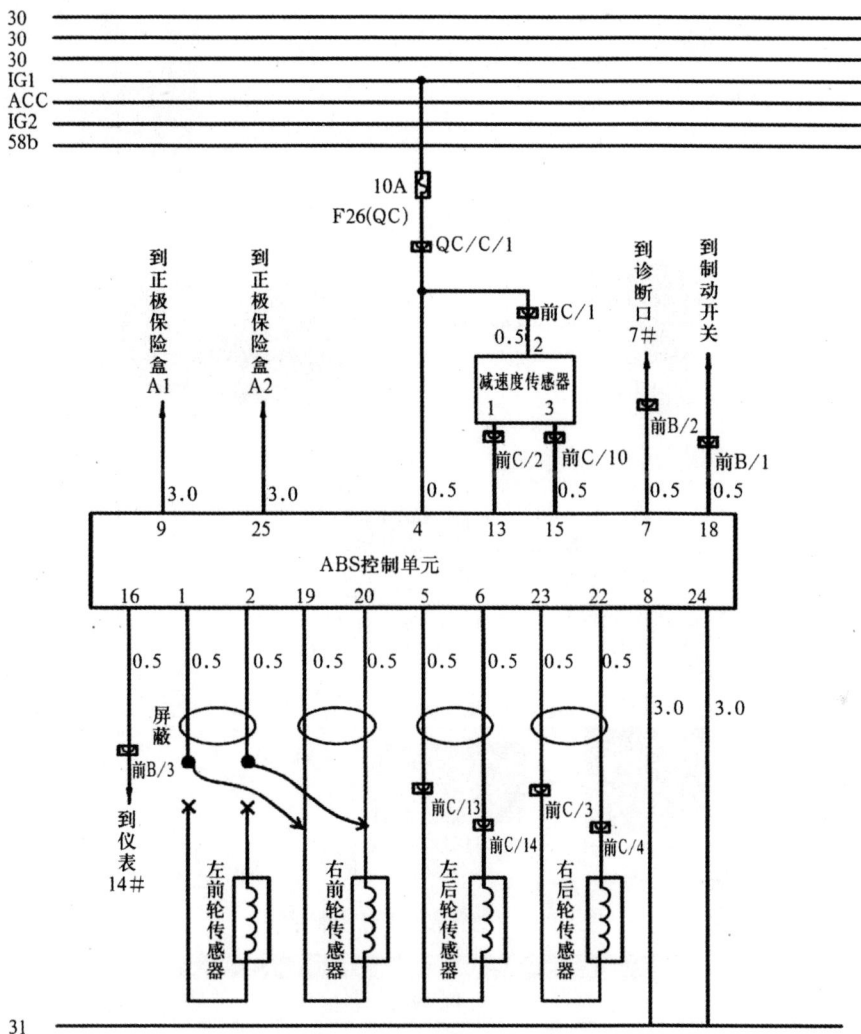

图 10-31　瑞虎的 ABS 电路

十、新款迈腾 B7L 安全带报警灯误报故障

1. 故障现象

打开点火开关，座椅安全带均系好的情况下，组合仪表中的安全带报警灯仍然点亮报警。行驶速度达到 25km/h 以上时，安全带报警灯闪亮，组合仪表发出持续的声音报警。安全带报警灯如图 10-32 所示。

2．故障诊断

经自诊断检查，安全气囊及组合仪表控制单元均无故障码。迈腾 B7L 安全带报警灯的工作原理：驾驶员侧座椅安全带开关识别到安全带未系，或乘客侧座椅坐人且未系安全带时，安全气囊控制单元通过动力 CAN 总线，把安全带报警信息传递给网关控制单元。网关控制单元再通过仪表 CAN 总线，将该信息传递到组合仪表控制单元同时点亮安全带报警灯。迈腾 B7L 车安全带报警灯控制系统如图 10-33 所示。根据安全带报警灯的工作原理，检查安全气囊控制单元的数据流。在驾驶员侧安全带及乘客侧安全带均系好的情况下，数据流如图 10-34 所示。

图 10-32　安全带报警灯

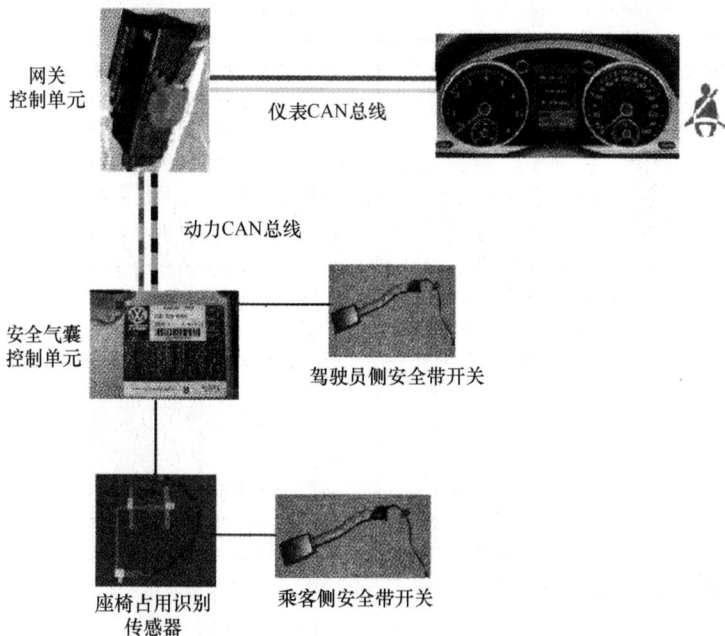

图 10-33　安全带报警灯控制系统

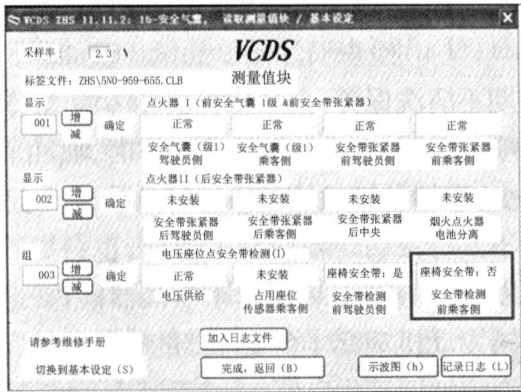

图 10-34　数据流

由数据流可知，安全气囊控制单元未能正确识别到乘客侧座椅安全带状态。于是更换侧乘客侧座椅占用传感器及安全带开关，但故障仍未排除，因此从安全带开关电路原理分析，该车安全带开关电路如图 10-35 所示。

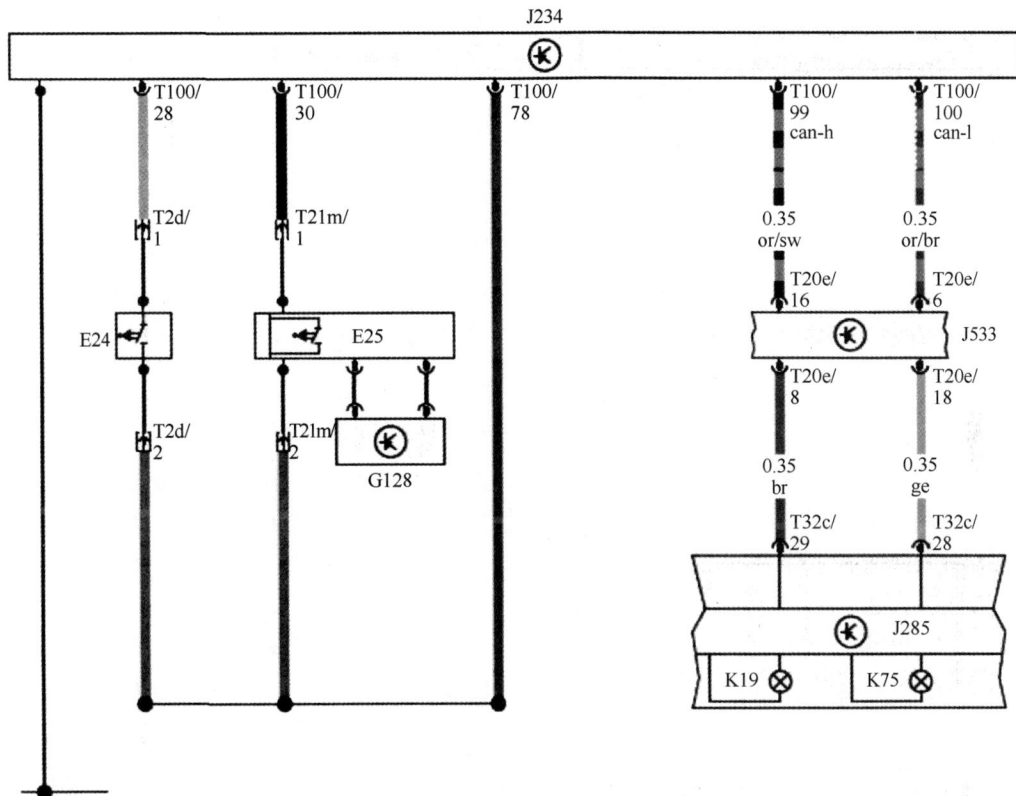

E24—驾驶员侧安全带开关；K75—安全气囊指示灯；E25—乘客侧安全带开关；T2d—2 针插头连接，驾驶员座椅上；G128—乘客侧座椅占位传感器；T21m—2 针插头连接，乘客座椅上；J234—安全气囊控制单元；T20e—20 针插头连接；J285—仪表控制单元；T32c—32 针插头连接；J533—数据总线诊断接口；T100—100 针插头连接；K19—安全带报警灯

图 10-35 安全带开关电路

安全带开关的开闭状态为：系好安全带时开关断开；解开安全带时开关闭合接地。乘客侧安全带开关及座椅占位传感器电路如图 10-36 所示。

当系好安全带后，安全带开关断开。信号源的波形信号经上拉电阻后被 ECU 检测到，由于安全带开关断开，上拉电电阻没有电压损耗，该信号波形的幅值为 "1"，根据此波形幅值，气囊控制单元判断安全带已经系好。

迈腾 B7L 车型上使用的乘客侧座椅占位传感器的工作原理：在乘客侧座椅未坐人时，电阻无穷大，相当于断路。此时即便安全带未系安全带开关闭合，ECU 检测到的波形信号幅值仍然是 "1"，所以安全气囊控制单元不会发出安全带报警信号。

当乘客侧座椅内坐人后，座椅占用传感器的电阻就会变为 290Ω，此时，如果仍未系好安全带，安全带开关闭合接地。信号源的申压幅值，就会因为座椅占用传感器电阻的分压作用而降低，变为 "2"。当 ECU 识别到此信号后，气囊控制单元判断安全带为未系状态，发出报警信号，使组合仪表点亮安全带报警灯。

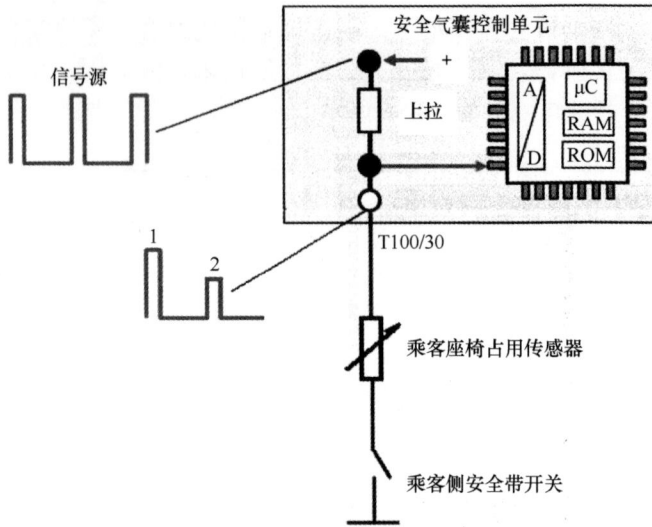

图 10-36　乘客侧安全带开关及座椅占位传感器电路

　　用示波器实际测量 T21m 插头的第 1 脚，在乘客侧坐人，不系安全带的情况下，信号波形如图 10-37 所示。在乘客侧坐人且系好安全带时，测量 T21m 插头的第 1 脚信号波形，如图 10-38 所示。故障车的信号波形与正常车的信号波形相同。由此可判断气囊控制单元外围线路或安全带开关及座椅占用传感器均正常。而安全气囊控制单元在检测到安全带已经系好的信号时，仍然做出了安全带未系的判断，或者安全气囊控制单元内的 ECU 没有检测到安全带已经系好的信号。以上两种情况的故障原因均为安全气囊控制单元损坏。

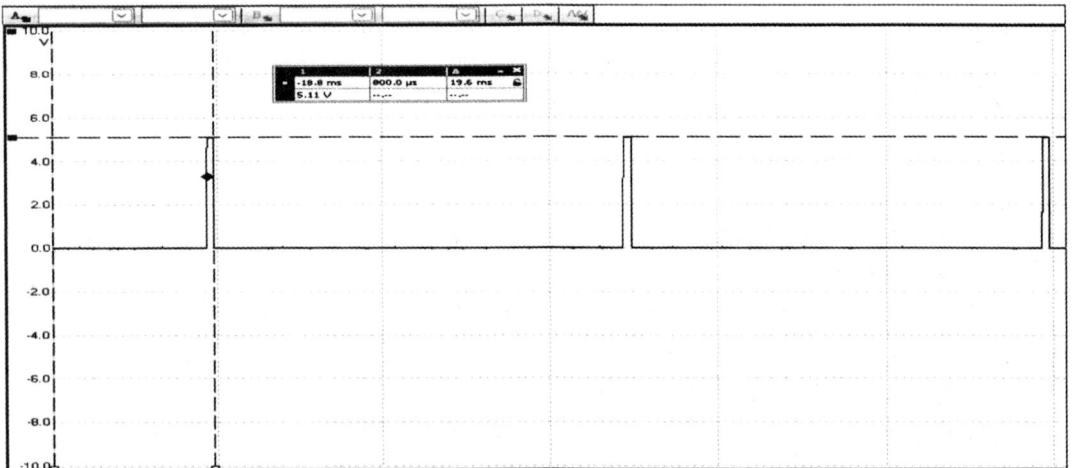

图 10-37　不系安全带时的信号波形

3．故障排除

　　更换新的安全气囊控制单元，并按照安全气囊控制单元索引号正确编码排除故障。

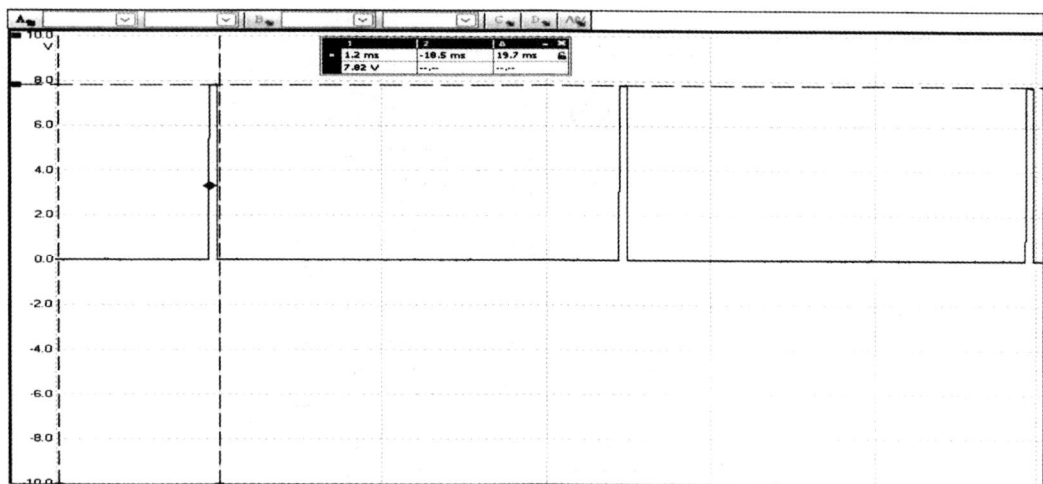

图 10-38 系安全带时的信号波形

十一、新款皇冠智能进入和起动遥控系统失灵故障

1. 故障现象

一辆新款丰田皇冠轿车，正常停车后，偶尔会出现遥控无法上锁和后备箱无法开启，且智能进入和起动系统无法进入及正常起动，组合仪表上出现黄色钥匙警告灯点亮的故障现象。此时，车主只能采用强制起动功能（将钥匙带有丰田标志的一面对准起动按钮，踩住制动踏板，待起动按钮绿色指示灯亮后，发动机起动）。

2. 故障分析

根据该车故障现象，连接丰田检测诊断仪，查看是否储存了相关的故障代码，结果显示没有记录故障代码；同时，也查看了停机状态下智能进入和起动系统的数据流（点火开关置于"ON"位置），也无异常现象。由于此故障是偶发性故障，这给诊断、维修带来较大难度。因此从智能进入与起动系统的工作原理入手，主要从系统结构、相关零件和 ECU 功能、智能检测方式和执行区域、车门解锁工作原理及零件安装位置的特殊性等加以深入分析。如图 10-39 所示为智能进入和起动系统的结构，从结构上看，系统中大量采用了 CAN（MS）数据总线，这对 CAN（MS）数据总线的电阻、电压、信号波形等维修数据的检测提出新的要求。车门电子钥匙天线总成、车内电子钥匙天线总成和行李箱外电子钥匙天线总成的引导功能执行区域如图 10-40 所示。各部件功能如表 10-1 所示。

一般情况下，无外界电波发出干扰信号时，就会在以钥匙振荡器为中心的 0.7~1.0m 半径范围内形成执行区域。此时即使发动机开关置于"OFF"位置且各车门处于锁止状态下，钥匙振荡器仍将以每隔 250ms 发送请求信号，形成车外或车内检测执行区域（若连续 5 天不使用车辆，钥匙振荡器将每隔 750ms 发送；若连续 14 天不使用车辆，则停止发送信号），随时等待外围信号，检测钥匙或卡式智能钥匙是否接近。如果使用车门外把手的锁止传感器锁止车门时，触摸锁止传感器即可形成执行区域。

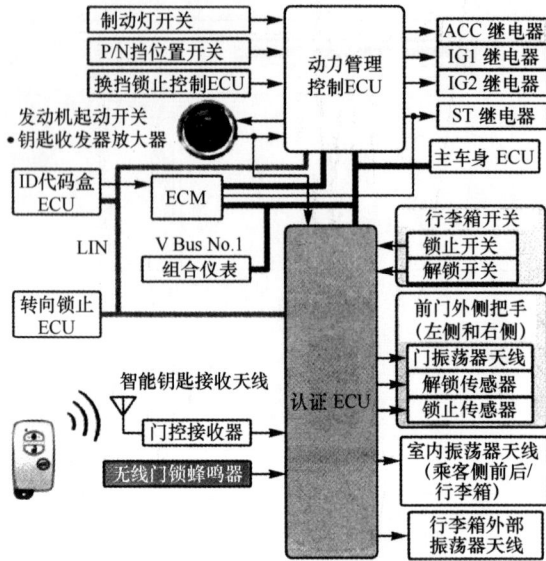

图 10-39　智能进入和起动系统的结构

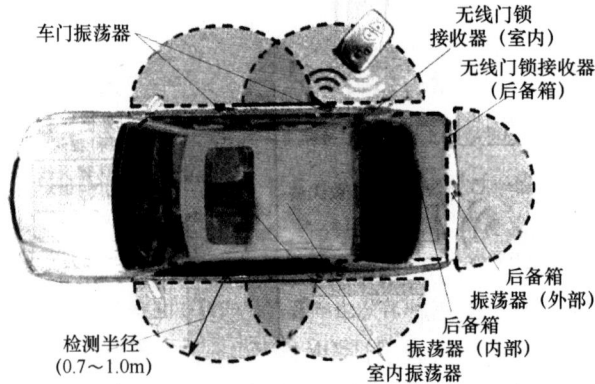

图 10-40　电子钥匙天线执行区域图

表 10-1　智能进入和起动系统中相关主要零部件的功能

零部件	功能
发动机起动开关收发器钥匙放大器	（1）将发动机开关信号传输至动力管理控制 ECU。 （2）通过点亮指示灯告知驾驶人电源模式或系统异常。 （3）钥匙电池电量低时，接收识别码并将其传输至认证 ECU
钥匙	（1）接收来自天线的信号并将识别码发回至车门控制接收器。 （2）接收车内电子天线，车门电子钥匙天线和行李箱外电子钥匙天线的请求时，钥匙输出信号（如钥匙的 ID 码、车辆的 ID 码）。 （3）驾驶人按下钥匙上的锁止按钮，解锁按钮或行李箱门开启按钮，钥匙输出 LF 电波的请求信号。 （4）接收到发动机开关内的收发器钥匙放大器输出的 LF 电波时，钥匙输出信号（如钥匙的 ID 码、车辆的 ID 码）。 （5）当钥匙电池电量低时与机械钥匙结合使用以解锁车门

（续表）

零部件		功能
动力管理控制 ECU		（1）根据换挡操纵手柄的位置和制动灯开关总成的状态，可将电源置于 OFF、ON（ACC）、ON（IG）、START 位置。 （2）根据来自开关和各 ECU 的信号控制起动功能
认证 ECU		（1）验证来自车门接收器的识别码并将认证结果传输至识别码盒和转向锁止 ECU。 （2）判断并验证钥匙。 （3）控制车内电子钥匙天线、车门电子钥匙天线和行李箱外电子钥匙天线。 （4）上车功能动行期间，传输车门锁止/解锁请求信号。 （5）传输转向锁止/解锁请求信号。 （6）传输发动机停机系统设定/未设定请求信号。 （7）记录认证 ECU，识别码盒和转向锁止 ECU 之间的识别码
制动灯开关总成		将制动踏板的实时状态输出至动力管理控制 ECU
识别码盒		接收来自认证 ECU 的转向解锁或发动机未停机设定的请求信号，进行验证，并将各未设定信号传输至转向锁止 ECU 或发动机 ECM
发动机 ECM		（1）接收来自动力管理控制 ECU 的发动机请求信号，接通起动机继电器，并起动发动机。 （2）接收来自识别码盒的信号并执行发动机的点火和喷油
主车身 ECU		（1）接收来自认证 ECU 的请求信号并激活车门锁止电动机以解锁或锁止所有车门和行李箱门。 （2）将各门的状态传输至认证 ECU
车外门把手总成	触摸式传感器	将车门解锁请求信号传输至认证 ECU
	锁止传感器	将车门锁止请求信号传输至认证 ECU
	车门电子钥匙天线	接收来自认证 ECU 的请求信号，并在车门电子天线周围（半径 0.7～1.0m）形成执行区域
车内电子钥匙天线		接收来自认证 ECU 的请求信号，并在车内形成执行区域
行李箱外电子钥匙天线		接收来自认证 ECU 的请求信号，并在行李箱周围形成执行区域
车门控制接收器		接收来自执行区域内的钥匙识别码并将其传输至执行区域
组合仪表总成	多信息显示屏	认证 ECU 检测到认为故障时，根据来自 ECU 的请求号鸣响遥控门锁蜂鸣器、亮起主警告灯、显示多信息屏并鸣响组合仪表总成内的多功能蜂鸣器以警告驾驶人
	多功能蜂鸣器	
	主警告灯	

系统通信和控制钥匙振荡器每隔 250ms 发送请求信号的 LF 电波（当钥匙在车外检测执行区域内放置 10min 以上时，钥匙振荡器不再发送 LF 电波）由认证 ECU 控制，当钥匙进入 LF 电波检测区域，在以振荡器为中心的 70～100cm 半径范围内，钥匙除接收请求信号外，同时也发送 ID 编码信号，车门控制接收器接收 ID 编码信号并传送至认证 ECU，形成车辆与钥匙的双向通信。如果双向通信认证确认无误，认证 ECU 就会向电源管理控制 ECU 发送认证结束信号，智能钥匙工作方式如图 10-41 所示。

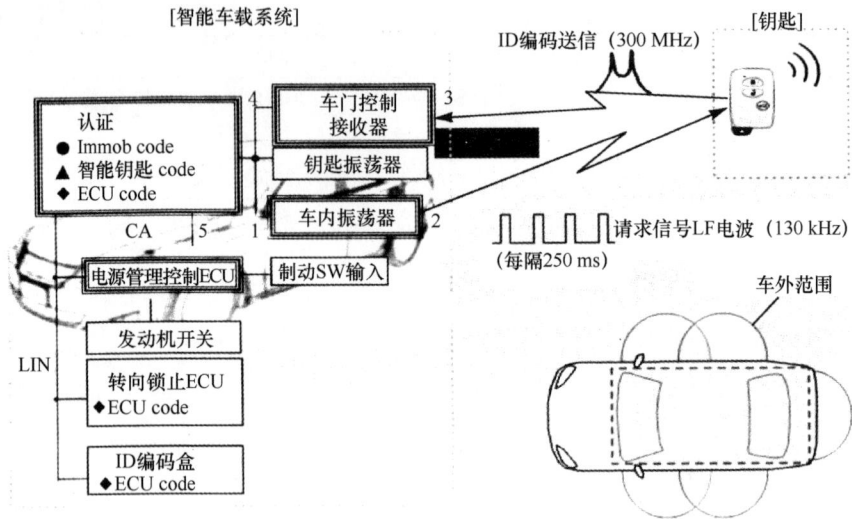

[智能车载系统]

认证
● Immob code
▲ 智能钥匙 code
◆ ECU code

CA

车门控制接收器

钥匙振荡器

车内振荡器

电源管理控制ECU

制动SW输入

发动机开关

转向锁止ECU
◆ ECU code

ID编码盒
◆ ECU code

LIN

ID编码送信 (300 MHz)

[钥匙]

请求信号LF电波 (130 kHz)
(每隔250 ms)

车外范围

图 10-41　智能钥匙工作方式

结合智能进入和起动系统工作原理及车辆故障现象的描述，不难推断，造成该故障的原因有可能是以下 4 个方面中的一个或几个：钥匙电源电压不足；信号干扰；元器件损坏；线路问题。根据由外及内、由易到难的故障排除原则，首先用示波器测得钥匙电源电压为 3.1V，与维修手册对比，正常。其次对信号干扰进行检查，主要是 2 个方面，一是车辆上的搭载品造成电波干扰（如无线电提灯、防盗装置、其他公司生产的无线钥匙振荡器、安装在发动机窗内的无线电雾灯等）；二是室外设备造成的电波干扰（如大型的显示器、无线门摇控、住宅安全装置、无线电子眼、电塔接收器装置等）。经检查无上述干扰存在；三是对元器件（主要是对钥匙振荡器及车门接收器）进行检查，结果发现行李箱内的车门控制接收器总成进水，拆下车门控制接收器总成的导线连接器，发现导线连接器处的线束氧化，如图 10-42 所示，并有一根红线一碰即断。检查结果分析，引起故障的原因是车门控制接收器总成的导线连接器腐蚀氧化，经氧化的几根线束随着车辆运动，在某一时间点上相互接触，引起各端子之间短路或接触不良，造成车门控制接收器的信号电压发生波动，而该车的智能进入和起动系统采用了 CAN 数据总线通信，一但信号电压发生波动，导致系统的 CAN 数据总线通信失常，促使系统进入瘫痪状态，这是故障的原因所在。

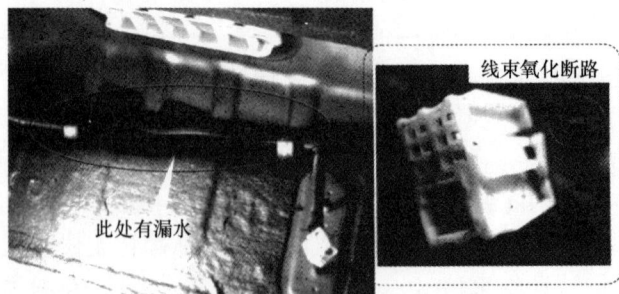

线束氧化断路

此处有漏水

图 10-42　控制接收器总成故障处

3. 故障排除

清洁导线连接器各端子上的氧化物，修复线束，故障彻底排除。

十二、速腾轿车停车后燃油表指示故障

1. 故障现象

新款大众速腾轿车出现燃油表在冷机时无指示的现象，如图 10-43 所示。但当发动机工作到正常工作温度时，使发动机熄火并重新起动后，燃油表指示又能恢复正常。

2. 故障诊断

对该车进行初步检查时，上述故障现象已不存在。用 VAS 6150 检测，仪表 17 中存有故障代码，其含义是燃油表传感器机械故障，偶发，如图 10-44 所示。根据故障代码的提示，怀疑燃油表传感器在冷机时信号失真，便更换了燃油表传感器，过一天后故障依旧。于是建议车主在出现上述故障时，不要将发动机熄火而直接去服务站，以保证在故障存在时进行检查。在发动机不熄火状态下，燃油表一直显示为零。用 VAS 5052 检测，仪表内同样存在上述偶发性故障代码。

图 10-43 燃油表冷机时无指示故障

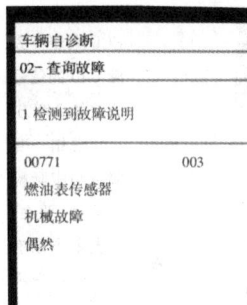

图 10-44 仪表内储存的故障代码

通过分析电路图得知，燃油表指示原理为燃油表传感器将燃油量信号传递给组合仪表。怀疑燃油表传感器没有把燃油量信号传送到组合仪表，于是读取 17 数据块第 2 组，其 2 区显示 40L，如图 10-45 所示，此时可以说明燃油表传感器已经把燃油量信号传到组合仪表，只是燃油表指针没有动，而且尽管燃油表指针在零位，但是油量报警灯并没点亮，如图 10-46 所示，由此确认故障为组合仪表故障。

图 10-45 仪表数据块显示的油量数值

图 10-46 燃油表指针在零位，油量报警灯并没点亮

3．故障排除

经检查测试是组合仪表故障，燃油量信号是由燃油控制单元 J538 提供的，所以更换组合仪表后试车，上述故障排除。

十三、新款朗逸轿车加满油后油表指示为零

1．故障现象

新款大众朗逸 Lavida 轿车，油箱加满油后，燃油表指示为零，行驶中其指针慢慢上升。检查仪表无故障存储。

2．故障分析

出现上述故障现象的原因是仪表控制单元程序问题。解决方案：解决该问题需要从售后服务网 http://servicenet.csvw.com/resource/Docs/1317－Lavida－Kombi.rar 下载刷新程序，对仪表控制单元进行刷新。适用于本次刷新的仪表控制单元零件号为 18D920800，刷新后的仪表控制单元版本信息：零件号为 18D920800，版本号为 0180。仪表控制单元刷新时的具体操作步骤如下。

（1）确保车辆蓄电池电压大于 12.5V。

（2）VAS 505X 连接外接电源，并确保外接电源连接可靠。

（3）将 VAS 505X 连接到车辆诊断接口。

（4）开启 VAS 505X，将刷新光盘放入驱动器。

（5）接通点火开关。

（6）选择"车辆自诊断"。

（7）选择"17—仪表板"。

（8）选择"004—故障代码存储器内容"。

（9）选择"01—检查故障代码存储器"，如发现仪表控制单元内有故障代码存储，建议先清除故障代码。如遇到非偶发性故障代码的存储，建议先排除故障后再进行升级。

（10）从开始界面选择"车辆自诊断"。

（11）选择"17—仪表板"。

（12）选择"019—更新程序"，如图 10-47 所示。提示：此选项只有在软件版本可以被升级的情况下才出现；图右上角圆圈中的为"控制器软件版本号"，本例中控制器版本号为 0177。

（13）选择"019—更新程序"后，仪器屏幕上会出现一些关于新软件的信息，此时请点击"继续"，程序开始刷新，需 20～30min。

（14）等程序刷新结束，根据屏幕提示断开点火开关，等 3s 后再接通点火开关，屏幕会出现刷新前、后的一些版本信息，如图 10-48 所示，请检查新的软件版本和零件号是否正确。请注意：此时版本号已变化，刷新后的版本号为 0180。

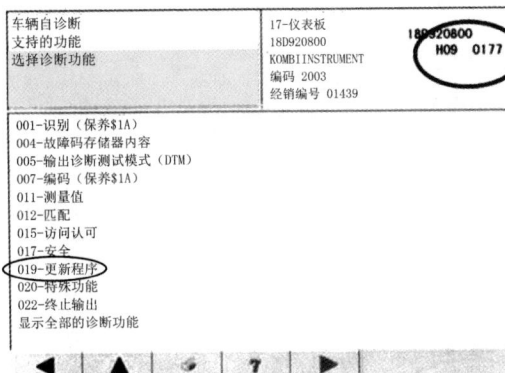

图 10-47 选择"019—更新程序"后的界面

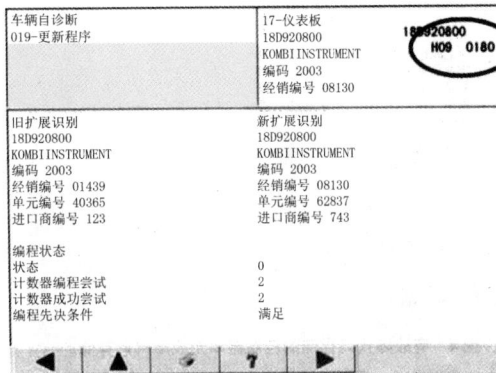

图 10-48 程序刷新前、后的版本信息

（15）删除故障代码。回到主界面，进入网关安装列表，如图 10-49 所示。有故障的控制器将以红色"故障"显示如图 10-50 所示，点击进入相应的控制器；进入 01，读出故障代码，然后返回；进入 02，确认删除故障代码后返回；用同样的方法删除其他控制器中的故障代码。

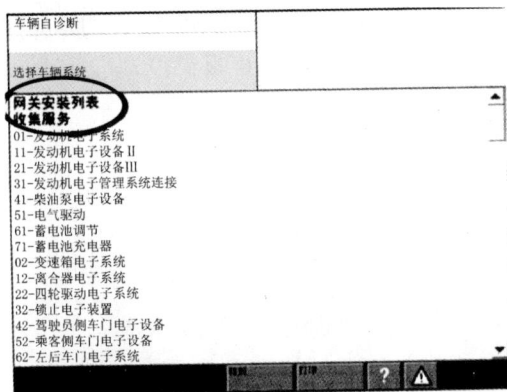

图 10-49 网关安装列表

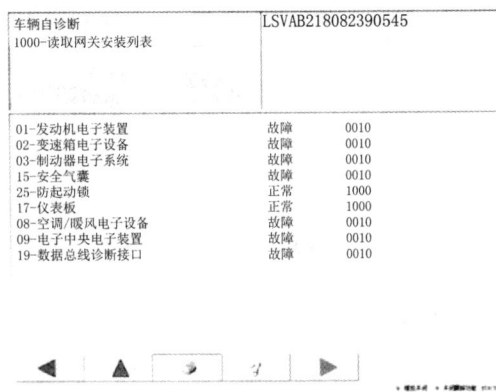

图 10-50 有故障代码和无故障代码的控制器显示

十四、新款迈腾 EPS 转向助力失效

1. 故障现象

一辆已行驶里程仅为 7000km 的新款迈腾轿车，仪表盘上的黄色 EPS 灯常亮，如图 10-51 所示。转向助力失效。

2. 故障诊断

用 VAS 5052A 进入 44—动力转向系统，发现存储有故障代码 02546，如图 10-52 所示，且该故障代码无法清除，其他系统正常。

首先判断故障可能是由于 09—网关和 44—动力转向系统的编码错误造成的，所以先将所有编码恢复原车状态，但故障没有排除。根据故障代码提示，决定对系统进行匹配，迈腾轿车大多装备的是 ZF 转向机，ZF 转向机可以按照以下方法进行匹配，注意在进行匹配之前，要确保四轮定位参数正确和转向盘对中。

图 10-51　EPS 灯常亮

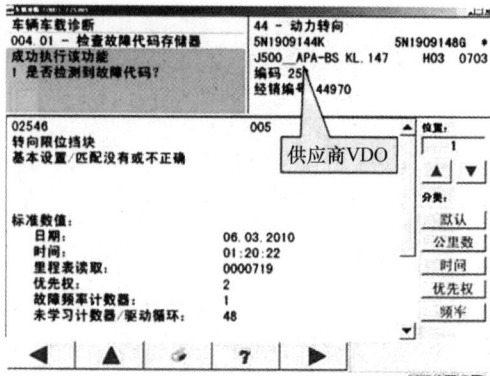

图 10-52　动力转向系统中存储的故障代码 02546

方法 1：

（1）起动发动机。

（2）转向盘在正中±10°位置。

（3）将转向盘分别向左和向右打到极限位置，在极限位置保持一定的时间。如果是第三代转向机，每次打到极限位置后，等待直至仪表发出"当当当"3 声报警声。

（4）将转向盘回位至正中位置，仪表盘上的黄色 EPS 灯熄灭。

（5）断开点火开关后，系统就会记忆参数。

方法 2：

（1）起动发动机。

（2）转向盘在正中±10°位置。

（3）使用 VAS 5052A 清除学习值（44-10-00），仪表盘上的黄色 EPS 灯点亮。

（4）进入 03-16-31857 登录 04-060，仪表盘上的黄色 EPS 灯和 ESP 灯点亮。

（5）退出 03，黄色 EPS 灯仍亮（44－动力转向系统中有故障代码 02546，因此 ESP 灯熄灭）。

（6）将转向盘分别向左和向右打到极限位置，在极限位置保持一定的时间。如果是第三代转向机，每次打到极限位置后，等待直至仪表发出"当当当"3 声报警声。

（7）将转向盘回位至正中位置，仪表盘上的黄色 EPS 灯熄灭。

（8）断开点火开关后，系统就会记忆参数。

方法 3：

（1）起动发动机。

（2）转向盘在正中±10°位置。

（3）使用 VAS 5052A 清除学习值（44-10-00），仪表盘上的黄色 EPS 灯点亮。

（4）进入 03-16-40168 登录 04-060，仪表盘上的黄色 EPS 灯和 ESP 灯点亮。

（5）后续具体操作步骤可看 HST 相关文件，按照仪器提示进行操作即可。

仔细观察故障代码读出界面，发现该车转向机的生产厂家代码为 APA，这说明其供应商为 VDO 而不是 ZF，如图 10-53 所示。由于对该品牌的转向机 G85 限位设定的基本要求、前提条件和正确的匹配步骤不清楚，所以匹配不成功。

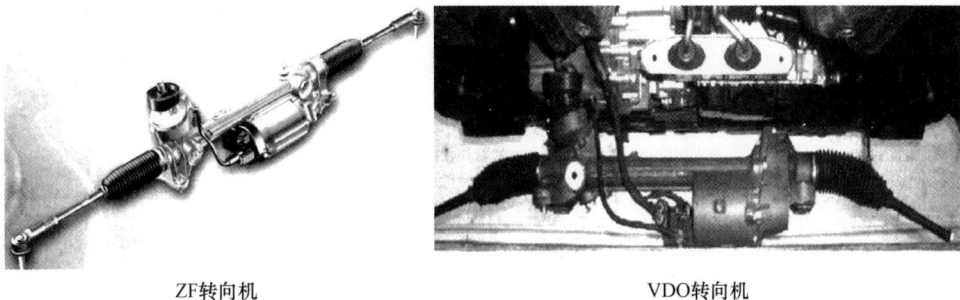

ZF转向机   VDO转向机

图 10-53　ZF 转向机和 VDO 转向机

因此采用以下方法进行匹配：

（1）使用 VAS 5052A 进入 03-16-40168 登录 04-60（设定），这时黄色 EPS 和 ESP 灯点亮，退出 03。

（2）使车辆以低于 20km/h 的速度直线行驶一段路程，ESP 灯熄灭。

（3）停车，将转向盘向左打到极限位置并保持，直至听到仪表出现"当当当"3 声报警声，然后继续以低于 20km/h 的速度直线行驶一段路程后停车，将转向盘向右打到极限位置并保持，直至听到仪表发出"当当当"3 声报警声。

（4）将转向盘转到正中位置，这时黄色 EPS 灯会熄灭，匹配完成。

通过使用上述方法对车辆进行匹配后，车辆故障消失。

3．故障排除

安装 ZF 第三代转向机，如果出现"02546——转向限位挡块基本设置或匹配没有或不正确"的故障码，可使用以上方法进行匹配。

十五、新款帕萨特新领驭车身稳定系统故障

1．故障现象

一辆新款大众帕萨特新领驭 1.8T 自动挡导航版轿车，已行驶里程为 5000km。用户反映该车车身稳定控制系统故障报警灯常亮。

2．故障分析

维修人员查询制动防抱死系统/车身稳定控制系统控制单元的故障码，有"转向角传感器 G85 未设定"的故障提示。查阅测量值 5 组 1 区 G85 的数据为 0.0°，转动方向盘，数据没有变化。对 G85 进行初始化设定，选择安全访问功能选项，输入登录码 40168，显示成功执行此项功能，选择基本设定选项，输入通道号 1，进入基本设定界面，屏幕显示转向角度传感器阻滞或异常。根据帕萨特车系测量值的特征，G85 在未做初始化设定时，如果转向盘未回正，5 组 1 区测量值数据不应为 0.0°，而当前无论转向盘处于什么位置，测量值总是显示 0.0°。基于这种情况，再加上基本设定不成功，表明故障确实存在。

帕萨特新领驭 1.8T 自动导航版轿车装备的是博世 8.0 制动防抱死系统/车身稳定控制系统，其相关电路如图 10-54 所示，G85 外围电路有 5 条连线。其中 2 条线是数据总线，通

过测量值 125 组 1 区数据能够正常读取，可以确定数据总线工作正常。另外 3 条线分别是
30 号常电（经熔丝 SC16，5A）、15 号电源（经熔丝 SC7，10A）和接地线。拔下 G85 的
T6s 黑色插接器，用试灯分别测量 T6s/4 与 T6s/1 端子、T6s/5 共了 T6s/1 端子的供电，试灯
均点亮，表明 G85 的供电正常，G85 的外部电路均正常，表明故障在 G85 自身。

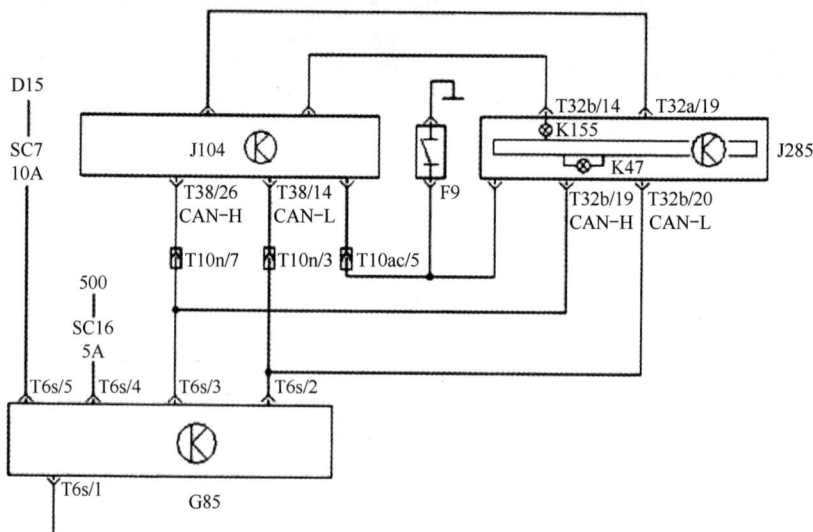

G85—转向角传感器；J104—制动防抱死/电子稳定程序控制单元；J285—仪表控制单元；F9—手制动开关；K155—稳定程序指
示灯；K47—制动防抱死指示灯

图 10-54　制动防抱死系统/车身稳定控制系统相关电路

3. 故障排除

更换集成了转向角传感器的气囊螺旋电缆组件，如图 10-55
所示。检查测量值 5 组 1 区的数据，在左右转动转向盘时，数据
出现变化。新领驭制动防抱死/电子稳定程序控制单元在更换转
向角传感器后无须对控制单元重新编码，只需进行 G85 的初始
化设定。设定后，VAS5052 屏幕显示转向角传感器正常。

图 10-55　气囊螺旋电缆组件

十六、大众 CC 倒车影像无显示

1. 故障现象

一辆新款大众 CC 轿车，行驶里程为 5000km。用户反映该车在挂入倒挡后，倒车影像
无显示，但驻车辅助影像却可正常显示。

2. 检查分析

通过故障诊断仪检测倒车影像控制单元，发现有控制单元软件版本错误的故障码，且
无法清除。读取倒车影像控制单元的状态数据，数据显示为"39"（代表切断，"1"代表网
络激活，"2"代表初始化，"3"代表系统停用，"4"代表系统启用，"5"代表系统停止），
说明该系统的控制程序确实未运行。检查倒车影像控制单元的软件版本及控制器编码，均
正确，这与故障提示不符。仔细观察驻车辅助影像时，有了一个新的发现，显示屏上的汽

车图案在外观上与 CC 轿车有所不同，如图 10-56 所示。CC 轿车的尾部俯视图为圆角形设计，而当前图案并无这种特征。这应是显示故障码软件版本错误的原因所在，软件版本及控制器编码与其他正常车辆都是一样的，为何这辆车上就出现了错误提示？这是因为倒车影像控制单元处在控制器局域网中，影像数据及控制指令都是通过数据总线来传递的，那么其数据能否正常传递要取决于该局域网的网关。也就是说，软件版本正确与否要由网关来决定。鉴于这一点，决定从网关入手进行检查。通过故障诊断仪进入网关控制单元的数据总线诊断接口 19，选择编码项 007，界面显示了该网络中控制单元的编码情况，如图 10-57 所示，可以看到，后视摄像机系统 6C 为未编码状态，说明网关控制单元未能对其正确识别。在这一界面中包含了选择产品的子菜单，子菜单是否正确应是确定倒车影像控制单元这类衍生产品能否与网关匹配的关键点。维修人员点开选择衍生产品子菜单，界面显示了车型选项，如图 10-58 所示。尝试选择"轿车"选项，故障依旧。当选择"其他"选项时，发现车辆仪表台上的驻车辅助影像画面变为与 CC 轿车外形相似的图案，如图 10-59 所示。接下来按照设备提示选择"左侧驾驶车辆"和"＞4 门"的选项，然后执行识别控制器编码的操作。经过这样的设置后，后视摄像机系统变为已编码状态。

图 10-56　错误画面

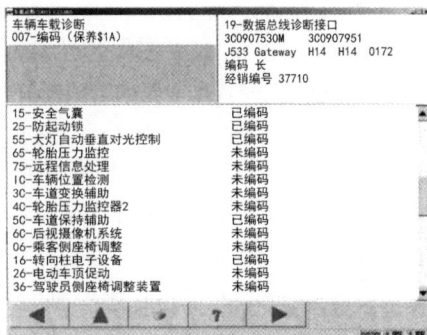

图 10-57　控制单元的编码情况

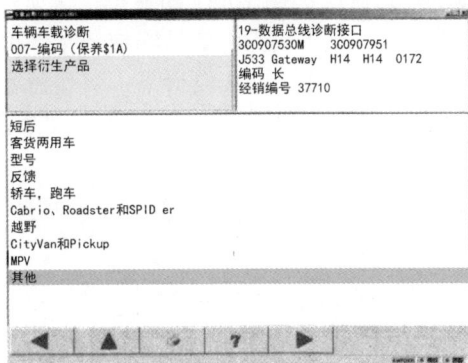

图 10-58　车型选择

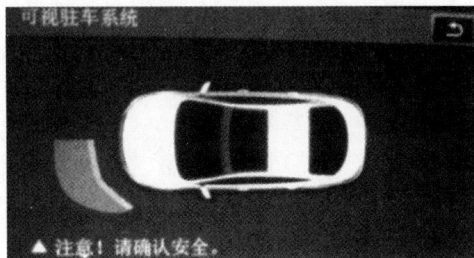

图 10-59　正确画面

3. 故障排除

起动车辆，挂入倒挡，显示屏立即显示出倒车影像。清除故障码，故障排除。此故障的原因总结为在车辆电源系统长时间断电或控制单元被拆卸的情况下，控制单元将丢失初始化参数，在这种情况下控制单元会采用默认值。此故障便是网关控制单元的默认值与初始化设置不同所造成的，所以维修人员在工作中要注意区分硬件故障和软件故障，对于软件类故障，首先要考虑的便是初始化设置问题。

十七、丰田雅力 ABS 报警灯常亮故障

1. 故障现象

一辆新款丰田雅力士，ABS 报警灯常亮。据车主讲诉，该车已在多家维修厂修过，换了 ABS 控制单元及轮速传感器，但故障依旧。

2. 故障诊断与排除

用 KT600 诊断检测仪进入 ABS 控制单元读取故障码为右前 ABS 轮速传感器断路或短路。进一步读取数据流发现，当车辆行走时，右前 ABS 轮速传感器没有信号输出。根据检测结果，检修人员决定从两个方面检查，一是检查线路及 ABS 控制单元，二是检查传感器及触发轮。首先检查从 ABS 控制单元到右前轮速传感器线路是否存在断路或短路。该车型在点火开关打开后，从 ABS 控制单元供给轮速传感器有蓄电池电压，经检测其中白线有 12.5V 的电压，正常，另一根黑线经检测没有断路且与车身不短路，以上表明从 ABS 控制单元到传感器的线路没有问题。接下来将右前传感器的信号线与传感器断开，通过延长线与左前轮传感器相接，用手旋转左前轮读取数据流，结果显示右前轮有转速信号，由此表明，ABS 控制单元没有异常。其次检测传感器，将该传感器拆下，装在左前轮传感器位置试车，结果数据流显示左前轮有转速信号，表明该传感器正常。

根据以上检测结果，检修人员分析只有触发信号有问题了。经检查传感器与触发信号轮的间隙是一定的，不可调。接下来只能是信号轮出问题了，于是决定更换信号轮。新的信号轮装上车后试车，结果右前轮速传感器依然没有信号，ABS 故障灯依旧亮。用示波器检测功能正常的传感器信号输出波形如图 10-60 所示（条件：打开点火开关，用手转动车轮得到波形）。通过示波器检测右前轮速传感器波形却得到了如图 10-61 的波形，这显然是错误的。通过分析波形发现，波形朝下，是信号反向了，起初认为将信号线接反了，但是互调接后故障没有排除。顺着波形分析的思路往下走，接着我们将车轮拆下，将传感器在原位置旋转了 180°，用手暂时固定传感器，接上电路，转动车轮，此时示波器显示的是正确波形，更换相应位置的传感器后，故障排除。

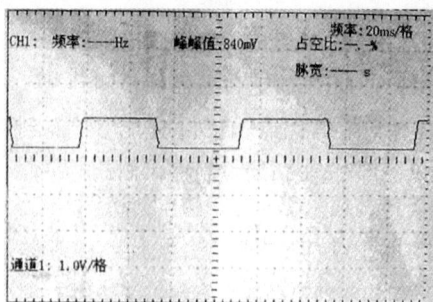

图 10-60 传感器的正确波形

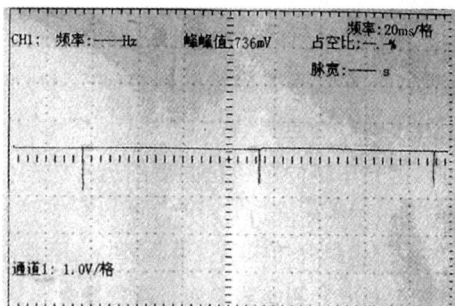

图 10-61 传感器的错误波形

3．故障总结

由此可以看出，这一类型的 ABS 传感器是分左右的，事前修过此车的修理厂也没有注意该车轮速传感器是分位置的，虽然能左右互调位置，但出来的信号却有很大的区别。对于轮速传感器信号异常引起的 ABS 故障，通过诊断检测仪和示波器的检查就能基本锁定故障原因。丰田车采用的是磁阻半导体有源型轮速传感器（MRE 轮速传感器），而不是霍尔元件型速度传感器。MRE 轮速传感器的磁场发生器是磁性转子，它是由内置带磁性粒子的橡胶制成 N、S 共 48 组磁极按圆周方向均匀布置的环状形垫片，镶嵌在轮毂轴承内圈上，如图 10-62 所示，与车轮同速度旋转。而 MRE 轮速传感器则安装在轮毂上固定不动，并与磁性转子存在 0.5～0.8mm 空气间隙。当磁性转子随车轮旋转，使磁阻半导体元件所处空间的磁场发生周期性变化，根据磁阻效应，磁阻半导体元件的电阻值也随之发生周期性变化，其组成的惠斯通电桥就会输出一个周期性变化的交变电压，经 IC 电路处理以脉冲信号形式输出给防滑控制 ECU，如图 10-63、图 10-64 所示。此外，还能够检测到磁性转子的旋转方向；因此，防滑控制 ECU 可以区分车辆向前还是向后的运动方向，如图 10-65 所示，为斜坡起步辅助控制提供制动信号。MRE 轮速传感器能检测到从零开始的车速信号，信号质量不受车速变化的影响，而且具有故障率低、使用寿命长、工作可靠等优点。提示：进行带有 MRE 轮速传感器的车轮维修时，请一定要注意以下几点：①更换压装轮毂轴承要将轴承上带有磁性转子的一面朝向 MRE 轮速传感器方向；②磁性转子橡胶圈表面不能损坏；③油、铁等物质不能黏附在磁性转子的表面。

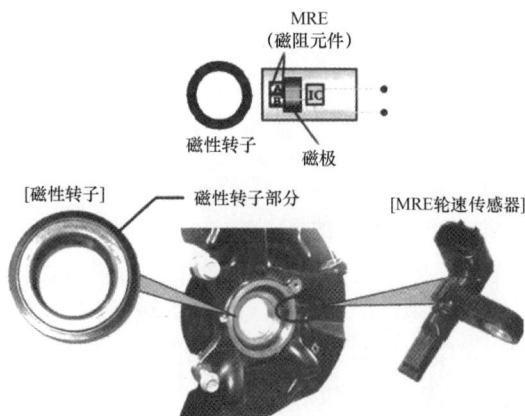

图 10-62 MRE 轮速传感器

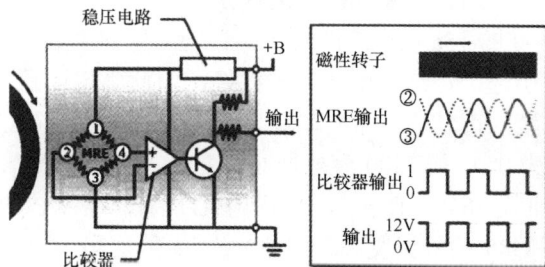

图 10-63 传感器输出信号

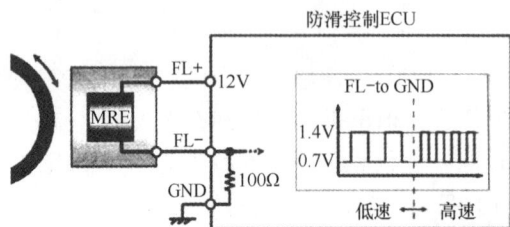

图 10-64 输入给防滑控制 ECU 的信号

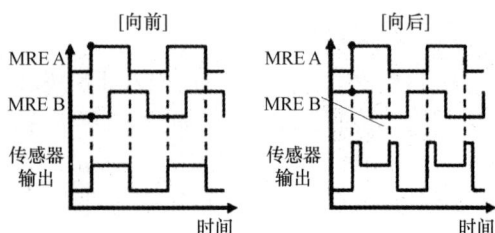

图 10-65 车辆向前、向后运动时的不同波形

十八、新款斯柯达明锐转向跑偏故障

1. 故障现象

一辆新款大众斯柯达明锐 1.6L 轿车，搭载 CDF 发动机，累计行驶里程为 30000 千米。该车在行驶时始终向右侧跑偏，且助力转向指示灯会偶尔点亮（红色），在其他修理厂维修过并做了四轮定位，但故障依旧。连接 VAS 5052 诊断检测仪，读取的故障代码为 00573（见图 10-66）。在助力转向系统有故障且助力转向指示灯点亮（红色），且不清除故障代码的情况下，将助力转向系统在应急模式下运行，转向助力依然存在；在断电清除故障代码后，如果助力转向系统存在元件方面的故障，如转向扭矩传感器 G269、转向角传感器 G85 或助力转向控制单元 J500 有故障，那么转向助力将完全消失且无法恢复，只能更换转向机总成。

图 10-66 读取的故障代码

2. 故障分析

首先检查 G269。G269 集成在 J500 内，相关的转向系统电路如图 10-67 所示。用万用表检测端子 T2p/2 的 30a 供电线、端子 T5e/4 的 15a 供电线和端子 T2p/1 的搭铁线，检测结果表明 J500 的供电和搭铁均正常。测量端子 T5e/1 和端子 T5e/2 之间的电压，工作时电压为 2.5～3.5V，睡眠模式下的电压为 0V，说明 CAN 总线通信正常。测量端子 T5g/2 和端子 T5/3 之间的电压，为 0V，正常电压应在 5V 左右，说明 G269 供电电路有故障。拔下导线侧连接器，直接测量导线侧连接器端子 T5g/2 和端子 T5g/3 之间的电压，为 4.5V 左右，正常；再插上导线侧连接器测量，又无电压，这说明导线侧连接器内部线束存在断路现象。对该导线侧连接器进行处理后，故障代码变为偶发，助力转向指示灯熄灭，但经试车发现车辆依旧跑偏。拆下 J500 的 15a 供电线的熔丝，让助力转向系统停止工作，查看跑偏是否是由四轮定位参数错误引起的，结果车辆行驶良好，由此确定还是助力转向系统有故障。该车助力转向系统有主动回正功能，即当车辆直线行驶时，如果 G85 检测到转向盘不在中心位置（转向盘转角不为 0°），则 J500 会根据 G85 的信号控制助力转向电动机 V187 工作，从而给转向盘提供一个回正扭矩，使转向盘回到中心位置。连 VAS 5051B，将转向盘打正，车轮在直线位置，观察 G85 的数据发现转向角向左偏差约 30°，如图 10-68 所示。检查底盘，发现两侧转向横拉杆的调整螺纹长度相差太多，标准是两侧螺纹长度相差不得超过 3mm。将转向盘打到左右极限位置读取 G85 的数据，发现转向角偏差均在 34°左右。拆下转向盘，发现转向盘的中心位置比转向柱的中心位置向左偏差30°左右。

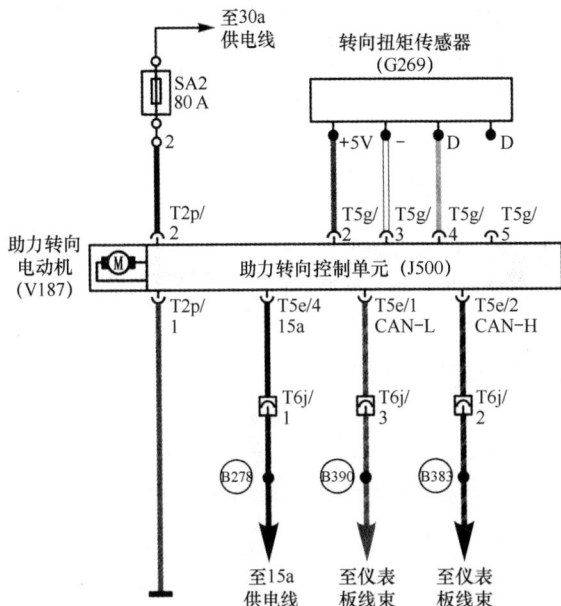

图 10-67 转向系统电路

图 10-68 转向角传感器的数据

3．故障排除

将转向盘和转向柱的中心位置对正安装，然后做四轮定位，最后用 VAS 5052 对 G85 作零点基本设置。经试车，车辆行驶恢复正常，故障彻底排除。当转向盘和转向柱的中心位置出现错位安装，在直线行驶过程中（转向盘打正），即使车辆四轮定位参数正常，G85 测量的转向角会向左偏差约 30°，此时 J500 根据 G85 的信号控制 V187 提供向右的回正扭矩，所以车辆始终向右跑偏。

十九、奥迪自动起动控制系统的故障

发动机自动起动是为了使起动过程变得更便捷，同时校正驾驶员在操作中可能犯的错误。此便捷功能使起动变得非常简单，只需操作点火开关到起动挡便可触发起动过程，并由发动机控制单元 J623 掌控整个起动过程，起动机的起动、保持及终止均由起动功能控制。如果发动机控制单元 J623 检测到起动过程中有故障发生，则采用半自动起动，此时，驾驶员将进入及起动许可按钮按至起动挡，或用钥匙将点火开关打开至起动挡才能激活起动机，起动过程则仍是自动的。

1．奥迪自动起动控制系统

1）奥迪 A6L 自动起动控制系统

奥迪 A6L 自动起动控制系统如图 10-69 所示，包括以下部件：

①进入及起动许可开关 E415，如图 10-70 所示；②进入及起动许可按钮 E408（当车钥匙位于带有智能钥匙的车辆内部时，通过轻触进入及起动许可按钮起动车辆，钥匙与进入及起动许可开关 E415 间进行无线数据交换）；③进入及起动许可控制单元 J518；④数据诊断接口 J533；⑤变速器控制单元 J217（分析换挡杆位置）；⑥发动机控制单元 J623。

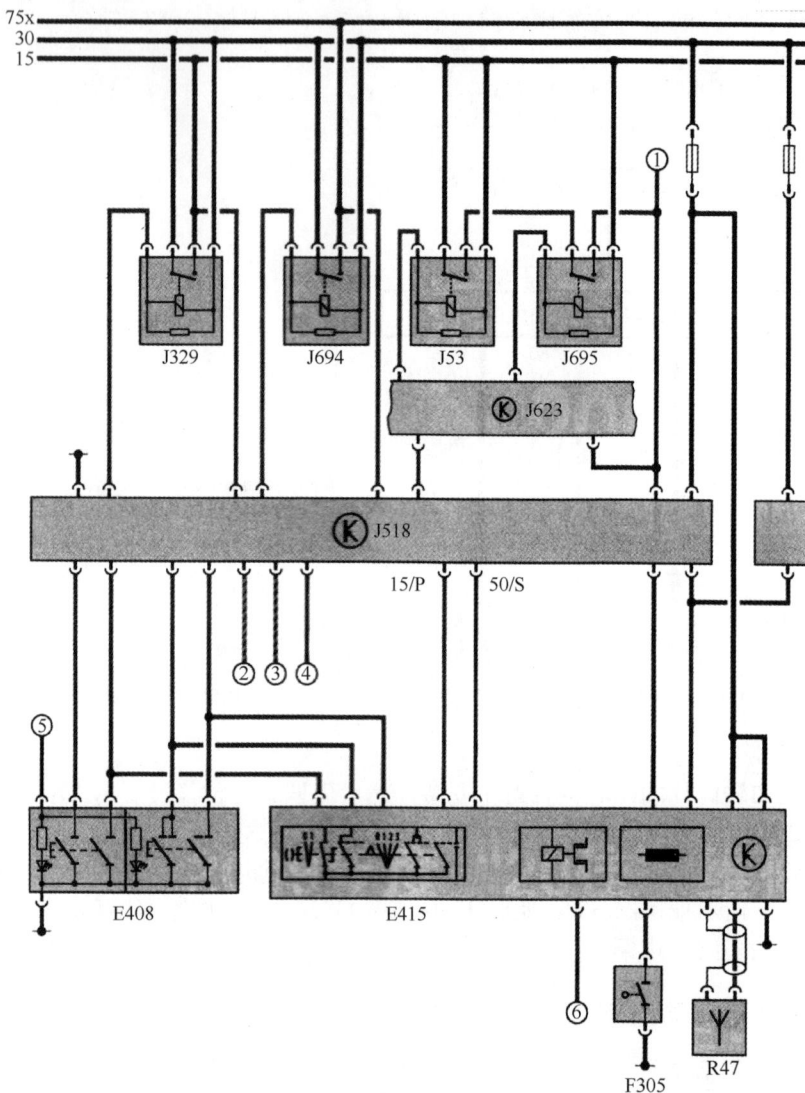

E408—进入及起动许可按钮；J53—起动机继电器；J623—发动机控制单元；R47—进入及起动许可天线；E415—进入及起动许可开关；F305—变速器位置 P 开关；J329—供电继电器 15 号线；J518—进入及起动许可控制单元；J694—供电继电器 75x 线；J695—起动机继电器 2

图 10-69　奥迪 A6L 自动起动控制系统

图 10-70　进入及起动许可开关 E415

2）奥迪 A8L 自动起动控制系统

奥迪 A8L 自动起动控制系统如图 10-71 所示。

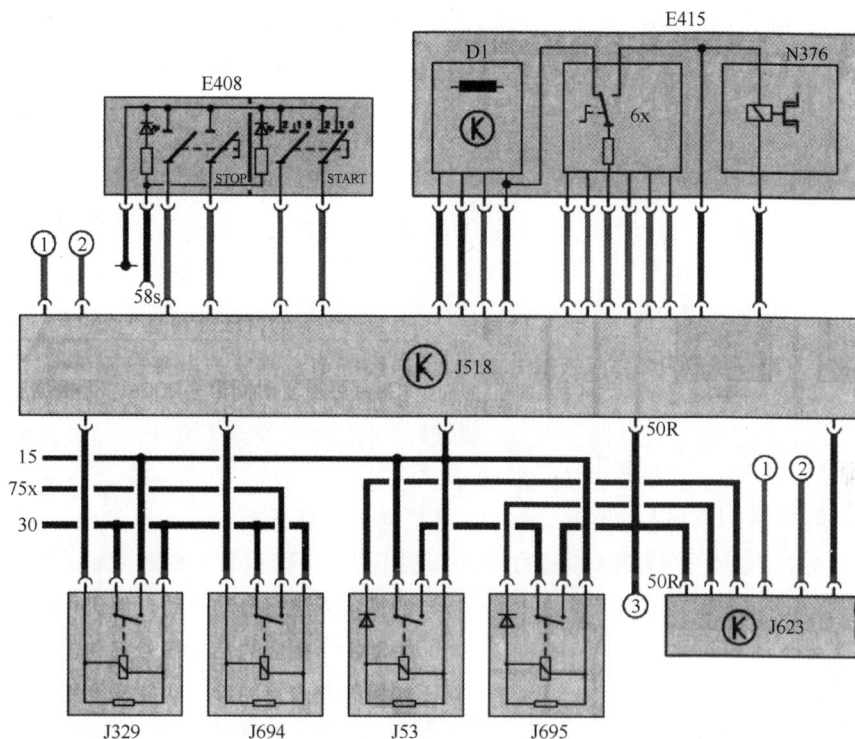

E408—进入及起动许可按钮；E415—进入及起动许可开关；J329—供电继电器 15 号线；J518—进入及起动许可控制单元；D1—防盗锁止读识单元；J53—起动机继电器；J623—发动机控制单元；J694—供电继电器 75x 线；J695—起动机继电器 2；N376—点火钥匙锁止电磁体；①—制动开关 F；②—手动变速器的离合器踏板开关 F194，或自动变速器控制单元 J217 的挡位选择信号；③—50 号起动线

图 10-71　奥迪 A8L 自动起动控制系统

　　自动起动控制的过程是：驾驶员通过转动点火钥匙至起动位置发出一个短暂（至少20ms）的起动信号，或者通过按压进入及起动许可按钮 E408 发出一个短暂的起动信号，如果满足起动的前提条件，由进入及起动许可控制单元 J518 向发动机控制单元 J623 发出起动机控制请求（起动请求采用模拟信号和 CAN 总线信号两种方式传送至发动机控制单元，如果模拟线的起动信号有故障，发动机控制单元 J623 只接收到 CAN 总线的信息，仍可起动）。发动机控制单元 J623 将做出响应，同时激活起动继电器 1（J53）和起动继电器2（J695），于是继电器接通起动机励磁线圈的供电，起动机带动发动机开始转动。发动机控制单元 J623 识别出发动机已经运转，当超过规定的发动机转速时，将继电器切断，起动过程结束。两个起动继电器采用串联方式连接，出于安全方面的考虑两个继电器将相继被切断，这样发动机控制单元 J623 就可以在一个继电器的触点熔接粘连（触点在切断线圈供电后仍保持闭合）时，通过另一个继电器切断起动机励磁线圈的供电。为了保证两个继电器的工作触点磨损（电弧火花烧蚀程度）相同，它们将被轮流切断，以交替的顺序执行切断动作。起动控制除通过防盗系统进行防盗认可之外，还需要满足以下前提条件：

①由离合器踏板开关 F194 和离合器踏板位置传感器 G476（来自电子驻车制动器控制单元 J540）发送已踩下离合器踏板的信号（仅适用于手动变速器）；②已挂入 P 挡或 N 挡（仅适用于自动变速器，信号由自动变速器控制单元 J217 发出）；③当使用智能钥匙起动，在操作进入及起动许可按钮 E408 时必须踩下制动踏板（制动灯开关 F 的信号通过单独的导线传送到发动机控制单元 J623），如果已将钥匙插入点火开关，则无法用按钮起动，这样可以防止前排乘客意外起动车辆；④发动机未转、起动机未运转；⑤控制单元复位后的起动次数在允许范围内。

出现下列情况起动机控制功能终止：①达到规定的发动机转速；②检测到有功率传输，即无 P/N 信号或无离合器踏板分离的信号；③蓄电池电压低于最小值；④发动机转动有机械阻碍；⑤起动失败的次数超过允许范围；⑥超出起动机转动最长时间。（为了保护起动机和蓄电池，在每次的起动过程中，继电器的受控时间限制在 8～10s，可重复时间最多 200s，可根据温度执行 10～15 次起动操作；点火开关保持打开时计数器在 10min 后复位。）

需要自动起动控制系统故障诊断时，不得在电压过低或系统发生故障的情况下进行自动起动，但仍可以通过手动发出相应的起动信号起动发动机。即使某个内置的诊断功能探测到一个故障，则也只能进行半自动起动，就是说驾驶员必须一直操纵点火开关到起动挡，才能起动发动机。当受监控的系统提示有故障存在时，驾驶员应释放点火开关的起动挡，以便立即终止起动过程。如果驾驶员长时间不释放点火开关的起动挡，起动机将在 8～10s 后自行停转。所有的故障均会由组合仪表上的 EPC 灯进行提示。

下列输入信号由发动机控制单元 J623 中的自诊断系统监控：①来自变速器控制单元 J217 的 P/N 信号；②来自进入及起动许可控制单元 J518 的起动信号；③起动反馈 50R 信号（激活起动继电器后的反馈）；④激活起动继电器 1（J53）的电压信号；⑤激活起动继电器 2（J695）的电压信号。

系统有两种诊断功能，一种负责监测机械故障（起动机损坏或阻止其转动），另一种负责监测继电器触点粘连，是利用起动反馈 50R 信号监测继电器是否粘连的（反馈激活起动继电器后的状态），继电器在发动机达到规定转速后应断开，如果起动反馈 50R 信号线仍然存在电压，说明继电器发生粘连故障。如果一个继电器（J53）良好，并且正确地切断了电路，但另一个继电器（J695）发生粘连，则系统无法监测到，因为两个起动继电器是串联的，且相继断开。只有在下一个起动循环中，继电器 J695 的粘连才会通过起动反馈 50R 信号被诊断出来。

3）奥迪 A5、A4、Q5 第五代防盗系统

奥迪 A5、A4、Q5 采用了大众奥迪第五代防盗系统，其是由舒适系统控制单元 J393 控制的，J393 是防盗系统的主控单元，在该控制单元内集成了智能进入起动控制单元 J518，图 10-72 中加深边框标注的组件都是防盗锁组件，未加深边框标注的组件仅用于传输防盗信息。在配置第五代防盗锁系统的车辆上，防盗系统在执行任何操作前必须先通过诊断仪与厂家数据库建立在线连接。电子转向柱锁控制单元 J764 与以往车型一样，依旧固定在转向柱上。如果电子转向柱锁发生故障，必须整体更换转向柱。

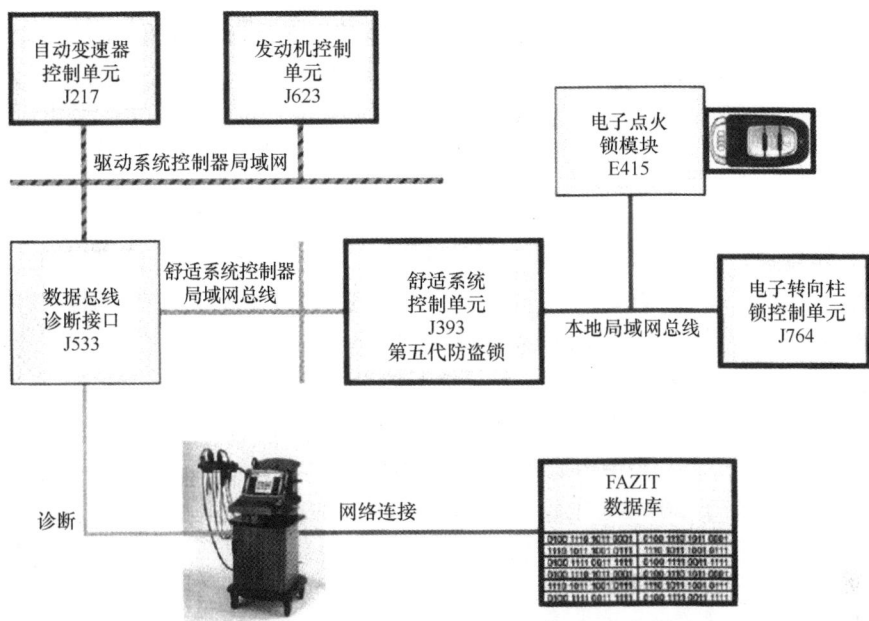

图 10-72　防盗系统控制组件

（1）将钥匙插入点火开关，电子点火锁模块 E415 在识别到 S 触点后，汽车钥匙将和舒适系统控制单元 J393 交换防盗器数据，舒适系统控制单元判定该钥匙是否为被授权的钥匙。

（2）舒适系统控制单元 J393 与电子转向柱锁控制单元 J764 交换防盗数据，确认转向柱锁是否在该车上被匹配过，如果确认通过，舒适系统控制单元将打开转向柱锁。

（3）舒适系统控制单元 J393 接通受点火开关控制的电源。

（4）接线端 15 连接电源后，舒适系统控制单元 J393 会与发动机控制单元 J623 和自动变速器控制单元 J217 进行通信。若这些控制单元已经在该车上匹配过，则可以起动发动机。

在装有第五代防盗系统的 Q5、A4 和 A5 车辆上，使用的是插入式电子钥匙。当将钥匙插入点火开关时，首先会听到电子转向柱锁"咔嚓"的解锁声。根据有无电子转向柱锁解锁声，可以进行 2 种状况分析。

（1）有解锁声。如果有解锁声，表示钥匙和舒适系统控制单元 J393 及 J393 与电子转向柱控制单元 J764 防盗验证已经通过。如下一步无法接通电源，则表明故障在舒适系统控制单元 J393 和电源继电器 J329 及相关的线路控制上；若电源能接通而发动机无法起动，则有可能是舒适系统控制单元 J393 和发动机控制单元 J623 间的防盗验证没有通过，此时可以根据控制单元的故障码提示进行故障查询（有条件的地方使用原厂故障诊断仪 VAS 5053 做引导性故障查询）；也可以读取进入和起动许可控制单元（集成在 J393 内，使用 05 和 46 诊断地址码）数据组 20，其中 1 区为电动机械锁的验证状态（是/否），2 区为发动机控制单元的验证状态（是/否），3 区为验证状态（是/否）。

（2）无解锁声。如果钥匙插入后没有听到转向柱解锁声，则可能是钥匙错误、电子点火锁模块 E415 损坏、舒适系统控制单元 J393 损坏或电子转向柱锁止控制单元 J764 故障。此时，应先检查钥匙插入 E415 后，E415 内的 S 触点是否能输出搭铁信号到 J393。如果 S 触点能输出搭铁信号，表明点火开关初步工作正常。另外，用遥控器打开车门时，J393 会有约 30s 的供电，此时可以利用故障诊断仪读取数据组 20 信息，了解当前防盗系统的工作状态。如果 E415 至 J393 线路正常，且二者供电和搭铁都良好，那么只能通过用另一把钥匙尝试或替换 E415 和 J393 来确定具体故障点。

2. 故障案例

1）故障案例 1

（1）故障现象。奥迪 A6L 轿车，发动机代码 BDW，CVT 无级变速器。将点火开关拧到起动挡时，起动机发出"咔"的一声后就不再有动作，但如果点火开关保持在起动位置，起动机就间隔 2s 左右"咔"地吸合一次，偶尔还能够正常起动发动机。

（2）故障分析。检查起动机的供电、接地线均正常。发动机控制单元 J623 中记录"00822　P0336 发动机转速传感器 G28，缺齿；09523　P2533 点火/起动锁线路对地短路/开路；12368　P3050 起动机继电器 2 电路电气故障（继电器卡滞/没有转换）；12371　P3053 起动机触发，反馈端子 50 对地短路/开路；12424　P3088 起动机继电器电路电气故障"5 个故障。更换两个起动继电器后无效，试将两个起动继电器跨接，发动机能够起动。后来发现起动时继电器 J53 有吸合的动作，因此只短接起动继电器 J695，发动机可以起动。将两个继电器装复，清除发动机控制单元中的故障码后再次尝试起动，仍不能起动，又记录"09523 P2533 点火/起动锁线路对地短路/开路"的故障码，即使拔下起动继电器 J53 或 J695 也是如此，怀疑是起动继电器 J695 的控制线断路。将发动机控制单元 J623 插头拔掉，在插头处将起动继电器 J53、J695 的控制线接地，起动机能够运转，表明线路正常。经检查，线束插头与发动机控制单元的连接良好。将发动机控制单元 J623 装复，再次起动，故障现象不变。因此确定是发动机控制单元出现故障。

（3）故障排除。更换发动机控制单元 J623。

2）故障案例 2

（1）故障现象。一辆新款奥迪 Q5 轿车，搭载 CAD 发动机，该车突然出现了用高级钥匙不能起动的现象。

（2）检查分析。该车的防盗系统如图 10-73 所示，舒适系统控制单元 J393 集成了原来的进入及起动控制单元 J518 和无钥匙天线读入单元 J723 及原舒适/便捷系统中央控制器 J393 的所有功能。防盗系统的开门策略及起动策略如下。

A）开门策略

①司机将手放入某一车门把手的凹坑内，车外门把手接触传感器会将"手指已放入把手凹坑"这个信息发送给 J393；②J393 通过这个车门或其最近的天线发送唤醒信号给车钥匙；③J393 通过

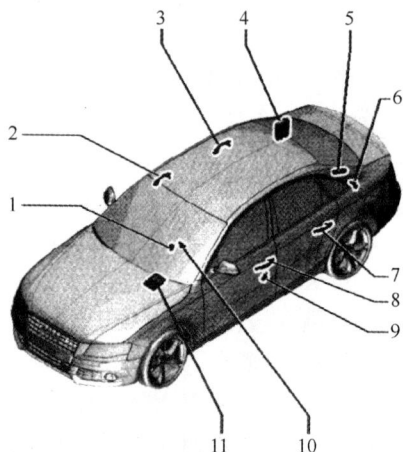

1—进入及起动许可按钮 E408；2—右前侧车门外把手接触传感器 G606；3—右后侧车门外把手接触传感 G418；4—舒适系统控制单元 J393；5—中央门锁和防盗报警装置天线 R47；6—用于进入及起动许可的行李舱内天线 R137；7—左后侧车门外把手接触传感器 G417；8—左前侧车门外把手接触传感器 G605；9—左侧进入及起动许可天线 R200；10—用于进入及起动许可的车内天线 R138；11—ELV 控制器 J764

图 10-73　奥迪 Q5 的防盗系统

所有天线来确定钥匙在车上的位置，并将这个信息发送到中央门锁和警报天线 R47；④R47 将接收到的信息由电子点火锁开关 E415 发送给 J393；⑤J393 将解锁命令发给相应的车门控制单元，从而打开车门。

B）高级钥匙起动策略

①驾驶员按下进入及起动许可按钮 E408 接通点火开关，并将信号发送给 J393；②J393 通过所有天线发送信号来确定钥匙在车上的位置，并将这个信息发送到中央门锁和警报天线 R47；③R47 将接收到的信息由电子点火锁开关 E415 发送给 J393；④根据钥匙使用情况，J393 通过 LIN 总线向转向柱锁控制单元 J764 发出询问请求；⑤转向柱成功解锁后，15 号端子电源被接通；⑥接线柱 15 号电源接通后，发动机控制单元 J623 通过 J393 进行 CAN 数据交换，然后防盗锁停用；⑦J393 将起动请求发送给发动机控制单元 J623，发动机控制单元再检查离合器是否踩下或是挡位是否处于 P、N 挡，此时如果制动踏板被踩下。发动机控制单元 J623 将控制起动继电器吸合，车辆起动。

连接故障诊断仪 VAS 5053 进行检测，发现免钥匙进入系统内有故障码"00138——天线 1 进入内部并授权起动 R138 断路"。该故障为静态故障码，无法清除。一般导致这个故障码产生的原因有 3 个：一是 R138 损坏，二是 R138 到 J393 间的线路存在断路现象，三是 J393 内部故障。由于该车行驶里程较少，用户不同意拆卸仪表中央通道内的 R138 进行检查，加之该车型之前碰到类似故障，其控制单元 J393 失效的概率很大，所以决定先替换 J393。经和其他同等配置的 Q5 对调 J393（对调时一定要注意其备件是否可以替换），试车发现，故障码仍然存在。在这种情况下，只能拆下中央通道上面的多媒体交互系统操作控制单元 E380 进一步检查线路和传感器。将 E380 拆下，取下 R138 插接器，检查其到 J393 间的线路。经检查，未发现存在断路和短路现象。考虑到该车所有高级钥匙天线备件号都一样，将行李舱天线 R137 和 R138 互换，发现故障转为 R137 断路，同时可以用高级钥匙起动车辆。至此，可以确定进入及起动许可的车内天线 R138 损坏，其防盗系统控制流程如图 10-74 所示。

（3）故障排除。在更换天线 R138 后，试车故障排除。

3）故障案例 3

故障现象：奥迪 Q5 无法起动。奥迪 Q5 的防盗主控制单元是舒适系统控制单元 J393，参与防盗并与起动有关的系统包括：汽车钥匙、舒适系统控制单元 J393、电子转向柱锁控制单元 J764、发动机控制单元 J623。该车使用点火锁中的汽车钥匙起动发动机，起动前电子点火锁模块 E415 检测到常开触点闭合状态后，汽车钥匙将和舒适系统控制单元 J393 互换防盗数据，然后舒适系统控制单元 J393 确定该钥匙能否通过认证。通过认证后，舒适系统控制单元 J393 与电子转向柱锁控制单元 J764 交换防盗数据，检查转向柱锁是否在该车上被匹配过，若该转向柱锁已在该车辆上经过匹配，舒适系统控制单元 J393 将激活转向柱。转向柱被激活后会向舒适系统控制单元 J393 发送一个接线端 15 激活信号，舒适系统控制单元 J393 便可以激活 15 号继电器。接线端 15 连接后，舒适系统控制单元 J393 会与发动机控制单元 J623 和变速器控制单元进行通信，若这些设备同样适用于该车，则可以起动发动机。如图 10-75 是 J764 解锁及 J393 激活 15 号继电器的步骤，所标注的①、②、③既是步骤顺序又是导线类型。

下面对起动步骤做具体的说明。

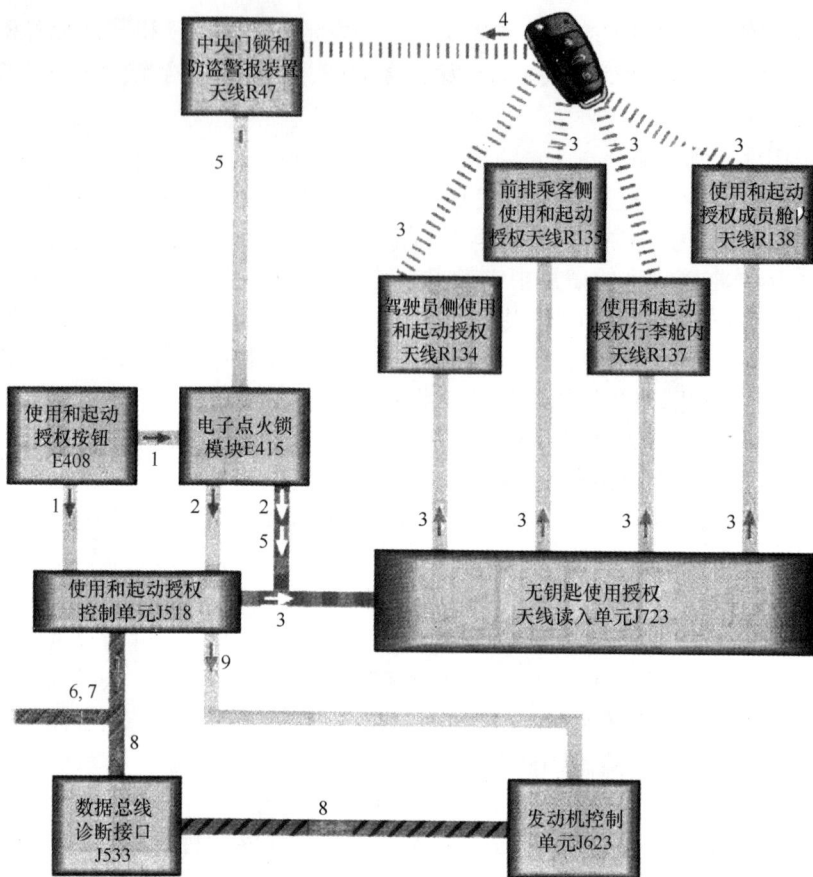

图 10-74　防盗系统控制流程

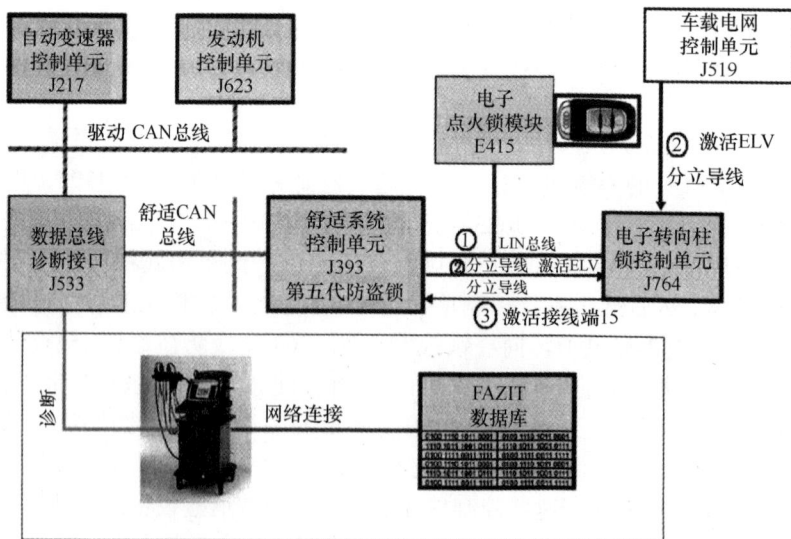

图 10-75　J764 解锁及 J393 激活 15 号继电器步骤

（1）舒适系统控制单元 J393 接收电子点火锁模块 E415 的硬件打开信号后，J393 和汽车钥匙通过 E415 由 LIN 总线①互换防盗数据确认钥匙是否合法。

（2）如果汽车钥匙合法，则 J393 通过 LIN 总线①向 J764 传递起动请求信号，同时 J393 通过 LIN 总线①检测 J764 是否与之匹配。也就是说通过 LIN 总线要先确认钥匙合法信号，然后传递起动请求，最后检测 J764 是否与 J393 相匹配。

（3）J393 与 J764 相匹配的同时，J393 通过分立导线②向 J764 输出锁定激活信号激活 ELV，并且 J393 通过舒适 CAN 总线向 J519 发送点火开关位置信号，J519 通过分立导线向 J764 发送输出钥匙解锁信号。

（4）J764 满足上述条件后，ELV 解锁并通过分立导线向 J393 发送接线端 15 号激活信号，J393 接收到 J764 的接线端 15 号激活信号后，激活 15 号继电器。

（5）J519 在接收到 15 号电后，会通过舒适 CAN 总线向 J393 发送一个 15 号线接线柱接通的回馈信号。接线端 15 连接后，点火开关就打开了。

（6）15 号电接通以后舒适系统控制单元 J393 会与发动机控制单元和变速器控制单元进行通信。若这些控制单元已经在该车上匹配过，则可以起动发动机。

用 VAS 5052A 进入地址码 05，读取进入及起动识别功能的测量值，如图 10-76、图 10-77 为所显示的信息。由以上数据说明：20 组第一区，J764 处于锁止状态；20 组第三区，没有与 J393 相匹配的车钥匙；22 组第三区，J393 认为此钥匙为无效钥匙；147 组第一区，由于钥匙与 J393 不匹配所以 J393 不会与 J764 通信，J764 也就不会检测到端子 15 的硬件信号；147 组第二区，J519 不会向 J764 发出钥匙解锁信号、端子 S 无法接通、端子 15 无法接通。15 号继电器接通的关键在于 J764 能不能激活 ELV，并向 J393 发送 15 号继电器激活信号。J764 是否可以激活的条件是能不能同时收到 J393 和 J519 的激活信号。J393 能否向 J764 提供信号的条件是 J393 是否与车辆钥匙相匹配，如果相匹配 J764 会通过 LIN 线接收到点火开关打开的请求信号，并且检测是否与 J393 相匹配，如果匹配，J764 就会接收 J393 发送来的一个 J764 的激活信号，同时 J393 接收到点火开关打开信号后通过舒适 CAN 总线向 J519 发送信号，J519 通过分立导线向 J764 发送钥匙激活信号。J764 接收到上述 3 个信号后就会激活 ELV，然后向 J393 发送接线端 15 激活指令。

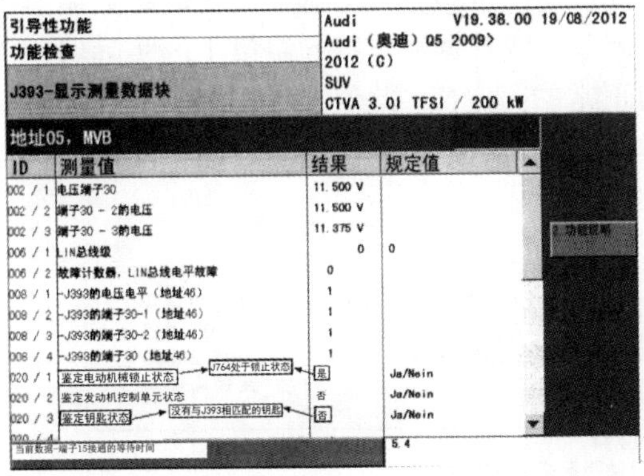

图 10-76　进入及起动识别功能数据界面 1

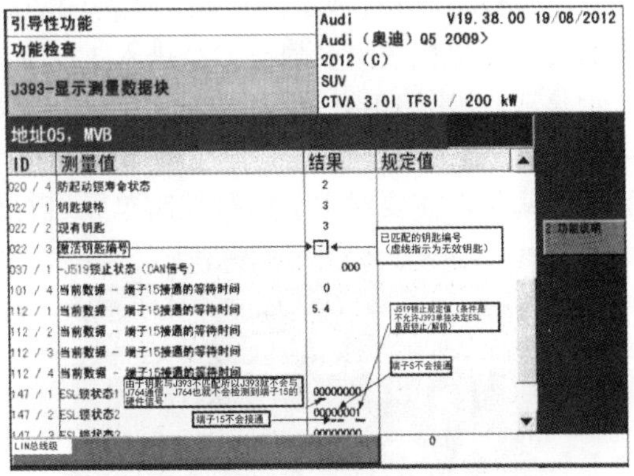

图 10-77　进入及起动识别功能数据界面 2

为了进一步确定故障点，用 VAS 5052A 进入引导性功能：①选择防起动锁；②05-IMS

防起动锁整体状态；③从 IMS 中读取数据。如图 10-78 所示，舒适系统控制单元 J393 并没有读出车辆钥匙的 ID，也可以说这把钥匙的 ID 是空的或者不知何种原因此钥匙 ID 丢失，正常情况下是当前转发器（车辆钥匙）中的 ID 必须与 J393 中存储的 ID 中的一个相同，因此确定为点火钥匙故障。重新为钥匙做在线匹配后，车辆顺利起动，故障排除。

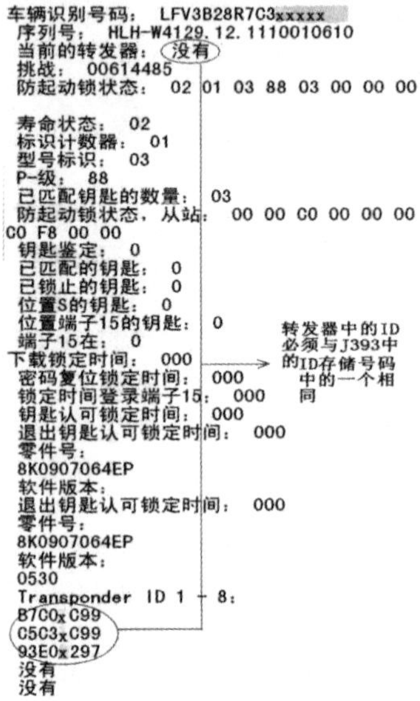

图 10-78　舒适系统控制单元 J393 的数据分析

二十、大众 CC 车主动巡行无法使用

1. 故障现象

一辆行驶里程约为 50000km 的大众 CC 轿车，主动巡行系统失灵，仪表盘上显示"故障自适应巡行"，如图 10-79 所示。

2. 故障诊断

用 VAS 6150 读取故障代码，读得的故障代码如图 10-80 所示，显示"自动距离调节传感器误调　机械故障（静态）"；进入 13—距离调节读取数据流，第 6 组第 1 区实际偏差值显示异常，如图 10-81 所示，2 区和 3 区显示为正常的固定值，此值只与距离调节控制单元 J428（集成在自动车距控制传感器 G550 内）本身有关，这说明主动巡行自动距离调节传感器位置偏移，需要对主动巡行控制单元进行校准。

图 10-79　故障显示

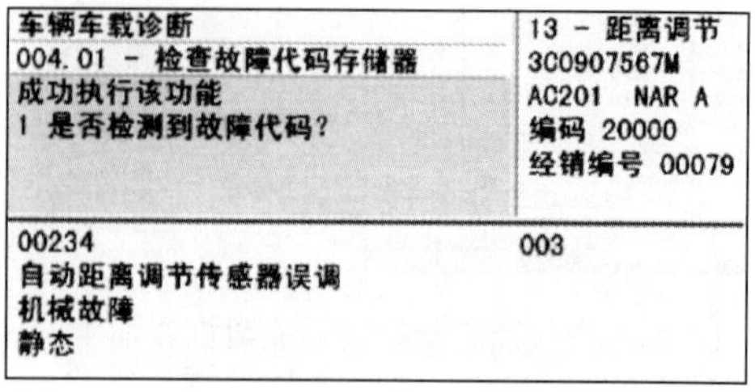

图 10-80　故障代码

3. 故障排除

对距离调节控制单元 J428 进行校准，进入功能导航→选择车型→进入 13—距离调节控制单元，按照故障检测仪屏幕提示进行操作，对比发现 VAS 6430 的测量值与实际测量值之间有偏差，如图 10-82 所示。按照屏幕提示对主动巡行控制单元的调整螺钉进行调整，如图 10-83 所示。校准成功后，故障检测仪显示界面"已成功匹配距离调节控制单元 J428"，重新读取第 6 组数据流，1 区显示为 0，此值正常，表示调整正确，进行路试后，主动巡行功能正常。

图 10-81　测量块显示组

图 10-82　测量值比较

说明：重新安装雷达传感器后，进行功能匹配时，匹配的顺序为：进入 13—自适应巡行控制→进入访问认可→输入"23092"→进入匹配通道将"1"改为"0"。

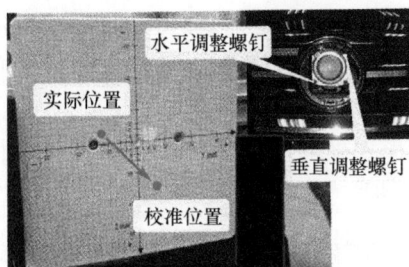

图 10-83　调整主动巡行控制单元的调整螺钉

二十一、新款帕萨特 NMS 方向盘锁止系统异常

1. 故障现象

一辆新款大众帕萨特 NMS（带无钥匙起动），装配 CGM 发动机，行驶里程 20000km，仪表中指示灯报警，同时仪表上文字显示"方向盘锁止系统异常"。

2. 故障分析

新款帕萨特装备了"无钥匙进入和一键起动"（KESSY）系统，该系统与大众第 4 代防盗系统类似，电子转向柱锁（ELV）是其中重要的组成部分（电子转向柱锁内部结构如图 10-84 所示）。在使用无钥匙起动功能时，带有已授权的无线收发器的点火钥匙不必插入电子点火锁开关，只要钥匙在车内，按下发动机起动开关，车内天线就会开始感应式查询授权的点火钥匙。此时点火钥匙也会发出一个加密的反馈信息给 KESSY 控制器（防盗控制单元），如果点火钥匙被识别为已授权，电子转向柱锁上的电动机运转，止动销脱开转向柱，方向盘解锁。同时，点火开关等电源被接通，为司机起动发动机做好准备。

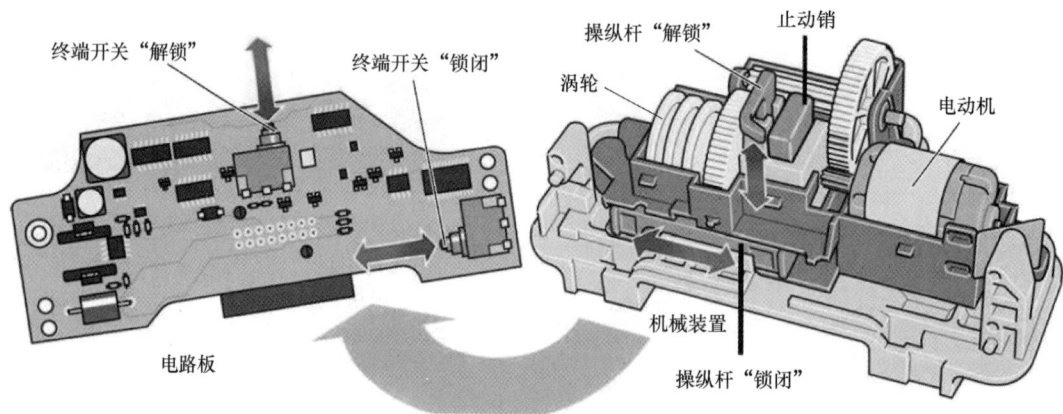

图 10-84　电子转向柱锁内部结构

起动发动机后，仪表中转向黄灯报警，仪表也有文字提示。连接 VAS 5051B 进行诊断，进入转向柱电子锁（访问地址为 2B）系统，控制单元中有故障码 P30530，含义为起动机起动端子 50 返回对地短路/断路信息，故障状态为静态，通过电路图（见图 10-85）可知，J682 继电器即为起动继电器。继电器接通后，通过 6/D 针脚向电子转向助力控制单元提供起动信号。因该车装备无钥匙起动系统，所以安装的是电子转向柱锁，安装位置如图 10-86 所示。

使用 VAS 5051B 进入电子转向柱锁系统，在点火开关打开、起动两种状态下读取 ELV 控制单元里端子 50 的数据。通过数据显示可以看出，起动时端子 50 的起动信号都已经送至 ELV 控制单元，起动时显示为"ON"，状态正常。由此可以断定继电器 J682 至 ELV 控制单元 J764 的线路没有问题，但是 ELV 仍报故障码 P30530，故障的重点就集中在了转向柱锁 ELV 上。

新帕萨特高配车型上装备了电子转向柱锁，在线路端子输出、方向盘锁控制上与以往传统的机械点火方式有很大区别，需结合电路图 10-85 对 ELV 控制系统进行简要分析，以便于维修工作，分析后可得到 ELV 插头 T16s 的针脚如表 10-2 所示。除去供电、接地与 CAN 针脚，重点对 ELV 的信号针脚 3、4、7、8、12、13、14 进行分析，通过测量各个针脚的工作电压、针短路/断路模拟，以及数据块读取等操作得到针脚的测试值如表 10-3 所示。

A+
SB25
J329

连接至
KESSY

T52b/9

红黑
0.5

B729

红黑
0.5

10

黑
4.0

55

橙/绿
0.35

53

橙/棕
0.35

F319
T10P/2

蓝/紫
0.35

CAN-H CAN-L

T52c/13 T52c/31 T52c/14

黑
0.35

黑
0.35

红/黑
0.35

总线端
50继电器

J682

2/85 3/30

T16s/16 T16s/15 T16s/14

J764

ELV控制单元

S
T16s/7

15
T16s/8

50
T16s/12

N360

转向
柱联锁
作动器

1/86 5/87 6/D

T16s/3 T16s/10
31

T16s/4 T16s/13

T16s/2

棕
0.5

红
4.0

红/白
0.5

棕
0.5

J518
T32d/30

红/黄
0.5

B
T1b

起动机

367

棕
0.35

棕
0.35

46

棕
1.0

33

G415

紫/白
0.35

紫/黑
0.35

紫/黄
0.35

31

T4az/1

T4az/2 T4az/4 T4az/3

SC14 [7.5A]

366

366

L190

E378

SC4 [80A]

棕
1.5

棕
1.5

点火起动按钮
发光二极管

起动装置
按钮

A+

44

605

15 16 17 18 19 20 21 22 23 24 25 26 27 28

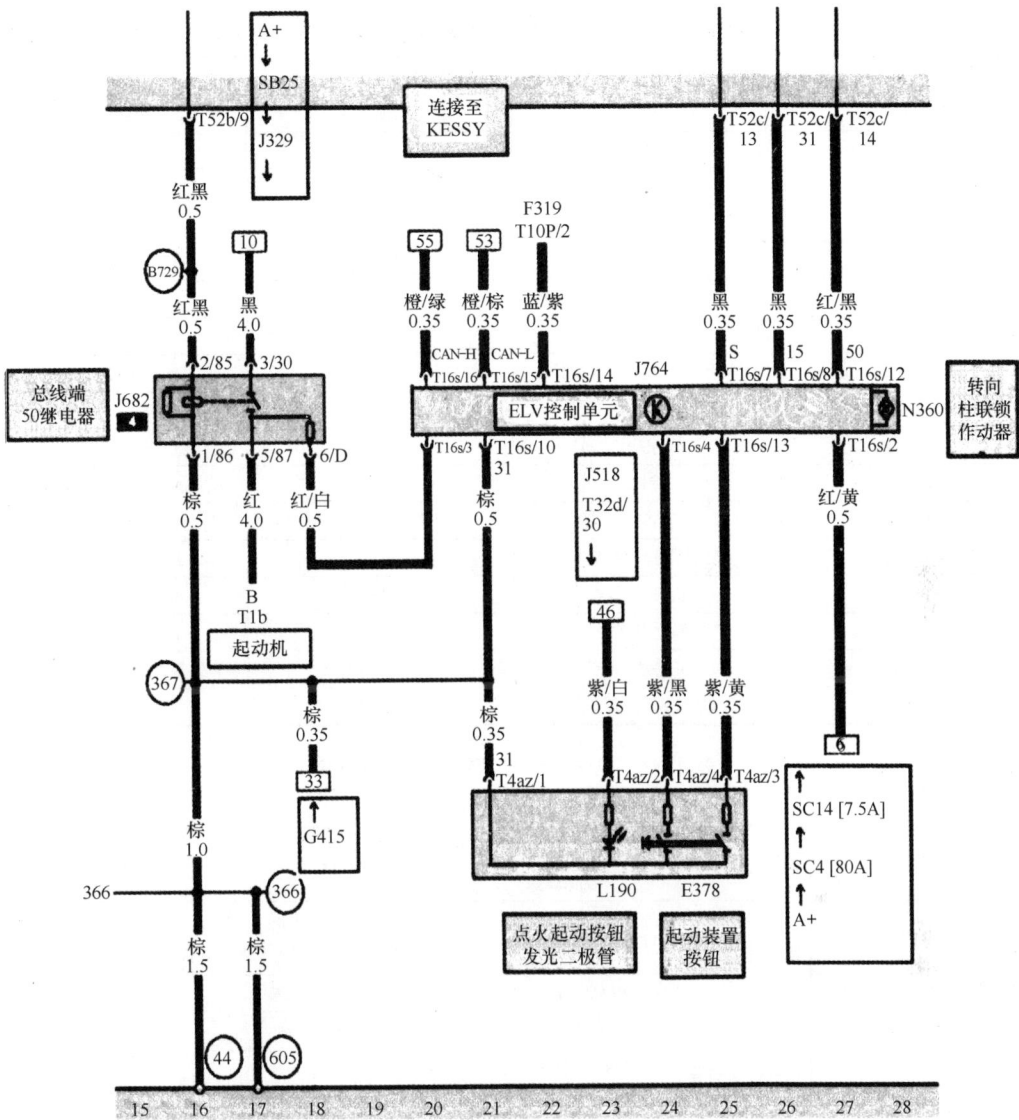

图 10-85　电子转向柱控制单元电路

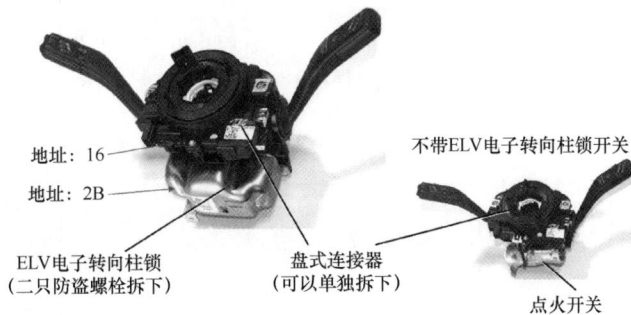

地址：16

地址：2B

不带ELV电子转向柱锁开关

ELV电子转向柱锁
（二只防盗螺栓拆下）

盘式连接器
（可以单独拆下）

点火开关

图 10-86　ELV 电子转向柱锁安装位置

表 10-2　电子转向柱锁插头针脚

电子转向柱锁控制单元 J764			
针脚号码	定义	针脚性质	信号来源/输出对象
T16s/1	未占用	—	—
T16s/2	30 供电	输入	A+→SA4→SC14
T16s/3	50 继电器信号	输入	J682（6/D）
T16s/4	点火开关信号	输入	E378（T4az/4）
T16s/5	未占用	—	—
T16s/6	未占用	—	—
T16s/7	接线柱 S 端端子信号	输出	J519（T52c/13）
T16s/8	接线柱端子 15 信号	输出	J519（T52c/31）
T16s/9	未占用	—	—
T16s/10	接地	输出	接地点 44，左侧 A 柱下部
T16s/11	未占用	—	—
T16s/12	接线柱端子 50 信号	输出	J519（T52c/14）
T16s/13	点火开关信号	输入	E378（T4az/3）
T16s/14	P 挡锁止开关信号	输入	F319（T10p/2）
T16s/15	CAN 总线–低位	输入/输出	舒适 CAN 总线
T16s/16	CAN 总线–低位	输入/输出	舒适 CAN 总线

表 10-3　电子转向柱锁重点针脚测试值

电子转向柱锁 J764					
针脚号码	定义	工作电压性质	故障测试：短路或断路		数据块
			故障现象	故障码	
T16s/3	50 继电器信号	J682 接通，12V；断开，0V	无	P30530，端子 50 返回信息对地断路/断路	端子 50 倒车车缆返回信息 ON/OFF
T16s/4	点火开关信号	按下点火开关，0V；不按，10.75V；起动后为蓄电池电压	若一根线故障，可接通 KL15，无法起动，必须两根线同时接通才能起动，若起动后一根线出现故障，可熄火	无	开关触点 1（T16s/13）；未起动/起动
T16s/13	点火开关信号			无	开关触点 2（T16s/4）；未起动/起动
T16s/7	接线柱 S 端端子信号	端子信号输出，12V；端子信号截止，0	无法起动，可接 KL15	P30530，端子 50 返回信息对地短路/断路	端子 S 线路状态转向柱锁规定值：开/关；端子 S 线路状态转向柱锁实际值：开/关；端子 S 线路状态电子中央电气装置实际值：开/关
T16s/8	接线柱端子 15 信号		无法起动，仪表无反应，若此时点火开关，再闭锁，则转向盘无法锁止	无	端子 15 线路状态转向柱锁定值：开/关；端子 15 线路状态转向柱锁实际值：开/关；端子 15 线路状态电子中央电气装置实际值：开/关端

（续表）

电子转向柱锁控制单元 J764					
针脚号码	定义	工作电压性质	故障测试：短路或断路		数据块
			故障现象	故障码	
T16s/12	接线柱 端子 50 信号	端子信号输出，12V；端子信号截止，0V	无法起动，可接通 KL15	无	端子 50 线路状态转向柱锁规定值：开/关； 端子 50 线路状态转向柱实际值：开/关； 端子 50 线路状态电子中央电气装置实际值：开/关
T16s/14	P 挡锁止开关信号	P 挡时，蓄电池电压；其余挡位，0V	不挂 P 挡也能锁车	无	停车选挡杆位置：P 挡显示已接合和已锁止；其他挡位显示未结合和未锁止

通过上述对电路图的注释与分析，有助理解 ELV 的工作原理，提高维修诊断的准确性与处理效率。在更换 ELV 时要重点注意两点：①ELV 只能匹配一次，也就是说匹配过的电子转向柱锁不能再使用在别的车上。②ELV 匹配完毕后还要编码，如果不编码，打开点火开关后，无法关闭（只有起动一次后，才能关闭），在不踩刹车的情况下就可以直接起动车。

3．故障排除

更换转向柱锁 ELV，然后使用 VAS 5051 的引导性功能进入防盗器对 ELV 进行匹配。匹配完成后，再对 ELV 进行编码（长编码：49 00 00 00 00 00 00 00），车辆恢复，故障彻底排除。

二十二、迈腾 B7L 轿车无钥匙进入功能无法使用

1．故障现象

一辆 2013 年迈腾 B7L 顶配轿车，触摸左前门把手时，车门不能正常开启，但遥控开闭锁正常，使用钥匙可正常起动车辆，按压无钥匙起动按键有时能起动，有时则不能起动。

2．检查分析

连接大众专用诊断仪 VAS 6150 检查发现舒适系统控制单元中有多个关于起动认可系统天线的故障码，如图 10-87 所示，且故障码不能清除。分析有关天线故障码原因可能有以下几点：天线故障、线路故障以及控制系统故障。

根据故障码分析，有多根天线出现同一故障，由于天线故障概率较小，因此重点检查天线线路和相关控制单元。查阅电路图 10-88，起动认可系统天线直接和舒适系统控制单元 J393 连接，中间无任何其他连接。检查天线无断路及短路故障，检查舒适系统控制单元 J393

图 10-87　关于起动认可系统天线的故障码

供电也正常，因此初步判断 J393 舒适系统控制单元内部故障。

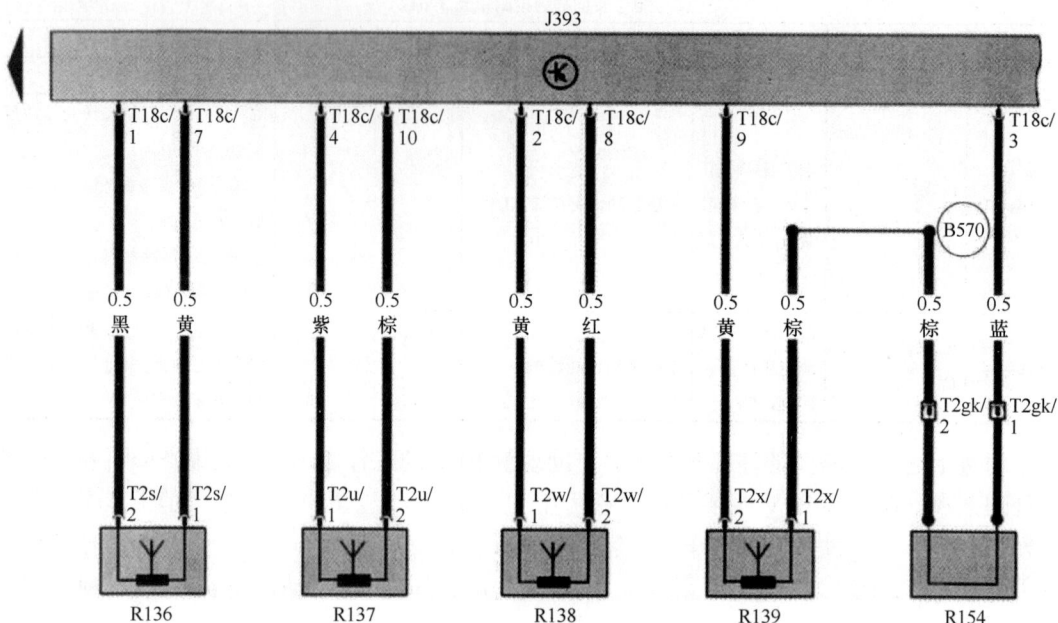

图 10-88　天线线路相关电路

3．故障排除

更换并在线匹配舒适系统控制单元 J393 后，故障排除。

集成于 J393 内的天线控制模块损坏后，导致系统接收不到钥匙信号，所以无钥匙进入功能无法使用。因此在排除故障时一定要注意检查方法并了解其原因，方能正确完成维修，当同一个控制单元报有多个同一类型故障时，应着重检查其共性点，就很容易发现问题。

第十一章

新款捷达轿车电路图

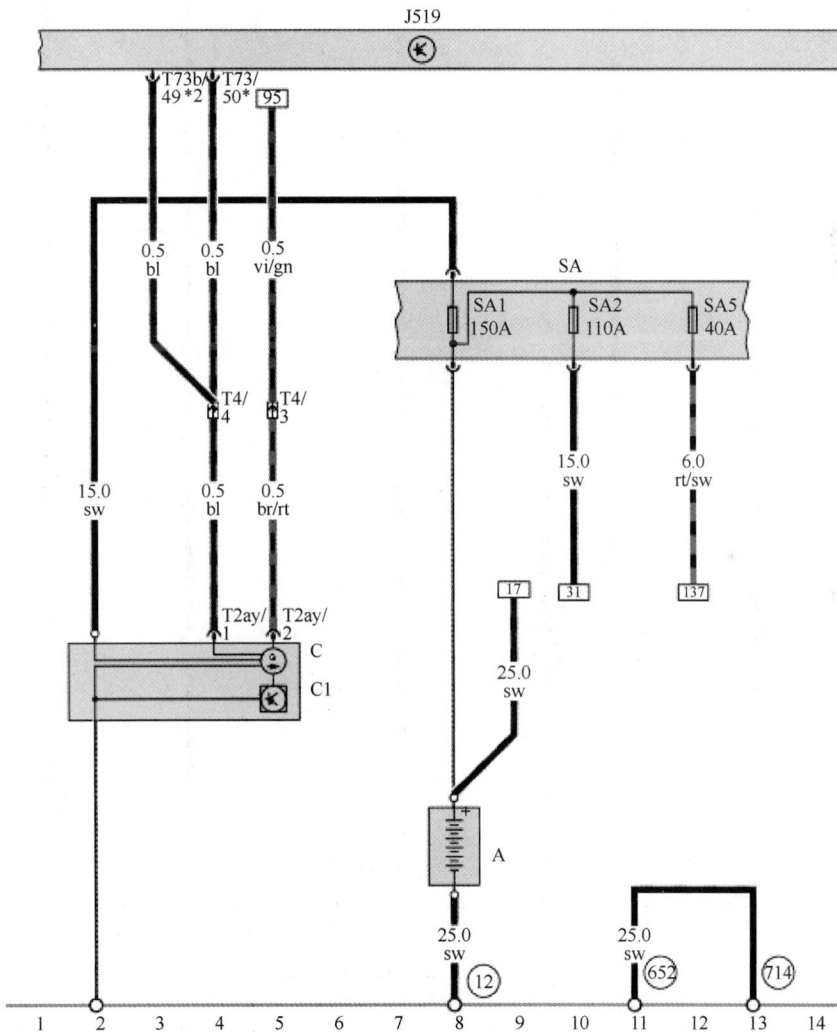

图 11-1　蓄电池、交流发电机与电压调节器的电路连接

A—蓄电池；C—交流发电机；C1—电压调节器；J519—车载电网控制单元；SA—熔丝架 A；SA1—熔丝架 A 上的熔丝 1；
SA2—熔丝架 A 上的熔丝 2；SA5—熔丝架 A 上的熔丝 5；T2ay—2 芯插头连接；T4—4 芯插头连接；T73—73 芯插头连接；
T73b—73 芯插头连接；12—发动机舱内左侧接地点；652—变速箱和发动机地线的接地点；714—发动机上右侧接地点；
*—仅适用于带低端基本装备（AW0）的车辆；*2—仅适用于带高端基本装备（AW1）的车辆

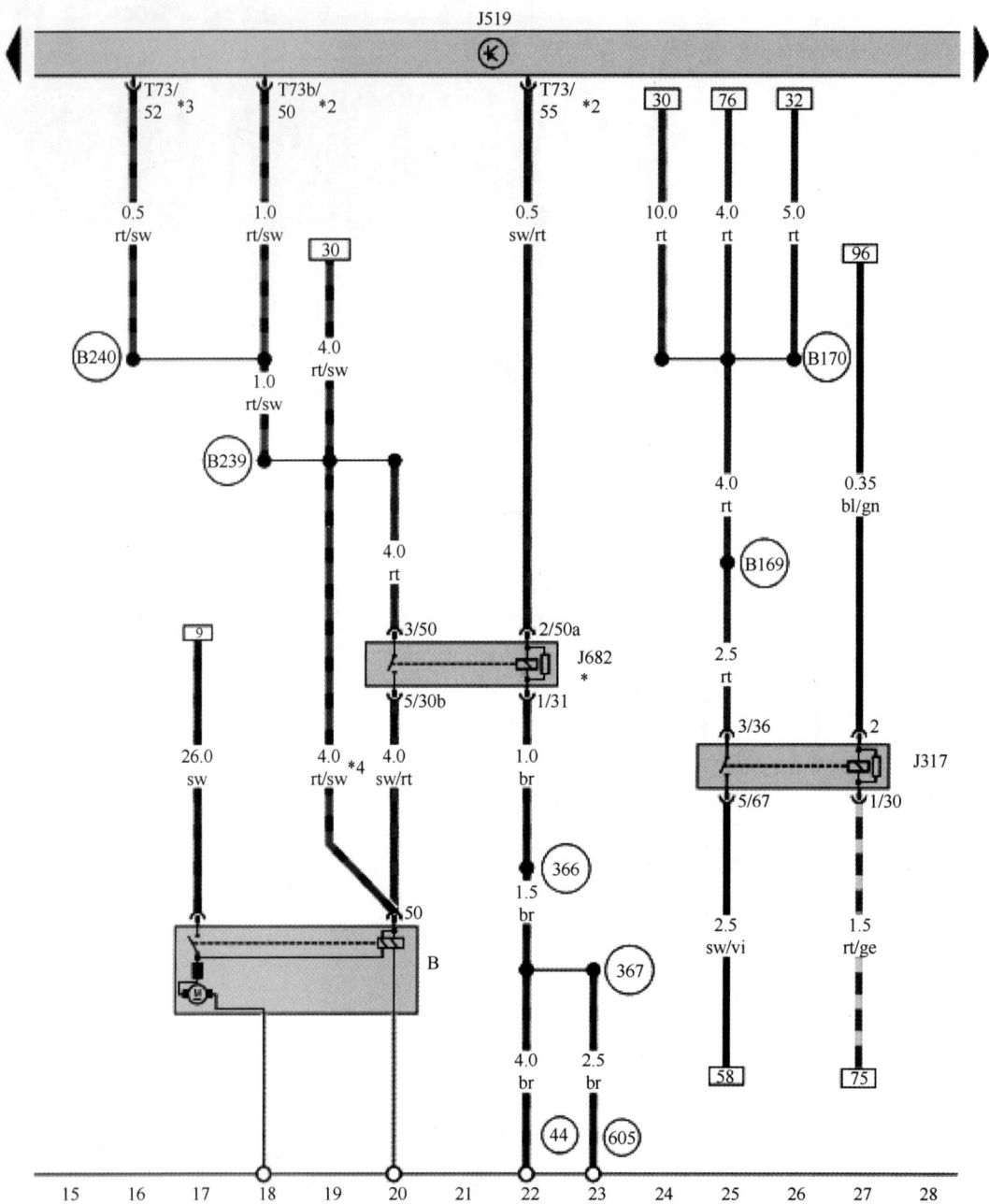

B—起动机；J317—端子 30 供电继电器；J519—车载电网控制单元；J682—供电继电器，总线端 50；T73—73 芯插头连
接；T73a—73 芯插头连接；T73b—73 芯插头连接；44—接地点，左侧 A 柱下部；366—接地连接 1，在主导线束中；
367—接地点，在上部转向柱上；605—正极连接 1（30），在车内导线束中；B169—正极连接 2（30），在车内导线束中；
B239—正极连接 1（50），在车内导线束中；B240—正极连接 2（50），在车内导线束中；*—仅适用于带自动变速箱的车辆；
*2—仅适用于带高端基本装备（AW1）的车辆；*3—仅适用于带低端基本装备（AW0）的车辆；*4—仅适用于带手动
变速箱的车辆

图 11-2　起动机、供电继电器与车载电网控制单元的电路连接

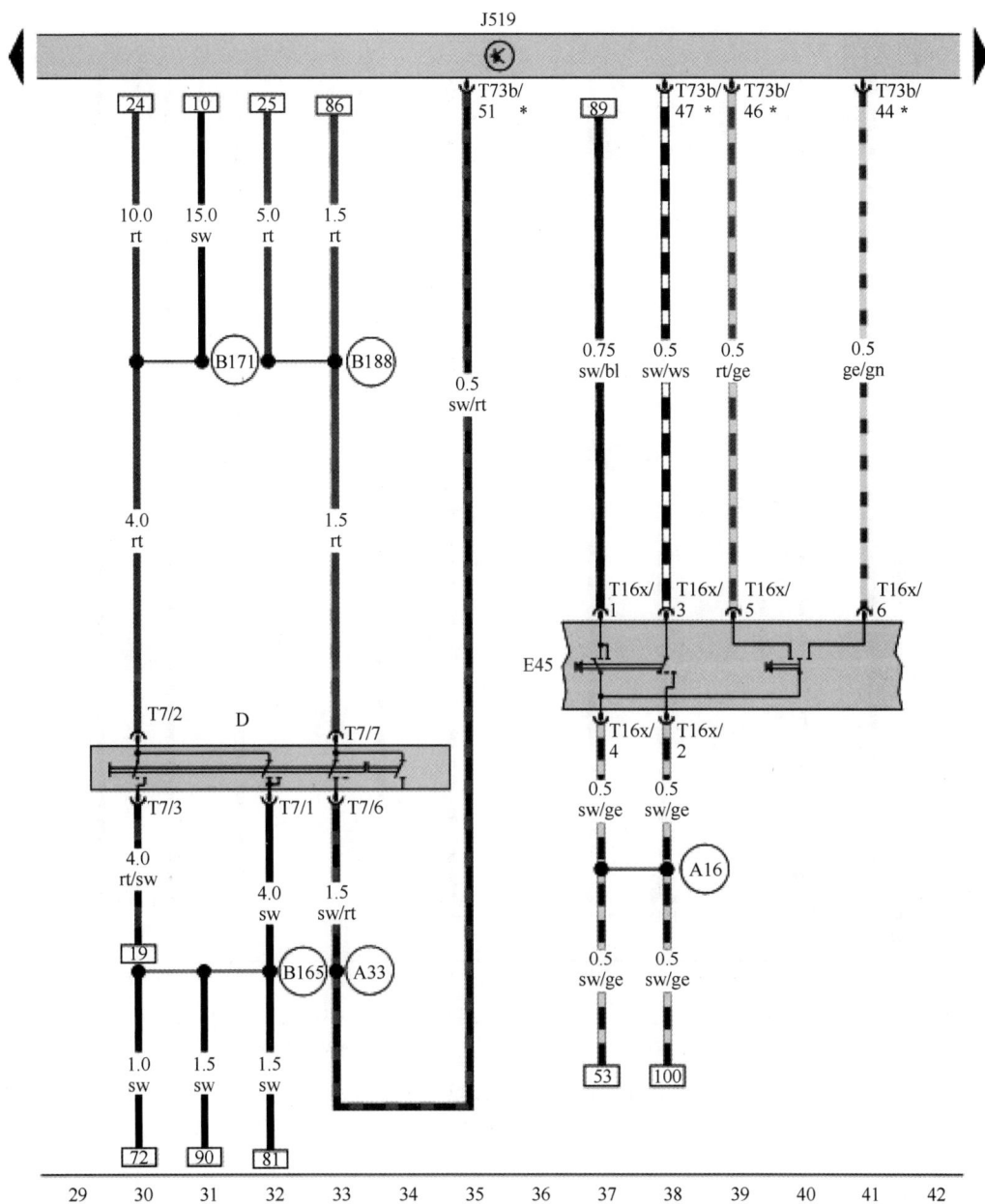

D—点火起动开关；E45—定速巡航装置开关；J519—车载电网控制单元；T7—7 芯插头连接；T16x—16 芯插头连接；T73b—73 芯插头连接；A16—连接（巡航定速装置），在仪表板导线束中；A33—连接（75），在仪表板导线束中；B165—正极连接 2（15），在车内导线束中；B171—正极连接 3（30），在车内导线束中；B188—正极连接 5（30），在车内导线束中；*—仅适用于带高端基本装备（AW1）的车辆

图 11-3　点火起动开关、定速巡航装置开关与车载电网控制单元的电路连接

J519

T73a/ 52 *	T73/ 23 *2	T73/ 29 *2	T73/ 30 *2	T73b/ 18 * CAN-L	T73b/ 19 * CAN-H	T73b/ 45 *	T73a/ 43 *	T73/ 45 *2

0.5 bl/ge	0.5 bl/ge	0.35 or/sw	0.35 on/br	0.35 on/br	0.35 or/sw	0.35 sw/ge	0.35 sw/rt	0.35 sw/rt

105	104	261	259	257	260	37	236	237

43   44   45   46   47   48   49   50   51   52   53   54   55   56

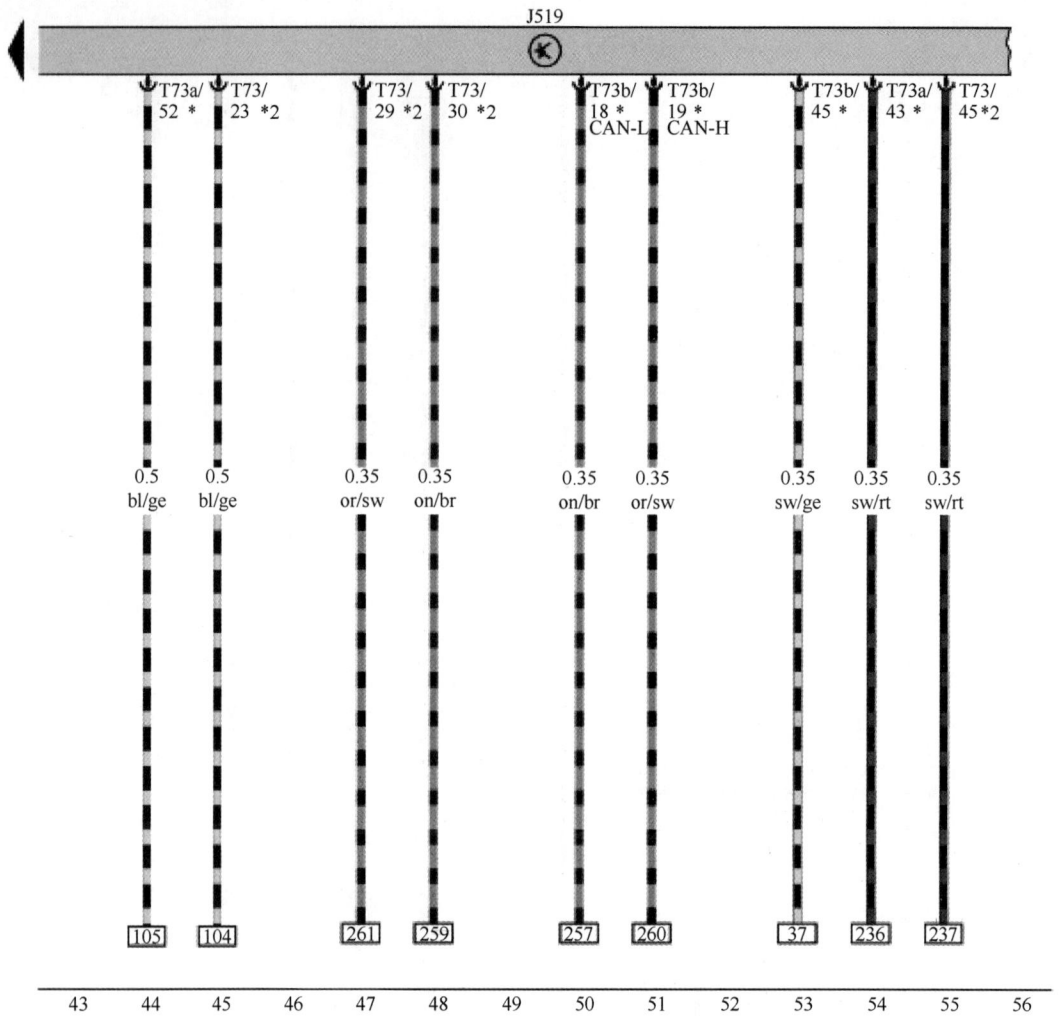

J519—车载电网控制单元；T73—73 芯插头连接；T73a—73 芯插头连接；T73b—73 芯插头连接；*—仅适用于带高端基本装备（AW1）的车辆；*2—仅适用于带低端基本装备（AW0）的车辆

图 11-4　车载电网控制单元及连接端口

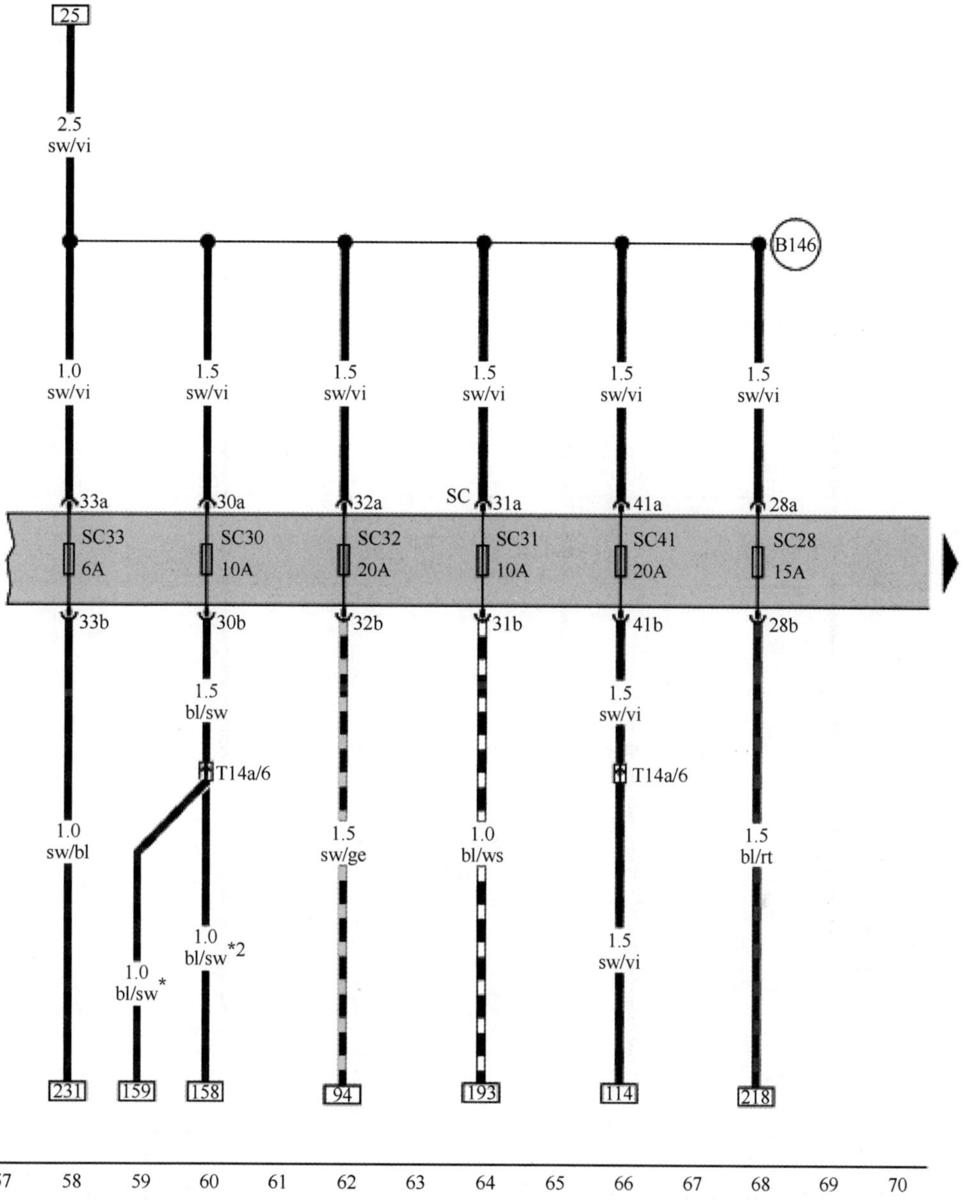

图 11-5　熔丝架 C 及连接端口

SC—熔丝架 C；SC28—熔丝架 C 上的熔丝 28；SC30—熔丝架 C 上的熔丝 30；SC31—熔丝架 C 上的熔丝 31；SC32—熔丝架 C 上的熔丝 32；SC33—熔丝架 C 上的熔丝 33；SC41—熔丝架 C 上的熔丝 41；T14a—14 芯插头连接；B146—正极连接 1（87），在车内导线束中；*—仅用于带 1.4L 发动机的车辆；*2—仅适用于带 1.6L 发动机的车辆

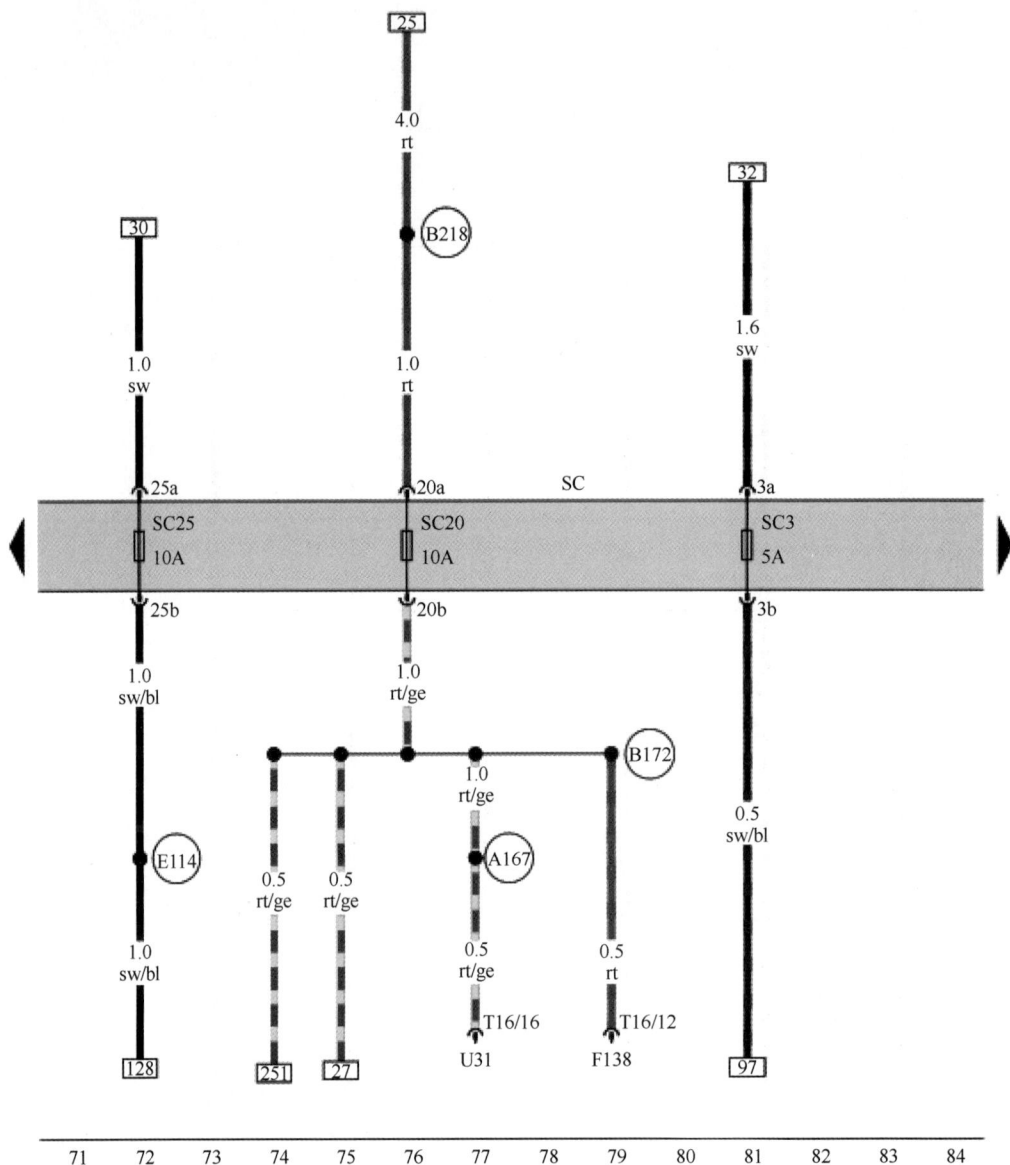

F138—安全气囊卷簧和带滑环的复位环；SC—熔丝架 C；SC3—熔丝架 C 上的熔丝 3；SC20—熔丝架 C 上的熔丝 20；SC25—
熔丝架 C 上的熔丝 25；T16—16 芯插头连接；U31—诊断接口；A167—正极连接 3（30a），在仪表板导线束中；B172—正极连
接 4（30），在车内导线束中；B218—正极连接 6（30），在车内导线束中；E114—连接（空调，15a），在仪表板导线束中

图 11-6　熔丝架 C 与诊断接口的电路连接

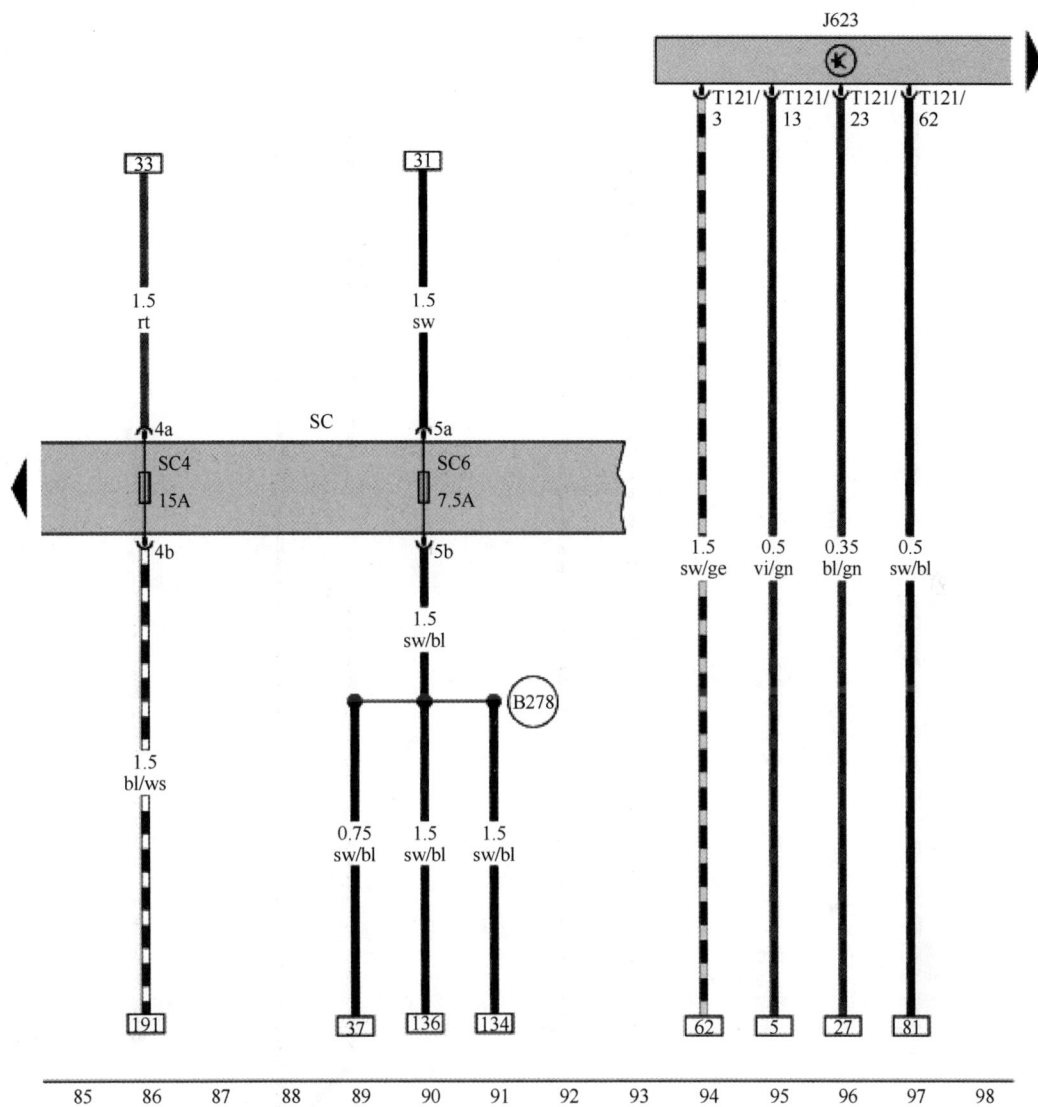

J623—发动机控制单元；SC—熔丝架 C；SC4—熔丝架 C 上的熔丝 4；SC6—熔丝架 C 上的熔丝 6；T121—121 芯插头连接；
B278—正极连接 2（15a），在主导线束中

图 11-7　发动机控制单元与熔丝架 C 的电路连接

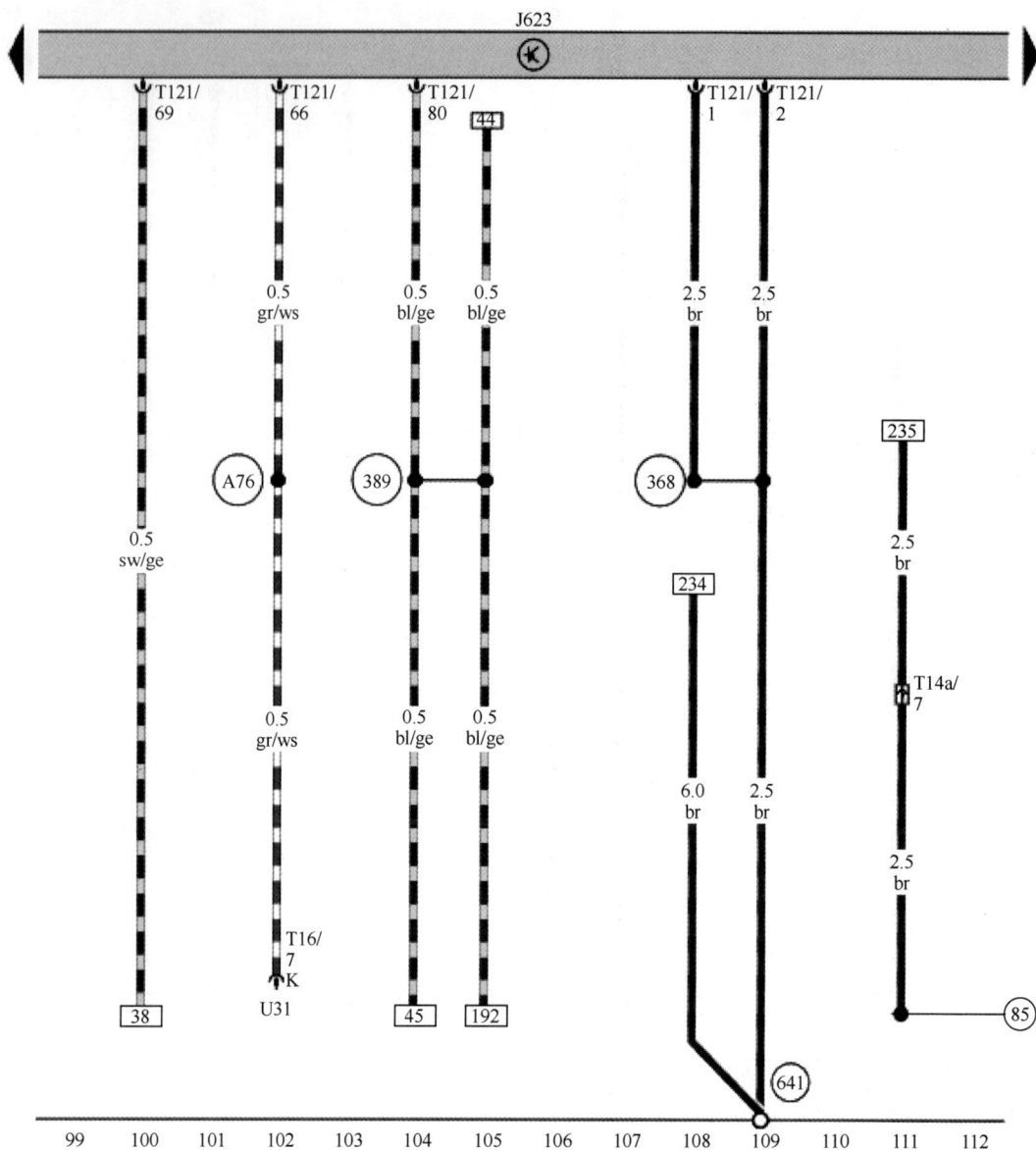

图 11-8　发动机控制单元与诊断接口

J623—发动机控制单元；T14a—14 芯插头连接；T16—16 芯插头连接；T121—121 芯插头连接；U31—诊断接口；85—接地连接 1，在发动机舱导线束中；368—接地连接 3，在主导线束中；389—接地连接 24，在主导线束中；641—接地点 3，在发动机舱内左侧；A76—连接（K 诊断导线），在仪表板导线束中

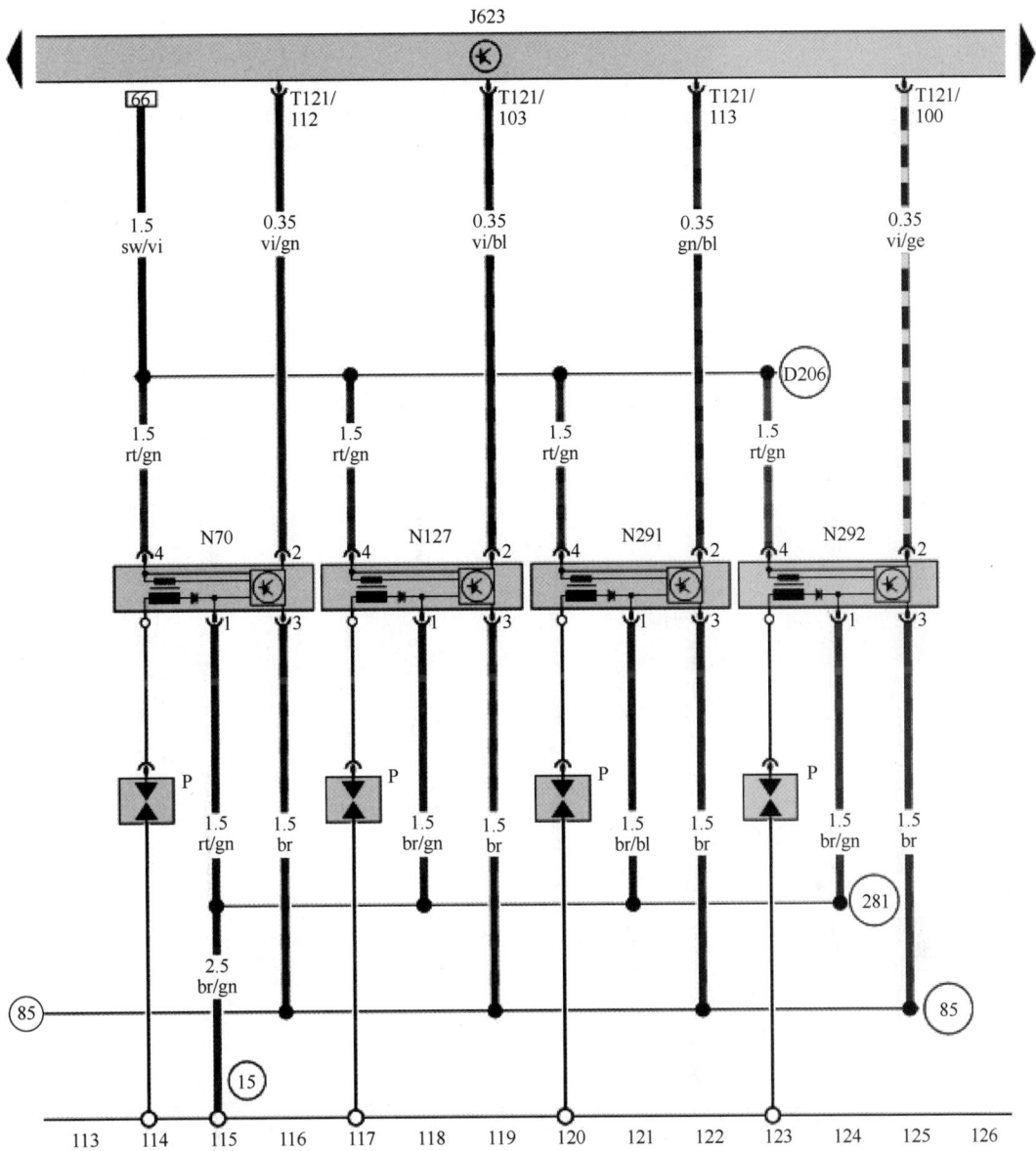

J623—发动机控制单元；N70—带功率输出级的点火线圈 1；N127—带功率输出级的点火线圈 2；N291—带功率输出级的点火线圈 3；N292—带功率输出级的点火线圈 4；P—火花塞插头；T121—121 芯插头连接；15—气缸盖上的接地点；85—接地连接 1，在发动机舱导线束中；281—接地连接 1，在发动机预接线导线束中；D206—连接 4（87a），在发动机预接线导线束中

图 11-9 发动机控制单元与点火线圈的电路连接

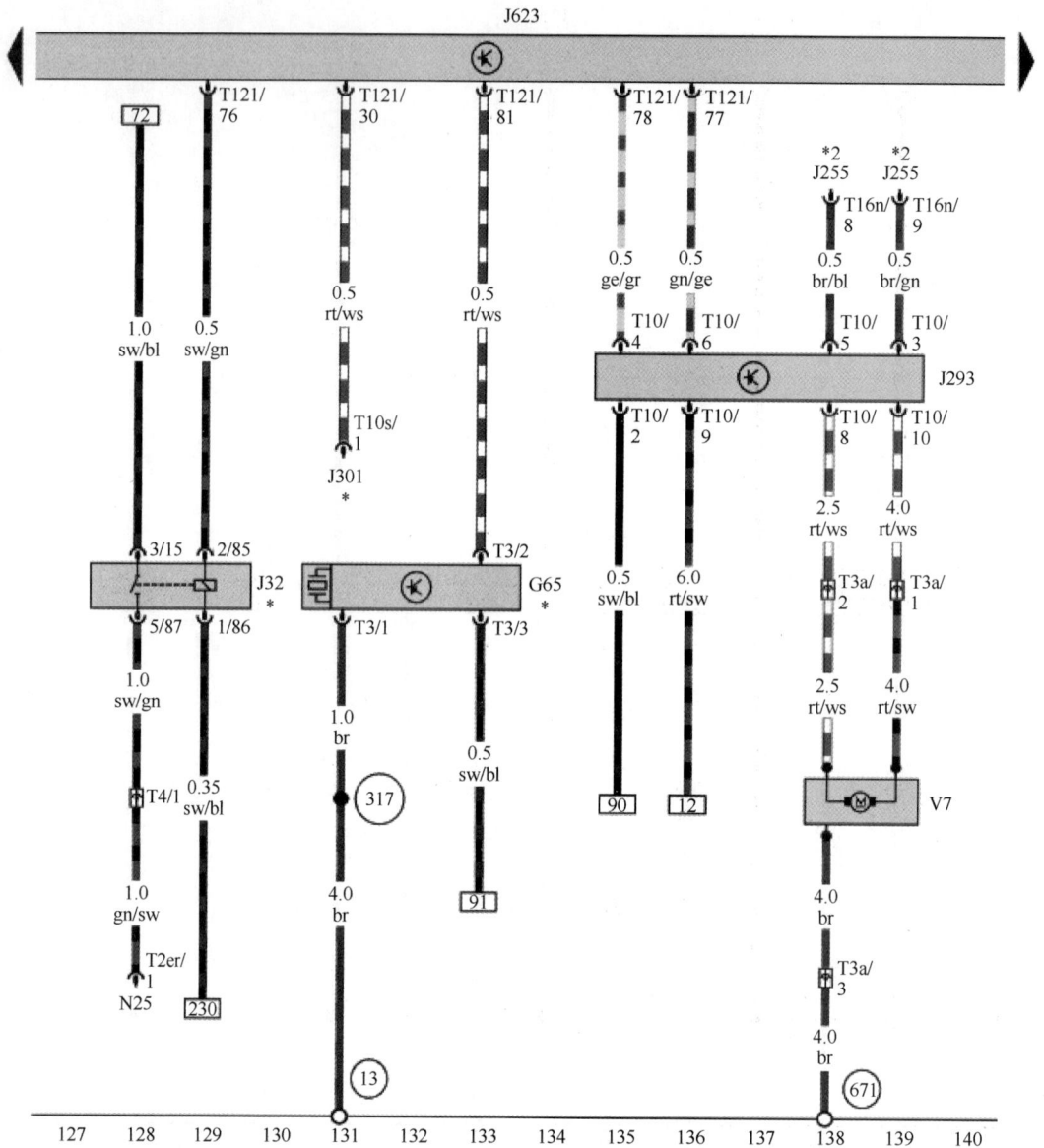

G65—高压传感器；J32—空调器继电器；J255—Climatronic 控制单元；J293—散热器风扇控制单元；J301—空调器控制单元；
J623—发动机控制单元；N25—空调器电磁离合器；T2er—2 芯插头连接；T3—3 芯插头连接；T3a—3 芯插头连接；T4—4 芯插
头连接；T10—10 芯插头连接；T10s—10 芯插头连接；T16n—16 芯插头连接；T121—121 芯插头连接；V7—散热器风扇；
13—发动机舱内右侧接地点；317—接地连接 7，在发动机舱导线束中；671—接地点 1，在前纵梁上；*—仅用于带有手动调节
空调器的车辆；*2—仅适用于带 Climatronic 自动空调的车辆

图 11-10　空调控制单元与发动机控制单元

J623

T121/ 119   T121/ 121   T121/ 90   T121/ 89   T121/ 92   T121/ 91   T121/ 98   T121/ 105   T121/ 95

0.75 sw/ge   0.75 bl/rt   0.35 bl/gn   0.35 ws/gr   0.35 gn/gr   0.35 vi/br   0.35 gn/vi   0.35 br/ge   0.35 br/ge

D101

0.35 ws/ge   0.35 bl

T6/ 3   T6/ 5   T6/ 1   T6/ 2   T6/ 4   T6/ 6   T3a/ 3   T3a/ 2   T3a/ 1   175

J338

G186   G187   G188

G40

141   142   143   144   145   146   147   148   149   150   151   152   153   154

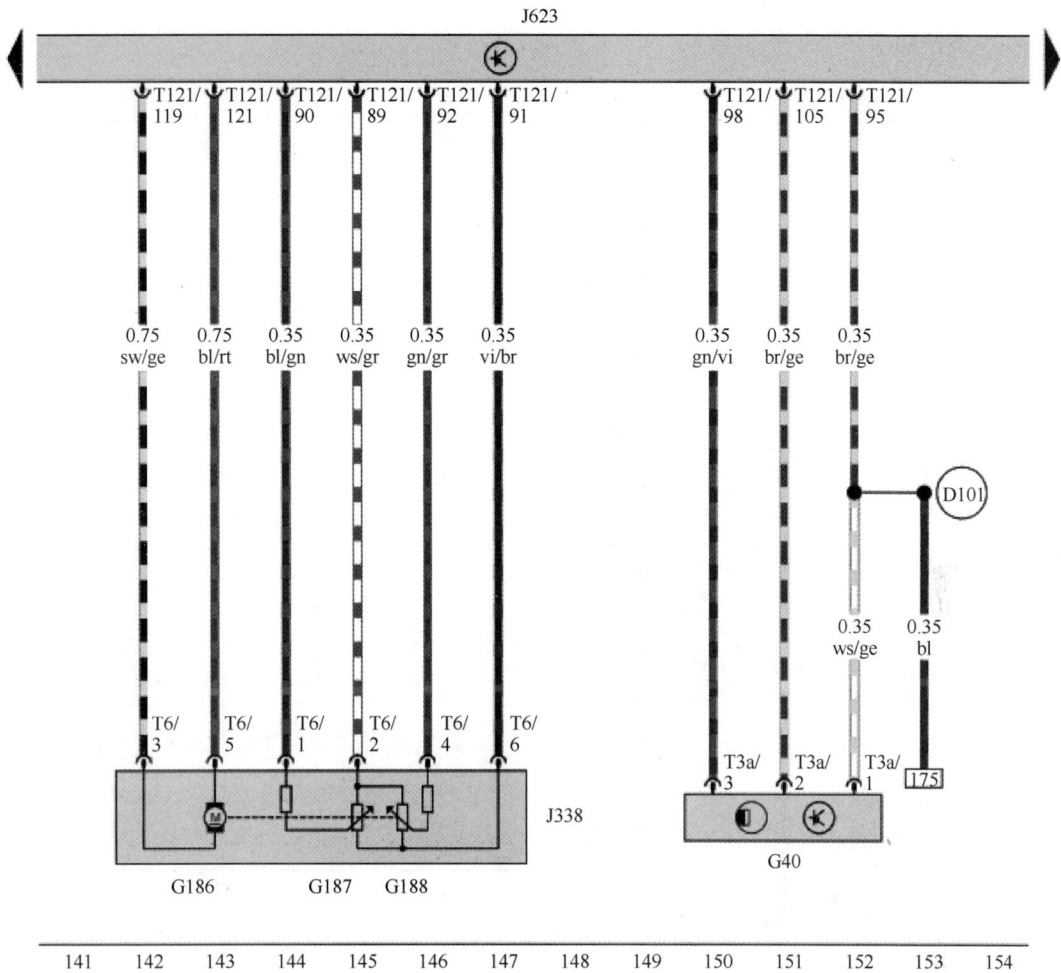

J623—发动机控制单元；G40—霍尔传感器；G186—电控油门操纵机构的节气门驱动装置；G187—电控油门操纵机构的节气门驱动装置角度传感器1；G188—电控油门操纵机构的节气门驱动装置角度传感器2；J338—节气门控制单元；T3a—3芯插头连接；T6—6芯插头连接；T121—121芯插头连接；D101—连接1，在发动机舱导线束中

图11-11 发动机控制单元与霍尔传感器及节气门控制单元的电路连接

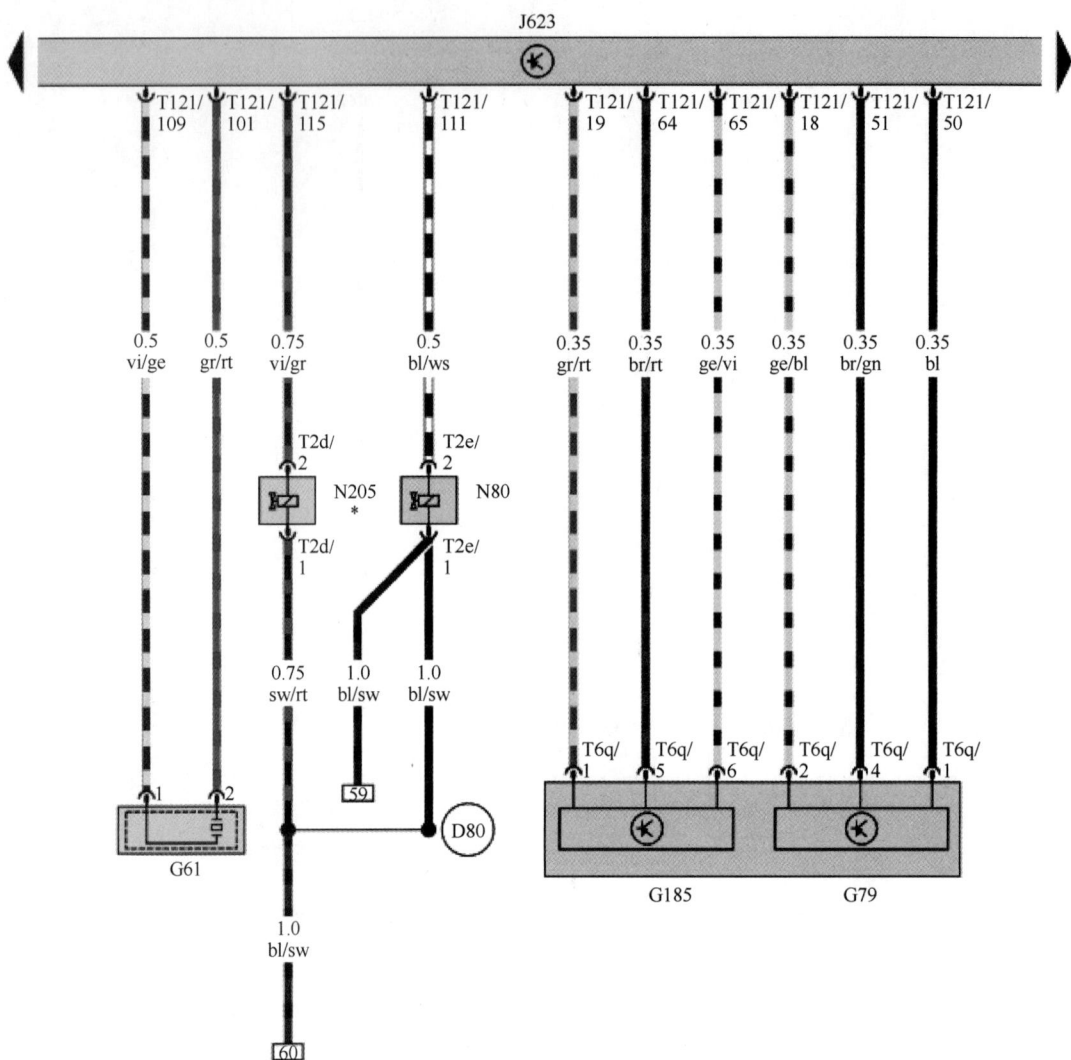

G61—爆燃传感器 1；G79—油门踏板位置传感器；G185—油门踏板位置传感器 2；N205—凸轮轴调节阀 1；J623—发动机控制单元；N80—活性碳罐电磁阀 1；T2d—2 芯插头连接；T2e—2 芯插头连接；T6q—6 芯插头连接；T121—121 芯插头连接；D80—正极连接（87a，用于活性炭罐电磁阀），在发动机舱导线束中；*—仅适用于带 1.6l 发动机的车辆

图 11-12 爆燃传感器、油门踏板位置传感器、凸轮轴调节阀与发动机控制单元的电路连接

J623

T121/ 99　T121/ 105　T121/ 84　　T121/ 95　　T121/ 107　T121/ 93　　T121/ 104　T121/ 83

153

0.5 ge　0.5 rt　0.5 br　　0.35 vi/gr　0.35 bl　0.35 sw　0.35 ge/rt　　0.35 gn　0.35 gn/sw

T3b/ 3　T3b/ 2　T3b/ 1　　T4b/ 4　T4b/ 3　T4b/ 1　T4b/ 2　　T2b/ 1　T2b/ 2

G28　　G71　G42　　G62

| 169 | 170 | 171 | 172 | 173 | 174 | 175 | 176 | 177 | 178 | 179 | 180 | 181 | 182 |

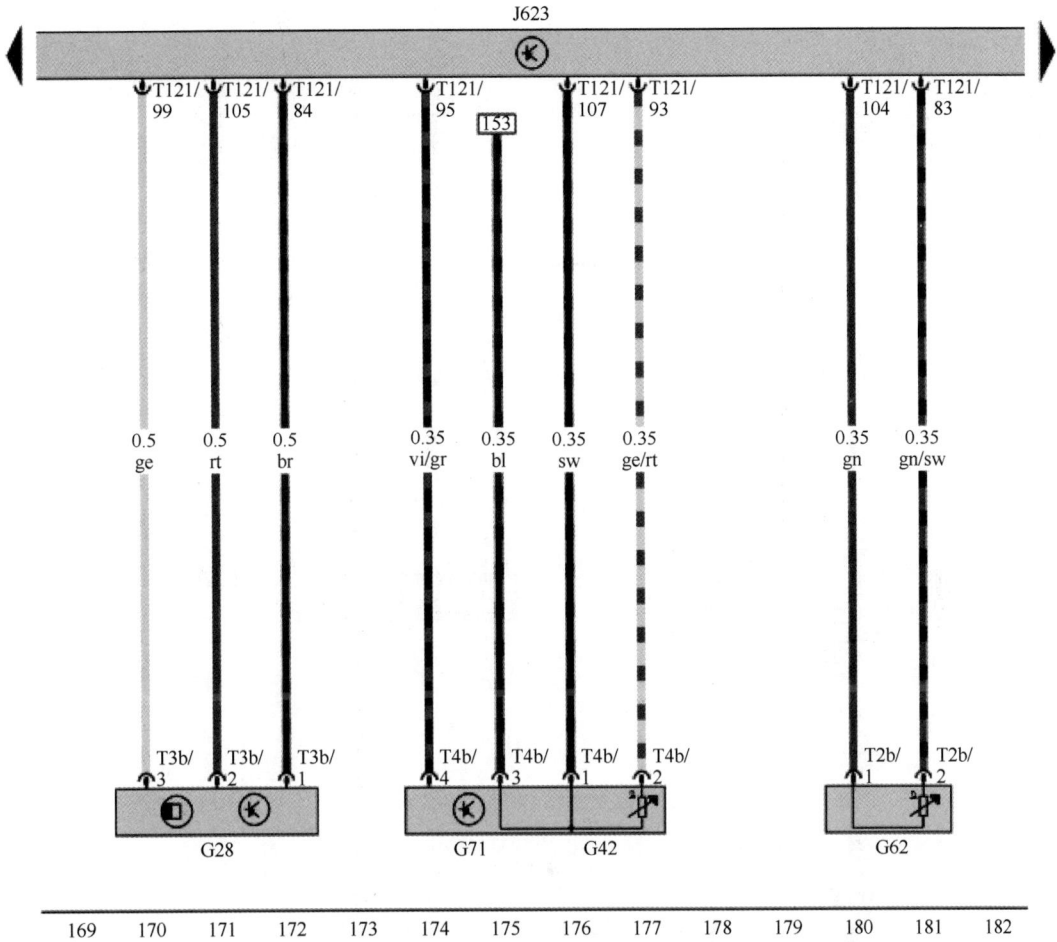

G28—发动机转速传感器；G42—进气温度传感器；G62—冷却液温度传感器；G71—进气管压力传感器；J623—发动机控制单元；T2b—2 芯插头连接；T3b—3 芯插头连接；T4b—4 芯插头连接；T121—121 芯插头连接

图 11-13　发动机转速传感器、冷却液温度传感器、进气管压力传感器与发动机控制单元的电路连接

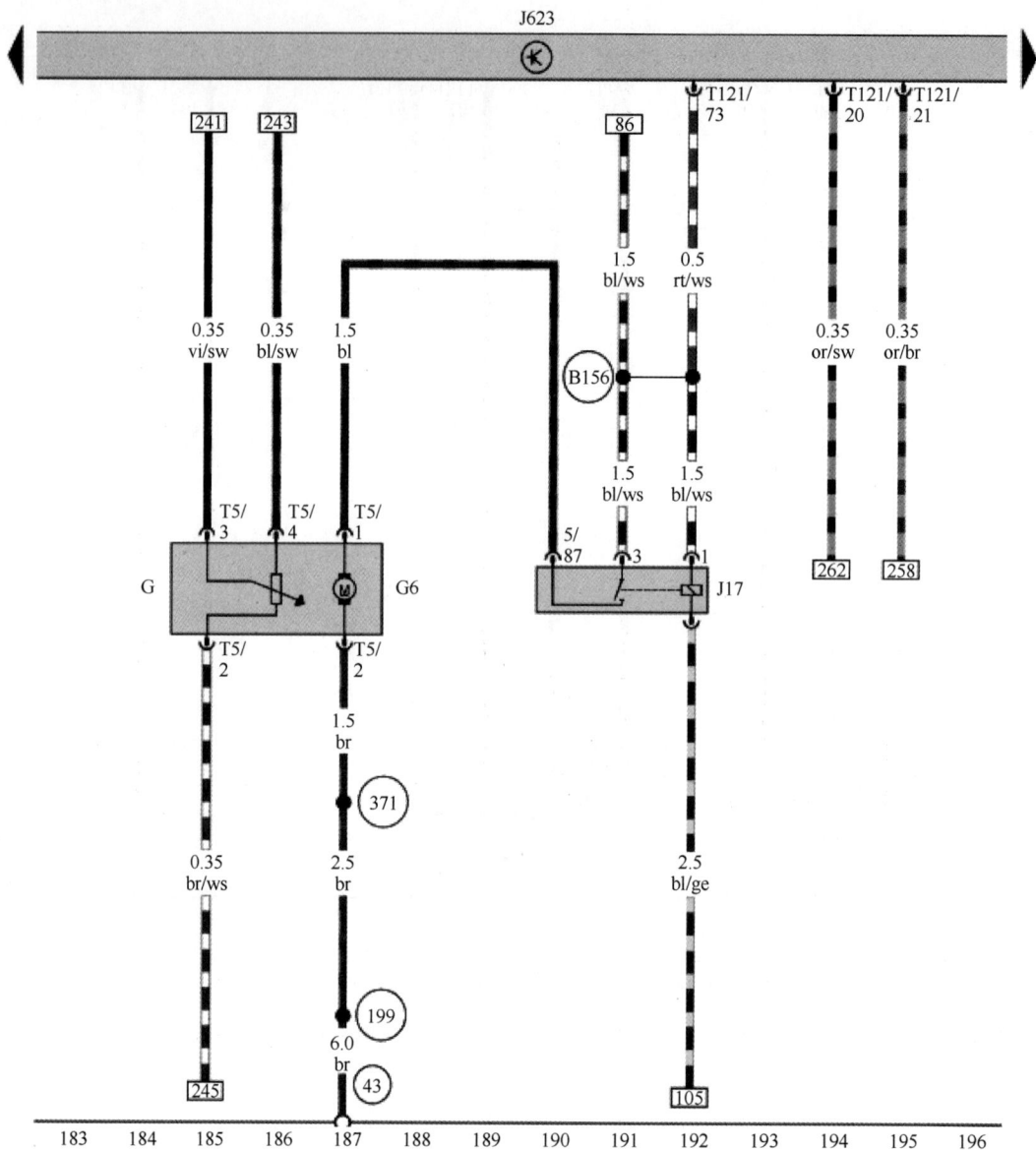

J623

| 241 | 243 | | | 86 | T121/
73 | | T121/
20 | T121/
21 |

0.35
vi/sw

0.35
bl/sw

1.5
bl

1.5
bl/ws

0.5
rt/ws

0.35
or/sw

0.35
or/br

B156

1.5
bl/ws

1.5
bl/ws

| 262 | 258 |

T5/
3

T5/
4

T5/
1

5/
87

3

1

G

G6

J17

T5/
2

T5/
2

1.5
br

371

0.35
br/ws

2.5
br

2.5
bl/ge

199

6.0
br

43

| 245 | | | | | | | 105 |

183 184 185 186 187 188 189 190 191 192 193 194 195 196

G—燃油存量传感器；G6—预供给燃油泵；J17—燃油泵继电器；J623—发动机控制单元；T5—5 芯插头连接；T121—121 芯插头连接；43—接地点，右侧 A 柱下部；199—接地连接 3，在仪表板导线束中；371—接地连接 6，在主导线束中；B156—正极连接（30a），在车内导线束中

图 11-14　燃油供给相关单元与发动机控制单元的电路连接

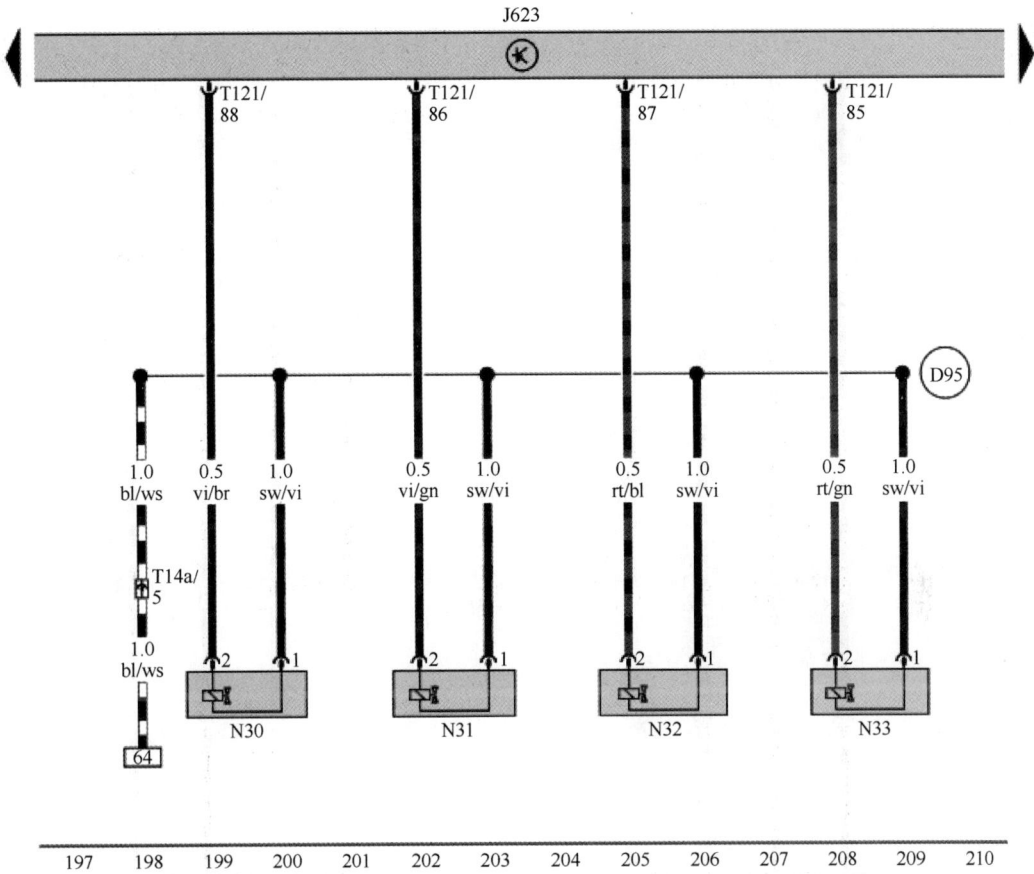

J623—发动机控制单元；N30—气缸 1 喷油阀；N31—气缸 2 喷油阀；N32—气缸 3 喷油阀；N33—气缸 4 喷油阀；T14a—14 芯插头连接；T121—121 芯插头连接；D95—连接（喷油阀），在发动机舱导线束中

图 11-15 发动机控制单元与气缸喷油阀的电路连接

J623

T121/37	T121/17	T121/5		T121/4	T121/12	T121/31

0.35 gr/rt	0.35 gr/ws	1.0 br/ws		1.0 br/ws	0.35 or/br	0.35 or/vi

D189

1.0 bl/rt	1.5 bl/rt	1.0 bl/rt

68

T4a/4	T4a/3	T4a/2	T4a/1		T4a/1	T4a/2	T4a/4	T4a/3

1.0 sw	1.0 gr	1.0 ws	1.0 ws		1.0 ws	1.0 ws	1.0 sw	1.0 gr

入 G130   Z29   Z19   入 G39

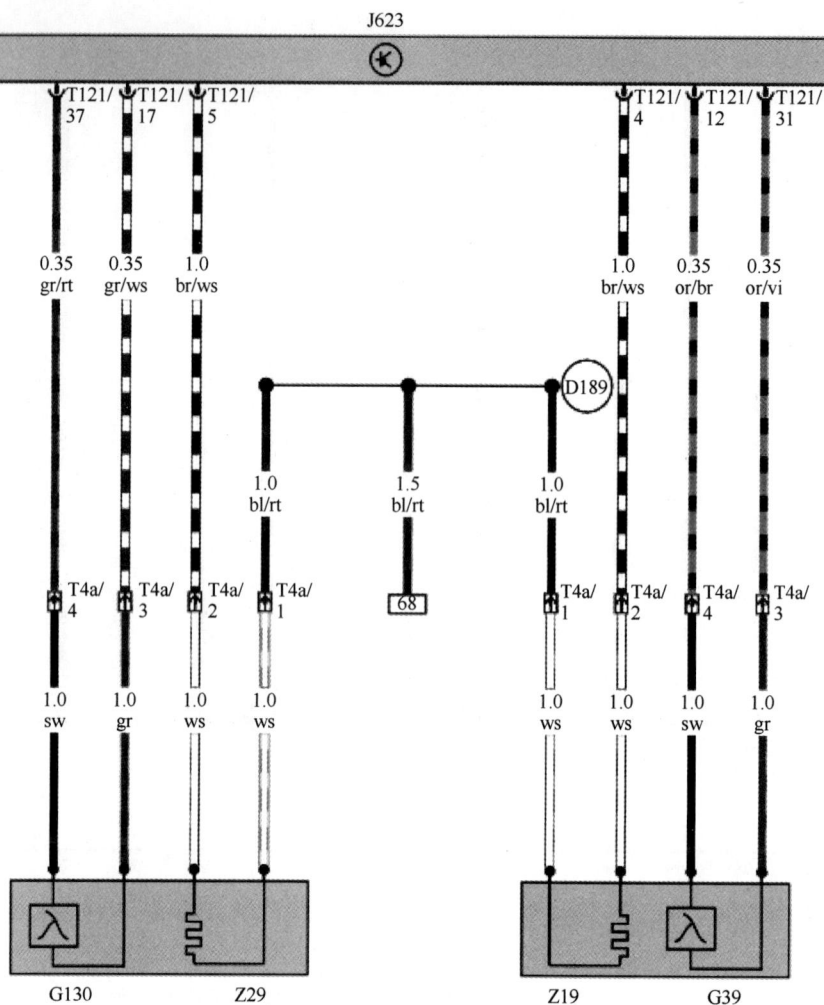

211	212	213	214	215	216	217	218	219	220	221	222	223	224

G39—氧传感器；G130—尾气催化净化器下游的氧传感器；J623—发动机控制单元；T4a—4 芯插头连接；T121—121 芯插头连接；Z19—氧传感器加热装置；Z29—尾气催化净化器后的氧传感器；D189—连接（87a），在发动机预接线导线束中

图 11-16　各类氧传感器与发动机控制单元的电路连接

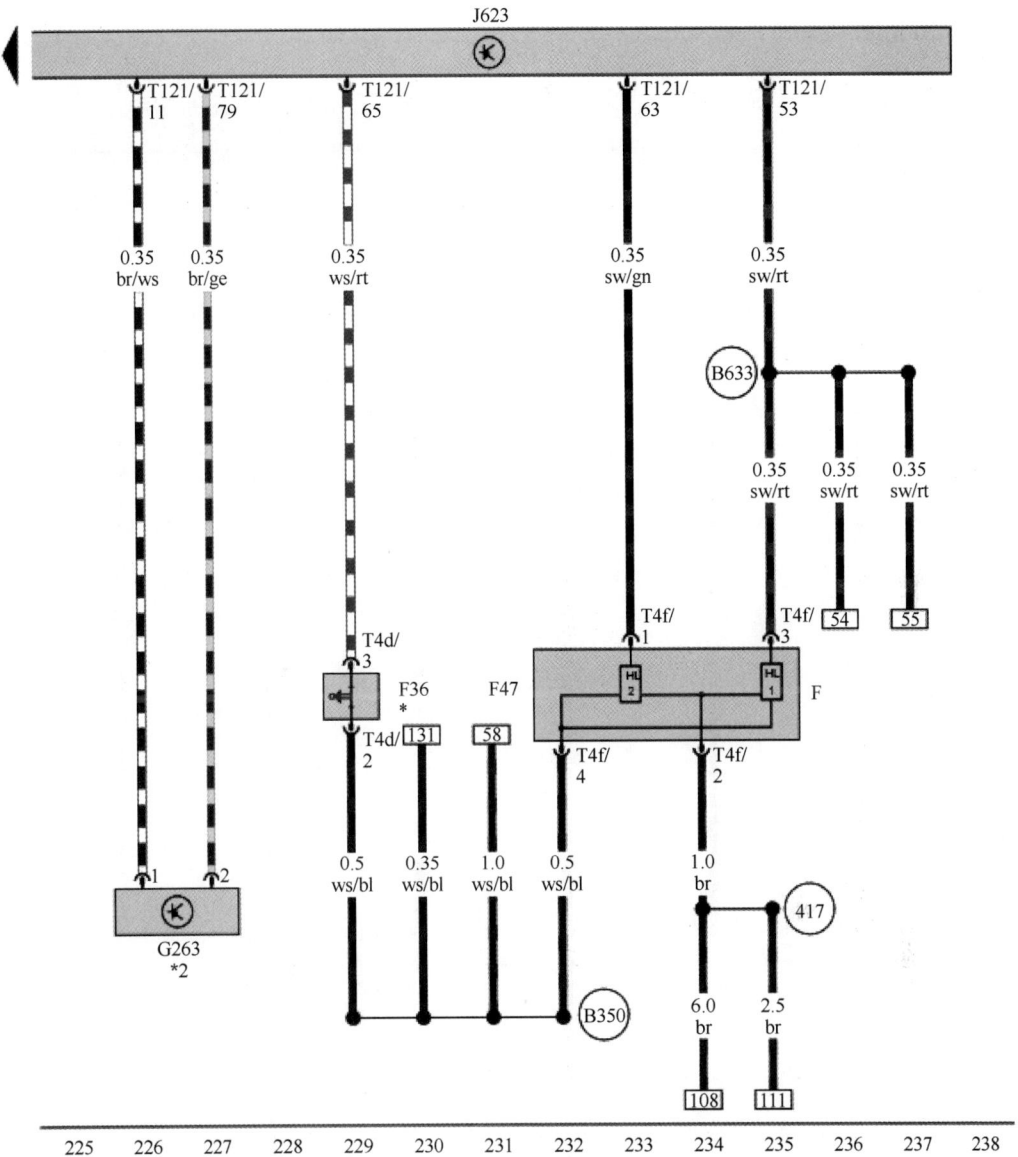

图 11-17 行车操纵相关单元与发动机控制单元的电路连接

F—制动信号灯开关；F36—离合器踏板开关；F47—制动踏板开关；G263—蒸发器出风口温度传感器；J623—发动机控制单元；T4d—4 芯插头连接；T4f—4 芯插头连接；T121—121 芯插头连接；417—接地连接 9，在发动机舱导线束中；B350—正极连接 1（87a），在主导线束中；B633—连接（制动踏板开关），在主导线束中；*—仅适用于带手动变速箱的车辆；*2—仅用于带有手动调节空调器的车辆

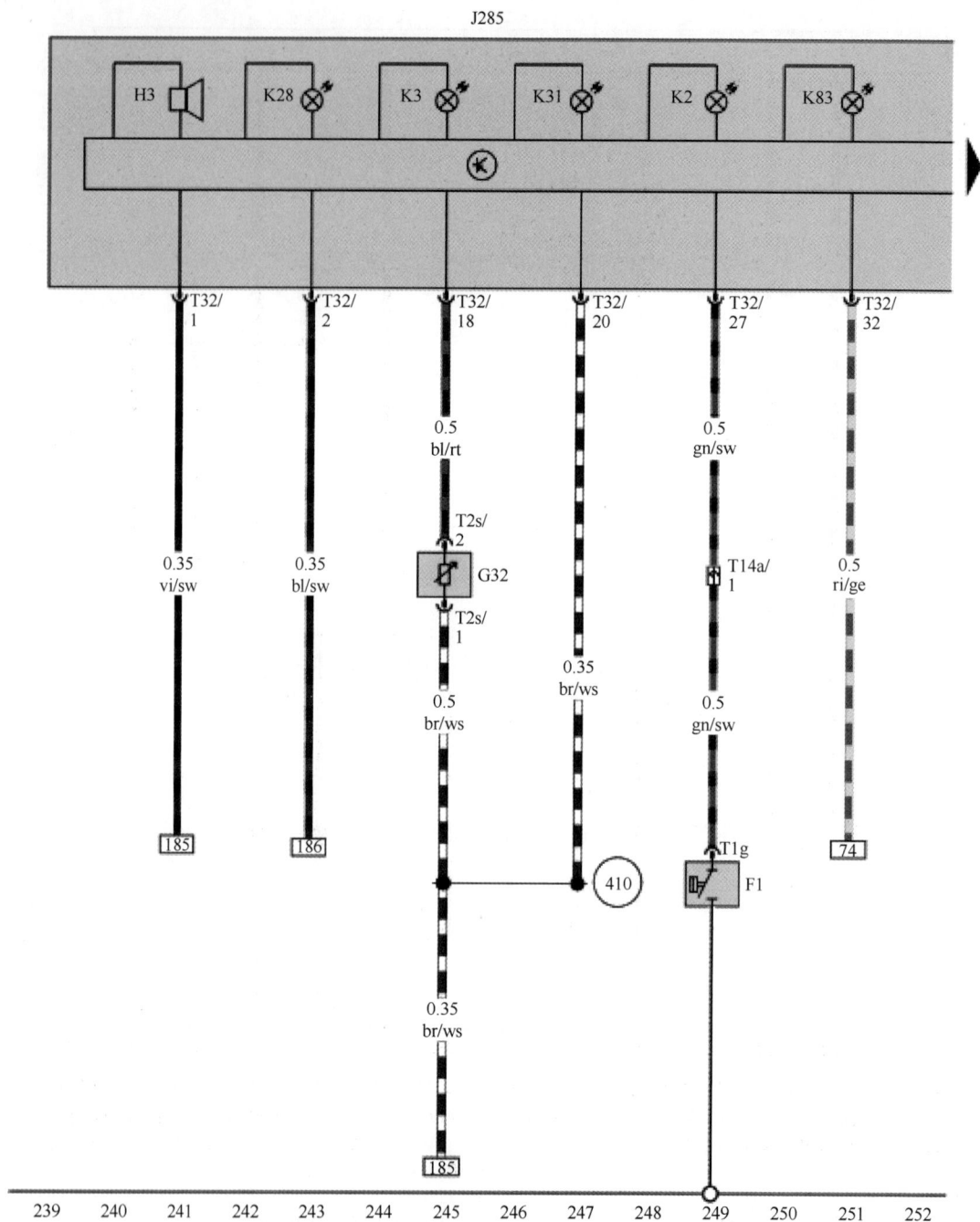

F1—油压开关；G32—冷却液不足显示传感器；H3—警报蜂鸣器；J285—仪表板中的控制单元；K2—发电机指示灯；K3—机
油压力指示灯；K28—冷却液温度和冷却液不足显示指示灯；K31—GRA 指示灯；K83—废气警告灯；T1g—1 芯插头连接；
T2s—2 芯插头连接；T14a—14 芯插头连接；T32—32 芯插头连接；410—接地连接 1（传感器接地），在主导线束中

图 11-18　燃油与机油相关元件与仪表板中的控制单元

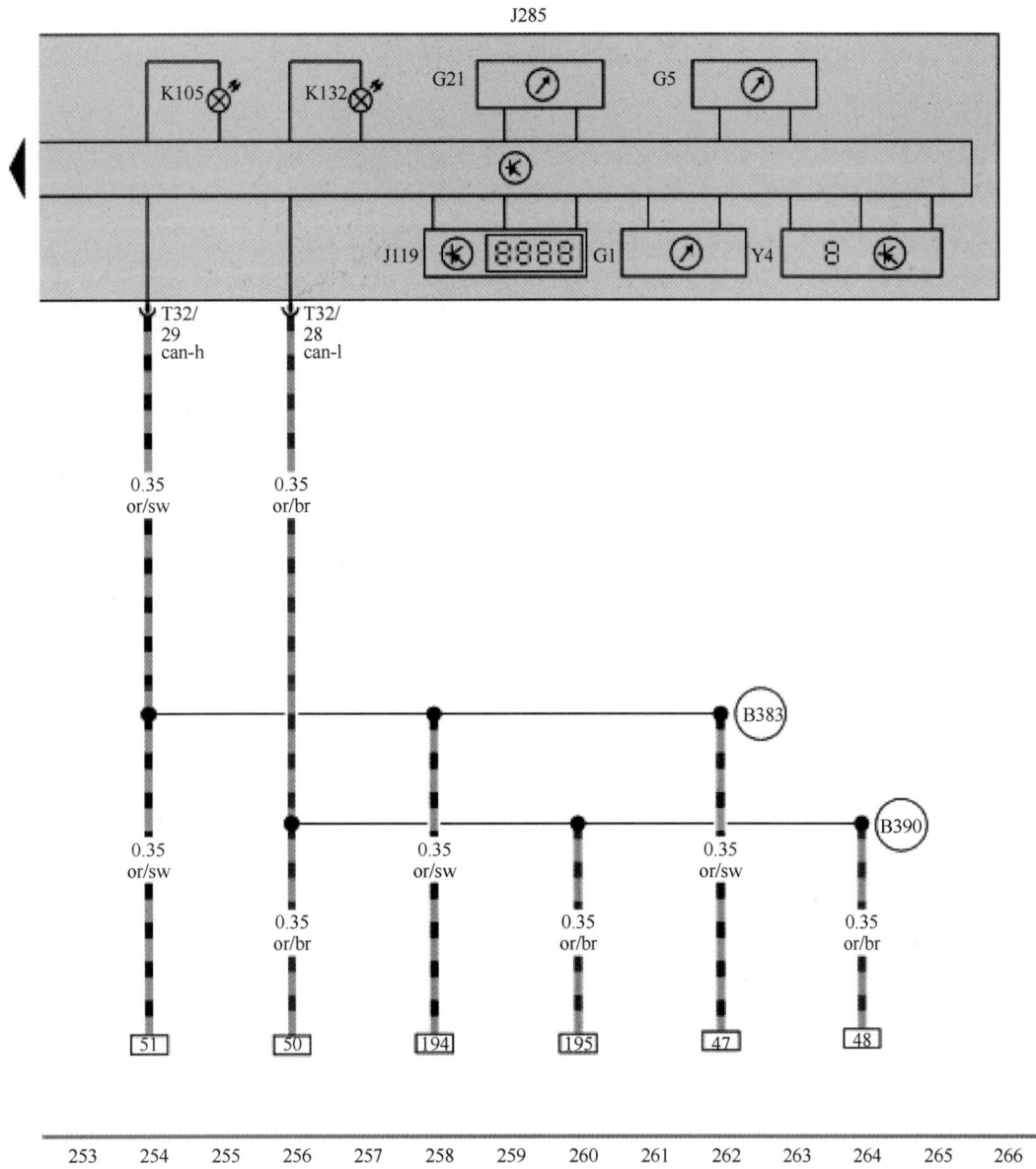

G1—燃油储备显示；G5—转速表；G21—车速表；J119—多功能显示器；J285—仪表板中的控制单元；K105—燃油存量指示灯；K132—电子油门故障信号灯；T32—32 芯插头连接；Y4—里程表；B383—连接 1（驱动系统 CAN 总线，High），在主导线束中；B390—连接 1（驱动系统 CAN 总线，Low），在主导线束中

图 11-19　仪表板中的多种显示器及控制单元